让
历
史
感同身受
让历史感同身受
同
身
受

〔美〕 威廉·丹尼尔·莱希——著

身历其境

章和言——译

William Daniel Leahy

I
WAS
THERE

美国海军五星上将威廉·丹尼尔·莱希

1942 年 4 月 27 日，美国驻维希法国大使莱希海军上将向贝当元帅辞行。

1943年1月30日，在夏威夷上空的飞机上，庆祝罗斯福总统61岁生日。左起：莱希海军上将，罗斯福总统，哈里·霍普金斯，总统专机驾驶员霍华德·M.科恩中尉。(美国海军照片)

1943年感恩节，埃及开罗，中、英、美三国政府首脑会晤，研究援助中国事宜。
站立者左起：阿诺德陆军上将，萨默维尔陆军中将，马歇尔陆军上将，迪尔陆军元帅，波特尔空军上将，莱希海军上将，金海军上将，坎宁安海军上将，伊斯梅陆军中将，布鲁克陆军上将，蒙巴顿勋爵，商震陆军上将，林蔚陆军中将，史迪威陆军中将，卡尔东·德维亚尔陆军上将。前排坐者左起：蒋介石委员长，罗斯福总统和丘吉尔首相。（美国陆军照片）

1943年11月28日至12月1日，罗斯福总统、斯大林元帅和丘吉尔首相出席德黑兰会议。这是三国首脑在苏联大使馆门廊前的合影。莱希海军上将就站在丘吉尔首相背后，在斯大林和罗斯福的后排可以看到美国陆军航空队总司令阿诺德陆军上将。（美国陆军照片）

1944年7月底，罗斯福总统和莱希海军上将乘船来到夏威夷，与道格拉斯·麦克阿瑟陆军上将和切斯特·W.尼米兹海军上将会晤。上面的照片是，7月28日，尼米兹海军上将在汇报美国海军的战略计划。左起：麦克阿瑟陆军上将，罗斯福总统和莱希海军上将。(美国陆军照片)

1944年9月，魁北克会议期间，莱希海军上将主持参谋长联席会议。坐者左起：萨默维尔陆军中将，阿诺德陆军上将，马歇尔陆军上将，格罗夫斯海军上校，莱希海军上将和金海军上将。(美国陆军照片)

1944 年 9 月，魁北克城堡，罗斯福总统、丘吉尔首相与联合参谋长委员会成员合影。坐者左起：马歇尔陆军上将，莱希海军上将，罗斯福总统，丘吉尔首相，布鲁克陆军元帅，迪尔陆军元帅。站立者左起：霍利斯陆军上将，伊斯梅陆军中将，金海军上将，波特尔空军元帅，阿诺德陆军上将和坎宁安海军上将。（美国陆军照片）

1945年2月4日至11日，"三巨头"——丘吉尔首相、罗斯福总统和斯大林元帅，在雅尔塔会晤，研究最终击败德国的计划。莱希海军上将就站在罗斯福总统背后。（美国陆军照片）

1945 年 2 月 14 日，埃及大苦湖"昆西号"重型巡洋舰甲板，罗斯福总统会晤沙特阿拉伯国王伊本·沙特。和他们在一起的是美国海军五星上将莱希和担任翻译的美国海军陆战队艾迪中校。（美国陆军照片）

1945 年 6 月 13 日，在白宫召开的会议上，约瑟夫·戴维斯、海军五星上将莱希、杜鲁门总统和哈里·霍普金斯，正在讨论戴维斯、霍普金斯就波兹坦会议准备工作分别与丘吉尔、斯大林会晤的结果。

1945 年 7 月 15 日，杜鲁门总统在前往波兹坦途中，乘坐"奥古斯塔号"巡洋舰抵达安特卫普，受到索耶大使（总统左侧）、陆军五星上将艾森豪威尔（最右侧）、斯塔克海军上将（右二）的欢迎。海军五星上将莱希（最左侧）和国务卿伯恩斯（左三）陪同总统搭乘"奥古斯塔号"。（美国陆军照片）

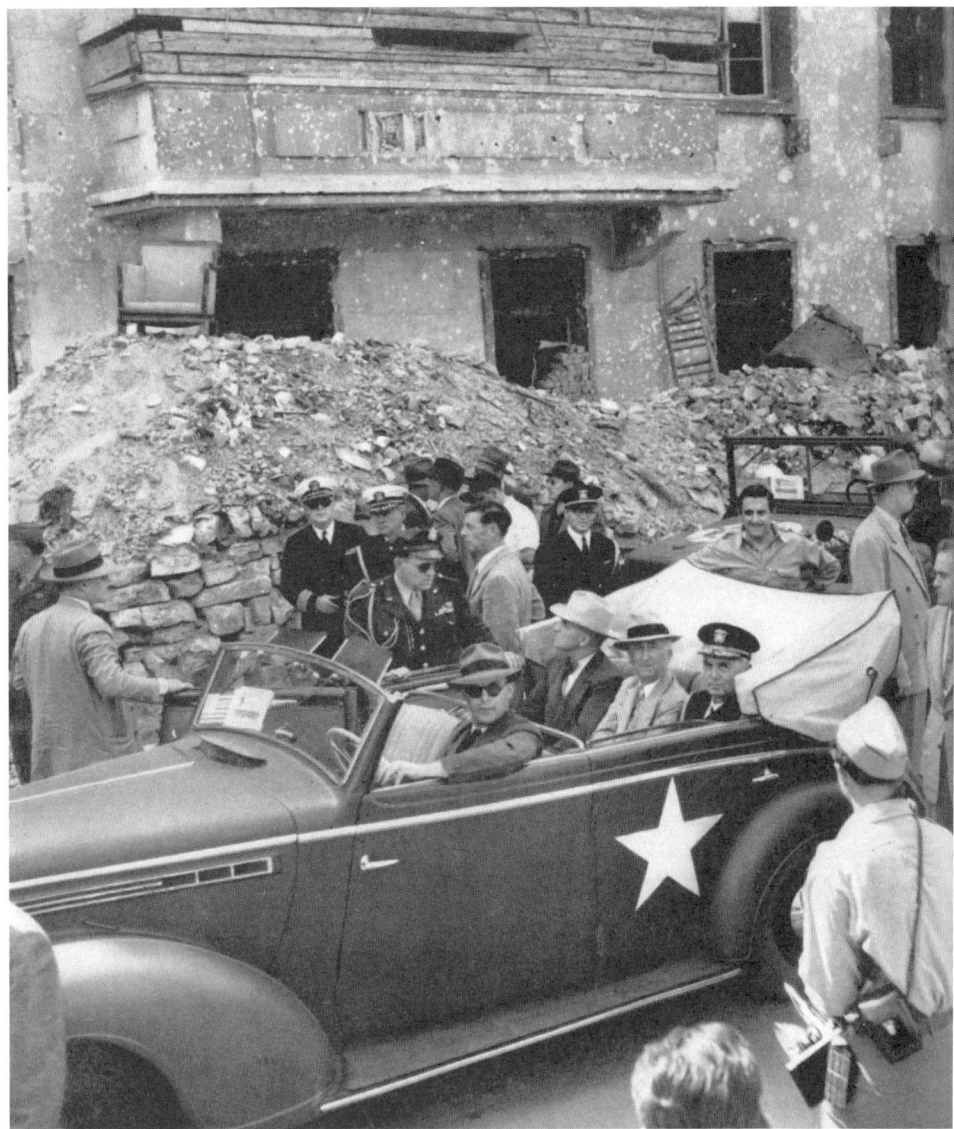

1945 年 7 月 16 日，杜鲁门总统、国务卿伯恩斯、海军五星上将莱希在柏林察看国会大厦的废墟。后面被瓦砾堵住的总理府阳台上，希特勒曾向狂热的群众发表演说。（美国陆军照片）

1945年7月17日至8月2日,"三巨头"在柏林附近的波兹坦会晤。杜鲁门总统坐在当中,国务卿伯恩斯和海军五星上将莱希在他的右侧。斯大林元帅坐在最左侧,丘吉尔首相坐在最右侧。(美国陆军照片)

1945年8月1日，波兹坦会议最后一天，艾德礼首相（在会议期间他接替了丘吉尔）、杜鲁门总统和斯大林元帅与他们的顾问们合影，左起：美国海军五星上将莱希，英国外交大臣贝文，美国国务卿伯恩斯，苏联外交人民委员莫洛托夫。（美国陆军照片）

1945年8月14日,杜鲁门总统宣布日本接受投降条件。见证这一历史时刻的有:(坐者左起)海军五星上将莱希,国务卿伯恩斯,前国务卿科德尔·赫尔;(站立者左起)内政部长朱利叶斯·克鲁格,租借事务办公室主任利奥·克罗利,联邦就业局局长菲利普·B.弗莱明,国家战时劳工委员会主席威廉·戴维斯,战时动员办公室主任约翰·斯内德,海军部部长詹姆斯·福莱斯特,总检察长汤姆·克拉克,劳工部部长刘易斯·施韦伦巴赫,住房管理局局长约翰·布兰德福德,邮政总局局长罗伯特·汉尼根。

1946 年 2 月 6 日，杜鲁门总统在授予海军五星上将莱希第二枚"杰出服役勋章"后表示祝贺。（联合通讯社）

致　　谢

在写作本书的过程中，查特·赫斯利普先生帮助我查找了与原始笔记相关的资料。

——威廉·丹尼尔·莱希

目 录

前　言

　　这本回忆录基于威廉·丹尼尔·莱希海军上将在 1941 年到 1945 年战争期间日复一日坚持不懈的记录，在我的请求下将其集结成册，以飨读者。

　　莱希上将漫长而辉煌的履历——海军作战部部长、波多黎各总督、驻法国大使、参谋长联席会议成员、联合参谋长委员会成员、陆海军总司令参谋长——足以证明他的回忆录具有极高的价值。我在阅读过程中也受益匪浅。对于所有进行二战战略研究的人来说，这都是一份权威性的史料。

哈里·S. 杜鲁门

华盛顿，白宫

1949 年 10 月 11 日

第一章　身历其境

我见证了历史。

从 1940 年 11 月到 1945 年 9 月二战结束，将近五年的时间里，我有幸在最高统帅部担任要职，得以亲身经历了我们击败敌人、赢得胜利的整个过程，这是一段艰难的历程，我们时常需要面对敌众我寡的危急局势。这些记录来自我亲身参与的许多历史性会议，在这些会议中，我们规划战争进程，致力于缔造通往和平之路。这些会议包括：

华盛顿会议，1943 年 5 月 22 日至 5 月 25 日，在美国首都华盛顿召开。这是战争期间九次盟国会议中的第四次。在这次会议以及之后的几次会议中，温斯顿·丘吉尔出于保护大英帝国势力的目的所执意坚持的作战计划，与罗斯福总统尽快击败希特勒的基本策略未能达成完全一致。

三个月后，魁北克会议于 1943 年 8 月 17 日至 8 月 24 日在加拿大魁北克召开。在这次会议上，盟国之间最终达成了一致的全球性战略，另一项重要决议则是英国同意美国提出的横渡英吉利海峡进攻欧洲大陆的作战计划。

开罗会议，1943 年 11 月 23 日至 26 日，在埃及首都开罗召开。英美与中国达成了协议，尽管这个协议后来并未真正履行过；与土耳其的谈判则一无所获。在这次会议上，我们执拗的英国盟友，极力想要将战略重点转移到地中海地区，而美国统帅部则认为，盟国已经达成一致的横渡海峡计划，即直捣德国本土击败希特勒的作战行动更为重要。

德黑兰会议，在两次开罗会议之间，于 1943 年 11 月 28 日至 12 月 1 日在伊朗首都德黑兰举行。在这次会议上，美、英、苏三国首脑——罗斯福、丘吉尔和斯大林首次会晤，就击败德国的作战行动计划达成一致，并首次就战后的规划进行了磋商，包括波兰的边界问题，而日后这一问题成为说明我们苏联盟友态度的明证。

第二次魁北克会议，1944 年 9 月 11 日至 16 日在魁北克召开。此次会议的中心议题是对日作战。尽管美国陆军部认为，有必要对日本本土发动进攻以确保胜局，但是我坚信，采取这样的进攻行动将使美国付出高昂的代价，而我们即使不这么做也一定能够击败日本。

雅尔塔会议，1945 年 2 月 4 日至 2 月 11 日在黑海北部的克里木半岛的雅尔塔皇宫内举行。会议上我们讨论了苏联对日宣战的问题，虽然在我看来并没有这个必要，但是罗斯福总统相信，为了实现他共同构筑世界团结与和平的梦想，只有让苏联参与远东的作战行动，才能够确保他们合作的诚意。

波茨坦会议，1945 年 7 月 17 日至 8 月 2 日在柏林近郊的波茨坦召开，这是最后一次战时盟国首脑会议。新任美国总统哈里·S. 杜鲁门和新任英国首相克莱门特·艾德礼①，在同苏联人艰苦的谈判中上了他们的第一课，而苏联在欧洲所占据的优势也令在场所有的人都感到忧心忡忡。

在这些盟国会议当中，所有军事类的会议我都必须参加。另外，罗斯福和杜鲁门总统还会要求我参加很多政治会谈，那些会谈往往只有斯

---

① 克莱门特·理查·艾德礼(Clement Richard Attlee，1883—1967)，英国工党政治家。一战中艾德礼曾获少校军衔，因此常被人们称作"艾德礼少校"。牛津大学法律系毕业，做过律师，二战期间任副首相。在 1945 年 7 月首相大选中以绝对多数战胜了丘吉尔，并与杜鲁门、斯大林出席波茨坦会议。战后，艾德礼支持美国国务卿马歇尔提出的"欧洲复兴计划"。艾德礼任首相期间放弃了对印度和巴基斯坦的控制，使英国加入了北大西洋公约组织；对国内执行经济紧缩计划，对大工业实行国有化，并创办国民保健事业。——译者

大林、丘吉尔和罗斯福(波茨坦会议是杜鲁门)以及少数几位高级顾问出席。

本书中的大部分内容来自我与罗斯福总统,以及后来的杜鲁门总统有关军事和外交政策事务的日常谈话。这些谈话大多是在白宫的椭圆办公室里进行的,在那里有太多的历史被创造。还有些时候,谈话是在总统的私人汽车或飞机上进行的,或是在海德公园①,在卡托克廷山庄的"香格里拉",在酒店,甚至在海上——凡是有总统在的任何地方。我们讨论的内容非常广泛,远远超出了我作为总统参谋长的职责范围。我们探讨的话题既可能是有关国内一些重大问题,诸如人力资源危机②之类,也可能是罗斯福总统对副总统人选的提名。

作为美国三军的高级将领,我负责主持参谋长联席会议,总统关于战争的重大战略和政治问题的基本理念,由我负责转达给他们。联合参谋长委员会,是由英美两国各个军种最高领导人组成的机构,凡是由美国召集的会议,也由我负责主持。尽管"三巨头"曾经在雅尔塔和德黑兰开过几次会,但是在战争期间,我们与我们的苏维埃盟友,不曾有过如此有益的合作。

总统参谋长的职责之一是负责甄选出最为重要的军事情报,提供给总统参阅。同时还要应对来自各个方面的——军方、外事部门或民间人士,打着或真或假的与军事有关的名号要求与总统开会,对这些数量庞大的请求进行筛查,也是我的职责所在。我和两位战时总统之间这种密切的联系,自然会引来各色人等来往穿梭于我的办公室,怀着各种各样

---

① 美国海德公园,是富兰克林·罗斯福总统的故居,坐落在哈得孙河岸边。公园占地180余英亩,原是罗斯福家的产业,1944年1月罗斯福总统把它献给了国家。罗斯福于1945年4月12日去世,三天后,他的遗体运回故里,安葬在玫瑰园内。今天,这里辟有罗斯福纪念馆和以他名字命名的图书馆,总统的旧居对外开放供人们参观。——译者

② 此处应该是指美国在二战时期的劳动力紧缺。——译者

的目的，希望通过我向总统求情斡旋。这些人当中既有那些战败和流亡政府的代表，也有我们积极活动的盟友，他们的目的往往是为了得到美国更多的资金支持，更多的武器，甚至是要求派遣军队支援。

在 1942 年 7 月成为总统参谋长之前，罗斯福总统委派给我的任命是整个战争期间最具争议的一项外交任务——1941 年 1 月至 1942 年 5 月，在亨利·贝当①元帅摇摆不定的维希政权中担任驻法大使。

在执行这项艰巨任务期间，轴心国控制下的法国新闻界报道过许多关于我的新闻，但没有一句是赞美之词。

鉴于和法国政府之间这种不稳定的关系，我们甚至安排了一条撤退路线，储备有必需的汽油和补给，随时做好撤离准备。

我和富兰克林·罗斯福相识于 1913 年，那时他刚从纽约来到华盛顿，担任伍德罗·威尔逊政府的海军部助理部长。

1915 年至 1916 年间，我担任海军部长通讯船"海豚号"的船长。罗斯福曾经乘坐过几次"海豚号"，我们因此结为好友。他还邀请我去他在海德公园和坎波贝洛岛的家中做客。那时的罗斯福是一个体格健壮、精力充沛的英俊小伙儿，善于交际，处事积极果断。他通晓美国海军历史，甚至对建军以来所有战役和组织机构的细节都了如指掌。他酷爱航海，是一名具有高超技术的水手和领港员。在我们交往的过程中，他博古通今的学识和出众才能令我钦佩不已。此后，我们之间始终保持着深厚的友谊，直至他去世。

自从 1917 年美国正式参加一战之后，我们之间便鲜有联络，直到

---

① 亨利·菲利普·贝当(Henri Philippe Pétain, 1856—1951)，法国陆军元帅，维希法国总理。1876 年加入法国陆军。1878 年毕业于圣西尔军校。一战期间因领导 1916 年凡尔登战役而出名，成为当时的民族英雄。在法军索姆河惨败后，他在最黑暗的时候重振了法军士气。二战法国战败后出任维希政府总理，1940 年 6 月 22 日与德国签订《贡比涅森林停战协定》。1940 年 7 月至 1944 年 8 月任维希政府元首，成为纳粹德国的傀儡。1945 年 4 月被捕，同年 8 月因叛国罪被最高法院判处死刑，后改判终身监禁。1951 年 7 月死于囚禁地利勒迪厄岛。——译者

1937 年 1 月他作为总统任命我为海军作战部部长。此后，我们常常一起讨论如何为美国建立一支可靠的海上防御力量。罗斯福自身对海军的兴趣，以及担任海军部助理部长的八年时间里所积累的经验，使得他在海军事务上颇具远见卓识。

尽管罗斯福竭尽所能避免美国卷入战争，但正是因为他谙熟世界历史，那些过往的经验教训使他坚信，美国必须建立一支强大的海军力量，抵御任何可能从海上发起的入侵行动。他认为我们已经做好了这样的准备，并且制订了切实可行的防御计划。然而，日本人在珍珠港发动的袭击，令美国太平洋舰队遭受重创，也使得美国在短时间内没有足够的能力与日本海军相抗衡。

罗斯福清楚地认识到，除非纳粹政权突然倒台，否则对于我们的国家来说，希特勒始终是一个威胁，最终战争是不可避免的。1939 年 7 月底的一天，罗斯福在他的书房里举行了一个小型仪式，为我颁发了一枚卓越服役勋章，当时他说："比尔，如果我们开战，你一定要回来助我一臂之力。"实际上，他担心我们在 1940 年就会卷入战争。那时，我正准备前往波多黎各担任总督。不过，直到 1941 年 12 月 7 日珍珠港事件之前，美国都没有参战。珍珠港事件发生之时，我正担任驻法大使。四天后的 12 月 11 日，德国和意大利向我们宣战，罗斯福要求我继续留在维希法国，直到 1942 年 5 月皮埃尔·赖伐尔①完全控制了贝当政府，才

---

① 皮埃尔·赖伐尔（Pierre Laval, 1883—1945），法国政治家，社会党人，1914 年至 1919 年和 1924 年至 1926 年，两度任职于国民议会。1930 年代担任过多个内阁职位，1931 年至 1932 年和 1935 年至 1936 年两度担任法国总理，积极推行绥靖政策，曾签订《法意罗马协议》（又称《赖伐尔—墨索里尼罗马协议》）和《赖伐尔—霍尔协定》，出卖埃塞俄比亚利益。二战期间，1940 年 6 月法国战败后，支持菲利普·贝当上台，同月出任副总理和国务部长，促成将政府迁至维希，并诱使议会授全权予贝当；任内奉行亲德政策，深得希特勒信任；后因与贝当产生矛盾，1940 年 12 月被逮捕，在德方庇护下旋即获释。1942 年 4 月，由于德国人出面干涉，贝当被迫重新召回赖伐尔任政府总理，贝当成为"傀儡元首"。赖伐尔大权独揽，兼任外交部长、内政部长和情报部长，进一步纵容了纳粹德国当局对法国人民的凌（转下页）

将我召回。两个月后，我被任命为陆海军总司令参谋长，这是罗斯福设立的一个职位，作为总统在参谋长联席会议中的私人代表，负责处理战时各种繁杂事务。

当 1945 年 4 月 12 日罗斯福总统逝世，副总统杜鲁门接任总统职务时，我立即向他递交了辞呈。但是他拒绝了，并要我继续留任，直至 1949 年 3 月 21 日。

在与杜鲁门总统共事的三年多时间里，像从前与罗斯福总统一样，我们之间保持着密切的沟通交流。我认为从各个方面来说，杜鲁门总统都堪称一位伟人。

杜鲁门总统为人坦诚，处事温和，体贴周到，对待下属平易近人。和他的前任一样，杜鲁门总统经常向我咨询有关军事和外交方面的建议。他不但善于听取别人意见，并且能谋善断、敢作敢当。

但他的管理风格与罗斯福是不同的，一旦达成某项决议，他会将权力下放，依据法律或惯例，将具体执行的权责全部委派给相关部门。在我看来，他所做的决定通常都是正确的并且符合美国的利益。至于某些决策成效不佳，往往是由于具体执行部门的失职所导致。

罗斯福总统在决策之前，同样会经过深思熟虑并且广泛听取各方意见，但是他与杜鲁门总统的不同之处在于他对某些执行部门不那么信任，因此喜欢事必躬亲，只有在必要的时候才由他的私人秘书进行协助。那些本应该由执行部门准备的行动方案，常常会交给哈里·霍普金斯①或者我来处理，最终要完全符合总统个人的想法。因此，罗斯福总

（接上页）辱并动用法国的经济力量支持德国的侵略战争。1945 年 10 月 9 日，被以叛国罪判处死刑。——译者

① 哈里·劳埃德·霍普金斯（Harry Lloyd Hopkins，1890—1946），美国政治家。1938年至 1940 年任商务部长，是罗斯福总统的重要顾问之一，也是新政的主要设计者之一，参与组建并领导了公共事业振兴署。第二次世界大战期间，霍普金斯是罗斯福的首席外交顾问，并在《租借法案》的制定和实施中扮演了重要角色，有"影子总统"之称。——译者

统对所有签署过的政令或公文都了如指掌。

按照杜鲁门总统的做法，这些事情则全权授权给执行部门去做，这条组织管理的原则也是我完全赞同的，但有的时候，我和某些部门之间在准确理解总统意图的沟通上会遇到一些困难。

尽管两位总统的处事风格不同，但无论是面对每天形形色色、数量庞杂的棘手难题，还是面对风云莫测、危急复杂的国际局势，他们都能够从容应对、成功化解，展现出卓越非凡的领导能力。

于我而言，能够尽微薄之力辅佐两位总统，实在是莫大的荣光。在我看来，两位总统带领美国人民与不同敌人所做的斗争，足以令他们彪炳史册，也令所有与他们共事的人们深怀敬仰。

从我担任驻维希法国大使开始，在这风云变幻、动荡不安的五年中，我的记录从未间断。我当时之所以写下这些"备忘录"，并非是为了如今撰写回忆录所用，而是它们在瞬息万变的战争环境中，为我能够更好地应对复杂局势提供了宝贵的参考借鉴作用，从这个意义上来讲，它们是无价的。

这些日记全部由我自己书写记录，因此有关事件和日期的叙述都是准确的。我在日记中所记录的，以及引用的时事评论和人物评价都是基于当时的情况和信息，有些人为误差在所难免，但我已尽量保持准确客观。所有全部或部分使用密码发送的资料已经翻译，这么做的原因不是因为这些信息的内容，而是为了保护当时所使用的密码安全。

为了能够给那些需要在浩瀚的战史资料里探寻事实真相的历史学家们一些小小的帮助，我已经将这些记录进行了精简提炼。埋头在卷帙浩繁的官方文件堆里进行枯燥乏味的研究还是留给别人去做吧。我讲述的是我眼中的故事。

第二章　新的使命

1941 年 1 月 5 日，星期五，午夜时分，新任美国驻法大使抵达法国的临时首府维希。彼时正值法国的隆冬季节，而这一年的冬天据说是法国九十年来最为寒冷的冬季。

这位新任大使不是别人，正是我。当时的我从西班牙马德里乘火车向北出发，这是一段沉闷乏味、令人疲惫不堪的旅程，一路上车厢里拥挤不堪、混乱肮脏，连取暖设施都没有，除了自己的体温。这次新的职务任命，恐怕是我四十四年的戎马生涯当中，最让人提不起劲儿来的一次。

就在六个星期前，一个星期天的早晨，在位于波多黎各岛首府圣胡安市拉福塔雷萨的总督官邸里，我和夫人正在悠闲自在地享用着早餐，突然一名副官走了进来，交给我一封来自罗斯福总统的密电。上面写着：

> 当前我们在法国所面临的局势正日趋严峻，法国政府中的部分人可能会说服贝当元帅与德国缔结协约，如此一来反对英国的轴心国势力将会增强。
>
> 法国甚至可能会参加攻打英国的战争，尤其危险的是法国舰队将会在德国的控制之下为其所用。
>
> 这种形势下，我们需要一位驻法大使，此人要能够博取贝当

元帅的信任，因为贝当是目前法国政府中坚决反对向德国人妥协的一派。

我认为你是这项使命的最佳人选。你会讲法语，能够与贝当元帅直接交流，而你在我们海军的地位，也无疑能使你在法国海军那些公开敌视英国的高层军官中发挥很大的影响力。

因此我希望，你能够接受这项任命并尽快安排行程。

罗斯福的这封信来得完全出乎我的意料之外。1939 年，我已经六十四岁，在达到法定退休年龄几个月之后，我从海军作战部长的职务上离任，接受了总统给我的新任命——波多黎各总督。

那时候美国还没有参战，但是罗斯福非常担心我们会被卷入战争，尽管他已经倾尽全力地阻止这件事发生。事实上，在 1939 年 9 月我离开华盛顿之前，他就曾对我说，他担心日本可能会在 1940 年采取行动，多半会以"误会"的名义，而这样一来美国就不可能再维持这种置身事外的状态了。

1940 年春天法国惨败，英国虽孤立无援但仍英勇抵抗，终于使反应迟钝的美国人意识到，这场斗争的结果终将影响我们自己国家的未来。1940 年 9 月美国宣布，赠送给英国 50 艘超龄服役的驱逐舰，换取在纽芬兰岛和西印度群岛建立军事基地的权利。我认为，这是自美国海军力量向海外扩展以来取得的最有价值的成果，使得美国在抵御侵略、保卫国家安全方面迈出了一大步。

1940 年 7 月初，在阿尔及利亚的奥兰，英国人击沉了法国战列舰"布列塔尼号"，新建的"敦刻尔克号"也受伤搁浅，虽然这起事件后来给我带来不少麻烦，但是在那时，如果换作我是英国的海军司令，也会下令击沉法国的军舰。不过在波多黎各，我们自然还是要尽力维护法属西印度群岛的现状，特别是附近的战略要塞马提尼克岛①。不管怎样，在 1940 年 11 月 17 日接到罗斯福的电报之前，我没有收到过一丁点儿的暗示，维希这块烫手山芋就这样落在我的手上了。

当时波多黎各的情况正在改善，不过即便不是如此，总统的命令也是必须放在第一位的。在他的电报背后，我草草写下——我将接受这项任务，并在一周内动身。我的回复立即通过海军的无线电发送给总统，他当时正在"波托马克号"战舰上度周末。

11 月 28 日，我和夫人离开了波多黎各。在我们驱车前往码头的时候，圣胡安街道两旁，成千上万的波多黎各民众自发地前来为我们送行，依依惜别之情令我们深受感动。在途中我接到指令，要求我于 12 月 2 日凌晨在纽约港上岸，然后乘飞机前往华盛顿。总统希望在中午之前见到我，因为他随后要开始一趟海上长途旅行，前往马提尼克岛参观停泊在法兰西堡港口的法国"贝恩号"航空母舰。总统乘坐的是"塔斯卡卢萨号"巡洋舰，这个月的晚些时候，我也将乘坐这艘巡洋舰前往里斯本。

在总统的书房里，我们进行了两个小时的会谈，就我的新任务进行了讨论，总统向我概述了美国的基本政策。像往常一样，罗斯福对他的议题早已成竹在胸。对于这一点，我早有领教，特别是在担任海军作战部长期间。他的过人之处，就在于既能统揽全局，又能明察秋毫。那天早晨，我相信如果需要的话，有关 1940 年 6 月 21 日法国与轴心国签订的苛刻的停战协议条款，他能够逐字逐句地背出来。

---

① 马提尼克岛（Martinique），法国的海外大区，位于北美洲加勒比海安地列斯群岛的向风群岛最北部，1 128 平方公里。1502 年，哥伦布在第三次航行中发现了马提尼克岛，宣称为西班牙王室所有。1674 年，法国宣布该岛为法领地。1946 年，马提尼克成为法国海外省，1977 年成为海外大区，居民均拥有法国公民身份，并具有充分的政治权利和法律权利；其在法国参议院中拥有两个议席，在法国国民议会中拥有四个议席。首府法兰西堡位于西南岸马当河口，是法属西印度群岛的最大城镇、主要港口和商业中心，1681 年起成为法属西印度群岛的首府，建有飞机场和海军基地。——译者

他特别强调，我必须首先得到亨利·贝当元帅的信任，其次是海军上将达尔朗①，因为他掌握着法国舰队的控制权。不过关于皮埃尔·赖伐尔总理，我们并没有谈论太多，因为在12月2日那天，我们还没有看到任何迹象，"黑彼得"（赖伐尔的密码电报代号）会在两周之内突然被贝当踢出局，让达尔朗上位。

我的首要任务是尽一切可能让法国站在我们这一边。这意味着我需

---

① 弗朗索瓦·达尔朗（François Darlan，1881—1942），法国海军元帅。1902年毕业于法国海军学院。曾参加一战。1936年晋升海军上将，1937年1月任法国海军参谋长，1939年任法国海军总司令。达尔朗深以自己亲手参与创建的法国海军为傲。1940年5月，德国入侵法国，法军惨败；6月3日，达尔朗曾威胁政府，如果停战投降，他将起兵反叛，带领法国海军投向英国人旗下继续战斗；6月12日，在"布里亚克会议"上，达尔朗曾向丘吉尔承诺，不会有一艘法国军舰落入德国人手中；在随后的停战谈判中，他同意停战协议，前提是不把法国海军交给德国人；6月16日，达尔朗就任贝当政府的海军部长；6月18日，他再次向英国第一海务大臣达德利·庞德保证不将法国舰队交给德国；6月22日，法德签署停战协议，要求法国舰队在德国或意大利的监督之下解除武装，后根据意大利的建议，准许法国军舰停靠在北非港口，但可能落入驻利比亚的意军之手，为此达尔朗命令法国军舰开往海外属地，让德意两国均鞭长莫及；丘吉尔曾要求法国舰队开往英国或法属西印度群岛，但被达尔朗拒绝，遂对其产生怀疑；7月3日，英国实施"投石机行动"，摧毁了停泊在北非阿尔及尔奥兰附近和米尔斯克比尔港的部分法国舰队。此后，效忠维希政权的法军在达尔朗指挥下，极力抵抗英军进入法国境内，有时会配合德军作战。此时达尔朗希望德国赢得战争，并准备和英国打一场海战。1941年2月，达尔朗任维希法国总理、国民议会副议长，并兼任外交部长、内务部长、国防部长，11日被指定为贝当的继任者。起初，达尔朗采取了与纳粹德国合作的态度；但随着德军在苏联、中东的失败，他逐渐改变了立场。1942年4月，更受希特勒信任的赖伐尔迫使达尔朗辞去数个政府部门职务，包括法军总司令一职；11月7日，达尔朗前往阿尔及尔看望自己生病住院的儿子，不料次日盟军即展开了登陆北非的"火炬行动"；7日夜，亲盟国的阿尔及利亚法军（与自由法国没有联系）控制了阿尔及尔，逮捕了达尔朗；盟军本来希望北非法军能够接受法国陆军上将亨利·吉罗指挥，但吉罗的资历难以服众，北非法军的抵抗行动继续展开；盟军只好与达尔朗达成协议，11月10日，达尔朗命令全部法军加入盟军，北非、西非的法军均服从了他的命令；14日，盟军承认达尔朗担任法属西北非高级专员、法军总司令，这项协议不仅激怒了戴高乐和自由法国组织，也导致德军进占了法国剩余40%的领土；27日，德军进攻土伦港的法国舰队，除了3艘驱逐舰和少量潜艇外，主力战舰全部自沉，基本兑现了达尔朗在1940年对丘吉尔的诺言。1942年12月24日，达尔朗在自己的司令部遭暗杀身亡。——译者

要说服贝当，让他相信只有奋起抗击、最终击败轴心国，才是法国最好的选择，然而在 1940 年底那样的战争形势下，这并不是一件容易的事。罗斯福已经洞见到贝当元帅不可能信任他的那些部长们，而且他一直也不清楚他们在做些什么。对赖伐尔是如此，对达尔朗也差不多。因此，我要做的就是，把我所知道的那些部长们瞒着他的所作所为，统统告诉贝当。罗斯福指出，法兰西人民依然深深爱戴着八十四岁的老元帅，并且根据现行的法国宪法，他的话就是法律。在颁布法令时，贝当甚至使用了只有皇室才用的字眼"WE"。

还有一个难题是如何向贝当元帅解释，美国将会继续向英国提供全方位的援助。罗斯福知道在法国普遍存在着反英情绪，但是我需要使他们明白，美国将会向一切抵抗侵略的国家提供帮助。

总统希望我发挥"看门狗"的作用，尽量防止法国向德国提供停战协定之外的任何帮助。他知道，在维希政府中有些高层官员认定轴心国取得胜利是必然的，为了一己之私他们希望能站在获胜的一方。因此，我需要不断地告诫所有人，轴心国的胜利将意味着法兰西帝国被分割肢解，法国将沦为德国的附庸国（后来我发现，没有几个法国人会心甘情愿地对德国人俯首称臣，接受法国成为希特勒"最喜爱"的附属国的结果）。

罗斯福回顾了我们曾经接到过许多次有关法国海军的保证。他和我都清楚，法国海军对于西半球防御的重要性。因此，我需要再一次得到法国人的承诺，无论在任何情况下，法国舰队都不能落在德国人手中，并且我要让他们明白，保存法国海军的实力，对于法兰西帝国的生死存亡和主权恢复是至关重要的。总统已经坦诚告诫维希政府，如果法国海军屈从于轴心国，法国将会丧失长久以来与美国之间的友善关系。在必要的时候，我也将重申这一警告。总统认为我还应当提醒法国政府，注意针对英国的敌对行动。

他认为，我作为一名海军，应当与法国海军高层建立良好的关系，以便有更多机会向他们重申我们的观点——绝不能让他们的战舰落入轴心国的手中。

我们还讨论了向法国未占领区提供食品援助的问题。我需要向法国人说明，美国愿意帮助那些正在忍饥挨饿的法国民众，但是我们的首要目标是确保英国赢得这场战争的胜利。因此，美国政府必须得到保证，在我们向英国施加压力解除封锁之前，运送给法国的救济物资不能有一丝一毫送给德国人。总统还向我介绍了谈判协调的最新进展，我们正在通过红十字会，向法国儿童提供药品、罐头和奶粉。

至于法属西印度群岛和法属圭亚那①，我们将继续当前的政策，维持现状。但是，我们将要求停泊在这些地区港口的战舰必须保持原地不动，并且法国政府要做出承诺，存放在马提尼克岛上价值 2.45 亿美元的黄金，决不能以任何方式为德国人所用。

最后，我们的话题转到了维护法国在北非的权利这一问题上来，我将向贝当表明，美国准备采取适当的方式，帮助改善这些法属领地的经济状况。

经过两个小时的会谈，总统的要求和期望，我已经了然于心。他也相信我会毫不含糊地执行他的指令。我认为有必要将总统的这些指示以书面的形式记录下来，因此向总统建议，当我遇到国务卿科德尔·赫尔②时，会告诉他这次会谈的内容，并且由国务院起草一份文件呈交总

---

① 法属圭亚那（Guyane Francaise），位于南美洲北部的法国海外属地，首都卡宴地处大西洋边，与巴西和苏里南交界。1498 年哥伦布发现圭亚那海岸，1604 年法国开始侵入并建立居民点，此后英国、荷兰、法国和葡萄牙相互争夺该地，直到 1816 年最后归属法国。1977 年成为法国的一个大区。法属圭亚那是法国领土的一部分，由法国中央直接管辖，从名义上不可称之为"殖民地"，因此它也是欧洲联盟的一部分。与法国本土相同，法属圭亚那的货币是欧元。1964 年在库鲁地区建成火箭发射中心，欧洲宇航局在此从事阿丽亚娜火箭的发射业务。——译者
② 科德尔·赫尔（Cordell Hull，1871—1955），先后担任美国国务卿近二十年，（转下页）

统签署。总统欣然应允。

在此后的两周里，我分别与赫尔、副国务卿萨姆纳·威尔斯①，欧洲事务司司长雷伊·阿瑟顿以及詹姆斯·C.邓恩进行了会谈。12月20日，国务院将总统的指示拟成了公文，经总统签署后，由赫尔交给了我（正文见附录）。

在国务院，威尔斯针对当前的局势为我做了极为透彻的分析。他对细节情况的熟悉以及对总统政策的把握，给我留下深刻印象。通过这次会谈，我清楚地了解了他的思想与观点，而且我觉得他与总统的想法一致。他给予我的忠告，令我在维希任职期间受益无穷。我和上述提到的几位都曾进行过长时间的会谈，但是惟独威尔斯与我这个老水手之间的沟通最为顺畅通透。

威廉·C.布利特，是战前的驻法大使，此时恰好在国内，对于接下来将要和我打交道的一些人物，他提供了不少重要的背景信息。尽管内政部还有不少有关波多黎各的事务需要处理，但是我和夫人还是赶在

（接上页）是美国历史上在任时间最长的国务卿。全力支持罗斯福"新政"，使世界经济危机在美国造成的损失减少到最低限度。在英、法和轴心国两大集团之外，推动建立了以美国为首的、包括中南美洲许多国家在内的第三集团，在二战初期超然于战争之外，使美国在经济上和政治上均获得巨大利益。支持加强英美合作和援助苏联。1941年日美谈判时，拒绝承认日本通过侵略获取的利益，要求日军撤离中国和越南。二战后期为建立联合国付出巨大努力，并因此荣获1945年诺贝尔和平奖。——译者

① 萨姆纳·威尔斯（Sumner Welles，1892—1961），美国外交官。1914年毕业于哈佛大学，后进入外交界。历任国务院拉美司司长、驻古巴大使等职。1933年至1943年任助理国务卿和副国务卿，任内制定和推行富兰克林·罗斯福对拉丁美洲的"睦邻政策"，多有建树。1937年中日战争爆发后，曾反对对日本采取强硬路线。1940年受命出使欧洲，了解交战各国对和谈与停战的态度，曾与意大利的墨索里尼和齐亚诺、德国的希特勒和里宾特洛甫、英国的张伯伦和丘吉尔、法国的达拉第和雷诺分别进行会谈。由于希特勒坚持德国人集中居住的波兰领土划入第三帝国版图，英国政府表示不能接受希特勒的条件和德国议和，威尔斯未取得任何成果。1941年随罗斯福出席大西洋会议，协助起草《大西洋宪章》。后因与国务卿科德尔·赫尔不和而辞职。——译者

12月22日离开了华盛顿，并于次日清晨在诺福克登上"塔斯卡卢萨号"。

虽然一路上气候恶劣，海面上波涛汹涌、风浪不断，我们的海上旅行还是相当的舒适惬意。圣诞节那天，由于从西北方向有飓风袭来，我们的圣诞大餐不得不分别装在特殊的托盘里，当我们打开放在一个长沙发上的圣诞礼物时，船身的剧烈晃动几乎让人站立不住。

12月30日，我们抵达里斯本，驻维希使馆的海军武官罗斯科·H. 希伦科特中校等人前来迎接我们。受亚历山大·韦德尔大使和夫人的邀请，我们在马德里停留了两天。我发现我们的西班牙大使对欧洲的局势颇有见地。和英国驻西班牙大使塞缪尔·霍尔爵士的会谈有些沉闷，而他带来的消息也令人感到英国的前路坎坷、未来堪忧。1941年新年前夕，马德里正值寒冷的冬季，除了那些富裕人家，普通民众都面临着食品短缺。但至少它还处在和平之中，很明显，佛朗哥①将军在西班牙一

---

① 弗朗西斯科·佛朗哥（Francisco Franco，1892—1975），西班牙国家元首，长枪党党魁。1936年7月发动西班牙内战，由于得到德、意法西斯支持和英、法等国采取"不干涉"政策，最终获得胜利，自1939年开始到1975年统治西班牙长达30多年，1947年自任摄政王，长期实行法西斯独裁统治。尽管在内战中得到德意的支持，1939年3月西班牙也加入反共产国际协定，并与德国签署了秘密友好条约，但佛朗哥认为西班牙无法承受另一场战争，故二战爆发时西班牙名义上保持中立，有意地疏远轴心国，当德、意力促西班牙加入轴心国参战时，他谨慎地予以回绝。但随着二战初期轴心国的顺利推进，佛朗哥逐渐向轴心国靠拢。他希望趁机收回被英国人控制两个多世纪的直布罗陀。1940年6月，在德军横扫西欧之时，佛朗哥突然出兵占领丹吉尔。当时丹吉尔是由德、意、英、法四国共管的地区。佛朗哥在采取这一军事行动以前，只通知了德、意，而没有通知英、法，随后他又提出收回直布罗陀的口号。在苏德战争中他派出了由长枪党党员组成的蓝色师团，穿德国军服，开赴苏联作战。但佛朗哥仍留有后退的余地，对外他只是宣布西班牙由中立国转变为非交战国，对德国他强调"西班牙派志愿军并不等于站在德国一方参战"。在盟军取得主动权后，佛朗哥再次变得中立，宣布西班牙由非交战国恢复中立，在1943年底召回了蓝色师团，1944年5月又和同盟国达成协议，关闭德国在丹吉尔的使馆并驱逐德国使节，以换取盟军的经济援助。1944年底盟军飞机获准进入西班牙境内，盟军情报人员也可以在西活动。在整个大战期间，佛朗哥一直周旋于两大集团之间，看风使舵，利用英、美与德、意之间的矛盾，从中捞取好处。盟国为了阻止佛朗哥靠近轴心国，不断地在经济上援助西班牙，以拉拢其在大战中保持（转下页）

手遮天。

我们乘坐火车前往巴塞罗那，结果十二个小时的行程被拖延至二十五个小时，中间无缘无故的停车长达三个小时，没有任何解释。我们乘坐的车厢里，塞满了乘客和行李，还有鸡鸭和蔬菜，没有供暖设施，肮脏到令人难以置信。到达巴塞罗那时，我们已是浑身僵冷、疲惫不堪。之后，我们乘坐一辆轿车离开巴塞罗那。接近法国边境时，我们遇到一条河，河上的桥梁已经毁坏，因此我们只能涉水过河。结果走到河中央时，车子陷了进去，那一刻，我体会到了此生当中最彻骨的寒冷。后来，一位当地农民用马匹将我们载过了河。

在日暮时分，我们穿越了法国的边境小镇勒佩尔蒂，最终到达蒙皮利埃市。在经过了三十六个小时寒冷无眠的艰难旅程之后，我们在一间冷得像冰窖似的屋子里，裹着自己的衣服和外套沉沉睡去。这间旅馆里挤满了从德国占领区逃出来的法国难民，甚至连屋檐下都挤满了人，这些背井离乡的人们看起来是那么的迷茫无助、黯然神伤。

第二天，我们继续行程，车子在冰雪覆盖的道路上艰难前行，最终抵达了尼姆，至此我们长途跋涉的艰辛旅程总算告一段落。1 月 5 日午夜时分，我们乘坐贝当元帅特派的火车专列抵达维希。使馆的全体人员都来迎接我们，在温泉大街为我们准备的住所看起来还算舒适，接下来的十六个月里我们都将住在这里。在吃了顿丰盛的晚餐之后，总算能好

（接上页）中立。战后西班牙受到了国际社会的排斥，其在联合国的资格被剥夺。在 1946 年 12 月的联合国大会上，西班牙的法西斯政策遭到强烈谴责，根据会议决议，只要佛朗哥继续掌权，西班牙将不会被允许参加联合国等各类国际机构。但由于西班牙的反共意识形态和美国的利益相吻合，美国在 1940 年代末至 1950 年代初试图将其与西班牙的关系正常化。1950 年 9 月美国给予西班牙 6 000 多万美元的援助，1951 年全面恢复外交关系。1955 年西班牙重新加入联合国。1969 年佛朗哥指定胡安·卡洛斯为王位继承人，1975 年逝世于马德里。其死后胡安·卡洛斯登上王位，实行民主改革，西班牙结束独裁统治。——译者

好地睡上一觉了。

美国新闻界的记者们闻讯蜂拥而至，因此我的第一项官方活动就是举办记者招待会。但是对于他们的问题我真的无可奉告，有人询问我此行来维希的目的，是不是为了在西半球为美国谋求更多的军事基地，对此我断然否认。

不过，在之后的日子里我渐渐地越来越喜欢这些记者们了。他们都是些年轻帅气的小伙子，并且对我有很大帮助。他们的信息来源广泛，消息灵通，提供给我的信息远远比我给他们的要多。后来这些人当中，为国家做出过杰出贡献的有：《纽约时报》的保罗·阿奇鲍尔特；合众社的赫伯特·金和拉尔夫·海因岑；美联社的泰勒·亨利；《纽约先驱论坛报》的约翰·埃利奥特；《芝加哥论坛报》的戴维·达拉；《芝加哥每日新闻》的保罗·加利。

阿奇鲍尔特是消息最灵通的。而海因岑深得赖伐尔"宠爱"也是人尽皆知的，这位最近刚刚被罢免的前总理和他的女婿勒内·德·尚布伦，试图通过海因岑来寻求公众的支持，因而向他透露了许多独家内幕消息。我认为海因岑确实很好地利用了这一点，并且得到的消息准确可靠。有一次，我指着一篇文章问他："他们这是在为赖伐尔做宣传吗?"他说不是的，他认为那篇文章只是在陈述事实。不管怎么说，海因岑的确发挥了很大作用。

第一次记者招待会开完之后，在大使馆官员的陪同下，我于1月8日上午在塞维涅宫正式向贝当元帅递交了国书。虽然这次的会晤只是礼节性的，但我明显感觉到，罗斯福总统安排一名经验丰富的大使来维希这一举动，对贝当的士气有所鼓舞。他对罗斯福总统写给他的私人信件中对法国人民的关切之情表示了感谢。同时，我也提交了召回布利特大使的正式文书。

当时，无论是在德国占领区还是非占领区，也不论人们对贝当政府或者他的内阁态度如何，贝当本人是几乎所有法国人都崇拜尊敬的"凡尔登英雄"。虽然已是八十四岁高龄，贝当仍然精力旺盛、思维敏捷。他身着笔挺的元帅制服，一双蓝眼睛炯炯有神，浑身洋溢着军人的英武之气。他仍然记得我们之前仅有的一次会面，大约是十多年前，在弗吉尼亚的约克镇，纪念独立战争英国殖民军向美法联军投降一百五十周年的庆典上，他曾经发表过一次演讲。

他略懂一些英语，但还是和我使用法语进行交谈，他的措辞清晰，并且为了便于我理解，尽量选择简单易懂的词汇表达。我在学校里曾经学习过法语，此外，作为一名水手，在环游世界的旅程中，多少都会学习一点儿当地的语言。我的夫人法语讲得很流利，她在少年时期，十岁或者十一岁的时候，曾经在法国上过学。

第二天，由使馆一秘 H. 弗里曼·马修斯担任翻译，我与贝当会谈了一个小时。这次会谈安排在他位于杜派克酒店的办公室里进行，这家酒店相当于华盛顿白宫的行政楼。他的办公室不大，只有三间房间，但是警卫森严，并且在我们谈话时将房门紧闭。当我看到贝当元帅时，他的状态令我大吃一惊。此刻的他看起来疲惫不堪、老态毕现，完全看不到半点儿昨天那种容光焕发的模样儿。会谈主要在外交部长彼埃尔·艾蒂安·弗兰丁和我之间进行。那天晚些时候我又看到元帅好几次，但他都是一副心力交瘁的样子。当然，我们的会谈时间不可能由我来指定，但是至少我可以决定什么时候离开，因为元帅实在是公务繁忙。1 月 9 日，我们再次进行了会谈，此次会谈的主要内容是关于法国的食品供应状况，后续我会谈到这个问题。

第二个与我会面的是海军上将达尔朗，当时的海军部长，但很快就将成为总理。达尔朗态度非常热情友善，而且我们都是海军，聊起老本行来相得甚欢。

达尔朗大部分时间都在和我抱怨英国海军是多么的无能，多么的靠不住，多么的不可救药。在德国入侵挪威的七个星期前，他曾经主张占领挪威的特隆赫姆和纳尔维克，但是英国海军部迟迟没有批准作战行动，以致坐失战机。不过对于高层的评价他相当有分寸，并且承认在英国海军里也有少数官兵英勇无畏。他赌咒发誓说，再也不会和任何英国人打交道了，而且，为了保卫法国舰队和基地的安全，如有必要他会与英国开战并且必胜！

达尔朗对自己国家的海军怀有深厚的感情，相应地，海军也给予了他崇高的地位。他声称，不管是谁下令，他的海军宁愿自沉，也绝对不会移交给别人。他还向我描述了最近与希特勒会面的情形，希特勒看起来更像是个律师而不是政客，而且在持续一个半小时的会议期间，他都没正眼瞧过达尔朗一眼。达尔朗并不是亲德派，但是和那时所有的法国人一样，他认为德国人将会赢得这场战争的胜利并在欧洲建立起新秩序。

他对英国的敌视是根深蒂固的。他说，他的手下从英国回来之后告诉他，英国人只擅长纸上谈兵，但真正到了实战就一塌糊涂。不过，他还是认为希特勒不可能成功入侵英伦三岛，"即便是在英国当前这种低效无能的状态"。然而，他确实过于低估了英国海军的实力，他带有个人偏见的论调也让人难以信服。

美国向法国非敌占区提供食品援助，是我在维希任职期间一直致力于解决的问题。在1月9日与贝当的会议中，我们讨论了通过美国的红十字会，用船向非敌占区的儿童运送牛奶、药品和衣物的条件。美国政府已经于1月7日批准了这些援助计划，但是要求救助物资的分配必须处于红十字会的全面监管之下。贝当和弗兰丁表示完全同意这些条件。

为了避免这个纳粹控制之下的傀儡政权被推翻，维希政府深信，获得美国的食品援助是当务之急。但是，达尔朗完全不这么认为，他说法国的食品储备足以满足全法国的需求，只是由于缺少润滑油和汽油，没法派送至各地。因此，达尔朗认为美国提供援助的最佳方式，是帮助他们解决运输问题。

第一批援助物资将于2月份抵达马赛，理查德·F. 艾伦，美国红十字会驻欧洲代表，专程来到维希与我们商讨这些物资的分配方案，他与我们之间的合作相当密切。艾伦认为，红十字会完全有能力完成非敌占区的食品和补给分配工作，决不可能让这些物资直接或者间接落入德国人的手里。

艾伦是从巴黎来到维希的，据他所说，巴黎各个阶层民众的态度，都愈来愈倾向于反对德国，支持英国人获胜。他告诉我，德国人正在储备大量的粮食，主要是面粉，占领当局肯定是吃饱喝足了。他认为德国人将会在法国制造饥荒，然后再拿出这些储备来捞取政治资本。

在维希，我目睹了民众缺衣少食的状况。天气寒冷，人们却没有足够的衣物御寒，许多人看起来面黄肌瘦、营养不良。而无孔不入的德国媒体，大肆渲染贝当政府没有向民众提供足够的食品供给，这令贝当很是焦虑不安。而且这些在德国人控制下的媒体，还抨击说美国完全可以毫无障碍地突破英国封锁，向法国运送救济物资。

1月16日，我写了一封信给威尔斯，说明向法国非敌占区提供救济衣物、食品以及润滑油应该不会有落到德国人手中的可能。我指出，如果非敌占区的法国人民能够比敌占区人民生活得更加丰衣足食，那么反对派就难以在救济问题上攻击贝当政府了。

我告诉威尔斯："如果我们希望保持法国人民对美国的信心，相信美国能够帮助他们渡过这段缺衣少食以及燃料短缺的艰难时期，那么对我们来说，做的必须比说的要多。"

实际上说起来，对于所有在维希工作的人来说，都面临食品短缺的问题。我们从美国来的时候已经额外多带了些咖啡、糖、肥皂、培根和黄油，因为在法国这些东西很难弄到。尽管我的工作人员为我把生活安排得井井有条，但其实每一样食物都来之不易。人们把费尽心思才搞来的食物像宝贝似的藏在柜子里。为了能让大家吃到可口的饭菜，使馆的厨师们不得不使出毕生绝学。

维希，并没有做好成为一国之都的准备。然而，它现在不得不承担起某些职能。维希原本一直是著名的水疗度假胜地。旅游高峰期这里会有超过90 000人，而实际常住人口只有50 000左右。法国政府把他们的办公室设立在许多宾馆里。但当我们到达维希的时候，那里的人口数量估计已经达到130 000人，这就使得住房问题变得尖锐起来。

电力供应就像女明星的心情一样变化无常。与周边地区的通勤交通，不得不依靠老式的烧炭公交车，载着满满当当的乘客，摇摇晃晃地穿梭于各个城镇之间。那年的天气很冷，刺骨的寒冷。但是当地根本没有供暖设施。法国政府提供给我们使用的住宅，是向一位美国公民弗兰克·古尔德先生征用的。我们用布和纸条将门和窗户的缝隙密封起来，在房间的壁炉里燃起炭火，这样才勉强能够住人，但绝对称不上舒适。然而这种办法在大使馆的办公楼里却几乎不起作用，我们不得不裹着厚厚的大衣工作。

大使馆的办公楼也是征用的，之前是一位医生的办公室，叫做伊卡别墅。我的办公室位于楼上的起居室里，房间里摆满了装饰华丽的家具，不过现在已经为我们办公所用了。但除此之外其他什么也没有，我们的工作和生活有着诸多不便。邮件的传递是不定期的，邮差的出现没有规律，并且也不会提前通知。后来海军为我的私人邮件提供了特别服务，情况略有改善，不过为什么会得到这样的特殊待遇，我始终没弄明白。

每当邮差出现，所有人就会冲到写字桌或打字机旁，匆匆写就各种需要带回美国的信件。我给总统和威尔斯的许多重要信件，就是这样在邮差不耐烦的等待中写下的，而穿越西班牙和葡萄牙的长途跋涉对于邮差们来说也是件苦差事。

我经常会写信给罗斯福总统。除了总统和威尔斯之外，我和国务卿赫尔以及其他人并无联系。

英国广播公司（BBC）的广播是我们获取新闻的主要渠道，尽管德国人试图干扰，但是他们的信号还是相当的好。有时候我们也能收听到一家波士顿电台。为了收听 BBC 的夜间新闻广播，我经常熬夜，因此时常能够听到广播里传来伦敦大本钟悠扬的午夜钟声。在维希这个几乎与世隔绝的外交前哨，这无疑是最令人心生慰藉的声音。

从巴黎送过来的报纸也时断时续，上面常常会刊登一些诋毁我的文章。如果这些文章太过恶意诽谤，我就会把它们寄给罗斯福总统。邮差会为我们带来纽约和华盛顿的报纸，我们藉此了解之前的几周里世界上发生了什么。

我的生活很规律，每天早晨 9:30 准时到达办公室，中午步行回家吃午饭，下午 5:30 下班。据说在伊卡别墅附近的一家箱包店，就是对照我进出的时间来设置他们的时钟。对于这家店还有其他商店，给我留下最深的印象就是它们昂贵的价格。

在维希主要的消遣方式就是看歌剧。我对歌剧从来就不怎么感兴趣，因此夫人不得不想方设法说服我陪她一起去。不过，一般情况下她都会成功。最令我开心的事，莫过于招待各个使馆的同僚，以及与他们同甘苦、共患难的夫人们一起聚会。在维希，我们拥有来自美国的最好的食物，尽管在途中有一些被偷走了。当我们对同行朋友们进行第一次礼节性拜访的时候，看到他们个个在房间里都穿着厚重的外衣，戴着围巾，围在各式各样的小火炉旁烤手取暖。

在维希有很大一片的使馆区。当时大约有四十个国家与贝当政府建立了外交关系，其中有六个国家——美国、日本、西班牙、土耳其、阿根廷和巴西设立了大使馆。罗马教皇也派驻了一位教廷大使。我的一些同行朋友们对我帮助很大，为我提供过许多重要的情报信息。他们中的大多数人，都希望德国战败，有一些人甚至情绪激烈，然而他们却并不想采取什么实际行动，总是把希望都寄托在我的身上。

在维希，无论是政府官员还是普通民众，对我们都非常友善。我很快便结识了贝当内阁的所有成员，也会在一些社交场合中与他们碰面，但却不会与他们有任何工作关系。我需要维持贝当对我的信任，因此不能与这些部长们有太多瓜葛，贝当对他们当中的大多数人并不信任。不过，我的下属们表现出色，他们与维希政府的所有成员都建立了极为热络的关系。

然而，在法国敌占区的情形则完全不同。尽管我从来没去过那些地方，但是我们大使馆的一系列活动，却不断地刺激着德国占领当局，令他们恼怒不已。几乎就在我被任命的当天，德国人对我进行污蔑诽谤的宣传攻势就开始了，并且一直持续到我返回美国。

在我出发之前，总统就要求我通过私人信件保持联系，向他汇报情况。我写给总统的第一封信是在1941年1月25日，在信中我向他描述了我对贝当元帅的印象，他所承担的压力和负荷已经超出了身体所能承受的范围，并且看起来很不信任自己的内阁。贝当元帅显然对赖伐尔极为不满，后者企图取代他成为法国政府的实际领导人，让他变成傀儡。我向总统特别强调，德国人施加的种种压力，令贝当反应强烈，特别是在与食品供给、德国战俘营里100多万法国士兵的安危以及他自己的维希政权有关的问题上。不过，我感觉贝当还是会尽力将停战协定执行下去。

法国军队的快速崩溃，极大地打击了贝当政府的信心，使他们深信英国绝不可能取得胜利。我曾经和他们说过，在近期英国必定会在与德国的对抗中赢得局部胜利。然而在法国人看来，盟军在利比亚或阿尔巴尼亚取得胜利的那些战役中，"不可战胜的"德国军队肯定没有参战。我告诉罗斯福总统，尽管法国民众希望英国获胜，许多维希政府的官员也希望如此，但他们并不相信这会成为现实。因此，许多政府高层官员倾向于向柏林做出全面妥协。我担心在德国人的淫威之下，贝当元帅不得不重新将赖伐尔召回他的政府内阁，尽管他认为赖伐尔是一个毫无诚信、卖国求荣的小人，称他为"法兰西败类"。我正在尝试说服贝当挺起腰杆，不畏强权，如果这一次屈从于德国人的压力，让赖伐尔重新当权，那么这种妥协屈服一旦开始，就不会有结束。

我告诉罗斯福总统，实际上法国政府里没有哪个人认同战前的那套政权模式，包括贝当本人，他看起来似乎更支持类似于意大利法西斯主义政权的模式，只不过不支持它的扩张主义政策罢了。

在另一封给威尔斯的信中，关于对维希政权的印象，我引用了一位法国人的话，他对我说："我们法国人将维希政权比作一篮子螃蟹，那些个头大的、更强壮的总是拼命把别人推到一边儿，让自己爬到最上面。"

第三章　得寸进尺的轴心国

1941 年 1 月底，种种迹象表明，希特勒将会向贝当施加重压，迫使他在建立欧洲"新秩序"上与德国进行"更紧密的合作"。除了战俘和食品供给，纳粹用来向贝当施压的手段和花样繁多，并且每一个都令他难以招架。他们可以随时切断与占领区的通讯联系，在巴黎建立一个对立的傀儡政府，重新划定分界线，甚或是出兵强行占领维希政府控制的地区。这一区域大致包括战前第三共和国①巴黎以南和大西洋海岸线德占区以东的地区。

令贝当最为揪心的是，纳粹会更加残酷地对待法国战俘或出兵占领非占领区。对于他的"孩子们"，贝当有着一种真挚的近乎父亲般的感情。他深知，如果在战俘营里的法国士兵们受到任何伤害，都将令他们的父母和妻子更加悲痛。而对于德国人出兵非占领区的忧虑，他曾经这样对我说："如果我违抗他们（纳粹），他们就会南下入侵这里，这对于我的人民来说将是一场可怕的灾难。他们是我的人民。我有责任保护他们的幸福安宁。"他的许多做法，在华盛顿和其他人眼里看起来有些匪夷所思，但是当我了解他的这种家国情怀后，便能够理解了。

维希政府的几位部长，尤其是弗朗丹②，经常同我谈起"无胜利的和平"③的必要性。他的观点让我想起了伍德罗·威尔逊总统在一战中提出的那些理念。此外，他们对于德法之间合作政策的倾向性态度，也令我印象深刻。因为据我所知，在没有获得军事胜利的情况下，能够维持持久的和平，历史上还没有这样的记录。

上述"压力"，实际上来自前总理赖伐尔打算重新夺回政权的企图。在这场对于意志的特殊考验中，贝当展现出了非凡的勇气，他不仅断然拒绝了赖伐尔的要求，而且还于 1941 年 2 月 8 日授权达尔朗海军上将重新组建新的内阁。达尔朗则充分抓住机会，成为国民议会副议长，以及贝当的"继任者"。这一点令我颇感意外，因为在我和贝当元帅的谈话中，我清楚地记得，对于这位海军上将他并不完全信任。不过，贝当在 1 月份已经颁布法令，要求所有的内阁成员和高层官员都听命于达尔朗。

2 月 11 日，维希和法国南部之间的电话联系突然被切断。当时，佛朗哥将军正在前往意大利会见墨索里尼的途中。之所以这么做，是由于德国人担心，在法国南部势力强大的所谓西班牙共和主义者试图对他进行谋杀。有关佛朗哥此行的目的众说纷纭，特别是贝当在中途某地与他安排会晤，更是令谣言四起。而对此最有意思的解释，来自佛朗哥的一位密友，巴塞罗那市长。据传，这位市长说佛朗哥告诉他，起初是墨索

---

① 法兰西第三共和国(La Troisième République)，1870 年 9 月 4 日成立，国号为法兰西共和国(République Française)，是在 1870 年至 1940 年统治法国的共和政府，采用议会民主模式。共和国在第二帝国因普法战争的失败而倒台、巴黎公社被成功镇压后而建立，一直到 1940 年因为纳粹德国入侵而垮台。第三共和国虽然从未被认为能长期执政，但意外地是法国第一个长久而稳定的共和国政权，赢得法国人对共和政体的支持。——译者

② 皮埃尔-埃蒂安·弗朗丹(Pierre-Étienne Flandin，1889—1958)，法兰西第三共和国保守政客，共和党联盟(ARD)的领袖。1924 年起先后担任过多个内阁部长职务。1934 年 11 月 8 日到 1935 年 5 月 31 日任法国总理，期间签署了《法意条约》《法苏协定》等多个重要国际条约。1936 年希特勒出兵进占莱茵兰非军事区时，他担任外交部长。1940 年 12 月，贝当元帅任命他担任维希政府外交部长；12 月 13 日又任命他接替皮埃尔·赖伐尔任总理；但他只干了两个月，1941 年 2 月 9 日，弗朗索瓦·达尔朗把他赶下了台。——译者

③ 无胜利的和平：在美国参加一战前夕，1917 年 1 月 22 日，伍德罗·威尔逊总统在参议院发表演说时，呼吁以"无胜利的和平"(Peace Without Victory)为基础，解决欧洲的战争冲突。在希望破灭之后，4 月 2 日，他向国会申请批准美国对德宣战；四天之后，美国对德宣战。——译者

里尼提出想要到西班牙来，商讨德国军队穿越西班牙的路线问题，想必是为了攻打直布罗陀。对此佛朗哥表示，不如他亲自前往意大利。

佛朗哥在罗马与墨索里尼会谈时说，即便他自己有此意愿，但西班牙人民是不会允许德国人借道西班牙的，因此他不能同意这项提议。战后听说，在 1940 年 10 月的时候，因为佛朗哥拒绝配合希特勒制订的经西属摩洛哥向地中海和直布罗陀海峡的英军发起钳制性进攻的计划，希特勒大为光火。

一次次类似的例证，使我相信佛朗哥将军力图在战争中保持中立的同时，实际上是站在盟军一边的。对于盟军来说，佛朗哥数次阻止德军进攻直布罗陀海峡的行动，发挥了重要作用。而对于佛朗哥来说，在 1941 年初盟军在军事上尚处于劣势的时候，能够做出如此抉择，要么是他神机妙算，要么只能说他运气太好了。因为在那时，我在法国遇到的所有人，几乎都确信德国人会胜利。

2 月 24 日，我和海军上将达尔朗，即当时的总理和国民议会副议长，进行了第一次会晤。我发现自从这个月中旬，他对巴黎进行了两次短暂访问之后，便明确表示支持与德国在经济领域的合作——这可不是个好消息。他深信不疑，无论这场战争的结果如何，英国人在欧洲政坛的影响力已经告一段落。

据说，达尔朗在巴黎的代表已经向新闻媒体宣称，如果英国人不解除封锁，达尔朗将利用政府的宣传媒体造势，告诉法国人民应该对他们的饥荒负直接责任的是丘吉尔，海军也将为法国商船护航，如果遇到英国舰船干扰，会毫不犹豫地击沉他们。这样一份声明，对我为贝当那些饥饿的"子民们"向美国争取食品援助，没有任何帮助。

尽管英国阻止向法国非敌占区运送食品的封锁政策如同他们在二战时期推行的许多政策一样，都是非常愚蠢的。但是我有一种感觉，无论如何，贝当元帅是绝不会同意任何将法国人民推向盟国对立面的做法。

后来(3月4日)我在给威尔斯的信中写到，我始终难以理解，为什么英国的经济作战部或美国的某些利益集团，一定要让法国的普通老百姓忍饥挨饿，而使他们产生敌对情绪呢。不过几周之后，相较于他在巴黎发表的挑衅性宣言，达尔朗的态度有了相当大的收敛。但我仍然认为，他是绝对有胆量挑战英国海军的封锁令的。

达尔朗告诉我，德国当局非常清楚法国非占领区粮食紧缺的状况，已经同意从北部占领区的粮仓中调拨 20 万吨小麦。但是他并没有告诉我，得到这些小麦，付出了什么样的代价。

在巴黎，他还和德国人讨论了未来的社会改革问题，意图按照意大利的"国家社团主义"模式重组法国的工业和政府机构。他颇为得意地告诉我，他和德国人的关系越来越融洽，而他的主要对手，赖伐尔的影响力则日渐式微。这次与达尔朗的会谈，令我感到此人颇有才干，野心勃勃，如若不是受制于贝当元帅，将会是一个危险人物，尤其是他对英国海军封锁的态度。贝当完全不信任他，因为他经常不征求元帅的意见便自作主张。如果我将听到的消息告诉给贝当元帅，达尔朗一定会火冒三丈。

在我们数小时的会谈当中，达尔朗自始至终彬彬有礼，态度友善。在那个历史的当口上，他似乎是贝当元帅能够找到的最佳人选，除非德国人强迫贝当起用赖伐尔，否则他就是大权独揽的法国政府掌门人。虽然达尔朗向纳粹示好，但是他们并未完全接纳他。他告诉我，他发出的击沉英国人舰船的警告，得到了设在威斯巴登的停战委员会①的许可。

在给罗斯福总统的另一份"政治局势"报告中，我认为从总体上来说，尽管达尔朗上将对英国人的敌对情绪是根深蒂固、难以扭转的，但

---

① 威斯巴登停战委员会：1940 年 6 月 22 日，根据德国提出的条款，法国签署了《法德停战协定》，规定设在威斯巴登的德国停战委员会负责实施停战协定，该委员会事实上成为决定法国命运的太上皇，重大决策及高级行政职务任命需请其批准。威斯巴登(Wiesbaden)，是德国中西部城市，黑森州首府，为著名疗养胜地。——译者

是他比赖伐尔的危险系数要小得多。而由我口头转达的罗斯福总统给予贝当个人的评价，取得了良好效果，贝当对此很是重视。

巴黎的报纸天天都在大肆抨击贝当政府（还有美国大使），如今连达尔朗也未能幸免，成为他们攻击的对象。我被描绘成一个犹太银行家的走狗，前英国特工，共济会①成员，并且说我已经向贝当发出最后通牒，逼迫他任命我的"水手朋友"——达尔朗，成为政府的二号人物。这些媒体对我的造谣诽谤太过猖獗，甚至连贝当都看不下去了，他勒令非敌占区的一家杂志停刊两个月以示惩戒，因为他们"擅自发表抨击来自友邦的一位政府官员的文章"。

3月10日，美国向法属北非提供有限经济援助的书面协议在维希草签，这份协议后来被称为《墨菲—魏刚协定》，它的签署对于我们来说是一个胜利，而这主要是驻法大使馆前任代办罗伯特·D. 墨菲②的功劳。

---

① 共济会，字面之意为"自由石匠"（Free Mason），全称为"Free and Accepted Masons"，出现在18世纪的英国，是一种带宗教色彩的兄弟会组织，也是目前世界上最庞大的秘密组织，自称宣扬博爱和慈善思想，以及美德精神，追求人类生存意义。世界上众多著名人士和政治家都是共济会成员。其会员被称为"美生"（Mason，原意为石匠），故音译中文名也称美生会。中文"共济会"一词取其组织性质。从共济会诞生之初，质疑和反对之声便不绝于耳，最著名的便是天主教会与共济会的世纪战争，罗马教皇高举反共济会的旗帜两百多年，直到今天。——译者

② 罗伯特·丹尼尔·墨菲（Robert Daniel Murphy，1894—1978），美国外交官。1930年至1936年任驻巴黎领事，1940年法国沦陷后任驻维希政府代办，他是美国国务院的法国问题专家。1941年2月，主持与维希政府驻北非总代表、北非法军总司令马克西姆·魏刚谈判并签订《墨菲—魏刚协定》，准许美国越过英国的经济封锁，与法属北非开展进出口贸易。1942年秋，根据罗斯福总统的命令，墨菲以总统特使、北非公使之职，对法属北非进行了考察，为"火炬行动"做准备，并广泛接触法军将领，鼓动他们支持盟军的登陆行动；11月8日登陆行动前夕，墨菲协助马克·克拉克将军成功争取到北非法军总司令亨利·吉罗将军的配合，成功协调了克拉克与法军将领之间的关系；并与1943年1月到任的英国地中海常驻公使哈罗德·麦克米伦结下深厚友谊，两人携手为"卡萨布兰卡会议"的顺利召开和促成吉罗、戴高乐的合作做出了重要贡献。1943年意大利战役展开后，墨菲离开北非，协助艾森豪威尔处理有关意大利的外交事务。战后曾任美国驻比利时、日本大使，助理国务卿，副国务卿。1959年退休后，还担任过肯尼迪、尼克松等多位总统的顾问。——译者

他在北非的行动曾经招致一些非议，但是他对那里的政治和经济形势所做的充分调查，为 1942 年 11 月美国军队在北非的成功登陆奠定了基础。

墨菲具有敏锐的洞察力，办事雷厉风行，极富个人魅力，可惜我们在维希未曾有机会领教。如果按照过去海军的做法，我们会在他的名字上加注一颗星，标志着他将会得到快速晋升。

在《墨菲—魏刚协定》中，约定美国将通过海运向北非运送一些生活必需品，这项条款主要是针对阿拉伯人，因为他们更容易受到德国人的宣传蛊惑。协议中的生活必需品还包括棉布。我听说阿拉伯人有将尸体包裹在棉布中的习俗，如果他们没有棉布可用的话，死去的人就无法上天堂。阿拉伯人还喜欢喝茶，因此它也在名单之上。

我们另一项有关情报工作的行动计划，进展得就没有如此顺利了。战略情报局局长威廉·J. 多诺万将军①（绰号"野牛比尔"）在欧洲和中东的访问活动遭到了法国人的谴责。维希政府拒绝向他签发进入叙利亚

---

① 威廉·约瑟夫·多诺万（William Joseph Donovan，1883—1959），美国陆军少将。二战时期任美国战略情报局（OSS）局长，被称为中央情报局（CIA）之父，现位于弗吉尼亚州兰利的 CIA 总部入口处就竖立着多诺万的塑像。1909 年毕业于哥伦比亚大学法学院，与富兰克林·罗斯福总统是同学。早年从业法律界，是纽约州水牛城的执业律师。1912 年协助组建了纽约州国民警卫队的骑兵部队并担任指挥官。1916 年率军参加了约翰·潘兴将军领导的追剿墨西哥起义首领潘丘·维拉的战斗。一战期间任第 42 师 165 团 1 营营长、团参谋长。战后回到纽约州继续从事律师工作，并作为摩根财团的代表，先后赴日本、中国、朝鲜、西伯利亚和欧洲旅行，收集国际共产主义运动的情报。1923 年后历任纽约州西区检察官、司法部反垄断局局长。1928 年赫伯特·胡佛当选总统后，本想提名多诺万任司法部长，但受到南方反天主教势力的影响，改为提名其任菲律宾总督，多诺万没有接受。1932 年作为共和党候选人角逐纽约州州长失利。通过多年在欧洲、亚洲的商务活动，多诺万与意大利独裁者墨索里尼、德国纳粹党领袖等外国领导人建立了广泛联系，并认为欧洲的第二场大战不可避免。罗斯福总统非常欣赏多诺万在外交和情报工作上的才能。二战爆发后，罗斯福先后任命多诺万担当多个重要职务。1940 年至 1941 年间负秘密使命前往英国、巴尔干诸国和中东地区考察。1941 年 7 月 11 日被罗斯福总统任命为"情报协调官"，领导新组建的情报协调局（COI），负责统筹不同政府部门和各军种的情报工作。1942 年 6 月在情报协调局基础上建立战略情报局，隶属英美联合参谋长委员会，多诺万任局长，一直到 1945 年 10 月，为盟军情报工作做出突出贡献。二战后曾任驻泰国大使、国际情报研究所所长。——译者

的护照。对于多诺万和他的战略情报局，我并不了解，不过他的某些特工可没少给大使馆惹麻烦。后来，我们才知道他们在搜集、分析轴心国的政治和军事情报方面颇有成效。

因此，当海军部长诺克斯①派了一名年轻的芝加哥律师，托马斯·G. 卡萨迪作为大使馆的海军武官助理时，我感到十分惊讶。不久，我就发现这个人甚至连船头船尾都分不清楚，不禁更加好奇，海军的葫芦里究竟卖的什么药？过了一段时间之后，我才知道他是战略情报局秘密安插在美国大使馆的特工人员。卡萨迪是一名非常出色的间谍，精明强干而且行事周密审慎。他的保密工作做得极为成功，即便是在 1942 年11 月，德国人因为怀疑大使馆里有间谍活动，而拘捕了大使馆的个别工作人员，也没能抓住卡萨迪什么把柄。

3 月 8 日，我们从广播中得知，参议院已经通过了《租借法案》（三天后法案即生效），授予总统权力，可以将任何种类的军事物资装备租借给那些抵御外敌入侵的民主国家。这就意味着美国出于自身国防安全的考虑，可以给予大英帝国任何军需物资的援助。我们在维希的所有人都认为，这项法案实际上已经使我们的国家进入了战争状态。而这项法案的实施，也令维希政府当中许多支持同盟国的官员士气为之大振。

《租借法案》获得通过的当天，马克西姆·魏刚②将军也恰好返回

① 弗兰克·诺克斯(Frank Knox, 1874—1944)，美国出版商，1936 年共和党副总统候选人。二战爆发后，他积极支持英国。1940 年 7 月，罗斯福总统改组内阁，延揽共和党中的主战派加入内阁，诺克斯成为美国第 46 任海军部长，大力发展美国海军装备，使之成为具备两洋作战能力的强大战略力量。珍珠港事变后，他积极推荐欧内斯特·约瑟夫·金担任美国海军总司令和海军作战部长，并大幅改组海军指挥机构，扭转了太平洋战争的战局。1944 年 4 月因心脏病去世。——译者

② 马克西姆·魏刚(Maxime Weygand, 1867—1965)，法国陆军上将。1887 年毕业于圣西尔军校，后在索姆尔骑兵学校学习和任教。1913 年得到一战时期法军最高统帅斐迪南·福煦将军的赏识，在随后的五年中一直追随他，历任第 20 军参谋长、第 9集团军参谋长、北部集团军群参谋长、最高统帅部参谋长。1920 年至 1922 年任法国驻波兰军事使团团长，帮助约瑟夫·毕苏斯基重整军队，打败了米哈伊（转下页）

维希。这位骁勇的斗士，曾经在法兰西溃败的最后时刻临危受命，试图重整旗鼓，可惜已然是无力回天，之后他被赖伐尔派去北非担任驻北非总代表和北非法军总司令。不过令赖伐尔始料未及的是，魏刚在北非的所作所为，与他自己的通敌卖国行径完全背道而驰。此后的事实证明，对于我们来说，魏刚将军是一个很有帮助的人物，直到德国人将他强行召回。

为了迎接魏刚回到维希，贝当元帅安排了一场晚宴，他本打算让我和魏刚在晚宴上会面，但是一些内阁成员担心这样公开的会面会引起德国人的不快，因此我们于 3 月 9 日，星期天，在我的住所进行了一次秘密会谈。不过毫无疑问，德国人对美国使馆进行着严密监视，在维希到处都是间谍，任何进出使馆的人都逃不过他们的眼睛。

魏刚首先对美国在北非给予的援助表示了感谢。他向我提供了许多有关北非军事和政治局势的重要情报。他估计，德国人在意属利比亚有一到两个师的兵力。至于他自己的领地，他表示不管任何人入侵法属非

（接上页）尔·图哈切夫斯基指挥的苏联红军西方面军，此后继续负责波军训练和后勤供应。1923 年任驻叙利亚和黎巴嫩首席军事顾问，实际就是殖民地总督。1930 年任军事研究中心主任、总参谋长，将法军二十个师中的七个实现了摩托化。1931 年继贝当之后任最高军事委员会副主席、陆军总监，为推动法军机械化发挥了重要作用。在政治上他反对绥靖政策。1935 年 1 月曾退役。1939 年恢复军职，任驻叙利亚和黎巴嫩法军总司令，筹组东方军，准备进袭苏联南方。1940 年 5 月 19 日，在甘末林将军因战事失利被撤职之后，七十三岁的魏刚被任命为国防部参谋总长和法军总司令；敦刻尔克撤退后，法军精锐主力损失殆尽，他依靠剩余兵力沿索姆河至埃纳河建立了"魏刚防线"，6 月防线被突破。为防止巴黎被战火破坏，魏刚联合贝当宣布巴黎为"不设防城市"，并建议进行有条件的投降。1940 年 7 月任维希政府国防部长，建立停战军；9 月起任维希政府驻北非总代表和北非法军司令。1941 年 2 月签订《墨菲—魏刚协定》，试图得到美国经济援助，引起德国不满；同年 11 月被召回法国解职，并第二次退役。1942 年 11 月，盟军在北非登陆，魏刚企图飞往北非与之会合，但没有成功；他抗议德军进入法国南部非占领区，被党卫队逮捕。1943 年 12 月起被囚禁于奥地利，直到 1945 年。释放后回到法国，被戴高乐政府交付军事法庭审判，1946 年 5 月获释，1948 年 5 月宣布无罪，恢复名誉。诚如戴高乐所言："当 5 月 20 日魏刚被掌指挥权时，无疑已经太晚了。法兰西战斗败局已定。"著有回忆录《过时的理想》。——译者

洲，他都将会全力以赴抵抗到底。

在非洲的这一小撮德国人，利用法国当前工业和经济面临的危机，大肆宣扬，蛊惑当地人，意图削弱法国在当地的影响力。虽然阿拉伯人目前仍然效忠于维希政府，但是眼下的艰难处境他们还能够忍受多久，是否随时会揭竿而起，谁也说不清楚。魏刚将军的副官德罗斯认为，在当时的非洲，如果法国人有任何与德国人的敌对行动，都将导致欧洲大陆法国本土的彻底崩溃，使法国人民沦落到被奴役的境地，并且对于战局也没有任何的帮助。

不过他们一致表示，如果纳粹要对北非发动攻势，那么魏刚将军重新组建的北非法军将会抵抗到底。他们说，如果能够得到食品、弹药等补给重整军备，在德国人败局已定的局势之下，北非的法国军队是能够助盟军一臂之力的。但在当前这种局势之下，德罗斯坚持认为，除非战局出现有利转机，否则北非应当维持现状。

看来，目前这些反抗轴心国侵略的国家已经到了生死关头，为他们提供必要的援助刻不容缓。令人欣慰的是《墨菲—魏刚协定》即将生效，尽管协议中约定的物资援助存在数量不足的问题。

虽然已是七十四岁高龄，魏刚将军依旧精力充沛，充满活力并且意志坚定。尽管他一再声称，无论是谁企图侵犯他的领地，他一定会抵抗到底，但是我能感觉得到，他实际上是站在我们这一边。因此，后来当魏刚对我说出这番话的时候，我并不感到惊讶："如果英国人派四个师来，我会向他们开火。如果来二十个，我就欢迎他们。"我认为魏刚此次的维希之行，给贝当政府里那些摇摆不定的内阁成员们增强了信心。但同时我也担心，这将会导致德国人夺走他在北非的指挥权。

3月15日，在白宫召开的记者招待会上，罗斯福就《租借法案》发表了那场"民主国家的兵工厂"的著名演说。总统许诺，将会提供舰船、食品、枪支和飞机给希特勒的敌人们。考虑到当地的新闻报道一定会断章取义、歪曲事实，在3月18日我与贝当元帅进行的一次长谈中，我准备了完整的英文和法文版演说稿带给他。

第二天，在写给总统的信中，我总结了这次会谈的成果：

> 借着这次机会，我告诉他（贝当），您的演说是在向全世界宣告，每一个人都听得懂，轴心国势力必定会失败。

> 如果这都不足以让这些摇摆不定的高卢人挺起腰杆儿的话，对于元帅来说，除了清理门户，把他现在身边这些人都换掉之外，也别无他法了。我认为，他们中的大部分人现在应该看到了希望，并且能跟得上形势的变化。

> 贝当元帅现在的状态极好，思维敏捷、兴致盎然，他对于美国曾经和正在提供的援助表示感谢。

我还向总统汇报了贝当对于这次演说的看法：他认为，美国总统的这场演说，将会加速德国入侵英格兰的行动。他相信，尽管德国人和英国人开战，究竟鹿死谁手尚难预料，但这是德国人赢得这场战争的唯一希望。不过我并不这么认为，我告诉贝当，这样的入侵行动不可能成功，即便是成功了，德国人也不会打赢这场战争。

我告诉总统，达尔朗试图取悦德国人，以及贝当元帅对此的评论："达尔朗现在与德国人走得很近，我必须提防着他。"就我个人看来，一旦达尔朗认为形势明朗，能够做出抉择的时候，他向上爬的野心会促使他迅速站队，我对总统说："您的演说……将给他们（达尔朗和他的内阁成员们）指明正确的选择方向。"

法国的戴高乐支持者声称得到了贝当的秘密许可，这必然会导致德国人找元帅的麻烦。丘吉尔首相也在私下里告诉贝当，夏尔·戴高乐将军1940年6月在伦敦自行组建并领导的"自由法国"抵抗组织，对于英国来说并没有什么帮助，尽管英国为他们的活动提供资金支持。贝当对英国人的行为表示难以理解，并且指出，如果"自由法国"在英国的支持下，对北非或者利比亚造成威胁，将会导致忠于法国的殖民地军队与英国人开战。我向贝当保证，会提请华盛顿注意这种可能性，在写信与总统商讨的同时，我也通过电报向华盛顿报告了这一情况。

关于这一时期（1941年3月）法国人的普遍情绪，我在给罗斯福总统的信中写道：

> 到目前为止，我相信美国正在赢得法国各个阶层的普遍好感，无论是政府官员还是普通民众，除了被德国人用金钱收买的赖伐尔之流。
>
> 但是，我们必须明白这一点，法国被打败了，在这场战争中被彻底打垮了，现在还有150万名战俘被德国作为人质。因此，任何有关和平的提议，对于大多数法国人来说都具有吸引力。

4月份，汽油、商船和食品已经准备就绪。

根据之前达成的约定，意大利要求立即从阿尔及利亚得到5 000吨汽油。我提醒达尔朗，3月3日他曾经当着贝当元帅的面，保证绝不会有任何石油产品从非洲流入轴心国，如果违背承诺，美国将会中断对这些法属殖民地的援助，甚至会进一步妨碍到向敌占区运送救济物资。

达尔朗的解释是，相对于意大利最初的要求，这已经是极大的让步了，不过这听起来并不可信。我在心里暗自揣测，他是不是想要挖魏刚将军的墙脚，因为魏刚在北非的部队本身就急缺汽油。就在我们说话的时候，负责商船航运事务的海军少将保罗·奥方①急匆匆进来，递给达

---

① 加布里埃尔·保罗·奥方（Gabriel Paul Auphan，1894—1982），法国海军少将。1914年10月毕业于法国海军学院，参加过一战。战后先后在潜艇部队、（转下页）

尔朗一份急件，英国人截停了四艘从卡萨布兰卡开往奥兰的法国商船。达尔朗说道："如果这些船被扣押，我会派海军为我们的商船护航。"我认为，这件事完全有可能是演给我看的一场小把戏。达尔朗最后表示，他会努力说服意大利从德国占领区而不是从北非得到汽油。

后来有消息称，一些在美国港口获救的法国船员，公开表示反英。我告诉贝当和达尔朗，美国将不得不检查这些船只，并且可能会安排警卫人员上船。贝当没有反对上船检查，但是不同意派警卫，他说如果美国政府保证这些船只不会被英国人接管或者使用，他将会下令制止这些船员闹事。

3月25日，维希政府宣布了一项与德国之间的小麦交易，引发了美国的强烈不满，甚至连已经装船的红十字会救济物资运输也被叫停了。在4月3日的会议上，我告诉贝当，他的政府可以采取一系列行动来协助我们的救灾行动，比如平息有关护航的谣言，停止向轴心国运送石油，以及开展对德国人向北非渗透的情况调查。

通常，我们大使馆是不会收到太多来自法国的信件的。但是，在总统发表了那场激动人心的演说之后，以及有两艘载满救济物资的船正驶往马赛港的消息传来时，短短几周之内，情况完全不同了。法国举国上

（接上页）地中海舰队、海军学院担任指挥官。1939年10月担任法国海军副总司令。维希政权建立后，奥方主张采取观望等待的立场。1941年8月任维希海军参谋长，期间继续保持和美国外交人员的联系以传递信息。1942年4月担任海军部长后，反对给德国人运输经济物资；与马克西姆·魏刚将军一起坚决反对与德国展开政治合作。1942年11月8日，英美联军在北非登陆后，奥方反对法军加入德军阵营；11月11日，奥方命令土伦港海军："反对外国军队进入空军基地和海军设施，避免流血冲突；同样反对外国军队登上海军舰艇，争取和平谈判；如果无法实现，凿沉舰队"；在劝说贝当出走未果的情况下，奥方于11月18日提出辞职；11月26日夜，土伦港海军在得知德军企图夺取舰队的消息后，将舰队自沉。1944年8月11日，贝当要求奥方前去找戴高乐谈判，但他没有接受并因此被捕。1946年8月，奥方被缺席判处终身劳役，剥夺政治权利和财产；1955年7月被改判五年监禁和剥夺政治权利，缓期执行；次年政府恢复了他的军衔和养老金。晚年奥方出版了大量回忆录，为自己的政治观点和对贝当的忠诚辩护。——译者

下，各行各业的人们纷纷写信对罗斯福充满"勇气和友爱"的法案表示感谢。有些信件署了名，但大部分都没有署名。人们在信件里还提出了希望得到救济的请求，甚至列出了具体的内容。

无一例外的，这些信件里都表达了将德国人从法国领土上驱逐出去的愿望，甚至表示宁愿自己饿死，也绝不让任何救济物资落入侵略者的手中。看起来人们对贝当元帅都满怀信心，只是对于维希政府坚持救济物资只能交给美国人来分配这一点十分疑虑。在这一波信件热潮中，也有迹象表明，戴高乐抵抗运动的影响，可能比维希官方宣传的要更加广泛。对此稍后会进行详述。

红十字会的一艘救济物资运输船"埃克斯茅斯号"，将于4月7日在马赛港卸货。船上装着带给孩子们的食品、药品和衣物。在它到达的三天之前，我和夫人动身前往马赛。就在同一天，德国出兵占领了利比亚的班加西。这个消息给法国人的心里蒙上了巨大的阴影。之前英国在北非取得的第一场胜利，刚刚使人们对同盟国获胜燃起了希望，但现在看起来，前面这场胜利所带来的信心转瞬即逝。

我们途中经过利摩日，并且参观了那里著名的哈维兰等瓷器工厂。在我们参加当地商会举办的欢迎宴会时，四周聚满了大批人群，为美国和罗斯福总统而热烈欢呼。德·哈维兰家族虽然在法国已经历经了三代人，但一直保留着他们的美国公民身份。他们是值得我们引以为傲的美国公民。

我们还经过了一座14世纪的小镇，昂特赖格，这儿似乎看不到时光荏苒的痕迹，小镇依然保持着中世纪的风貌。当我们离开时，镇长本想发表一个事先准备好的简短演说，但是法国战败带来的耻辱以及深深的悲观绝望之情，令他忍不住痛哭流涕，一句话也说不出来。我本想对他说几句安慰鼓励的话，但是自己也禁不住哽咽失声。

当我们到达马赛时，酒店门前的街道上挤满了欢迎的人群，红十字会会长艾伦先生、美国驻马赛总领事休·富勒顿以及副领事小海拉姆·宾厄姆前来迎接我们。当我们步入酒店之后，街道上聚集的人群仍旧不肯散去，直到我们走出房间来到阳台上，得到了人们更为热烈的欢呼与致敬。

第二天早晨，由"埃克斯茅斯号"船长朱斯特罗以及当地的法国官员陪同，在荷枪实弹的卫队护送之下，我们穿过拥挤的街道，来到码头上的一座仓库，在那儿我们受到了红十字会工作人员、童子军队员以及许多从事儿童救助工作的人们的热情欢迎。由于当时狂风大作、寒气凛冽，欢迎仪式不得不在避风处进行。随后，我们对救济物资的分配方案进行了仔细审查。此后的五天里，我们又分别在土伦、戛纳、蒙特卡洛和尼斯进行了同样的检查工作。

我们所见到的救济物资全部是为儿童提供的食品、牛奶、服装以及维他命。后来我听说，多疑的意大利停战委员会，对"埃克斯茅斯号"卸下的货物进行了抽查，显然是怀疑里面藏有枪支，但结果他们看到的只有婴儿用品。

这一艘船所带来的救济物资，就能使成千上万名儿童得到救助，而这些帮助或许就挽救了他们的生命，甚至可以说是为战后的法国保存了有生力量。整个行程当中，看到这些无辜的孩子们所遭受的不幸，我发自内心地同情他们，同时也对那些想方设法给我们的救助工作设置重重阻碍的人，无论是美国的还是英国的，逐渐心生鄙视。这些救济物资没有一件落入德国人手中。由于数量极为有限，为了自己的孩子，那些父母们对这些救济物资保持着十二分的警惕。任何偷盗儿童食品的成人如果被抓住的话，都会被打个半死。即便是红十字会的救济物资落入纳粹手中，由于数量有限，也不会对战局产生什么影响。

我们所到之处都受到了民众的热烈欢迎，他们表达了发自内心的感激之情。在尼斯，由于有数千名儿童手捧鲜花和旗帜簇拥在我们的汽车周围，使我们的行程不得不延迟了一个小时。当我从车子中出来的时候，两位情绪激动的老太太给了我一个大大的拥抱，我想她们应该是两位老祖母，我们提供的食物和药品可能救了她们孙子的命。在蒙特卡洛，在年轻貌美的摩洛哥公主安托瓦内特的指挥下，救济物资分配中心的工作进行得有条不紊、快速高效。她的祖父路易二世是当时的国王，我在当天中午的时候正式拜会了他。国王的宫殿里有一间小小的、但是非常有趣的收藏室，里面收藏着曾经属于拿破仑和他儿子"罗马王"的一些物品。由于接到了要求我们速返维希的急件，我们不得不中断了这次视察之旅。德国人又在施加压力，作为对德国海员在美国港口被扣留的报复，他们威胁要逮捕一些美国人。

成百上千名法国儿童聚集在救济物资仓库旁的那一幕幕场景，令我永远难以忘怀。由于长期的营养不良，他们一个个看起来面色苍白、羸弱不堪。而他们的父母显然被深深地感动了，喃喃说道："他们现在所做的这些，都是为了我们的孩子啊！"相对于我们收获的友善，我们的付出实在是微不足道。美国提供这些救济物资有两方面的原因：一是我们历来对那些遭受不幸的人们，特别是儿童，秉持着人道主义立场；此外，也希望能够保持法国人民对我们的信任。这次行动完全达到了目的。其实我们提供的援助并不算多，尽管如此，那些法国父母们对我们所做的已经感激不已了。

德国人试图诋毁我们的救助行动，宣称我的马赛之旅是一场宣传作秀。据说警察部门已经接到命令，禁止批准任何公众集会游行。如果这个消息是真的，那么警察们并没有很好地执行命令。

当我们于 4 月 10 日返回维希时，看起来德国人正在收紧对法国非占领区的控制。接下来的两个月时间，对于我和贝当元帅来说，都备受煎熬。与纳粹之间的矛盾使他似乎与我走得更近。他常常找我谈话，并且为有人能够倾听他的心声而感觉很放松。有一次他对我说："我现在没有军队。以前我有军队，就可以做任何想做的事。你知道，莱希先生，如果我们没有军队，我们就没法做这些事。"

贝当指的是关于停战协定条款的解释权问题，德国人按照他们自己的逻辑进行解释，并且说这是胜利者的特权。贝当最主要的问题就是没有实力。他认为，对德国人唯一有效的反抗方式就是进行武装抵抗（我觉得这将会是徒劳无功的）或者搞破坏，而这将立刻导致德国人更为严厉的报复。法国人虽然举国上下都仇恨德国人，但是他们既没有武器、也没有组织，并且缺乏斗志。

我把同贝当谈话的要点，向总统和威尔斯做了汇报：

> 无论如何，贝当都不会离开"他的人民"，将政府迁往北非，或者命令魏刚加入盟军。
>
> 他将遵守他的承诺，不会让德国人得到法国的舰队或者占领北非的法军基地（对于后者，实际上只有盟国的海军才有可能阻止它的发生）。
>
> 他相信苏德之间的战争是不可避免的，并且由于兵力分散太广，希特勒在占领区将会面临越来越多的麻烦。
>
> 他说美国现在是法国唯一的朋友，也是他的国家和人民未来唯一的希望。
>
> 他对达尔朗不完全信任，但是又找不到更合适的人选。

因此，我向华盛顿建议，我们应该继续或者进一步扩大红十字会的救助行动，这是一个能够在法国公众舆论中产生影响力的有效途径，贝当对此极为敏感，他的内阁成员们也相当关注。我估计，维希政府最终将会同意或者默许德国人提出的任何要求，因为有充分证据显示，德国人正在进一步施加压力。

纳粹在4月初的施压行动不断，其中包括对地中海沿岸的航运进行管制，以及打着"停战委员会"的名号向北非派遣200名官兵。

有关赖伐尔将在近期强势回归贝当政府的谣传也从未停息。政治活动开始变得非常危险起来，尽管这种危险可能更多地来自神出鬼没的法国游击队，而不是德国人。海军上将达尔朗的住宅四周因此不得不增派更多的卫兵把守。

盟军被迫撤出希腊，英国的新闻报道称之为"秩序井然地后退"，法国人对此嗤之以鼻。几乎所有的法国人以及我在法国的大多数同僚都认为英国军队将会"秩序井然地后退"到埃及。虽然英国海军取得了一些胜利，但是法国人越来越绝望地看到，对于这支以迅雷不及掩耳之势将"强大的法国军队"打得落花流水的德国军队，目前还没有谁能够阻挡他们前进的步伐。

4月24日是贝当八十五岁生日，我给他送去了祝福，尽管我不知道这位孤独的老人有什么值得庆祝的。这纯粹是出于礼节，尤其是我们心里都清楚，在德国人被赶走之后，把他留给法国的反对派，他将会面临什么样的命运。

4月26日，有人从华盛顿带来消息，《墨菲—魏刚协定》即将付诸实施，魏刚将军在北非的部队所急需的物资补给很快也将送达。

但是与此同时，局势变得更为动荡，难以预测。埃及外长说，由于过去英国人不允许埃及发展自己的军队，因此他担心德国人将会占领苏伊士运河。据"可靠消息"称，希特勒将要求法国公开与轴心国联盟。更重要的是，贝当元帅告诉我，他知道德国人进攻直布罗陀的计划。他不知道具体时间（舆论一致认为是在初春），但是他认为，德国人同时也将发起对法国非占领区的进攻——如此一来，他将不再向德国人做任何妥协，必须与侵略者彻底决裂。

元帅说，届时他会向我发出警报，如果有时间的话。因此，所有反轴心国的外交使团必须清楚地认识到，他们所有成员——无论男女老幼——可能会被统统隔离起来，除非他们能够通过海路逃离或者越过边境前往瑞士。

我们美国大使馆，很久以前就计划了两条撤离路线。一条是前往地中海，另一条则是穿越艰险的比利牛斯山脉进入西班牙。使馆人员精打细算地使用本来供应就不充足的汽油，将节省下来的装进罐子里，在两条撤退路线的公路沿线，找隐秘的地方埋起来，以备不时之需。

德军在地中海东部陆续取得的胜利，令我不禁心生疑虑，他们此时对维希施压，是否是夺取法属北非计划的一部分。如果轴心国势力占领了苏伊士和直布罗陀，并从法国的港口出兵远征北非，那么在北非的英军将会面临三面围剿，能够抵御这场攻势的只有海军了。

5月3日，我见到了贝当元帅。他看起来老态龙钟，心力交瘁。5月1日是法国的劳动节，出席相关的庆祝活动令他疲惫不堪。海军上将达尔朗在巴黎或者元帅不知道的某个地方，与德国人开会。几乎可以确定的是，他将会带着新的法德合作计划回来。贝当和我讨论了此事对于我为法国争取更多的食品救济可能产生的影响。

达尔朗在第二天返回了维希，只呆了短短两个小时，就又迅速返回巴黎。5月7日，报纸头条刊登了德国有望将对法国占领区征收的占领费削减25%，降低至每天3亿法郎，并对跨越边界线的各条交通线路放松管制的消息。但是达尔朗为此付出了什么样的代价，我们却一无所知。

德国人已经下令将我们驻巴黎的大使馆关闭。之前的大使布利特在停战协定签署之后离任，接替他的梅纳德·巴恩斯此次返回美国途中在维希稍作停留。我与巴恩斯进行了交谈，试探了他的想法，却发现他对赖伐尔的评价甚高，这与赖伐尔获得的普遍评价并不相符。我对巴恩斯的印象很不好，因为他似乎对总统的计划并不完全认同。

就在这山雨欲来风满楼的紧张局势之下，5月6日，我们庆祝了我的六十六岁生日。孩子们为我寄来了生日礼物，对于任何一个住在法国的人来说最好的生日礼物——食品。排在第二位的是香烟。在这里男人们一周只能分到一包香烟，而妇女们是得不到香烟配给券的。因此，那些从国内寄给我们的香烟令女士们尤为感激。

一位与我们的红十字会救助工作有联系的公共事业大亨带来的消息令我们倍感欣慰，法国非占领区的孩子们在得到了牛奶之后，健康状况很快便大有改善，他们的父母对此表示衷心的感谢。他还告诉我，在占领区，食物中毒和营养不良正在导致大量婴幼儿死亡。

他还告诉我，纳粹高层计划制定一项和平协议，从欧洲西部所有占领区撤军，只保留驻捷克斯洛伐克、波兰和奥地利的兵力，恢复德国战前的非洲殖民地，然后腾出手来对付苏联。最后这一点，与近期在维希流传的有关希特勒计划在 5 月份入侵乌克兰的传闻相吻合。我们也听说，如果美国卷入这场战争，日本将会加入轴心国一边。我认为，这个说法来自日本外相松冈洋右在东京公开发表将进行一场持久战的言论。继这则有关德国人的传闻之后，维希又流传过很多版本的小道消息。

达尔朗于 5 月 11 日到贝希特斯加登①与希特勒会谈。据报道，一起

---

① 贝希特斯加登(Berchtesgaden)，以希特勒的"鹰巢"而闻名，是德国巴伐利亚州的一个县，位于阿尔卑斯山脚下，距离奥地利萨尔茨堡 20 公里。其辖区内的上萨尔茨堡山从 1923 年起成为希特勒的度假住所，1933 年改建成希特勒和纳粹高官们的官邸区，1937 年又在上萨尔茨堡山的山脚下设立了纳粹德国除柏林外的第二政府驻地。为了庆贺希特勒 1939 年的五十岁生日，纳粹党秘书长、希特勒私人秘书马丁·鲍曼在 1937 年下令在上萨尔茨堡山的山顶建造一座别墅，后来被称为"鹰巢"，作为纳粹党送给希特勒的贺礼，耗时十三个月，1938 年竣工。从山脚上山的道路并不直接通到别墅，而是到达 1 700 米高的平台，从平台到别墅的 124 米需要坐电梯，电梯建造在山岩内部，从平台通过一座洞门和一条约 130 米长的通道才能到达电梯的入口处。二战结束前，艾森豪威尔担心党卫军等纳粹核心军队撤退到阿尔卑斯山区，命令盟军在 1945 年 4 月 25 日对上萨尔茨堡山进行了大规模轰炸，"鹰巢"也是主要轰炸目标，但并未受到损坏。贝希特斯加登在 1945 年 5 月 4 日被盟军占领。"鹰巢"这座希特勒的豪华别墅在二战结束前并不为人所知，直到二战结束后才被媒体公开，英国记者瓦德·普理斯在战后的报道中称它为"世界八大奇迹之一"，并取名为"鹰巢"。如今的"鹰巢"仍保持着它最初的原始状（转下页）

参加会谈的还有德国外长约阿希姆·冯·里宾特洛甫①、元首驻巴黎代表奥托·阿贝茨②和负责德法关系事务的雅克·伯努瓦-米琴。虽然关于他们讨论的内容没有明确报道，但是所有迹象都表明，贝当政府与轴心国之间正在形成某种更为紧密的合作关系，因而与我们的关系也就面临着危机。有关事态的发展，包括种种传闻，我都在第一时间发电报给华盛顿。总统一如既往地精确守时，发回一封态度强硬的口信，要我转达给贝当。总统提醒贝当，不要忘了他曾经保证过，不向德国人提供任何超出停战协定之外的协助与合作，尤其是不能放弃法属殖民地。我在5月12日见到了贝当。他忧心忡忡、焦虑不安，要求他的国防部长夏尔·亨西格③将军一起参加会谈。他还没见到达尔朗，因此无法立即对总统

（接上页）态，并吸引了无数的游客。贝希特斯加登于 1978 年建立了国家公园，是德国最秀丽的风景胜地之一。——译者

① 乌利希·弗里德里希·威廉·约阿希姆·冯·里宾特洛甫(Ulrich Friedrich Wilhelm Joachim von Ribbentrop, 1893—1946)，纳粹德国政治人物。参加过一战，战争结束时在驻伊斯坦布尔的德国军事使团任职。1932 年 5 月加入纳粹党，次年成为国会议员、党卫队上校和希特勒的外交顾问，深得希特勒赏识。1934 年任裁军事务代表、驻国际联盟大使。1936 年 8 月任驻英国大使。1936 年 11 月与日本代表谈判并签署《反共产国际协定》；次年 10 月又促成意大利加入协定，推动了轴心国集团的建立。1938 年 2 月任外交部长，直接参与了纳粹德国发动侵略战争的一系列重大决策。二战后被英军抓获，1946 年 10 月被纽伦堡国际军事法庭判处绞刑。——译者

② 海因里希·奥托·阿贝茨(Heinrich Otto Abetz, 1903—1958)，德国外交官，纳粹乙级战犯。早年毕业于卡尔斯鲁厄大学，做过图画教师。后加入希特勒青年团，成为里宾特洛甫的密友。1937 年加入纳粹党，同年进入外交机构。1938 年任德国驻巴黎外交代表，并参加了慕尼黑会议。1939 年 6 月因贿赂新闻记者发表亲德文章而被法国政府驱逐出境。德军攻占波兰首都华沙后，阿贝茨曾陪同希特勒前往视察并担任翻译。1940 年 6 月，法国战败后，出任德国驻法国大使兼法国占领区高级专员，大肆镇压法国抵抗运动，并对维希政权采取分而治之的办法加以控制，迫使其加强与德国的合作，积极支持赖伐尔复任总理。1944 年 9 月撤回德国。二战后，1945 年 10 月被盟军逮捕，1949 年 7 月被巴黎军事法庭处二十年监禁。1954 年 4 月获释。1958 年死于交通事故。——译者

③ 夏尔·亨西格(Charles Huntziger, 1880—1941)，法国陆军上将。1900 年毕业于圣西尔军校。参加过一战，曾任协约国远征军分管作战的参谋长。1933 年任驻叙利亚法军总司令。1938 年当选最高战争委员会委员。二战爆发后，先后任法国第 2 集团军群司令、第 4 集团军群司令。1940 年 6 月 16 日，贝当政府决定停战后，(转下页)

的要求进行回复。我感觉到，英国在利比亚、南斯拉夫和希腊的败退，正在将维希政府推向德国人的怀抱，对于德国人可能提出的任何要求，法国似乎都不会再提出反对意见了。我察觉到的一个细节就是，贝当不再说法国不会向德国提供军事协助，而是不会向德国人提供"自愿的军事协助"。

5月15日，内阁一致通过了达尔朗与希特勒签订的协议，但是官方并没有公布有关协议的具体内容。同一天，罗斯福总统在华盛顿白宫发表声明说，法国人民仍然秉持着"自由的理想和传统"，他不相信他们会心甘情愿接受任何"所谓的合作"协议，这种意味着与一个致力于"彻底摧毁这个世界的自由、自主和秩序"的军事集团的结盟协议。

这一次，我们之间建立的友好关系降到了冰点，类似的情况还发生过几次。没有人能够——或者愿意——告诉我，德国人提出的要求是什么。我相信，我们常规的信息来源渠道也得不到相关情报，这个情况只有内阁成员知道。据未经核实的报告称，希特勒想要的是法国人在经济和政治方面的全方位合作，并且威胁，对于法国来说，"这是最后的机会"。传闻还说，德国人可能会撤到巴黎以北的分界线，并且释放部分战俘。德国人做出的这两项让步，必定有助于提升达尔朗的声望，在那时他几乎已经人心尽失了。宣传机构正在为他大张旗鼓地宣传造势，他的照片开始出现在报纸上、商场里。没有张贴他照片的商店会被巡视和"劝告"。看来总统5月15日的声明，和他随后向停靠在美国港口的法国船只上派驻警卫的命令，显然并不受维希政府的欢迎。

5月23日，达尔朗从巴黎通过广播向法国人民宣布了他的"胜利成

（接上页）亨西格作为法方代表参加了停战谈判，但未能改变停战协议的苛刻条款；6月25日停战后，亨西格任维希政府地面部队总司令；9月任国防部长。1941年11月11日死于飞机失事。——译者

果"。他说，包括大部分英国人，众所周知，希特勒并没有要求得到法国海军，而他也不会将自己的舰队交给任何人。接下来，他说元首并没有要求得到任何法属殖民地，而且既没有强迫法国对英国宣战，也没有要求法国放弃任何主权。

达尔朗强调说，法国有选择自己道路的自由，法国人民的现在和未来只由法国自己决定。最后他说，只要法国自己争取，就能够拥有和平，他的国家已经为出现一个欧洲新秩序做好了准备。

但是希特勒的要求是什么，达尔朗却只字未提。他只是说，在元帅的带领下重建国家，是每一位法国人的职责所在。

5月和6月，对于法国那些支持盟国的友好人士来说，是最令人沮丧的两个月，于我而言也是最为艰难的两个月。人们对我有关德国最终必败的说法开始表示怀疑。许多外交界人士想要知道，对于法国政府态度的转变，美国会做何反应。其中一些人私下告诉我们，他们已经做好了准备，接到通知就离开法国。

我只能向他们一再保证，美国政府击败轴心国势力的决心不会改变，并且我们终将实现这一目标。但是我的朋友们并不相信美国拥有强大的军事实力，或者说，即便有这样的实力，他们认为美国也不会投入战争。我在5月19日写给威尔斯的信中特意说道："我不知道今后是否还能向元帅，或者政府其他成员施加有利影响……当然，我还是会向你随时提供所有最新消息。"

我请求国务院，万一要召回我的话，如果有可能，就尽量提前通知我，以便有时间安排大使馆的妇女和儿童撤离。我还补充说："这里已经在传说，我们已经取道葡萄牙撤逃了。柏林和巴黎的电台也在为我被召回的消息大造舆论。"

我们的无线电广播是一个功能强大的武器，受众范围非常广。我建议华盛顿，要求BBC电台在播放源自美国的新闻时，应当说明它们来自美国。因为法国非占领区的所有人都认为，英国的新闻只是宣传工具，而更相信美国新闻的真实性。目前看起来，我们有关救济物资的协定可能会被迫终止。因此我建议，在我们做出任何新的决定之前，都应当通过 BBC 和波士顿电台，将事情的前因后果广而告之。我认为在我们做出缩减救助的决定之前，先通过无线电发起一小波针对达尔朗和贝当的舆论攻势，在舆论影响上对我们应该是有所帮助的。

贝当元帅是真心实意地在为自己的人民谋求福祉，因此他对于公众舆论是极其敏感的。我认为，在进行广播宣传的时候应该特别注意，既能够让法国人民了解事实真相，同时又避免任何针对元帅个人的抨击。眼下，无线电广播是我们能够使用的唯一方法，因为法国的报纸已经完全被德国人控制，并且是彻头彻尾的反美论调。威尔斯 6 月在给我的回信里写道："我们已经采取了一些措施……与在法国占领区和非占领区播出的短波广播电台进行协调。"这一消息令我略感欣慰。

克里特岛的惨败成为希腊溃败的最后一幕，也直接导致希特勒在与达尔朗的交易中胜券在握。在 3 月份我发给总统的电报中，曾经乐观地认为——他的"民主国家兵工厂"的演说，将会促使达尔朗倾向于盟国的阵营——现在看起来，这种想法实在是太幼稚了。显然，能够阻止法国和它的殖民地彻底沦落于德国人之手的唯一方法，就是在某些战略要地，集中优势兵力阻挡住德国人前进的步伐，趁还不算太晚的时候。在我看来，地中海对于德国人来说，就是一个薄弱之处。

如果在德国人到达北非之前，美国就派遣一支训练有素、配备现代化武器的 25 万人的军队，增援魏刚将军那支数量少且装备差的队伍，我认为是能够确保盟军对地中海的控制，并且能使战争进程缩短一半的。

在那时，至少魏刚的军队是欢迎我们的。假如美国能派出足够的兵力确保胜利的话，95% 的法国人也将会加入美国的阵营。想想如果那时美国就能够出兵，只需要这么小规模的军队，便能够轻而易举地将德国人逼退，真是令人郁闷啊。

可以肯定的是，随着战事的拖延，德国人的薄弱环节必将越来越多。迟早有一天，为了赢得这场战争，盟国会集中更多的优势兵力到德国战线上的薄弱点。在当下，这个点就是北非。更早的时候，是鲁尔、捷克斯洛伐克和挪威。然而，令人惋惜的是，所有这些战机都被贻误了。而能够提供这样的优势兵力的，基本上就只有美国军队了，尽管现在还没人能够说得清，美国何时会加入这场战争。法国一些著名的反德人士告诉我，波兰、挪威和希腊的经验教训使他们认识到，除非情况有大的改观，否则他们不可能再依赖英国人的援助了。

在达尔朗公开发表广播声明四天之后，我们在维希就听到了罗斯福总统宣布美国将进入"全国无限期紧急状态"，自此之后，美国将"倾尽全力"抵御针对西半球的攻击或者威胁。在我看来，这实际上就是对轴心国的宣战，也意味着希特勒政权终将失败。

法国民众对于新的合作协定并不接受（在我担任大使期间，协定的文本和具体条款始终没有公开）。我告知总统，一些负责此事的忠于贝当的官员们向元帅报告，协定已引起了公众强烈不满的情绪。

德国人控制下的巴黎新闻界，变本加厉地对罗斯福总统和我进行诋毁诽谤，甚至不惜无中生有、捏造事实。一时间，报纸上全是对我们不利的消息。法国非占领区的报纸和杂志也加入了这场宣传战之中，有关我们大使馆一直在坚持工作的新闻被他们拒绝报道，我们红十字会的救援项目更是不可能得到任何公开宣传。当地新闻媒体审查机构的目的，就是通过贬低美国人以及来自美国的援助，来树立贝当政府的威望。

我从不在意那些报纸或者广播对我个人的攻击与诋毁。我一直觉得，有太多的公众人物花了太多时间担心他们自己的公众形象，其实最重要的就是做好自己该做的事。因此，当时维希那些有关我的报道，无论是报纸还是杂志，我都没有保留，只有少数几份发给总统或是威尔斯的剪报被保存下来。我在记录本里找到了下面这样一份报道，是来自著名的反犹报纸《皮罗里报》6月12日的文章，读来相当有趣。不过，这一篇还不算是最荒唐的：

莱希——饥荒将军

不，饥荒将军先生，法国人不吃那种面包！

自从这位花架子舰队的海军上将来到维希，便引发了诸多话题。对于一位海军上将来说，这份工作可不容易，因为在海军学院里是不会教人怎么敲诈勒索的，至少在法国是这样。

这位海军上将在维希完全没有不适应的感觉，他在这里就好像是在健身、在闲聊或者在参加华盛顿的游艇派对，习惯得很。维希的宾馆他都了如指掌。他知道怎样得到皇帝般的款待，就好像他知道怎样做个病人，坐在蒸汽浴室里，等着隔壁的医生有时间过来帮他穿上裤子一样。

虽然知道莱希是一名议会任命的将军，我们对待他仍然像是在大病初愈之后，有一位朋友到访一样激动。我们向他诉说我们如今的担忧。但他并不是来听我们的烦恼的；恰恰相反，他过来打探，琢磨着还能从我们这里搞到点儿什么。

这位海军上将既有盎格鲁-撒克逊人的伪善，又有犹太人的贪婪，他所做的工作，我们通常称之为间谍。

当第一艘美国船到达马赛港的时候，犹太企业掀起了宣传的热潮：市政当局、警察局长、各级官员、将军、牧师甚至是犹太神父，所有有头有脸的人物都等在了码头上。莱希表示了感谢，然后走到犹太神父面前，拉着他的手说："我们要感谢你们身在美国的犹太同胞们的慷慨解囊，这艘船才得以满载而来。"

不，将军先生，将这艘船装满的并不是你的什么犹太银行家、犹太朋友或者犹太亲戚；因为，你不要忘记，将军先生，我们托付给你们的六百亿美元的黄金又变成什么了呢？

你的犹太企业家们，只是眼看着他们要输了这场战争，才派你来看看能给我们施舍点儿什么。

莱希，美国仁慈的罗斯福陛下的海军上将，还有他的女人、儿子、女儿、表兄表弟们、侄子外甥们、继父、叔叔伯父们、天上飞的鸟儿、水里游的小鱼，统统回到你们的钱海里游泳去吧，别再来巴黎了。就算你能在维希的浑水里摸到鱼，但是在塞纳河边想都别想。

法国人不知道该怎么应付你精明的算计和敲诈勒索。我们发现你的处境也不容易。与达尔朗上将那笼罩在敦刻尔克荣耀光环之下的高贵身影相比，你能算老几？除了是个该死的商人将军什么也不是，你觉得你能把自己吹捧成海军上将夏洛克①吗？

你以为自己变成饥荒将军就能够赢得尊重！我们一眼就看透了，你认识的法国人都是些投靠在你的犹太朋友旗下的卑鄙懦夫，紧紧抓着他们的钱袋子，对他们惟命是从。

只有当你的国家，在经历了两个世纪的犹太阴谋之后，也开始驱逐犹太人的时候，新法兰西才会接受你们的大使前来法兰西致敬。

莱希，饥荒将军，回到你的国家去吧，继续去让小麦发霉，将花生连根拔起，继续挥霍那些我们正短缺着的东西吧。法兰西不需要怜悯，我们知道与美国犹太人交朋友的代价。

总之，告诉那些送你来的人，法国人再也不会吃那种面包。

---

① 夏洛克(Shylock)，指莎士比亚的喜剧《威尼斯商人》中的人物夏洛克，是个高利贷者、犹太富商，为人刻毒、贪婪。——译者

法国报纸的态度在我和华盛顿看来，恰恰是一种褒奖。威尔斯在 6 月 12 日的信中写道："这些显而易见是受人指使写出来的文章很重要，或许正是对你的某种认可，这让我们看到了你工作的成果，我们在此表示敬意。"

大使馆始终处于被监视之中。维希政府一些与我们比较熟悉的人士已经被提醒，他们到使馆来得太过频繁了。尽管如此，我始终相信，如果我们将对儿童的食品和药物救助行动持续进行到明年冬天的话，就能够使法国民众对这种卖国政策的反抗之火绵延不绝，即便这种反抗不那么旗帜鲜明，最终也能证明这些援助物有所值。种种迹象表明，贝当并不完全满意达尔朗与德国人签署的协定。我认为，我们的救济行动，会通过人们的口口相传而广为人知。

大使馆开始收到大量信件，一天多达五十封。这些写信的法国民众请求美国不要理会维希政府的所作所为，继续保持与法国人民之间的友好情谊。

将近 5 月底的时候，达尔朗的耳目告诉他，我正在大使馆会见一些反政府人士。他派人给我带口信，以贝当元帅的名义，特别提到了路易·马林①和爱德华·埃里奥②，他们以反对贝当而知名。可以说这下

① 路易·马林(Louis Marin, 1871—1960)，法国政治家。1924 年起历任解放区部长（为管理一战后收回的阿尔萨里和洛林地区而专设的职务）、社会保障部长、卫生体育部长、国务部长等职。二战爆发后，1940 年 5 月 10 日至 6 月 16 日，他再次担任国务部长；7 月 10 日，他拒绝参加赋予贝当元帅行政全权的投票。作为天主教右翼共和党的代表人物，他支持法国地下抵抗组织的活动。盖世太保对他发出逮捕令之后，1944 年 4 月 10 日马林逃到伦敦，成为流亡组织法国临时协商会议成员。戴高乐曾为他在临时政府中安排了一个部长职务，但马林拒绝就任。二战结束后，马林参加了对贝当元帅的审判，并先后当选第一、第二届制宪会议代表、立法委员。——译者
② 爱德华·埃里奥(Édouard Marie Herriot, 1872—1957)，法国政治家。自 1905 年起到 1957 年去世，埃里奥一直担任里昂市长。1924 年起，曾三次担任法国政府总理。1940 年至 1945 年因反对维希政府而流亡德国。——译者

我被"惹毛了"。我要求在 6 月 4 日与贝当和达尔朗召开会议。结果，对于这则违反了外交惯例、通过口头形式传达的信息，元帅根本就不知情。达尔朗则试图为自己的行为辩解，说他并不是对我个人表示质疑，而是他得到了秘密警察和电话窃听的情报，一些维希政府的反对派领导人声称要与我联系，并寻求美国政府的支持。

在我抵达维希之后，埃里奥曾经打电话给我问候过几句。至于马林先生，我更是从未谋面。有关政治的议题，我只同贝当元帅和外交部长进行过讨论。我告诉贝当和达尔朗这些，是为了澄清，其中并不掺杂任何个人私情。我的目的是避免元帅未来再对我作为大使的行为产生误会，并且我也坦陈，这样的误会可能会对我们两国之间的关系产生不利影响。这次会谈对于达尔朗来说不是那么愉快，但是贝当自始至终都是和颜悦色、彬彬有礼。

近期报道的两则新闻，将人们又带回到对第一次世界大战的记忆之中。6 月 4 日，八十二岁的前德国皇帝威廉二世去世的消息，令人禁不住猜想，假如他在一战之后被允许重新统治德国，当今世界的政治格局又会如何呢。

5 月 21 日，美国商船"罗宾·摩尔号"被一艘德国潜艇在巴西海域击沉，造成严重的人员伤亡，罗斯福总统谴责这种行为是海盗行径。这件事极有可能演变成这场战争中的"卢西塔尼亚号"① 事件，从而使我们与海上的入侵者发生公开冲突。

自从 3 月中旬，达尔朗将贝当政府推向德国阵营造成外交上的紧张局面以来，为了保持维希政权不对美国和盟国的利益造成损害，我马不

---

① "卢西塔尼亚号"皇家邮轮(RMS Lusitania)，英国豪华客船，1915 年 5 月 7 日在爱尔兰外海被德国潜艇 U－20 击沉，造成共 1 198 人死亡。由于伤亡者中包括大量美国人，"卢西塔尼亚号"的沉没同齐默曼电报事件一道成为美国参加一战的导火索。——译者

停蹄地展开了一系列周转斡旋工作，令人感到很是烦闷无趣。然而，6月22日突然传出了希特勒军队入侵苏联的消息，一时之间，所有人的注意力都被转移到这一方向上去了。四天之后，罗斯福总统在写给我的信中，对当时局势的总结概括可能比我更加到位，这里引用如下：

亲爱的比尔：

近来很少写信给你，因为自从5月初我可能感染了轻度肠流感以来，大多数时间都卧病在床。这个原因导致我写信的数量减少了一半。

在过去的这几个月里，你无疑经历了极不平凡的生活，体验了充当出气筒的滋味，如同过山车般的形势变化，还要与骡子一样顽固甚至是海盗式的人物打交道，总之让你受苦了。

我想，对于法国的明天或者之后将会发生些什么，你我都已无法预测。

我觉得，好像每当我们为了法国的利益（尤其是为了孩子们），想要进行一些真诚合作的时候，达尔朗和其他一些人总是会说或者做一些愚蠢的、不那么光明正大的事情，来阻止我们。

现在，苏联会成为一个转折点。这或许不仅仅意味着欧洲将会从纳粹的统治下解放出来——但我认为我们也不必担心欧洲会落入苏联人的魔掌之中。我真希望在大洋中间能有一处合适的地方，我们彼此都只需要花几个小时就能飞到，然后在一起待上几天。我时常挂念着你和夫人。

致以深情的问候。

永远的朋友

富兰克林·罗斯福

1941年6月26日

第四章　苏联，晴雨表

所有的老水手都会仔细观察自己的晴雨表。而希特勒军队在苏联的胜败，便成为我这个如今已身为外交官的老水手用来观察、判断美国和法国维希政府之间那微妙而又脆弱关系的晴雨表。

这个晴雨表显示了围绕在贝当——这位年迈甚至时而有些糊涂的老元帅周围的那帮机会主义政客们与轴心国勾结的程度。当纳粹在战场上一路高歌猛进、所向披靡的时候，这些政客便对元首的亲信们卑躬屈膝、大献殷勤。他们知道，能否保住他们的工作，甚或是自己的身家性命，都取决于德国人是否能够取得胜利，或者至少与苏联人打成平手。

相对而言，想要读懂那些并不善于言辞的广大法国民众的感觉，就要困难得多。不过我相信，他们中的绝大多数都希望盟军能够取得胜利，纳粹的失败会让他们感到欢欣鼓舞。然而，在饥饿和物资匮乏的压力之下，这些人民最大的希望就是和平——不管什么样的和平。

1941 年的夏秋两季，形势对于贝当政府来说并无好转，相继丢失了叙利亚和法属印度支那。抵抗运动的势头愈演愈烈。对于那些眼睁睁看着贝当和他的首席部长——海军上将达尔朗——将法兰西第三共和国正式埋葬、建立起牢固的独裁政权的人们来说，《大西洋宪章》的签订令他们感到欣慰。6 月底的时候，人人都在试图预测，苏德之间战争的结局以及对于他们命运的影响。

我的第一反应就是，希特勒此举将会使德国彻底陷入与苏联的战争泥潭，从而将给英国带来足够的喘息机会，以完善其防御并做好反击的准备，而在德国能够有效控制乌克兰和东部油田之前，日本和土耳其也可能会卷入战争。一些友好国家的外交代表纷纷来到我这里，了解美国政府对于这场战争所持的态度。

我告诉所有人，美国的政策是坚定不移地消灭纳粹主义——并且我坚信，入侵苏联的唯一结果就是加速德国的失败，使和平早日到来。我并没有提前得到希特勒准备进攻苏联的情报。对于传闻我并不完全相信，在维希你随时随地都能听到各种各样的传闻。听到希特勒进攻苏联的消息还是令我大吃一惊，因为我没想到他会如此疯狂。当然这只是我的个人观点。当他选择这么做的时候，我就知道希特勒完蛋了。

很少有人认同我的看法。我的判断是基于历史经验，并不是根据任何关于苏联军队的战斗力或者装备情况而得出的。拿破仑是一位伟大的战士，但希特勒不是。瑞典的查理十二世①也曾经想要征服俄国但是同样失败了。我告诉大家，看看历史就能明白，比德国人更加优秀的战士曾经试图入侵俄国都没能成功。我的大多数同僚都认为德国人将迅速取得胜利，他们说没有什么能够阻挡纳粹的"国防军"，即使是曾经"强大的法国军队"。要我说，所谓"强大的法国军队"，只不过是脚底抹油——溜得比较快罢了，它逃跑的时候几乎是溃不成军。

6月27日，贝当在和我讨论当前局势时，认为德国将会占领毗邻德国边境的部分苏联地区，并建立起缓冲地带。他相信希特勒到时候将会提出和谈，或者向英国发动猛烈攻势。贝当认为，对英国和苏联结盟的

---

① 查理十二世（Charles XII，1682—1718），瑞典发萨王朝的第 10 代国王。18 世纪初，俄国和瑞典为了夺取波罗的海的出海口而引发了"大北方战争"（1700—1721），又称为第二次北方战争。1708 年初，查理十二世亲率大军东征俄国。俄军在沙皇彼得一世的带领下转入战略防御，采取坚壁清野政策，避免不利决战。1709 年春，瑞军在波尔塔瓦战役中大败，几乎全军覆没。俄国在"大北方战争"后称霸波罗的海，而瑞典则从此衰退，在欧洲列强的名单上消失。——译者

担忧，是迫使希特勒做出进攻东线这一决定的动机。

大部分法国民众似乎是既希望德国战败，但又认为这是不可能的。一些对共产主义持有偏见并且自恃消息灵通的人士称，在苏联那些对当局存在不满情绪的地区，尤其是乌克兰，德国已经在着手建立一支革命党，他们希望这些地区的民众在形势一旦明朗的时候，就能够转向支持德国。

法国军方人士认为，德国人将在两到三个月内取得胜利。他们向贝当表示，希望共产党能够被驱逐到苏联那些比较贫瘠落后的地区，如此一来法国的共产主义威胁就能够得以消除。显然，希特勒所谓"消灭共产主义"的说法，在一些达官显贵当中起到了提高自己声望的作用。许多法国官员，似乎宁愿选择纳粹主义，也不能接受共产主义。当时在法国也有一个共产主义组织，但是我最信任的那些官员们，并不认为他们会发起什么暴动。不过，这些官员们对共产主义却是发自内心的担忧。

我经常见到苏联大使波戈莫洛夫。也许是因为身为一名苏联外交官的原因，他很善于掩饰，不过与苏联使馆的其他人比起来，他算是个相当聪明的人。他对于俄国的战争史非常精通，6 月 25 日我们之间进行了一次长谈，他向我说明了苏联的"纵深防御"计划，提供了有关苏联的战斗力、飞机、坦克和步枪等数据，数字十分庞大，不过我对此明确表示了怀疑。

波戈莫洛夫此前并没有军事方面的经验。他是个学者型的人物，但是对于德国的作战方法却十分熟悉。他说如果有必要，拿破仑时期曾经用过的焦土战术或将再现。苏联不希望同日本开战，他说，但是也做好了应对的准备。当他询问在当前的新形势下，我们美国将会对苏联采取什么态度时，我的答复是，我认为总统的宣言是对一切抵御轴心国侵略的国家都表示深切同情（这方面我并没有得到华盛顿的特别指令）。

1941 年 6 月 30 日中午，达尔朗突然宣布断绝与苏联的外交关系，下令苏联使馆人员立即离开，并禁止一切与莫斯科的联系。这是一种没有先例的轻率之举。大约在下午 5 点时，波戈莫洛夫来到我们的使馆，请求我们承担起保护苏联利益的责任。我向华盛顿提出请示并且明确暗示，由于我目前与维希政府的关系，考虑到我未来的处境，由其他国家来负责处理苏联事务可能会更好一些。波戈莫洛夫夫妇因有一个孩子太小而行动不便，我从中斡旋为他们争取了大约二十四小时的延迟离境。我们听说，他们在 7 月 1 日午夜之前乘坐一趟专列匆匆离开，前往旺德尔港，在那儿他们将转乘一艘英国船。后来，波戈莫洛夫成为苏联外交界一名举足轻重的人物。

趁着德国人全力以赴对付苏联，贝当派达尔朗去巴黎，试图争取扩大非占领区域。在法国境内的所有苏联人都被警察拘押起来。同时，威尔斯告知我，美国不得不拒绝接手处理苏联在维希的事务，并且说这个决定正是受了"我们并不乐意照顾你所说的那些所谓'红色'人物"这句话的影响。

7 月 4 日，美国独立日，给我提供了一个公开宣讲自己观点的好机会，我坚信希特勒入侵苏联注定了他最终的失败。我们在官邸举办了一场招待会，有 70 位来宾出席，其中包括了新闻记者和在维希的美国公民。

与此同时，正如之前所料，由英国和"自由法国"组成的联军与维希军队在叙利亚和黎巴嫩发生了冲突，意图推翻当地政府。1941 年 6 月对叙利亚发起的军事行动，据英国人说，是由于德国人对叙利亚的渗透，以及叙利亚的法国当局对德国人提供帮助所导致的。法国人再一次开始自相残杀，正如他们去年 9 月曾经发生的短暂交战一样，当时夏尔·戴高乐将军在英国人的协助之下，试图夺取西非达喀尔港口的行动未能成功。

6 月 12 日，当我与贝当和达尔朗会面时，达尔朗声称法国已经拒绝了德国人提出的对叙利亚进行援助的要求。他否认了德国人试图通过叙利亚占领苏伊士运河的企图。我通过国务卿赫尔提交了一份外交备忘录，要求维希政府对为什么允许德国人使用叙利亚的机场做出解释，因为这已经超出了停战协定的要求之外，并且违反了1924年签订的保护叙利亚主权的英法协定。达尔朗坚持认为，他同德国人有关叙利亚达成的交易，并没有超出停战协定的范围，法国将抵制任何势力对其殖民地发起的入侵行动。不过，贝当和达尔朗都意识到，由于强大的反对势力，他们对叙利亚的控制已经难以为继。

6月27日，我再一次与贝当元帅会面，这次是他独自一人。他坦承了当前在叙利亚的困境，并且说如果他能够取道土耳其出兵叙利亚的话，他的部队应该可以将局势控制一段时间。后来，我向土耳其使馆参赞奥尔斯先生询问，他的国家是否会允许贝当的军队借道增援叙利亚。他说：

"法国人提出这个要求我们可能会拒绝，但是如果德国人，在击败苏联军队之后，想要通过土耳其派兵的话，我们该怎么办呢?"

这个回答反映了当时整个欧洲普遍存在的恐德情绪。

7月10日之前，在叙利亚的停战谈判一直在进行之中。7月15日，法国终于同意放弃持续了二十一年之久的托管地，把控制权移交给英国和"自由法国"的部队。

"自由法国"同意将那些不愿加入他们的法国士兵、水手以及家眷遣返回国。"自由法国"部队的指挥官是乔治斯·卡特鲁①将军，我在维

---

① 乔治斯·卡特鲁(Georges Albert Julien Catroux, 1877—1969)，法国陆军上将、外交家。曾参加一战，在北非和印度支那服役。战后成为法国派驻阿拉伯地区军事使团成员，先后在驻摩洛哥、阿尔及利亚和黎凡特的部队中担任指挥官。1939年1月退役；7月被召回现役，任法属印度支那总督。法国战败后，他于1940年7月辞去总督职务，加入戴高乐领导的"自由法国"运动，当时他已是五星上将，是投向"自由法国"运动的军人中军衔最高的。1941年6月任驻黎凡特法军总司令兼高级专员，在叙利亚战役中击败维希法国军队，并承认叙利亚独立。1943年6月任法属阿尔及利亚总督兼事务协调专员。1944年9月，在戴高乐组建的第一届政府中，卡特鲁出任北非事务部长。1945年1月至1948年12月任驻苏联大使。回国后任法国外交事务特使。——译者

希从未听说过戴高乐将军曾经亲临战场。

在那个时候，这位自诩为"法国抵抗运动领袖"的人物，在法国占领区并没有太多的追随者。当时，在占领区有一个组织自称为"高卢主义者"。显然他们为自己取了一个古老的法兰西名字，他们是法国人，但并不是"戴高乐主义者"。这些秘密组织的成员偶尔会悄悄与我接触，因为他们认为我是站在他们一边的。我也不得不告诉他们，尽管我非常同情他们，但美国政府授权于我，只能同以贝当元帅为代表的法国政府打交道。

在这些人当中，有几位法国人能力出众、非常优秀，给我留下了深刻印象。他们的目的是给德国人制造麻烦，但是每当他们对侵略者有所行动的时候，德国人就会把账算到贝当头上，令元帅困扰不已。

贝当对任何秘密组织成员都没有好感，但他尤其憎恶戴高乐。他们曾经一起在军队中共事，戴高乐曾是贝当麾下的一名年轻军官。以前元帅非常赏识他，但他现在认为戴高乐是"一条咬了农夫的毒蛇"。贝当曾经对我说："他（戴高乐）自称是个爱国者，那么他为什么不回到法国来与我们一起同甘共苦？"许多法国人对此和元帅的看法一致，他们认为戴高乐就是一个英国人花钱养的走狗。我在 7 月 28 日写给罗斯福总统的信中写道：

> 戴高乐抵抗运动并不像英国广播或者美国报纸里报道的那样受人拥护。在与我交谈过的法国人里，即使是那些非常渴望英国获胜的人们，对戴高乐将军也是不屑一顾。

我还向总统报告，戴高乐的抵抗组织在敌占区，通过搞破坏或者向敌占区居民做抵抗宣传等方式展开扰敌活动，取得了一些小小的成绩。另外我也补充说道："我所见到的这些激进的戴高乐主义者，似乎并不具备坚定的意志和非凡的智慧，而且在民众中也没有得到广泛支持，这可是实现他们的目标所必需的。"我告诉总统，最近他们当中有人告诉我，他们判处了维希政府所有内阁成员死刑，并且随时可能执行。这样的宣传引发了一些恐慌情绪，至少是令维希政府的一些要员们高度戒备。贝当和达尔朗都安排了军队和便衣警卫的 24 小时保护。

叙利亚停战协议并未引起太大反响。失败是法国人意料之中的事，抵抗的唯一目的似乎就是为了保全高卢人的荣誉。

7 月，美国大使与贝当元帅之间的关系如何处理，引起了人们的普遍关注。达尔朗通过宣传战并对他的下属进行洗脑，使得政府里那些一心只想保住自己饭碗的官员们，觉得我就像是一棵绝不能触碰的毒葛①。他的手段取得了某种程度的成功。表面上，他依然是彬彬有礼、一团和气，对我的态度还像是两个水手之间那样亲密，但是我已经不可能再信任他了。我想要与达尔朗或者贝当会面，或是想与他们直接对话，也变得越来越困难了。显而易见，达尔朗不希望我单独与贝当会面，所以大多数时候他或者亨西格将军总会设法在场。

在这种情形之下，我在 7 月 18 日写给威尔斯的信中甚至表示，我们不能忽略这种可能性：贝当就是一个骄傲自大的老头儿，他所表现出的友好和信任，不过是为了看看如果与美国友好合作，能够得到什么好处罢了。他可能甚至真的以为我会愚蠢到这种地步，这么容易就相信——他的态度（如果他有的话）完全与利益无关。

> 达尔朗表面上态度很诚恳，但可以确定的是，他不喜欢我们政府的立场，并且他和他的德国朋友们不信任我。我也同样不信任他们。

---

① 毒葛为一种漆属野生植物，广泛生长于美洲，经由接触而中毒，会产生严重的皮肤炎症，称之为毒葛皮炎。——译者

1941 年 7 月 15 日，达尔朗告知我，日本很快就会占领法属印度支那的军事基地，为将来南进①的军事行动做准备。同一天，当我离开贝当的办公室并且在达尔朗听不到的时候，元帅对我说："最近可能有大事发生。"我问他是否意指远东，他答道："处处皆有可能。"

7 月 19 日，我再一次与他们会面，传达了来自华盛顿的、有关日本最新动向的口头信息。我们必须直言不讳地讲，如果日本获胜，法属印度支那将会落入日本人之手；如果盟军获胜，我们就会接手。达尔朗暗示，德国人可能会帮助他延缓日本的行动。他没有提及的是，如果美国卷入太平洋战争，对于德国人显而易见是有利的。第二天，在日本大使威胁将会即刻采取行动的恫吓之下，维希政府同意日本使用法属印度支那的军事基地。后来达尔朗告诉我，德国人完全没有插手印度支那的事务，事实上在这个决定做出之前，他们对此一无所知。以当时的情形来看，维希政府已经完全在德国人的掌控之下，这样的说法很难令我相信。不过在协议达成之前，元帅并不知情倒是完全有可能的。当我向他指出，未来将会"将印度支那拱手交给日本"的时候，他显得极为懊恼不安。

达尔朗曾经解释说，同日本的协议实属无奈之举。如果法国不同意，日本将会强行占领并且摧毁殖民地政府。如今日本人至少同意保有法国的主权，并且在局势趋稳之后就会撤出。不管如何，虽然达尔朗断然否认，我相信德国人必定是协议的参与者。整个事件在我看来，唯一

---

① 南进论：日本向南方扩张侵略的战略主张，与北进论相对立。主张侵占朝鲜、中国后，向东南亚扩张，以独霸西南太平洋。与北进论互相渗透，交织并存，在军部及统治集团内长期争论。1936 年广田弘毅内阁通过《国策基准》，确定南北并进的基本战略方针。二战全面爆发后，南进论逐渐占上风。1940 年 7 月第二届近卫内阁通过《基本国策纲要》，提出建立"大东亚新秩序"；9 月派兵进驻法属印度支那北部，并同德、意缔结三国同盟，形成南进态势。1941 年苏德战争爆发后，北进呼声一度再起；同年 7 月，经御前会议决定和第三届近卫内阁上台，坚持南进战略。随后东条内阁上台，终于在同年 12 月发动了太平洋战争。——译者

的意义就是——法国在亚洲殖民统治的终结。

8月12日，我和夫人正在观看歌剧《波里斯·郭德诺夫》，在第十四场和第十五场幕间休息的时候，演出突然出人意料地戏剧性地中断了。贝当元帅发表了一场广播演说，听上去像极了第三共和国最后的葬礼悼词——实际上在一年前停战协定签署之时，它就已经沉睡不醒了。

剧院里的观众们全体起立，聆听元帅这场历史性的演讲，他讲述了他所面临的困境和未来的计划。我在听的时候，有一种感觉，演讲稿一定是希特勒写的。元帅已经完全失去了对政府的掌控权。他宣布的政治、经济和社会法令包括：废除一切政治党派；禁止进行公开和秘密的政治集会；禁止散发政治性传单；停止此前发放给议员们的薪水；为落实这些法令而扩充警力。

元帅以一句"法兰西万岁"结束了他冗长的演讲，然而挤满观众的剧院之中，只响起了稀稀落落的掌声。

两天之后，局势出现了戏剧性的转折，英国和美利坚合众国联合签署了具有划时代意义的《大西洋宪章》。这份联合声明，以鼓舞人心的语言，宣告了英美两国消灭纳粹暴政的决心，首先解除侵略国家的武装，然后在全世界范围减少军备；所有民族都拥有选择自己国家政治体制的权利；无论英国和美国都不会寻求领土的扩张；不存在任何未经相关民众一致同意的领土变更；公海航行自由和获取原材料的贸易自由。对于不断强化的维希独裁政权，我向总统汇报如下（1941年8月26日）：

> 对于我们当中坚定推崇代议制政府的人来说，看到法国完全落入一个独裁者手中——一个以元帅之名的"仁慈的"独裁者，苟延残喘了这么长时间，着实令人气馁；甚至连法国之前就已经存在的

《权利法案》，实质上也被废止了，他们现在使用所谓的"密信"①来铲除异己。您和丘吉尔先生发表的联合声明中，提到了人民可以自主选择自己国家的政治体制，或许能够让这个国家在经历了暴乱频发、高压管制等的动荡不安之后，法国人民可以用自己所熟悉的、在他们看来是必要的或者至少是习惯的方式来解决法国的问题。

实际上，法国的所有民众对美国都十分尊崇，认为只有美国才能拯救法国，并且希望英国能够取胜，尽管他们认为没有我们的帮助，英国胜利是几乎不可能的。

维希，这个完全由一人掌控的独裁政府，如果没有了德国占领当局的支持，显然是没有足够力量维持下去的，并且它也违背了法国人民一贯以来的政治诉求。称之为《大西洋宪章》的丘吉尔—罗斯福联合宣言，得到了持有不同政见的外交同行们的一致欢迎，除了那些公开与轴心国势力结盟者之外。对于法国人来说，无论是保皇党人、民主主义者、自由主义者、保守党人、基督教徒还是穆斯林——人人都感到欢欣鼓舞，因为这份宣言保证了每个人都将拥有按照自己喜好选择国家政治体制的权利，并且不再受任何外来势力强迫。

在当时，这些弱小国家对美国的承诺所表现出的充分信任，于我们而言是弥足珍贵的。我回想起与总统的那次谈话，在他任命我为驻法大使时，那时他似乎就已经下定决心，要竭尽全力帮助法国人以合法的方式，选择他们自己的政治体制。罗斯福对《大西洋宪章》的实现充满信心。如果他还活着，在这件事上（政体选择）他一定会坚守我们的承诺。结果我们却将戴高乐政府强加给了法国人民。还有之后的南斯拉夫、捷

---

① 密信（法语：lettres de cachet），指法国大革命前，国王不通过法律手续就可以发出的秘密逮捕令。——译者

克斯洛伐克和匈牙利，我们坚持要他们采用某种政治体制，或者说某些人要强加给他们，而我们并没有反对。

　　就在这两起大事件发生的两周之前，法国参议院的前任领导人、参议员雅克·巴杜告诉我，在贝当的许可下，他和一些同僚正在拟定一部新的法国宪法。他们致力于打造的这部新宪法，既保留了符合法国人民一贯要求的基本自由权利，同时又将建立一种类似于美国总统制的强有力的行政权力机制。巴杜坚称元帅是赞同他们的构想的。

　　经过改组的维希政府，陆军和空军也划归达尔朗直接指挥。鉴于他近乎变态的仇英心理，这很可能令本就危机四伏的英法关系雪上加霜。贝当还任命皮埃尔·皮舍①担任内政部长，掌管秘密警察。此人据说是一名公开的通敌卖国分子，他正在着手建立一个激进组织，其运作方式与其他独裁政权下的"黑衫党"②和"褐衫党"③极为相似。另外还有一些新成员进入维希政府，比如前"蒙面党"④领袖拉·罗克⑤。这些

---

① 皮埃尔·皮舍（Pierre Firmin Pucheu, 1899—1944），法国企业家、法西斯分子。法国战败后，1941年进入内阁，起初任工业部长；同年晚些时候改任内政部长，任职期间采用严厉手段镇压地下抵抗运动，组建了打击共产党组织的警察部队和维希政府的宣传机构。1942年4月被免去内政部长职务；11月，在盟军登陆北非后不久，皮舍移居到西班牙。1943年5月，应法国陆军上将吉罗的邀请来到摩洛哥的卡萨布兰卡；随后即因叛国罪被逮捕并判处死刑。尽管吉罗为其求情，但被戴高乐拒绝。1944年3月皮舍被执行枪决，成为被戴高乐处决的第一位维希高官。——译者
② 黑衫党，是意大利的法西斯主义政党，又名"棒喝党"，1922年至1943年间意大利的执政党，由贝尼托·墨索里尼创建并控制。——译者
③ 褐衫党，即德国纳粹党。纳粹党徒身穿褐色制服，故又称"褐衫党"。——译者
④ 蒙面党（La Cagoule），全称为"革命行动秘密委员会"（Comité secret d´action révolutionnaire），是1935年至1941年活跃于法国的一个法西斯主义和反共产主义的政党，受左翼组织"人民阵线"领导，致力于推翻法兰西第三共和国政府，经常实施暗杀、爆炸和武装破袭等暴力活动。1937年11月，法国政府逮捕了该党70余名成员。二战爆发后，政府将他们释放并投入陆军服役。法国战败后，其部分成员转而支持右翼政党并参加了维希政府，也有一部分成员加入了戴高乐领导的"自由法国"抵抗运动。但是拉·罗克没有担任过该政党的领袖，详见下一注释，据译者推测，这里可能是作者的记忆错误或笔误，但此处译文仍按照原文翻译。——译者
⑤ 弗朗索瓦·德·拉·罗克（François de la Rocque, 1885—1946），法国政治（转下页）

变动，无疑给我想要在法国和民主美国之间竭力维持的友好关系蒙上了一层阴影。

维希政府在叙利亚和法属印度支那的懦弱表现，使得德国人将觊觎已久的北非纳入囊中看起来仅仅只是时间问题了。虽然最终纳粹并未能得到北非的军事基地——但那却与维希无关。

我在 7 月 28 日的信中告诉总统，7 月份法国的报纸上对他感染流感的新闻是如何地添油加醋、煽风点火："对于法国那些'妥协分子'来说，您的健康状况事关重大，他们无疑盼望有最坏的结果。"关于贝当，我写道：

(接上页)活动家。1907 年毕业于圣西尔军校。参加过一战，战后曾在斐迪南·福煦领导的盟军参谋部、马克西姆·魏刚率领的法国派遣波兰军事代表团、菲利普·贝当指挥的部队中任职。1927 年以中校军衔退役。"火十字团"（Croix de Feu）于 1927 年 11 月创立，最初的成员为一战中荣获"战争十字勋章"的退伍军人，1929 年创建了自己的报纸《火炬报》。1930 年，拉·罗克成为该组织领导人，并很快成为极右翼势力的代表人物，提倡劳资和解，支持扩充军备以应对"德国威胁"；主张议会改革，建立最低工资和带薪休假，给予妇女投票权，其卫星组织和成员增长迅速，最高达 70 万人。1934 年 2 月，该组织参与了推翻第二届左翼联盟政府的大规模武装游行活动，占领了内政部，暴乱活动遭到政府镇压。此后拉·罗克被左翼政党视为希特勒、墨索里尼式的人物，逐渐失去了在右翼势力中的影响力。1936 年 6 月，"火十字团"被"人民阵线"领导的左翼政府解散；同年，拉·罗克在原有组织基础上重新组建了更加温和的民族主义政党，即法兰西社会党（Parti Social Français），主张用总统制取代不稳定的议会制，建立基于社团主义的经济体制和基督教社会主义的社会法律制度，二战前党员达 80 万人，成为当时法国最大的右翼保守党；其提出的政治口号"工作、家庭、祖国"也被后来的维希政权沿用，以取代法兰西第三共和国的"自由、平等、博爱"。法国沦陷后，1940 年 6 月，法兰西社会党解散，拉·罗克将其改组成法兰西社会进步党；起初他接受停战协定和贝当元帅提出的法德合作原则，1942 年 9 月他改变了立场，与英国情报机关取得联系，组建了以社会进步党员为主的地下抵抗组织。1943 年 3 月，因试图说服贝当元帅前往北非，拉·罗克和 152 名社会进步党高层成员被德国秘密警察逮捕，先是关押在捷克的埃森堡监狱，后与甘末林、魏刚等反纳粹的法国高层人士一起被关押在奥地利的伊特堡监狱。1945 年 5 月被美军解救。大多数法国当代历史学家认为，拉·罗克领导的民族主义的、相对温和的政治活动和主张，防止了当时法国的中产阶级滑向法西斯主义，为二战后基督教民主派的兴起铺平了道路，拉·罗克也被视为戴高乐主义的先驱人物。——译者

在我看来，他毫无疑问正在被架空，即便是一步步不引人注意的，他现在的唯一作用就是用来笼络人心，维持法国民众的忠诚，还有给学校的孩子们和退伍老兵们讲讲话……由于最近的一系列事件，法德全面合作，叙利亚惨败，印度支那被日本人接管，以及德国人在苏联受挫，并未能上演去年闪击法国的一幕，在这种形势下，可以肯定的是，贝当的声望在日趋下滑。

法国人民仍然保持着对美的友善，并且几乎所有人都把您看作是能够将他们从纳粹统治下解救出来的唯一希望……对于我来说，已经无法预测法国明天或者以后会发生些什么，同样，我也很难说出在这里的六个月当中，取得了什么成就……从眼下的形势来看，现在显然只有让轴心国在某个地方遭遇重挫，才足以让那些通敌卖国分子警醒，从而保持住法国目前的中立立场。

法国国防部里仍然有一些军官们无所畏惧，继续保持着与我们的交往。根据他们透露的信息，估计在 7 月底之前，德国在苏联的伤亡人数已经达到了 100 万。我不相信以这样的伤亡速度，纳粹还能够坚持太长时间。我遇到的几位反轴心国的法国人士，也认为俄罗斯的寒冬将会使庞大的德国军队困守数月难以前行。冬季严寒导致的补给短缺将带来战局的转机，如同当年拿破仑大军的溃败一样。一位曾经与德国人有接触的维希新闻界人士对我说，希特勒的军队在食品、水、汽油和弹药的供给上都遇到了麻烦。

我试图了解贝当元帅对苏联战局的看法，但却被达尔朗接过话头，发表了一通德国军队如何能征善战的演说。这位海军上将说，英国和美国士兵要吃牛排，而德国士兵只需要吃几粒药丸就能够生存，并且有飞机给他们提供水和汽油。

在我们 8 月 1 日的这次会面之前，有关法国决定彻底改变与德国之间政治关系的传闻已经传得沸沸扬扬。不过元帅说，他从未听到过任何此类说法，然后达尔朗就开始喋喋不休他那些狂热的反英言论，成功地搅乱了这次会谈。但是，他的那双"金鱼眼"却明显透露出某种不安。

在维希的生活，如果没有体验过温泉"疗养"，显然是不完整的。这种疗养包括按照医嘱饮用各种各样的泉水和温泉洗浴。温泉浴一开始通常是泡个热水澡，然后由两位力道十足的按摩师做一个全身按摩，接下来热水集中向肝部区域喷淋一分钟，之后会加大力道喷洗全身。再之后客人会被裹进热毛巾里，盖上毯子，躺十五分钟。

在维希几乎人人都会用温泉疗养。人们把标有刻度的玻璃器皿装进奇形怪状的小绿篮子里带着，从这个温泉跑到那个温泉。我们被告知，没听过医生的建议随便喝那些水会有危险，这种说法当然有利于维希那些人数众多的医生了。

我和夫人在 7 月底的时候也享受了一下温泉疗养。我不觉得有什么疗效，不过按摩总归是令人愉悦的享受。8 月 3 日举办的一年一度的赛马大奖赛则要有趣得多。当天的天气格外晴朗，令人心旷神怡，赛场上马儿身姿矫健、长鬃飞扬，还有那些身着夏装的美丽女士们也格外养眼。我们的邻座是日本大使加藤外松①，这是一位颇具个人魅力的人，并没有因为我们两国之间濒临战争而有失礼仪。他很有教养，一生当中大部分时间都住在国外。这也是我在维希期间，仅有的一次观看赛马比赛。

和我们一起观看比赛的 A. M. 戴福西博士，提议安排一次瑞士度

---

① 加藤外松（Kato Sotomatsu，1890—1942），日本昭和时期的外交官。1914 年进入外务省。1923 年任欧美局第二课课长，后被派驻北京公使馆。1927 年任天津总领事，曾负责处理出兵山东、济南事件、炸死张作霖事件。1929 年起派驻美英。1935 年任驻加拿大特命全权公使。1938 年任驻伪满洲国使馆参事。1939 年任驻华特命全权公使。1941 年转任驻法特命全权公使，负责与法国谈判关于进驻法属印度支那事宜，于同年签署《关于法属印度支那共同防卫的日法议定书》，夺取了对印度支那的军事控制权。1942 年病死于巴黎。——译者

假，以便能够"搞几块牛排，为物资匮乏的冬季做些准备"。于是在 8 月份，我和夫人安排了一次为期八天的旅行，去看看这个美丽的国度。在伯尔尼的美国大使利兰·哈里森，考虑得非常体贴周到，通过他的关系，我们搞到了一些特价汽油——1 美元 1 加仑。在那儿，只要肯花钱就能享用到美味的食物。瑞士人竭力维持着他们的中立立场。与我交谈过的人，看起来都完全认同民主的政治体制。

在之后的那个月中，我们曾与劳拉·克里根夫人共进晚餐，她是一位富有的美国钢铁企业家的遗孀。席间她一直在滔滔不绝地介绍自己、她的成就以及她和欧洲政要、社交名流的要好关系。鉴于她为救助法国战俘所做的慷慨之举，法国政府向她颁发了十字勋章和荣誉勋章。克里根夫人是一个奇怪的混合体，她充满活力，既自高自大、野心勃勃又兼具善良仁慈的品质，同时还很富有，所有这些都成为她在救助法国战俘和提升自己社会地位上的有利条件。

有关法国可能会公开协助德国人的传闻已经不是第一次了，但是这一次却在持续发酵。南斯拉夫公使波里奇热衷于传播小道消息，而且基本都是些捕风捉影的谣传。他说，有来自德国的可靠消息，作为法国公开协助的回报，德国人将会从巴黎撤出并减少征收的占领费。然而，就在他告诉我这个消息的几个星期之后，迫于德国人的压力，维希政府关闭了南斯拉夫在法国的公使馆和领事馆，波里奇本人也离开了维希。他是个有趣的人，但一直到走的时候还在编造他的那些故事。8 月 25 日，大英帝国和苏联出兵伊朗（波斯），驻维希的伊朗公使告诉我们，他非常担心苏联军队，据他估计有 12 万人，会像以往战争中那样毁了自己的国家。

9 月 12 日，我们在广播中听到，罗斯福总统向那些进入美国海域的德国和意大利船只发出警告，这样做只会令他们自己置身于危险之中。他将德国潜艇称为"大西洋上的响尾蛇"。我认为，总统的这个警告，无疑是对轴心国势力不宣而战的声明。与总统的历次声明相比，这一次的声明引起了法国政府官员们前所未有的重视。加上德国在苏联的战事并未占据优势，维希政府对待美国的态度有了明显的变化。受其控制的报纸对美国大使的恶意诋毁也减少了。"晴雨表"显示气温正在回升。当我们偶尔在一些社交场合碰到时，贝当元帅会特意对我表现出殷勤周到、关怀备至的样子。维希政府看来已经不再笃信德国人战无不胜的神话了。我在9月13日给威尔斯的信中提到，实际上："维希政府的当务之急，是关注共产主义崛起所带来的危险，冬季的来临和失业率的增长为那些心怀不满的饥饿民众发动革命创造了有利条件。"

维希政府的官员告诉我，即将到来的冬季将使食品供给濒临绝境。我又一次向华盛顿争取，再派一艘红十字商船，为法国儿童运送救济物资。在9月29日写给威尔斯的信中，我阐述了如下理由：

> ……向法国提供救济物资，就算不考虑任何人道主义方面的因素，这么做将有利于我们保持法国民众——无论是在法国本土的，还是在非洲的——对美国的好感，而我们要做的不过是提供数量有限的生活必需品，并且在我们的控制之下进行分配……
>
> 如果维希政府确实同意通敌合作……我们就立即停止所有的船运并召回大使"进行磋商"……如果当前我们在维希的问题上目光短浅，让救济物资就此停运的话，我认为对美国没有任何好处。
>
> 我们已经成功地赢得了法国民众甚至一些政府官员的信任，包括贝当元帅在内，使他们相信，两国人民之间仍然一如既往地保持着传统的友好关系，并且美国人民对此也极为关注；尽管在与那些法国官员的接触当中，我时常会想起早些年每个月都会读到的《海军条例》中的一段内容，意思是说：只有那些"胆怯求饶"的人才会盼着得到奖励。

9月下旬，抵抗运动开始逐渐显露锋芒，巴黎有不少德国军官和士兵被暗杀。占领区德军立即实施了报复行动，逮捕了一大批可疑的共产主义分子和犹太人作为人质。每死一个德国人就要有数名法国人被处决。到了10月中旬，暗杀行动和处决行动愈演愈烈，令贝当和达尔朗都忧心忡忡。贝当发表广播讲话，呼吁他的人民遵守停战协议的规定，并且指责那些煽动、策划暴力行动的"外国人"是在残害"法国人的骨肉"。达尔朗则控诉这些外国势力企图使法国人民与占领军之间的关系恶化。据说，贝当甚至派了内政部长皮舍向希特勒递交了一封以他个人名义写的求情信。10月20日，德国人的报复行动到了令人发指的地步，因为一名德国中校被暗杀而处决了50名人质。

贝当元帅对这种大规模处决人质的行为深感忧虑，我们相信他的这种情感绝非虚情假意，但他同时也担心这种情况继续发展下去，会影响到他的政权稳定性。他的呼吁发挥了一些作用，但是对于任何一个法国人来说，一旦不幸成为人质，就意味着厄运降临。这些人质当中大部分都是犹太人。

在维希，已经存在着对犹太人的种族歧视，不过主要目的是为了攫取他们的钱财。许多犹太家庭担心，自己的房屋会遭到搜查甚至财产被没收。我记得我们使馆邻近有一家非常惹人注目的犹太家庭，有一天那位犹太母亲请求我的夫人，是否能替她保管一笔数额不菲的美元——应该有3万美元。因为真切感受到的恐惧令这位犹太妇女惶惶不安。当然，身为大使，我是不能涉身其中的。不过据我所知，没有听说有犹太人的家被搜查。

10月6日临近黎明时分，几架可能是飞往意大利的英国飞机从维希上空飞过，引发了一阵骚乱。不过我们睡得相当安稳，并没有听到警报声，直到第二天才知道这起所谓的"空袭"事件（并没有炸弹掉下来）。

10月初，即便是被德国人控制的报纸，也刊登了德军在苏联的攻势暂时受阻的消息。最令人振奋的消息是，轴心国军队伤亡和失踪的人数已经高达 170 万。但到了 10 月中旬，形势又急转直下，维希政府估计苏联人很快将不得不放弃莫斯科。我在 10 月 15 日写给总统的信中，描述了苏联这张"晴雨表"所带来的变化：

> ……德国在苏联遇到的始料未及的困境，导致了法国政府的官员们……倾向于站在我们一边，但他们最终的态度仍将取决于苏联这场战事的结果。
>
> 现在，德国人在莫斯科局部的成功突破和在乌克兰取得的胜利，已经促使他们准备和轴心国势力进行更紧密的合作。（据可靠情报，德国人将在维希、里昂和马赛设立领事馆。）

在一篇有关贝当独裁政府新成员的长篇报告中，我特别强调指出，目前以贝当为中心，已经形成了一股可以称之为"宫廷卫士"的势力。他们致力于建立一个政治组织，维持近期的局势稳定，并且当德国军队从占领区局部或者全部撤出时，能够维护现有的独裁政府。这其中最具野心的是年富力强的皮舍，他被看作是达尔朗的对手，在老贝当功成身退之时，争夺独裁者宝座的有力竞争者。

尽管我们听说，近期的旅途劳顿令贝当疲惫不堪，但是以八十六岁的高龄来说，他的身体状况已经算相当硬朗、令人称奇了。我告诉总统，依我看，如果没有了贝当元帅作为民众拥戴的象征，现在的法国政府不靠德国人扶持是不可能维持下去的。人们最为渴望的仍然是和平。"近来有许多法国人和我探讨，有关您与教皇联手与纳粹商讨和平的可能性……对此，我始终坚持我的个人观点，那就是美国绝不会谋求与'希特勒主义'通过谈判达成和平。"

总统在 11 月 1 日的回信中称，我关于谈判和平的回答是十分正确的，而且"我们现在应该向全世界表明这种态度"。至于贝当对于法国人质被处决的忧虑，罗斯福写道："德国人的暴行深深地震撼了这个国家……这应该会让所有法国人明白，这就是他们所谓'合作'的代价。这也许会促使元帅采取更为积极的态度。"

在 1941 年的海军节①，总统向纳粹发出了无所畏惧的直接挑战。我们第一次听到他宣布战斗已经打响，美国海军已经进入战斗状态。当天晚些时候，BBC 也转播了这一消息。在这个激动人心的演讲中，总统向世界宣告，美国的船只将向盟军运送补给，并且美国海军将会为它们护航。"毋庸置疑，这个国家一定会将大批的物资运送给盟军，因为他们的海军信奉的光荣传统就是'该死的鱼雷，全速前进'②。……今天，面对着从未有过的严峻挑战，我们美国人已经严阵以待、准备战斗了……"

在我看来，这几乎就是一份"不宣"而战的公开宣言，并且在不久的将来很可能会成为正式宣告。其实早在 3 月份，当我们开始向盟国免费提供用来与德国人作战的补给物资时，我就感觉在某种程度上我们已经卷入了战争。我那个时代的职业军人，有一种双方开战必须要正式宣战的观念。在过去的六个月里，国内接连不断地通过了各种各样的立法和行政命令，不禁让我感到好奇，总统真的觉得他能让所有人相信我们并没有参战吗？当然，因为我身在维希，无法感受到华盛顿那些孤立主义势力的巨大影响力，他们看不透希特勒意欲征服世界的野心，也没有

---

① 美国海军节，每年的 10 月 27 日。美国独立战争爆发后，为配合陆上抗英战争，美国大陆会议于 1775 年 10 月 13 日正式决定建立海军。独立战争结束后，美国海军曾一度解散。1794 美国国会决定重建海军。1798 年 4 月 3 日成立海军部，海军正式脱离陆军，成为一个独立的军种。1901 年西奥多·罗斯福就任美国总统后，提出了赶上英国，建立世界上第二强大海军的目标，西奥多·罗斯福被奉为"海军之父"，为纪念他，美国政府以其生日 10 月 27 日(1858)为美国海军节，同时规定每年的 10 月 13 日为美国海军成立纪念日。——译者
② 美国海军名将戴维·格拉斯哥·法拉格特在内战时期发出的著名战斗口号。——译者

意识到我们自己国家的安危已经危如累卵。几个月之后，当我回到华盛顿，才见识到总统是如何与这些势力集团巧妙周旋，使美国人民意识到所面临的危险处境，并尽一切可能向我们的盟友提供援助的。

11 月 12 日，报纸上刊登了贝当的国防部长，夏尔·亨西格将军在尼姆附近因飞机失事身亡的消息。此前就有诸多传闻，说他将被某些更令德国人满意的人所取代，因为纳粹认为他最近不是很"合作"（亨西格将军给我留下的印象是一位极为自律、忠于职守的军人，但是意志并不十分坚定）。此后，有关他的死亡是"计划好的"并且那架飞机是故意坠毁的传说持续了数年。我的一位法国年轻女性朋友，是一名地下组织的秘密间谍和通信员，对于这个传说深信不疑。她说，亨西格当时携带了重要文件从北非返回法国，飞行员接到秘密指令谋杀了他。在这种非常时期，人们总是容易相信各种奇异传闻。

事实是，由于那天能见度极差，而且飞机的无线电通讯设备失灵，飞机在空中盘旋了数小时也无法在维希降落，导致将军和机组所有成员都在坠机事故中丧生。维希的机场以及周边飞行条件安全性极差是众所周知的，因此我从来不坐他们的飞机。我和夫人参加了在圣路易斯大教堂为将军和其他遇难者举行的葬礼。纳粹驻巴黎高级专员奥托·阿贝茨带领一众德国人也出席了葬礼。

11 月 29 日，从苏联前线传来了令人振奋的消息。德国人在顿河河畔的罗斯托夫①被击退。这是自从开战以来，不可一世的德国军队首次

---

① 罗斯托夫战役(Battle of Rostov)，是 1941 年 11 月 17 日至 12 月 2 日，苏联南方面军为粉碎德国南方集团军群的第 1 装甲集团军而实施的进攻战役。德国南方集团军群(司令龙德施泰特元帅)占领顿巴斯西南部后，企图以一部兵力围歼苏联罗斯托夫集团军，打开通向高加索的门户。苏联南方面军(司令雅科夫·季莫费耶维奇·切列维琴科上将)和独立第 56 集团军(11 月 23 日编入南方面军)奉命加强罗斯托夫地区的防御，苏军以良好的火力配系抗击德军坦克集团的突击，并适时发起反攻。苏军共毙伤德军 2 万余人，击毁和缴获德军坦克 275 辆、火炮 470 门，迫使德军西撤 60至 80 公里。此役是苏军在卫国战争中第一个大规模进攻战役，具有重大（转下页）

遭受的重大挫败。苏联取得的这次局部胜利，显然打破了轴心国想要进击高加索油田的企图。

那天晚上，我们和使馆武官罗伯特·肖上校共进晚餐，并且收听了一场陆军和海军在费城举行的足球比赛。尽管有很多电波干扰，但比赛的广播解说仍然令人如同身临现场，精彩异常的比赛，让我们暂时抛却了一切烦恼。海军最终以 14：6 的比分赢得了比赛。在维希，我们难得有如此轻松愉快的夜晚。实际上，就在这段时间里，大使馆正在发起全面的外交战，阻止轴心国势力向法属北非和西非的侵袭。

（接上页）军事政治意义。南方面军牵制了南方集团军群兵力，使德军不能抽调兵力加强在主要方向即莫斯科方向进攻的中央集团军群；制止了德军突向高加索，稳定了苏德战场南翼，取得开战以来首次胜利，为苏军 1942 年反攻奠定了基础。——译者

第五章　法属非洲的困境

1941 年的下半年，为了帮助同盟国与轴心国争夺法属北非和西非沿岸殖民地的控制权，我们在维希发起了一场持续的外交战。并非是我们未卜先知，那时的我们并不知道，正是这场斗争使得这些滩头堡能够保留在我们的盟友手中，从而为美国在二战中的第一次大规模军事行动提供了跳板。

继 6 月份第一周维希的旅程之后，魏刚将军于 7 月 10 日再次返回维希。在此期间，对那些曾向我们透露消息的官员们，达尔朗海军上将通过威逼恫吓，成功地使大部分人噤声。因此我们只能偶尔听到一些传闻，说魏刚极力反对达尔朗与德国人达成的交易，尤其是允许轴心国在未来使用非洲的军事基地。

但是，我们得不到确切的消息。

不过，这些传闻已经足以引起华盛顿方面的警惕，罗斯福总统发信给贝当，敦促他不要再向轴心国做出进一步的妥协。我试图单独与贝当会面，但是当我们 7 月 16 日碰面讨论总统的信件时，达尔朗在场并且主导了大部分时间的谈话。达尔朗反复重复着一句话："现有的法德政治协定已经存在很长时间了"，他指的是停战协定。很明显，他意图让我们明白，改变正在商议之中或者即将发生。可以说，他基本上明确承认了德国人提出了使用法属非洲的军事基地的要求，因为他婉转地否认了"德国人没有提出这些要求"的说法。由此，我在 7 月 28 日写信告知罗

斯福总统:

　　这儿的情况表明,在对苏战争结束之后,无论战果如何,德国人都将进占地中海地区。几乎可以肯定,前一段时间德国人要求使用法属非洲的军事基地,由于魏刚将军的反对,达尔朗才未能实施。这里普遍认为,德国人将会重提这个要求,而到那时,魏刚将再难阻止这些基地落入德国人手中。

　　魏刚很可能宁愿辞职也不会同意放弃非洲的殖民地,但他是一位恪尽职守的军人,对贝当忠心耿耿,因此他也可能接受"军令难违"的说法,由此减轻内心的负罪感。

　　8月初,出现了德国人可能占领西非沿岸达喀尔的传闻。我与贝当和达尔朗就此事进行了讨论,提醒他们,这一行动将会促使美国在非洲参战。贝当回答说,唯一可能攻击达喀尔的只有英国人支持的戴高乐将军。当8月11日达尔朗上将从巴黎回来时,德国人的施压显然已经在层层加码,魏刚于8月9日再次回到维希。我们唯一的消息来源仍然是传闻。听说贝当已经拒绝了德国人使用突尼斯的比塞大港口,作为向利比亚的轴心国军队运送补给的基地的要求。允许德国人使用法国的海军基地,这样的行为将意味着为轴心国提供直接的军事协助,等于彻底背弃了中立国立场。

　　如果维希政府真的同意了德国人的要求,将大大伤害美国人民的感情,美国可能不会再向法属非洲提供任何援助,并且可能和维希政府断绝外交关系。

　　不过,我们得到秘密消息,其实是由于魏刚将军的坚决反对,德国人的大部分要求才得以被维希政府拒绝。我在8月5日写给总统的军事助理、人称"老爸"的 E. M. 沃森①将军的信中，表达了我的看法："……鉴于当前轴心国在利比亚的困难处境，德国人很可能再次提出使用基地的要求，并向维希政府施加压力，对此我们仍然无法确定维希会有何种反应。"

我在 8 月 26 日写信向罗斯福总统建议，按照《墨菲—魏刚协定》向北非提供的援助物资，明显有助于巩固魏刚将军在北非的地位，使那些通敌合作者在阿拉伯人眼里丧失威信的同时，树立起美国的威信。

我在信中写道："我希望红十字会能够获准继续向法国儿童提供食品和药物援助，直至明年冬天，或者至少持续到维希政府进一步向轴心国做出让步为止。"

华盛顿始终担心维希会与轴心国进一步合作，尤其是看到维希政府在印度支那主权问题上的懦弱屈从。8 月 22 日，我收到了威尔斯发来的另一封密信，是总统给贝当元帅的，总统在信中强调了维护法国在非洲和其他法属殖民地主权完整的必要性。总统的密信于 9 月 12 日送交给贝当。元帅声明，他并没有打算允许轴心国势力使用非洲的军事基地，或者让法国舰队提供援助。像往常一样，达尔朗也在场，他说他们可能不得不允许轴心国的商船进入比塞大港口，他称此为"无关紧要的让步"，

① 埃德温·马丁·沃森(Edwin Martin "Pa" Watson, 1883—1945)，美国陆军少将。富兰克林·D. 罗斯福总统的朋友和高级副官，承担着军事顾问和秘书的职责，类似现今白宫幕僚长的角色。1902 年进入西点军校，留过两次级，1908 年才毕业，处事老成，故而同学们送给他一个绰号"老爸"。早年曾在菲律宾、墨西哥服役，1915 年回国任伍德罗·威尔逊总统的初级军事副官。1917 年主动申请加入远征军赴法国参战。一战后留在法国参加巴黎和会，参与了《凡尔赛和约》的起草，并争取和会采纳伍德罗·威尔逊总统提出的"十四条"引导战后世界秩序。1933 年担任罗斯福总统的高级军事副官，1938 年任总统秘书，协助处理白宫日常事务。由于罗斯福下肢瘫痪，行动不便，沃森还负责照顾总统的生活起居，搀扶罗斯福行走。沃森与罗斯福总统私交甚密，总统经常到他弗吉尼亚肯伍德的家中休假。二战期间，沃森陪同罗斯福总统参与了一系列重大决策，出席"德黑兰会议"。1945 年 2 月，尽管健康状况不佳，沃森还是参加了"雅尔塔会议"，病死在回国途中。——译者

以免德国人强行出兵占领港口。我在 9 月 13 日写给威尔斯的信中谈到达尔朗的态度："只要能得到贝当的批准，他就会做出任何让步。不过他也不希望德国人得到北非的基地，而且他肯定不会允许法国舰队为轴心国势力所用。"总统给贝当的信和他谴责德国潜水艇是"大西洋上的响尾蛇"的广播讲话，恰好是同时到达维希的，因此似乎起到了不错的效果。9 月 19 日，一位比较可靠的外交同僚告诉我，他听说就在几天之前，贝当元帅已经拒绝了德国人提出的两国进行和平谈判的建议。

我们遇到的另一个问题是，轴心国征用了法国在北非的大批载重卡车，由于贝当经常不在维希，我无法立即得到他的答复。我写信给威尔斯，表示除非能够证明维希政府确实已经实施了美国所强烈反对的通敌合作行为，否则停止向法属北非运送物资显然没有任何好处，并且会给魏刚带来一系列的严重问题。而这位骁勇的斗士现在遇到的麻烦已经够多的了。他于 10 月 22 日被召回维希，据可靠消息称，由于他的反轴心国立场，撤换他北非法军总司令职务的阴谋正在策划当中。据说给他提供了几个很有吸引力的职务，其中包括驻美大使一职，但他始终坚持拒绝辞去现在的职务。

我担心，面对着德国人与日俱增的压力，维希政府恐怕终究难以抵挡，罗斯福总统也有同感。他在 11 月 1 日的信中写道："如果德国人将他们的主攻方向从苏联转向地中海，我们担心，德国人要求法国提供军事援助的态度日趋强硬的话，法国是不可能坚持太久的。接下来的几周，或许就将给我们一个清晰的答案。"他真是神机妙算，因为恰恰就是在这段时间，达尔朗上将和其他一些内阁成员，决心将魏刚从北非调离。

11 月 4 日，我和使馆一等秘书马修斯先生一起，与贝当进行了一次会谈。这次没有其他人在场，会谈进行得非常愉快，并且颇有成效。元帅利用达尔朗不在的机会畅所欲言，态度也十分友好。有关扩大达喀尔的军事备战范围，贝当说，这么做的唯一目的就是为了抵御外敌入侵，而且并非源于德国人的要求或者建议。我明显感到，尽管元帅试图反抗德国人的步步紧逼，但是如果德国人继续施压的话，他就无能为力了。

他说，维希无法拒绝德国人在卡萨布兰卡设立领事馆的要求，而且他也不清楚，纳粹是否还要在殖民地的其他地方设立领事馆。他估计，德国人设立这个领事馆的目的是用来观察局势和收集情报（这恰恰也是我们正在做的，发展在北非的外交力量，执行《墨菲—魏刚协定》的同时收集情报）。

关于目前的战局，元帅确信，当苏联战场的局势趋于稳定之时，德国人一定会向法国提出新的要求，到时候他的头疼事儿就更多了。不过，他估计德国人在未来的任何军事行动中，都将会遭遇他们的主要对手——大英帝国。

巴西使馆参赞多帕科，一位聪明过人并且经验丰富的外交官，为我们提供了一份极为有价值的情报。其中说到，德国驻巴黎使馆的一位纳粹观察员，赫尔·凯勒，在最近的一次宴会上"喝多了"，说了这些话：

"德国政府对贝当和亨西格将军极为不满。"

"德国人准备把魏刚将军从非洲赶出去，因为他和美国人密谋联手损害德国人的利益。"

"一旦苏联战场的局势稳定下来，我们就会向法国施压，如果同意我们使用非洲的军事基地，我们将保证法国在法属殖民地的统治权，否则的话我们就用武力占领这些殖民地。"

"在维希设立德国领事馆的目的，就是为了监视美国大使的行动，消除其危害。"

在停战日①那天，马修斯先生与贝当及其下属共进午餐，因为他即

---

① 停战日（Armistice Day），每年的 11 月 11 日，是纪念在一战中牺牲军人与死难平民的纪念日，1919 年 11 月 7 日由英王乔治五世创立，纪念第一次世界大战（转下页）

将离开我们前往伦敦担任更为重要的职务。达尔朗由于美国对待非洲局势的态度，特别是新闻界的态度而满腹牢骚，向马修斯愤愤不平地抱怨不休。早在九月份的时候，"金鱼眼"就曾因为《生活杂志》上的一篇批评文章而强烈抗议过，当时我就提醒他，别忘了在美国我们是有新闻自由的。

达尔朗声称，如若不是罗伯特·墨菲出现在北非的话，德国人对那里是不会感兴趣的。我们派墨菲去，可不是要"帮助"达尔朗或者德国人的！达尔朗和贝当都认为，战争将会比预期的更快结束，如此一来，法国就可以成功地扮演一个中立者。他们之所以有这个推测，是因为在法国的德国占领当局暗示，希特勒有提出早日停战的可能性。不过，就最近罗斯福总统和丘吉尔首相发表的公开声明来看，几乎不可能接受纳粹提出的任何和平提议。

特别值得一提的是，贝当元帅告诉马修斯先生，魏刚将于下周被召回维希，但是没有魏刚本人的同意，不会对他采取任何行动，会议结束之后将军仍会返回非洲。尽管他这么说，但看起来一切似乎已成定局，这一次魏刚肯定会被排挤出局。

魏刚将军，这位七十多岁的老人，或许是法兰西最为杰出的军人。他几乎可以算是一名宗教狂热分子，每天都要跑两次教堂。他忠于自己的祖国，无论是纳粹德国的假意承诺还是险恶企图，他都不为所动——对于维希的大多数人来说，这都是只可意会、不能言传的。英国人甚至希望魏刚最后能与那些通敌分子决裂，必要的时候使用武力保住对非洲的控制权。魏刚将军显然更为信任法属非洲的当地人，也和在非洲的美

(接上页) 于 1918 年 11 月 11 日上午 11 时结束。不同的地方对该纪念日有着不同的称呼：阵亡将士纪念日（Remembrance Day）流行于澳大利亚、加拿大与英国；罂粟花日（Poppy Day）通用于马耳他和南非；退伍军人日（Memorial Day）为美国人的称呼；日本人称之为国民哀悼日（国民哀悼の日）；在法国、新西兰以及其他英联邦国家则称之为停战日（Armistice Day）。——译者

国官员们建立了良好的关系。他在非洲日渐增长的影响力，已经引起了轴心国势力的不快与关注。

假如魏刚真的被调离非洲，美国政府就要被迫做出决定，对法属北非殖民地的经济援助是否继续？如果我们停止援助，那么法国人能够转而求助的只有德国。我给华盛顿的建议是，在英美两国尚未做好部署出兵占领北非、抵制轴心国的侵略之前，继续执行拖延战术或许是明智之举。毫无疑问，魏刚的离任将意味着轴心国势力更为迅速地渗透，在缺少盟国军事干预的情况下，法属殖民地终将全部落入德国人手中。

等待结果并没有花太多时间。11 月 18 日下午 6 点 30 分，贝当的两名手下向大使馆递交了一份照会，正式宣布召回魏刚。我立即要求安排与元帅的私人会晤，并在第二天下午 4 点见到了他。贝当单独会见了我。在场的除了担任翻译的使馆三等秘书道格拉斯·麦克阿瑟二世①之外，再无他人。贝当黯然说道，他完全了解我为什么要见他。他看上去情绪低落，痛苦不堪。

他说，做出这个决定，令他心如刀绞。然而，他的个人感情无足轻重，他的个人意愿不能影响到他对法国人民的责任。“我是一个罪人。”——这句话他重复说了两遍。这位年迈的“独裁者”，一位曾经的伟大民族的卓越领袖，如今俨然已沦落为悲剧人物。在这次长谈中，我也直言不讳地表达了我的观点。几天之后（11 月 22 日），我写信给总统总结了这次谈话，并注明由总统“亲启，绝密”：

> 遵从德国人的“旨意”将魏刚将军从非洲调离，以及英国人在

---

① 道格拉斯·麦克阿瑟二世（Douglas MacArthur II, 1909—1997），美国外交官，道格拉斯·麦克阿瑟将军的侄子。1932 年毕业于耶鲁大学。1935 年开始外交工作。二战期间因参加法国地下抵抗运动而被德军逮捕关押了两年。1949 年任国务院西欧处处长。1957 年起先后担任过美国驻日本、比利时、奥地利和伊朗大使。——译者

利比亚昔兰尼加开始发动的攻势，这两起事件之间应该是密切相关的。在这个被奴役国家的首都，感恩节（1941 年 11 月 20 日）却并无半点萧条冷清之感……

我也向他（贝当）明确指出，美国政府此前的同情友好态度，是基于他与轴心国势力之间的关系不会有超越停战协定范围之外的行为。然而，在德国人的压力之下将魏刚将军免职，这绝不可能被认为是停战协定所要求的。

我告诉他，以我看来，对轴心国做出如此不必要的妥协……必将对我们两国人民之间传统的友好和睦关系造成不利影响，也很可能导致我们立刻暂停对法属殖民地提供的经济援助，甚至可能迫使美国彻底改变对法国政府的态度。

我请他重新考虑他的决定……他说，自从去年 12 月以来，德国人为撤换魏刚而施加的压力不断升级……他们（德国人）提出的要求各种各样，其中就包括已经被他拒绝过的使用海军基地和舰队的要求。然而，昨天，德国人给他送来一份"最后通牒"，威胁如果再拒绝他们的要求，就出兵占领整个法国，到时法国人的粮食储备将供应给占领军队，法国民众就会死于饥荒。

他还说，非洲的形势并不会因此有所改变，他不会委派魏刚的继任者，他决心要保住对殖民地的统治权，非洲军队也将由维希政府负责指挥。

我询问德国人反对魏刚的原因，元帅的回答是：德国人不喜欢魏刚，主要是因为他"不善外交"又"意气用事"。从这个答案，我估计元帅并没有告诉我全部的事实真相……

一大群浑浑噩噩、一盘散沙的法国民众，总是寄希望于英国获胜，并且美国能将他们从目前的困境中拯救出来，而他们自己什么也不需要做；如今的法国政府，完全受控于一小撮人，他们的领导者是一个怯弱不堪、毫无斗志的老人，身边围绕着一群利欲熏心的阴谋家，他们很可能为了自己的一己之私而倒向轴心国势力。

我建议总统，如果维希政府再做出任何妥协让步，美国就采取主动，发出召回大使的警告，或许能够使贝当的态度强硬起来，向轴心国做出反抗。不过，我在信中也提醒总统："如果真的向元帅发出召回大使的声明，我们必须做好假戏真做的准备。为了避免产生反作用，伤害我们自己的利益，这一定不能只是虚张声势。"

11月21日，法国报纸上刊登了魏刚"退休"的消息。我们通过BBC广播得知，美国已经停止了对北非的经济援助以及救助食品和药物的运送，并且正在对法国的整体政策进行重新考量。面对轴心国的威胁，维希政府的表现已经充分显示了它的软弱无能与缺乏斗志。舆论普遍认为，即便贝当能够与希特勒言和，在德国占领军撤离之后，随之而来的也将是一场反对现政府的革命运动，那些如今在野的政治人物早已经迫不及待了。

拉·罗克上校，"火十字团"的领导人，贝当政府成员，于11月26日前来使馆拜访我，我们就当前的危急局势共同讨论了大约一个小时。拉·罗克上校思维敏捷，个性鲜明，给人一种颇具领导能力的印象。他不喜欢德国人，也不喜欢德国人的合作计划，他认为元帅目前采取的政策，只是为了应对当前危机的权宜之计。他和贝当正着手建立一个组织，一个有别于战前那个软弱腐败的共和国的新政府。他们认为，这个组织可以发展成为类似于黑衫党、三K党那样的党团，以便能将某些个人意志强加给那些群龙无首的民众。他希望能够将这种理念灌输给他的同盟者。我告诉拉·罗克上校，贝当政权如果再做出任何超出停战协定范围之外的妥协，美国政府可能会采取措施；以及《大西洋宪章》已经声明，英美两国对于任何按照人民意愿建立起来的政权都无意干涉。不过，随着时间的推移和形势变化，实际情况往往不是声明中所讲的那样。

就在同一周里，法美协会和实际已不存在的法国参议院都派代表紧急拜会我，力陈继续保持我们两国之间友好关系的必要性。他们担心，停止向北非提供援助将会使当地人对盟国产生敌对情绪，转而投向轴心国的怀抱。

贝当于12月1日晚上10点离开维希，前去会见赫尔曼·戈林元帅，会面地点据说在巴黎附近的枫丹白露宫①。法国的报纸试图营造出是贝当元帅安排了这次会晤，并且会谈内容也无足轻重的假象。不过我们已经得到消息，这次会谈是纳粹的召唤，贝当由于担心会遭到德国人的拘禁而并不情愿前往。显然，面对德国人全面合作的要求，法国即将再一次做出妥协退让。据可靠消息称，贝当元帅提交了一份书面照会，抗议德国人提出的要求超出了之前的协定范围，但是戈林元帅，虽然接受了这份照会，却不无轻蔑地说道："提出要求，这是胜利者的特权，不是被征服者的。"

有关向北非运送救济物资的问题，我认为继续进行对我们是有利的，但前提是贝当和达尔朗要做出保证，不能因为罢黜魏刚而改变法属殖民地的政策。但是，就在我与他们就此问题再次进行讨论之前，美国正式参战了。1941年12月8日，日本袭击珍珠港的第二天，美国国会对日宣战。12月11日，德国和意大利对美国宣战，这天下午6点，我与贝当和达尔朗进行了半个小时的会晤。会谈最重要的议题之一，仍然是继续执行《墨菲—魏刚协定》，目前出现的一系列新问题将留待后续讨论。

---

① 枫丹白露宫（Fontainebleau），是法国最大的王宫之一，位于巴黎南边90公里处，世界文化遗产。从12世纪起用作法国国王狩猎的行宫。1137年，法王路易六世下令在此修建城堡，后经历代君王的改建、扩建、装饰和修缮，使枫丹白露成为一座富丽堂皇的行宫。枫丹白露宫的主体建筑包括一座主塔、六座王宫、五个不等边形院落、四座花园。——译者

我向他们说明，如果维希政府能够以书面形式，重申遵守《墨菲—魏刚协定》的相关约定，美国政府将会考虑尽快恢复经济援助项目。贝当答复说，他认为提交这样一份保证应该没什么问题。第二天，这份书面照会便递交到了大使馆。

关于北非控制权的第一轮较量就这样结束了，轴心国的阴谋被挫败。但接下去的形势对我们来说，丝毫没有乐观的理由。我们和德国人已经处在战争状态，这不仅让过去的老问题更加复杂，还带来了一些新的麻烦，让我们身处维希的、与世隔绝的外交前哨站面临着新的考验。

第六章 战斗的岗位

在位于温泉大街的使馆二楼，我的卧室隔壁有一间不大的房间，我把它作为办公室。办公室的书桌上有一台高灵敏度的海军无线电收音机。1941 年 12 月 7 日晚上，正当我坐在书桌旁收听广播时，节目突然中断，播出了日本对美国珍珠港海军基地实施了野蛮偷袭的消息。

尽管维希是一个小道消息满天飞的地方，但是我对这则公告的真实性却没有半点怀疑。在宣战之前搞偷袭是日本人的惯常伎俩，他们以前就这么干过。

当时，太平洋舰队的大多数舰船可能都在夏威夷基地度周末，估计损失会十分惨重，令人感到十分痛心。但是，广播公告中几乎没有具体的细节报道。

我们立刻回想起上周五晚上参加的一场礼节性宴会，是日本大使加藤在他的官邸举办的。我的夫人当时就感觉到，加藤看上去似乎病了，或者说完全不像平日里那种彬彬有礼的模样。我也想起那晚他几乎没怎么说话。他或许那时已经知道了递交给赫尔的"最后通牒"，但是我很肯定，对于即将发生的珍珠港偷袭他事先并不知情。

第二天一早，有关偷袭珍珠港的新闻在广播里不断地滚动播送，使馆的工作人员聚在一起议论纷纷，群情激昂。但无论如何，工作还要继续。如果是在海军，号令肯定已经发出——"坚守你的战斗岗位"，所有的官兵都各就各位，严阵以待。我们大使馆有大约 25 名工作人员。许多人都有家室，有些人的孩子还很小。德国人随时可能下令要他们的维希傀儡驱逐我们，也可能会将我们拘禁起来，我希望能够尽量避免这种情况的发生（1942 年 11 月 8 日美军在北非登陆，当时使馆最高级别的官员是使馆参赞 S. 平克尼·塔克，他和全体使馆工作人员都被关押了起来）。那时在维希的大部分外交人员，几乎都做好了随时卷铺盖走人的准备，因为谁也说不准什么时候就会被立即驱逐出境。

前面曾经提到过的两条撤离路线，看起来最佳路线似乎是向南撤往法国南部地中海港口的线路。如果我们试图前往西班牙，德国人很可能会搜捕我们，并且要在山区进行长途跋涉。我们也不可能考虑飞过去，因为我们没有飞机。

我们重新检查了快速销毁密码和秘密文件的计划。大使馆三楼的某个房间被作为密码室。我们有两位优秀的密码员，二十四小时全天候值守。房间里备有一个小的汽油炉，在接到通知几分钟之内就能够将密码全部销毁。

12 月 8 日，许多外交同僚都前来大使馆探访，与此同时，我们收到了一张日本使馆秘书（名字未翻译）的名片，发出时间是在日本袭击珍珠港的前一天下午。

12 月 8 日下午 6 点 30 分（维希时间），美国全国广播公司的短波电台播出了罗斯福总统要求国会批准对日宣战的消息。总统的讲话掷地有声、铿锵有力，我们仿佛看到了这个世界上最强大的国家，已经吹响了战斗的号角，踏上摧毁那个东方强盗国家的征途。我坚信，美国正式宣战的这一天，就意味着日本这个一流海上强国终将覆灭，无论我们为了完成这个任务，需要花费多少时间和代价。因为我知道，总统对于海军击败日本的计划早已成竹在胸。

在那天晚上随后的广播中，我们听到了珍珠港的伤亡人数大约为3 000 人。这个消息让使馆的人们深感焦虑，因为担心那里的亲友们的安危而忐忑不安，所幸后来得知，这些亲友中的大部分人都得以平安脱险。根据后来提供的详细情况，我得知有四艘严重损毁的舰船，都是我曾经服役和指挥过的。它们是"内华达号"战列舰（1917年我任副舰长），年代久远的"奥格拉拉号"战列舰（1921年我指挥第一水雷中队时的旗舰），巡洋舰"拉里号"（1931年我担任美国海军驱逐舰队司令官时的旗舰），还有战列舰"加利福尼亚号"，1936年，我作为美国海军作战部队司令官，就是在这艘战列舰上第一次升起了四星海军上将的旗帜。

12月9日下午4点，我们派人将对日宣战的正式照会送到了法国外交部。达尔朗上将当时正在意大利的都灵，与墨索里尼的外交部长齐亚诺伯爵①开会。代理部长罗姆勒向我保证，法国将会严守中立立场。

10号中午，电台播放了从东京传来的消息，英国战列舰"威尔士亲王号"和战列巡洋舰"反击号"在马来亚海岸附近被日军的飞机炸沉。这则消息如果是真的（后来被证实），那就证明了英国皇家空军的失败，他们并没有做到"随时随地出现在需要的地方"。这起悲剧距离珍珠港事件仅仅只有几天时间，使我意识到，在我们没有做好准备、拥有足够强大到击败日本舰队的海军力量之前，在西太平洋战场上，我们将不得不延缓一切大规模海上作战行动。

现在，事后看来，我觉得当时我们有些高估了日本海、空军的战斗力。在我担任海军作战部长时（1937—1939），我们就曾得到过确切情

---

① 加莱阿佐·齐亚诺伯爵（Gian Galeazzo Ciano，1903—1944），意大利贵族，法西斯领袖墨索里尼的女婿，1936年至1943年间担任意大利法西斯最高委员会委员和外交大臣等要职，是二战期间意大利政坛的风云人物，参与了慕尼黑会议、德意结盟等重大历史事件。1943年，意大利法西斯政权崩溃在即。齐亚诺对纳粹德国愈发不满，主张和谈，结束战争，遂于1943年7月24日联合其他法西斯高层官员发动宫廷政变，解除墨索里尼的全部职务。纳粹德国随后干预，营救出墨索里尼，扶植傀儡政权，齐亚诺被逮捕。1944年1月11日，在纳粹德国强大的压力之下，齐亚诺被墨索里尼的行刑队处决。著有《齐亚诺日记》，二战结束后出版。——译者

报，说日本在火炮射击方面相对薄弱。但是，他们的战舰和武器装备都堪称先进精良，还拥有数量众多的飞机。在那个时期，飞机是令全世界都为之惧怕的武器。我们担心，当我们的战舰太过接近日本时，会遭到陆基飞机的攻击而造成惨重损失。不过结果却是，当我们真的抵达日本近海时，我们强大的海军航空队给了日本人沉重的打击。

有关珍珠港遭受的损失情况，我们仍然没有得到太多细节的信息。但是我清楚，如果日本人是在没有预警的情况下偷袭，我们的损失必然惨重，特别是在我们正需要这些战舰的时候。从空袭的角度来看，珍珠港停泊的战舰实在是太多了。

我们在这次毫无防备的偷袭中蒙受的损失，使得日本人的海上力量占据了前所未有的巨大优势。不过他们的作战规划基本都在我们的预料之中，我们认为他们将会攻占中国沿海和荷属东印度，只有抢到那里的石油和橡胶，他们才能打赢这场战争。只要我们能够在这片战场上挡住他们，日本就会输掉战争。回想起 1937 年，如果在"帕奈号"① 炮舰被击沉时，我们就果断对日本实行封锁政策，或许有可能制止东京侵略扩张的野心，甚至避免战争的发生。但不论如何，"帕奈号"事件是在战区发生的，日本政府可能事先并不知情，而珍珠港事件则完全不同。

我们得到了一点有关日本攻击菲律宾的消息，形势非常不妙。海军一直都认为，如果日军向南推进，必将入侵菲律宾。如果我们在关岛构筑了防御工事，并且之前五年时间里提交给国会的其他建议都能够被采纳的话，局势对于我们会有利很多。我们担心，这一次菲律宾将难逃一

---

① "帕奈号"事件(USS Panay Incident)，1937 年 12 月 12 日，在当时中国国都南京陷落的前一天，日本海军航空兵炸沉了停泊在南京长江水域的美军"帕奈号"炮舰。当时日美之间还没有处于战争状态，日军称没有看到喷涂在炮舰甲板上的美国国旗，进行了道歉和赔偿，但这一事件和随后 1938 年 1 月 26 日美国驻南京大使馆领事约翰·摩尔·埃里森被日军士兵掌掴的"埃里森事件"，促使美国政府转变了对日本发动侵略战争的态度。——译者

劫，遭到严重打击。我和道格拉斯·麦克阿瑟将军早在 1905 年的旧金山就相识了，那时的他还是一名帅气的年轻军官。虽然他的兵力不足，但我相信，他一定能充分发挥部队的战斗力。我对于他的能力向来赞赏有加。他的哥哥与我是海军学院的同期校友，而他的侄子道格拉斯·麦克阿瑟二世是我维希使馆的工作人员。"小"麦克阿瑟和"大"麦克阿瑟的能力同样出色，这一点很快就在我交给他的一次特殊任务中得到了证实。

如今，对于华盛顿来说，我们在维希的任务比过去更为重要，但是在我写给威尔斯的信中，所表达的想法可能会让有些人感到惊讶：

> 局势发展到如今，正如你我之前早已预料到的一样，到了需要采取行动的时刻。我认为，我在军中比在这里应该能够发挥更大的作用，以我个人的职业军人生涯来说，产生这样的想法也是在所难免。不过，你和总统都知道，只要是能够更好地辅佐总统，实现他的宏伟目标，我愿意去任何地方，当然也包括留在这儿。
>
> 我希望他能够得到全体民众的支持，这是为了尽早取得太平洋战争全面胜利所必需的基本条件。

这封信写于 12 月 10 日。第二天下午 5 点，传来了德国和意大利对美国宣战的消息。我们期待的"尽早获胜的日期"在三年多之后才得以实现。法国的电台在 12 月 11 日播出了我将会被召回并担任某国防职务的消息。我怀疑这条新闻就来自我写给威尔斯的那封信！

12 月 11 日下午 6 点，我与贝当元帅进行了半个小时的会谈，一如往常，达尔朗也在场。除了此前提到的北非军事基地，华盛顿希望获得维希政府关于其他几个问题的书面保证。第一个是关于法国舰队的。达尔朗说，只要英国不像之前那样先发起攻击的话，法国舰队绝不会用来攻打英国。元帅对此点头表示赞同。

至于停驻在马提尼克岛法兰西堡军事基地的法国"贝恩号"航空母舰，达尔朗说它已经卸除了武器装备，没有任何威胁，此前也没有要求它驶离的命令。为了便于返回检修，当一艘法国巡洋舰驶出港口之后，他也不愿再安排另外一艘进港。罗斯福总统要求贝当元帅下令给马提尼克岛的指挥官——海军上将乔治斯·罗伯特，不允许任何法国海军舰船驶离在西半球的任何法国港口，以避免美法两国之间产生误会。贝当和达尔朗都同意了这个要求。

最棘手的问题是，在德国和意大利都对美国宣战的形势下，美国政府希望法国能够明确表明他们的立场。我向贝当和达尔朗表示，美国担心德国人会试图强迫他们与美国政府断绝外交关系，并指出任何进一步的妥协，比如允许轴心国使用北非的军事基地或者舰队，都将意味着向美国的敌人提供实质上的军事协助。

无论是贝当还是达尔朗，都强调法国希望保持中立的意愿，并且尽力避免与美国外交关系的破裂。但是面对德国人"最后通牒"的威胁，他们都无能为力。关于这一点，贝当说，德国人可能会让法国的平民百姓死于饥荒。达尔朗表示，在过去的三天里，他已经采取行动，试图寻找能够圆满解决这一问题的方案，本次会谈中提到的所有问题都将会给予书面答复。当元帅送我到门口时，他说：

"生活在这样一个伟大而又令人恐惧的历史时刻，是我们的幸运也是不幸。世界从来没有像现在这样陷入全面的战争——欧洲、非洲、亚洲、美洲还有澳洲。我不知道结局会是如何。"

那天晚上11点30分，雷伊·阿瑟顿，国务院欧洲事务司司长，从华盛顿打来越洋电话，我们就维希的政治局势和大使馆未来的行动安排进行了商讨。我想这是我在维希接到的第一通越洋电话，通话效果很好。我向雷伊报告了几个小时之前与贝当和达尔朗的会谈情况。有关使馆人员方面，我建议如果我们必须撤离，最好能派一艘船到马赛港。

12月12日下午4点，我们接到了国会已经对德国和意大利宣战的正式通知。6点钟，针对几天前那次会谈中所提出的问题，法国政府给予的正式答复，也送到了使馆。对美国政府所提出的要求，给予直接的、明确的书面答复，这在维希政府还是头一次。不过，对于贝当在这些外交照会中所声明的政策，我并没有信心他会执行。我们立即将照会的文本电传回华盛顿。

12月14日，我再一次见到贝当和达尔朗，向他们转交了罗斯福总统的一封信，信中写道："我已收到贵国所做出的明确保证（关于战舰、马提尼克岛、中立和北非的正式答复），由于事关美国的国防安全，为此我深感欣慰。"罗斯福总统的信函总是写得礼貌谦恭，每次都令贝当读来颇感慰藉。总统的意图显然是想要激发贝当的斗志，顶住轴心国进一步的压力。在这次会面中，我提出派驻美国调查组对大西洋西部法国领地的裁军情况进行监督检查，达尔朗对这　要求立刻给出了答复。他说，他在西印度群岛的海军舰队必须保留以作防御之用，不能裁撤，因此派调查组的问题无从谈起。他委婉地拒绝了美国为西半球法属殖民地提供保护的提议。

作为预防措施，我们与瑞士达成约定，一旦美法关系破裂，他们将会接纳美国在维希的资产与事务。12月16日，我们接到命令，将使馆的8名文职人员和机密文件立刻转移到瑞士伯尔尼的美国公使馆。完成了这些工作之后，即使有什么风云突变，我们也能够坦然应对了。我在12月22日的信中向总统汇报了这些情况：

> 由于日本人的背信弃义，令珍珠港遭遇不测，我们这里至今尚不了解有关损失的详细情况，这件事对于法国政府有关战局或者未来的预期似乎影响甚微……显然，看起来德国人在苏联遭遇了重

挫，在昔兰尼加很快也会遭遇失利，虽然规模较小但将彻底改变那里的战局。

在这一问题上，法国人的态度倾向于我们一方，但他们是有所保留的，并且做好了随时反转的准备。目前，我们的盟友正取得更大的突破，而我们的敌人已经劣势微现。

最近又有关于纳粹提出了新要求的传闻，以及 12 月 21 日北非法军总司令朱安①将军、摩洛哥总督诺盖②将军、突尼斯总督埃斯特瓦③海军上将秘密抵达维希的消息，我一并向总统做了汇报。我还告诉总统，停泊在纽约港的巨型邮轮"诺曼底号"被征用一事，并未引起什么强烈反响。

----

① 阿尔方斯·皮尔·朱安(Alphonse Pierre Juin, 1888—1967)，法国陆军元帅。1912 年毕业于圣西尔军校。参加过一战，因伤致右手残疾。战后又回到圣西尔军校进修，毕业后选择到北非服役。1937 年 3 月任法属摩洛哥驻节长官诺盖将军的参谋长。二战爆发后，1939 年 9 月 2 日任法属北非战区参谋长；12 月任第 15 摩托化步兵师师长。在 1940 年 5 月的敦刻尔克战役中，朱安率领第 15 师掩护英法联军主力部队撤退，战至弹尽粮绝，5 月 29 日被迫投降。朱安作为战俘，被关押在称为"萨克森的巴士底狱"的柯尼希施泰因要塞，1941 年 6 月应贝当元帅的请求而获释。1941 年 11 月任摩洛哥法军司令，1942 年接替马克西姆·魏刚担任北非法军总司令。1942 年 11 月 8 日早晨，美国驻阿尔及尔总领事罗伯特·墨菲通知朱安美军即将登陆，朱安告诉墨菲自己先前接到的命令是抵抗任何登陆行动，但同意立即和达尔朗海军上将进行谈判，几分钟后达尔朗就来到了朱安住的别墅(达尔朗此前一天来到北非)，同意朱安和美军第 34 步兵师师长查尔斯·莱德少将进行停火谈判；11 月 10 日，根据达尔朗的命令，朱安率领的北非法军加入盟军作战，他还说服了夏尔·诺盖将军和盟军合作；11 月 13 日，北非法军进行改编，朱安任东部战区司令。1943 年 5 月突尼斯解放后，朱安被任命为驻节将军，并担任法国远征军司令，领军参加了意大利战役。1944 年 8 月任法国国防军参谋长，参与指挥了解放法国的作战。二战后曾任法属摩洛哥驻节将军、法国陆军总监、中欧盟军司令等职。——译者
② 夏尔·诺盖(Charles Noguès, 1876—1971)，法国陆军上将。1936 年 9 月至 1939 年 9 月任驻摩洛哥法军总司令。1939 年 9 月至 1940 年 11 月任北非法军总司令。——译者
③ 让-皮尔·埃斯特瓦(Jean-Pierre Esteva)，法国海军上将，1940 年 7 月至 1943 年 5 月任法属突尼斯驻节将军。——译者

一些反轴心国的友人认为，鉴于德国在苏联的败绩，轴心国在利比亚的失败，以及我们的参战，对于德国人提出的要求，特别是我们坚决反对的，贝当元帅有拒绝做出让步的可能。

根据贝当之前的表现，我觉得这充其量是有可能，但可能性肯定不大。不过可以肯定的是，贝当元帅并不希望与美国的外交关系破裂。

关于总统对海军高级指挥官的任命安排，我写道：

……在所有我认识的海军将官中，如果由我来选的话，我认为选哈特①作为亚洲舰队司令，金②任命为所有大洋舰队总司令，以及尼米兹③担任太平洋舰队司令是最佳安排。这三人当中，我认为

---

① 托马斯·查尔斯·哈特（Thomas Charles Hart，1877—1971），美国海军四星上将。1897年毕业于美国海军学院。参加过美西战争。1917年美国加入一战后，哈特历任大西洋舰队潜艇部队参谋长、"芝加哥号"战列舰舰长、海军部潜艇作战处处长（至1922），战后负责接收、研究德国海军的U型潜艇，致力于改进美国潜艇的制造技术。此后又担任过潜艇分舰队司令、"密西西比号"战列舰舰长、海军学院监察长等职。1939年7月任亚洲舰队司令。1942年1月兼任美英荷澳联合司令部海军司令；2月亚洲舰队司令部撤销，并入西南太平洋司令部，哈特卸任回国，7月退役；8月又被召回，成为海军委员会成员。1945年2月第二次退役。——译者

② 欧内斯特·约瑟夫·金（Ernest Joseph King，1878—1956），美国海军五星上将，海军作战部部长。1901年毕业于美国海军学院。一战中先后任驱逐舰舰长、驱逐舰分舰队司令、大西洋舰队助理参谋长。战后曾任潜艇分舰队司令、潜艇基地司令、"列克星敦号"航空母舰舰长、海军航空局局长。1941年2月晋升海军上将，并担任大西洋舰队司令，12月升任美国海军舰队总司令。1942年3月至二战结束，担任海军作战部部长，是唯一一位曾经兼任海军舰队总司令和海军作战部长这两个职务的将军，是美军参谋长联席会议和英美联合参谋长委员会成员。在他的影响下，美国在二战中改变了对战列舰的看法，不再把它看成是海战中起决定作用的舰种，而主张加速建造航空母舰。他还是"太平洋优先"战略的倡导者。1944年12月，晋升海军五星上将。——译者

③ 切斯特·威廉·尼米兹（Chester William Nimitz，1885—1966），美国海军五星上将，海军作战部部长。1905年毕业于美国海军学院，先后担任过驱逐舰、潜艇、战列舰舰长。1920年任珍珠港潜艇基地司令兼第14潜艇分舰队司令。1922年进（转下页）

哈特是最值得信赖的、最不可能犯错的，但是因为他的年龄偏大，可能会有身体方面的问题。身为这场战争的海军指挥官，必须要有能够适应恶劣自然条件的身体素质。

当时我还向总统进一步提出建议，由于海军的作战行动几乎已经扩展到所有大洋和大陆地区，以及目前急需部署兵力应战的需要，因此设立一个独立的海军司令部似乎是必要的。

第二天，12月23日，电台播出了丘吉尔首相正在华盛顿与罗斯福总统召开会议，商讨联合作战计划的消息。下午5点40分，阿瑟顿先生再次打电话给我，华盛顿有传言说，贝当已经退休，达尔朗已经接手了维希政府。所幸我能够告诉他，贝当元帅依然是国家元首。阿瑟顿问我是否有什么重要消息提供给"对面"正在召开的会议，我想他指的是罗斯福和丘吉尔的会谈。我告诉他，目前法国的局势稳定，估计在1942年元旦之前，都不会有什么重大的政治或军事事件发生，但是看起来有极为重大的行动正在酝酿之中。

1941年的圣诞节，天气阴冷潮湿。家人们从美国寄来了圣诞礼物，主要是食品和质地精良而又舒适的御寒衣物，由于这些在法国都属于稀缺物品，因而极受欢迎。我和夫人不禁回想起一年前的那个圣诞节，我们前来维希赴任的途中，在"塔斯卡卢萨号"战舰上打开圣诞礼物的情景。

这周的星期天，我们在住所举行了一场茶会，招待使馆的工作人员

(接上页)入海军学院深造，形成了以航空母舰为中心的环形编队作战理论，为后来海战指挥工作奠定了基础。1926年秋调任加利福尼亚大学海军科学与战术教授，组建海军后备军官训练团。1935年任海军部航海局局长助理。1938年任第2巡洋舰分舰队司令，不久后因病改任第1战列舰分舰队司令。珍珠港事变后，根据罗斯福的命令，尼米兹于1941年12月17日晋升海军上将，担任美国太平洋舰队总司令、太平洋战区盟军总司令，主导对日作战。1944年12月晋升海军五星上将。1945年12月任海军作战部部长。——译者

以及家眷，总共有四十余人。这段时间里，使馆有两起重要的人事变动：使馆一等秘书马修斯先生调往伦敦，担任更为重要的职务，他的工作由塔克接任。马修斯先生在维希已经工作了很长时间，他不仅忠于职守，而且能力极强，是一位不可多得的人才。海军武官 R. H. 希伦科特①中校，前不久也去履任新职，他的岗位现在由 A. C. J. 萨贝勒特接任。

在年末(12 月 30 日)写给威尔斯的报告中，我表示维希目前的局势相当稳定，除了可能会有一项从突尼斯向利比亚轴心国部队运送 3 500吨汽油的计划。我告诉贝当和达尔朗，这种行为违反了我们有关北非的经济援助协议。达尔朗的答复含糊其词，并且情绪激动地说，如果他们不运送汽油的话，德国人就会威胁占领法属摩洛哥。我告诉威尔斯，这一次贝当看上去比平常更显疲惫和老态龙钟。

贝当已经下令给达尔朗，任何一位部长都无权同意轴心国干涉我们使馆的工作，我在信中写道："如果必须要停止我们的密码通讯或者采取其他行动干扰我们正常工作的话，我相信他(贝当)会提前通知我的。"

在这一年的最后一小时里，我们收听了来自爱丁堡的内容精彩的广播节目，午夜 12 点，广播里传来了伦敦大本钟悠扬的钟声，让我们心中倍感宽慰。

圣诞节这周的星期天晚上，使馆秘书麦克阿瑟出去把车停入车库的

---

① 罗斯科·亨利·希伦科特(Roscoe Henry Hillenkoetter, 1897—1982)，美国海军中将。1919 年毕业于美国海军学院，长期在海军服役。法国战败后，他任美国驻维希法国的海军武官，从事关于从德战区逃出的难民的情报工作。日军偷袭珍珠港时，他是"西弗吉尼亚号"战列舰的舰长，在船只翻沉时也受了伤。后来在切斯特·威廉·尼米兹的太平洋舰队司令部主管情报工作。1946 年任"密苏里号"战列舰舰长。1947 年 9 月，杜鲁门总统说服不太情愿的他出任中央情报主任(DCI)，接掌中央情报组(CIG)；3 个月后，根据《1947 年国防法案》，新组建了中央情报局(CIA)，他出任第一任局长。1950 年 10 月卸任，继续回到海军服役，先后任太平洋舰队第 1 巡洋舰分舰队司令、海军第 3 军区司令。1957 年至 1962 年任美国不明飞行物调查委员会(NICAP)负责人。——译者

时候，注意到在使馆的地下室入口附近，站着一名身着制服的德国军官。当他返回使馆时，一位法国便衣警察告诉他，那个德国人曾经从地下室入口进入过使馆。便衣警察上前询问纳粹军官的名字，以及为什么来这儿时，那人便开车离开了。我们将这件事向有关当局做了汇报，同时也认为这是一个预警，我们可能随时会遭到搜查或者逮捕。这也证明，随着我们向轴心国的宣战，我们大使馆的情报信息变得更为重要。

在本书中，我时常会提到我们发送给华盛顿的各种情报，包括有时直接发给总统的。我和手下的工作人员也始终保持着频繁的信息互动，他们的工作情况和动向我都了如指掌。但是，作为一名大使，对于某些情报，是需要进行选择性"遗忘"的。情报工作在任何时候都不是能随便谈论的话题。在总统与我商讨维希任命的那次谈话中，以及他的来信之中，对于这项重要工作都只字未提。很多时候，对于所传递的情报的价值，我们自己并没有概念，它们的价值，必须经过华盛顿那些专业人士与其他情报进行对比衡量和分析研究之后才能确定。

维希使馆不进行任何宣传方面的活动。我们只负责向华盛顿传送情报信息，由他们来判断是否需要进行这方面的工作。我有一份邮件发送名单，范围仅限于贝当政府要员，包括贝当元帅和达尔朗上将在内不超过12个人。我通常会将一些重要文件按英法两种文本发送给他们，特别是罗斯福总统的广播讲话稿，为此他们曾多次表示感谢。法国的报纸和电台都为德国人所控制，关于美国的新闻他们不是肆意歪曲就是忽略不报。

我们有许多情报都来自法国的政府官员，其中有不少人身居要职，暗地里支持着我们。向我们提供轴心国不想让我们知道的情报，他们是冒着生命危险的，一旦被德国人发现就会遭到杀害。我们十分小心地不让任何人知道我们之间的联系。贝当元帅对这些情况是心知肚明的，但他从未提出干涉。

我们也有其他的情报来源。许多准备逃亡的法国人会来到使馆寻求帮助。当然，这些行动都是非常隐秘的，有关他们的行踪，要去哪里或者如何离开，我一概不知。他们都是反德人士。有一些人是利用金钱买通或是托关系从占领区或者监狱中得以逃脱，准备远走他乡。我并不会向他们提供任何假证件，但是会帮助他们规划行程路线。当然，他们有办法拿到任何地方的通行证！这一点是不需要美国大使馆帮忙的。也许他们会拿到伪造的证件。我不知道，也不想知道。

　　地下抵抗组织的成员也不时悄悄地潜入使馆。事实上，有时候他们是硬闯进来和我见面，告诉我他们正在进行的活动。这些地下工作者（游击队）往往看起来都有些稀奇古怪，不像是有组织或是统一领导的。他们的行动听上去也很奇怪，比如在这儿或是那儿扔个炸弹之类的。他们提供的这类情报并没有什么特别的价值。或许只有一个人是个例外，就是我之前提起过的那个年轻女间谍。她出身优越，为了自己的国家甘愿献出生命。不过在我写这本书的时候，她依然健在，并且时常写信给我。

　　有时候，威尔斯甚或是总统会在信中暗示，我们提供的情报很有价值。我估计，所有军事方面的情报都会被转发给英国，不过我自己并未直接与我们的盟友联系过。如果我将情报直接发给英国人，后果必然不堪设想，因为法国人很快就会发现。

　　当我在1941年初抵达维希的时候，全世界都认为希特勒将要入侵英伦三岛。当时我们得到了不少有关德国人备战的情报。我们在2月4日发送给威尔斯的情报里指出，德国人正在敦刻尔克—勒阿弗尔一带做最后的入侵准备。这些情报显示，德国人正在非常隐蔽地建造新的机场，并且将沿岸居民向内陆迁移。3月份，我们报告了大约3 000名德国"科学家和观光客"造访摩洛哥，并且在阿拉伯人当中大造舆论的消息。我们也要感谢那些法国国防部的朋友们，使我们得到了有关德国人地面部队兵力部署的情报信息，这是 3 月份我们发送给华盛顿最有价值的情报。其中显示德国大约集结了 230 个师的兵力，并且希特勒仍然在组建更多的部队。这份情报的准确性我们不得而知。比如，那时已经隐约有传言说，德国人准备在 5 月份入侵苏联，但是这份详细报告显示，当时在波兰和苏联边境只有 70 个德国师。

初春时节，多诺万将军的战略情报局在法国南部的情报人员与我们产生了一些矛盾。他们通过领事馆发送秘密情报，主要是在马赛。我认为，这种利用外交豁免权作掩护、违反中立的情报活动，万一被发现，将给我们的外交部门带来严重后果。我下令立即停止。后来多诺万将军指责我干涉他的工作。我告诉他外交事务也是我的工作。

我们自己的许多通讯方式似乎都很不安全。我们的电话被窃听。达尔朗经常对我提到那些通过监听使馆电话得来的情报。我也不信任国务院密码系统的安全性。我并不知道，他们实际上已经被破译了。但是在 8 月 13 日，达尔朗上将提醒我，德国的情报部门能够破译我们用外交密码发送的全部密件。这就是为什么我在到达维希之后，很快就启用海军密码发送所有密件。我们的快递邮件系统是相对安全的，但是对于天天都要进行的情报交流来说，它太不方便了。我们使用了一种叫做"三优先"的系统，向华盛顿传送情报并且在几个小时之内就能收到回复。

维希是个间谍云集之地。我们很清楚，自己的一切行动都处在盖世太保的严密监视之下。各个国家的外交使团都在千方百计地获取情报。一般这种工作都是由使馆的各类专员来进行的。在维希市中心有一个生意兴隆的酒吧，以"国际间谍之家"著称。我从来没有去过，不过我们使馆的专员说，那儿的确是个收集情报的好地方。

《墨菲—魏刚协定》带来的最大好处之一，就是允许我们大幅扩充在法属殖民地的"领事"人员力量。谁都知道他们就是间谍。贝当和达尔朗对此也心照不宣。他们的官方头衔通常为副领事和外交专员，当然，在这些领事、代办们收集军事情报的同时，我们也的确在尽力向那些阿拉伯人提供救济物资。

1941 年 11 月的时候，有朋友提前告诉我们，德国人有可能在维希设立领事馆。据说他们的领事馆大约有 70 名官员和职员，总共可能会有 500 名"间谍"，规模相当庞大。不过，维希已经到处都是德国间谍了，再多几百个也没什么大不了。我也想不起来，这些额外增加的"人手"对我们大使馆的工作曾有过什么影响。我们时常会收集并向华盛顿发送有关法德之间商业往来的情报。比如，在 11 月 10 日向威尔斯报告了法国向德国人出售钴以及从北非运送橡胶的情况。据说德国人那段时期极度缺乏橡胶。

我们的外交同行也经常会提供一些有价值的情报。墨西哥公使，佛朗西斯科·阿吉利尔将军就向我们提供了由日本、德国和意人利组成的，他称之为"第五纵队"① 在墨西哥的详细活动情况。阿吉利尔说，他们资金实力雄厚，而且还能筹集到更多的钱，他建议美国应该说服墨西哥立刻宣战，并采取有效措施阻止轴心国势力通过代理商进口武器。

1942 年 1 月初，罗斯福总统非常希望我能够与魏刚将军有所接触。但是由于维希到处都有间谍出没，我不得不告诉总统："我自己亲自去见您的朋友、那位将军，而不引起敌人的注意几乎是不可能的，因为我的一举一动都处于监视之下。所有与我联系的人都会引起他们的怀疑。"

1942 年 2 月 4 日，我第一次见识了著名的"心理战"。那段时间，英国飞机在整个法国撒下大量传单，我们得到其中一份的复印件。传单

① 第五纵队(Fifth column)，指在内部进行破坏，与敌方里应外合，不择手段意图颠覆、破坏国家团结的团体。现泛称隐藏在对方内部、尚未曝光的敌方间谍。1936 年西班牙内战期间，率军进攻马德里的叛军将领摩拉在一次公开广播中扬言："我正率领 4 个纵队的兵力进攻马德里，而我的第五纵队，则正活跃在马德里市的大街小巷。"他所讲的第五纵队，指的是隐藏在西班牙共和国内部的那些叛徒、间谍等破坏分子。——译者

的标题是"美国致法国人民的公开信",一面印着美国国旗,另一面则是一整张的自由女神像,下面写着:"过去你们给了我们自由女神,现在我们把自由献给你们。"传单正文的结尾是:"鼓起你们的勇气吧。当我们获得胜利的时候,当所有盟友都获得胜利的时候,你们也将是其中的一员。"

对于我这个职业军人和水手来说,心理战可是个新玩意儿。我听说,后来在我们进攻意大利的战役中,它发挥了相当大的作用。不过在日本人身上是否有效果就不确定了。对付那些野蛮人,最好的心理战就是炸弹,我们也的确对他们实施了猛烈的轰炸。至于这一次向法国人散发的传单,我没看到它们发挥了多少盟国期待的作用。

在这段时间的情报工作中,令人印象最为深刻的,应该是有关三艘德国军舰的故事了。当时德国两艘排水量26 000吨的战列巡洋舰"沙恩霍斯特号"和"格奈森瑙号",以及排水量10 000吨的"欧根亲王号"重巡洋舰,都停泊在法国的布雷斯特①港。我们接到消息称,英国皇家空军之前的空袭令这些舰船受损严重。从海军的角度来说,如果德国人希望这些船还能在战争中发挥作用的话,无疑必须将它们开走。当时,我们在布雷斯特一带的情报信息很灵通。

这些德国战舰在2月11日至12日夜间驶出布雷斯特港。早在2月1日,我们就已经接到情报,称停泊在布雷斯特港的这些军舰正在紧急维

---

① 布雷斯特(Brest),法国西部城市,位于布列塔尼半岛西端、布雷斯特湾的北岸。港阔水深,是法国最大的海军基地和重要的贸易港,战略地位十分重要。从罗马时期开始,布雷斯特就是著名的军事要塞,17世纪起扩建为优良军港,建有兵工厂、飞机场及海军学校,以建造大型战舰著称。二战时德军在这里设有大型潜艇基地,为此经常遭到盟军轰炸机的猛烈轰炸。1944年8月7日至9月19日,盟军在诺曼底成功登陆后,为夺取港口扩大补给能力,发起了布雷斯特战役;德军进行了顽强抵抗,很多战斗都是逐屋争夺,整个城市几乎尽毁于战火,仅有少数中世纪石材建筑未倒塌。战后,西德政府向布雷斯特支付了数十亿马克的赔款,用于赔偿无家可归的市民和城市重建。现布雷斯特港内的长岛(Ile Longue)是法国重要战备核潜艇基地,法国第一艘核动力航空母舰"戴高乐号"也是在这里建造的。——译者

修，表明德国人计划将它们驶离。五天之后我们得到进一步消息，外港的防鱼雷网正在被移除。2月9日，我们紧急报告华盛顿，那些船上的伪装网正在拆除。

2月11日，我们的海军武官接到了一个来自布雷斯特的神秘电话留言："他们走了。"我们立即将这一消息按照最高优先级别发送给华盛顿。我们知道它将被立刻转发给英国人。

2月15日，从BBC广播中传来令人沮丧的消息，尽管这三艘战舰遭遇了英国空军的阻击，受损更加严重，但仍然成功穿越了英吉利海峡，抵达德国的基尔港。在我看来，他们的成功逃脱完全是英国空军的指挥不当。尽管丘吉尔先生只是轻描淡写地称此事为"一个令人恼火的事件"，却难以平息英国民众的怒火，引发了对丘吉尔政府的批评浪潮。对此，我丝毫不觉得奇怪。

我们的情报工作一直进展得如火如荼，直到1942年11月使馆人员被拘捕才被迫中断。对于我来说，这份沉闷乏味的任职经历只剩下五个多月的时间了，随着形势的发展，我被召回将是在所难免的。

第七章　完成使命

　　1942 年法兰西的悲惨命运，四个人起了决定性作用。首先就是亨利·菲利普·贝当元帅，时年已是八十六岁高龄的他，依然是千百万法国人民心中权力的象征。然而，他只是名义上的独裁者，既无心也无力去反抗侵略者的压迫，或是制止他的那些"宫廷侍卫"们的阴谋诡计。尽管我相信，贝当认为保持美法两国之间的友好关系，对他的国家来说是最好的选择，但是面对轴心国的步步紧逼，他却无力反抗。

　　新年伊始，皮埃尔·赖伐尔的不祥之影便笼罩在维希上空。这位前总理是个精明狡诈的政客，深受德国占领当局的赏识，他把自己和法国的命运都押在了轴心国获胜的赌注上。1942 年一开年，美国和德国便在维希展开了一番较量。4 月初，赖伐尔获得了暂时性的胜利，德国人强迫贝当元帅将他重新召回内阁，因此我被召回华盛顿也就成为必然。

　　第三个人，同样是个野心勃勃、精明能干的政客，海军上将弗朗索瓦·达尔朗，贝当独裁政权的准继承人。达尔朗是个彻头彻尾的机会主义者，他选择在交战双方之间走钢丝来保持平衡。由于我在维希任职的大部分时间里，轴心国在军事上都占据了明显优势，因此达尔朗常常是我外交事务上的对手，尽管我们保持着热络的私人关系。在这一年快要结束之前，达尔朗终于认识到美国必将战胜希特勒，并且在关键时刻站到了我们这边。然而，他因此而应得的回报，他所有的政治抱负，都被一颗暗杀者的子弹终结了。

第四个人便是夏尔·戴高乐将军。英国人相信他所领导的"自由法国"抵抗运动能够形成一支对抗希特勒的有生力量。与赖伐尔和达尔朗一样，他对权力的欲望同样强烈。尽管他的政治理念看起来与贝当政府略有不同，当我在 5 月份回到美国时，戴高乐已然是所谓"自由主义者"的英雄。我未曾与他谋过面，但是我认为他的组织在维希所进行的那些活动，除了给盟国带来麻烦之外一无是处。1941 年 12 月，戴高乐一意孤行，未征得任何人同意，甚至他的英国朋友，便占领了加拿大沿岸隶属法国的圣皮埃尔和密克隆岛，这种做法在美国激起了一场风暴。达尔朗则利用这件事来找我的麻烦，我最主要的使命就是务必使法国政府遵守停战协定的条约，而现在贝当和达尔朗可以借此指责美国，违背了维护法国在西半球殖民地主权现状的承诺。达尔朗早在 1 月初就告诉我，他已经听说，德国人计划出兵北非，以阻止"自由法国"的入侵。这件事后来一拖再拖，最终以维希政府的妥协告终。

还有第五个人，美国曾经对他抱有不切实际的幻想，认为他能够成为决定性的人物，我们可以依赖他建立起有效的抵抗力量。此人便是马克西姆·魏刚将军。

在 1 月 12 日的中午，美国驻里斯本公使馆的二等秘书，亨利·P. 莱佛里奇抵达维希，带来了罗斯福总统的秘密口信。他建议让魏刚返回北非，美国将给予军事和经济上的全力支持，帮助他重掌大权。与身在法国南部的魏刚进行接触的任务，交给了我们的三等秘书道格拉斯·麦克阿瑟二世，因为他有着高超的沟通技巧与外交手腕。1 月 25 日，我写给总统的信，让华盛顿打消了寄托在魏刚将军身上的所有希望。我在信中写道："魏刚的态度很友善，但是却拒绝考虑我们的建议。他说他只是一介平民，没有任何官职，并且誓死效忠贝当元帅。麦克阿瑟请他对此事保守秘密。魏刚回答说，基于对贝当元帅的忠诚，他必须要禀告元帅，除此之外不会让其他任何人知晓。如此一来我不能不认为，这件事将会被其他人知晓，也会传到德国人耳朵里。"我还告诉总统，北非军队中的主要指挥官，凡是魏刚的人全都被撤换，由一些对维希政府俯首帖耳的人来接任。

1月底的时候，总统指示我交给贝当元帅一封私人信件，要求他对法国舰队、对轴心国的军事援助以及北非局势等问题作出新的保证。我在1月27日见到贝当，达尔朗和夏尔·罗夏也在场。罗夏曾经是我们的亲密朋友，最近获达尔朗提拔，在外交部担任重要职务。过去他曾经冒着生命危险给我们提供过重要情报，因为一旦被德国人发现，他一定难逃劫难。很明显，贝当元帅已经知道了麦克阿瑟与魏刚之间的谈话。这次会谈中唯一出乎意外的地方是，话题集中在北非被入侵的可能性上。元帅说，他的政府将坚决抵抗任何外国势力入侵非洲殖民地。我问他，"这是指美国吗?"我以为他会说美国是个例外。但是元帅的回答是："任何人——包括美国在内。"

我问他如果轴心国入侵法属殖民地，是否希望得到美国的军事援助，贝当说："只有在我们提出请求的时候才需要。"

由此又开启了我和维希政府之间一系列冗长的谈判和外交文书交换，除了偶尔有些变化，不过都是老坛新酒，不断重复罢了。这些谈判时断时续，一直持续到我调离维希。我从当时的日记里将谈判内容进行了提炼汇总。

分歧主要集中在四个方面，按照重要程度依次如下：

1. 关于向轴心国势力提供军事和经济援助的问题。

2. 关于法国西半球殖民地的问题。

3. 关于日本在印度支那使用法国船只的问题。

4. 关于改变某些地区法国军舰部署的问题。

谈判的内容经常有所交叉重叠。在有些谈判当中，以上四个方面的问题都会涉及。也有些时候，只就其中一项集中进行讨论。

一、关于向轴心国势力提供军事和经济援助的问题

在 1942 年 2 月初，我们得到可靠情报，法国船只正在从马赛向突尼斯运送物资，其中包括重型卡车，据推测是供轴心国在利比亚的部队使用。情报称，达尔朗 1941 年 12 月在意大利的时候，与意大利人签署了一项被称为"三角洲计划"的协议。按照这项协议的约定，法国将提供定期航班运送物资。达尔朗声称(2 月 9 日)，为了避免突尼斯的比塞大港口被轴心国占领，他不得已签订了那项协议。华盛顿对达尔朗的解释给出了措辞强硬的答复，几乎是一份最后通牒。这是我自 1941 年 1 月到维希任职以来，美国在对法关系上采取的第一次积极行动。这份 2 月 11 日的外交照会称，除非得到停止援助行为的正式保证，否则美国将召回大使，并且会重新考虑有关贝当政府的政策。然而，数次互换外交照会并未带来令人满意的结果。

所有迹象都表明，我被召回华盛顿的日子将会很快到来。在这个战败国任职的一年多时间里，我感受到，被野蛮入侵者摧毁的不只是法国人赖以生存的家园，连同他们的精神意志也一起被毁灭殆尽，一想到将要返回自由强大的祖国，内心的喜悦之情无以言表。

二、关于法国西半球殖民地的问题

副国务卿威尔斯在 2 月 21 日要求我立即知会达尔朗，华盛顿接到消息，称一艘德国潜艇借护送一名军官就医的名义停靠在马提尼克岛，并在那里获取补给，以便继续其破坏盟军航运的作战行动。美国要求法国政府，禁止任何轴心国运输工具和飞机进入法国港口或者在西半球的领土。这实际上是在暗示，如果得不到此类保证，按照现行美洲国家之间的约定，为了西半球安全，我们将会采取必要措施。

按照老的国际法，轴心国进入此类港口是被允许的，因此法国的同意或者拒绝都是无从谈起，除非假定法国仍然处于交战状态而不是中立国。

在来回互换了两次外交照会之后，3 月 23 日（在同一天向轴心国提供协助的问题也解决了），达尔朗给出了明确保证，参战船只和飞机将不被允许进入法国在西半球的领土。作为回应，美国政府承诺重启对北非的经济援助。

很长时间以来，关于抵制轴心国超出停战协议之外的要求而导致的美法两国的紧张关系，这一次似乎得到了缓解。但是基于过去的经验，这并不代表未来轴心国的要求不会被应允。

三、关于日本在印度支那使用法国船只的问题

我们已经得到情报，贝当政府准备与日本人达成一项协议，允许日本军队在印度支那地区使用法国船只。在 2 月 2 日和 9 日进行的两次会谈中，达尔朗上将解释说，如果法国政府不同意日本使用这些船只，日本可能会强行夺取。4 月份，日本敦促法国政府给出答复。维希政府外交部的官员告诉我们，他们可能会签订一份区域性协议，允许日本在印度支那和日本之间使用总计 50 000 吨位的法国商船，但条件是这些船只不能用于运输战争物资和军队。显然，在抵抗来自日本政府的压力这件事上，维希政府是受制于人的。日本政府的要求也表明了他们急需船只以支撑广阔战线的需要。我返回美国时，这件事依然没能得到解决。

四、关于改变某些地区法国军舰部署的问题

2 月 21 日的一次午宴上，海军少将保罗·奥方向我透露，"敦刻尔克号"战列舰在这天已经抵达土伦港进行维修。自从 1940 年遭遇英军舰

队袭击受损之后，这艘船一直停在奥兰港口。奥方还说，把"贞德号"巡洋舰从瓜德罗普岛①调回以及人事调整的问题都让他忧心不已。

此事已经违反了法国于 1941 年 4 月与美国签订的协议，协议中法国政府承诺"敦刻尔克号"不会驶离奥兰港。达尔朗的解释则是，由于美国停止执行为法国非占领区和北非提供救济物资的有关协议，所以他认为这项协议也不再有效。他还说修复"敦刻尔克号"在米尔斯克比尔海战②之中所受的损伤，需要两年时间。我们面对的已经是既成事实，那

---

① 瓜德罗普岛(Guadeloupe)，位于加勒比海小安的列斯群岛中部，法国的海外省，政府驻地为巴斯特尔(Basse-Terre)。东濒大西洋，西临加勒比海，西北为瓜德罗普海峡，南是多米尼加海峡。1493 年哥伦布到达该岛，16 世纪由西班牙统治。1635 年法国殖民者占领该岛。后几度被英国夺得。1815 年又重新处于法国的统治之下。1940 年宣布效忠维希政府，1943 年转而支持戴高乐将军的"自由法国"军队。1946 年获得法国省的地位，1974 年成为法国的一个行政区。——译者

② 米尔斯克比尔海战(Battle of Mers-el-Kebir)。在法国战役中，作为欧洲第二大海上力量的法国舰队几乎没有参战，被基本完整保存下来，由维希政府接管。就吨位而言，其中 40% 驻泊在地中海沿岸的法国土伦港，40% 驻泊在法属北非港口，另 20% 停泊在英国港口、英属埃及的亚历山大港和法属西印度群岛。英法德意各有盘算，丘吉尔担心其落入轴心国手中，如果不能并入皇家海军，就将其消灭，为此早在 1940 年 6 月 15 日前后就制订了"投石机行动"计划；希特勒担心逼迫太紧将导致法国舰队倒向英国；墨索里尼希望法国舰队开往北非，以便将来纳入囊中；贝当则希望以此为筹码，保障法国非占领区和北非殖民地的安全。1940 年 6 月 22 日，法德签署停战协定，其中第 8 款涉及法国舰队："除法国保卫国家利益的船只外，都要集中到指定港口在德国监督下解除武装。德国同时宣布无意使用这些船只为自己服务"。在劝说法国海军并入英国皇家海军或解除武装未果的情况下，英国决定实施"投石机行动"。1940 年 7 月 3 日凌晨，皇家海军突袭并控制了停泊在英国普利茅斯和朴次茅斯港的法国海军 2 艘老旧战列舰"巴黎号""库尔贝号"，2 艘驱逐舰"凯旋号""豹号"和 8 艘鱼雷艇、6 艘潜艇。而法国战败后逃到法属阿尔及尔米尔斯克比尔港的法国突击舰队实力最强，包括老旧战列舰"普罗旺斯号""布列塔尼号"，新型战列舰"敦刻尔克号""斯特拉斯堡号"，水上飞机母舰"特斯特司令官号"和 6 艘驱逐舰。7 月 3 日下午 5 时 54 分，英国皇家海军中将詹姆斯·萨默维尔率领的"H"舰队，对米尔斯克比尔港内拒绝最后通牒的法国舰队发动了攻击，法军在马塞尔-布鲁诺·甘苏尔海军中将指挥下奋起还击，但损失惨重。此战共造成 1 297 名法国水兵死亡，约 350 人受伤，"布列塔尼号"战列舰被击沉，5 艘军舰被击伤，大部分舰艇逃回法国土伦港；其中在 7 月 6 日早上的空袭中，停泊在"敦刻尔克号"战列舰旁边的"纽芬兰号"巡逻艇被鱼雷击中，艇上运载的深水炸弹发生剧烈爆炸而沉没，"敦刻尔克号"也受到波及而严重损坏。7 月 8 日，(转下页)

么谈判也就没有必要继续下去了。

4月3日我再次会见达尔朗，因为我们接到消息，法国将把停靠在达喀尔的"黎塞留号"战列舰带回法国本土。达尔朗向我保证，这个消息并不属实，他并不打算把任何海军舰船从非洲海岸调回法国或者地中海地区。

有关上述问题的谈判期间，在数次会谈当中，贝当元帅看起来都是一副茫然而又疲惫不堪的神态。他曾经问我认为这场战争将会持续多久，我回答说："不超过两年。"他说，对于在目前状态下生存的法国人来说，这实在是太过漫长的时间了。

1942年新年伊始，德国人在苏联战场便遭受了重创，在利比亚的轴心国军队也已然完败。但是在远东，日本在菲律宾、印度支那和马来西亚却势如破竹，战果颇丰。我相信，美国舰队一旦从珍珠港的重创中恢复元气，投入战斗之中，这种局势就会得以扭转。只要这些军事和工业实力雄厚的民主国家能够同仇敌忾，齐心协力，在1942年我们完全有理由认为，将那些侵略国家打败、实现世界和平的希望便不再遥远。

1月3日，我们第一次从广播中听到"联合国"这个词。广播公告中宣称，二十六个国家在华盛顿签署协议①，签约国将使用全部的军事和经济资源共同抵抗德意日三国，任何一个国家不单独与轴心国势力缔

(接上页)作为"投石机行动"的最后一个阶段，皇家海军"竞技神号"航母舰队空袭了停靠在达喀尔的"黎塞留号"战列舰，造成其严重受损。作为报复，法国空军轰炸了英军直布罗陀要塞，维希政权宣布断绝与英国的外交关系，英法这对昔日的盟友反目成仇。——译者

① 《联合国家共同宣言》，亦称《阿卡迪亚会议宣言》，或《二十六国宣言》，1941年12月22日至1942年1月14日，美国总统罗斯福、英国首相丘吉尔在华盛顿举行了代号为"阿卡迪亚"的会谈，倡议对法西斯国家作战各国签署一项宣言。经与苏联磋商并告知有关国家后，1942年1月1日，美、英、苏、中等26国在华盛顿签署了《联合国家共同宣言》。宣言表示赞成《大西洋宪章》，并决心共同战胜德、意、日法西斯侵略，决不和敌国单独议和。此宣言标志着国际反法西斯联盟正式形成，为日后创建联合国组织奠定了初步基础。——译者

结停战或者和平协议。不过，这份公告在法国并未引起太大反响。

当天晚上，BBC 播出了日本人占领马尼拉的消息。我们的墨西哥朋友阿吉利尔将军，之前就认为美国宣布马尼拉为不设防城市①是一个错误，因为对于野蛮的日本人来说，这没有任何威慑作用，而且日本政府会利用我们的做法，保护日本城市免受轰炸。

阿吉利尔曾经担任过墨西哥驻日本公使，他说日本大量的战争物资生产，都是晚上在工人们的居所里完成的，因此随便哪个居住区被摧毁，几乎都会对日本战争物资的生产造成直接影响。我们把这个信息汇报给了华盛顿，罗斯福总统在 1 月 12 日的回信中写道："与野蛮的日本人作战，必须摒弃以前遵守的所有战争规则。"

1 月份，有关德国人强迫法国进行更广泛实质性合作的消息传得沸沸扬扬。有人说，贝当已经应希特勒的传召去了巴黎。还有人说，内政部长皮舍的一班朋党，在德国当局的授意下，正在阴谋策划推翻达尔朗。法国报纸被禁止报道地中海沿岸发生的多起因哄抢食品引发的暴乱。不过，最有意思的"预言"还是来自达尔朗，他在 1 月 13 日对我说："丘吉尔的首相职位，在不久的将来就会被艾德礼少校取代，他是英国唯一既能够被布尔什维克又能够被工党所认可的人。"但是，当这个预言成为现实的时候，可怜的"金鱼眼"已经躺在坟墓里两年多了。

在预言方面，我比达尔朗上将的运气显然要差一些。我们一群同事在讨论日本人在马来亚半岛的战事时，他们担心新加坡也将被攻占。"他们不可能占领新加坡，"我说，"那可是个防守严密的要塞。"然而，

---

① 不设防城市，即战时没有军队防御和军事设施的城市。当某个主权国家遭侵略，它的首都或城市面临被占领的危险，这个国家的政府本着人道主义保护市民，并保护城中的文物古迹不被毁灭，就会宣布它为不设防城市，命令守军撤出，自动放弃城市的占领权，该城奉行不抵抗原则。1941 年 12 月，美军在战败撤离菲律宾马尼拉后，也宣布马尼拉为不设防城市，日军毫不费力地占领了马尼拉。——译者

丘吉尔在 2 月 15 日证明了我不是个合格的预言家，他宣布了这个强大的远东海军基地投降的消息。利比亚的撤退，三艘德国战舰从布雷斯特成功逃脱，加之如今的新加坡沦陷，令大英帝国的声望在当今世界一落千丈。如果没有苏联军队取得的辉煌战绩，盟国获胜的希望可谓渺茫。

苏联击败德国人的可能性令贝当元帅忧心忡忡，他担心继之而来的会是共产主义在欧洲的兴起。这也导致了有关和平的传闻络绎不绝。一则传言说，法国总参谋部经过研究认为，德国不可能赢得这场战争，而美国将决定和平的进程。有一个星期，我们听说德国人希望法国中断与美国的贸易往来。此后又听到截然相反的传闻，纳粹并不希望美法之间的关系破裂，对此的解释则是纳粹可能指望在他们提出和平谈判时，法国能扮演中间调停的角色。

在这段时间里，报纸上出现了一些有关马达加斯加重要性的讨论，这是位于非洲东海岸的法属殖民地。我始终无法理解，马达加斯加、留尼旺和毛里求斯群岛，这些岛屿位于我们到红海的供给线侧方，却并未被盟军占领。如果日本人想要夺取它们，没有任何理由指望法国人能做什么有效抵抗。我在 2 月 20 日写给总统的信中强调："……如果这场旨在捍卫人类文明的战争，允许我们还要考虑法国在马达加斯加、印度支那或者其他地方的失败，所产生自尊或者敏感情绪时，时机就已经延误了。"总统回复说，我的建议被提交给军事会议进行讨论[1]。

---

① 马达加斯加登陆战：1942 年初，日军不仅在太平洋节节胜利，而且还图谋向印度洋发展。日本远洋潜艇开始在印度洋出没，威胁着盟国的航运。此外在 4 月初日本联合舰队机动部队对印度洋进行了突袭以后，英国皇家海军不得不将东方舰队的基地从锡兰的亭可马里和科伦坡迁往肯尼亚蒙巴萨岛的启林迪尼港。大部分支援北非战场和印度洋战场的物资都要经过马达加斯加附近航线，而马达加斯加处于法国维希傀儡政府的统治下。如果日本占领了马达加斯加，或者维希政府为日本潜艇提供基地，都会对该地区的盟国航运产生毁灭性打击，进而恶化印度洋乃至北非的局势。另外德国潜艇如果利用该处进行补给也会造成不小的麻烦。当日本人还在权衡计划的可行性时，英国情报机构已经获知了日军的企图。为防止日本人捷足先（转下页）

罗斯福先生也注意到我在 2 月 20 日的信中，一副悲观沮丧的语气，他写道：

"……参谋长联席会议强烈建议我们，尽可能延缓与法国的关系产生变化。他们认为，对你来说，守住这个要塞和这些天我们进行的其他军事行动一样重要……不只是因为我们要守住法国以及北非这个唯一的通往欧洲大陆的桥头堡，而且有助于我们守住这条线上的伊比利亚半岛……

在当前的危急形势之下，我们不仅需要你作为大使守在那里，而且还希望你凭借自己丰富的军事素养和经验，尽可能地从军事角度帮助我们对法国的局势进行评估。"

2 月份，我们还听到电台里播出了美国海军向日本托管的马绍尔群岛发起进攻的消息。这似乎是战争学院的经典教程——太平洋战役的开端，最终历时 2 年之久美国才得以攻占马绍尔群岛，并且付出了人力和物力的高昂代价(这项计划是在海军舰队的支援下，陆军通过逐步占领沿线岛屿，横渡太平洋，最终登陆日本本土)。

在珍珠港事件之前，海军就做好了与日本舰队作战的准备。我认为，从西面进攻这些托管岛屿，同时切断敌方的补给线，可能是更好的选择。但是，无论采用哪种作战方案，我认为结果都毋庸置疑。日本必败。

前法国政府领导人和莫里斯·甘末林①将军被控对法国 1940 年的战

(接上页)登，英军抢先发起了代号"装甲"的马达加斯加登陆战，于 1942 年 5 月 6 日攻占了位于马达加斯加北部迪耶果苏亚雷斯城的维希法国海军基地。——译者

① 莫里斯·居斯塔夫·甘末林(Maurice Gustave Gamelin，1872—1958)，法国陆军上将，1893 年毕业于圣西尔军校。1938 年任国防部总参谋长。1939 年 9 月 3 日任法国陆军总司令，兼英国远征军指挥，是法国统治集团投降政策的拥护者之一，对法国战败负有责任。1940 年 5 月被撤职逮捕，1942 年交由贝当政府组织的法庭审判，1943 年被运往德国，关押在法西斯集中营，直到战争结束。甘末林曾被认为是相当有智慧的将军，在德国也备受尊崇，但一些具有前瞻性的德军将官却认为其思想保守而古板。有历史学家称甘末林以一战的方式来打二战。——译者

败负有责任，对他们的审判于 2 月 19 日在法国里沃姆开庭。被告包括前国防部长爱德华·达拉第①；前总理莱昂·布鲁姆；甘末林，法军大溃败时任总司令；还有另外两位内阁成员——前空军部长居伊·拉·尚布尔和前陆军总监罗伯特·雅各梅。罗斯福总统对此次审判极为关注，要求得到每天法庭审讯的文稿。我安排人收集这些文稿，有时也会派使馆的人去法庭旁听。

这场企图让那些被告成为替罪羊的审判进展得并不顺利，贝当政府很快就陷入了"骑虎难下"的窘境。显然，随着审判的进行，许多人——可能包括现政府的一些成员——都将会被卷入其中，整个审讯过程中，出现了许多令维希政府尴尬不已的场面，同时也引起了德国当局的不满。因此，当审讯没有做出任何裁决便被终止的时候，也就不足为奇了。

据英国电台播报，2 月份英国空军的败绩在议会中引起广泛批评，他们被指责没能为帝国在太平洋的领土提供适当的防御，也没能在欧洲给予德国人有力的打击。可想而知，这样的批评将会导致英国人减少对他们的皇家空军的宣传力度，而更多地放在陆军和海军的进攻行动上。我对英国皇家空军的指挥机构不熟悉，但是显然他们总体上效率不高。

虽然 1940 年英国皇家空军表现神勇，成功击退了戈林的空中舰队，但可以肯定的是，英国空军在与陆海军的配合作战方面，或许除了当时

---

① 爱德华·达拉第（Edouard Daladier，1884—1970），三任法国总理（1933，1934，1938—1940）。1924 年起历任殖民、公共工程、国防、外交和军事等部部长。1935 年参与发起成立人民阵线。1938 年 9 月，代表法国签署把捷克斯洛伐克奉送给希特勒的《慕尼黑协定》。达拉第一贯支持甘末林和他的作战计划，二战爆发后，法国虽于 9 月 3 日向德国宣战，但未采取任何军事行动援助波兰，坐视其覆亡，史称"虚假战争"。1940 年法国战败后，贝当出任总理并组建维希政权，达拉第没有入阁，后曾试图去北非建立反维希的政府，但未成功，1940 年 9 月 8 日被囚禁。1942 年 2 月出席里沃姆审判，被指控应对法国战败负责，此后被移往德国和奥地利囚禁，直到二战结束。1946 至 1958 年任国会议员，反对继续进行印度支那战争，不赞成建立欧洲经济共同体，抵制夏尔·戴高乐重新执政。——译者

的利比亚战役，在所有其他战场上都没有上佳表现。从维希得到的消息来看，无论是1940年法兰西战役、希腊克里特岛战役、马来半岛的防御战还是对海军的支援作战，英国皇家空军可谓都是一败涂地。在马来西亚海岸因遭遇敌机空袭而沉没的两艘现代化军舰，如果能够像美国的航空母舰那样有舰载飞机提供空中保护，这场悲剧应该就不会发生。

英国人大肆宣扬他们的空袭对德国人的士气造成了致命打击。但无论是从德国的历史以及他们现在的表现来看，还是从去年同样遭遇"大规模空袭"的英国人的反应来看，这种对德国人意志力薄弱的臆想都难以令人信服。而苏联、德国和日本的空军看起来都已经成为陆海军不可分割的一部分，并且战果斐然，根本不需要大肆吹嘘。

根据1941年的经验来看，我认为，除非在陆海军中配备足够的空军作战力量，并由负责具体特遣作战任务的指挥官统一指挥，空军才能实现预期的作战效果。而对于任何执行特遣任务的部队，如果既缺乏针对作战任务进行的特殊训练，又没有一位拥有独立指挥权、能够掌控全局并且负责任的指挥官的话，当它遭遇强劲对手的时候，可以说失败的命运事先就已注定了。

2月底的时候，我们听到了英国内阁改组的消息。如果这一次英国军队内部现有的各自为政的局面仍旧不改变的话，可以想见将来我们会听到更多英国战败和"悲壮的"战略撤退的消息。这样的宣传愚弄不了任何人，至少骗不了我在维希打交道的那些冷嘲热讽的政客们。

3月3日夜间，英国轰炸机对位于巴黎北郊的雷诺汽车工厂进行了空袭，造成500人死亡，1 200人受伤，其中大部分是平民。无论是占领区还是非占领区，整个法国立刻掀起了愤怒的反英浪潮。巴黎的报纸则趁机煽风点火，报道说英国的情报部门是在美国大使馆的掩护下工作的。

3月7日被定为空袭遇难者哀悼日，政府各部门降半旗致哀。据那些轰炸后去过雷诺工厂的人告诉我，这是一次精准轰炸，并且效果显著，这家为纳粹生产战争物资的工厂将会无限期停工。由于事先并未发出预警，因此这次轰炸造成了工厂附近居民的严重伤亡。

参议员雅克·巴杜，是一个激进反轴心国组织的成员，他证实了之前所说的情况，雷诺工厂已经彻底成为一片废墟，公众对此事反应激烈。他说，法国公众目前普遍的情绪是——他们无法理解，德国还有那么多更重要的工业设施在继续生产着战争物资，英国皇家空军为什么不去破坏德国埃森的克虏伯军工厂，而是来轰炸巴黎的工厂。

空袭发生的那天晚上，达尔朗恰好就在巴黎。等他回到维希，发现办公桌上又有一份新的美国照会，要求法国做出"保证"，不再向轴心国提供援助。达尔朗3月8日亲笔写了一封私人信件给我，信中包含了对美国政府极为无礼的贬低言论。他的这封信，不仅暴露了他歇斯底里的反英情绪，而且证明了作为一个国家的外交部长，在被愤怒冲昏头脑时写信是一个错误的选择。信的全文如下：

大使先生：

鉴于我们个人之间的惺惺相惜之情，以及我们共同的海军职业生涯，我选择以这种完全私人的方式写信给你。

我想要告诉你，美国政府最近的这些照会，异乎寻常的措辞令人极不愉快，法国政府对此不予接受是完全正当的。

不过，如果我们接受了这些照会，那是因为我们不希望留下破坏两国关系的口实，在过去的几周里，你们给人的印象就是在给法国政府找麻烦。

我知道我的国家战败了，现在的处境令人痛苦，但是我不相信，一个崇尚独立自主的国家的政府，会藉此而对她嗤之以鼻。

几个月之前我对你说过，从1940年6月25日以后，英国人不断地错上加错。这两天他们又犯了一个更大的错误，对此，我们绝不会宽恕他们。

　　出于政治需要屠杀妇孺老幼，是苏联人惯用的手段。难道英国已经布尔什维克化了？

　　恐惧有时会带来恶念；在米尔斯克比尔和布洛涅-比扬古①发生的一切，已经清楚地证明了这一点。

　　我希望美国政府不会向恐惧妥协。

诚挚的朋友
F. 达尔朗

　　我立即回信给他，对于达尔朗言词间的侮辱之意，以及他缺乏对盟军处境的理解之情，我刻意选择了回避。

亲爱的达尔朗上将：

　　很高兴您在昨天的私人来信中，提到了我们共同的海军生涯和我们个人之间的融洽关系，这对我们共同为法国谋求福祉的事业帮助良多。我的信如同您的来信一样，纯属个人来往。

　　当前，我们两个国家都面临同样艰难的处境，因此在评价美国政府的态度时，我们必须充分考虑到美国现在已经卷入全面战争这一事实，这是一场威胁到她作为一个自由国家生存的战争，这场战争只有在那些侵略国家被完全打败时才会结束，而为了获取全面胜利，牺牲是在所难免的。

　　在这样关乎生死存亡的战争形势之下，指望美国对一个友好国家向敌对势力提供军事协助的行为坐视不理，似乎是不近情理的。

　　我可以肯定，罗斯福总统愿意倾尽全力帮助法国，恢复她作为

---

① 布洛涅-比扬古(Boulogne-Billancourt)，法国巴黎西郊的一个镇，距离巴黎市中心8.2公里，雷诺工厂所在地，是法国最富裕的城镇之一。——译者

一个拥有公民自由、悠久文明和灿烂文化的传统国家的地位。在如今这个充满灾难的世界里，无论形势如何发展，我个人始终希望能为保护法兰西和法兰西文化尽一丝绵薄之力。

以上纯属个人意见，并对您的困扰深表同情。

最诚挚的

威廉·D. 莱希

我将这两封信的副本立即发送给总统，他在 4 月 3 日的回复如下：

亲爱的比尔：

我刚刚收到你 3 月 10 日的信。达尔朗如此粗暴地对待你令我很是难过，而你对他的回复完美得无懈可击，又令我深感欣慰。总体上，我认为我们持续施加压力的做法到目前为止是成功的，但是我希望当前的形势不要继续恶化下去。

1942 年 3 月间，来自不同渠道的消息显示，如果当下盟军远征军登陆法国，将会得到非占领区超过 10 万名退役军人的迅速增援。他们（3 月 15 日写给威尔斯的信）"正等待着与德国人作战的机会，指挥得当的话，他们不会再像 1940 年那样无所作为"。

在这封信里，我敦促威尔斯，为了维持现有局势的稳定，应当立刻重启对北非的经济援助，红十字会提供给妇女和儿童的救济物资也应该立即安排运送，以及为非占领区法国民众提供其他救济物资。我告诉他："人们普遍认为，在非洲的海军和陆军将听命于维希政府或者其后的法国政府。"

BBC 新闻在 3 月 10 日播出了美国海军人事调整的消息，美国舰队总司令、海军上将欧内斯特·J. 金，兼任海军作战部部长，原海军作战部部长哈罗德·R. 斯塔克①上将，将赴伦敦接替海军中将 R. L. 戈姆利②。以我个人的观点来看，这样的变动显然是明智之举，把海上作战的指挥权与责任交与各舰队指挥官，华盛顿不负责作战行动的具体细节。

在 3 月份的时候，F. J. 古尔德夫人，她的丈夫是我们使馆宅邸的主人，在前往巴黎途经维希时顺道拜访了我们。尽管当时人们在占领区和非占领区之间通行是非常困难的，但古尔德夫人似乎与德国当局相处融洽，能够在边界线自由通行。古尔德家族在巴黎拥有巨额财产，毋庸置疑她"收买"了某些德国官员，使他们的财产得以保全。同样，我不相信如果不是贿赂了某些人，她能够在巴黎和法国南部之间自由往返。

复活节那天，电台里播出了美国正式承认戴高乐对法属赤道非洲控制权的消息。这一举动势必会激怒维希政府，并给两国的外交关系带来新的难题。然而，副国务卿威尔斯在 3 月 27 日告知我，美国政府将坚持奉行对"自由法国"的控制区域的援助政策，同时仍要竭力敦促维希政府遵守不放弃法国舰队，不使法国领土为轴心国作战所用的诺言。威尔斯意味深长地补充道："这两项政策日后总会有无法共存的时候。"

---

① 哈罗德·R. 斯塔克(Harold Raynsford Stark，1880—1972)，美国海军四星上将，第 8 任美国海军作战部部长。1903 年毕业于美国海军学院。曾率领美国海军亚洲舰队参加一战，战后被任命为欧洲海域美国海军作战部队司令。1934 年任海军军械局局长。1937 至 1939 年任第一巡洋舰队司令。1939 年 8 月任海军作战部部长，晋升海军上将。他极力促成美国国会批准建立两洋舰队，加强海军军备，最先提出"先欧后亚"战略思想。1940 年，兼任大西洋舰队司令。日军偷袭珍珠港后被解除海军作战部部长职务。1942 年 3 月调任美国驻欧洲水域海军司令、罗斯福总统驻伦敦的个人军事代表，在盟军协调合作方面做了大量工作，完成了多项外交和政治任务，包括同维希法国政府的谈判、处理与法国戴高乐集团的关系、发展同在伦敦流亡的欧洲各国的事务等。——译者

② 罗伯特·李·戈姆利(Robert Lee Ghormley，1883—1958)，美国海军中将。1906 年毕业于美国海军学院。一战期间在"内华达"战列舰上服役。1927 年起历任海军委员会秘书长、主力舰队参谋长、"内华达号"战列舰舰长。1938 年任海军部副部长兼作战计划处处长，10 月晋升海军中将。1940 年任派驻伦敦的海军特别观察员。1942 年任南太平洋战区司令，同年 10 月调任夏威夷军区海军司令。1944 年 12 月任对德作战的美国海军司令。1946 年退役。——译者

贝当政府为了庆祝"新军队"成立而举办的军事展览于 4 月 4 日正式开幕，展览会的宣传声势浩大。我和使馆的武官，以及许多其他同僚，一起参加了开幕庆典。然而展览会的展品却寥寥无几，大部分都是些照片和海报，在航空区只有几架老古董飞机，在陆军展区甚至没有一件武器装备。

贝当元帅的"军队"看上去就像是皮西厄斯骑士会①的一次聚会，实在可怜。这就是那位一战时期的英雄，曾经指挥过一支伟大的军队，如今虽是这个国家的元首，但现在却一无所有。停战协议允许法国拥有 10 万人的军队，但是我们听说，志愿应征入伍的士兵根本不可能达到这个数字。这场军事展览，正是战败法国悲惨境地的一个生动写照。

4 月初达尔朗下令，要求所有在法属摩洛哥的英国公民立即从沿海迁往内陆指定地点。在摩洛哥内陆并没有足够的住宿设施可供如此多的英国公民使用，不过他们可以临时住在法国政府提供的"宿营地"里。这显然是针对最近英国轰炸占领区那些为德国人工作的军需工厂，而进行的报复行动。

4 月 17 日，维希政府得到消息，"不明国家的敌机"轰炸了东京、横滨、名古屋和神户②。迫使日本的空中防御力量留守日本，可能会对我们的战局有所帮助，但是我担心，这将会招致对美国太平洋沿岸城市的报复性空袭。《芝加哥论坛报》驻维希记者，戴维·达拉在一次赴美

---

① 皮西厄斯骑士会(Knights of Pythias)，美国的兄弟会秘密社团，皮西厄斯和达蒙是罗马民间传说中的生死之交。1864 年 2 月在美国华盛顿创立，是第一个获得国会法律许可的兄弟会组织，崇尚忠诚、荣誉和友谊。沃伦·哈丁、威廉·麦金莱、富兰克林·罗斯福等多位美国总统都是该组织成员。2003 年时有分会 2 000 多个，会员超过 5 万人。——译者
② 空袭东京，1942 年 4 月 18 日(此处原文中的 4 月 17 日应是西半球法国当地时间)，美国陆军航空队中校吉米·杜立特率领 16 架 B－25 轰炸机，轰炸了日本本土包括首都东京在内的几座城市，以作为对 1941 年 12 月 7 日日军偷袭珍珠港的报复。尽管轰炸效果很小，但极大鼓舞了美国人民的士气，也使得日军意识到了本土防御的脆弱。——译者

冬季旅行之后告诉我，此次从美国离开时，东海岸的人们似乎完全没有意识到战争的阴霾可能会波及他们，不过他觉得，在西海岸的人们对于危险的感觉要更为强烈一些。

虽然对于法国的纳粹主子来说，从未完全接受达尔朗作为非占领区政府实质上的统治者。但是，也只有当年迈的国家元首——贝当元帅，在头脑十分清醒的状态下，对达尔朗与轴心国近乎公开的合作提出一些细枝末节的反对意见时，达尔朗的统治才会受到干扰，然而这样的情况并不多见。

回想起 1941 年 8 月的时候，我的外交同行们对巴黎报纸上经常出现对达尔朗的舆论攻击有些难以理解。我很好奇，是不是那些编辑们已经想不出对付美国大使的诋毁之词了，因此将矛头转向了达尔朗，直到他们能够编造出针对我的新的污蔑诽谤！其实，唯一的解释显然与皮埃尔·赖伐尔有关，贝当 1940 年 12 月 13 日将他驱逐出维希政府后，他一直在等待着重新夺权的机会。1941 年 8 月底的一次暗杀行动，几乎要了赖伐尔的命，他身受重伤但却得以痊愈。

有关维希现政府将要大换血的消息，在 3 月份传得沸沸扬扬，有的传闻甚至说，维希政府将全部换成德国人物色的人选。人们纷纷猜测，达尔朗接下来将会何去何从，或者为了保住外交部长的位子，他会如何与赖伐尔展开较量，一时间众说纷纭，出现了诸多版本。而内政部长皮舍，舆论普遍认为他一直在密谋推翻达尔朗，似乎在双方阵营里都没有朋友。

合众社的拉尔夫·海因岑，在 3 月 26 日告诉我们，赖伐尔已经与贝当在维希附近召开过一次秘密会议。同一天，我们在外交部的一位朋友，德沙尔弗龙先生，告知我们，赖伐尔确定将会重返维希，并且已经通过他的女婿勒内·德·尚布伦与维希政府进行了接触。最重要的消息是，德国人将不会再与贝当政府谈判，变动的时间由德国人来决定。我们将所有这些情况和传闻都向华盛顿做了汇报。3 月 28 日，我接到指示，要求向贝当转告罗斯福总统的意见，如果赖伐尔被委任维希政府的重要职位的话，美国不可能再保持对法国提供帮助的态度。同一天，达尔朗上将和赖伐尔进行了会晤。

我在 3 月 30 日向贝当转达了罗斯福总统的消息。元帅告诉我，他并不急于去做决定，于他个人而言，这是个令他很不舒服也十分讨厌的决定。达尔朗没有说太多，只是避开元帅私下里告诉我，一周之内就会做出决定，不过他认为，赖伐尔只有 20% 的希望重回内阁。

一回到使馆，我就写信给副国务卿威尔斯，概述了当前的局势情况。很明显，一场政治危机正在酝酿之中。他们之间无疑有过多次秘密会晤和谈判。我告诉了威尔斯从海因岑那里得到的信息，因为他与赖伐尔走得很近，并且我很信任他。据海因岑说，赖伐尔想要让法国人自愿与布尔什维克作战，但是并不愿意向德国人提供军事援助，因为这将迫使法国进行征兵动员；他不允许法国人帮助任何人反对美国；他决意要将戴高乐分子从西半球的法国领土上驱除出去；他声称，希特勒不信任达尔朗但是完全信任他，因此在处理美国事务上，德国人将给予他更大的自由。我在最后总结道：

> 从盟国的利益出发，立刻与法国完全断绝外交关系显然是不利的，而至少保留一个能够与法国政府有效沟通的联络人职位，明显更为妥当。倘若赖伐尔重返内阁，与其此时完全断绝外交关系，召回大使，不如留下塔克先生作为代办，如此既符合法国公众舆论的期望，对盟军未来的军事行动也更为有利。

4 月 11 日，赖伐尔在维希与达尔朗会谈了 2 个小时。据说达尔朗提出，给他在内阁安排一个与自己权力相当的职位，但是赖伐尔却要求独揽大权。我们还听说，达尔朗告诉德国当局，美国反对起用赖伐尔，但德国人却把赖伐尔事件视作柏林和华盛顿之间实力的一场较量。达尔朗的这一举动，恐怕是为了避免自己的彻底失败所做的绝望挣扎吧。总体上而言，德国人应该是借这次意外的机会强迫维希政府表态，他们此次的做法并非是事先预谋。

海因岑在4月14日告诉我们，迫于德国人的压力，贝当已于午夜做出决定，任命赖伐尔为内阁副总理，主管外交、内政、经济和宣传事务。第二天，4月15日，报纸刊登了贝当、赖伐尔和达尔朗一致同意组建新内阁的消息。赖伐尔已经前往巴黎，同德国当局做进一步谋划。

4月15日当天，阿瑟顿先生从华盛顿打来电话，指出目前的局势已经表明，需要将我召回华盛顿进行磋商。同一天，我们发出警告，所有在法国占领区的美国公民，如无紧急事务，建议尽快离开。各个领事馆也协助播发了这份公告。

下午6点30分，达尔朗上将送给我一份私人密信，恳求我们在下周之前不做出任何断绝外交关系的决定。星期四，4月16日，华盛顿发电报给我，赖伐尔重返维希政府任职的消息一旦公布，立刻就会宣布召回我的决定。正式宣布赖伐尔内阁成立的消息有所延后，显然这位新总理需要时间来物色自己的部长人选。

不巧的是，一件私事使我执行华盛顿的命令变得有点儿麻烦。我的夫人病了。她的健康状况从2月份开始就每况愈下。在维希的生活枯燥艰苦，唯有那些友人间的各种聚会给我们带来不少乐趣，但是现在她都没法参加了。2月底，她对中国使馆代办郭则范和夫人举办的一场午宴很感兴趣，但是医生建议她不要参加，令她倍感失望。在这场战争中，我们的中国同行一直与我们保持目标一致，同心协力。我在法国接触到的所有人当中，中国外交官和他们的夫人在礼仪和文化方面的修养无人能及。

3月底的时候，医生认为我夫人的手术不宜等回到美国再进行，建议立即实施手术。复活节那天，我们驱车两个小时来到维希郊外，那里已经是草长莺飞、春意盎然了。在马克纳特森林的林区里，我们发现有一片地方开满了银莲花，如同铺着一块厚厚的白色地毯，我只花了五分钟时间便为夫人采摘了一大把花束。

　　4月7日，夫人住进了维希的拉佩格拉医院，两天后进行了手术。医生说手术非常成功，经过大约一个月的调养之后就能够痊愈了。总统来信表示了慰问并衷心祝愿她早日康复，华盛顿也同意我们推迟启程时间，直到她能够适应长途旅行。

　　4月17日星期五，德·尚布伦拜访了大使馆，向塔克参赞说明了他的岳父将要担任政府领导人的情况。我没有接见他。他告诉塔克，贝当仍然是"国家元首"，赖伐尔将出任"政府首脑"，达尔朗将不得再行使任何执政权力。德·尚布伦说，赖伐尔相信德国人要么赢得这场战争，要么迫使对方求和，同时他也担心，德国人一旦从占领区撤兵，法国会掀起共产主义革命的浪潮。那天晚上，新政府组建的消息还没有宣布，BBC就播出了罗斯福总统已经下令将我召回"进行磋商"的新闻，只要夫人的身体允许，我将尽快离开法国，可能在两到三周之内。

　　星期六晚上，4月18日，贝当元帅正式宣布，在皮埃尔·赖伐尔的领导下组建新政府。达尔朗不再留任内阁，但仍然保留他作为元帅继承人的称号。贝当已经八十七岁高龄了，没有人相信，赖伐尔会允许达尔朗作为继承者太长时间的。不过，达尔朗将担任统领陆海空三军的总司令(赖伐尔内阁人员名单，详见附录)。

　　贝当的私人秘书兼医生，梅内特雷尔先生，替元帅送了一封信到大使馆，信的大意是，由于赖伐尔被授权对当前政府的混乱状态进行整治，因此他提出的建议贝当是无法拒绝的，此外贝当仍然希望美国与法国的友好关系不要因此而破裂。4月20日，星期一，我和我的外交同行们召开了几次会议，向他们说明了当前的形势迫使我不得不应召回国商议。

4月21日，星期二早晨9点45分，夫人因术后栓塞在拉佩格拉医院突然去世。此前她情绪一直很好，盼望着和我一起坐船返回美国。医生尽全力进行了抢救。她几乎没有什么痛苦，走得很安详。但是这个噩耗来得太突然，完全出乎意料，而且是在我们即将结束这段艰难岁月一起回家的前夕，这个打击令我无比悲痛，陷入了绝望的深渊之中，没有尽头，没有希望，万念俱灰。

她是美国女性的杰出典范，在法国，她受到各个阶层人们的爱戴，无论是皇亲贵族还是平民百姓。

使馆三秘麦克阿瑟二世的夫人在她去世之后，立即前来我们的住所帮助处理家务，一直到我离开维希。她把一切都安排得井井有条，在我最为悲痛的那段时间里，她给予了我莫大的帮助。

在维希最后的一周里，我这里来了两位引人注目的客人——爱德华·埃里奥和皮埃尔·赖伐尔。埃里奥是在4月23日星期四早晨来到大使馆的。

埃里奥很希望能去美国，与罗斯福总统就美法两国未来关系的发展进行面谈。但是，由于他和参议院议长是仅有的两位仍然希望在法国保留代议制政府的、具有影响力的政治领袖，他知道在当前这种形势之下，他是没法离开法国的。

他声明，他不会在赖伐尔的政府中承担任何职务。埃里奥和他的追随者认为，戴高乐和他的抵抗运动并不是反对法国，相反，他们是为了法国的生存和理想而战。

这位激进社会党的资深领袖人物，给我的印象是一位极富才干、胆识过人的爱国主义者——这样的人在维希并不多见。他提醒我，美国对于赖伐尔许诺或者说的任何事都不能相信。埃里奥的话很有说服力，但是他在讲话的时候，眼睛不看着自己的听众。

第二周的星期一，4月27日，赖伐尔在外交部长夏尔·罗夏的陪同下来到大使馆。按照法国的外交惯例，政府首脑上任后需要拜访各国大使。由于赖伐尔不懂英语，平克尼·塔克参赞担任我的翻译。赖伐尔个子矮小，肤色黝黑，看上去不修边幅，但是言谈举止颇为得体。

赖伐尔非常坦率地阐述了自己的执政理念，他给人的印象是对自己的国家鞠躬尽瘁、一片赤诚，而且他相信法国的利益与德国密不可分、休戚与共。经常有关于他利用手中权力为自己谋取私利的传言，久而久之，他在人们的心目中必然会留下这种印象。事实上，他也是白手起家，从一名小镇杂货店的送货员，成为如今家财万贯、权倾一方的风云人物。

他想让我相信，他的政府会竭尽所能地与德国人进行合作，并且帮助德国人打败他所谓的"苏—英布尔什维克主义"。在这场战争中，皮埃尔·赖伐尔铁定不会站在我们这一边。

同一天，我向贝当元帅道别。他向我保证，无论未来发生什么，我们个人之间的友情始终不渝，并且他希望我们两国政府之间仍然能保持友好关系。贝当把法国与英美之间的关系作了比较。他说英国，由于缺乏理解，对法国做了许多不义之事，他和法国人民对待英国和美国的看法是截然不同的。

我回复说，就我个人看来，除非法国伸手援助美国的敌人，我们两国之间的传统友好关系将持续不变。贝当承认，与他相比，赖伐尔与德国人的关系要密切许多，法国或许会被迫向纳粹提供经济上的援助，但无论是他还是赖伐尔，都不会同意向美国的敌人提供任何军事支持。

我们临别之时，贝当元帅表达了他和夫人对莱希夫人去世的深切哀悼，以及对我丧妻之痛的同情。

我与达尔朗上将最后一次的正式会面是在他位于杜派克酒店的办公

室里。他竭力对自己地位的改变做出一副毫不在意的样子，强调他现在已经全面负责国防事务，并直属贝当管理。他再一次发誓，法国舰队绝不会用来对抗美国。达尔朗还说，他个人希望维持现在与美国的友好关系，同时，他不希望与大英帝国有任何友好往来。

众所周知，"金鱼眼"为了保住自己的权力竭尽所能，但依然被赖伐尔集团排挤出局。我认为很可能在新政府中他几乎没有什么实权，即便是在国防事务方面。不过，六个月后，当美国在北非登陆，我的后一个估计被证明是错误的，所幸如此。

许多外交界的朋友和政府官员对我夫人的过世纷纷表示了慰问和哀悼。4月30日，大使馆的全体成员来到我的办公室，送给我一个精致的银质托盘，上面镌刻了他们的签名。这是一个精明强干又忠心耿耿的外交官团队。他们中的大部分人都才华横溢、前途无量。所有人对我都十分忠诚。

5月1日卜午，夫人的遗体从布满鲜花的教堂中移出，安置在贝当元帅提供的一辆特制私人轿车中。那天晚上，我们启程由马德里前往里斯本。

在途中，我遇到了瑞昆将军，一位孔武有力的军人，战功赫赫并且公开反德。几个月之前，我曾经努力争取让他担任驻美大使。贝当似乎是赞成的，但遭到了德国人和法国那些通敌合作分子的反对。在马德里，使馆代办博拉克向我提供了许多有价值的信息，并且说自从我上次在巴塞罗那与韦德尔大使会面之后，美国与西班牙的关系有了实质性的改善。

在里斯本，由于等船而延误了十天。在此期间，通过数次会谈，我了解了有关北非局势的一些最新情况。威廉·埃迪中校，驻摩洛哥丹吉尔的海军武官，讲述了有关德国向北非渗透的具体情况，以及由于武器装备的缺乏，使得法国人在殖民地的反德行动难以开展。我们在里斯本的助理武官，索尔伯格中校，最近去过几次英国，他认为英国目前还没有向德国进攻或者在非洲采取军事行动的打算，英国受过训练可以作战的士兵不足70万。索尔伯格表示，英国人可能会提出要美国在北非登陆的期望。

美国驻柏林的前海军武官，冯·帕克哈特上校，自12月起就被德国人拘禁，因此他没有提供什么有价值的信息，除了告诉我德国人看起来并没有食物短缺的明显迹象，这对于我们来说并非是好消息。

5月22日中午，我登上了瑞典"皇后岛号"轮船前往纽约，6月1日抵达美国，夫人的遗体也随船运回。在船上我被告知按照移民条例的规定，要接种天花疫苗。我告诉医生我已经接种过很多次了，但是从来没有发生作用。"把你的药浪费在我身上是愚蠢的。"我说。十天之后，华盛顿的医生告诉我，疫苗的效果很好，也就是说之前我其实是天花病毒的易感者。

一回到华盛顿，我就向国务卿赫尔和副国务卿威尔斯通报了我回来的消息。对于我顺利完成使命，他们都给予了高度赞扬。他们告诉我，总统不在华盛顿，而且总统正在考虑派我出国完成另外一项任务，可能需要一个月时间。罗斯福先生此前没有对我提起过有这样的安排。

夫人的告别仪式在圣托马斯圣公会大教堂举行，我曾在那里担任过多年的教区委员，6月3日上午11点，她被安葬在阿灵顿公墓。

国务院为我在白宫旁边的一栋旧楼里安排了一个小房间，在那里我可以完成我的维希工作报告。6月5日，我在白宫见到了罗斯福总统。他让我先休息一段时间，检查一下身体，尽可能多地了解当前的军事形势，他会在下一周与我共进午餐，就他希望我负责的几项工作进行讨论。

应参议院外交关系委员会的要求，我在6月17日上午，向他们汇报了法国当前的局势，并向参议员们阐述了我个人关于美国对贝当政府外交政策的理解。第二天的报纸上，委员会主席汤姆·康纳利敦促我们应当继续保持与法国的外交关系的报道，令我感到非常高兴。

6月下旬，丘吉尔首相到访华盛顿，与总统讨论有关战略计划和作战行动的安排，但是那一次我没有见到他。因为那段时间我正按照罗斯福总统的指示，与陆海军中的许多朋友共同商讨当前的战争局势，希望尽可能做出最准确的评估。

7月1日，我与国务院的芬勒特先生进行了一次会谈，我强烈建议尽快采取行动，向法属北非人民提供他们所急需的基本生活用品，这么做对于我们是有宣传价值的。那天下午，我去沃尔特·里德医院拜访了约翰·J. 潘兴①将军，并转交了他在一战中的老战友贝当元帅写给他的一封信。潘兴看上去老态龙钟，身体羸弱，对时事不是很感兴趣，但是当听到他十分敬重的贝当的消息时，非常高兴。我也信守对阿吉利尔将军的诺言，拜访了副总统华莱士，并转达了墨西哥驻法公使阿吉利尔的问候。华莱士看上去兴致不高，并且对我讲述的情况也不太熟悉。

7月21日，我最后一次作为驻法大使，与国务卿赫尔进行了会谈。我再次重申了我的建议，我们应当维持与维希政府的外交关系。我告诉赫尔，现在断绝外交关系对我们没有任何好处，反而可能产生不利。后来，美国对维希的政策继续延续下去，直到1942年11月8日，美国军队登陆北非，法国政府最终宣布与美国断绝外交关系。

7月18日，我向白宫递交了辞去大使职务的辞呈。自1940年11月7日，我在波多黎各接到电报开始，这段漫长而有时又令人颇感疲惫的使命终于结束了。轴心国仍然没能得到法国舰队；希特勒仍然无法从法

① 约翰·约瑟夫·潘兴(John J. Pershing, 1860—1948)，美国军事家，陆军特级上将，美军历史上军阶最高的人。1886年毕业于西点军校。1916年3月至1917年2月，率军对墨西哥进行武装干涉。1917年4月美国参加一战后，任美国远征军司令，6月率美军在法国登陆。大战末期，率领美军单独进行圣米耶勒等战役，协同英法联军对德国发动总攻，突破兴登堡防线，迫使德国投降。1921年任美国陆军参谋长。1924年退役，著有《我在世界大战中的经历》。——译者

国非占领区得到任何有效的经济或军事协助；北非的重要军事基地依然在法国的控制之下。罗斯福总统，作为我的好朋友，对我工作的完成情况非常满意，而他正在考虑调我履任军职。在接受我辞去大使职务的信中，可以看出他的赞美之情。

我亲爱的海军上将：

为请你担任美国陆海军总司令参谋长一职，我接受你辞去驻法国大使的职务。

同时我希望你知道：第一，对于你在极端困难的情况下，所完成的极为困难的任务，我十分满意；第二，在你担任大使期间，我国的对法政策总是能够协调一致。

总之，用海军的话来说就是——"干得好"。

你永远忠实的朋友

富兰克林·D. 罗斯福

1942 年 7 月 20 日于华盛顿白宫

第八章　最高统帅部

"总统是美利坚合众国陆军、海军以及应召为美利坚合众国服役的各州民兵的总司令……"（美国宪法第二条第二款）

根据我所了解的美国历史，富兰克林·罗斯福在履行宪法所赋予的这部分职责时，其能力和才干是历任总统中最为卓越的。

这是第一次真正意义上的世界大战，全球没有哪一片陆地或者海洋幸免于战争的冲击。对于我们的国家，特别是我们的陆海空三军来说，在这样生死攸关的紧要关头，能有一位在国际事务上高瞻远瞩、纵横捭阖，在军事作战上运筹帷幄、决胜千里的总统，乃是一大幸事。我相信历史将会记住他在这场全球性战争中所表现出来的雄才大略，比起同时代具有杰出才干、坚毅卓绝的温斯顿·丘吉尔来说，要更胜一筹。在我们与英国军队高级将领密切合作的那段时间里，我们不止一次感觉到，我们的英国同伴们往往是出于服从命令和忠于职守，才对他们国防大臣①的观点给予了一贯的支持。而在我们这一方，就从来不会有这样的困扰。当然，我们之间也会出现不同意见，但是基于总统与军队将领之间的相互信任和密切沟通，这些分歧从未发展成为严重问题。而这种密切沟通的实现，正是通过一个新设立的军事岗位——陆海军总司令参谋长完成的。我荣膺首选，倍感荣幸。

自从珍珠港事件之后，有关我在战时将被委以重任的猜测便层出不穷。珍珠港事件之后，法国报纸就评论说，我将被从维希召回担任军职一事毫无悬念。3月15日，一家瑞士报纸说，总统正在麦克阿瑟、马歇尔和我三人之间考虑澳大利亚总司令的人选。我回到华盛顿不久，马歇尔将军和我讨论过担任太平洋战区总司令的可能性。我坦率地告诉他，对于这种工作来说我的年龄太大了。然后马歇尔将军透露说，他已经向总统建议，任命我为总司令的军事顾问，协调各个军种之间的事务。显而易见，设置这样一个职位是有必要的。参谋长联席会议已经于1942年2月建立，那时的成员是乔治·C. 马歇尔将军、海军上将欧内斯特·J. 金和陆军航空兵司令 H. H. 阿诺德②将军。他们三个人一致认为，需要

---

① 1940年5月10日至1945年7月26日，英国首相温斯顿·丘吉尔同时兼任国防大臣。——译者

② 亨利·H. 阿诺德（Henry Harley Arnold, 1886—1950），美国空军五星上将，绰号"Hap"（快乐的阿诺德）。二战时期历任美国陆军航空兵司令、主管航空兵事务的陆军副参谋长、陆军航空队司令等职，被称为"美国现代空军之父"。1911年向莱特兄弟学习飞行，是美国陆军的首批飞行员之一，第二年创造出飞行高度6 540英尺的世界纪录，获胜利勋章。阿诺德在菲律宾服役时曾与乔治·马歇尔共事。1925至1926年在陆军工程学院学习时，阿诺德支持陆军航空兵领导人威廉·米切尔建立独立军种空军的主张，并在审判米切尔事件中出庭作证支持米切尔。阿诺德潜心钻研航空技术和航空兵战术，写下《飞行故事》《飞行员与飞机》《空战》和《陆军飞行员》等著作。1938年9月，阿诺德就任美国陆军航空兵司令。随着世界大战的临近，他力主建立一支独立于陆海军之外的空军，并以战略空军为核心。但当时这种想法被认为是荒唐可笑的，他于1939年夏在国会提出要求增加飞机时，竟遭到冷嘲热讽。直到同年9月1日，德军空军群闪击波兰后，他的建议才逐渐被重视。1940年6月法国败降后，罗斯福下令生产5万架飞机以保卫西半球的安全。战争为实现阿诺德的理想提供了绝好机会。1940年10月，阿诺德升任负责航空兵事务的陆军副参谋长兼陆军航空兵司令，陆军航空兵的地位得到提高。1941年7月，美国陆军航空兵改组为陆军航空部队，下辖数个航空队，仍由阿诺德指挥，同年12月晋升中将。1942年3月美国陆军再次改组，陆军地面部队、陆军航空部队和陆军后勤部队成为陆军的三大组成部分，阿诺德改任美国陆军航空队司令。阿诺德认为：由于空军的出现，战争已变得立体化。空军可以大规模袭击敌人地面部队和水面舰艇，可以深入敌人的战略后方，破坏敌人的后方补给、工业经济、交通枢纽，甚至人口密集的中心城市，从整体上摧毁敌人的抵抗意志。因此，根本无须入侵和占领敌国的领土，仅用空军就可以迫使敌人投降，从而结束战争。这种作战方式就叫"战略轰炸"，即具有战略意义的飞机轰炸作战。阿诺德的思想对盟国军事战略产生了重要影响。1943年3月晋升陆军上将，1944年12月获陆军五星（转下页）

与总统之间建立某种日常联系的方式，如果再出现对一个或者多个军种产生重大影响的事件，能够立刻引起总统的关注。但是，罗斯福总统日理万机、公务繁忙，参谋长们也不可能在想要见他的时候就能见到他。从白宫的角度来说，总统在研究军事问题时，必然需要传召一位或者几位军方将领到白宫开会商讨，但这也不是一件容易协调安排的事。

在与马歇尔会谈之后，我就此事与海军上将金又进行了一番详谈。他此前一直反对设立白宫军事顾问。他担心这样的安排会损害到海军的利益。但是当马歇尔提议由我来担任这个职务时，金告诉他："如果他愿意接受，我没有意见。"在我见到金时，他又一次重复了这句话。接下来数周，我就此事又进行了一些非正式的讨论。同时，做了一次全面体检。白宫的专职医生，海军上将罗斯·麦金泰尔，说体检结果显示我的身体状况非常好。

1942 年 7 月 6 日，星期一，总统打电话到我在国务院的小办公室里，要我中午过去谈谈。我们的谈话持续了半个小时。他已经下定决心，希望我担任陆海军总司令的军事顾问。像往常一样，大部分时间都是总统在说话。他问了几个相关问题，我尽我所知地给予了回答。我们回顾了法国的局势，当谈话进行到半个小时的时候，讨论显然尚未结束，因此总统要我第二天与他共进午餐。

7 月 7 日，我们在他的办公室里共进午餐。我不记得他是否提起过"参谋长"这个头衔，但是他大致描述了这个岗位的职责，诸如与陆海空三军保持日常联络，阅读各种报告文件，汇总提炼之后向总统汇报。

（接上页）上将军衔。二战期间，阿诺德指挥着世界上最庞大的空中力量，包括 15 个航空队（下辖 234 个作战航空大队），共计 250 万人，约 7 万架飞机。1946 年，阿诺德从美国陆军航空队退役。1947 年，美国国会通过"国家安全法"，正式批准陆军航空队脱离陆军，组建独立的美国空军。1949 年 5 月，在美国空军成立 2 年后，阿诺德被改授为空军五星上将。——译者

总体来说，这个职位相当于海军的"参谋长"，不行使指挥权。海军中的参谋长扮演的就是军事顾问的角色。而陆军中的"参谋长"概念则有所不同。担任此职的马歇尔将军，实际上相当于是陆军的总司令。总统打算等目前正在建造的白宫东翼工程一完工，就让我搬进去，以便离他更近一些。总统详细介绍了当前陆海军的情况，希望我能够在协调陆海军事务上助他一臂之力。

之后，在一次与马歇尔将军的谈话中，提到了这个职位的命名问题，我建议使用"参谋长"这一名称，马歇尔表示同意，并认为这一称谓的含义很准确。

直到7月18日，我才再次见到总统。那天早晨，他告诉我，他已经命令海军部长将我召回，并担任"美国陆军和海军总司令参谋长"一职。同一天，我递交了驻法大使的辞呈。总统在7月21日的记者招待会上宣布了我的新任命。当时，我不在现场。记者们的提问如潮水般涌来，询问有关我新职务的职能和权责范围。总统和往常对待记者的态度一样，对此未做太多说明。他说，我的作用类似于记者的"采访助手"，将那些此前需要他单枪匹马应付的大量材料，帮他进行整理分析、汇总提炼。在那个时期，顶着美国全军最高统帅的名号压力可是相当的大，有记者问我是否将担任这个职务，总统回答说，他仍将继续作为总司令。当然应该是他了。有人问他将组成什么样的军事顾问团队，他说他完全没有概念。实际上，我的团队人数从来没有超过2名助理和2到3名文职秘书。有人建议我应该安排一个负责处理公共关系的助手。对于我来说，这样的人员只可能是个麻烦！由于我随时随地作为总统的代表，因此我发表的任何言论都应当出自总统。再说，在这方面他本来就比我要强得多。

对于这项任命，报纸上纷纷发表评论文章，并且对这个职务设立的目的、对美国的战况可能产生的影响，以及我的职权范围等等作出种种猜测。有相当一部分批评的声音，认为总统还是没能解决统一指挥的问题。显然，华盛顿整个新闻界在那个时候都还没有意识到，总统已经通过设立参谋长联席会议（本章稍后会进行讨论），圆满地解决了那些编辑和评论家们所说的问题。不过，这些新闻记者们说对了一件事——这个职务在美国军队历史上是没有先例的。黑斯廷斯·伊斯梅①男爵，在丘吉尔手下担任类似的职务，即国防大臣参谋长，但是伊斯梅并不是英国三军参谋长委员会的成员。

美国新闻界对我的任命给予了普遍的赞成与认同，这与过去18个月当中，作为驻法大使几乎天天都要遭受的污蔑中伤形成了鲜明的对比。不过，我把这两者都看成是赞美——前者表达了对总统决定的信任，后者则恰恰证明了我在维希的工作卓有成效，令纳粹恼火不已。

7月20日，我正式履任新职。在等待白宫的新建筑完工期间，我们的办公室设在宪法人道第19街的公共卫生大楼里，当时这栋楼也是美军参谋长联席会议和英美联合参谋长委员会的办公地点。当我搬进白宫之后，两处的办公室都保留着。参谋长联席会议和我们的英国同僚们后来搬到了战争部"新"大楼，位于弗吉尼亚大道第21街，再后来他们有了永久性的办公室，即著名的五角大楼，那时这栋位于阿灵顿波多马克河畔的建筑还在建设之中。

上任伊始，每天都有大量事务需要与总统进行商议，因此我被安排在每天的9点45分左右与他碰面。我通常在8点30分到8点45分之间

---

① 黑斯廷斯·莱昂内尔·伊斯梅（Hastings Lionel Ismay，1887—1965），英国陆军上将，绰号"巴哥犬"。1938年任帝国防务委员会秘书，1940至1945年被丘吉尔选为国防大臣参谋长，兼战时内阁副秘书长。伊斯梅总体上非常成功地在丘吉尔和参谋长们的严峻关系中扮演了润滑剂的角色。1946年退役后，仍活跃于军政界，曾任印度总督路易斯·蒙巴顿的幕僚长；1951年丘吉尔再次当选首相后，任英联邦关系国务大臣，1952年出任北大西洋公约组织首任秘书长。——译者

到达办公室。此时，我的助手已经把头天晚上收到的各类急件和报告进行了初步整理。在这些文件里，既有从世界各地直接发给罗斯福总统的电报，也有各个战区指挥官发给马歇尔、金或者阿诺德的电报或者急件的复印件。

这些文件大部分都盖着"绝密"的印章，属于最高机密等级。对于这样的文件，敌人是不惜代价想要得到的，哪怕是令许多情报人员为此付出生命。为了方便分类，我们制定了一种行之有效的色彩区分方案，使用的是艺术家们称为柔和色调的颜色。粉色——来自战区指挥官们的急件；黄色——发给战区指挥官的急件；绿色——参谋长联席会议的文件；白色——英美联合参谋长委员会的文件；蓝色——联合参谋计划处的文件，这是参谋长联席会议的下属部门；橙色——原子能委员会的文件。

从这些花花绿绿的文件堆中，我要选出那些应该引起总统注意的，然后将它们放进一个棕色公文包里。我通常会在罗斯福总统从电梯里出来到书房的路上看见他。在愉快地互致"早安"之后（他叫我"比尔"，我称他"总统先生"），他坐在轮椅上被推往办公室的时候，我们就开始了讨论。他往往更喜欢直接去地图室，那里是白宫守卫最为森严的地方之一。

总统随时掌握着战争进程的详细情况。地图室里的地图采用特殊的悬挂方式，让总统不必走出轮椅就能够看到。地图上有各种颜色的旗帜和别针，用来标识出我们的海陆空三军在全球的位置。对着这些地图，总统和我会就前一天晚上发生的重要情况进行讨论。

白宫地图室有若干名年轻军官值守，负责二十四小时接收军事急件。因此，总统能够随时在需要的时候得到相关信息。从这间地图室，他发出的信息也能传到世界各地，因为信息从这里会传送到五角大楼的通讯中心。

战争局势瞬息万变，从来不分时间和场合。很多时候，一大早我就直奔总统的卧室汇报紧急情况。当我到那里的时候，不止一次碰到总统正在浴室里刮胡子。往往是他刮胡子的同时，我们就开始讨论（总统用的是一把老式的折叠式剃刀）。

一般总统离开华盛顿外出的时候，我通常都会陪同他一起，除了有时候回海德公园度周末。在他的私人专列上有一个为我准备的卧室。他的专列上通常都配有通讯设备，我们在火车上也能够收到我办公室发来的重要信息。如果其中有事关重大的战场局势报告或者国际关系事务，我会立刻向总统汇报。

很快，人人都知道总统参谋长每天都能见到总统，我办公室的来访者因此络绎不绝。人们给我提出各种各样的问题，他们认为我或许能够把他们的问题转达给总统，从而得到有利于他们的结果。我也的确将那些我认为重要的问题向总统进行了汇报。甚至有很多能够经常见到总统的高级官员也来找我述说自己的难处。我通常会做一名充满同情的听众，但是大部分情况下我会提醒他们，对于他们所说的特殊情况，总统是很清楚的。或许他们也只是说给我听听，这样感觉会舒服一点儿。外国使节和各种各样的外国代表团也是我白宫办公室的常客。"自由法国"和"反自由法国"的代表都曾来过。而我们没有得到公正待遇的盟友——中国，几乎每周都会派人前来请求美国援助。

我的笔记并非按照日记的形式，但是1942年10月20日，星期二，这一天的记录，具有代表性地反映了我在白宫办公室的日常工作：

在早晨与总统的会议中，我提出建议，如果有必要，艾森豪威尔将军在法属殖民地可以引用《法德停战协议》的条款，这一点得到了他的口头批准（这时距离北非登陆不到三周时间）。

伯恩哈德亲王①，荷兰王储朱莉安娜公主的丈夫，在动身去英国之前来访，我请他转达对威廉明娜女王②的问候。

中午在陆海军俱乐部吃午餐。（这是我最喜欢的地方。因为在这儿军服上的金色绶带不会招来好奇的目光。战争期间，这里到处都是同样身着将官制服的人，而且这里的食物与华盛顿那些俱乐部和餐馆相比，也毫不逊色。）

《华盛顿明星晚报》的外籍编辑康斯坦丁·布朗来访。他刚刚在中西部完成一次巡回讲座回来，他说看起来那里的美国人完全没有意识到太平洋地区存在的危险，为了美国的国防安全考虑，应该安排相关机构向民众宣传有关日本威胁的信息。

战时新闻局（OWI）的罗伯特·舍伍德来访，讨论我收到的来自

---

① 伯恩哈德亲王（Prince Bernhard of the Netherlands, 1911—2004），荷兰朱莉安娜女王的丈夫，威廉明娜女王的女婿。出生在德国，大学时曾加入德国纳粹党和冲锋队。1937年1月与当时的荷兰王储朱莉安娜结婚。二战期间，他以自己的行动证明了对荷兰王室的忠诚。1940年5月荷兰被德国占领后，他随王室流亡伦敦，担任军事代表团团长和威廉明娜女王的军事联络官、副官；6月25日，法国沦陷后的第三天，伯恩哈德通过BBC广播，称希特勒是德国暴君，坚信大英帝国能够战胜德意志第三帝国。他还完成了"喷火式"战斗机培训，加入皇家空军第322(荷兰)中队，飞行时间超过1 000小时，随后又加入轰炸机部队，参加了空袭欧洲和大西洋的反潜作战。1944年任荷兰陆军司令，参加了德国投降谈判并出席停战签字仪式。在战后重建中，伯恩哈德也发挥了重要作用。1976年因卷入洛克希德贿赂丑闻而被迫辞去荷兰武装部队总监职务。——译者

② 威廉明娜女王（Wilhelmina Helena Pauline Marie, 1880—1962），荷兰女王（1890—1948）和王太后（1948—1962）。10岁继位，其母埃玛公主摄政至她18岁生日；1898年9月6日正式登基，统治荷兰长达50年。她尊重君主立宪制和议会制度，在位时看到荷兰和世界历史的很多转折点：一战和二战、"大萧条"经济危机，以及荷兰丧失主要的殖民帝国地位。在一战中努力维持国家中立。二战时，1940年德军入侵荷兰后，她向全国发表题为《火红的抗议》宣言，希望自己的臣民们能最大限度地保持发自良知的警惕和镇定；数日后即率王室和内阁迁往英格兰，并成立流亡政府。在整个二战期间，威廉明娜坚持在伦敦通过无线电广播，号召全国人民拿起武器，保持旺盛的斗志，直到全国解放。1945年德军撤出荷兰后，她回到祖国，受到热烈欢迎，被誉为"抵抗之母"。1948年4月，在女王加冕50周年的时候，宣布让位给女儿朱莉安娜。晚年著有回忆录《寂寞但不孤单》。——译者

国务院的一份报告，有关安排杰伊·艾伦先生前往北非的事宜。我在法国期间，艾伦先生曾因旅行签证的问题在占领区被关押。他正在跟踪报道乔治·C. 巴顿将军。艾伦先生精力充沛，富有进取精神，但是行事欠谨慎。

明尼苏达州的国会议员梅尔·马斯来访。他刚刚从太平洋战区访问归来。他说，由于缺乏统一指挥，高层指挥系统中某些人的无能，再加上华盛顿也没有提供必要的物资补给，使得那里处于效率低下的混乱状态。马斯先生说，道格拉斯·麦克阿瑟没有澳大利亚军队的独立指挥权，而且他认为麦克阿瑟不怎么样——我对马斯先生很了解，他说话毫无顾忌，不过在我看来，都是实话实说。

与朱利叶斯·赫尔维格上校夫妇（我多年的老友）共进晚餐。客人们有来自印第安纳州的前国会议员弗吉尼亚·詹克斯夫人，以及乔治城大学的麦克纳利神父。

我很少和朋友们一起在外面用晚餐。有太多的公务接待晚宴需要我出席，因此只要有可能，我更乐意在我位于佛罗里达大街的家里度过晚上的时光。不过，即便是在家里，也总是有一大堆"家庭作业"等着我做——源源不断地来自参谋长联席会议或者其他政府机构的各种冗长报告。偶尔能够抽空与三五好友一起静静地吃一顿晚餐，便是享受了。

我的一项重要工作是为总统起草电文和演讲稿。我确定自己是没有替人捉刀代笔的天赋的，在这本书之前，我的"文学作品"仅限于一些言简意赅的海军指令和官方语言的外交书信。罗斯福身边有许多很有写作天赋的人，特别是塞缪尔·罗森曼①法官（总统演讲稿撰稿人）和罗伯

---

① 塞缪尔·欧文·罗森曼（Samuel Irving Rosenman，1896—1973），美国律师、法官、政治活动家，罗斯福总统的演讲稿撰稿人、密友和高级顾问，白宫首任官方法律顾问，"罗斯福新政"的主要推动者，曾参与领导二战后的战争罪行审判。——译者

特·舍伍德。但是，当我们讨论某些需要总统表达意见的问题时，他经常会说："比尔，你试着写写吧。"当然我总是照办，而他也总是会修改。他在英文方面的写作技巧是令我望尘莫及的。

作为总统参谋长，最重要的职责是保持总统和参谋长联席会议之间的日常联系。我的工作是向参谋长联席会议转达总统对所有作战计划和战略的基本构想，然后再把参谋长联席会议达成的共识反馈给总统。或许，在此我简要介绍一下参谋长联席会议机构的复杂性①，更有助于大家理解。

在国会审议所谓的"统一法案"②的时候，人们如果在现场听到过他们的辩论，可能会得出这样的结论——在陆军和海军之间，好像从来就未曾有过真正意义上的合作。事实上，这两个军种之间存在的许多问题，都是通过设立于 1903 年的联合委员会③，才得以圆满解决的。罗斯

---

① 美军参谋长联席会议（Joint Chiefs of Staff），根据美国《1947 年国家安全法案》（National Security Act of 1947）正式建立，该法案由第 80 届国会制定，1947 年 7 月 26 日表决通过。虽然美军参谋长联席会议在 1942 年 2 月 9 日就召开了首次会议，但一直没有法定地位，为时任总统罗斯福依据战时总统特权建立起来的跨军种协调参谋机构，当时的成员有莱希上将、陆军参谋长马歇尔上将、海军作战部长金上将和陆军航空队司令阿诺德上将。1942 年 7 月 20 日，莱希有了正式职务——总司令参谋长（Chief of Staff to the Commander in Chief）。《1947 年国家安全法案》正式授权建立了参谋长联席会议，明确了职能，规定了法定成员为三位军种主官，法案中并没有规定联委会主席，而是依然延续了莱希的职务称谓，规定若设有总司令参谋长的话也是法定成员，还授权建立了由不超过 100 名军官组成的联合参谋计划处，作为参谋长联席会议的下属机构。1949 年修正案授权建立了参谋长联席会议主席，但该职务仅为主持人，而无投票权，陆军上将布雷德利成为首位有正式职务的参谋长联席会议主席，修正案同时将联合参谋计划处的组成军官人数限制改为 200 名。——译者
② 即美国《1947 年国家安全法案》（National Security Act of 1947）。——译者
③ 陆军和海军联合委员会，1903 年由西奥多·罗斯福总统建立，由军队首长、参谋长和海军总务委员会及陆军总参谋团构成，主要职责是制订联合作战计划及解决军种间的冲突，但无权执行其决策，在一战中作用发挥有限。1919 年，联合委员会重组，成员包括正副参谋长、陆海军作战计划制订者，下设联合计划委员会，但仍无权执行其决策。1942 年，美国总统富兰克林·罗斯福和英国首相丘吉尔组建了"联合参谋长委员会"，成为盟军最高军事决策机构。虽然联合委员会仍 （转下页）

福总统预见到，随着局势的发展，他必定会需要行使宪法赋予他作为军队总司令的权利，因此在 1939 年将联合委员会置于他的直接领导之下。作为海军作战部部长，1939 年我也曾在这个机构中待过一段时间。

罗斯福给联合委员会下达了一系列任务。比如，1941 年研究了有关后勤补给的问题，其中对这场战争中将要遵循的基本策略进行了分析。这份特别报告[①]后来因为在罗伯特·舍伍德的著作《罗斯福和霍普金斯》中被提到而广为人知。1941 年 12 月美国参战后，当丘吉尔首相和他的助手出访华盛顿之时，联合委员会做出某些变革就显得势在必行了，它需要被赋予更多的权力，以使它具备能够与英国总参谋部平起平坐的地位。因此，美国参谋长联席会议应运而生，它兼具了旧有的联合委员会的职能，并于 1942 年 2 月召开了首次会议。

参谋长联席会议成了协调陆海空三军协同作战的主要机构。但是在战争期间，它的职能从未被明确定义。我曾经听说，在某个文件当中，有一张罗斯福总统写的便条，是关于设立参谋长联席会议的，但是我从来没有看到过。由于没有书面规定的职责权限，反而给予了这个组织很大的灵活性，使我们能够根据战争的需要，扩大其管辖范围。参谋长联席会议是总司令得以行使职权的一个工具，并对他负责。我是他在这一

(接上页)然存在，但与联合参谋长委员会相比，其权力和作用都较弱，在二战中依然没有什么大作为；二战结束后，联合委员会在 1947 年解散。为了军种协调需要和提供参谋合作，本书作者提出建立"统一最高指挥部"，即参谋长联席会议的概念。1942 年 7 月 20 日，莱希上将成为实际上的首位参谋长联席会议主席。——译者

① 《胜利计划》（Victory Program），亦称"美国重整军备计划"，是美国政府在加入二战前夕，对工业生产的总体估算规划，因其编制出美国为最后击败轴心国需要贡献多少经济力量，故获此称。随着与德意日交战各国对美国军火和各项物资供应的需求剧增，而美国陆海军也急需扩充军备，1941 年 4 月，战争部副部长帕特森提议编制战时生产规划，7 月得到罗斯福总统批准，由战争部长史汀生、海军部长诺克斯和总统外交顾问霍普金斯主持编制，8 月经美英两国军事首脑在大西洋会议上进一步讨论，9 月又派代表团赴莫斯科征询苏联所需的供应，12 月完成编制。不久后美国成立战时生产局，负责实施此计划。——译者

机构中的代表。作为出席会议的高级官员，我担任会议主席，拟定会议日程并签署所有重要文件决议。我在1942年7月底上任之时，沃尔特·比德尔·史密斯①将军担任秘书长一职。

参谋长联席会议负责随时向罗斯福总统汇报有关军事战略、军队兵力需求、军需物资的生产与分配，以及所有陆海军都会遇到的政策问题。在这一机构中，与工作相关的所有会议和文件都是保密的。我认为它可能是除了"曼哈顿工程"（研发原子弹）之外，全美保密级别最高的机构。甚至连文书使用的复写纸，在每天结束的时候都会被销毁。警卫人员在夜间会对所有保密柜进行巡检，以确保它们是"安全的"，也就是说都锁上了。会议室的墙壁上悬挂着大型地图，当美国的作战行动推进到北极圈时，诸如日本在阿拉斯加的登陆点阿图岛，通往苏联的著名的摩尔曼斯克护航航线等，在地图上标记这些区域，甚至需要用折叠梯爬上去才够得着。

只要看看参谋长联席会议下设的一系列委员会中最重要的几个，便可对该机构的管辖范围略知一二。这些委员会通常又会被划分为若干小组，在其中任职的都是各自领域中具备特殊才能的军官。由于这些人经常会作为专家被派去担任一些战区司令官的参谋，因此委员会里的人员变动很频繁。下面是一些最重要的附属机构：

副参谋长联席会议。

---

① 沃尔特·比德尔·史密斯（Walter Bedell "Beetle" Smith, 1895—1961），美国陆军上将，绰号"甲壳虫"。1911年加入国民警卫队，曾参加一战，后在陆军步兵学校任教官。1941年任战争部总参谋部秘书长，1942年任美国参谋长联席会议和英美联合参谋长委员会秘书长。1942年9月起，先后任北非盟军司令部参谋长、欧洲盟军最高司令部参谋长，协助艾森豪威尔将军指挥了北非战役、意大利战役和诺曼底登陆等重大战役。1943年和1945年曾代表艾森豪威尔分别接受意大利和德国的投降。二战后任驻苏联大使。1950年任中央情报局局长。1951年获上将衔。1953年退役，出任副国务卿。著有《我在莫斯科的三年》和《艾森豪威尔的六项重大决策》。——译者

联合秘书处。

联合参谋计划处，它有一个极为重要的下属部门叫做联合作战计划委员会。

联合情报委员会，其中战略情报局和战时经济委员会各派一名代表。

联合心理战委员会，其负责人是战略情报局的局长。

其他机构涉及运输、通讯、新型武器装备、后勤、生产监管、战后规划、民政事务、气象资料、安全控制、军需配给等领域，还有陆海军石油委员会。

参谋长联席会议将问题分派给这些附属机构。后者对相关课题展开分析研究。他们通常都能出色地完成任务，只不过报告总是写得太长。有时候参谋长联席会议的会议看上去更像是个暑期讲习班，大家聚精会神地聆听某个委员会主席"讲解"他的工作成果。他们带来的资料太多，以至于我不得不把这些报告带回家去看。不单单是因为在白天没有时间仔细阅读消化这些资料，而且因为我还要对这些五花八门的委员会报告进行总结提炼，并提出参谋长联席会议据此拟采取的行动方案，向总统进行汇报。

从设立到日本投降（1945 年 9 月 2 日日本在美国"密苏里号"战列舰上正式签署投降书）的这段时间里，参谋长联席会议总共商议讨论了大约 1 457 个问题，由此可见工作量之巨大。此外，英美联合参谋长委员会还研究讨论了大约 902 个问题。各种议题的说明文字，少的只有一小段话，多则可能相当于一部短篇小说。有的讨论成果或许用一页纸就能够概括，但是研究那些涉及长远利益或者极为复杂的问题时，就需要提交不计其数的长篇报告了。

秘书处的记录显示，从 1943 年 1 月到 1945 年 8 月，平均每月要处理 130 份参谋长联席会议和联合参谋长委员会的正式文件，其中最高纪录是 1944 年 9 月，多达 223 份文件。需要商讨的议题不仅数量繁多，并且涉及范围广泛，从 "ABAD 战区①需要海军增援"，到 "处置盟军在意大利缴获的马匹" 以及 "占领区，被占领区" 等，无所不包。

制订重大作战计划时，需要与总统保持密切的沟通合作。我们经常在他的书房里开会讨论。获得总统的批准之后，参谋长联席会议负责发布指令。正是经由这些指令，将数百万美国士兵送往各个战场，为成千上万艘舰船指明航向，并最终缔造出世界上有史以来最为强大的海军舰队。总统确定政策和大方向，参谋长联席会议负责制定后勤补给运输、武器装备和军需用品配给的方案，而所有具体的作战行动方案则留给战区司令官来谋划。比如，当我们决定要夺取日本的硫磺岛时，参谋长联席会议给尼米兹海军上将提供了必要的船只和物资，然后告诉他去干就行了。至于他准备怎么去做，这样的细节问题完全由他自己做主。这与我们 "司令官只有一个" 的既定原则是相符合的。

参谋长联席会议一般在周三召开例会，与午餐同时进行。特别会议则可能随时召开，经常在星期天甚至是深夜。参加会议的只限于参谋长联席会议成员，除非某位重要战区的司令官恰好也在华盛顿，我们一般会邀请他来讲讲所辖战区的情况和问题。我们盟友的代表——中国、澳大利亚、荷兰和那些流亡的波兰人，偶尔会要求向参谋长联席会议介绍他们的情况。有时，我们会同意他们的要求。

在整个战争期间，我们四个人——马歇尔、金、阿诺德和我——在工作中尽可能地保持协调一致。虽然战后，马歇尔将军和我在一些对外政策方面产生了严重分歧，但不管怎样，作为一名军人，他在我

---

① 西南太平洋战区，包括荷属东印度群岛和澳大利亚。ABAD 是美国、英国、澳大利亚、荷兰四国的缩写，珍珠港事件之后，四国在西南太平洋地区组建了盟军联合司令部。——译者

心目中是最优秀的，他凭借过人的魄力、胆识与想象力，使得美国这支数量庞大的平民军队成长为有史以来最强大的军队。他所率领的陆军的作战行动，无论是人员数量还是后勤补给供应量，都是迄今为止规模最大的。这就意味着，参谋长联席会议在研究他提出的问题时所花的时间，比其他人都要多——而他总是能够巧妙地、言简意赅地提出问题。

海军上将金肩负的任务同样艰巨。为了开辟第二战场，需要通过大西洋为我们的盟友运送数百万吨物资，因此，金的海军舰队一方面要牵制住日本舰队，同时还要为运送物资的船队护航。作为一名海军指挥官，他的能力出类拔萃，但同时他的脾气也很暴躁，幸好这一点有时和参谋长联席会议的那些决策一样，不为人所知。总统对金的能力评价很高，但也认为他是一个非常不讲外交策略的人，尤其是在与英国人发生争执的情况下，海军上将的怒火一点就着。

金更倾向于尽快投入更多兵力到亚洲战场。虽然对于首先击败德国人的总战略方针，他是一贯支持的，但这常常需要他在舰船和军需物资的调配上做出让步，对此他并不是很情愿。他不可能抽调出更多船只，因为，直到战争结束的那个月，他还是在舰船不足的情况下指挥作战。毕竟，这是有史以来，美国第一次在两个大洋上同时作战。

阿诺德将军具有丰富的空军作战经验。他清楚地了解空军在作战中能发挥的作用，也深知这一军种的局限性，对于他提出的空军战略观点，我们通常都是赞同的，我不记得他提出的行动计划曾经遭到过其他成员的反对。而他也很少反对其他成员的意见，我们大家都与这位"空军参谋长"相处得极为融洽。

就是这样一个团队，按照美国总统既定的战略方针，指挥运转着这场战争。有一句褒奖之词，出自杜鲁门总统，令我铭记终生。那是在罗斯福总统去世后，他成为总司令后不久，我就参谋长联席会议的职责功能向他进行解释说明时，他聚精会神地听着，当我说完之后，杜鲁门说道："噢，将军，如果南方有这样一个参谋机构，南北战争的胜利者就是南方军了。李将军就不会把约翰逊、博雷加德、朗斯特里特和其他将领指挥得团团乱转了。"其实，当时的林肯总统也面临着同样的困境。林肯试图设立一个总参谋长的职位和一个指挥系统，但是由于国会的反对而失败了。

出于与我们的英国盟友联合指挥作战的需要，我又加入了联合参谋长委员会。1941年12月，丘吉尔带着他的参谋长们来到华盛顿，与罗斯福总统共同商议设立了这个机构。因为我们很快就发现，要想在战争中获得最高的作战效益，盟军就必须实现海陆空一体协同作战。在历史上，陆海军联合作战有过太多失败的经验教训。不过这一次，我们通过英美联合参谋长委员会，成功地完成了这一任务。

当这个机构成立的时候，我还是驻维希法国大使，1942年1月23日，联合参谋长委员会召开了第一次会议。把华盛顿确定为它的运作中心是引起了一些争议的。作为一项临时措施，英方将一些高级将领的副手留在华盛顿，作为英国联合参谋使团的成员。他们的办公室被安置在我们的参谋长联席会议旁边，并且给予同样的最高级别安保措施。我们每周五与他们碰头开会。这项"临时"措施在整个战争期间一直持续下来，甚至当我开始写这本书的时候，仍然在继续。

参谋长联席会议下设的那些委员会大部分在联合参谋长委员会也平行设立。美国这边通常是两个机构共用同一班人马。出于"内务管理"的需要，我们设立了一个联合管理委员会；英方在伦敦也有一个同样的机构，监督和协调在华盛顿的工作。英美联合参谋长委员会是一个极其复杂的组织机构，以上只是概括描述了它最基本的特点，远远没有囊括它的全部工作。总体来说，这个最高指挥部门在整个战争期间有效地发挥了作用。

1942 年 7 月底我加入这个组织时，英国参谋使团的成员有：陆军元帅约翰·迪尔爵士①，作为陆军元帅艾伦·布鲁克②的代表，对应马歇尔的职位；海军上将安德鲁·坎宁安③爵士，作为英国第一海务大臣海军上将达德利·庞德④爵士的代表，对应金的职位；空军中将 D. C. S. 艾维尔作为空军上将查尔斯·波特尔⑤爵士的代表；国防大臣丘吉尔的

① 约翰·格瑞尔·迪尔（John Greer Dill, 1881—1944），英国陆军元帅，二战前曾担任坎伯利参谋学院院长、陆军部作战与情报局局长、驻巴勒斯坦英军司令、奥尔德肖特军区司令。二战爆发后赴法参战，任英国远征军第 1 军军长。1940 年 4 月回国任帝国副总参谋长，5 月任总参谋长。曾多次随同丘吉尔参加盟国首脑会议，参与研讨和制定盟军重大战略方针。1941 年 12 月起任英美联合参谋长委员会英方首席代表，为协调英美两国的战略计划作出了突出贡献。1944 年 11 月病逝。罗斯福总统称他为"以卓越的协调能力推动我们两国联合军事行动的最重要人物"。——译者
② 艾伦·弗朗西斯·布鲁克（Alan Francis Brooke, 1883—1963），英国陆军元帅，二战时任帝国总参谋长。毕业于英国皇家军事学院，一战时曾指挥加拿大和印度部队，战后先后担任坎伯利参谋学院和帝国国防学院教官、陆军部军训局局长、防空司令和南方军司令。二战初期随远征军赴法国作战，任第 2 军军长；后又担任英国第二远征军司令。1940 年 7 月被任命为英国本土军司令，预防德军登陆。1941 年 12 月出任英帝国军队总参谋长，参与了大多数重大战争决策，去世后发表的日记显示了他对战争的洞察入微和对温斯顿·丘吉尔直率的批评。——译者
③ 安德鲁·布朗·坎宁安（Andrew Browne Cunningham, 1883—1963），英国皇家海军元帅，绰号"ABC"。1898 年毕业于达特茅斯皇家海军学院。一战期间任驱逐舰舰长。1922 年起历任第 6、第 1 驱逐舰队司令。1926 年任北美和西印度群岛舰队参谋长。1928 年进入帝国国防学院学习。1930 年毕业后任"罗德尼号"战列舰舰长。1931 年任查塔姆海军基地司令。1932 年 9 月任国王侍从武官。1937 年任地中海舰队副司令。1938 年 9 月任皇家海军副参谋长。1939 年 6 月任地中海舰队司令。1940 年 6 月法国沦陷后，坎宁安主导了与法国海军中将勒内-埃米尔·戈德弗鲁瓦（René-Emile Godfroy）的谈判，解除了驻埃及亚历山大港的法国舰队武装。1940 年 11 月指挥空袭意大利塔兰托军港，重创意大利海军，首开舰载机袭击军舰的先河。1941 年指挥了马塔潘角海战和克里特岛战役。1942 年底任北非盟国远征军海军总司令，参与指挥盟军在北非登陆的"火炬行动"。1943 年 1 月晋升海军元帅，10 月任第一海务大臣兼海军参谋长，此后出席了开罗、德黑兰、雅尔塔、波茨坦等会议，参与了盟军一系列重大战略决策。1946 年 5 月退役。——译者
④ 达德利·庞德（Dudley Pound, 1877—1943），英国皇家海军元帅。1891 年参加海军，历任海军部计划司、作战司主任和地中海舰队参谋长、司令等职。1939 年 6 月出任第一海务大臣，在制订和实施海军战略上发挥重要作用。1943 年 10 月因脑部肿瘤去世。——译者
⑤ 查尔斯·波特尔（Charles Portal, 1893—1971），英国皇家空军元帅。早年（转下页）

代表由 G. N. 麦克里迪中将担任。

我很喜欢坎宁安，首先因为他是一名出色的水手。作为一位战功卓著的英国海军将领，他胆识过人、经验丰富，名副其实地传承了"纳尔逊"[1] 精神。坎宁安也是盟国海军中最为精通地中海战区战略和战术的专家，在我任职期间，无论是联合参谋长委员会，还是参谋长联席会议都将地中海地区作为关注的焦点。当美国作为联合参谋长委员会召集方的时候，我担任会议主席，当然也包括与英国在华盛顿的高级代表们每周五的例会。

约翰·迪尔爵士是英国在联合参谋长委员会中的首席代表，所有与作战计划相关的事务都由他来做决策，但是涉及海军事务，他一般会尊重坎宁安的意见。马歇尔将军认为他是一位杰出的军事领袖。在很多问题上，迪尔元帅与马歇尔将军的意见都不谋而合。他们两位都是伟大的军事家。虽然他并不经常开玩笑，但是也不会过于一本正经，他在会议上发表意见的时候，气氛总是轻松愉快的。麦克里迪将军也是一位能力杰出的干将，后来我认识黑斯廷斯·伊斯梅爵士之后，发现他们两人有

（接上页）就读于牛津大学，1914 年一战爆发后中断学业加入陆军。1915 年 7 月加入皇家飞行团，1916 年 7 月起先后任第 3、第 16 中队指挥官，1918 年 8 月任第 24 训练联队指挥官。1919 年 11 月任皇家空军学院飞行教官。1927 年 3 月任第 7 中队指挥官，着力于提高"维克斯·弗吉尼亚"双翼重型轰炸机的轰炸精度。1929 年进入帝国国防学院进修。1930 年 12 月任空军部作战情报处副处长。1934 年 2 月任驻亚丁英军司令。1936 年 1 月任帝国国防学院校务委员。1937 年 9 月任空军部组织处处长。1939 年 2 月任空军委员会主管人事的委员。1940 年 4 月任轰炸机司令部总司令，主张对德国工业区实施战略轰炸。1940 年 10 月任皇家空军参谋长，任职期间反对皇家海军接管空军的海岸司令部和陆军组建航空队，大胆任用阿瑟·哈里斯主持对德轰炸作战。1944 年 1 月晋升皇家空军元帅。欧战胜利后退役，后曾担任英国铝业委员会主席和英国飞机公司主席。其弟雷金纳德·波特尔（Reginald Portal）是英国皇家海军上将，1943 年 1 月至 1944 年 11 月曾任皇家海军助理参谋长。——译者

[1] 霍雷肖·纳尔逊（Horatio Nelson，1758—1805），英国 18 世纪末、19 世纪初的著名海军将领及军事家，被誉为"英国皇家海军之魂"。在 1805 年的特拉法尔加战役中，率领皇家海军击溃法国及西班牙组成的联合舰队，迫使拿破仑彻底放弃海上进攻英国本土的计划，本人也在作战中阵亡。——译者

很多相似之处。艾维尔是英国皇家空军的代表。

　　以上是联合参谋长委员会成员的概括介绍，他们也是这场战争的指挥者。但这么说并不准确，还有两位最高层的人物，他们才是真正克服万难并在重大军事行动上达成一致意见，率领我们赢得最终胜利的关键。他们就是富兰克林·罗斯福和温斯顿·丘吉尔——这场战争真正的统帅。当然，他们也需要我们这样的人来辅佐他们，但我们的角色类似于工匠，不过是把我们各自的总司令交给我们的草图，制定成明确而具体的战略规划而已。

　　在叙述参谋长联席会议和联合参谋长委员会的某些重大行动时，我只能依靠自己的记忆。除了一些为向总统做汇报而在备忘录上用铅笔做的备注之外，我没有做过有关会议的记录。我们处理的每一项事务几乎都是绝密的，这些资料一旦使用完毕就会被立即销毁。我此前并没有写书的想法，而且也不想由于自己的疏忽，使这些记录落入不该得到的人手中。在这两个机构的档案里，有不计其数的文件资料，有朝一日或许会完全解密公开，不过这些研究工作就留给那些历史学家去做吧。

第九章　全速推进"火炬行动"

1942 年 7 月 30 日，我第一次主持召开英美联合参谋长委员会会议。按照惯例，会议首先对整个战局进行了回顾，但是大部分讨论集中在一项作战行动的细节上，这就是代号"火炬行动"的北非登陆计划。

这周初，金海军上将和马歇尔将军从伦敦回来，据他们带回的消息，英国军方高层认为在 1942 年横渡英吉利海峡登陆法国本土是不可行的。于是总统下令，立即着手准备登陆法属北非的作战行动。

当时间进入 1942 年下半年，局势对于盟国来说并不太乐观。罗斯福在战争伊始就已经规划出一个宏大的两洋战略计划，对抗在欧洲的轴心国和在亚洲的日本。他和丘吉尔已经达成一致意见，首先集中兵力彻底击败欧洲的轴心势力，同时与日本展开消耗战。在纳粹投降之后，立即投入英美全部兵力给予日本毁灭性打击，对于这一点，总统坚定不移。

道格拉斯·麦克阿瑟率领的远东陆军部队和整个海军更倾向于在太平洋战区投入足够兵力，给予日本人更有力的打击。尽管如此，他们还是忠实地执行着罗斯福总统制定的总体战略部署。

作为一名老海军，我能够理解我的海军同僚们的心情，但总统的基本理念无疑是正确的。在美国参战之前，我曾经写信给副国务卿威尔斯（1941 年 7 月 18 日），"看来，美国未来的首要任务是在大西洋，而东方的问题，无论如何都可以而且应该暂缓一段时间，直到把欧洲的当务之急解决掉"。

这次会议上对前线战场形势的回顾表明，当时轴心国在总体上占据优势。在苏联，纳粹迅速占领了顿河西岸，正在向顿河和伏尔加河之间那片富饶的河谷地带推进。德国为此投入了巨大的人力和物力，能够为已经深入苏联境内数百英里的庞大军队提供补给，德国总参谋部可以说创造了一个奇迹，因为在德国人所到之处，苏联人采取了他们的传统做法——焦土政策。在欧洲，英伦三岛遭遇入侵的危机已经没有那么迫在眉睫，但是英国人一直担心纳粹会试图登陆。在德国，尤其是鲁尔工业区，已经开始遭到大规模空袭，有时候出动的飞机数量达到了 1 000 架甚至更多。但是到目前为止，并没有更多迹象表明，空袭行动降低了德国战争机器的运转速度。维希的赖伐尔总理，正如我所预料的一样，拒绝了罗斯福提出的将法国舰队留置在中立国或者美国港口的建议。

在非洲，"沙漠之狐"埃尔温·隆美尔①将军，在已经逼近开罗大门和英国在亚历山大港的重要军事基地之时，被阻挡住了前进的脚步。我们的"领事人员"们(意指情报人员)在法属北非开展了大量工作，提供了许多极有价值的情报信息，这些情报很快就将发挥重要作用。

在太平洋战区，经过珊瑚海和中途岛战役，我们已经阻止了日本人向西推进。在这两场战役中，我们损失了"列克星敦号"和"约克城

---

① 埃尔温·约翰内斯·尤根·隆美尔(Erwin Johannes Eugen Rommel, 1891—1944)，德国陆军元帅，是德国极少数以中产阶级出身以及未进入过参谋学校而获此头衔的军人，史称"沙漠之狐"。1919 年起历任步兵连长、德累斯顿步兵学校战术教员、戈斯拉尔市猎骑兵营营长、波茨坦军事学校教员、维也纳新城军事学校校长等职。在当战术教员时写的《步兵攻击》一书被希特勒看中，1939 年调任其大本营卫队长。1940 年 2 月任第 7 装甲师师长。1942 年 1 月任非洲军团司令，5 月被授予元帅军衔。1943 年 8 月任驻意大利北部集团军司令。1943 年 12 月任驻法国 B 集团军群司令，并负责沿海要塞工事的构筑。1944 年 7 月 17 日，乘车视察前线返回途中遭盟军飞机袭击负重伤。"7·20 事件"后被指控为同案犯，10 月 14 日服毒自尽。希特勒为其举行国葬并亲自送葬。英国首相丘吉尔对其评价："我们面对的是一位大胆与熟练的对手，一位伟大的将军。"——译者

号"两艘航空母舰。日本人向北在阿拉斯加的阿图岛和基斯卡岛①建立了军事基地，但是没有迹象表明，他们有发起重大军事行动的企图。日本军队已经占领了缅甸，正在向驻守在新几内亚的麦克阿瑟的部队发起进攻。

大西洋战役的战况惨烈。7月份的沉船数量已经创下了历史新高。轴心国的潜艇正深入墨西哥海域布雷，不过我们的反潜措施已经在毗邻大西洋沿岸的水域初显成效。

敌军潜艇所造成的后果是明显的，在我上任的这一周，东部开始实行汽油限量供应，不久之后就蔓延到了全国。负责向东部沿海运输石油的油轮损失非常惨重，政府已经批准建设"大口径"管道②向东部输送燃油。为工人们增加工资的"小钢铁"方案也刚刚宣布。那时军工业的从业人数已经超过了1 250万人，但是劳动力不足仍然是个令人头痛的问题。FBI已经抓捕了8名通过潜艇登陆的德国破坏分子。国会投票通过拨款85亿美元，建设一个强大的两洋海军。这与四年前的情况截然不同，那时我还是海军作战部部长，总统从公共事业振兴署的基金里拨付给我的海军建设经费只有区区2.7亿美元！各种与战争有关的机构如雨

---

① 基斯卡岛(Kiska Island)，位于阿留申群岛西部，隶属美国阿拉斯加州。日军于1942年6月占领该岛和邻近的阿图岛，并在该岛驻军约6 000人。1943年5月美军收复阿图岛，6月底开始对基斯卡岛进行航空和舰炮火力准备，迫使日军于1943年7月29日前撤离基斯卡岛。——译者

② "大口径"管道(Big Inch Pipeline)，二战期间美国建成的一条原油管道。其管径为600毫米，在当时是最大的，因而得名。它起自得克萨斯州的朗维尤，经阿肯色州、密苏里州、伊利诺伊州、印第安纳州、俄亥俄州和西弗吉尼亚州，终于宾夕法尼亚州的菲尼克斯维尔，全长2 018公里。这条干线在菲尼克斯维尔又分为两条支线，分别展至新泽西州的林登和费城，管道长度分别约为138公里和37公里，管径均为500毫米。大口径管道工程艰巨，沿线穿过近230条大小河流，翻越阿勒格尼山脉。但为了满足战争需要，从1942年初至1943年8月，仅一年多时间即建成投产，输油能力超过4.77万立方米/天。1947年，该管道被美国政府卖给东得克萨斯有限公司。——译者

后春笋般地遍布华盛顿，最新成立的一个是战时新闻局，著名的广播新闻评论家，艾莫尔·戴维斯被任命为负责人。

　　罗斯福和丘吉尔之间建立起的密切关系，一直维持到1945年罗斯福总统逝世之前都不曾改变。但和我们的苏联盟友打交道却没有这么的友好融洽。苏联外交部长莫洛托夫在这一年春末时节曾到访华盛顿，在返回莫斯科时他得出的结论是，至少他是这么认为，美国和英国打算于1942年在欧洲开辟第二战场。

　　放弃1942年横渡英吉利海峡的作战计划，我们自己的军方比苏联人更加失望。不少人因此对英国愤愤不满，对丘吉尔的批评之词更是不绝于耳。首相认为，英国还没有做好承担如此重大作战行动的准备，我不认为美国也同样如此。就我个人而言，关注更多的是美国的安全问题。因为横渡海峡行动可能会失败，但美国的安全不会因此而受到威胁，然而英国就不同了。

　　我想这大概就是丘吉尔当时的想法。对于这次作战行动成功系数的保证，他希望得到的比马歇尔将军能够给他的更多。马歇尔的国家是安全的，但是英格兰距离彼岸不过20英里，就在纳粹的枪口之下。这次行动失败的后果英国承担不起。丘吉尔，肩负着捍卫英国领土完整的重任，必须要确信这次行动能够获胜。对此，我无可厚非。

　　还有个棘手的问题就是如何向"乔大叔"解释，当时我们都这么称呼斯大林，尽管我们当中没有几个人见过他。然而，让问题更为棘手的是，由于摩尔曼斯克航线的极度危险和高昂代价，我们必须暂时减少经由这条航线向苏联运送租借物资的数量。我们的船只损失太过惨重了。作为替代方案，有人提出采取联合空运，经由近东①向苏联战线的最左翼实施空投，对此我们也进行了研究。不过这一方案并未实施，因为苏

---

　　① 近东，欧洲人用以代指亚洲西南部和非洲东北部地区，但伊朗、阿富汗除外，通常指地中海东部沿岸地区，有时还包括巴尔干。——译者

联在斯大林格勒取得的胜利，迅速减轻了盟军向苏联前线提供援助的压力。

1942 年 7 月 30 日，也就是我第一次主持召开英美联合参谋长委员会会议的那一天，美军参谋长联席会议首次采取了紧急行动措施。那天清晨，轴心国飞机对开罗实施了大规模轰炸。我们接到了需要更多飞机支援的求救信息。晚上 8 点 30 分在白宫召开了一次特别会议，决定将所有可用的作战飞机派往埃及。其中包括一批正在飞往中国途中的轰炸机。这当然会导致蒋介石和"醋乔"史迪威①将军的不满，但是形势所迫，我们只能这么做。

北非登陆的想法并不是刚刚出现的。罗斯福考虑这一计划已经很长时间了，并且在他的授意之下，在我从法国返回之前，一些准备工作就已经在着手进行了。军方不太愿意冒险行动，非洲西海岸和直布罗陀海峡地形险要、危机四伏，即便是在我们这些熟悉海战的人眼中也是如此。传说罗斯福提出的"火炬行动"遭到了他那些高级顾问的反对。不过我从来没有反对过这项北非作战行动。我向总统分析了可能遇到的问题，但我认为这一作战方案是可行的。马歇尔是持反对意见的，他不想在北非浪费美国的兵力，他主张这些兵力应该用在实施横渡英吉利海峡的行动上。

坎宁安一再向我保证，部队穿越直布罗陀海峡是可行的。"这么做当然有危险，"他说，"我们的运输船队可能会由于潜艇和空袭而遭受严重损失——但是我认为我们可以这么做。"坎宁安是盟军中对地

---

① 约瑟夫·史迪威(Joseph Stilwell，1883—1946)，美国陆军上将。1904 年毕业于西点军校，曾参加一战，担任过美国驻华大使馆武官。1926 至 1929 年任美军驻天津的第 15 步兵团营长、代理参谋长。乔治·马歇尔当时任该团副团长、代理团长。因史迪威曾多次来华，会讲中文，美国参加二战之后，史迪威被派到中国，先后担任中国战区参谋长、中缅印战区美军总司令、东南亚盟军司令部副司令、中国驻印军司令，美国援华物资分配负责人等职务。——译者

中海海战经验最为丰富、战术最为精通的海军指挥官，他的这番话，减轻了我站在海军立场上产生的顾虑，因而我不再犹豫。对于这项显然有一定风险的作战行动，坎宁安和陆军元帅迪尔都给予了支持，令总统很是高兴。

然而这次作战行动的风险远远不止这些。美国军队依然稚嫩，他们从来没有经历过战火的考验。我们预计到在登陆之后，将会遭遇德国人猛烈的空中打击。如果隆美尔将军赶在我们之前占领了法属非洲，那么以我们现有的兵力建立滩头阵地是不可能的。所有这些都是能够预见的风险。但是决定已经作出，用海军的话说就是"向火炬行动全速前进！"

登陆部队如何组成是一个重要问题。根据我在法国的经验，我深知如果队伍里有任何英国军队，基于法国人对英国人根深蒂固的不信任，将会激起法属北非军队的怨气，导致他们阻止我们的登陆行动和在北非进一步的作战行动。

我的这一观点得到了海军陆战队威廉·埃迪中校的支持，他近期刚刚去过西属摩洛哥，并在 8 月 22 日的参谋长联席会议上提出了类似看法。埃迪认为，法国海军，包括海岸炮兵部队，不会允许任何人在北非登陆，即便是美国人。最后，登陆部队中只有数量有限的英国部队，并且在滩头阵地巩固之前，没有公布他们的存在，从而减少了因此可能带来的副作用。

大约在 8 月中旬，有迹象显示英国人对"火炬行动"的热情在逐渐减退。大概是受到英军在埃及防线不稳固的影响，丘吉尔接连发电报给罗斯福表明他的疑虑。罗斯福并不为之所动。实际上，他认为即使英国人不参与，我们自己也能够实施这次行动。在和他的顾问们开过几次会议之后，总统起草了一份措辞强硬的电报给丘吉尔，强调了尽早采取行动的必要性。这份于 9 月 4 日发出的重要电报，实际上就是我们的最终决议。

在美军参谋长联席会议上，我们讨论了让英国士兵穿美军制服以及在英国飞机上喷涂美国标志的问题。我认为任何人都不会支持这个想法的。这么做只会让情况更加混乱。这绝不是职业军人的做法。据我所知，我们从来没有让外国士兵穿美军制服的先例。

正当"火炬行动"的各项准备工作紧张进行之际，我却和战时经济委员会的一帮人爆发了一场私人战争。在我履任新职之后的第一批访客里，有法国大使加斯东·亨利·海伊，由于他的反戴高乐立场，他在我们国务院的某些部门里并不受欢迎。他矮矮胖胖，看上去总是乐呵呵的，我们之间的关系一直很融洽。他不断地请求为法国非占领区的儿童提供牛奶和食品。我也很高兴能够告诉他，红十字会援助的重新启动正在计划当中。

上任伊始，在罗斯福总统给我的命令当中，有一条就是通知国务院和战时经济委员会，恢复向法属北非和法国占领区儿童提供救济物资的航运。这些部门中的一些官员对此提出了强烈反对，他们显然认为总统和我是亲维希的。被其他人提前知晓我们准备登陆北非的军事行动是有危险的，而我对那些人也没有信任到这种程度，可以告诉他们这一至关重要的军事机密。

我和这些部门召开了数次会议。除了苏联和英国，他们不愿向任何人提供任何援助。我对他们解释说，向非洲殖民地运送救济物资是一种宣传手段。他们的观点则是这样的援助实际上会帮了德国人。或许是出于同样的原因，英国人对此也持反对意见。而且那帮英国人看上去权势更大，他们有一个委员会，隶属英国经济部，我相信，即便是丘吉尔首相，似乎也没有足够的权威能让他们按照他的想法去做。

由于这些人的持续反对，特别是来自战时经济委员会的代表，使得援助项目一再延迟。最后，在 9 月 7 日，我不得不打开天窗说亮话了。

"这是美国总统的命令，没有什么可商量的，"我说，"总统的指令是，'行动吧'。"他们这才勉强接受命令。我没有透露任何关于北非登陆行动的秘密，只是强调说，很快我们就需要扩大向北非的航运规模。我不能说得更多了。如果我告诉他们正在计划中的北非入侵行动，这个秘密一旦被泄露给轴心国的间谍，其后果将是灾难性的。我认为他们当中没有人知道这一决定是为了登陆行动做准备。因为直到作战行动开始，他们依然在不停地提出反对意见——不过仅仅停留在口头上，实际上已经在执行总统的命令了。

9月12日，红十字会的诺曼·戴维斯打电话说，运送给那些可怜的法国孩子们的救济物资，本来数量就有限，在进行分派工作时还遭到了赖伐尔的干扰。我告诉戴维斯，如果红十字会工作遭到干扰这件事能够通过广播向全法国报道，那么赖伐尔的行为反而对盟军的行动有利。埃莉诺·罗斯福夫人也打电话给我，关于将大约1 000名关押在法国集中营濒临饿死的儿童解救回美国一事，征询我的意见。我告诉她，从人道主义角度考虑，将所有被侵略国家的儿童从饥饿与不幸中解救出来，都是值得我们去努力的。

1942年的劳动节①，显现出了美国正处于战争的状态，因为华盛顿所有政府部门都没有放假。那天，我们搬进了位于尚未完工的白宫东翼的新办公室里。我们的办公室有两个很大的装潢考究的房间，外侧的那一间供我的助手和文书使用，同时兼做会客室。

这一天，心理战委员会的负责人，威廉·J. 多诺万上校，就他们能够为北非行动提供协助的可行性与我们进行了讨论。他认为，假如登陆成功的话，在墨菲的领导下，他们在北非的机构能够使14个装备较差的

---

① 美国劳动节，也叫劳工节，每年9月的第一个星期一，是夏天最后一个长周末大假的一部分，全国民众可以连续休息三天。对许多美国人来说，劳动节的到来既意味着夏季的结束，同时也是举行派对、聚会和体育盛事的时间。——译者

法国和殖民地师倒向我们这一边。他估计完成这一任务的花费不会超过200万美元。看来多诺万上校不差钱啊！

几天之后（9月10日），墨菲先生就此事涉及的各个人物的情况与我们进行了详细讨论。他对其中一些将领的个人评价如下：

朱安将军，法国驻北非部队总司令：对盟军态度友好，但在没有法国政府授权的情况下，不可能指望他采取任何支持盟军的行动。

巴罗将军，西非指挥官：对盟军非常友好，有可能会提供协助。

诺盖，摩洛哥驻节长官：不能指望此人能为我们所用，对于维希政权的命令，他可能会执行，但也是见机行事的。

海军上将埃斯特瓦，突尼斯驻节长官：希望盟军能够赢得这场战争，如果能够采取适当措施与他接触，并且能够向他保证法国殖民地的主权将会予以保留，此人或许对盟军有所帮助。

海军上将米什莱，卡萨布兰卡驻军总司令：对美国的态度可能会非常友好。

当时驻扎在摩洛哥的法国军队总共有大约11万人，因为驻防分布区域较广，所以每个驻地的部队规模相对较小。由于缺乏交通工具，想要将他们在短时间内集中起来是极为困难的。我们的情报显示，当时在摩洛哥的德国人数量不超过180人。法国海军大部分集中在土伦港，对于国防部长——海军上将达尔朗的号令，他们应该会唯命是从。

另一份情报显示，利用一个已经初具雏形的秘密组织，墨菲能够安全地接触到更为可靠的法国官员，从而拉拢法国军队中很大一部分人与美国合作。但是必须要由美国当局做出承诺，确保殖民地的管辖权仍然保留在法国手中。墨菲获准执行这一计划，尽管后来的效果没有预想的那么成功。

墨菲与德怀特·D. 艾森豪威尔将军在英格兰会晤之后，于9月21日再次返回美国。艾森豪威尔此时已经被任命为北非作战行动的总司令。关于墨菲的身份则经过了一番讨论。总统最终任命他为民政事务处负责人以及艾森豪威尔将军的民事顾问，负责美军在北非登陆后占领地区的民政事务。墨菲在这一周的周末就动身前往北非了。

马克·克拉克①将军，艾森豪威尔分管作战的副手，9月24日带来消息，他们正在考虑派出一支4 000人的英国军队从马耳他入侵突尼斯。所幸这项计划最终没有实施。克拉克将军向我们汇报了有关登陆行动准备工作的最新进展情况。

10月初，迪尔元帅设宴为海军上将坎宁安饯行，他即将出发担任登陆行动的海军指挥官。由于知道自己丈夫将要执行的是一个如此危险的任务，坎宁安夫人看上去有些闷闷不乐。

10月13日，英国大使哈利法克斯②勋爵，提出了英国政府就盟军使

---

① 马克·韦恩·克拉克（Mark Wayne Clark，1896—1984），美国陆军四星上将。1917年毕业于西点军校，即前往法国参加一战。1940年3月任陆军战争学院教官，协助后来担任陆军地面部队司令的莱斯利·詹姆斯·麦克奈尔准将，组织了旨在提高美军作战能力的"路易斯安那军事演习"，为参加二战做准备，参演兵力近40万人、机动车5万辆，深得时任陆军参谋长的马歇尔将军赏识。1941年8月从中校直接晋升准将，提任陆军助理参谋长。1942年1月任美国陆军地面部队副参谋长，4月晋升少将，5月任参谋长；6月调任驻英格兰陆军第2军军长，7月任欧洲战区美国陆军司令，参与拟订反攻欧洲的作战计划；10月任地中海战区盟军副总司令，协助总司令艾森豪威尔将军指挥登陆北非的"火炬行动"；11月晋升中将，年仅四十六岁，是当时陆军最年轻的中将。1943年1月任美国陆军第5集团军司令，率军参加意大利战役。1944年12月任盟军第15集团军群司令。1945年3月晋升上将，在美国陆军中也是最年轻的。欧战结束后曾任驻奥地利美军总司令、第6集团军司令、美军地面部队司令。1952年5月，克拉克接替西点军校的同学马修·李奇微将军任"联合国军"总司令，指挥朝鲜战争。1953年7月27日，克拉克代表联合国部队在板门店签署停战协定。——译者
② 爱德华·弗雷德里克·林德利·伍德，哈利法克斯一世伯爵（Edward Frederick Lindley Wood, 1st Earl of Halifax，1881—1959），英国保守党政治家。早年就读于伊顿公学和牛津大学。1910年当选议员。参加过一战。1921年任殖民事务部次官。1922年任教育大臣。1924年任农业大臣。1925年任印度总督。1932年再度出任教育大臣。1935年5月任陆军大臣，11月任掌玺大臣。1937年5月内维尔·张伯伦当选首相后，任命哈利法克斯为枢密院议长；同年11月，接受戈林邀请访问德国，在贝希特斯加登与希特勒进行了长时间会晤；根据回忆录记载，哈利法克斯起初不太愿意去德国，时任外交大臣安东尼·艾登力促他前往，实际上是代表英（转下页）

用亚速尔群岛①与葡萄牙进行谈判的理由。亚速尔群岛是位于大西洋上的一个具有重要战略作用的岛屿，盟军已经做好了在必要情况下通过武力占领的准备，但是英国外交部最终通过和平方式达成了目的——在一年之后。

约翰·E. 赫尔②将军在几天之后打来电话，询问艾森豪威尔将军是否可以向某些法国官员传递一些信息。毫无疑问，这是我们的

（接上页）国政府与德国重开对话；第一次见到希特勒的时候，哈利法克斯误以为是男仆，险些把帽子交给希特勒；在会谈中，他对希特勒关于奥地利和部分捷克斯洛伐克、波兰领土的企图未明确表示反对，只是强调必须采用和平手段；回国后，他认为德国采取国家主义和种族主义是为了应对共产主义的威胁，在向内阁报告会晤情况时主张"应该和德国保持良好的关系"，这让艾登十分不满。1938 年 2 月 20 日，艾登辞去外交大臣职务，抗议张伯伦打算向墨索里尼（艾登称其为不可信任的恶棍）做进一步妥协；2 月 21 日哈利法克斯被任命为外交大臣。当时英国国内民意普遍反战，工党一直反对重整军备，到《慕尼黑协定》签订后才有所转变，美国、苏联都没有结盟的意愿，哈利法克斯主张采取必要的妥协，为重整军备争取时间，被视为二战前夕绥靖政策的设计师。1939 年 3 月德国侵占捷克斯洛伐克后，他竭力推动与波兰结盟，以阻止德国继续扩张。1940 年 5 月初，张伯伦辞去首相后，哈利法克斯是呼声最高的接替人选，但他却拒绝了，认为丘吉尔更加适合担任战时内阁的领导人。敦刻尔克撤退之后，曾主张通过意大利进行和谈，被丘吉尔否决。1940 年 12 月任驻美国大使，与罗斯福总统和哈里·霍普金斯等人都建立了良好的关系。1942 年 10 月，他的二儿子战死，接着 1943 年 1 月小儿子身负重伤，哈利法克斯曾于 1943 年 3 月向艾登提出辞职，但未获批准。1944 年 5 月被封伯爵。1945 年 3 月参加筹建联合国的旧金山会议。1945 年 7 月克莱门特·艾德礼当选首相后，要求哈利法克斯继续留任驻美大使，直到 1946 年 7 月。——译者

① 亚速尔群岛（Azores），位于北大西洋东中部的火山群岛，由 9 个火山岛组成，陆地面积 2 344 平方公里，为葡萄牙海外领地，是欧洲、美洲、非洲之间的海、空航线中继站，战略和交通位置极其重要。1943 年 8 月 17 日，英国和葡萄牙签订英葡协定，同年 10 月 12 日，英军在亚速尔群岛登陆。第二次世界大战期间，建在特塞拉岛上的拉日什空军基地和圣玛丽亚岛上的圣玛丽亚空军基地，是连接美国与欧洲战场的交通中心。气象卫星问世之前，从亚速尔群岛收集和传送的气象资料对欧洲的气象预报至关重要。——译者

② 约翰·埃德温·赫尔（John Edwin Hull, 1895—1975），美国陆军中将。1942 年 3 月起历任参谋部作战处欧洲科科长、战场组组长。1944 年 10 月任分管作战的助理参谋长兼作战处处长。二战后曾任太平洋美军司令、陆军副参谋长、远东司令部司令和驻朝鲜"联合国军"司令。1955 年退役。——译者

英国盟友的建议。其中一条信息是以总统的名义，发送给驻扎在埃及亚历山大英军基地的法国海军舰队指挥官。我告诉赫尔，如果发送这条信息确有必要的话，应该以艾森豪威尔的名义，总统不应该与法国海军的一名下级军官直接联系，并且那时他已经完全在英国人的控制之下。

在此次北非登陆行动中，我们将会尝试采用一些新的战术。其中就有使用无线电广播广泛散布消息的心理战术。我们将定期通过短波频道向法国占领区和非占领区，广泛宣传盟军正在采取的行动。另外，在那些为登陆部队提供保护的战舰上安装设备，可以向摩洛哥和阿尔及尔播放一些特定信息或者爱国歌曲。那些最为重要的录音是在白宫预先制作好再带上船的。身为总统参谋长，我发现自己对于战争的认知，又打开了一个新的视角。

9月初，墨菲和我就广播宣传的相关事宜进行了讨论。10月1日，艾森豪威尔于下负责公共关系事务的朱利叶斯·霍尔姆斯上校，将艾森豪威尔准备在那些计划占领地区发布的公告报送审批。哈里·霍普金斯和我随后为总统拟定了一篇简短的法语演讲稿。到了10月15日，哈利法克斯勋爵提出在总统的演讲稿中，提及正在考虑组建"联合国"的情况，总统接受了他的建议。

10月16日，我协助总统对这次被认为是至关重要的演讲进行最后的录音工作。我们正在一起推敲某些法语措辞之时，罗斯福转向我说道："比尔，你的发音不错，但是你的用词太烂了。"事实上，总统的法语讲得很流利，令我望尘莫及。无论是英语还是法语，他的词汇量都相当大。

为了避免在登陆时遇到法军的抵抗，盟军急需得到法国高层当中既有威信又有影响力的官员协助，这其中的关系微妙，需要谨慎处理。我们曾经希望马克西姆·魏刚将军能够扮演这个角色，但是他拒绝了，尽管我相信他是站在我们这一边的。1942 年春季从德国人的监狱中神奇逃脱的亨利·吉罗①将军，似乎是我们能找到的最佳人选。我们派人与他进行了接触，他同意与我们合作。还有一个人的反应是我们必须考虑到的，那就是海军上将达尔朗，他毕竟是法国军队的总司令，我们希望登陆行动启动时，他能够待在维希。达尔朗曾经对我说过，如果盟军能向北非派遣足够战胜纳粹的兵力，他是不会反对的。贝当却从来没有给过我任何类似的承诺，无论是直接或是暗示。

于是在 10 月 17 日，经过总统批准，我向墨菲发了一封电报，有关他如何处理与达尔朗和吉罗将军的关系。同时，我们在维希和伯尔尼的人也接到指令，不要与吉罗有任何接触和联系。这是应吉罗非洲代理人的要求而采取的安全预防措施。这些电报，以及最终的广播唱片录制完成，我们在华盛顿为"火炬行动"而进行的准备工作就算是告一段落了。接下来就看艾森豪威尔的了，至少我们是这么认为的。

在我们忙着准备"火炬行动"的这个月里，其他战场上的战事并没有因此而停歇，也包括"后方的战线"。在我 1942 年 7 月加入之时，参谋长联席会议已经下令发起了所罗门群岛战役，以避免这条补给线被切断，这对于在澳大利亚处于困境中的麦克阿瑟将军来说是生死攸关的。

战前，海军并未考虑过在南太平洋作战的计划。然而，在偷袭珍珠港和占领菲律宾之后，日本人已经开始向南推进了。他们利用新不列颠

---

① 亨利·吉罗(Henri Giraud, 1879—1949)，法国陆军上将，长期在北非服役。二战爆发后先后任第 7、第 9 集团军司令，1940 年 5 月，率部在比利时境内抗击德军时被俘，囚于萨克森。1942 年 4 月越狱，逃至里昂，随即参加抵抗运动；11 月到达直布罗陀，同盟军合作，同意策动北非法军对轴心国作战，被任命为北非法军司令。达尔朗遇刺后，出任北非民政和军事最高指挥官。1943 年 1 月，在卡萨布兰卡会议上会晤罗斯福和丘吉尔，争取重新装备北非法军。在依赖大国的政策上与夏尔·戴高乐发生矛盾，经与后者会谈，达成初步谅解。1943 年 6 月，与戴高乐共同出任法兰西民族解放委员会主席，1944 年因与戴高乐发生分歧而引退。战后曾任法国最高防务委员会副主席。——译者

岛、新几内亚以及东印度群岛攻占或者新建的军事基地，不断向澳大利亚北部发起空袭。当所罗门群岛同样的战略作用突显出来的时候，我们就必须不惜代价采取行动了。

战斗于 8 月 7 日打响，第二天我与海军上将金讨论了作战行动的细节问题。到 8 月 10 日，我们已经有 15 000 名海军陆战队员成功登陆所罗门群岛。8 月 11 日，与总统和国务卿赫尔开会，详细讨论了当前各个战场的军事和政治形势。我在会上指出，我们应该向所罗门群岛增派兵力，不能有丝毫迟疑，必须防备日本人为了夺回我们已经占领的阵地而决一死战，特别是在我们已经登陆的瓜达卡纳尔岛。

既然日本人能够在这些地图上都找不到名字的小岛上建立空军基地，罗斯福总统认为我们当然也能如法炮制。他派海军少将理查德·E. 伯德前往南太平洋，寻找一些适合建立空军基地的岛屿。罗斯福很欣赏伯德，认为他的能力足以胜任这项工作。伯德在 8 月 20 日返回华盛顿之后，与我进行了一番长谈，我们详细讨论了尽快在这一区域建立一系列能够互相支援的空军基地的必要性。他去勘察了一些此前几乎无人去过的岛屿，并且写了一份非常出色的调查报告。他支持我的观点，认为现有的兵力不足以守住所罗门群岛，他担心日本人会重新夺回岛屿。这些岛屿对敌人来说至关重要，他们据此能够切断美国和澳大利亚之间的联系。

在瓜达卡纳尔岛上的海军陆战队经历了悲惨时刻。交战双方的损失都极为惨重。从 9 月到 10 月，日军增援部队不断抵达瓜岛，面对决意要将失地夺回的敌军，我们的陆、海军兵力显然都不足以应对。如果我们的兵力、舰船以及补给没有用来支援我们的盟友，我们在华盛顿面临的问题或许就不会这么棘手。然而那时我们的盟友，除了苏联之外，其他国家如果没有我们的援助似乎就难以为继。

我看到来自各个渠道的报告，其中一篇出自《纽约时报》的汉森·

鲍德温之手，一位出色的记者。他在报道中认为，我们在西南太平洋地区，无论是陆军还是海军，都缺乏充分的作战准备，缺少主动进攻，而且下级军官对高层指挥官普遍缺乏信心。10 月 16 日，金下令撤换了所罗门群岛的海军指挥官罗伯特·L. 戈姆利中将，由 W. F. 哈尔西①中将（绰号"蛮牛"）接任，他被要求必须守住岛屿。我认为戈姆利已经尽力了，但是显然有些人对他的行动速度不满。参谋长联席会议决定，向太平洋地区增派 20 艘 7 000 吨位的船只运送补给，我和海军少将埃默里·兰德以及战时航运局的路易斯·道格拉斯就此事进行了商议。他们说，这 14 万吨位的船只能够立刻到位，但是如果再要增加的话，就只能从其他部门或者海军抽调了。10 月 23 日，我获得总统授权，征用这 20 艘船只。同一天，我们接到消息，参加所罗门群岛战役的两艘航空母舰，"大黄蜂号"濒临沉没，"企业号"受损严重。

我们现在只剩下最后一艘航母——"萨拉托加号"了，而它也由于受伤暂时无法使用。虽然新的航母正在加速制造当中，但是在此时此刻，我们真的是如履薄冰。我们在瓜达卡纳尔的防守岌岌可危。敌人的航母损失也同样惨重，两军之间的海战正越来越变成水面舰艇之间的持久战。我们对地面和海上部队的空中支援似乎明显不足。

海军少将 J. C. 麦凯恩，大约在 11 月中旬就任海军航空局局长，对陆军航空兵在南太平洋危机中的失败表现出强烈不满。麦凯恩说，陆军

---

① 小威廉·弗雷德里克·哈尔西（William Frederick Halsey Jr.，1882—1959），美国海军上将，因作风勇猛而获绰号"蛮牛"，因为人随和又被称为"水兵的海军上将"。1904 年毕业于美国海军军官学校，曾任"弗鲁塞号"驱逐舰舰长、驻德国大使馆海军武官、"怀俄明号"战列舰副舰长。1935 年任"萨拉托加号"航空母舰舰长。1937 年任彭萨科拉飞行学校校长，晋升海军少将。1938 年任第 2 航空母舰分遣舰队司令，次年任第 1 航空母舰分遣舰队司令。1940 年春升任航空母舰特混舰队司令，指挥太平洋舰队所辖全部航空母舰，晋升海军中将。1942 年 10 月任南太平洋战区最高司令兼第 3 舰队司令。先后参与指挥空袭东京、瓜达卡纳尔岛战役、所罗门群岛战役、莱特湾海战、登陆硫磺岛和冲绳岛等一系列重大军事行动。1945 年12 月晋升海军五星上将。——译者

航空兵不知道如何在海上作战，他们根本就没有接受过海战训练，而且他们不但不承认自己的失败，还试图贬低海军航空兵的作战能力。麦凯恩还推荐哈尔西手下的陆军航空兵指挥官米勒德·哈蒙[①]将军，出任陆军航空兵司令一职。

如今，这场争论的范围已经延伸到了军界之外，预算局的韦恩·科伊也来找我了解情况。在关于1944年预算的听证会上，他显然听到了某些陆军航空兵反对海军使用岸基飞机的意见。我请科伊相信，根据太平洋战场当前的形势，为了未来能够赢得战争的胜利，我们需要尽最大可能增加海军岸基飞机的数量，这其中的主要原因是因为陆军缺少海上作战的经验。陆军航空兵对我们的航母无话可说，但是他们对海军的岸基飞机确实有些嫉恨。

11月16日早晨，传来在瓜达卡纳尔发生了激烈海战的消息，日军发起的大规模登陆行动被击退，但是我们的防守舰队也损失惨重。指挥"旧金山号"重巡洋舰的丹尼尔·J. 卡拉汉海军少将，以及他的整个指挥团队，几乎全部遇难。我们还损失了另外两艘巡洋舰和7艘驱逐舰，还有数艘其他战舰损毁严重。

来参加参谋长联席会议的海军上将金"气势汹汹"。此前他已经做出妥协，同意对北非行动给予海军方面的支援，并为在世界各地执行任

---

① 米勒德·菲尔莫尔·哈蒙(Millard Fillmore Jr. Harmon, 1888—1945)，绰号"米夫"，美国陆军中将。1912年毕业于西点军校，1916年加入陆军通信兵航空处，参加过一战。1927年任陆军初级飞行学校指挥官。1932年10月起历任第20驱逐机大队、第5混编大队、第5轰炸机大队指挥官。1938年9月任航空队战术学校助理指挥官。1940年7月任海岸空军训练中心指挥官。1940年10月任第7驱逐机联队联络官，11月任加利福尼亚汉密尔顿机场指挥官、第1飞行联队代司令。1941年1月任第10驱逐机联队司令，2月任陆军航空队副参谋长兼驻英国军事观察员，6月任第4拦截机司令部司令，8月任第2航空队司令，12月任陆军航空队战斗机部队代司令。1942年1月任陆军航空队司令部参谋长，7月任南太平洋战区陆军司令。1944年8月任太平洋战区空军司令兼第20航空队副司令。1945年2月因空难失踪，1946年2月宣告死亡。——译者

务的舰队提供护航。但是，他现在要求调拨新的船只，来弥补太平洋战斗中的损失。这就意味着，需要从本来就不富余的大西洋舰队中抽调舰船，不过参谋长联席会议同意了他的意见。总统也批准了。那就只能这么做了。大西洋舰队受命抽调了2艘巡洋舰、2艘辅助航母①以及5艘驱逐舰。并且一旦有其他可用的舰船，也将被增派至太平洋战区。

在这一时期，最大的谜团之一就是，根据陆军航空兵从太平洋战区发来的报告称，被击沉的日本战舰数量相当多。有时他们甚至会报告说敌军整个舰队都被击沉或者"可能被击沉"。然而海军指挥官却几乎可以确定，在日军不断发起的夺回瓜达卡纳尔岛的反扑行动中，这些"被击沉"的战舰又重新出现了。我认为，太平洋战区的空军报告是非常不准确的。

所罗门群岛的形势逐渐变得对我们有利。我们遭受的损失很大，然而日本人无论是地面部队还是海军的损失，都远远超过了我们，尤其是他们的空中部队更是损失惨重。这次战役是成功的。到了1943年2月，参谋长联席会议认为，太平洋到澳大利亚的生命补给线已经转危为安了。

12月，荷兰海军有两位将军来访。海军少将 J. E. M. 兰内弗特希望我们能够对一些精心挑选出来的荷兰海军军官进行培训，使他们将来能够在太平洋战场上有用武之地。当时荷兰和我们一样，已经参战，我们为他们训练了大批的海军陆战队员。兰内弗特之后又引荐了海军少将 C. E. L. 赫尔弗里希①。曾经在1942年2月惨烈的爪哇海战中担任过指

---

① 辅助航空母舰（Auxiliary Carrier）：指战时以民船或其余舰种快速改装而来的航空母舰。其名称大体来自那些商船改造而来的辅助巡洋舰。通常而言，无论排水量多少，战斗力都比较差。——译者

① 康拉德·赫尔弗里希（Conrad Emil Lambert Helfrich，1886—1962），荷兰皇家海军中将。1920年代担任荷兰皇家海军学院教官时就预言过美日之间必有一战，时间就在"他这代人"，地点在"珍珠港、巴拿马运河或旧金山"。二战爆发后，1939年10月任荷属东印度武装力量总司令。日本挑起太平洋战争后，他下令主动进攻，在第一个星期荷兰潜艇部队击沉的日军舰艇数量超过了英美海军的总和。他深（转下页）

身历其境　　165

挥官的赫尔弗里希，身材矮胖，看起来十分自信。

爪哇海战发生的时候，我还在维希。在那场海战中，盟军舰队被日本人打得落花流水、溃不成军，令人觉得简直愚不可及。由于政治上的原因，我们自己的亚洲舰队司令、海军上将托马斯·C. 哈特，早些时候被解职并由赫尔弗里希接替。当赫尔弗里希结束了美国的访问之后，我愈发感到懊悔，真应该让哈特留下来继续指挥那些美国战舰，如果那样的话，我相信我们就不会失去它们了。

在这场战争中，中国问题始终是摆在我面前的一个难题。我们需要为他们旷日持久的抗战提供物资补给，但这个问题始终也没得到满意的解决。在珍珠港事件之前，中国与日本已经交战数年。蒋介石不缺人力，但是除此之外什么都缺。他那数量庞大的军队，装备落后，缺乏训练，并且一贯领导无方。在 7 月底之前迫切需要解决的问题是，重新打通著名的滇缅公路，这条公路在日本人占领缅甸之后就被封锁了。

宋子文博士，中国驻华盛顿的财政代理人，8 月 8 日向我请求帮助，希望我们能够劝说英国人出兵重新夺回缅甸。罗斯福三番五次敦促英国人采取行动，但是伦敦方面对这一提议并未表现出多大热情。宋告诉我，在印度有 10 万英国白人军队，中国在缅北边境有 4 个师，而防守那片地区的日军人数不超过 8 万人。宋是一个聪明能干的人，并且能言善辩，很有说服力，为了自己国家的利益可以说是鞠躬尽瘁。美国人当时正在尽力帮助蒋介石建立一支空军部队。但是在 8 月 8 日晚上，这个非

（接上页）知荷兰自己无力保护东印度群岛，极力推动与盟国海军的合作。1942 年 2 月任美英荷澳联合司令部海军司令，在爪哇海战役中遭到惨败。此后转移至锡兰（今斯里兰卡），致力于恢复荷兰在东印度群岛殖民统治的工作。1945 年任荷兰海军司令；9 月 2 日代表荷兰出席了在"密苏里号"战列舰上举行的日本投降签字仪式。——译者

常时刻，我们不得不将正在飞往中国的一队轰炸机调往形势危急的埃及。

蒋介石和史迪威将军派 W. R. 格鲁伯准将回美国，于 8 月 28 日向我递交了一份措辞直率的报告。格鲁伯认为，没有美国军队的协助，中国军队是不会向日本侵略军发起主动进攻的。他认为，他们将会继续坚持防守，如果形势所迫，为了避免被日军消灭，会进一步撤退至山区。格鲁伯确信，如果我们能够提供 4 个师的增援力量，中国军队就能够重新夺回缅甸。

大约两周之后，总统的特别助理之一，主要负责中国问题的劳克林·柯里①，向我汇报了他最近访问蒋介石的情况。总体上他的判断与格鲁伯基本一致。他告诉我，蒋介石有意夺回缅甸，如果能够得到英军或者美军四五个师和大约 500 架飞机的支援，加上现有的中国军队，这一任务是能够轻松完成的。不过，我们一致认为，在那个时候大英帝国是不会给予缅甸远征军任何实质性援助的。在我个人看来，基于美国的

---

① 劳克林·伯纳德·柯里（Lauchlin Bernard Currie, 1902—1993），出生于加拿大，1934 年成为美国公民。1939 至 1945 年担任罗斯福总统的经济顾问，负责财税、社会保障和战时生产等方面的政策咨询。1941 年 1 月受命出使中国，在重庆与蒋介石和中共代表周恩来进行了会晤；3 月回国后建议把中国列为租借物资援助国家。他还推动组建了美国援华志愿航空队（即著名的"飞虎队"），并负责为中国培训了大量飞行员。1941 年 5 月，他向陆军参谋长马歇尔将军建议增加援助中国飞机的数量，强调中国空军将在保卫新加坡、滇缅公路、菲律宾对抗日军的作战中发挥重要作用，该建议被采纳；同时还积极推动对日本采取严厉的经济制裁。柯里的这些工作，被认为是促使日本偷袭珍珠港的部分原因。1942 年 7 月，柯里再次访问重庆，努力缓和蒋介石与其参谋长、援华美军司令史迪威将军之间的紧张关系。回国后柯里建议召回史迪威，罗斯福总统要求他向马歇尔报告，但马歇尔没有采纳。随着蒋介石与史迪威之间的矛盾激化，最终马歇尔也不得不承认史迪威继续待在中国确实是个错误。1944 年 10 月史迪威被召回。蒋介石政权垮台后，柯里为失去中国而在美国遭到批评。1954 年，美国政府根据苏联间谍证词和"维诺那计划"中破译的苏联驻美使馆与国内的往来电报，怀疑柯里对美国的忠诚，拒绝续签他的护照。1958 年，柯里被哥伦比亚总统亲自授予公民身份，并担任总统顾问工作，推动了哥伦比亚的城市化建设。六七十年代，柯里还兼任过美国密歇根州立大学、加拿大西蒙弗雷泽大学、英国牛津大学和哥伦比亚国立大学等多所大学的客座教授。——译者

国家利益，打通滇缅公路并给予中国足够的援助，是我们应当尽快着手解决的问题。然而，基于我们对英国和苏联已经做出的承诺，在当时再想要为中国提供更多帮助是不可能做到的。但如果我们任由日本巩固其战果，让亚洲沦落日本人之手，那么未来美国在太平洋地区的处境将会是岌岌可危的。

9月20日，我与斯坦利·霍恩贝克①博士进行了会谈。他是位中国通，我们一致认为对蒋予以支持是重要的。大约在同一天，中国军事代表团的朱世明和熊式辉两位将军，向我详细说明了反攻缅甸的作战计划。他们告诉我，蒋介石坚持作战部队应当统一指挥，只设立一位司令官，并且希望由美国人来担任。我向总统和参谋长联席会议报告了这些会谈的情况。然而，当10月1日朱世明将军再次与我见面时，我只能告诉他，参谋长联席会议正在研究这一问题。事实上，在1942年我们能给予中国的援助非常之少。12月7日，日本袭击珍珠港一周年，新任中国驻美大使魏道明博士来我办公室进行礼节性拜访。中国人并不轻言放弃，魏博士满怀希望地与我谈论尽早发动缅甸战役的可能性。同时他又增加了一个新的理由，他认为如果缅甸战役获胜，将对迄今为止尚未在任何重大地面战役中被击败过的日军士气产生巨大影响，而且也会影响到日本国民的士气。

我们不断收到来自其他战区的援助请求。即将前往近东和北非为战略情报局执行任务的霍斯金斯上校在9月3日告诉我，在叙利亚境内和周边地区有大量没有武装的波兰人、希腊人和南斯拉夫人，大约可以组建四个师。霍斯金斯说他们都受过良好的训练，只需要配备武器就能够直接投入战斗。这些人应该是可以发挥些作用的。后来我们的确武装、

_____

① 斯坦利·库尔·霍恩贝克(Stanley Kuhl Hornbeck, 1883—1966)，美国外交官。1928至1937年任美国国务院远东事务处处长。1937年至1944年任国务卿科德尔·赫尔的特别顾问。1944年至1947年任驻荷兰大使。——译者

组建了一些波兰军队，他们在战斗中的表现很出色。但是在那时我们的武器装备并不充裕，而且如果我们把武器装备给了他们，苏联人立刻就会跳起来大喊大叫。还有另外一个来自波兰的援助请求，是在伦敦的波兰流亡政府总理西科尔斯基①将军提出的。12月初的时候他告诉我，波兰有一个7万人的秘密抵抗组织，并且在苏格兰和叙利亚还有10.5万人的储备力量。他们都需要武器装备。他迫切需要得到一些"解放者"轰炸机，以便波兰抵抗组织能够继续战斗下去。我不得不告诉他，我们现在所有的飞机都已经承诺分派给各个战区，但是我会把他的请求提交给参谋长联席会议。12月3日，总统设午宴招待西科尔斯基总理。这位总理给我留下的印象是坚毅果敢而且精明强干。

我们投身其中的这场全球性战争的特点，可以从我这一时期笔记中记录的另外四件事情当中窥见一斑。

1942年8月22日，巴西对德国和意大利宣战。我们当时的对策是把德国潜艇赶进南大西洋，而巴西商船被击沉导致了巴西的宣战。巴西的这个举动对我们的战局可能不会有太大帮助，但却极有可能引发一些南美国家的关注，并导致严重的政治争议。

9月份，肯塔基州的A. B.（哈皮）钱德勒参议员前来拜访，并告诉

---

① 瓦迪斯瓦夫·西科尔斯基（Władysław Eugeniusz Sikorski, 1881—1943），波兰陆军中将，流亡政府总理。一战前组建和参加了多个争取波兰独立的地下组织，后随波兰军团参加了一战。1918年11月波兰恢复独立，参与组建波兰陆军，参加了1919至1921年的苏波战争，历任第9师长、第5军长、第3军长，并在华沙战役中发挥重要作用，成为著名的战争英雄之一。1921年4月任波军总参谋长。1922年12月至1923年5月任总理兼内政部长。1923年9月任步兵总监。1924年2月任军事部长，推动了波兰军队的现代化和波法军事同盟建设。1926年5月，波兰前军政首脑约瑟夫·毕苏斯基发动政变，建立半独裁性质的萨纳齐亚政权，西科尔斯基加入反对派阵营，1928年被解除公共职务，后流亡法国，曾担任圣西尔军事学院教官，从事历史、军事和外交方面的研究工作，对装甲运动战和德国快速增长的军事威胁提出过比较准确的预测。1939年德国侵占波兰后，出任波兰流亡政府总理和军事首脑。与盟国领袖建立友好关系，在英美的支持下领导波兰的抵抗运动。——译者

我他最近对阿拉斯加驻军的视察情况。他主张立即增加阿留申群岛的防卫力量，并且说阿拉斯加的防务状况很糟糕。至于我们如何才能提供增援，参议员并没有任何建议！

1942年11月8日，国务卿赫尔向我提出抗议，说财政部长摩根索①查封了一些西班牙的外交邮袋。作为一名天天见到罗斯福总统的人，会有各种各样的问题提到我这里来，这就是一个例子。

甚至连中立的瑞典人也来凑热闹。12月1日，副国务卿威尔斯打电话给我，要求获得总统批准立即向瑞典运送两船燃油。虽然我对这桩交易的细节不甚清楚，还是直接向总统做了汇报，总统批准了。

1942年下半年，我们面临的最严峻的问题是：苏联能够阻挡住德国人吗？什么时候？

在参谋长联席会议完成了北非战役的作战计划，正忙于制定开辟第二战场的方案的同时，每天都会对来自苏联战场的战报进行仔细研究。斯大林的军队正从顿河河谷向伏尔加河连连撤退，而希特勒正在向近东的油田步步紧逼。9月1日，我们听取了埃夫里尔·哈里曼②对苏德战场

① 小亨利·摩根索（Henry Morgenthau Jr., 1891—1967），美国政治家，富兰克林·罗斯福总统时期的财政部长，负责监督为美国摆脱经济大萧条的新政实施的各项计划所需3 700亿美元拨款的使用。摩根索与罗斯福总统私交深厚，曾帮助罗斯福竞选纽约州州长。罗斯福当上总统后，他先代理财政部长，1934年出任财政部长。二战期间，他主张积极援助英、法，对抗法西斯德国；同情中国抗战，曾对华商订一系列贷款协议；极力要求对日本实行经济制裁，尤其是石油和战略物资的禁运。1944年9月在第二次魁北克会议（即八边形会议）上提出消灭德国工业潜力的《摩根索计划》，当时曾为罗斯福和丘吉尔所赞同。1945年4月罗斯福去世后，因与杜鲁门在对德政策上的分歧而辞职。其日记与信件被整理出版，名为《摩根索日记》（*From the Morgenthau diaries*）。——译者

② 威廉·埃夫里尔·哈里曼（William Averell Harriman, 1891—1986），美国商人、外交家、政治家，出身富豪特权家庭，父亲是19世纪后期的美国铁路大王爱德华·亨利·哈里曼。被好友哈里·劳埃德·霍普金斯拉入富兰克林·罗斯福政府，在二战时主持发放了约500亿美元的租借物资。战后曾任商务部长，主持马歇尔计划，1955年当选纽约州州长。作为苏联问题专家，主持签订1963年《美苏禁止核试验条约》，并在世界各地外交舞台上活跃。——译者

形势的分析。

哈里曼说，他认为苏联人还能继续战斗下去，但是他说话的语气，令人不仅心生疑虑，他们究竟还能坚持多久？有许多政府官员，包括国务院的一批人在内，担心苏联将会与德国人议和。苏联人下一步会做什么，谁都难以预测。但是，我不相信斯大林会求和。如果我当时能像后来那样对斯大林更为了解的话，我的这种想法会更加坚定。

事实上，当时苏联人的处境尽管很糟糕，但却并非毫无希望。他们并没有被包围，并且他们的撤退似乎也是一种历史上的传统做法。德国人也许会占领斯大林格勒，但是距离打败苏联还有很长一段路要走。希特勒正在被逐渐拖入苏联广袤的内陆地区。我不认为德国人进入到苏联中部，就意味着他们能够赢得这场战争。他们正在重蹈拿破仑的覆辙，只不过规模更大罢了。

对于我们来说，在1942年开辟欧洲第二战场来减轻苏联的压力，还是无法实现的，但我们正竭力为苏联提供各种物资援助。苏联人不熟悉海洋，因此在这场战争中，他们自始至终都不明白，我们跨越大洋将数量巨大的援助物资运送给他们，需要付出怎样的物力和人力的代价。

参谋长联席会议一直试图寻找到航程更短的运输路线。有一位陆军中校托马斯·坎贝尔，对此曾经提出过一些很不错的建议。罗斯福总统以及后来的杜鲁门总统，对他的印象也都很好，但是陆军似乎从来没有采纳过他的提议。

托马斯曾经在苏联生活过，他在8月19日向我提议，先用卡车将物资运至阿拉斯加，然后用破冰船把它们运送过白令海峡。我建议他向陆军军需部门申请50辆卡车先试一试，但是我认为他并没得到那些卡车。10月份，他又提出经过太平洋将物资运送到苏联那些不冻港，我也尝试说服霍普金斯考虑这一建议，因为我认为这是一个既经济又具有可行性的方案。

胡佛总统时期曾担任陆军部长，现在担任驻新西兰公使的帕特里克·赫尔利①准将，10月1日来对我说他将要奉总统之命进行一次长途考察，先后要去近东、伊拉克、伊朗、苏联和英格兰。他并没有说此行的原因，但是表示将会尽可能收集更多有关苏联的情报。比起大部分到访过苏联的美国人来说，他要幸运得多。我认为他看到过的苏联军事作战行动和兵力部署，比那一时期去过苏联的任何人都要多。帕特是我的老朋友，我深知他争强好胜和无所畏惧的个性，我估计很多地方都是他硬闯进去的。

停战日那天，在霍恩贝克博士的住所里，关于苏联的局势进行了一场饶有趣味的讨论。当时在场的有两位前任驻苏联大使，约瑟夫·戴维斯和威廉·C. 布利特；前任驻日本大使约瑟夫·格鲁和现任驻苏大使W. H. 斯坦德利②海军上将。对于如何解决问题，布利特时常会有一些独到见解，有些听上去颇有道理。他讲起话来慷慨激昂，总是能够令人精神为之一振。斯坦德利上将，我认为他作为美国驻苏联大使，为了国家利益尽忠职守、鞠躬尽瘁，并且成效卓著。后来他因为不认同我们对苏关系的处理方式而辞去了大使职务。在这次会谈当中，话题转到了战争的起因分析上。但是我对此没有任何兴趣。我们已经置身于战争之中

---

① 帕特里克·杰伊·赫尔利(Patrick Jay Hurley, 1883—1963)，美国陆军少将。担任过胡佛总统的陆军部长。1931年访问中国，1942年初任驻新西兰公使，1943年奉罗斯福总统之命前往苏联、中东协调盟国对中东的政策。1944年8月，经马歇尔和史汀生建议，作为罗斯福总统的私人代表来华，同年底接任驻华大使。曾访问延安，试图协调促成国共两党合作，失败后支持蒋介石发动内战。1945年11月辞去驻华大使职务。——译者

② 威廉·哈里森·斯坦德利(William Harrison Standley, 1872—1963)，美国海军上将、外交官。1895年毕业于美国海军学院。参加过美西战争和一战。1933年7月任海军作战部长，由于同时期的海军部长克劳德·斯万森(Claude A. Swanson)健康不佳，斯坦德利实际上同时肩负了海军部长的职责，1935年12月出席了"伦敦海军会议"。1937年1月退役。1941年2月被召回现役，任生产管理局海军代表；同年秋随"比弗布鲁克＆哈里曼战争物资援助使团"出访苏联。1942年4月至1943年9月任驻苏联大使。1945年8月再次退役。——译者

了，我唯一关心的是对未来趋势的预测。

我和斯坦德利进行过数次会谈。11月份的时候，他认为苏联军队在这个冬季将会使德国人困守不前。但是，如果这场战争拖延至明年夏季，他对于我们的盟友将会陷入何种境地就难以预测了。斯坦德利确信，温德尔·威尔基①近期被广泛报道的环球访问，其中对苏联的访问，显然有损于盟国在莫斯科的声誉。威尔基先生个人的言行，给苏联各个阶层留下的印象都不佳。对此我并不感到惊讶。我有过类似的体验，在1940年总统竞选期间，我读了威尔基的演讲稿之后，认为他是一位极有竞争力的总统候选人。然而后来，在与他的交谈中，对于他的赞赏之情就消失多半。在我与总统的日常交谈中，他也从来没有提到过威尔基的环球之行。

斯坦德利计划在12月份返回莫斯科。11月14日，我们商量了是否有可能派遣一支由英美高级军官组成的军事代表团随他一起赴莫斯科。12月9日我们再次进行会谈，谈到目前在许多地方都已经建立的与战争有关的各种代表处，特别是基于《租借法案》的，但是这些代表处不受

---

① 温德尔·威尔基(Wendell Lewis Willkie, 1892—1944)，美国政治家、律师。毕业于印第安纳大学。一战时曾参军服役，但未赴海外参战。战后从事律师工作。1933年任联邦与南方公司总裁。1939年脱离民主党加入共和党。1940年参加选举，与民主党的罗斯福竞争美国总统，最后失败。威尔基虽然身为共和党领袖，但在珍珠港事件之前，他极力主张美国参战和援助英国，反对共和党内的孤立主义。1941年1月13日，他宣布支持《租借法案》，在党内引起轩然大波，因为该法案在共和党内很不受欢迎；威尔基的支持，是《租借法案》得以通过的关键；为平息风波，罗斯福总统1月19日任命他为非正式特使出访英国，与已经在伦敦的哈里曼和霍普金斯商议援助英国事宜；罗斯福曾试图邀请他加入政府，但遭到共和党反对。美国参战后，他更全力支持罗斯福。1942年8至10月，威尔基作为罗斯福总统的私人代表，考察访问了非洲、中东、苏联和中国，历时49天，"展示美国的团结、收集情报以及与大国首脑商议战后秩序"。在中国期间，曾深入前线考察中国军队的对日作战情况。回国后，他制作了广播节目"向人民报告"，讲述自己的全球考察见闻，赢得3 600万听众。1943年4月出版《天下一家》(One World)，呼吁战后合作，倡议美国应当加入超越国家的全球性合作组织，该书当月就卖出100万册，很多人把威尔基看作超越了党派的政治家。1944年10月死于心脏病。——译者

任何控制，有时甚至所在地的大使对他们的工作也一无所知。斯坦德利直言，除非他能够对这些机构有所管控，这也是他身为总统在苏联代表的职责，他才会考虑返回莫斯科。12 月 14 日，我们与总统共同商讨了这一问题，总统同意了斯坦德利的建议。

这一年的秋末，苏联红军最终在斯大林格勒阻挡住了德国人前进的步伐，并且发起了一次成功的反击，这是希特勒的军队在这场战争中遭遇的第一次重大失败。这也使得莫斯科一直以来坚持立即在欧洲开辟第二战场的迫切要求暂时得以缓解。

在我担任参谋长的前六个月里，所做的有关军事方面的工作笔记中，反复不断出现的问题就是：我们的盟友需要更多的装备、更多的食品、更多各种各样的补给。对此，参谋长联席会议所能做的，也只是把这些需求转达给那些民间的生产机构。而这些物资能够生产多少，什么时间完成，则取决于美国国内的生产能力。

第十章　达尔朗出手了

如果没有民间力量的倾力支持，"向'火炬行动'全速前进"就会成为一句空话。正是在他们的鼎力相助之下，我们的北非登陆行动才有了成功的可能。而这一作战行动的成功，给战局带来了意想不到的转机。

二战是一场用"图表"打出来的战争，比之前任何战争用的都要多。事事都有图表，人人都用图表。我们甚至设立了一个专门的政府机构，他们唯一的工作就是告诉其他部门如何画图制表。虽然这些图表当中有许多确实有用，但我认为这么做还是有点儿过了。1942 年秋季，所有关于军需物资产量的图表，都开始显示出下降的趋势。专家们说，这一现象是从防御性向进攻性武器的战略转变，再加上有些原材料短缺所造成的。

这种情况自然引起了军方的忧虑。1942 年 8 月 3 日，我与时任海军部副部长詹姆斯·福莱斯特①以及一众海军将官共进午餐。大家讨论的话题主要集中在军需物资的采购上。同一周，海军上将金对我抱怨说，在关于军需物资生产的优先顺序上，尤其是在建造更多舰船的问题上，他和战时生产委员会时常发生冲突。大部分公众对于我们所面临的严峻局势缺乏清醒的认识，似乎是造成当前困境的原因之一。希特勒已经打造出人类历史上最为强大的战争机器——至少在我们超越他们之前是这样。尽管有许多"专家"预言，德国人将由于缺少石油、橡胶或是别的什么而停滞不前，但实际上纳粹军队似乎仍在日益强大。

8月9日，战时新闻局通过广播向全国发出公告，呼吁必须继续扩大军需物资的生产，同时在节目中发表讲话的有身在伦敦的艾森豪威尔将军，在太平洋某处的海军上将切斯特·W.尼米兹，美国劳工联合会的威廉·格林，产业工会联合会的菲利普·莫里，战争部副部长罗伯特·P.帕特森，海军部副部长福莱斯特，还有战时生产委员会的唐纳德·M.尼尔森②和我自己。8月14日，在《大西洋宪章》发表一周年纪念之际，我就此问题再次发表了广播讲话。

我讲道："这场战争，可能将会是旷日持久的。这将是我们经历过的最激烈、最艰难、最残酷的一场战争。为了拯救人类的未来，我们将要付出前所未有的高昂代价。

我们知道，那些抵抗轴心国侵略的国家，他们的人民正在忍饥挨饿、处境悲惨。我们也看到，法西斯驱使大批无家可归的人们进入工厂，制造武器以便奴役更多的国家。我不久前刚从法国回来，作为大

---

① 詹姆斯·福莱斯特（James Forrestal，1892—1949），1940年任海军部第一副部长，主管海军生产和采购，对促使战时海军发展起过重要作用。1944年海军部长科纳科斯去世，福莱斯特接任他的职务，参与对德、日后期作战的决策。1947年美国设立国防部，福莱斯特成为首任国防部长，主张对苏采取强硬的军事方针。1949年因心力交瘁离职，住进贝斯达海军医院进行精神治疗，病情有所好转，但5月21日突然在医院六楼跳窗自杀。据美国有关人士称，福莱斯特之死与"罗斯威尔UFO事件"有关，1947年7月，美国新墨西哥州的罗斯威尔发现了坠落的不明飞行物；9月24日，杜鲁门总统下令组建"M-12"委员会，由科学家、军队高级将领和政府高官组成，专门负责调查美国上空的不明飞行物，福莱斯特是该委员会最初的成员之一。——译者

② 唐纳德·马尔·尼尔森（Donald Marr Nelson，1888—1959），美国企业家。1911年毕业于密苏里大学，1912年进入著名零售商西尔斯罗巴克公司，1930年任副总裁，1939年任执行委员会副主席；该公司采购的商品超过13.5万种，这使得尼尔森对美国的工业体系了如指掌。1940年5月，罗斯福总统任命尼尔森担任财政部采购处代处长，负责采购援助英国等盟国对抗轴心国作战的物资。1941年1月，美国生产管理办公室成立，尼尔森任主任；为了解决物资分配优先权的争议，同年7月新组建了优先供给和分配委员会，尼尔森兼主任。1942年1月，罗斯福总统将两个机构合并组建战时生产委员会，任命尼尔森为主席；尽管一直遭到军方指责，尼尔森还是担任该职到二战结束。1946年出版回忆录《民主国家的兵工厂》（*Arsenal of Democracy*）。——译者

使，我亲眼目睹了这个国家人民的不幸遭遇。根据我在国外的所见所闻，我可以断言，如果美国战败，等待我们的必将是厄运的降临。"

与往常一样，在任何公开场合露面之前，我都会事先与总统进行沟通。那些新闻记者和午餐俱乐部很快就明白，我是不能随意接受采访或者发表演讲的。有两个原因：首先由于参谋长联席会议和联合参谋长委员会讨论处理的事情绝大多数都属于最高机密，并且作为总司令的私人代表，到处"夸夸其谈"显然是不合适的。

除了这些广播讲话之外，我记得在 1942 年下半年中，我只发表过几次简短的讲话。一次是在 10 月 17 日，乔治城大学授予我军事科学博士荣誉学位的时候，以及 11 月 14 日，造船与轮机工程师协会在纽约举办的一场 1 200 人参加的晚宴上，我代表总统发表祝词。

我记得，奥格登·里德夫人曾经想要邀请我参加《纽约先驱论坛报》的年度论坛。我告诉她，只有经过总统允许，我才能够发表演说。这位温文尔雅而又态度坚决的女士真试图去说服总统了！不过她并没有成功。

8 月 28 日下午，总统召集了一次会议，就改进武器装备生产方法的问题进行讨论。参加会议的有马歇尔将军、金上将、阿诺德将军、唐纳德·尼尔森、哈里·霍普金斯和我。我认为正是从这次会议开始，或者说由此展开的讨论开始，形成了一种确定军需产品生产优先次序的新方法，从而有助于打破我们军工生产当中遇到的诸多阻碍与瓶颈。因为当时人人都想获得优先权，并为此而争论不休。

第二天，副国务卿威尔斯和我一起商讨如何协调使用现有的民用飞机。当时我们把能够搞到的所有飞机都投入作战使用。民用航空公司显然担心他们的飞机在战争期间会被陆军航空队整编，而且在战后也可能会被陆军控制管理。那时在大西洋沿岸区域已经禁止所有的民用飞机飞行了。

8月29日，陆军后勤部队司令布里恩·萨默维尔①中将兴奋地告诉我，他们在阿拉斯加开发出两口自喷油井，预计每天的产量能达到100桶。这就是萨默维尔已经在付诸实施的著名的"卡诺尔计划"②，因为石油专家告诉他，在加拿大有一个很大的油田。这位将军对石油并不在行，他还以为他们发现了近年来最大规模的油田。我一直不明白这个项目为什么没有继续下去，但它的确没搞成功。萨默维尔富有才干、锐意进取并且很强势，做事不太受条条框框的束缚，马歇尔对他的评价很高。

登陆艇和护航舰的生产问题困扰了我们很长一段时间。护航舰，或者又被称为"护航驱逐舰"③，是一种轻量级驱逐舰。后来被大规模生产。在那段时间里，我们急需这些护航舰，以便将执行护航任务的驱逐舰抽调出来，投入到进攻作战之中。

---

① 布里恩·伯克·萨默维尔（Brehon Burke Somervell, 1892—1955），美国工程兵上将，二战时期任美军供应部长，五角大楼的建造者。1914年毕业于西点军校，参加过一战。1940年受命组建陆军军需兵兵种。1941年任陆军助理参谋长，掌管供应与军需分配事务。1942年出任陆军后勤部队司令，晋升中将，曾出席卡萨布兰卡、德黑兰、雅尔塔和波茨坦等一系列重要国际会议。史迪威离开中国后，罗斯福总统曾一度将其列为中国战区参谋长的后备人选。——译者

② 卡诺尔计划（Canol pipeline），美国陆军在二战期间建设的输油管道，将原油从加拿大西北地区输送到美国的阿拉斯加。1942年开始建设，1944年4月竣工。1943年12月至1945年4月在用，战后被美国陆军废弃，对当地环境造成了一定污染。——译者

③ 护航驱逐舰（Destroyer Escort），二战时期为了适应大规模护航保护海上交通线而生产的一类轻型水面舰艇，相比吨位较大的高速舰队驱逐舰，护航驱逐舰吨位较小，航速较慢，仅装备轻型火炮，没有或只有很少的鱼雷装备，但是具有相当强的防空和反潜火力配置，主要伴随护航航母或伴随商船进行护航，也有单独几艘编组进行反潜猎杀。护航驱逐舰价格低廉，设计简单，便于大规模建造，二战时期各国都建造过这一类护航舰艇，美国海军的建造数量最多，性能最先进。二战期间，美国海军下达超过1 000艘护航驱逐舰的订单，其中有500多艘建成，不仅大量装备美国海军舰队，还提供给英国、法国、巴西等多国海军使用，这些护航驱逐舰击沉了超过100艘轴心国潜艇；除了反潜护航作战外，护航驱逐舰也经常参加其他战斗，在莱特湾萨马海战和诺曼底登陆的炮火中无一不闪现着护航驱逐舰奋战的身影，尽管属于战时应急建造，但护航驱逐舰还是表现出优良的战斗效能，即使在战后仍然在美国海军及其他国家服役超过三十年。——译者

从 8 月到 9 月，为了这个问题，各路人马都来找我。金上将自然是迫切希望得到尽可能多的船只。我告诉他，造船厂正在竭尽全力赶工。我说："欧尼，现在到处都是物资短缺。只要我们能活得足够长，我们想要的一切都会得到的。"

当时，海军已经有 670 艘护航驱逐舰获批或者正在建造之中。海军少将兰德在 9 月 3 日告诉我，他担心海事委员会额外增加的建造项目会干扰海军的正常计划，并且使得生产效率无法提高。

10 月 23 日，在与所有生产机构负责人召开的会议上，总统口头授权给海事委员会，1943 年追加建造 70 艘护航驱逐舰。

亨利·凯泽①提出建造大型运输机的建议，或许有望打破这种僵局。9 月 11 日，尼尔森带着凯泽来到我办公室，商量建造 3 架木质大型运输机的计划，这种飞机最初的成本大约为每架 500 万美元。由于事先已经得到兰德的提醒，我告诉他们，这个计划看起来不错，只要它不影响其他的军品生产。尼尔森说，在计划实施之前，他会征得阿诺德将军和海军上将约翰·H. 托尔斯②的同意。凯泽说，以现有的设备，大约需要花

---

① 亨利·约翰·凯泽(Henry John Kaiser, 1882—1967)，美国实业家，被称为美国现代造船业之父，是凯泽造船厂、凯泽铝业公司、凯泽钢铁公司等 100 多家公司的创始人。他很早就提出对欧洲遭受纳粹侵略的国家实施援助。二战期间，他在加利福尼亚州的里士满建立凯泽造船厂，用焊接取代铆接技术，大大提高了船舶制造效率，平均每 45 天就建造一艘，最快的一艘用 4 天时间就完成了，这些船被人们称为"自由轮"，4 年时间共造了 1 490 艘船。——译者

② 约翰·亨利·托尔斯(John Henry Towers, 1885—1955)，美国海军上将，海军航空先驱人物之一，为美国海军航空技术和机构的发展做出了重要贡献。1906 年毕业于美国海军学院，先后在"肯塔基号"、"密歇根号"战列舰上服役。1911 年 6 月进入寇蒂斯飞行学校学习，8 月取得飞行员资格，负责驾驶海军第一架飞机(寇蒂斯 A-1 型海上飞机)。1912 至 1913 年负责筹建海军第一支飞行部队，主持了海军飞机侦察、轰炸、照相和通讯等试验，还创造了多次远程飞行纪录。1913 年 6 月险些因飞行事故丧生，根据其建议飞行员开始使用安全带。1914 年 8 月任驻伦敦海军助理武官。1916 年 8 月回国筹建参加一战的海军飞行队。1917 年 5 月进入海军局，负责组建海军飞行后备部队。海军部成立航空处后，托尔斯被任命为副处长，极大地推动了海军航空兵的发展。1919 年 5 月指挥了第一次跨越大西洋的飞行。(转下页)

一年时间才能生产出一架这样的飞机。这种木质货运飞机能够运载 40 吨货物，飞行 3 000 英里。但是在战争期间，这种飞机一架也没能生产出来。凯泽看上去是那种非常自信的人，他给人一种感觉，只要是他想做的事，就一定能够完成。

那天下午，我驱车前往罗斯福的"香格里拉"，位于马里兰州瑟蒙特以西约 6 英里的卡托克廷山庄。福莱斯特和霍普金斯也在那儿，我们和总统一起从各个方面探讨了战争局势。好像就是在这次或者这前后召开的某次会议上，当我们讨论作战使用的登陆艇和其他新型舰艇时，总统用铅笔画出他自己设想的草图。他总是会指着他画的这些草图征求我的意见，我则会说："我不是造船工程师，总统先生，不过我会把它们拿给专家，看看他们能做点什么。"他的创意和出发点是好的，但是这些想法是否能够付诸实施就是另一回事了。我也的确把一些设计图送给了海军舰艇局，但是我不知道他们是否在其中找到了具有可行性的设计。

另外一位提出过中肯可行建议的人是总统的朋友、海军上校斯威兹。9 月 12 日，我在大都会俱乐部与他共进午餐，席间相谈甚欢，他提出了将小型舰艇用于反潜作战的意见。斯威兹海军上校在小型船只设计方面是一位专家。

9 月 24 日，韦恩·科伊和同属预算局的斯坦先生来到我办公室。他

（接上页）1923 至 1925 年先后担任美国驻伦敦、巴黎、罗马、海牙、柏林使馆的海军助理武官。1925 年秋回海军部航空局任职，参加"谢南多厄号"飞艇失事的调查工作。1927 年 1 月担任海军第一艘航空母舰"兰利号"指挥官。1928 年 8 月起任航空局作战计划处处长、副局长。1934 年从海军战争学院进修毕业。1939 年 6 月任海军部航空局局长，晋升海军少将，在他的领导下，海军航空队的作战飞机从 1939 年的 2 000 架增长到 1942 年的 3.9 万架，官兵达 75 万人。1942 年 10 月任太平洋舰队航空兵司令，晋升海军中将，后提任太平洋战区和太平洋舰队副总司令，负责空军作战、后勤和管理工作。1945 年 8 月任第 2 航母舰队和第 38 特遣舰队司令，11 月任第 5 舰队司令。1946 年 2 月任太平洋舰队司令。1947 年 1 月任太平洋司令部首任司令官，3 月任海军委员会主席；同年 12 月退役。约翰·托尔斯与马克·米切尔海军上将是早期海军飞行员中，经历了高度危险的职业生涯后仅存的两位。——译者

们提醒我，当前参谋长联席会议没有充分发挥联合生产和资源委员会的作用，这一机构是在 1942 年 6 月由总统设立的。我认为科伊的看法是对的，因为此后经过研究分析，我们发现通过这个机构，至少能够解决在人力和军需物资供给方面被延误的问题。

同一天，国务卿赫尔要我去见他。他正为某些报纸抨击国务院的外交政策而发脾气，特别是德鲁·皮尔森先生写的批评文章，更是令他大为光火。我感到国务卿确实被皮尔森激怒了，而这或许正是这位专栏作家想要达到的目的。

我们回想起四年之前，在"帕奈号"炮舰被击沉之后，我曾经呼吁对日本实施封锁。赫尔说，他当时之所以没有对日本采取报复行动，是因为考虑到公众的感受，他们不会支持任何可能导致日本对美国宣战的行为。我记得当时我强烈反对他的意见，但是现在我认为，他对公众舆论的估计是正确的。不过，赫尔通常对批评意见不是那么敏感，因此我始终没搞明白，为什么这次国务卿会被那些反对他的文章激怒。但是他们的确做到了。

我们企盼着能够在所有战线发起总攻的时刻早日到来，为此参谋长联席会议已经同意，要求将陆军和海军的规模扩大到 1 089.4 万人。这实际上意味着人数要增加一倍。10 月 1 日，总统在结束了对西北地区、太平洋沿岸以及东南各州军工厂的视察返回华盛顿之后，我将参谋长联席会议的建议提交给他。但是，总统反对如此骤然地大规模扩充兵力，他更愿意逐次、分批地实施扩军计划。对此，我并没有过分坚持。因为当时我们的战事进展总体顺利。此外，扩军也可能会影响到国内的劳动力市场。

总统此次视察的行程安排颇为紧凑，但却令他的身体和精神状态看上去都格外好。在视察中看到的各项工作进展令他感到十分振奋，他认为按照这样的速度发展下去，我们的国家成为他所说的"民主国家兵工厂"将指日可待。

为了协调迅速扩张的国内生产战线，10 月 4 日，星期六，宣布了南卡罗来纳州的詹姆斯·F. 伯恩斯①辞去最高法院大法官的职务，担任罗斯福总统经济稳定办公室主任的消息。我认为，作为一名参议员，伯恩斯展现出了杰出的才干。而放弃在最高法院的职位，从他的个人利益角度来说，无疑是一种牺牲。为了赢得这场战争，需要保持国内工资和物价的稳定，这将是一项极为艰巨的任务，我觉得他可能是担此重任的最佳人选。总统对他的能力和人品也十分信任。

伯恩斯搬到了新建的白宫东翼办公，我和霍普金斯此前也已入驻其中。这栋新扩建的办公大楼，那时已经基本完工，能够为总统的助手们提供两层共八到十间房屋作为办公室。办公楼的入口面对着东行政大道，对面则是财政部大楼。

新东翼有一个设施齐全的地下防空洞，在遭遇空袭时能够容纳 100 人左右。防空洞上覆盖着一层厚厚的混凝土保护层，内部有通风设施，以及浴室和马桶等卫浴设备。这一设计主要是为了保护总统和工作人员的安全，不过据我所知，白宫从未遭遇过任何空袭。

内政部长伊克斯是我履任新职之后的首批访客之一，他是我在 1939 年至 1940 年间担任波多黎各总督时的"顶头上司"。10 月 23 日，他再次来访，要求在参谋长联席会议上讨论优先供应钢铁，以便在东部沿岸建造"大口径"管道的问题。伊克斯说，目前急需足够的燃油以满足军队和地方的需要。他很能干，但是脾气暴躁，难以相处的名声在外，绰

---

① 詹姆斯·弗朗西斯·伯恩斯(James Francis Byrnes，1882—1972)，美国政治家。1911 至 1925 年担任美国众议员。1931 至 1941 年担任美国参议员。1941 年 7 月任最高法院法官。1942 年 10 月任经济稳定办公室主任。1943 年 5 月任战争动员办公室主任。1945 年初参加雅尔塔会议；4 月罗斯福总统去世后，他成为新任总统杜鲁门的重要助手；同年 7 月任国务卿，在波茨坦会议上发挥了重要作用。1951 年当选南卡罗来纳州长。——译者

号"驴脾气",不过我们一直相处得很好。

那段时期,一个很要命的问题是人力短缺。11月3日,在一场各主要战时机构负责人和参谋长联席会议成员参加的午宴上,这个问题成为讨论的焦点。据这些熟悉情况的官员所说,如果我们把1 000万人投入到军队当中,那么军需物资的生产线就会产生一系列严重问题,尤其是在现有的每周小时工作制的法律限制之下。

第二天,我向总统汇报说,负责建造航空母舰的工程师提出延迟六个月完工的请求,总统要我通知战时人力委员会和刘易斯·赫尔希将军,义务兵役委员会的负责人,说明他批准了这一请求。这件事是由 J. W. 鲍威尔到我办公室告诉我的,他是1897年我在安纳波利斯海军学院时的老同学。

奥利弗·利特尔顿①上校,英国生产大臣,11月5日与我商讨了有关调整下一年度英美生产计划的问题,以便他能够最大限度地合理调配英国的劳动力资源。利特尔顿是一个很有魅力的人,并且擅长为大英帝国的利益辩护。

约翰·迪尔爵士在同一天前来,提出英方不同意英美参谋计划委员会关于美国正在建造的登陆艇的分配方案。

尼尔森和他的助手,费迪南德·艾伯斯塔特,请求我在11月23日为他们与总统安排一次会议,旨在请总统对他的"必备"物资清单进行修正。我相信尼尔森正在为满足陆、海军的需求而竭尽全力,但是军方却对他怨声载道,对此我也是爱莫能助。实际上,第二天萨默维尔将军就向我抗议说,尼尔森正计划颁布一项行政命令,取消陆、海军的所有

---

① 奥利弗·利特尔顿(Oliver Lyttelton,1893—1972),英国商人,二战时期内阁成员。出身贵族家庭,毕业于剑桥大学。参加过一战,与温斯顿·丘吉尔是战友。一战后经商,曾任英国金属公司总经理。1940年10月任贸易大臣。1941年7月调任驻中东国务大臣。1942至1945年任生产大臣。1951年丘吉尔再次组阁时任殖民地大臣。——译者

军需物资管控权。萨默维尔建议尼尔森应该被立刻免职，并由伯纳德·巴鲁克①取代。

我很尊敬巴鲁克，但是就战时生产委员会所面对的困难局面来说，他们的工作已经相当好了。我感觉，萨默维尔正在试图迅速扩大自己的势力范围——当然其出发点是好的。两个部门都想参与战时生产管理——陆军和战时生产委员会——这就是问题所在。参谋长联席会议的职责是制订作战计划，然后只要有一个合适的部门负责采购必要物资以实施计划。我觉得萨默维尔的建议没有任何好处。最高统帅部已经为我们的第一次大规模进攻行动——北非登陆行动，完成了所有必要的后勤补给和武器装备准备工作，而且当时作战行动的进展是令人满意的。

我们的北非登陆计划中出现的第一个意外，是来自墨菲的一封电报（我记得是在 11 月 2 日），说吉罗将军想要推迟登陆北非的日期。这位法国将领在法国南部等待我们用潜艇将他救出来的时候，一直在策划着自己对付德国人的军事行动，其中包括经由法国南部发起进攻作战的计划。并且，他希望成为最高指挥官。很明显，他现在想要延迟行动是出于自己的战略考虑。我立即与马歇尔和金通电话，讨论了这一紧急情况。我们一致认为，推迟行动是不可能的。我将决定发电报给墨菲，并抄送给住在海德公园的总统。此时，6 万名士兵已经在海上了，我们的

---

① 伯纳德·曼恩斯·巴鲁克（Bernard Mannes Baruch，1870—1965），美国金融家、慈善家，先后担任过伍德罗·威尔逊总统和富兰克林·罗斯福总统的经济顾问。毕业于纽约市立大学，早年从事股票投资，成为华尔街著名的金融大亨。1916 年离开华尔街，担任伍德罗·威尔逊总统顾问。1918 年任战时工业委员会主席。1919 年出席巴黎和会，不赞成英法提出的赔款要求，倡导战后合作，支持组建国际联盟。罗斯福总统推行"新政"，巴鲁克是"智囊团"核心成员，协助建立国家复兴署；同时他还是总统夫人埃莉诺·罗斯福慈善活动的主要资助者。美国参加二战后，罗斯福任命巴鲁克为特别顾问、战争动员办公室主任，协助管理战时生产。1943 年 1 月，罗斯福曾考虑任命他取代与军方矛盾较深的战时生产委员会主席唐纳德·尼尔森，但被哈里·霍普金斯劝阻。1946 年任驻联合国原子能委员会代表，1946 年 6 月提出对原子能实行国际控制的《巴鲁克计划》。——译者

计划显然必须进行下去，即便这意味着吉罗有可能会拒绝合作。

我个人认为，驻扎在北非的法国陆军不会对美国的登陆行动产生强烈抵触情绪。但是我担心，海军指挥下的海岸防卫部队可能会发起较为激烈的抵抗。11 月 4 日传来了好消息，埃及的轴心国部队在英军的攻势面前全线撤退。

大约就在这个时候，参谋长联席会议接到情报（如果情况属实，那就真的令人不安了），一位英国军官因飞机失事掉入英吉利海峡，德国人在他身上发现了与行动有关的一些计划。我不记得这份报告是否被证实，不过结果显示，敌人并没有得到有关"火炬行动"的任何有用情报。11 月 7 日早晨，战时新闻局的官员前来就播发北非行动的新闻做最后安排。最终决定由总统的新闻秘书史蒂芬·T. 厄尔利，负责新闻播发的具体事宜，包括将会在法国播出的、总统向法国人民发表声明的录音文本。

"火炬行动"进展顺利。我们通过无线电得知，在驶往阿尔及利亚的大型护航舰队中，只有一艘装载作战物资的船在抵达直布罗陀海峡之前被轴心国的鱼雷击中。然后我们接到消息，华盛顿时间的 11 月 7 日晚上 9 点，舰队将在奥兰和阿尔及尔同时实施登陆。11 月 8 日和 9 日，在卡萨布兰卡、奥兰和阿尔及尔附近的登陆行动取得成功，根据最初的报告，损失不算太重。在维希，贝当元帅下令法国军队进行抵抗，11 月 8 日下午 7 点，法国政府宣布，因美国的入侵行动而与我们断绝外交关系。根据我们的无线电消息，11 月 10 日晚，奥兰已经被全部占领，卡萨布兰卡在 11 月 11 日上午 7 点宣布投降。

墨菲在 11 月 6 日发给我的电报中说，达尔朗海军上将那时正在阿尔及尔看望他生病的儿子，他的儿子罹患脊髓灰质炎，并且康复的希望很渺茫。当我告诉总统有关达尔朗意外现身北非的情况时，罗斯福总统首先关心的是孩子的病情，因为他对此感同身受，他建议我们写一封信给达尔朗。我说这样再好不过了。后来，罗斯福把达尔朗的儿子送到佐治亚州的温泉疗养院，并且让达尔朗夫人留在那儿很长一段时间，以便照顾孩子。达尔朗对总统给予的帮助感激之至，而我相信正是总统的这种博爱仁心，在当时的危急局势中帮了我们。

当艾森豪威尔将军提出由吉罗将军担任北非法军总司令时，其他法国军官对此的冷淡反应令他颇感惊讶。无论他们的个人感情如何，在他们的心目中贝当仍然是合法的政府首脑。贝当已经下令抵抗，因此他们不能停火，直到接到了达尔朗的命令。即便是达尔朗，也不得不向这些法军指挥官们出示某些用法国海军密码发送的密电，解释说这是来自维希的贝当元帅给予他相机行事的授权。虽然对于我们来说，就算法军不停火，他们这种相对软弱的抵抗，我们也足以应付。然而，如果不能消除来自法属摩洛哥和阿尔及尔的法国官员和民众对我们的敌意，我们首次重大战役的成果就会大打折扣。我们就必须部署更多的兵力守护交通要道，并且保护作战部队的安全。假如达尔朗，无论是出于偶然还是其他原因，没有在这个关键时刻出现在阿尔及尔的话，形势又将会如何发展？现在做这样的猜测已经没有意义了，事实是在这个紧要关头，"金鱼眼"出现了。

后来我听说，在墨菲和达尔朗气氛紧张的谈判中，墨菲提醒这位法国海军上将，他曾经在 1941 年 7 月对我说过的话。那时我正敦促贝当政府，阻止轴心国以旅游为幌子，派遣大量人员进入北非，达尔朗表现得并不是很情愿。我记得，当时他用有些嘲讽的口气对我说，如果美国派50 万人到北非的话，他的态度就会完全不同，而且如果我们进入北非的兵力足以帮助法国抵御轴心国的侵略，保住他们的殖民地的话，他就会加入我们的阵营。这是他在 1941 年 7 月的表态，而 1942 年 11 月他真的这么做了。墨菲对我们当时投入北非战役的兵力做了一点儿小小的夸张，不过这一招奏效了。

登陆前的三天，罗斯福决定要确保我们的侧翼——西班牙的安全。他打电话给我，告诉我让副国务卿通知马德里的驻西大使，让他告知西班牙政府，如果他们对轴心国任何想要借道西班牙出兵的企图给予抵抗，美国将为他们提供各种切实的援助。

我们不认为希特勒能够调出兵力南进西班牙，并且我们也确定，如果他真这么做了，西班牙必将抵抗。但是如果情况真的如此，我们就不得不进军西班牙。我们绝不能让轴心国占领直布罗陀海峡。幸运的是，事实并非如此。德国人在西班牙唯一能做的，是他们能够观察到穿越狭窄的直布罗陀海峡的舰队规模。不过，在华盛顿看来，敌人并没有充分利用这一情报。

有关达尔朗的立场，立刻引发了大家的争论。每个人，包括参谋长联席会议和我的许多朋友，都来向我打听关于"金鱼眼"的情况。总统和我就美国国内可能出现的反应进行了讨论。即便这一点是显而易见的——我们要尽一切办法保证北非战役的成功，国内的反维希、亲戴高乐势力仍然掀起了一场声势浩大的声讨。我们的登陆计划对那位"法国抵抗领袖"是完全保密的，当时他在英国和美国是高调宣扬、广为人知的英雄，但是他在法国本土和非洲似乎并没有什么重要的朋友。据说，当戴高乐从报纸上看到登陆行动的消息时，大发雷霆，气得几乎中风发作。他那高卢人的自尊受到了伤害。我们自然清楚，他的组织已经被德国间谍渗透，如果我们事先通知他，德国人就会得到消息。我们决不能冒此风险。

当英国大使哈利法克斯在 11 月 14 日向我转告英国外交部准备安排戴高乐的代表赴北非访问时，我一点也不感到奇怪。我告诉他，我个人认为，在眼下这个当口儿，任何类似举动都会对我们的军事行动带来不利影响。我请他明确转告英国政府，这只是我的个人观点，但是我相信，每一位希望我们远征北非行动成功的人都会同意这一点。对于英国人为何执意要将戴高乐扯进本就复杂混乱的棘手局面之中，其中的真实原因我不得而知。

同一天，我们收到了来自艾森豪威尔的一封长长的电报，说明了他和达尔朗谈判达成一致的细节情况。罗斯福知道，在这个时候利用达尔朗是正确的选择。而且，许多法国人希望立刻接管北非的文官政府。这一要求得到了英国的支持，艾森豪威尔多少也有向英国人妥协的意思。罗斯福给艾森豪威尔发了一封电报，告诉他不能擅自达成任何的政治性协议。在我看来，这是一个明确的指令，防止戴高乐和丘吉尔将艾森豪威尔拉入他们的阵营。11 月 16 日，我替总统起草了一封发给丘吉尔的电报，向这位英国首相转告了总统发给艾森豪威尔的指令：除非基于军事需要，他不能做出任何政治决定。

国务院的雷伊·阿瑟顿就有关说服戴高乐派特使与吉罗将军进行谈判，包括安排"战斗法国"① 参加北非的军事行动，前来征求我的意见。我告诉阿瑟顿，关于这个建议我看不到任何对我们有利的地方，但是我也不会反对，只是他们要小心不要触怒了达尔朗上将。因为我深知达尔朗对批评意见的敏感程度，而且在那时他的支持对于我们在非洲的军队来说是极为重要的。

临近 1942 年 11 月底，我们的部队正顺利向突尼斯挺进，但是在国内，"艾森豪威尔—达尔朗协议"的公布却引发了政界和新闻界的强烈质疑。达尔朗已经出任北非高级专员一职，并且宣布站在我们这一边。我的感觉是，虽然他应该被完全纳入我们的阵营——但要小心观察，这并非是由于戴高乐或者某个怀有偏见的报社在说他坏话，而是对于"金

---

① 自由法国，是第二次世界大战期间夏尔·戴高乐将军领导的法国反纳粹德国侵略的抵抗组织。1940 年 6 月法国沦亡后，戴高乐在伦敦发表《告法国人民书》，呼吁人民继续抗战，标志"自由法国"运动开始。1941 年 9 月建立最高领导机构"自由法国民族委员会"（简称"自由法国"）。1942 年 6 月改组为"战斗法国委员会"（简称"战斗法国"）。1943 年 6 月联合其他抵抗组织成立法国民族解放委员会，次年法国光复后，改组成为法国临时政府。——译者

鱼眼"你不得不防。

如果英美在处理与达尔朗的关系上犯下愚蠢的错误，必将会使他对我们的态度有所疏离，而这势必导致成千上万名士兵付出生命的代价，并且令北非战役的进程遭遇额外的重重阻碍。但是，就连总统也反对与达尔朗达成任何协议。

我的主张是，我们应当继续利用一切可用之人——无论他是敌、是友或是中立——只要他对减少我们的人员伤亡有所帮助。我感觉到，总统持反对意见并非是基于军事角度的考虑，而是由于当时的公众舆论中，关于他正在和达尔朗做交易的传言甚嚣尘上，对他产生了影响。而且，他对达尔朗的可靠程度也没有太多信心，不过我也一样。这就是为什么我要说我们必须密切注意他，而与此同时，英国外交部似乎正在尽一切可能把戴高乐也拖入这趟浑水。

有关达尔朗上将在非洲的地位，总统与我进行过多次讨论，表明了他的态度。对于他在这件事上的看法，我的理解如下：

当前法属北非的政治争端，是由对未来政治权力的争夺而引起的。

戴高乐正在寻求美国和英国对其临时法国政府地位的认可，而达尔朗则可能试图以贝当元帅的继任者身份控制当前的合法政府。

总统的理念是，法国人民想要什么样的政府，他们有不受外界干扰、按照宪法程序自行决定的权利，任何外来势力不应当将任何政府——无论是临时还是其他形式——强加在法国人民头上，而在法国本土之外，在盟军控制的地区里也不应当有任何形式的法国政权存在。

达尔朗上将运用手上的合法权力，成功地带领北非的法国军队倒向我们这边，这是其他法国将领不可能完成的任务。

正因为此，不仅得以挽救许多美国士兵的生命，同时也加速了北非战役的进程。

为了使更多的美国士兵幸免于难，并且尽快推进我们在非洲对轴心国军队的攻势，只要达尔朗能发挥作用，我们就应当继续利用他。

总统始终都不会承认不是由法国人民自主选举建立的政府，无论是临时的或者其他形式的。

达尔朗打算通告各地的法国大使和公使，他已经承担起法兰西帝国国防和行政管理的职责，直到他能够把这一"神圣职责"交还给贝当元帅。哈利法克斯勋爵在11月23日通知我，伦敦的盟军司令部已经停止发送这些信息，除非得到总统的授权。

我就这一情况与总统进行商讨，总统不允许通过我们的官方渠道发送达尔朗的信息，因为他说在那时美国不承认任何法国政府，但是他不反对达尔朗使用普通的商业渠道发布消息。我将他的意见转告给了哈利法克斯。我告诉总统，我认为在这个问题上他的观点是错误的，因为这么做可能会导致达尔朗对我们的疏离，由此带来的后果就是会有大量的美国士兵失去生命。我认为对于已经倒向我们阵营的达尔朗，这个北非战役中的新的关键人物，我们并没有充分利用好。"我是个顽固的荷兰佬①，比尔，这件事我已经下定决心了。我们就这么办吧，你改变不了我的想法。"在总统不接受我的建议时，经常会这么说。

自从达尔朗委任吉罗将军负责指挥法属北非军队的地面部队之后，美国国内的许多法国知名人士纷纷前来找我，说他们愿意到吉罗手下效力，不论任何职务。这些人当中有卡米耶·肖当②，曾经的法国总理。

---

① 罗斯福家族有荷兰血统。1638至1649年间，罗斯福家族的祖先克莱斯·马顿曾·范·罗斯福（Claes Maartenszen van Rosenvelt）从荷兰来到新阿姆斯特丹（现纽约市）定居，他的儿子尼古拉斯第一个使用"Roosevelt"即罗斯福作为姓氏。——译者
② 卡米耶·肖当（Camille Chautemps，1885—1963），法国第三共和国时期的激进派政治家，曾三次出任法国总理。1938年4月到1940年5月担任爱德华·达拉第政府和保罗·雷诺政府的副总理，率先提议同德国谈判停战，拥护菲利普·贝当元帅上台后，继续担任维希政府副总理。后因公赴美，法国与美国断交后，肖当中断了与贝当政府的联系，余生大部分定居美国。二战后，法国法院对他进行缺席审判，认为其通敌而定罪。——译者

对于我们可能会让戴高乐取代达尔朗的想法，肖当很是惊讶，他说，无论是在法国本土还是殖民地的民众心里，对于戴高乐都毫无信心。在此期间，我们对法属马提尼克岛也采取了防范措施，以防在岛上发生骚乱，那里的民众似乎是极端反维希政府的，但是总督乔治斯·罗伯特海军上将仍然效忠于贝当。

美国国内的某些集团，持续向总统施压，要他接受与戴高乐进行会谈。有报道说，这一压力主要来自国内的犹太人和共产主义团体，他们对于达尔朗的"法西斯主义"立场忧心忡忡。形势变得愈发严峻起来，以至于参谋长联席会议劝告罗斯福总统，如果他在此时会晤戴高乐，将会对我们的北非战役产生严重影响。总统最终授权给这些团体一个答复：鉴于一些特殊的安排，要到新年之后他才能会见戴高乐。

实际上，总统并不想见这位自封的法国领导人。在那时戴高乐并不具备这样的地位。总统也不打算把他强加给法国民众。

11月27日，传来了德国军队已经进入法国土伦海军基地的消息，在那里的部分法国军舰已经被法国人自己凿沉。这一行动证实了达尔朗之前多次对我说过的话——法国舰队绝不会落入任何外来势力的手中。此前我们也曾试图想要让达尔朗下令，让这些舰艇加入地中海的盟军舰队，但是他们并没有这么做。舰队的指挥官们也不会听从这一指令，这让我回想起达尔朗担任总理时曾经说过的话，他说法国舰队在被敌人俘获之前自沉的命令是最终命令，并且不可撤销，即便是达尔朗本人，因为在那一时刻他有可能处于被胁迫的状态。

沃尔特·比德尔·史密斯准将，艾森豪威尔的参谋长，回到华盛顿，并于12月1日与总统一起用餐。当时在场的还有罗斯福夫人，霍普金斯夫妇和我。罗斯福夫人似乎对于达尔朗为我们所做的努力并不赞赏，在席间对此大加评论，喋喋不休。

用餐结束之后，总统带史密斯、霍普金斯和我去他的书房，在那儿史密斯就"火炬行动"的进展和未来预期做了详细汇报。这位参谋长相信，我们能够在 12 月份占领突尼斯和比塞大，并且在 1943 年的 1 月底拿下的黎波里。

然而，就在史密斯汇报过后不到一个星期，前线形势出现了暂时性的反转，据我们的指挥官说，是由于德国在空军方面的优势。德国人在北非的空中力量如此强大，令我深感震惊。这意味着我们想要更进一步的话，就必须加强盟军的兵力，并且增派更多的飞机。当然，这也意味着给敌人更多的时间增派援兵。

法属殖民地文官政府的问题将会困扰我们很长一段时间。12 月初，总统否决了艾森豪威尔将军提出的在北非建立一个法国文官政府的建议。不过，艾森豪威尔还是得以与布瓦松①总督达成一项协议，并于 12 月 7 日发表广播声明，宣布达喀尔已经正式加入盟国的事业。

12 月 9 日，国务卿赫尔和副国务卿威尔斯与我商讨在法属殖民地设立一个由英美两国文职官员组成的机构，这一机构将对法属殖民地行使监督权，并且对法国殖民地文职官员的决定拥有否决权。

国务卿确信，建立这样一个盟军文职权力机构，将会对我们在北非的政治和军事前景产生深远影响。他认为，我们应当尽一切可能占据军事上的优势，无论这会对我们的其他盟友在政治上的扩张愿望产生何种影响。

---

① 皮埃尔·布瓦松（Pierre François Boisson，1894—1948），二战时期法国海外殖民地官员。一战对德作战中失去一条腿，战后，初为小学教师，后转入政界。长期在法属殖民地任职，1938 年 10 月至 1939 年 8 月任法属西非总督。1940 年 6 月至 1943 年 7 月再次担任法属西非总督，兼任维希法国政府驻法属非洲领地高级专员，负责代表未受"自由法国"组织控制的地区。1940 年 9 月 23 日，在达喀尔战役中击退了他认为是叛国者的戴高乐领导的"自由法国"海军和英国海军的联合进攻。1942 年 11 月盟军在北非登陆后，转而宣布对轴心国作战。接受亨利·吉罗领导，任帝国防务委员会委员。1943 年 6 月离职，年底被设在阿尔及利亚的最高委员会囚禁。战后在送交法国最高法院审判前去世。——译者

12月10日，总统与参谋长联席会议以及霍普金斯，在他的书房召开了一次长会。我们回顾和分析了各个战场的进展情况与前景。关于非洲，总统接受了副国务卿威尔斯的观点，建立一个英美联合文官机构，对当地的文官政府进行监管。霍普金斯对整个问题分析得很透彻，对会议全过程都很有帮助。

平时也经常是这样，"哈里霍普"——我们在白宫习惯这么叫他，每次在讨论中他总是长时间保持沉默，一言不发，然而他往往是第一个一语中的、切中问题要害的人。丘吉尔开玩笑封他为"一针见血大人"，评价是非常准确的。霍普金斯有一个出类拔萃的睿智头脑，他分析问题直截了当、鞭辟入里，没有人能糊弄得了他，就连丘吉尔也不行，而且他的判断从来不会受其他人职位高低的影响。

罗斯福毫无保留地信任他，霍普金斯也从来不曾辜负过这份信任。他的参政范围涵盖了所有民生事务、政治、战时生产、外交事务，很多情况下还包括军方事务。我们经常见面。先前我对霍普金斯的印象，来自他在罗斯福政府任职的第一年里采取的一系列救济措施，而且我可能因此对他还产生了一些偏见。我常常拿这些事和他开玩笑，有时候会叫他"左倾分子"或者"空想社会改良家"，他对此毫不介意，我们之间的观点基本保持一致，从未产生过重大分歧。哈里·霍普金斯以他的智慧、忠诚以及在帮助富兰克林·罗斯福应对这场战争时所做出的无私奉献，令我先前对他的疑虑很快就烟消云散。

当哈里从白宫搬回他在华盛顿乔治城区的家之后，偶尔会出点小岔子。有时候我们会发现某份文件或者电报不见了，翻遍文件夹甚至罗斯福的书桌抽屉都找不到，直到后来发现，原来是被霍普金斯放在口袋里带走了，然后他自己也忘记了，我们不得不派人去他在乔治城的家中取回来。

12月15日，达尔朗海军上将发表了一份重要声明，总统于第二天在华盛顿予以公布。当时有许多美国人对那些在非洲帮助我们的法国人怀有偏见，我希望这么做能够使他们的态度有所缓和。总统说：

"自从 11 月 8 日以来，北非人民在支持盟国的作战行动中做出了很大贡献，他们的行动已经明确地使自己与自由的一方结成了同盟，共同对抗所有轴心国支持的政权。根据艾森豪威尔将军的报告，达尔朗海军上将已经发表了如下声明：

'在盟军的帮助之下，法属非洲必须尽最大努力在军事上击败德国和意大利……'"（达尔朗海军上将的声明原文详见附录）

达尔朗宣布，对所有因同情盟国而受到惩罚或者停职的人彻底予以赦免；他正在采取措施，恢复人们因为种族而被剥夺的权利，并且立即停止对犹太人的迫害；停止对报纸和广播的审查制度，除非盟军当局认为出于军事安全之需要。

达尔朗对法国军队积极参与吉罗将军领导的军事行动给予了赞扬。最后他说道："我并非是为了个人野心而谋求帮助或者支持。我曾经说过，我唯一的目的就是为了拯救法属非洲，在帮助法国得到解放之后，我便会解甲归田，希望未来法国的领导人能够由法国人民自己选择，并且也只能由他们来选择。"

弗里曼·马修斯——曾经是我任法国大使期间的使馆一等秘书，在 1942 年 12 月 10 日写来了一封信，引起了我的极大兴趣。他在信中对北非的整个政治形势做出了评估，摘录如下：

对于为什么必须与达尔朗做交易而不是把他关进监狱，我相信此中的细节原因我没有再描述的必要。你我对于"金鱼眼"都不会抱有任何幻想，在维希与他经历了那么多的问题和不快之后，我们居然要扮演为他辩护的角色，这种感觉似乎有点奇怪。

（11 月 6 日，马修斯在飞往直布罗陀途中经历了一场激烈的空战。)

　　作为一介平民，我为自己能经历这样一场战斗而深感自豪。我乘坐的"空中堡垒"遭到了4架"梅塞施密特"的攻击，我们击落了其中的2架——这是北非战役的第一批战果！我们的副驾驶受伤了，但是正好有一位乘客能接替他，他的名字是，吉米·杜立特①。

接下来，马修斯描述了主宰着法国军队和文官政府官员们的那种奇怪的合法性的观念，这使得有关北非的所有命令都必须来自贝当元帅的授权或者以他的名义签署。"尽管这种责任感已经被扭曲了，但它是非常真实的存在，"他写道，"几乎没有法国人认为，早前卡萨布兰卡法国军舰自杀式的任务和北非法军的抵抗行动是能够避免的，并且完全不会有损于他们所谓的'荣誉'和自尊。他们仍然在讨论的是，那些生命和舰艇所做出的无谓牺牲是有必要的。"

　　自登陆行动开始就在非洲活动的马修斯，对于我们与达尔朗这笔交

---

① 詹姆斯·哈罗德·杜立特（James Harold Doolittle, 1896—1993），昵称"吉米"，美国空军上将，杰出的特技飞行员和航空工程师。二战中率队首次空袭日本本土包括东京在内的数座城市，史称"杜立特空袭"，杜立特也因此成为美国人心目中的英雄。1917年加入美国陆军航空兵部队。1922年9月4日，杜立特驾驶一架DH-4B型飞机，从佛罗里达飞到加利福尼亚，全程3 481公里，耗时21小时19分，成为首个完成一天内横跨美国本土的飞行员。他还赢得过施耐德锦标赛、本狄克斯航空竞赛和汤普森杯等航空赛事的冠军，此后担任美国军队新机型的试飞员之一，并在麻省理工学院获得航空工程学博士学位。1930年第一次退役，进入壳牌石油公司。1940年重新入伍。1942年4月18日，杜立特率领16架B-25轰炸机轰炸了日本首都东京等几座城市。从战术上看，这次空袭战果不多，轰炸机在中国迫降时全部损失掉了；但从战略上看，这次行动极大鼓舞了美国军民的士气。自中国安全回国后，杜立特即被提升为准将，罗斯福总统亲授国会勋章。北非战役中负责指挥地中海战区美军战斗机部队。1944年1月任驻英国第8航空队司令，晋升中将。德国投降后又参加过冲绳战役。1946年5月退役，重回壳牌公司任副总裁。1985年，美国国会和里根总统为表彰其卓越功绩，授予他上将军衔。1993年在加利福尼亚去世，葬于阿灵顿国家公墓。葬礼举行时，美国所有尚可飞行的B-25全部升空以示悼念。——译者

易价值的估计，与我在华盛顿基于对法国特殊形势的了解而形成的观点是完全一致的。他说："……达尔朗自己就可以下令停火并且让整个北非都服从他的命令；凭着贝当的私人密电，他一人就能够令北非军队在一周之内从敌对态度转而与我们并肩作战；凭借他的一人之力，也可以保持北非政府和公共服务部门像以前一样继续运转，并与我们积极合作。"

马修斯认为，如果没有达尔朗，达喀尔（法属西非）不会倒向我们这边。他还说，罗斯福总统为了平息美国国内的民众情绪，在声明中宣称与达尔朗的协议是临时性的，"……这无疑给我们带来了一些麻烦，几乎让达喀尔人决定回家不干了。"

在很多场合中，我们都曾听到过达尔朗发泄他对英国人的怨气。关于达尔朗同意下令将法国商船从北非港口驶离这件事，马修斯说："……考虑到他过去两年的情绪，对于'金鱼眼'来说，下令让他的船开往直布罗陀并不是一件容易的事，而且那些商船船员的态度，法国人也并非没有一丝担忧。"

来自各个渠道的消息表明，英国人很可能采取行动将达尔朗踢出局，让戴高乐取而代之。很明显，英国政府中有一大部分人认为，地中海地区是英国的势力范围，并且至关重要，看到美国在这一地区占了主导地位令他们极为不快。英国政府长久以来一直支持着戴高乐，因此当他们发现达尔朗上将成了北非"高级专员"，而他们的宠儿戴高乐被晾在一边，这无疑也让他们感到很不舒服。

在平安夜那天，我收到一封来自达尔朗的私人信件，11月27日写于阿尔及尔。对于总统和我在写给他的信中对其子病情给予的慰问，他表示了感谢。然后阐述了他的政策，以及采取对我们有利行动的理由。他说：

"如果不是我们誓言抵御任何入侵之敌，轴心国早就占领北非了。

我们遵守了我们的誓言。我在非洲下令停止战斗，是为了避免美法两国之间的关系产生难以逾越的鸿沟。"

他说，当德国出兵占领整个法国时，就等于撕毁了停战协定，他认为自己作为贝当元帅的指定继任者，他有采取行动的自由。除了那份密电之外，他说贝当过去经常对他说："达尔朗，我们必须保持同美国的友谊。"

"我可以向你保证，对于我们这些被征服者铁蹄践踏的法国人来说，美国在欧洲和非洲采取的行动不是太快而是太慢了……我们相信，加入你们的阵营，在你们的帮助之下，法国终将彻底复兴。如果罗斯福总统和丘吉尔首相信任我的这个团队，我可以保证我们将带领所有法国臣民，特别是伊斯兰教徒，支持你们的事业——也是我们的事业。"

几个小时之后，安装在我佛罗里达大街寓所的白宫私人专线响起了电话铃声。参谋长联席会议秘书告诉我，法国海军元帅弗朗索瓦·达尔朗在阿尔及尔遇刺身亡。

第十一章　卡萨布兰卡和华盛顿会议；
来自中国的求救信号

　　1943 年是个会议之年。罗斯福总统和丘吉尔首相以及他们的高级军事顾问们进行会晤的次数多达五次。这些重要的战时会议是：卡萨布兰卡会议（1 月 14 日—26 日）；代号"三叉戟"的华盛顿会议（5 月 11 日—25 日）；魁北克会议（8 月 11 日—24 日），也称为"四分仪会议"；开罗会议（11 月 22 日—26 日），蒋介石委员长及其参谋人员参加了此次会议；德黑兰会议（11 月 27 日—12 月 2 日），这次会议首次令三大国的领袖在战时聚首。

　　1942 年的最后一周，随着海军上将达尔朗的遇刺身亡，我们在北非事务上的政策必须做出调整。圣诞节那天下午，在与总统商讨之后，我替他拟发了三封电报。第一封是关于推迟戴高乐将军访美的时间，第二封是授权艾森豪威尔将军任命亨利·吉罗将军掌管北非的军事民生事务，第三封是罗斯福总统发给达尔朗夫人的唁电，并建议她带着儿子去佐治亚州的温泉疗养院。

　　12 月 29 日，在华盛顿的法国代表团，通过埃米尔·贝图阿尔①将军和雅克·勒迈格尔·迪布勒伊②向我提出，为北非的法国军队提供军事装备应当优先于美国自己的军队。事实上，美国当时在北非的军队数量，并未充足到能够通过武力控制这片广袤地区上的法国人，因此法国代表团的这个要求是令人十分为难的。就在当天，我和国务卿赫尔、霍普金斯还有马歇尔将军交换了意见，国务卿是田纳西州出身的外交官，他慨叹，估计那些被他称作戴高乐"臭鼬"的人将会在近期发动另一场新闻攻势。1 月 5 日，在我们即将启程前往卡萨布兰卡的前夕，总统与参谋长联席会议成员仔细回顾了整个北非的局势。有一位贝当政府的使馆人员，达鲁少校，曾经为我们提供过极有价值的情报，因此当美法两国交换使馆人员时，总统同意了战略情报局的要求，把他留在了美国。

大英帝国的首相和美国总统已经商定，在摩洛哥召开一次联合参谋长会议，为了此次会议，我们在华盛顿进行了大量准备工作。有关会议的行程安排是完全保密的，总统及随员一行于 1 月 10 日晚 10 点 30 分，从位于华盛顿雕版印刷局地下的专用铁路线乘坐专列出发。总统专列有一节新的装甲车厢，安装有防弹玻璃。这节车厢设有一间起居室，一间可以容纳 10 至 12 人的餐厅，一间设备齐全的小厨房以及五间套房。为每个随行人员都准备了一张特别身份证，在必要时可代替护照使用。总统的证件编号是"第 1 号"，我的则是"第 2 号"。

---

① 埃米尔·贝图阿尔（Marie Émile Antoine Béthouart，1889—1982），法国陆军上将，参加过一战。1934 年 8 月任驻南斯拉夫武官。1939 年任山地步兵旅指挥官。二战爆发后，1940 年 4 月率领第 1 精锐轻步兵师参加挪威战役。1940 年 8 月任摩洛哥首府拉巴特驻军司令，配合盟军联络当地法军协助盟军在北非的登陆行动，1942 年 11 月 10 日被维希政府逮捕，11 月 14 日被盟军解救，12 月任出使美国的法军代表团团长。1943 年 11 月任法国国防委员会参谋长。1944 年 8 月任法国第 1 集团军参谋长，9 月任法国第 1 军军长，参加了反攻欧洲的作战，是盟军中第一支打过多瑙河进入奥地利的部队。二战后任法国驻奥地利高级专员、占领军司令。1950 年 10 月退役。——译者

② 雅克·勒迈格尔·迪布勒伊（Jacques Lemaigre Dubreuil，1894—1955），法国企业家、社会活动家，法国食用油大王乔治·乐禧瑞的女婿，1926 年加入乐禧瑞食品公司董事会，终生致力于该公司的经营。作为极右翼分子，他是 1930 年代法国反共法西斯组织"蒙头党"（革命行动秘密委员会）的主要创建者之一。二战爆发后，他积极开展地下抵抗运动，是盟军登陆北非"火炬行动"的拥护者，负责美国总统特使、北非公使罗伯特·墨菲和亨利·吉罗之间的联络工作，吉罗抵达阿尔及利亚后就住在迪布勒伊的家里。二战后积极支持摩洛哥独立运动，1955 年 6 月在卡萨布兰卡被反摩洛哥独立分子刺杀身亡。——译者

1月11日在迈阿密，我们换乘水上飞机。那天的天气宜人，极为适合飞行，早上6点30分，我们启程飞往特立尼达，之后降落在西班牙港旁的帕利亚湾。降落的时候，我数了数，大约有45艘大型商船停泊在鱼雷防护网后的海湾里，显然正在等待编队护航。当地海军基地指挥官J. B. 奥登道夫海军少将前来迎接我们，并陪同我们到一个军官俱乐部用餐，这里曾经是一间小型海滨旅馆。在这儿，我们会见了特立尼达陆军司令康格·普拉特少将。按照参谋长联席会议制定的统一指挥原则，普拉特接受奥登道夫的指挥。

此时，我已经染上了严重的支气管炎，当我们第二天早晨准备动身前往摩洛哥时，麦金泰尔医生建议我不应当继续旅行，否则会有危险。此次参会之旅就此止步，令我深感沮丧。在特立尼达的海军医院里，我得到了精心照料，并于1月19日康复出院。

巴拿马负责海上防务的克利福德·E. 范胡克海军少将，当时正在特立尼达参观访问。他告诉我，他只有2艘驱逐舰和6艘快艇能够用于加勒比海域的商船护航。从巴拿马前往太平洋诸港口的船只数量众多，但是他却没有护航舰可用。对我们而言，幸运的是日本潜艇从来没有袭击过我们供给线的这一端。由于护航舰短缺，当时那些运输船只能在没有保护的情况下在海上航行。在等待总统他们从卡萨布兰卡返回期间，我参观了特立尼达正在修建的几处军事基地。

卡萨布兰卡会议结束之后，总统乘坐飞机于1月29日下午4点30分抵达特立尼达。这一时间比预定的行程晚了好几个小时，令等待中的我们提心吊胆，焦急不安。后来得知，在他们抵达特立尼达之前的几个小时，遭遇了意外的恶劣天气，因而被延误了。

晚餐之后，总统将摩洛哥苏丹①赠送给他的几件华丽精美的礼物拿

---

① 在1957年之前，摩洛哥国王称为苏丹（Sultan）。——译者

出来给我们欣赏。其中包括一把镶金的酋长匕首，两只金手镯以及一副精美绝伦的古苏丹头饰。这些纪念品现存于海德公园博物馆。

至此，我又重新归队。1月30日，是总统的六十一岁生日，我们启程离开了特立尼达。中午时分，当飞机飞抵海地岛上空时，我们送上了蛋糕、香槟和礼物为总统庆祝生日。他非常开心，对于我们所有人来说，这都是一次独特的经历——在万里云天之上，并且是异国他乡的天空之中，为美国总统举办了一场生日午宴。下午4点25分，我们降落在迈阿密，并于第二天傍晚6点30分回到华盛顿。

此后的几天当中，总统向我简要介绍了卡萨布兰卡会议的情况。他讲到了让戴高乐来参会之后出现的种种麻烦。我记得他说问过丘吉尔："谁为戴高乐的餐费买单？"

丘吉尔耸耸肩，说道："噢，当然是英国啰。"

然后罗斯福说："你为什么不把他的粮食补给停了，或许他就自己跑过来了。"

总统笑着向我重述了这段故事，说他不知道英国有没有断了戴高乐的口粮，反正他最后是来了。总统从摩洛哥回来以后，认为这个颇具争议的法国人是个很难相处的人，而且他对于我们在非洲的安排部署是不会有太大帮助的，特别是有关于吉罗将军的问题。所有参会的人都清楚，很明显戴高乐一心想要得到认可，成为法属非洲的最高长官，因此让吉罗也来参会的做法令他很不满。

2月2日，总统再次回顾了卡萨布兰卡联合参谋长会议的成果，马歇尔将军和金上将也在场。他们的谈话令我感到，此次会议在如何打赢这场战争的问题上并未获得太大进展。对于我们提出的在西南太平洋和缅甸战场对日本发起攻势的必要性，我们的英国盟友看起来是勉强接受了。但是对于美国提出的1943年横渡英吉利海峡进攻法国的计划，他们并未同意，取而代之的是，会议决定在地中海地区发起联合进攻行动，主要是在西西里岛。

　　为了使在北非艰苦奋战的吉罗能够和在英国高谈阔论的戴高乐达成政治协定，他们还略施了一些小计策。但是，我看不出这样的协定对于我们的作战行动有任何有益之处。突尼斯的战斗形势表明，把德国人和意大利人赶出北非需要付出巨大的人员伤亡代价。

　　卡萨布兰卡会议的一个出人意料的成果是，在最后的新闻发布会上，总统和首相共同宣布了"无条件投降"原则。据我所知，这一政策此前从未与联合参谋长委员会进行过讨论，并且从军事角度来说，这意味着我们必须要彻底击败敌人，因此将会增加我们获胜的难度。后来，苏联也同意无条件投降原则。在战争结束之前，曾有过数次在一些地区接受有条件投降或许更为有利的情况，但是我们都没有允许这么做。

　　北非前线的"华盛顿侧翼"① 在2月和3月相对比较平静。但是大家对《戴高乐—吉罗协议》的担忧却始终未能消除，有许多消息称，戴高乐的支持者正试图逐渐削弱吉罗将军的权力，其在纽约的代理人还诱导法国战舰的船员开小差去加拿大。国务院欧洲事务司司长雷伊·阿瑟顿3月30日告诉我，戴高乐的支持者们正在阻挠法国的"牙买加号"离开北非，除非它由戴高乐的人来接管。而这艘船是由美国战时航运局包租的。

　　戴高乐追随者们此时的所作所为，无疑干扰了我们的作战计划，而我们的英国盟友，他们的金主，却并没有采取任何行动阻止这种扰乱行径。阿瑟顿得到来自伦敦的消息，戴高乐与共产党联系密切，而且有些人担心，英国公众近期在感情上开始变得更加倾向于苏联政府了。

　　在华盛顿的法国军事代表团认为，让马提尼克岛仍然亲维希政府的罗伯特海军上将来华盛顿会谈是有好处的。我将此事汇报给总统，他建

---

① 华盛顿侧翼(Washington flank)，此处应该是指北非战场上美军驻守的防线。——译者

议征求国务卿赫尔的意见，但赫尔认为这么做没有什么用。我也同意他的观点，此事便作罢了。当法属圭亚那与赖伐尔关系破裂，转而加入吉罗将军的阵营时，有些人担心罗伯特可能会对圭亚那采取军事行动，但是这位老将军显然正忙于应付马提尼克岛上反对他统治的一场革命，根本无暇顾及其他。

接下来发生了一件令人恼火的事，英国人为 M. 贝特朗到特立尼达提供了交通便利，此人是由戴高乐任命的法属圭亚那总督。不过副国务卿威尔斯在 4 月 6 日下令，要求我们的海军不得给 M. 贝特朗从特立尼达到法属圭亚那提供交通工具。看来英国政府这次是下定决心，为了利用戴高乐而牺牲我们的利益了。

艾森豪威尔将军的手下朱利叶斯·霍尔姆斯上校和战争部的约翰·H. F. 哈斯克尔上校，在 4 月 3 日给我看了一份草拟好的方案，建议将来在北非盟军攻占的区域，比如西西里岛，成立军事政府。在此之前，威尔斯就曾坚持在美国指挥的军队攻占的地区，必须保留美国的控制权，如此我们在和平谈判的时候才能占据优势。威尔斯是对的。我草拟了一份给艾森豪威尔将军的电报，概述了美国在这方面的政策原则，总统批准了，当然做了某些修改（在大学时期，罗斯福曾经是哈佛学报的编辑，就热衷于对别人的文章修修改改）。

霍尔姆斯提交给我的方案，似乎与总统的指示并不一致。他们的计划是在西西里设立一名英军总督的职位，但是霍尔姆斯说，这是能够与英国人达成一致的最好结果了。我建议他，在试图得到总统的批准之前，先去征得国务卿的认可。不过这一次我错了。4 月 14 日，在丘吉尔的执意坚持之下，罗斯福同意在盟军占领意大利之后，由哈罗德·亚历山大①将军担任意大利的军事总督。我认为，这是英国人为了在随时可

---

① 哈罗德·亚历山大（Harold Alexander, 1891—1969），伯爵，英国陆军元帅。一战中曾任爱尔兰近卫团第 2 营营长，并荣获战争十字勋章和杰出服务勋章。一（转下页）

能开始的和平谈判中争取主动权所做的努力。不过,在我替总统发送的电报中,明确了亚历山大必须听从艾森豪威尔将军的指挥。

伦敦的英国参谋长委员会要求艾森豪威尔立即发起攻占突尼斯的作战行动,为此我们于 4 月 9 日召开了一次参谋长联席会议特别会议,会议同意了英国人的意见。因为我觉得,参加进攻突尼斯作战行动的军队中大部分是英国人。这次作战行动取得了成功,5 月 11 日,以丘吉尔首相为首的英国代表团抵达华盛顿,出席"三叉戟会议",也正是在这一天,来自突尼斯的报告说非洲的德军已全线溃败。大约有 5 万人被俘,另有大约 6 万人撤往卡本半岛①——但实际上他们到了那儿也是无处脱逃的。北非战役的胜利,可能是得益于盟军在海上和空中的力量占据了优势,从而阻止了敌人的有效增援。

一些国务院的官员被持续不断而又真伪难辨的报告搞得烦恼不已,这些报告称,苏联人只会与侵入苏维埃共和国境内的德国人作战。这让我想起了 2 月份的时候,帕特里克·赫尔利准将执行访苏特别任务回来之后,告诉我的一些情况。

当时我们聊了很长时间,帕特报告了他在苏联前线访问期间,从苏军将领那里听到的情况,他还观摩了他们的部队以及作战行动,他的结

_____

(接上页)战后被派遣到拉脱维亚担任军事顾问,指挥由德国和波罗的海国家士兵组成的兰德斯威旅与布尔什维克党武装进行作战。1926 年进入坎伯利参谋学院深造。1938 年 2 月任第 1 步兵师师长,二战爆发后随远征军开赴法国作战。1940 年 5 月,敦刻尔克战役中提任第 1 军军长。1940 年 12 月任本土军南方司令部司令。1942 年 3 月任驻缅甸英军司令。1942 年 8 月起先后任中东战区英军总司令、盟军副总司令、第 18 集团军司令、第 15 集团军司令、地中海战区副总司令、中地中海区盟军司令、意大利战区盟军司令、地中海战区盟军最高司令等职,与蒙哥马利、艾森豪威尔等人配合默契,参与指挥了北非战役、意大利战役等一系列重大作战行动。二战后曾任加拿大总督、国防大臣。——译者

① 卡本半岛(Cape Bon Peninsula),也称加蓬半岛,突尼斯东北部的一个半岛,北部为突尼斯湾,南为哈马马特湾,东北方向隔着西西里海峡与意大利西西里岛相望。——译者

论是根据自己的观察以及与苏军指挥官们交谈的基础上得出的。不过，或许某些信息是苏联人有意安排透露给赫尔利的，因为后来有一些信息被证实是错误的。赫尔利认为，德国人在苏联的主要目标是摧毁苏联的工业设施，并且通过大量歼敌来削弱苏联的军事力量。

他不认为德国在苏联会遭遇惨败，某些苏军指挥官使他相信，德国人将在来年的夏季再次发动攻势。

那时苏联人对大英帝国无疑是非常不满的，并且也不理解为什么我们没能在欧洲发起攻势。事实上，赫尔利接触到的那些苏联军官们，并不指望能从美国得到什么有效的军事援助。赫尔利在莫斯科见到了斯大林，大元帅告诉他，在打败德国人之后，将会支援美国对日作战。在那时，我对这位苏维埃领袖并不了解，也不太相信他。当时的陆军，想尽快打败日本人，确实渴望得到苏联的援助。但是我认为，我们在没有苏联的援助之下也能够击败日本。我将赫尔利将军的考察结论和我自己的看法向总统做了汇报。这是我第一次得到苏联希望介入对日战争的表示。

也是在 2 月份，我参加了苏联大使馆举办的一场招待会，庆祝苏联红军建军二十五周年。参加庆祝会的人当中，有许多显然对苏联人敞开供应的美食美酒更感兴趣。

苏联大使马克西姆·利特维诺夫①，端了一杯伏特加，以向苏联红军致敬的名义找我单独敬酒。我们举起酒杯，这位苏维埃大使一饮而尽。出于外交礼仪，我也只能这么做了。我并不习惯这种烈性酒，它几

---

① 马克西姆·利特维诺夫(Maxim Maximovich Litvinov, 1876—1951)，犹太人，苏联外交官。支持国际裁军，力主苏联加入 1928 年《凯洛格白里安公约》(又称《非战公约》)，1929 年 2 月主持签订了加入该公约的《利特维诺夫协议》。1930 年任人民外交委员，倡导国际集体安全机制，主张加入国际联盟，对美国比较友好。利特维诺夫不赞成西方国家的绥靖政策，反对向希特勒妥协。1939 年 5 月，斯大林启用莫洛托夫取代利特维诺夫担任人民外交委员；8 月 23 日，苏德签署《莫洛托夫 & 里宾特洛甫协定》；希特勒曾这样评论苏德协议的签订，"撤掉利特维诺夫是关键因素"。——译者

乎令我五脏俱焚，但是对于我此后即将在德黑兰、雅尔塔和波茨坦参加的会议晚宴来说，这是一次很好的练习。利特维诺夫头脑机敏、精力充沛，作为当时苏联政治体制下的一名官员，他算是富有个性魅力的。

2月12日，总统参加了一年一度的白宫记者协会晚宴。罗斯福在二十分钟鼓舞人心的演讲当中，重点阐述了这场战争的目标以及前景展望。他强调了必胜的信念，以及迫使轴心国无条件投降的决心。我个人认为，他有些言过其实了，但是，作为一场将会在全世界传播的演说，它无疑能起到良好的宣传效果，也必然能打击敌人的士气。总统演讲结束之后，是一个小时的文艺节目，都是些乱七八糟的杂耍表演，与总统慷慨激昂的演说相比，完全给人一种虎头蛇尾的扫兴之感。

也是在那一周，在讨论有关战时新闻局在国内外的宣传活动时，萨姆纳·威尔斯对我说，艾莫尔·戴维斯显然以为他的部门是一个政策制定机构。我很欣赏戴维斯，并且认为他的工作很出色。但是威尔斯关于他介入政策问题的说法令我感到吃惊，因为我认为戴维斯只是按照命令做事罢了。

3月4日，熟谙欧洲政治并曾经在苏联待过很长时间的比尔·布利特①，邀请我在他的住所共进午餐。他就战后我们可能会面临的问题提出了自己的观点，我们对此进行了讨论。布利特说，到那个时候，美国应该有足够的实力迫使盟国接受美国制定的欧洲战后国际关系政策，就好像伍德罗·威尔逊在1918年上次大战结束之后，签订停战协议时所拥有的优先权一样。

他相信，德国一旦垮台，控制欧洲的力量将立即从美国转移到苏联手上，而后者一定会利用签署和平协议的机会抢夺地盘。苏联在整个欧

---

① 比尔·布利特(Bill Bullitt, 1891—1967)，1919年曾参加美国总统威尔逊派往苏联的秘密使团，会见过列宁。1930年代曾任美国驻苏联大使。二战期间持反苏立场。——译者

洲占据优势将难以避免。

他认为，在我们的影响力随着德国溃败而被削弱之前，国务院应该进行重组，使其成为一个能够调动一切可利用力量、灵活执行美国战后政策的和平机构，战后政策一旦确定，可以立马启动运行。他还认为，国务院当时的工作犹如一盘散沙，毫无效率可言，到了和平时期更是如此。

3月份，国内工农业劳动力短缺的问题开始变得严峻起来。总统组建了一个特别委员会，我也是成员之一。我们花了大量时间调查听证。出席听证会的主要有美国劳工联合会主席威廉·格林和他的助手们。他的组织和其他劳工组织明确反对任何旨在控制劳工市场的立法。对于他们而言，保住他们对劳工市场的控制权显然比为我们的战事助一臂之力更有吸引力。

3月11日，农业部长克劳德·威卡德和几名农业部官员出席了听证会。我认为他们关于劳动力管理，特别是关于农场工人的方案，并不足以解决当前存在的食物短缺的严重情况。

委员会的工作得到了劳工统计局伊萨多·鲁宾的协助，他为我们提供了充分详实的劳动力资料和可用劳动力的评估数据。他认为，这一问题可以通过征用义务劳动力来解决，包括男性和女性。

3月14日，经济稳定办公室主任伯恩斯、霍普金斯、伯纳德·巴鲁克、塞缪尔·罗森曼法官和我向总统提交了我们的调查报告。报告提出将军队总人数扩充至1 116万人以及让妇女参加工业生产等建议，我们认为，战争人力委员会和农业部的管理方式应当进行大刀阔斧的改革，并且通过志愿兵制度为战争积蓄必要的兵源。

委员会一致认为，如果战争在短期内无法结束，通过立法颁布兵役法案来征募兵源和资金将是不可避免的，但是我们认为，当时的美国国民并没有做好准备接受这样一部法案。

1943 年春季，我们不得不面临许多物资短缺的状况，而这正是人力资源危机的连锁反应。飞机也是短缺物资之一。实际上，每一个战区的指挥官都在要求提供更多的飞机。总统于 3 月 26 日召集马歇尔、阿诺德、霍普金斯和我就此问题进行讨论。他要求大幅提升飞机的生产数量，当时我认为这个目标是难以实现的，但是后来这些飞机真的生产出来了！另一项短缺的就是战舰。我们那时正在建造"鱼雷艇"，这种 70 英尺长的舰艇能够在夜间行动中出色地替代驱逐舰。3 月 28 日，我在其中一艘鱼雷艇上与第 12 中队的约翰·哈尔利海军少校共进午餐，当这些舰艇全部制造完成之后，他将被派往太平洋战区。

海军上将珀西·诺布尔爵士，于 1942 年 12 月抵达华盛顿，接替安德鲁·坎宁安爵士担任英国使团的海军代表，4 月 14 日来与我商讨加快护航舰生产的可能性，用以在大西洋海战中对抗德国舰艇。

伯纳德·巴鲁克对飞机和护航舰交货缓慢的情况非常关注。他在 4 月 22 日告诉我，他正在计划加快这两种产品的生产速度，他尤其关心远程飞机的生产效率问题。虽然我的笔记没有记录下当时谈论的细节，但我可以肯定，我们讨论的就是著名的"B-29"①，当时刚刚从组装线下线。七十三岁的巴鲁克像往常一样思维敏捷并且干劲十足、充满活力。

一直以来，我恪守着不卷入任何党派之争的原则立场。但是，在 4 月 14 日，我听到了一些关乎政治的讨论，非常有趣。在那天，一位专栏

① B-29 轰炸机(Boeing B-29 Strategic Bomber)，绰号"超级空中堡垒"(Superfortress)，是美国波音公司设计生产的四引擎重型螺旋桨轰炸机。B-29 轰炸机命名延续自 B-17 飞行堡垒，是美国陆军航空队在第二次世界大战亚洲战场的主力战略轰炸机，是第二次世界大战时各国空军中最大型的飞机，也是当时集各种新科技的最先进的武器之一，被称为"史上最强的轰炸机"。1945 年 8 月，B-29 轰炸机向日本的广岛和长崎投掷了原子弹。第二次世界大战后，B-29 在美国空军继续服役了很长一段时间，包括朝鲜战争，19 个不同的变种机型扮演了多种多样的角色——气象侦察、空中加油和作为超音速飞机研究的实验台，直到 20 世纪 60 年代早期全部退役。——译者

作家康斯坦丁·布朗，讲述了下面的故事：

"几天之前，艾尔弗雷德·兰登和赫伯特·胡佛①邀请布朗共同探讨美国的外交政策。他们在谈话当中，询问他对下一次大选的前景作何判断——道格拉斯·麦克阿瑟将军作为总统候选人和哈里·伯德参议员作为副总统候选人，是否能够击败罗斯福。"这个消息很有意思，如果是真的，那就说明兰登和胡佛正在考虑与麦克阿瑟和伯德结成政治同盟。

那天晚上，我和参议员伯德以及缅因州前参议员弗雷德里克·黑尔一同赴罗得岛州参议员彼得·格里处做客。这三位是国会中逐渐兴起的反罗斯福一派的领袖人物。他们畅所欲言，毫不隐晦地谈论国内政治策略应当做出改变的必要性，同时也问了我许多有关战争和外交关系方面的问题。

他们都是我多年的朋友，也许正是这个原因，使得他们在我面前可以无所顾忌地表达自己的思想。

在合适的时候，我会将这些谈话的内容，以及我听到的其他类似谈话告诉罗斯福。如果情况允许，在接受此类邀请之前，我也会告知总统，以确定他是否会反对——这么做并非出于政治角度考虑，而是因为此类谈话可能会涉及军事事务。不过总统从未提出过反对意见，因为他知道我是不会泄露任何机密的。

这一周，罗斯福举行了一个招待会，邀请大约60位参议员和众议员参加。马歇尔、金和阿诺德就当前的战争局势做了简短介绍。这次招待会不涉及任何政治问题，也不做正式记录，因为总统只是希望借此机会使这些国会领袖们了解参谋长联席会议正在进行的工作，以及所面临的

①　赫伯特·克拉克·胡佛（Herbert Clark Hoover，1874—1964），1929年至1933年任美国第31届总统，帮助恢复德国军事工业的实力，纵容日本侵略。卸任后成为共和党保守派的首领，以"孤立主义者"著称。二战期间曾反对援助苏联对德国作战。——译者

困难。

1943 年 4 月下旬，预算局对预算不足以及北非民政机构职能重叠的问题感到担忧。预算局的官员认为，战争部计划委员会应当向华盛顿的民政部门咨询，并且只有在涉及军事行动的情况下，军方才应当控制占领区民事政府的首脑。我告诉他们，他们所说的问题，总参谋部正在与民政部门的主管进行协商。

也是在 4 月下旬的时候，法属瓜德罗普岛的种族骚乱有演变为一场革命的趋势。那里的地方当局向美国请求支援，在与国务卿赫尔协商之后，海军派马格鲁德上校和吉罗将军手下的巴特少将前往该岛，希望能够藉此劝服瓜德罗普岛脱离维希，加入反轴心国的盟军阵营。

5 月 4 日，海军少将雷德曼向我抱怨，联邦通信委员会的主席劳伦斯·弗莱干涉军事部门的作战通讯。雷德曼还说，弗莱在公开场合讲话时，可能会把有价值的信息泄露给敌人。军方和弗莱主席之间彼此都没有好感，弗莱也是战时通讯委员会的头儿，不过因为他深受政界人士的青睐，因此得以保留其职位。

这一年的春末，澳大利亚国防部长赫伯特·伊瓦特博士成了我这里的常客，想要为澳大利亚空军争取到更多的各式飞机。伊瓦特特意请我转告总统，如果不能从我们这里得到飞机，他的政府将会面临政治上的困境。我想我没有办法给伊瓦特博士太多支持。我们不会为了政治选票而赠送飞机，尽管我们正在为澳大利亚提供飞机援助，但这些飞机是从其他需求更为迫切的地方抽调出来的。伊瓦特的澳大利亚口音让我听起来很费力，虽然在四十年前，我曾经很熟悉澳大利亚市井平民的口语。那时候我是一艘补给船上的海军少尉，在悉尼和布里斯班待过几个月。

当伊瓦特为了"政治需要"讨要飞机的时候，太平洋战区出现了更为严重的问题，需要参谋长联席会议来解决——那就是指挥权问题。2

月 13 日，马歇尔、金、霍普金斯和我与总统在一次例会上，对整个战场局势进行了回顾。我们认为，非洲战场占用的资源比预计的要多，我们的资源本就有限，将如此多的力量投入到其他战区，令太平洋战区的海军指挥官们感到不满。

1943 年 3 月中旬，海军上将哈尔西和陆军的麦克阿瑟将军之间由于战略观点不同，爆发了一场冲突。哈尔西的参谋长迈尔斯·R. 布朗宁上校 3 月 17 日告诉我，麦克阿瑟将军希望在海军的全力支持下，让陆军的攻势能够沿着新几内亚北岸向西扩展。而哈尔西则希望海军经由南太平洋诸岛，与陆军平行推进，两军始终保持在能够相互支援的范围之内。麦克阿瑟，我们最有才干的指挥官之一，出色地利用了他有限的力量，同时他也在请求增援，包括海军的支援。哈尔西被派去协助他，但是麦克阿瑟希望得到全部的指挥权。

金上将下令，让他的部队直接穿越太平洋。陆军的计划则是攻占新几内亚岛，削弱位于新不列颠岛附近的拉包尔岛敌军基地的力量，向西北攻占另一个岛屿（我认为是莫罗泰岛），然后进击菲律宾。参谋长联席会议在星期天，3 月 21 日，召开了一次特别会议，专门讨论这一情况。除了布朗宁之外，参加这次会议的还有尼米兹海军上将的参谋长，海军少将雷蒙德·A. 斯普鲁恩斯①，以及麦克阿瑟的参谋长理

---

① 雷蒙德·阿姆斯·斯普鲁恩斯（Raymond Ames Spruance, 1886—1969），美国海军五星上将。1906 年毕业于美国海军学院，先后任"爱伦华德号"驱逐舰舰长、海军工程局调拨处和电力处处长、"戴尔号"驱逐舰舰长、驻欧洲海军助理参谋长、"奥斯本号"驱逐舰舰长。1926 年夏进入海军军事学院深造。1933 年任驱逐舰护航舰队参谋长。1935 年 4 月任海军军事学院战术系主任，培养的许多学员在二战中担任要职。后又担任过"密西西比号"战列舰舰长、第 10 海军军区司令兼加勒比海战区司令。珍珠港事变后，先后任太平洋舰队第 5 巡洋舰分遣舰队司令、第 16 特混舰队司令，参与指挥中途岛战役。1942 年 6 月调任太平洋舰队参谋长。1943 年 8 月任中太平洋舰队司令，先后参与指挥吉尔伯特群岛、马绍尔群岛、马里亚纳群岛、冲绳岛等重大战役。1945 年 11 月，任太平洋舰队总司令兼太平洋战区最高司令。1946 年 3 月，任美国海军军事学院院长。——译者

查德·K. 萨瑟兰①少将。

我们面对的其实是一个老话题。在太平洋作战的陆军和海军，都认为自己的兵力不足。参谋长联席会议一时也无法找到足够支持发动拉包尔战役的增援力量，因此麦克阿瑟的计划不得不进行调整，通过空袭对日军基地进行局部打击。九个月之后，我们才得以在新不列颠岛登陆。

因马歇尔不在而代理陆军参谋长的 T. T. 汉迪②将军，3 月 23 日来我办公室，讨论参谋长联席会议打算如何解决指挥权的问题。海军主张联合指挥。我个人认为，麦克阿瑟应当被授予全部指挥权，同时也要承担全部后果。

在这一周里，麦克阿瑟的公共关系官，劳埃德·莱博斯上校，同我谈及麦克阿瑟将军在澳大利亚面临的一些政治问题。莱博斯说澳大利亚的正规军训练有素，战斗力很强，但是民兵组织却自由散漫、战斗力低下。

3 月 28 日，参谋长联席会议又召开了一次星期天特别会议，指挥权问题必须要做出最终决定。金上将非常担心，如果在这个时候将该战区的海军指挥权交给一名陆军指挥官，局势的发展未必会如人所愿。会议

---

① 理查德·克恩斯·萨瑟兰（Richard Kerens Sutherland，1893—1966），美国陆军中将。1916 年毕业于耶鲁大学。同年加入国民警卫队，参加了追击潘丘·维拉的军事行动，年底转入正规军。一战中随陆军第 2 师在西线作战，并进入英格兰坦克学校学习。1920 年任美国陆军步兵学校教官，并先后进入指挥参谋学院和陆军战争学院学习，1933 年毕业后在总参谋部作战处、训练处工作。1937 年任驻天津美国陆军第 15 步兵团营长。1938 年 3 月任菲律宾政府军事顾问，7 月任道格拉斯·麦克阿瑟将军的参谋长。二战爆发后，菲律宾沦陷。1942 年 3 月随麦克阿瑟一起撤退到澳大利亚，在整个二战期间始终担任他的参谋长。1946 年退役。——译者

② 托马斯·特洛伊·汉迪（Thomas Troy Handy，1892—1982），美国陆军上将。1942 年 6 月接替艾森豪威尔任陆军参谋部作战计划处处长，晋升少将。1944 年 10 月任陆军副参谋长，晋升中将。1945 年 3 月晋升上将，马歇尔出席波茨坦会议期间，代理陆军参谋长，曾下达向广岛投掷原子弹的命令。1952 年 8 月至 1954 年 4 月任美国欧洲司令部副总司令。——译者

最后决定，由麦克阿瑟全权指挥新几内亚沿岸及毗邻岛屿的作战行动。哈尔西上将负责指挥海军与陆军并行推进，支援麦克阿瑟。太平洋舰队总司令切斯特·W. 尼米兹上将，全权负责太平洋其他区域对日本舰队的作战行动。

至此，自1943年1月1日到5月12日（"三叉戟会议"在华盛顿召开）的这段时间里，我所参与处理的与战争相关的国内外事务，从各个方面基本都已做了说明。惟独没有提到的是中国问题。

大家普遍认为，"三叉戟会议"最重要的成果是我们的英国盟友终于同意横渡英吉利海峡登陆法国的作战行动，至少是在纸面上，这将使我们能够与希特勒的主力军队正面交锋。与此同时，我对我们远在亚洲的盟友所处的困境也同样关注，中国基本是在势单力孤的状态下，与野蛮的日本侵略者抗争了多年。我们必须打败希特勒，而且我相信，只要我们的英国盟友全力以赴，纳粹必亡。同样，我们也必须击败日本，但是我认为，对于从长远来看将会威胁到美国安全的东半球战争，我们没有给予足够的重视。

中国发出求救信号已经有一段时间了。1943年2月，蒋介石夫人到访华盛顿，罗斯福总统安排她在2月19日的总统记者招待会上向公众介绍中国的形势，让美国人对中国有所了解。那天白宫的椭圆大厅里几乎挤满了人，蒋夫人的发言虽然简短却触动人心，随后面对记者一连串的提问，她从容不迫地做了机智巧妙的回答。

当天参会的女记者人数异乎寻常得多，这位来自中国的贵妇人以其雍容优雅的容貌举止给她们留下了深刻印象。当我看到她们都在忙着做笔记的时候，不禁猜想在今后几天的报纸上，关于蒋夫人穿着打扮的详细报道肯定会占据大量篇幅吧。蒋夫人身着款式时尚的中式旗袍。她看上去比我想象的要老，可能是由于刚刚生过病的原因。2月21日星期天中午，她致电给我，约请我下午去她在白宫的住所会面。

在会谈中，蒋夫人娓娓聊起诸多话题，这令我难以确定她此次会谈的目的。她指出美国出兵缅甸的必要性，以促使其他盟国军队效仿跟进。她透露，香港的英国当局拒绝了蒋介石提出的援助请求，并且声明他们自顾不暇。她还说，在缅甸被日本人占领之前，她的丈夫曾提出派中国军队出兵缅甸，但被英国政府拒绝。

　　蒋夫人风度迷人，聪敏睿智，而且能量非凡。她邀请我陪她一同返回中国。当我将此事告知罗斯福总统时，他说："别太得意了，比尔。她也邀请我陪她一起回去。"

　　几天之后，我听说了这样的传闻：罗斯福总统在与蒋夫人谈话时，曾开玩笑说她是个"妖妇"，因为她让前不久访华的温德尔·威尔基完全拜倒在她的石榴裙下，承诺答应她提出的有关中国的一切要求。

　　蒋夫人对此莞尔一笑，说道："总统先生，不能因为威尔基先生的春心荡漾就证明我是个'妖妇'。"

　　蒋夫人有关中国局势的演说，在许多具有影响力的团体中引起了强烈反响，其中也包括国会。她在华盛顿停留期间，甚至出现谣传，说她可能会劝说罗斯福改变这场战争大的战略方向，将重点转向太平洋战区。当然，这些都是毫无根据的谣言，参谋长联席会议对此也从来不予理会。

　　就在蒋夫人会见美国记者的同一天，约翰·迪尔爵士和阿诺德将军结束了访华行程之后返回美国。他们向英美联合参谋长委员会汇报，关于向中国军队提供军需补给的问题，以及重新夺取缅甸的作战计划已经与蒋介石达成了共识。但是这件事一直延迟到4月6日，才提交参谋长联席会议、哈里·霍普金斯和总统开会讨论，就开展缅甸战役、打开一条通往中国之路的可能性进行研究。

　　返回华盛顿之后，像所有参谋长一样，迪尔爵士也与蒋夫人进行了一次会谈。在他的会谈结束之后，就开始流传这么一个故事——他的一位参谋军官问他，是否从这位夫人那里得到什么对战局有利的东西，据说迪尔的回答是："我有一个非常明确的印象，中国人并不缺少'女权'。"

大英帝国显然并不希望在缅甸一带发起对日本人的作战，但是如果不能把日本在缅甸的全部兵力牵制在与盟国地面部队的战斗中，他们必然会腾出手来干扰我们的对华空运。

总统决定，在这个月（4月份）我们将从美国运送20艘船的军需补给到印度，并且要求参谋长联席会议在7月1日之前，就缅甸战役制定出最终方案。在援助中国的必要性上，我们与总统的意见完全一致。我们也知道，英国人宁愿让这些物资运到别的地方。总统并没有特别在意英国人，但是对于战局和英国人的态度他是非常了解的。罗斯福总统似乎早已决心提供切实可行的援助，以使中国能够继续对日抗战。

第二天，在中国问题上一向消息灵通的总统行政助理劳克林·柯里，强调在处理与我们远东盟友的关系上，必须采取积极主动的政策，以避免与蒋介石对话时处于被动，并且可以遏制当时美国国内的政治反对派利用对华政策抨击总统的势头。

丘吉尔的外交大臣安东尼·艾登①，于3月中旬抵达华盛顿，与总统和其他高级官员进行了长时间会谈，但是他与军方人士没有进行太多

---

① 罗伯特·安东尼·艾登（Robert Anthony Eden, 1897—1977），英国政治家、外交家，二战时期曾任英国国防委员会委员、陆军大臣、外交大臣和副首相等职。1955至1957年出任英国首相。1930年代的欧洲，德意法西斯势力极其猖獗。英法两国统治集团妄想以牺牲弱小国家和民族的利益谋求"和平"。与此同时，英国统治集团中少数有远见的政治家不同意推行绥靖政策，主张联合苏联在内的欧洲国家，抵抗法西斯侵略势力。艾登就是这种有远见的政治家之一，要求推行以军事实力为后盾的外交，否则"在这个剑拔弩张的世界上任何外交政策都不会有获得成功的希望"。当时未加入政府的丘吉尔称他为"政府中惟一的优秀成员"。1940年5月，丘吉尔出任内阁首相，艾登受到丘吉尔器重，出任陆军大臣。同年12月第二次出任外交大臣。二战期间，艾登始终在丘吉尔领导下工作。丘吉尔一再表示，如果他有什么意外，就由艾登接任首相。——译者

接触。作为英国立场的代言人，艾登很有影响力。在他访美期间，我曾经听过一场他在国家新闻俱乐部发表的演说，和我所了解的其他英国高层政府官员一样，他对自己国家的总体政治方略有着深刻的理解，而我们自己的很多领导人在这方面却有着相当的差距。安东尼·艾登知道英国想要的是什么。很多时候我都感到，如果除了罗斯福之外，我还能找出一个知道美国想要什么的人，那真的是个惊人发现。

约翰·迪尔爵士邀请参谋长联席会议成员与艾登一起在他的居所共进午餐。3月5日，哈利法克斯勋爵在英国大使馆为艾登举行欢迎晚宴，我也是受邀的20位客人之一。在这两次宴请席间，这位英国外交大臣都直言不讳地表达了他对当前战局以及欧洲前景的观点。他坚信，在战争物资生产和人力资源短缺方面，德国人正面临着重重困难。在哈利法克斯的送行晚宴上，一些国会领导人向艾登提出了不少问题，他一一作答，但又没有泄露任何真正有用的信息。

艾拉·埃克①将军，时任驻英格兰的美军轰炸部队司令，对于与德国人的战争，他的观点独树一帜。他告诉参谋长联席会议，如果我们能够搞到足够的重型轰炸机，他的部队和英国皇家空军在明年就能够摧毁德国的战争工业，如此一来，我们反攻欧洲的作战行动就不会那么困难了。在参谋长联席会议的会议室里，埃克指点着巨型地图上的具体目标，成竹在胸地陈述着他的理论。我认为，如果他所说的那种效果能够

---

① 艾拉·克拉伦斯·埃克(Ira Clarence Eaker，1896—1987)，美国陆军航空兵中将，指挥了第8航空队对德国的战略轰炸行动。他支持时任航空兵司令亨利·阿诺德的独立空中战争理论，主张航空队在英国设立基地，配合该国空军对德作战。1942年7月赴英国任美国第8轰炸机司令部司令，12月出任驻英格兰的第8航空队少将司令。在1943年1月的卡萨布兰卡会议上，他说服盟军统帅部同意让美国战略空军对德实施昼间轰炸。1944年1月，任地中海盟军空军司令，同年9月晋升中将。1945年4月任美国空军副参谋长兼盟军空军副总司令。欧战结束后，美国空中打击重点转移至太平洋战场，他又直接参与指挥了对日本本土的历次轰炸行动。——译者

实现的话，这种战术将是极有价值的。但到目前为止，德国的战争机器并没有因盟军空袭而减速的迹象。

4月20日，我们接到了丘吉尔首相的一封电报，提议他和他的全体军事参谋人员在5月初来华盛顿，或者我们派出有资格的代表去伦敦，共同会商未来的作战计划。最后决定在华盛顿召开会议。5月2日星期天，总统召集参谋长联席会议成员和霍普金斯，在白宫就即将召开的会议进行讨论，会议召开的日期已经确定为5月12日。

马歇尔将军向与会者报告说，除非立即在缅甸北部采取有效措施，否则我们为中国空运援助物资的行动就会被日军的地面攻势摧毁。很显然，要说服英国人同意在缅甸发起进攻是困难的，而且我们知道中国人对英国也没有信心。对此丘吉尔的辩解是，最近种种迹象表明，日军将要在印度发起进攻——这可能是导致英国不愿参与缅甸战役的原因。

在此次白宫会议的讨论中，我们认为，蒋介石的处境显然已经岌岌可危，而且他的政府也有垮台的可能性。一旦这种情况发生，将会严重影响到我们对日战争胜利的前景。

与会人员中有人担心，英国人将盟军在欧洲的军事行动牵制在地中海区域，是为了维持自己对该地区的控制权，不管将来实现和平以后的世界局势如何。

参谋长联席会议将约瑟夫·史迪威中将和 C. L. 陈纳德少将[①]召回

---

① 克莱尔·李·陈纳德（Claire Lee Chennault, 1893—1958），美国陆军航空队中将，曾任第二次世界大战时在中国作战的美国志愿航空队"飞虎队"的指挥官，有"飞虎将军"之称。1919 年从飞行学校毕业，1923 年任夏威夷第 19 战斗机中队中队长，编写了《战斗机飞行技巧手册》。1930 年被保送到弗吉尼亚州兰利空军战术学校学习，毕业后在亚拉巴马州马克斯韦尔基地的航空兵战术学校任战斗机战术教官。1930 年代，世界空军界流行意大利军事理论家杜黑"轰炸至上"的空战理论，战斗机受到漠视。陈纳德对该理论持怀疑态度，他坚信现代空战不能没有战斗机，于 1935 年出版《防御性追击的作用》，阐述自己的观点，其战术理论在美国陆军航空兵中有一定影响，但未引起军界上层的注意。1937 年，46 岁的陈纳德 （转下页）

华盛顿参加会议。他们俩看上去都有些瘦削憔悴，由于风吹日晒而皮肤黝黑，在中国经历了数年战争之后，已经感到疲惫不堪。他们在各自战区的对日作战中，都获得了极大的成功。在参谋长联席会议于 5 月 4 日召开的这场会议当中，中国的外交部长宋子文博士也出席了。宋呼吁，在接下来的三个月中，应该动用一切运输设备为中国提供更多的空军力量。史迪威将军则提出，有限的运输能力应当由空军和地面部队共享。他说他有 3 支中国精锐师，如果他们不能及时得到武器装备的话，对缅甸发起进攻就只能等到 1944 年了。陈纳德和史迪威之间的意见不合已经持续一段时间了。

陈纳德与蒋介石一起待在北方的中国，每当形势危急之时，他就向日本人丢几颗炸弹，以延缓他们的攻势。他勇猛过人，是一名优秀的空军，但是对于其他类型的作战方式不太了解。史迪威则身处远离重庆的南方热带雨林里，尽管他粗鲁冒失，说话尖酸刻薄，但仍不失为一名优秀的军人，精通于地面作战。我希望能把这场争端解决掉，尽一切可能维持中国在这场战争中的作用。我知道这也是罗斯福总统的想法。但是这次会议并没能解决这一问题。宋博士于 5 月 6 日来到我的办公室，一再恳请我们在此后的 3 个月中提供运输设施，给予中国空军支持。

为了"三叉戟会议"，5 月 8 日我们与总统召开了最后一次筹备会

（接上页）以上尉军衔退役。后经好友推荐，来华帮助建立中国空军，任中国空军顾问。抗日战争爆发后，他先后参加了淞沪会战、南京保卫战和武汉会战，与中国和苏联空军司令官共同指挥战斗；还在湖南芷江组建了航空学校，后任昆明航校飞行教官室主任。1941 年 8 月，中国空军美国航空志愿队成立，陈纳德任上校队长。1942 年 7 月，美国航空志愿队整编为美国驻华空军特遣队，陈纳德任准将司令。1943 年 3 月，美国驻华空军特遣队改编为美国陆军第 14 航空队，陈纳德任少将司令；同年 7 月任中国空军参谋长。1943 年 10 月中美空军混合联队组成，陈纳德任指挥官。1945 年 8 月 8 日离开中国。1958 年 7 月 18 日，艾森豪威尔总统和国会批准晋升陈纳德为中将。1958 年 7 月 27 日，陈纳德逝世。美国国防部以最隆重的军礼将其安葬于华盛顿阿灵顿军人公墓，其墓碑正面是英文墓志铭，背面是用中文写的"陈纳德将军之墓"，这是阿灵顿公墓中唯一的汉字。——译者

议。会议决定，美国的主要目标是迫使英国人接受横渡海峡登陆欧洲的作战行动，在尽可能早的日期，并且在1944年春季完成行动的准备工作。我们已经听说，英国参谋部的打算是，等到德国人在苏联和盟军空袭的压力之下溃败以后，才会同意发起这样的登陆行动。

我向总统建议，同意蒋介石的请求，调用一切可能的空运装备，在未来的三个月中从印度向中国空运物资，但是我没能得到其他参谋长的支持。当时的决定是，尽量同时为中国的空军和地面部队送必要的装备。这，依我看来，在那时是不可能完成的任务。

5月11日下午6点45分，罗斯福总统在各位参谋长的陪同下，迎接英国首相温斯顿·丘吉尔一行。这是一个庞大的代表团，丘吉尔和他的参谋长们以及随行人员，大约有一百多人。

英方参谋长包括：帝国参谋总长，艾伦·布鲁克爵士；第一海军大臣，皇家海军元帅达德利·庞德爵士；空军参谋长，皇家空军上将查尔斯·波特尔爵士。他们三位与美方的参谋长联席会议成员组成了联合参谋长委员会。

国防大臣（丘吉尔）的参谋长黑斯廷斯·伊斯梅爵士，在英军参谋长中的位置与我最为类似，尽管严格来说，他并非参谋长委员会的正式成员，但也参加其工作。

英方代表团的其他成员包括：英国东方舰队司令，皇家海军上将詹姆斯·萨默维尔①爵士；印缅战区总司令，陆军元帅阿奇博尔德·韦维

---

① 詹姆斯·萨默维尔（James Fownes Somerville, 1882—1949），英国皇家海军元帅。一战时在地中海舰队服役，参加过加利波利战役。1937年9月任东印度舰队司令。1939年初因疑似肺结核退役。二战前线超级陆战队被重新召回现役，在海军部负责海军雷达研发工作。1940年5月，萨默维尔协助伯特伦·拉姆齐海军上将组织实施了敦刻尔克大撤退；随后调任新组建的H舰队司令，法德签署停战协定后，7月3日，萨默维尔率领H舰队袭击了阿尔及利亚米尔斯克比尔港的法国海军舰队。1942年3月任东方舰队司令。1944年10月任英国皇家海军驻华盛顿代表团长。1945年5月晋升皇家海军元帅。1946年8月退役。——译者

尔①爵士；英国驻印空军司令，皇家空军中将理查德·皮尔斯②爵士；还有比弗布鲁克③勋爵，查韦尔④勋爵，以及被任命为战时运输大臣和联合航运管理局的英方成员莱瑟斯⑤勋爵。

---

① 阿奇博尔德·珀西瓦尔·韦维尔（Archibald Percival Wavell，1883—1950），英国陆军元帅。1939 年 7 月任中东英军总司令，1940 年 10 月晋升上将。1941 年 7 月调任印度英军总司令。1943 年晋升陆军元帅，6 月 19 日被任命为印度总督。——译者

② 理查德·皮尔斯（Richard Edmund Charles Peirse，1892—1970），英国皇家空军上将。参加过一战，是皇家海军空勤团飞行员，1918 年 4 月并入皇家空军，历任中队长、联队长和空军基地指挥官。1930 年任空军部作战情报处副处长。1933 年任驻巴勒斯坦、外约旦皇家空军司令。1936 年任皇家空军副参谋长。1940 年 4 月任皇家空军参谋次长，10 月任轰炸机司令部司令。1942 年初任东南亚和西南太平洋战区盟军空军司令。1943 年 3 月任驻印度皇家空军司令，11 月任东南亚战区盟军空军司令。1944 年 11 月，因与其朋友、时任驻印度英军总司令克劳德·奥金莱克的妻子爆出婚外情而遭解职。1945 年 5 月退役，同年他和奥金莱克分别离婚，次年与奥金莱克的妻子结婚。——译者

③ 比弗布鲁克（Beaverbrook，1879—1964），原名威廉·马克斯韦尔·艾特肯（William Maxwell Aitken）。加拿大裔英国报业大亨和激进的帝国主义分子，两次大战期间均在英国内阁任职的三人之一（另两人是温斯顿·丘吉尔和约翰·西蒙），是丘吉尔的密友和坚定支持者。1917 年获男爵称号，保守人士，主张保留大英帝国及其关税制度。1940 年 5 月由丘吉尔延揽入阁任飞机生产大臣，大大提高了飞机生产能力，为赢得不列颠空战做出了重要贡献。1941 年 6 月改任军需大臣。1941 和 1942 年作为美国《租借法案》的英方协调人曾率团先后出使苏联和美国，主管租借物资的使用。1943 年 9 月至 1945 年任掌玺大臣。著有《政治家与战争》。——译者

④ 弗雷德里克·亚历山大·林德曼，查韦尔子爵（Frederick Alexander Lindemann，1st Viscount Cherwell，1886—1957），英国牛津大学教授，物理学家，是二十世纪四五十年代对英国政府颇有影响力的科学顾问。早年毕业于德国柏林大学，1919 年起执教牛津大学，1920 年当选英国皇家学会会员。1940 年 5 月丘吉尔出任首相后，任命林德曼为政府科学顾问；1942 至 1945 年任主计大臣，1943 年兼枢密顾问官，深得丘吉尔器重。林德曼主张对德国城市实施大规模、区域性战略轰炸，以打击德国民众的士气，曾建议丘吉尔"把炸弹直接投进德国工人阶级的房子里；中产阶级的房子周围空地太大，难免会浪费炸弹"。为应对英国本土的食品短缺，林德曼建议丘吉尔将印度洋上 56% 的商船转到大西洋，导致澳大利亚运往印度的粮食大幅减少，造成孟加拉国饥荒中数百万人被饿死，而 1943 年底英国本土的粮食储备却增加到 1 850 万吨的历史最高值。战后 1951 至 1953 年，丘吉尔再次当选首相后，曾再次任命林德曼入阁任主计大臣。——译者

⑤ 弗雷德里克·詹姆斯·莱瑟斯（Frederick James Leathers，1883—1965），时任英国军事运输大臣。一战期间曾任航运大臣顾问。二战爆发后，1940 年 5 月丘（转下页）

"三叉戟会议"的概览纪要如下:

5月12日

联合参谋长委员会与丘吉尔和罗斯福在总统书房召开了会议。首相首先发言,称我们是"这个世界上最强有力的战时权力机关"。他力主在 1943 年内迫使意大利退出战争,为此做了雄辩的分析,列举了三个好处,即(1)产生轴心国联盟必然崩溃的心理冲击;(2)意大利军队将从近东国家撤退;(3)对未来与土耳其结盟产生影响。

不论这场战争的结局如何,英国人都渴望保有地中海的控制权,许多人相信这是英国长期秉持的一项基本原则,但是丘吉尔对于这一点却只字未提。

对于不久之后的横渡海峡登陆行动,首相说在 1944 年的春季,还无法为如此规模的作战行动做好充分准备,不过在将来某一恰当的时间,登陆欧洲的行动一定会实施的。但是他也没有暗示,除非等到德国人输了对苏战争,以及在盟军密集的空袭轰炸之下溃败,他才会支持 1944 年的横渡海峡行动。

关于日本,首相说,英国会尽一切可能支持中国继续抗战,而且他明确承诺,德国一旦投降,就会投入英国全部的陆海军兵力,争取尽早彻底击败日本。至于眼下的作战目标,他认为日本军队在苏门答腊的防守相对薄弱,因此可以考虑尽快发起对苏门答腊的进攻作战。

(接上页)吉尔组阁时再次担任航运大臣顾问,翌年出任军事运输大臣。1943 年随丘吉尔参加了卡萨布兰卡、华盛顿、魁北克、开罗召开的一系列美英高级会谈和后来的雅尔塔、波茨坦会议,参与协调与安排租借物资的运输事宜。战后 1951 年至 1953 年曾任运输、燃料和电力协调大臣。——译者

罗斯福总统在丘吉尔之后的简短发言中，敦促横渡海峡行动要尽可能早地实施，不能晚于1944年。除了攻占西西里岛和撒丁岛以外，他不赞成在意大利的其他地区采取冒险行动，并且他再次重申此前曾多次表明过的决心，在开辟任何次要战场和全力对抗日本之前，首先要集中我们的兵力摧毁纳粹德国的军事力量。

总统指出，必须支持中国继续对日抗战，向中国运送物资的空运航线应当尽快正常运转。他指示我方的参谋人员，从军事角度研究从保加利亚、罗马尼亚和土耳其一线进攻德国的可能性，并且说他将会从政治角度考虑行动的可行性。这一方案也是丘吉尔一直极力主张的。

双方一致同意，在征得葡萄牙的许可之后，使用亚速尔群岛作为盟军的空军和海军基地，是可行的。

同一天(5月12日)，艾森豪威尔发电称，突尼斯的轴心国军队已经全部放弃抵抗；德军冯·阿尼姆①将军和16万人被俘，缴获大批仍可使用的武器装备。这表明美国的首次重大军事行动取得了最终胜利。

5月13日

我主持了联合参谋长委员会的首次会议。布鲁克将军就英国的全球战略进行了阐述，他表明，在1943年，除地中海区域之外，英国不会在其他地方再发起任何重大军事行动。这与罗斯福总统的观点并不一致，

---

① 汉斯-于尔根·冯·阿尼姆(HANS-JüRGEN VON ARNIM, 1889—1962)，德国陆军大将，参加过一战。战后在国防军供职，1939年晋升少将。二战爆发后，出任第17坦克师师长。1941年率第39坦克军入侵苏联。1942年12月3日晋升为大将。同年底调往北非指挥第4坦克集团军，奉命固守突尼斯。1943年3月隆美尔因伤病回国后，出任北非轴心国军司令，5月被盟军俘获。——译者

他已经指示我，要尽早促成英美联合登陆欧洲的行动。

5 月 14 日

联合参谋长委员会成员与罗斯福和丘吉尔，就如何援助中国的问题进行了 2 个小时的会谈。陆军元帅韦维尔说明了英军反对发起缅甸战役的种种理由，却没有提出任何有帮助性的意见。我问他，我们要做些什么才能够帮助他渡过难关。因为我们认为，这一战役对支持中国抗战是十分必要的。在韦维尔的回答中，列举了数量巨大的作战物资补给，并要求美国派兵援助，这在当时都是不可能做到的，他自己也很清楚。

史迪威将军，美军在中国战区的总指挥，坚持必须逐步增强中国地面部队的战斗力。而陈纳德将军则敦促应当尽最大可能给予空中支援，这也是蒋介石总司令的期望。

这次不尽如人意的会谈，最终达成了初步决议：首先尽一切力量改善对中国的空运，其次如果时机成熟，寻求反攻缅甸的可能。

随后宋子文博士又与联合参谋长委员会成员进行了会谈，再次恳请出兵缅甸，并坚持必须立即实施大规模物资空运。在会议结束后，他来到我办公室，与我探讨缅甸战役获得支持的可能性，但是鉴于参谋长会议对此事尚无定论，我是不可能给他任何保证的。

5 月 19 日

联合参谋长委员会进行闭门磋商，对 1943 年和 1944 年盟军可用兵力的部署达成了初步一致意见。美方参谋长们在斯塔特勒饭店设宴款待英国同僚。

5 月 21 日

宋子文博士与我讨论有关缅甸战役的问题，他明确表示，除非盟军同时出兵进攻仰光，否则蒋介石不会参与缅甸战役。

5 月 23 日

联合参谋长委员会再次与总统和首相召开会议，汇报下一步作战的时间安排。战略重点仍然聚焦在迫使欧洲轴心国势力无条件投降上，同时保持对日本的压力，削弱其军事力量，为迫使其最终投降创造有利条件。联合参谋长委员会建议 1943 年至 1944 年实施的作战行动如下：

欧 洲

1. 1944 年 5 月从英格兰发起横渡海峡登陆行动，首批投入兵力 29 个师；
2. 强化对德国和意大利的联合轰炸行动；
3. 由非洲的盟军部队实施进攻意大利的作战行动，目标是使其退出战争；
4. 摧毁罗马尼亚的普罗耶什蒂油田；
5. 出于反潜防御作战的必要，占领亚速尔群岛。

近东与非洲

为土耳其提供可用的武器装备，重建北非的法国军队，尽可能利用缴获的德军装备。

太平洋和亚洲战场

1. 自印度到中国建立一条月运量 10 000 吨的空运航线；

2. 对缅甸实施空袭；

3. 夺取马绍尔、加罗林和所罗门群岛；

4. 夺取俾斯麦群岛和日本占领的新几内亚；

5. 采取有力的海上行动，破坏敌军补给线路；

6. 将日本人赶出阿留申群岛。

在接下来的讨论当中，罗斯福总统指出，本次会议的主要目的是审视中缅印战区当前遭遇的棘手问题。他强调，盟国决不能眼看着中国崩溃而坐视不理。任何认为支援我们的中国盟友是不可能的态度，都不能被容忍，因为他相信我们是可以有所作为的。

丘吉尔认为，从时间和现有条件来看，开通缅甸公路和攻占仰光、曼谷是不可行的。他似乎对于陆军元帅韦维尔两年来的研究成果深信不疑，但后者实际上毫无成就。丘吉尔说眼下应该绕开缅甸。

然后，首相再次谈起他的计划，在北苏门答腊岛部署强大的空军力量，从那儿可以向马来亚、曼谷、新加坡、南苏门答腊的巨港①油田以及日本向缅甸运送补给的海上运输线发起攻击。

最终，罗斯福在本次会议中占据了优势，他的计划得到了英国人原则上的认同，包括 1944 年登陆欧洲的行动。他帮助中国继续抗日的计划也得以成功通过，他认为这对于盟军的胜利是极为必要的。

---

① 巨港(Palembang)，音译"巴邻旁"，原称旧港，明朝时期是中国领土一部分。印度尼西亚城市，南苏门答腊省首府，苏门答腊岛南部最大港口与贸易中心。石油和天然气资源丰富，约占印尼全国炼油能力的三分之一。——译者

5月24日

英美参谋长向两位国家元首提交了最终报告。丘吉尔拒绝接受对地中海战役规模的限制，花了一个小时慷慨陈词，阐述进攻意大利并可能将目标扩展至南斯拉夫和希腊的作战计划。这一方案自始至终遭到美军参谋长的反对，因为向地中海战区增兵，可能意味着要放弃直接进攻德国的行动。以我们的观点来看，这一方案将会延长战争的进程。

5月25日

早晨，原班人马又一次齐聚在总统书房，联合参谋长委员会关于此次会议的最终报告获得了罗斯福和丘吉尔的批准。首相在上次会议中提出的进攻地中海的观点，这一次没有再提。总统设午宴招待首相及随行人员。49位客人中包括英国大使、诸位内阁大臣、战争部和海军部官员以及丘吉尔政府的文职官员。我坐在哈利法克斯勋爵和查韦尔勋爵中间。总统和丘吉尔一致赞扬了此次会议取得的成果，并表达了未来跟随战争局势的变化再次召开会议的期望。

5月26日

首相及随行人员在马歇尔将军的陪同下离开华盛顿，经北非返回英国。

我个人认为，双方最终达成的协议，比最初设想的对美国更为有利。当然，这是基于我们的盟友将会执行这些协议的前提之下。罗斯福后来向我透露，他对会议结果相当满意。虽然他关于1943年至1944年的作战计划并没有完全得到认同，尤其是关于缅甸和中国的，但是英国人至少同意了横渡海峡计划，这是他认为打败纳粹的关键，这是"我在这段时间收获的最大成果"。

为期十二天的"三叉戟会议"，使我第一次有机会熟悉英国的参谋长们和他们的顾问。我最喜欢的人是黑斯廷斯·伊斯梅爵士，或许是由于他的职位与我最为相似之故。对于我们当前所面临的政治和军事问题，他都了如指掌，并且十分忠于他的长官（丘吉尔）。伊斯梅，对我们在战争中共同遇到的问题总是秉持一种体谅和理解的态度，这迅速赢得了我的好感，并把他当作朋友，而且他的建议总是能对我有所帮助。

艾伦·布鲁克将军（虽然他表情严肃冷峻，有些令人生畏，但是我们很快就亲热地叫他"布鲁吉"），早年在一战中曾是一名优秀的战地指挥官，如今作为帝国总参谋长，同样成就斐然。

在大家展开讨论的时候，布鲁克总是全神贯注于所研究的问题，在我看来，他提出的观点通常都是有利于丘吉尔的总体战略方针。像许多陆军的高级军官一样，他似乎对于海上力量在海外军事行动中的价值缺乏足够的认识。

第一海军大臣达德利·庞德爵士，职位与我们的金海军上将大致相当，是个沉默寡言的人。当时我并不了解他的健康状况不佳。庞德是一位经验丰富的海军将领，但是只有当参谋长们讨论的问题涉及英国皇家海军的部署时，他才会参与进来，对此提出一些非常有建设性的意见。达德利·庞德爵士于 1943 年 10 月去世，盟军地中海战区海军司令安德鲁·坎宁安爵士接任了他的职位。

皇家空军上将查尔斯·波特尔爵士，职位相当于我们的阿诺德将军，实际上掌控着整个英国空军。他具有极为丰富的作战经验，充分了解空军对于地面和海上部队的作用。波特尔在制订具体的作战计划时表现出非常合作的态度，但始终坚持英国空军部必须保有对皇家空军的直接指挥权。

他坚持认为，将英国皇家空军分散使用，交由各个战区司令官直接指挥是不可取的，而这恰恰是美国空军的做法。依我看来，英国皇家空军在与地面部队的协同作战中表现出色，除了它那拖沓冗长的指挥系统。

我很荣幸能够与他们一起共事。我们之间会有争论，有时候无休无止的讨论也会令人感到沉闷乏味，但是我们的最终目标——打败希特勒和日本军国主义，始终不曾改变。布鲁克、庞德、波特尔和伊斯梅的代表在整个战争期间都留在华盛顿，每周与我们的参谋长联席会议进行会晤。

在我们各自的总司令——富兰克林·罗斯福和温斯顿·丘吉尔的领导之下，联合参谋长委员会在此次会议中，为谋划下一步联合作战计划积累了成功的经验。

第十二章　第一次魁北克会议；"霸王行动"的准备工作

1943 年 6 月初，温斯顿·丘吉尔首相在下院的一次演说中说道："胜利之光开始照耀在这场世界大战的每一个角落。"这个说法是正确的。1943 年 5 月下旬在华盛顿召开的英美参谋长会议结束之后，到同年 8 月在魁北克召开"四分仪会议"之前的这段时间里，战争确实在朝着有利于盟国的方向发展。

德怀特·D. 艾森豪威尔将军，盟军地中海战区最高司令官，在华盛顿会议期间宣布了北非战役取得胜利。在魁北克会议召开之前，西西里岛已经被攻克，墨索里尼下台，意大利作为交战国实际上已经退出了战争。苏联红军的夏季攻势迫使德国人后退至第聂伯河一线。日本人也从美国领土阿留申群岛上被赶了出去。海军上将切斯特·W. 尼米兹和道格拉斯·麦克阿瑟将军在太平洋上的作战行动进展虽然缓慢，但也取得了重大胜利。即便是在蒋介石领导下长期抗战却鲜有胜绩的中国，日本人在长江流域也遭遇了重挫①。在美国，罗斯福总统做出的美国将会成为"民主国家兵工厂"的承诺正在逐步变成现实。

在 5 月份的会议上，我们已经与英国盟友就横渡海峡行动达成了一致意见，而组织实施这一作战行动需要进行大量的参谋准备工作。在从战略和战术各个层面进行研究的时候，我们考虑过从伊比利亚半岛向希特勒发起进攻的方案。实际上，一直到 6 月 23 日，参谋长联席会议与罗斯福总统，哈里·霍普金斯也在场，还在对穿越西班牙和横渡英吉利海峡的作战方案进行比较分析。

如果葡萄牙加入盟国，我们就要为其提供防御轴心国入侵的保护，正是基于这一点，我们才产生了这一替代方案的想法。我认为从某种角度来说，伊比利亚半岛这条线路的人员伤亡可能会少一些，补给供应量也会减少。然而，总统坚持尽早实施横渡海峡计划。这一方案也是马歇尔将军几乎自我们参战伊始就支持的。于是在8月份的"魁北克会议"上，我们制订了"霸王行动"（诺曼底登陆行动的代号）的作战计划。

在英方参谋长离开华盛顿的那个周末，5月26日，我去了父亲的母校，位于麦迪逊的威斯康星大学。在五彩缤纷的毕业典礼上，我接受了法学博士的荣誉学位。这次旅行让我有机会去视察海军，他们在芝加哥水域的活动范围大大增加，当时在五大湖培训基地的总人数达到了7万人。5月27日，我检阅了由大约1 500名水手组成的仪仗队，其中有一支黑人组成的水兵营。

在威斯康星大学，有1 000名男性学员和500名妇女紧急志愿服务队成员，正在接受为期十五个星期的海军无线电发报员培训课程。毕业典礼结束之后，学员们在运动场上举行了场面蔚为壮观的阅兵仪式。与戴克斯特拉校长和夫人共进午餐之后，在州议会大厦举行了一个简短的仪式，我将旧"威斯康星号"战列舰上的一整套银质餐具移交给沃尔特·S. 古德兰州长代为保管，直到新"威斯康星号"完工之时再取回来使用。

---

① 此处应指鄂西战役，1943年5月5日至6月12日，日军向中国第6战区守军发动的以打击国军主力和中美空军、打通长江上游航线、占领洞庭湖谷仓、威胁四川并挫败中国军队抗战意志的一场战役。5月28日至31日，国民革命军第11师师长胡琏率军死守湖北宜昌石牌要塞，日军遭到重挫。石牌保卫战，是国民党军队为数不多的以弱胜强并且最终以较小的代价取得较大胜利的一次著名战役，挫败了日军入峡西进、攻打重庆的部署。——译者

在麦迪逊的培训学校，是我第一次接触到妇女紧急志愿服务队这支美国海军的新生力量。我与这些年轻姑娘们的教员进行了交谈，他们告诉我，这些姑娘们和男孩子一样棒，除了偶尔会有一两个人精神紧张。妇女紧急志愿服务队在海军的许多部门里都表现出色，在那儿她们得以发挥自己的一技之长，尤其是作为报务员和密码员。她们像安纳波利斯海军学院的男学员们一样值得信赖，出色地履行着各自的职责。自此之后，她们便永久成为正规海军的组成部分。

5月31日，我获得了位于威斯康星州阿什兰的诺斯兰学院授予的法学博士学位。当我在阿什兰上高中的时候，这所学校还未建成，但现在它已经成为威斯康星州北部的一所重要学府。

当我回到华盛顿，发现流转到我办公桌上的那些文件和备忘录上，夏尔·戴高乐——这位英国人资助的"自由法国"领袖的名字，比其他任何人出现得都要频繁。6月初，在阿尔及尔已经成立了"民族解放委员会"，亨利·吉罗将军和戴高乐担任联合主席。过往的经验表明，戴高乐无论如何都不可能长时间容忍"联合主席"这样的形式。几乎立刻就起了争端，到了6月11日，矛盾已经非常尖锐了。戴高乐将军已经提出辞去这一委员会的职务。可惜，还没有关于接受他辞职的报告。

戴高乐始终遵循的方针，就是为了使他自己和他的追随者能够谋取更高的职位。罗斯福总统认为，除非他被淘汰出局，否则他必定会成为我们战争进程中的一个阻碍。但要将他踢出局看来是很困难的，因为无论是过去还是未来，英国政府都给予他坚定不移的支持。

在英国首相对戴高乐这件事情的处理上，总统过去的态度是非常隐忍的，几乎可以说是纵容，但是现在他的耐心几乎要耗尽了。6月10日，他发给首相一封措辞强硬的电报：

墨菲(艾森豪威尔的民事顾问)刚刚发电报给我,戴高乐已经向吉罗提出要求,出任国防委员,这一职位相当于内阁中的国防部长。吉罗也告诉墨菲,戴高乐想要所有尚未参战的法国军队都归他指挥。这一要求与他之前所做的声明完全相反。

吉罗拒绝放弃他的指挥权,但是所达成的妥协方案显然对戴高乐有利。

如果遭到委员会的投票否决,吉罗将会辞职。他要求墨菲向英国和美国政府以及法国人民说明,正是戴高乐的狼子野心导致了这一不公正的局面。吉罗已经被要求暂停一切行动,等待委员会(民族解放委员会)其他成员的会谈结果。戴高乐的追随者们正在四处散播对盟国不利的流言,声称吉罗正放任盟国肆意妄为,以牺牲法国的利益为代价。

吉罗说,戴高乐坚决要求撤换布瓦松(法属西非总督)。当吉罗告诉他,罗斯福总统对布瓦松与美国的合作十分满意时,据说戴高乐对此嗤之以鼻。

罗斯福告诉丘吉尔,他已经指示艾森豪威尔向两位法国将军传达口信。提醒他们不要忘记1月份召开的卡萨布兰卡会议,并赞扬民族解放委员会的成立是"令人喜悦的"。总统要求委员会承诺,关于意图撤换西非总督布瓦松将军的消息是毫无根据的。同时告诫艾森豪威尔,决不能让法属西非落入戴高乐之手。

在罗斯福总统发给丘吉尔的电报中,包括了总统发给艾森豪威尔的指令全文:

> ……由戴高乐掌控达喀尔的可能性不予考虑。我们谁都不知道他的野心有多大。如果戴高乐企图染指西非,我就不得不考虑派海

军和地面部队进驻达喀尔。吉罗必须拥有法国军队的全部指挥权。我担心的是英美补给线的安全，以及补给线的后方领土可能落入戴高乐之手。

总统在给丘吉尔的电报之后，又发了一封措辞严厉的电报给艾森豪威尔，这封电报是由我和霍普金斯起草的。总统要求艾森豪威尔将军，不允许戴高乐或者其他任何不能被盟军最高司令官完全掌控的机构指挥法国军队，不能容忍任何可能对我们的军事行动产生干扰的军事或非军事因素。这封发送于6月17日的电报，重申了罗斯福对戴高乐的评价。这封重要电报的部分内容摘录如下：

> 对于任何不能确保会与我们协同作战的法国军队，我们将不再提供武器装备。在法国人民有自主选择他们政府的机会之前，对于任何自作主张，认为他们能够统治法国的集团或者委员会，我们都不感兴趣。当我们进入法国之后，盟国制订出的任何文官政府计划中，法国的国家主权都将得到保护，但是你务必记住，我们在北非和西非的行动是属于军事性质的，不允许出现任何未经你批准的民事决定。我们鼓励当地事务由当地官员管理，也希望这一政策能够得以推广，但是这一政策的执行绝不允许危害到我们的军事局势，因为这可能会导致需要保留比目前计划更多的军队在北非。
>
> 在现阶段，我们不允许戴高乐个人或者通过其党羽控制北非的军队。你应知道，你已获得授权，只要你认为有利，你可以代表美国政府采取任何行动。

众所周知，艾森豪威尔当时正处于英国人施加的巨大压力之下，因此人们担心他会倾向于顺从英国人的意愿。6 月 19 日发给艾森豪威尔的另一封电报，强调了让布瓦松作为西非总督继续留在达喀尔的重要性。因为我与国务卿赫尔磋商之后担心，艾森豪威尔在处理他与非洲戴高乐主义者的关系上，会被迫采取一种危险的绥靖政策。6 月 21 日，英国电台播出了一则未经证实的消息，称大不列颠政府已经对"自由法国"领导人失去了信心。如果消息确凿，这可能会让戴高乐暂时有所收敛。

艾森豪威尔于 6 月 23 日报告称，他已经达成了一项他认为满意的折中方案。给予吉罗北非和西非海陆空三军的指挥权，戴高乐则拥有其他法属领地的同等指挥权。由两位将军和他们的三军参谋长组成的民族解放委员会，拥有整个法国军队的全部指挥权。

我认为，这种安排形成了复杂的双重领导，必将会导致无法解决的争端。这或许是艾森豪威尔在那时能够想到的最佳方案，也是对亲戴高乐的英国人做出的一种让步。两天之后，传来了布瓦松总督已经提出辞职的消息。

7 月 2 日，国务卿赫尔给我打电话说，法国的民族解放委员会对盟国表现出缺少认同感，并且更倾向于戴高乐的政治诉求，他对此深感忧虑。赫尔建议，应该暂停向法国军队提供武器装备，直到形势明朗。国务院欧洲事务司司长雷伊·阿瑟顿曾经向我表达过同样的观点。在这件事情上，我与国务院的想法是一致的，但是联合参谋长委员会在 5 月份的会议上，已经批准了向法国军队提供武器装备，并且这一决定已经生效。

7 月 4 日星期天，我花了一上午的时间，调查皮埃尔·库尔纳里的背景情况，据国务院说此人是一名反同盟国的戴高乐主义者。然而，下午总统从海德公园打来电话，授权有保留地同意库尔纳里接任布瓦松成为西非总督。丘吉尔下一步将会启动让民族解放委员会接管所有法国殖民地的计划。7 月 8 日，我们接到首相的电报，总统与我和国务卿赫尔就此事交流了看法。我们决定告诉丘吉尔，美国不会允许该委员会干扰盟军的军事行动。7月底，开始有消息传来，戴高乐及其党羽将吉罗排挤出解放委员会的企图很可能取得成功。

在靠近美国海岸线的马提尼克岛的问题上，我们不得不简化处理。马提尼克岛总督 E. E. 罗伯特海军上将，于7月2日提议召开一次会议，想要向美国寻求某些保证。我认为他的问题暂时应该由他自己解决，美国不应做出任何承诺。总统有个设想，在法国政府得以重建之前，西半球的法属岛屿可以进行托管，但是这一想法遭到了国务院的反对。在我看来，这一做法与我们一直宣称的，维护这些殖民地的法国主权的政策是相违背的。后来，我们提出由亨利·贺伯诺取代罗伯特将军，此事得以告一段落。

7月7日下午，吉罗将军乘飞机抵达华盛顿。前去迎接他的有参谋长联席会议成员以及美法两军的众多将领，并陪同他前往布莱尔大厦。当天晚上，马歇尔将军在五月花酒店设宴款待，参加宴会的36位宾客主要是美国和法国的陆海军将领，约翰·迪尔爵士作为英方代表也出席了宴会。

晚宴之后，不会说英语的吉罗将军，用一种有趣的方式绘声绘色地向我们讲述了他沦为战俘以及1942年4月从柯尼希施泰因要塞①监狱中戏剧性逃跑的经历。在到达法国非占领区之前，他与德国的秘密警察周旋了一个星期。当时我是知道他在法国的藏身之处的，我估计德国人也知道，但是他们始终没能抓到他。

第二天，这位法国将领在联合参谋长委员会的会议上发表了一场精彩的演说，他敦促急需向非洲的法国军队提供武器装备、衣物和生活必

---

① 柯尼希施泰因要塞(Königstein Fortress)，被称为"萨克森的巴士底狱"，建于德国德累斯顿市柯尼希施泰因镇的山顶要塞，有数个世纪被用作国家监狱，二战中用于关押英国、法国、波兰等国被俘的盟军军官，现为著名旅游景点。——译者

需品。之后，马歇尔将军和我陪他一起前往白宫与总统共进午餐。我们谈论的话题没有涉及政治，而是局限于吉罗在军事方面的经验和对前景的预测。

7月9日早晨，总统在我们的每日例会上说，他很关心我们这位重要客人的安全问题。按照他的指示，我通知马歇尔将军，联邦调查局的人可以为吉罗提供保护，如果他希望这么做的话。在美国可能有人正盼着有除掉吉罗的机会，如果真是这样，我们这种不带保卫人员随意出行的习惯，就可能给他们可乘之机。

下午，吉罗将军和法国驻华盛顿使团的埃米尔·贝图阿尔将军在我办公室进行了长时间的会谈。吉罗说，戴高乐身边的某些人正在利用舆论宣传离间他的队伍，如果他在返回北非时，能够得到美国的承诺，保证在7月份从美国向北非运送20万吨装备和补给的话，这种离间之词就会不攻自破。

他认为，如果在1943年秋季以30个师的兵力进攻意大利，一定能成功击败意大利，并且在冬季来临之前，占领马赛以西的法国南部地区。我认为30个师的兵力未必足够，但是吉罗说我们目前在空中的优势使其成为可能。

这天晚上(7月9日)，总统在白宫举行的晚宴上宣布，就在此刻，英美加联军正在登陆西西里岛。我们的秘密情报显示，岛上驻守的敌军有4到5个意大利师和2个德国师，如果登陆成功，我们应该能在短时间内击败敌人。情况的确如此，三十八天之后我们就拿下了西西里。

在7月12日的会议上，吉罗的助手勒贝尔上校，与我们讨论了向北非运送补给的具体细节问题。联合参谋长委员会已经同意给予吉罗一些援助。吉罗将军为此十分高兴，并在7月18日返回非洲前夕，特意送来一封感谢信。

7月份，进攻意大利的准备工作正在紧锣密鼓地进行着。估计墨索里尼的政府撑不了太长时间了，和平协议已经在商讨之中。在我们驻梵蒂冈外交代表迈伦·泰勒先生的建议下，我向海军上将亚瑟·J. 赫本①了解美国对目前意大利形势进行评估的情报。他告诉我，关于这个问题最大的困难在于，有太多的机构在为此工作，但彼此却没有共享情报、互通有无。

艾森豪威尔的司令部提出一个设想，在我们计划发动进攻时使用"黑电台"②播放虚假的停战协议。罗斯福拒绝了这个提议。这是一种不诚信的作战行为，我同意总统的观点，认为没有必要这么做。

随着战事发展，对罗马周边的军事设施进行轰炸是在所难免的，因此我为总统分别起草了发给教皇、首相和艾森豪威尔将军的信，对我们攻入意大利领土的目的予以说明。这些信于 7 月 9 日发出，并且在国务卿赫尔的建议下，将总统写给教皇的信予以公开发表。7 月 19 日，艾森豪威尔的司令部报告说，738 架盟军飞机对罗马的大型调车场进行了轰炸，轴心国正在使用这些调车场运送军队。

7 月 26 日早晨，传来了贝尼托·墨索里尼辞去意大利首相的消息，接替他的是佩特罗·巴多格里奥元帅③，这位七十一岁的老将一直以来

---

① 亚瑟·J. 赫本(Arthur Japy Hepburn，1877—1964)，美国海军上将，参加过美西战争和一战，历任"西弗吉尼亚号"战列舰舰长、海军情报局局长、作战舰队参谋长、潜艇部队司令。1932 年至 1933 年担任日内瓦裁军会议和伦敦海军会议美方代表。1936 年 6 月任美国海军舰队总司令。随着二战之前的国际关系日益恶化，赫本受命组建专门委员会对美国的防御能力进行全面评估，史称"赫本委员会"，其提交的报告成为 1930 年代后期美国加强国防建设的基础。1942 年任美国海军委员会主席。1945 年 12 月退役。——译者

② 黑电台(Black Radio)：冒充对方电台的心理战广播。——译者

③ 佩特罗·巴多格里奥(Pietro Badoglio，1871—1956)，意大利陆军元帅。1890 年入伍，一战时曾任副总参谋长。一战后被任命为议员，反对墨索里尼的法西斯运动，1922 年被调往驻巴西大使。1924 年 5 月任总参谋长，1926 年 6 月晋升陆军元帅。1929 至 1933 年任意属利比亚总督。1935 年 10 月指挥入侵埃塞俄比亚。1936 年 5 月，墨索里尼宣布吞并埃塞俄比亚，巴多格里奥出任埃塞俄比亚总督，获亚的斯亚贝巴公爵头衔，6 月返回意大利继续担任总参谋长。1940 年 12 月因入侵 （转下页）

都是一位反法西斯主义者。

墨索里尼在意大利的独裁统治已达二十年之久，在他执政早期，对于当时已接近无政府状态的局势还是有所改善的。墨索里尼犯下的致命错误就是在1940年，当欧洲所有人都认为英格兰将会在几周之内被击败时，与希特勒结成了联盟。

人们相信，墨索里尼的倒台很有可能导致意大利从轴心国集团中退出，也将标志着德国走向失败的开始。同时，这也要求盟国尽快对当时在欧洲的战略方针进行检视。因此，我们在7月26日中午召开参谋长联席会议，下午2点半又召开了联合参谋长会议。会议达成一致意见，命令艾森豪威尔制订作战计划，利用现有兵力尽早发起攻占那不勒斯的作战行动（登陆行动于9月8日在那不勒斯以南的萨勒诺①实施）。

7月29日，我一整天几乎都在忙着为总统起草写给丘吉尔的信，关于意大利的局势。在其中一封信中，罗斯福坚持，只要意大利政府提出停火要求，就立即授权艾森豪威尔颁布全面停战协议。

在亚洲战场，英国陆军元帅阿奇博尔德·韦维尔爵士于6月卸任印缅战区总司令，出任印度总督。韦维尔在5月份的华盛顿会议上始终表现出来的失败主义情绪，使得印缅战区总司令一职换帅成为必然，不单单是我，显然所有人都这么认为。

1943年夏季，有关中国战区的指挥权问题，在参谋长联席会议上研究过数次，与总统也讨论过一两次。7月16日，拟定了一个划分史迪威

（接上页）希腊失利而辞职。1943年7月推翻墨索里尼政府，担任新政府首相，宣布解散法西斯党，与盟军签订停战协定并对德宣战。1944年6月下台。著有回忆录《第二次世界大战中的意大利》（*Italy in the Second World War, memories and documents*），牛津大学出版社1948年出版。——译者

① 萨勒诺登陆战（Salerno Landings），1943年9月3日，盟军发起意大利战役。9月9日，马克·克拉克中将率领的美国第5集团军和英国第10军在萨勒诺海滩实施主登陆行动，在登陆之初即遭到德国第16装甲师的激烈抵抗。——译者

238   I Was There

和陈纳德指挥权的折中方案，有些人认为这应该符合蒋介石的心意。但是，一直到1944年10月，在史迪威最终被解除指挥权之前的一年多时间里，问题并没有得到解决。

伊瓦特博士仍在持之以恒地为澳大利亚争取更多的飞机援助。有一次，他给我看了一封据说是来自丘吉尔的信，信中说他（丘吉尔）和罗斯福一致认为有必要增强澳大利亚的空军力量。

7月初，在经过数次请求之后，联合参谋长委员会听取了米茨凯维奇上校的报告，他希望能为一支波兰军队提供武器装备和运输工具。他说，在敌占区外围大约有9万名波兰士兵，在波兰境内则有一支约3万人的秘密军队。我认为在那个时候，对于他们的处境我们是无能为力的，尽管后来部分波兰军队得以武装起来并且在战斗中表现出色。

按照达成的共识，在处理涉及那些属于英国势力范围的地区事务时，我们应当考虑通过外交手段。爱尔兰就是其中之一。美国驻爱尔兰公使大卫·格雷，在6月30日曾向我建议，美国可以通过协商或者武力夺取的方式，获得这个国家军事基地的使用权。我告诉他，有关美国使用爱尔兰军事基地的任何建议，都应该正式提交给英国政府同意。

在卡萨布兰卡会议上，英国人提出将土耳其纳入英国的势力范围之内，罗斯福对此表示同意。总统指示我，在没有得到他的特别许可之下，不能泄露有关此次会议的任何信息。因此，当7月19日国务院向我索要卡萨布兰卡会议有关土耳其问题的会议记录时，我不得不通知国务卿赫尔，将这份会议记录交给他必须得到总统的授权。赫尔对这项规定自然很恼火，因为正常情况下，国务院得到此类资料是不需要任何特殊申请的。

1943年夏季，在副总统亨利·华莱士和商务部长杰西·琼斯之间由于战时经济委员会运营问题而爆发的激烈的公开论战，随着7月16日该委员会的解散而偃旗息鼓。该机构的事务被委托给了复兴金融公司①来自威斯康星州的里奥·克劳利，他组建了对外经济协作办公室。

这是罗斯福总统对自己政党内部持不同政见的高层官员果断进行撤换调整的一个例子。我认为，这一举措的效果是非常成功的，因为克劳利抵制了许多从立法机关的角度来看把我们政府的钱花得不明不白的项目。1943 年 9 月，克劳利被任命负责美国所有对外经济关系的协调事务。

7 月份，陆军和海军与战时石油管理委员会的哈罗德·伊克斯爆发了冲突，他被指控对军队和民用燃油实施均衡供给。联合石油管理委员会的海军准将卡特找我商量，与伊克斯召开一次会议解决此事。我认为，伊克斯对他自己职责的认知是正确的，这个麻烦，客气地说，源自军方的误解。

7 月 30 日，总统带领白宫随行人员离开华盛顿，前往加拿大安大略湖乔治亚湾北岸的伯奇伍德钓鱼度假。我也坐在总统的防弹专车里。途中我们在他的海德公园停留了一天。在那儿，我第一次仔细欣赏了罗斯福的私人藏书馆，在这个精心布置的博物馆里，陈列着各种书籍文献、字画模型，以及富兰克林·罗斯福在他丰富多彩的职业生涯中收集到的各种纪念品。

我们于 8 月 1 日抵达乔治亚湾，发现"威尔米特号"训练舰已经为此次钓鱼之旅备好了捕鲸船和快艇，带我们前往麦克格雷格和白鱼湾。我们在一辆有 10 节车厢的专列里住了一个星期，这辆专列停在一条铁轨分支线上，距离我们每天钓鱼的地方只有几十码远。我们的战利品主要是些小嘴鲈鱼和鼓眼梭子鱼，有一条很长的梭子鱼被导游称为"蛇"。

---

① 复兴金融公司（Reconstruction Finance Corporation），1932 年，美联储不愿出手稳定即将崩溃的银行系统，为应对经济危机，由时任总统胡佛创立的一个独立政府机构，用以援助缺乏流动资金但基础良好的银行。——译者

这一周假期结束的时候，罗斯福和我成了收获最大的钓鱼赢家。

在白天，我们呼吸着清新的空气，沐浴着夏日阳光，身心都得到了放松。晚上，则要忙着处理与英国盟友的往来信件，有关意大利战役的，建议罗马为不设防城市（军方不支持这一做法），以及与战局相关的各种事务。我对此唯一不满的是，我们是在休息放松的假期中，应该按照正常的就寝时间，在半夜 12 点之前上床睡觉。哈里·霍普金斯于 8 月 4 日加入我们的行列当中。8 月 9 日早晨，我们回到了华盛顿，重新投入到紧张繁忙的工作当中。

四天之后，我们启程前往魁北克参加会议，这是战争期间在魁北克举行的两次同盟国会议中的第一次，代号"四分仪"。

8 月 10 日，参谋长联席会议与罗斯福总统就魁北克会议的议程进行了最后一次确认。第二天，总统去了海德公园，在那儿他将同丘吉尔进行初步会谈。当时有提议说，是否让加拿大的参谋长也参加此次联合参谋长会议，但是英美两方的参谋长普遍都持否定态度。

8 月 13 日，我搭乘一架陆军飞机离开华盛顿，飞机在雨中起飞，不过很快便穿越至云层上方，进入平稳飞行。与我同行的是马歇尔将军和 J. R. 迪恩①准将。由于天气不佳，我们被迫在蒙特利尔降落，从那儿乘坐汽车前往魁北克。蒙特利尔的天气阴暗寒冷，使得飞机降落极为困难。晚上，加拿大总理麦肯齐·金②在芳缇娜城堡酒店举行了招待会，这是我们在魁北克十天的会议期间，参加的诸多令人愉快的宴会中的第一场。

---

① 约翰·拉塞尔·迪恩（John Russell Deane，1896—1982），美国陆军少将。1942 年 2 月任美国战争部总参谋部秘书。1943 年 10 月美国驻莫斯科军事代表团团长。1946 年 9 月退役。著有回忆录《奇怪的联盟——二战期间的美苏合作》(*The Strange Alliance — The Story of Our Efforts at Wartime Cooperation with Russia*)。——译者

② 威廉·莱昂·麦肯齐·金（William Lyon Mackenzie King，1874—1950），加拿大政治家。曾三度担任加拿大总理，在位时间长达二十一年，是英联邦历史上在位时间最长的一位总理。其肖像现在印于加拿大 50 元钞票上。——译者

8 月 14 日

美军参谋长们在上午 9 点半先开了一个会。一个小时之后，大英帝国总参谋长艾伦·布鲁克爵士主持召开了联合参谋长委员会会议。有关意大利战役对于整个战局的意义，从一开始就产生了分歧。马歇尔将军态度非常坚决地反对在地中海浪费兵力。金上将则表示太平洋战区急缺军舰，他决定不能再把军舰调派到其他任何英国人提议的战场上去，哪怕一艘也不行。英国人一再坚持扩大意大利战役的规模，激怒了金上将，才令他出言不逊。在这一天，我们接到了罗马已经宣布为不设防城市的消息。

8 月 16 日

继续召开参谋长会议，进一步讨论意大利战役以及诺曼底登陆的计划。据来自英国驻西班牙大使塞缪尔·霍尔爵士的可靠消息称，巴多格里奥政府准备无条件投降，并希望加入同盟国的阵营，将德国人赶出意大利。

8 月 17 日

罗斯福总统的专列于下午 6 点左右抵达，丘吉尔首相与他同行。加拿大总督阿斯隆伯爵①和金总理率领一众高级官员前去迎接他们。总统

---

① 亚历山大·坎布里奇，第一代阿斯隆伯爵（Alexander Cambridge, 1st Earl of Athlone, 1874—1957），英国陆军少将、政治家，乔治五世妻子玛丽王后的弟弟。1904 年与维多利亚女王的孙女爱丽丝公主结婚。1924 至 1930 年任南非联邦总督，1940 至 1946 年任加拿大总督。——译者

一行直奔星形城堡，在那儿我见到了阿斯隆伯爵夫人爱丽丝公主，她的容貌与现任英国国王极为相像，和我见过的所有皇室成员一样，她待人亲切和蔼，彬彬有礼。

我在星形城堡住的房间紧邻着总统的套房，虽然远不及芳缇娜城堡酒店舒适，但是更便于工作。当天晚上，阿斯隆伯爵和爱丽丝公主设宴款待总统一行。我坐在丘吉尔夫人和莫兰男爵①中间。丘吉尔夫人思维敏捷，非常具有魅力。我注意到女士们向阿斯隆伯爵行了屈膝礼，这应该是为皇室保留的一种礼节吧。

8 月 18 日

尽管时有争执，上午和下午的参谋长会议进展还算顺利，双方就不同意见进行了友好磋商。联合参谋长会议接到的最令人振奋的好消息之一，是关于大西洋海战抗击德国潜艇的作战成果。情况正在逐步得到改善，目前我们已经基本控制住了德国潜艇的威胁。与驱逐舰协同作战的小型航母投入使用是形势得以扭转的关键因素之一。盟军的这些反潜措施效果显著，希特勒曾经不可一世的水下部队开始变得无足轻重，直到在战争后期德国人又研发出一种新型潜艇。

下午，联合参谋长委员会成员参观了亚伯拉罕平原古战场②，1759

---

① 莫兰男爵(Baron Moran)，丘吉尔的私人医生。——译者
② 亚伯拉罕平原战役，是 1759 年决定"七年战争"胜负的一场战役。1756 年，英法之间争夺殖民地和海上霸权的斗争日益激烈，终于导致了"七年战争"的爆发。1759 年 9 月 12 日夜，詹姆斯·沃尔夫少将率领英军在魁北克城南——法国人认为武装部队无法攀登的险峻山崖强行登陆，奇袭获得成功。9 月 13 日上午 10 时，英法两军在亚伯拉罕平原展开激战，战斗仅持续 30 分钟，法军大败。当天法国加拿大总督就逃出了魁北克。9 月 14 日，魁北克城防司令开城投降。1860 年 9 月 8 日，法军最后的部队在蒙特利尔宣布投降，法国从此丧失了在加拿大的所有殖民地。1763 年英法两国签署《巴黎和约》，结束了"七年战争"，并正式把新法兰西割让给英国。——译者

年，交战两方的主帅，英国的沃尔夫将军和法国的蒙卡尔姆将军都在此役中阵亡。

在我们的参观过程中，有一段有趣的小插曲。现场有一位当地的神父，他对于整个战斗的细节了如指掌。我们的导游虽然有一套为游客们准备的绘声绘色的解说词，但是他对于具体的作战方案和作战情况却知之甚少。神父为我们说明了所有部队的兵力调遣以及从头至尾的整个战斗过程。他认为蒙卡尔姆将军的指挥才能更高，而且在被总督调走部分兵力之前，他的法国军队战斗力也更强。

神父的故事最终以这样一句话结束："由于一个意外，法国的蒙卡尔姆将军和他的加拿大守军输掉了这场战斗，这个意外使我成了英国的臣民，但是我的心仍然是属于法国的。"

这天晚上，金总理在星形城堡为罗斯福总统举办了欢迎晚宴。

8 月 19 日

联合参谋长委员会与总统和首相召开首次会议，汇报截至目前的军事会谈进展情况。丘吉尔坚决主张在苏门答腊岛北端建造一个盟军的空军基地，而不是先在缅甸发起攻势。首相在 5 月的华盛顿会议上就首次提出了苏门答腊计划。但是罗斯福对此反应冷淡，他决意由英美中三国联合作战，进攻缅甸，以支持中国的抗日战争，参谋长联席会议也支持总统的观点。苏门答腊战役的计划因此被否决了。

会议通过了由海军上将路易斯·蒙巴顿勋爵①担任东南亚战区盟军

---

① 路易斯·蒙巴顿（Louis Mountbatten，1900—1979），维多利亚女王的曾外孙。1942年任英军联合作战司令部司令，1943年起任东南亚战区盟军总司令，协调史迪威、斯利姆、温盖特的行动。1947年任印度总督，提出"蒙巴顿方案"，使印度和巴基斯坦分治。1955年任英国海军参谋长。1956年晋升元帅。1979年因所乘游艇被爱尔兰共和军炸弹袭击身亡。——译者

总司令的任命。蒙巴顿的前任就是早前已被解职的陆军元帅韦维尔。约瑟夫·史迪威将军被任命为东南亚战区盟军副司令，负责指挥缅甸的中国军队和东南亚战区美国的陆军和空军部队。史迪威目前算是身兼多职了。由于他的部队实际上都是中国军队，他需要服从蒋介石的命令。而就缅甸战役来说，现在他也需要服从蒙巴顿的指挥。

我对蒙巴顿将军的评价极高，他精力充沛、才华横溢并且能言善辩。之后，在魁北克一起散步的时候，我问他是否认为自己的皇室头衔将有助于他改善东南亚目前军事上的不利局面。他的回答很慎重："我不知道，但是我会尽力而为。"他的"尽力而为"后来被证明战果非凡。缅甸的日军最终被打败。蒙巴顿的任命于 8 月 26 日正式公布。

8 月 21 日

联合参谋长会议一整天都在为了 1943 年至 1944 年的缅甸战役问题争执不休，始终未能与我们的英国同僚们达成一致意见。

国务卿赫尔抵达魁北克，可能要与丘吉尔和外交大臣艾登会商政治问题。这些政治会议我没有参加。

8 月 22 日

我们的加拿大东道主为我们提供了一次轻松愉快的圣劳伦斯河巡游之旅。这天的天气也相当怡人，所有人度过了一个真正休闲的星期天。

8 月 23 日

英美双方在分歧上相互做了妥协，最终使得魁北克会谈取得了令人满意的成果。我们在讨论缅甸问题上花费的时间最多，但是"四分仪会议"最重要的工作是为诺曼底登陆制定作战方案。总统和首相批准了于1944年5月从英格兰发起横渡海峡行动的计划。这将是英美两国从地面和空中向欧洲轴心国势力发起的规模最大的战役。

这次作战行动的代号为"霸王行动"。按照计划，我们的部队首先要在诺曼底攻占合适的登陆港口，随后向法国占领区发起进攻，歼灭轴心国部队或者将他们赶回德国。

尽快在英国组建一支英美陆军和空军联合作战部队，配备登陆装备和一支协同作战的海军特遣队，在适当时机从地面、空中和海上发起联合攻势，但最迟不能晚于1944年5月。双方达成一致意见，如果在"霸王行动"和地中海战役中都出现物资或其他资源短缺的情况，应当先确保"霸王行动"的成功。授权英国陆军中将弗雷德里克·E. 摩根①爵士负责此次行动的具体作战方案和全部准备工作。在不影响"霸王行动"的情况下，将可用兵力继续投入地中海战役。

会谈期间，提到了此次作战行动总指挥权的问题。考虑到参战的美国部队在数量上占绝对优势，因此我们大多数人都认为，应该由美国人来担任最高指挥官。不过，据说丘吉尔已经许诺任命他自己的参谋长艾伦·布鲁克爵士担任此职，尽管布鲁克从来未向我们透露过半点风声。毋庸置疑，布鲁克会是一名优秀的指挥官。我对他个人没有任何反对意见，但是这一职位如果由他或者其他任何英国人来担任的话，在美国国内必将掀起批评的浪潮，因为一旦"霸王行动"启动，夺取了滩头阵地

---

① 弗雷德里克·埃奇沃思·摩根(Frederick Edgworth Morgan, 1894—1967)，英国陆军中将。1938年5月任英国第3步兵师参谋长。1939年8月任第1装甲师师长，第1增援兵团司令，二战爆发后率军参加法国战役。1940年11月任第2集团军参谋长。1941年2月任德文＆康沃尔郡步兵师师长，10月任第55步兵师师长。1942年5月任第1集团军司令，晋升中将。1943年4月任盟军最高司令的参谋长。1944年1月任盟国远征军最高司令部副参谋长。战后作为英国政府代表，参与德国重建的管理工作。1946年12月退役。——译者

之后，参与战斗的美国军队比英国军队在人数上的优势将会迅速显现。

至于对日战争，我们同意在打败德国之前，应当在尽可能大的范围、最大限度地消耗敌人的海、空和航运力量，在德国战败之后，盟军将集中所有力量摧毁东京。此外，总统和首相还特别批准了在1943年至1944年间，对缅甸的日军发动一次猛烈攻势。同时也同意迅速增强中国的空中和地面部队力量，通过扩大从印度到中国的"驼峰航线"空运规模向中国政府运送更多的援助物资。

会议还考虑了建造人工港和浮动机场来打通进入中国的通道，并要求对这些方案的可行性进行研究。在讨论这一问题的时候，发生了一件趣事，有人提议用冰块建造一个人工浮动机场，称之为"哈巴谷"①，这是某些英国发明家奇思妙想的产物。

魁北克会议期间的一次联合参谋长会议上，有人带来一个小的冰块模型，并用手枪对它进行射击。我们一些等在会议室外面的参谋军官听到了枪响，据说，他们神色凝重地摇着头说："联合参谋长委员会的争论终于演变到互相开枪射击的程度了。"

8月24日，我们召开了最后一场会议，宋子文博士在会上就中国的局势进行了说明，如果不能说是到了生死存亡的关头，至少也可以说是困难重重了。中午，丘吉尔和罗斯福就会议成果举行了记者招待会。首相如同往常一样，发表了一通激情澎湃的演讲。总统侧转身对我，半是钦佩半是调侃地说："他一直都很能说，是吧，比尔？"

我们返回途中在渥太华做了停留，在议会大厦前的广场上，总统受

---

① 哈巴谷工程(Project Habakkuk)：二战前期，大西洋中部超出了岸基飞机的反潜作战范围。1942年，英军联合作战司令部的发明家杰弗里·派克(Geoffrey Pyke)提出用木屑和冰的混合物"派克力特"(pykrete)来建造超级航母，用于大西洋中部反潜作战。1944年在加拿大阿尔伯塔省贾斯珀附近的湖中建造了小型样品。但随着工程经费增加、远程飞机投入实战和护航航母的增加，"中大西洋缝隙"不复存在，项目被中止，弃置的未完成样品三年后才完全融化。——译者

到了等候在那儿的人们的热烈欢迎。罗斯福的演讲有一部分使用了法语，因此得到了法语居民们的热烈响应。我们乘车去参观了麦肯齐·金先生的庄园，乡间道路上的景色迷人，令人心情愉悦，回到他的市区寓所里喝茶小憩之后，美国代表团登上了返回华盛顿的专列。我感到，在魁北克的这十天是非常有历史意义的，联合参谋长会议达成的军事决定对美国十分有利。

第十三章　轴心国开始崩溃

1943 年 9 月的第一天，一封急件送达华盛顿，佩特罗·巴多格里奥元帅领导下的意大利新政府的授权代表已经同意接受盟国提出的投降条件。同一天，丘吉尔首相抵达华盛顿，与罗斯福总统就意大利局势，以及其他与战争进程有关的事宜进行协商。英国政府已经向莫斯科发送了电报，要求得到签署意大利投降协议的授权，目前尚未接到任何回复。在得到苏维埃政府的消息之前，英国人不想采取任何下一步的行动。奉总统之命，我于 9 月 2 日与英国外交部常务次官亚历山大·卡多根爵士①进行了会谈，他是一位能力出众的外交官员。我个人认为，没有理由向苏维埃政府提出这样的请求，因为他们已经授权给艾森豪威尔将军，代表他们签署全面投降协定，不过看来对有的人来说，苏联人的签字很重要。

在和平谈判的进程当中，一些欧洲小国的诉求给我们出了很多难题。9 月 6 日，我和罗斯福就希腊政府要求派代表参与意大利停战谈判的电报进行研究的时候，遇到了第一个棘手的问题。希腊人提出要求归还被轴心国占领的、原本属于希腊的领土，包括阿尔巴尼亚的部分地区。总统把这件事交给国务卿赫尔去处理。希腊不仅被德国侵占了部分领土，还有许多商船也被击沉。显然，所有那些被占领的小国，都将对他们在被占领期间的损失提出索赔。

几天之后，希腊政府派驻华盛顿负责租借援助事务的萨克拉里乌海军上将前来告诉我，美国军队在希腊登陆是必要的，因为希腊人普遍认为英国人动机不纯，但是相信美国人是正直的。萨克拉里乌对欧洲取得和平之后的局势很是忧虑，他担心苏联人将会控制他的国家。他说，当时希腊所有活跃的游击队抵抗组织，都是由苏联人提供资金支持的。

9月8日上午，艾森豪威尔将军告知我们，意大利政府无法执行此前由其授权代表签署的投降协定。艾森豪威尔将军说，他将继续实施部队的登陆计划，并将他和巴多格里奥授权代表此前签署的投降协议公之于众。显然，谈判的消息已经泄露出去了，德国人因此对意大利政府施加了压力。我认为，在与其他盟国成员以及法国的非洲委员会磋商的过程中，这些消息不可避免地会走漏给德国当局。

不过，在这天结束之前，这件事情就理顺了，艾森豪威尔发表了意大利投降的公开声明。意大利总理巴多格里奥元帅，命令所有意大利军队停止与盟国的军事对抗行动，并声明此命令不适用于除盟国之外的其他敌对行动。

这个举动明确标志着意大利退出了轴心国阵营，剩下的德国军队还需要我们把他们从这个国家赶出去。这是希特勒、墨索里尼和东条英机强大的三国联盟瓦解的开端。5月份的华盛顿会议设定的主要目标之一已经得以实现。但是，这并不意味着轴心国势力很快就能被终结，这场战争中最激烈的战斗还在等着我们打响。事实上，就在同一天，1943年9月8日，美军在那不勒斯南部的登陆行动就遭遇了德军的顽强抵抗。这意味着在整个意大利战役过程当中，都将会遭遇德国人的拼死抵抗。

---

① 亚历山大·卡多根（Alexander Montagu George Cadogan，1884—1968），英国外交官。贵族世家出身，求学于伊顿公学和牛津大学。1908年起进入外交界，供职于英国驻外机构和外交部门。1934年任驻中国北平公使。1936年回国任外交部次官。1938年任外交部常务次官。1946年任常驻联合国代表。他的日记 *The Diaries of Sir Alexander Cadogan: 1938—1945* 在1971年出版，对研究英国二战时期的外交政策具有重要历史价值。——译者

有关意大利局势，联合参谋长委员会与丘吉尔和罗斯福在白宫召开过两次会议进行详细讨论。第一次是在9月9日，首相大致论述了他对于意大利军事形势的理解，以及我们在这一地区后续行动的设想。他认为，要把德军钳制在意大利北部；利用意大利机场扩大对德国东部的轰炸范围；并且吸引德军从西部前线撤离，为来年春季的横渡海峡行动提供便利。总统对此基本表示同意。

丘吉尔希望我们能够充分利用那些缴获的意大利战舰，同时将大量英国战舰从地中海调往太平洋战区。

在9月11日的第二次会议上，根据我们在那不勒斯登陆行动中遭遇的抵抗程度来看，必须立即对意大利的盟军部队进行增援。马歇尔将军相信在援军抵达之前，我们在那不勒斯的作战部队能够顶得住。当时那不勒斯的战况相当危急，马歇尔寄希望于利用我们绝对的空中优势压制德军。对于那些从意大利手中缴获的战舰和商船，如何最有效地加以利用，我们也进行了讨论。

9月19日，艾森豪威尔向华盛顿请求授权，给予巴多格里奥政府某些程度的认可，以便在对德战争中得到其积极的援助。他说，从军事角度来看这是绝对必要的。他的请求被提交给罗斯福和丘吉尔，以及国务院。丘吉尔建议，接受意大利作为共同参战国，当战争结束时，应当给予它通过合法途径选择民主政权形式的权利。丘吉尔还请罗斯福总统向艾森豪威尔下令，向意大利国王充分施加压力，要求其对德宣战。罗斯福接受了这些建议，9月23日我们致电艾森豪威尔，如果意大利政府正式对德宣战，就接受其作为共同参战国。在同一周里，我们接到了意大利国王就这一问题写给总统的信，在我替总统起草的回信中，再次强调了给艾森豪威尔的电文中提到的要点。

美国驻巴拿马大使爱德华·威尔逊，已经被任命为地中海地区盟军政治军事委员会的美方代表，他于1943年10月1日前来向我了解非洲和意大利的局势背景情况。同一天，我们接到了攻克那不勒斯的好消息。

正当意大利的作战行动稳步推进之时，10 月 7 日突然收到来自伦敦的电报，首相要求将盟军在意大利的军队和装备用来增援在地中海东部的英军，以便夺取罗得岛。英国陆军的梅特兰·威尔逊①将军，试图夺取爱琴海上的一些岛屿，但是由于兵力不足，在科斯岛被打败。为了得到地中海区域的完全控制权，英国人显然不惜拖延其他地方夺取胜利的时间。

一接到丘吉尔的电报，我就召集金和马歇尔，在我的办公室开会进行研究。我们初步拟定的回复是，拒绝从艾森豪威尔麾下抽调任何兵力，因为这将会影响到我们在意大利作战部队的安全，这一回复得到了总统的批准。第二天，丘吉尔发来回电，表达了他对于地中海东部局势的发展极为关注，并再次重申了调兵的请求。此后，丘吉尔像传说中的"英国斗牛犬"一样执着，坚持着攻占罗得岛的想法，在后来多次会议中，我们都听到他提起这一问题。

在经历多次冗长沉闷的谈判之后，意大利政府终于在 1943 年 10 月 13 日正式对德宣战。同盟国因此接受意大利成为我们的共同参战国，没有附加任何政治或是领土利益方面的承诺。

10 月底，如何利用缴获的意大利舰船的问题开始变得棘手起来，主要是由于苏联人坚持要求分配给他们部分船只，并且要尽快送达。苏联人的要求没有得到白宫的支持，10 月 30 日，我们致电斯大林和丘吉尔，电文大意如下：

---

① 亨利·梅特兰·威尔逊（Henry Maitland Wilson，1881—1964），英国陆军元帅。1937 年 8 月任英国第 2 师师长。1939 年 6 月任驻埃及英军司令。1941 年 3 月率军远征希腊；5 月被派往伊拉克阻止亲德政变；6 月占领法属叙利亚和黎巴嫩；10 月任驻叙利亚英国第 9 集团军司令。1942 年 8 月任驻波斯和伊拉克英军总司令。1943 年 2 月任驻中东英军总司令。1944 年 1 月任地中海战区盟军最高司令官。1944 年 11 月约翰·迪尔爵士去世，威尔逊 12 月晋升陆军元帅，并被派往华盛顿的英国联合军事参谋团任团长，并以此身份出席了雅尔塔会议和波茨坦会议。1947 年退役。——译者

"盟军缴获的意大利战舰和商船，应当用于对盟军事业最有帮助的地方，并且不涉及任何产权让渡。对于从意大利接收的受降舰船和其他物资的所有权问题，以后再进行协商。这种延迟，既不会损害盟国中任何一方的利益，也不会对当下和以后意大利参与对德作战产生不利影响。"

苏联人在经过多次反对与协商之后，最终接受了这一合理决定。我记得不久之后，英国和美国就借给苏联几艘战舰，作为他们分享意大利海军战利品的一种担保。

从魁北克会议到德黑兰会议的这段时间里，作为总统参谋长，我要处理的事情绝不只有意大利问题。以下内容是我笔记中的一些摘要。其中每一条有关讨论、诉求或是建议的记录，都是为了提醒我在第二天的例会上要将这些情况汇报给总统。这是保证让罗斯福总统和后来的杜鲁门总统能够随时全面掌握战争态势的重要途径之一。

9月6日

赫尔利准将详细讲述了巴勒斯坦的局势，他认为那里战后的政治局势肯定会错综复杂、危机重重。赫尔利还说，伊朗（波斯）准备对轴心国宣战，我们应该提供支持，以促使其尽早宣战。

9月8日

法国驻华盛顿使团的贝图阿尔将军提出，法国有必要派代表参加盟国与意大利的和谈事宜。

9 月 14 日

海军后备队的卡特准将汇报说，在与新泽西标准石油公司讨论由美国政府掌握沙特阿拉伯油田控制权的过程中，遇到了困难。参谋长联席会议希望尽一切可能达成此目标。在夏天的时候，我曾经口头向国务卿赫尔转达过总统的指令，通过美国驻沙特公使与沙特进行谈判，并由一位与任何商业石油公司都没有瓜葛的石油专家给予协助。参谋长联席会议的研究结果以及过往的战争经验表明，如果在欧洲再发生一场不幸的战争，美国要想赢得任何一场战役，拥有这些近东油田的所有权或者使用权是必不可少的。

9 月 17 日

与霍普金斯详细讨论了有关 10 月初赴莫斯科进行政治会谈的代表人选事宜。霍普金斯准备打电话请示在海德公园的总统。尽管我个人很欣赏萨姆纳·威尔斯，对他的政治才干也十分敬佩，但是国务卿赫尔不信任他，这一点无论对于苏联人还是英国人来说都不是秘密。因此，我请霍普金斯告诉总统，我们认为安排威尔斯执行访苏任务是不明智的。之后我们转而讨论其他可能的人选。

美国驻苏联大使威廉·H. 斯坦德利已经卸任，埃夫里尔·哈里曼被指定为他的继任者。在我看来，最好的办法就是宣布埃夫里尔的职务任命，并派他作为美方使团代表，参加与苏联人的会谈，即后来著名的外长会议①。

---

① 第三次莫斯科会议，1943 年 10 月 18 日至 11 月 11 日，主要盟国的外交官、军事将领在莫斯科召开会议研究合作事宜，发表了《莫斯科宣言》，提议组（转下页）

9 月 18 日

经济稳定办公室的 J. F. 伯恩斯，马歇尔将军和金上将在我办公室开会，讨论在战时生产中，军方和民用经济组织之间的合作必须更为紧密。我们一致同意组建一个联合生产检查委员会，密切配合伯恩斯的工作，同时参谋长们也可以继续对生产问题提出建议，特别是当战局变化产生影响的时候。

9 月 19 日

1941 年到 1942 年间曾驻守埃及，后来被调派到澳大利亚的费勒斯准将，认为英军在对战隆美尔非洲军团的过程中，没能在初期就将其歼灭的原因是指挥不力。

《纽约时报》的记者哈罗德·卡伦德，本周准备出发前往北非，希望我能谈谈对戴高乐的看法。我绷着脸告诉他，我从来没有见过戴高乐，与法国没有联系也有很长一段时间了，因此我无法提供给他任何有用的信息。当他离开以后，我想弄清楚我办公室的职员是否知道他此行是想要干什么，如果他们知道的话，这位记者又是如何越过一道道门岗卫兵的!

9 月 23 日

霍普金斯告诉我，赫尔想要亲自去莫斯科。这次与苏联人的政治会

（接上页）建"欧洲咨询委员会"并得到 11 月 28 日至 12 月 1 日召开的德黑兰会议批准。出席人员主要有英国外交大臣艾登、美国国务卿赫尔和苏联外交人民委员莫洛托夫。美国出席人员还有埃夫里尔·哈里曼、陆军少将约翰·R. 迪恩。中华民国驻苏联大使傅秉常也受邀在四国宣言上签字。——译者

谈，关乎战略方向，对我们彼此都是极为重要的。我认为比较可行的办法是，派一名相当于国务卿级别的代表前往，而国务卿由于身体原因，被认为难以承受远赴莫斯科的长途旅行。

由于美国在承担国际义务上的声望，以及此前已宣称在战后应当重新确立小国主权的声明，估计在这次会议上，美国的处境将是非常艰难的。

我不相信斯大林会提出波兰、拉脱维亚、立陶宛和爱沙尼亚的主权重建问题。苏联政府也有可能凭借其军事力量上的优势，以及与德国单独进行和平谈判的可能性，来强迫美英两国在这件事上接受他们的想法。

霍普金斯还告诉我，总统正在考虑免去金上将的海军作战部部长一职，但是保留他美国海军舰队总司令的职务。这令我深感意外，因为金曾经得到总统的批准兼任这两项职务。我在 1937 年至 1939 年担任海军作战部部长时，海军舰队总司令是一个独立的职位。无论是当时还是现在，我个人都认为，与管理海军行政事务的职位相比较而言，海军作战指挥本身就应当是一个单列的职位。不过，金以他超乎常人的精力和才干，同时兼任这两个职位并且都成绩斐然。

9 月 26 日

负责管理租借物资事务的 E. R. 斯特蒂纽斯接替萨姆纳·威尔斯成为副国务卿。这让国务院失去了一位能干的外交官，但由于赫尔和威尔斯之间不和而造成的糟糕局面，无疑将会得到改善。

9 月 27 日

埃夫里尔·哈里曼向我大致介绍了他担任驻苏联大使之后拟采用的

方针计划。他特别请求我，随时让他知晓与苏联政府利益相关的军事计划和项目，以便他在苏联人可能从其他渠道获悉之前就告知他们，从而赢取他们的信任。我认为他应该得到这样的情报。因为有时候某些情报可能直接发给了使馆的专员，而大使却对此一无所知。哈里曼是一位很有魅力的人，我们后来成了非常要好的朋友。

波兰军事武官米茨凯维奇上校，希望了解联合参谋长委员会有关波兰地下抵抗部队的政策，据他说这支部队现在已经有 20 万人。这一数字远远超出了我们的波兰朋友此前的估计。波兰位于苏联和德国之间，两者对其都有觊觎之心，因此波兰的处境显然是前途渺茫。我建议米茨凯维奇上校将他的请求以书面形式正式提交给联合参谋长委员会。

美国驻土耳其大使劳伦斯·A. 斯坦哈特，询问我们在土耳其是否有需要他协助的事情。他此前曾经担任过三年驻苏联大使。他相信，苏联人在他们的军队没有占领德国之前是不会停止对德作战的。这与一些记者认为苏联人会与德国单独媾和的观点大相径庭。

10 月 4 日

赫尔利再次与我讨论有关伊朗的政治和军事形势，在最近的一次访问期间，他发现英国人和苏联人之间存在激烈的利益冲突。赫尔利担心，苏联政府会不顾英国的反对，在对德战争结束之前，就占领波斯湾走廊。赫尔利对巴勒斯坦问题一直颇感兴趣，他说在目前这种情况下，把巴勒斯坦交给犹太人是行不通的，除非继续投入重兵压制住阿拉伯人。

10 月 5 日

一上午都在与总统和国务卿开会，讨论即将在莫斯科召开的美英苏外长会议。我们讨论的核心是在打败轴心国之后，如何构建一个比较长久稳定的国际联盟协议。总统对于将德国分裂为几个独立国家的计划很感兴趣。他也坚持要求所有战后的国际性协议中都应当包括中国。我预计，此次会议对于盟国的军事前景不会产生太大影响。我认为苏联不会做出任何正式承诺，而且在德国人被打败之前，他们也不会公开自己的真实意图。

参谋长联席会议的得力秘书约翰·R. 迪恩准将，被任命为美方军事顾问参加此次会议。他被晋升为少将，并将作为美国军事代表团团长留在莫斯科。

10 月 7 日

根据可靠情报，海军上将斯坦德利告诉国务院，他确信至少到明年春季之前，苏联人都会保持对德作战。如果在这段时间里，英国和美国仍然没有在欧洲开辟第二战场，那么斯大林届时就将重新考虑整个局势了。

10 月 10 日

在为驻英格兰盟军的英方参谋长、陆军中将弗雷德里克·E. 摩根爵士，美国驻意大利空军司令卡尔·斯帕茨①中将，以及艾森豪威尔的

---

① 卡尔·安德鲁·斯帕茨(Karl Andrew Spaatz, 1891—1974)，昵称"图伊"(Tooey)，推动美国空军发展的重要人物，美国陆军航空兵司令，二战结束后第一任美国空军参谋长。1914 年毕业于西点军校，1916 年成为飞行员，在一战中负责指挥一个驱逐机中队。后历任航空勤务队主任办公室训练与作战处处长、计划处处长、装备处处长和副主任等职。斯帕茨是米切尔空权论的积极拥护者，从 20 年代就坚信制空权理论，认为空军能够成为独立的力量，单独实现作战目的，而战略轰炸则是空军的主要任务。1942 年 5 月任驻英国的美国陆军第 8 航空队司令。同年 11 月，(转下页)

参谋长 W. B. 史密斯少将举行的晚宴上，大家饶有兴致地谈论着有关意大利战役的话题。

斯帕茨给我留下深刻的印象，除了阿诺德将军之外，他是我认识的美国空军将领中最懂得如何发挥空中力量的人了。

10 月 12 日

一份来自里斯本的情报，据说来源相当可靠，称一些德国高层将领正计划发起一场旨在推翻纳粹政府的政变，并准备向盟国投降。

如果消息确凿，那就意味着某些德国军方将领已经确信他们将会输掉这场战争，试图将德国从革命和苏联人的渗透中解救出来。假如实现了与德国人的和平，将使我们能够腾出手来对付日本——一个对美国未来安全至关重要的任务。

赫尔利将军又来找我，说他这一两天内就会动身前往伊朗、中国、印度或许还有苏联，执行总统指派的另一项特殊使命。赫尔利对我们的英国盟友讲话很直截了当，因此他们非常不喜欢他——这还是客气的说法！

10 月 18 日

英国政府提议，如果盟军登陆法国本土，则授权法国解放委员会发行法郎，为盟军部队使用。国务院的雷伊·阿瑟顿想要听听我对此的建议，我告诉他，就我个人而言，在任何情况下都不会同意授权给法国的

（接上页）调任北非和地中海战区盟军空军司令。年底又回到英国，统率美国战略航空兵第8航空队，负责指挥对德战略轰炸，有力配合了地面部队实施诺曼底登陆等一系列重要战役。1945 年欧战结束后调到太平洋战场，指挥对日本的战略轰炸。1946 年初任美国陆军航空队司令。1947 年 9 月任美国空军第一任参谋长。——译者

委员会发行货币给我们的占领军队使用。

10 月 20 日

助理国务卿 A. A. 伯利，与我讨论是否应当选派一个军事代表团前往伊朗，以支持我们驻德黑兰公使的工作。伯利对于伊朗，似乎只会从美国的角度考虑问题。

法国解放委员会的亨利·霍朋诺特表示，法国军队希望参与盟军将日本人赶出印度支那的作战行动。他的请求使我想起，在日本人第一次得到许可进入印度支那时，我就曾经告诫过贝当元帅，他的这种行为意味着法国将永远失去这块殖民地的所有权。

10 月 27 日，1943 年海军节

我在弗吉尼亚州的里士满发表了两场演说，并且对亚历山大·威德尔夫妇进行了一次愉快的拜访。我在维希任职的大部分时间里，他是美国驻西班牙大使。威德尔夫妇住的房子被称为"弗吉尼亚宫"，这栋美轮美奂的宅邸所用的材料，来自 12 世纪和 16 世纪的古建筑，这些材料在 1925 年的时候被装船从英格兰运到里士满，然后进行重建，新建宅邸既精确还原了古建筑的风貌，又兼具现代房屋的舒适。里士满的市民们真有教养，对我的演讲给了不少赞美之词。

刚刚结束的莫斯科外长会议，发表了几份公报和声明。其中的主要内容是，1942 年 1 月 1 日在华盛顿由二十六国共同签署的著名的《联合国家共同宣言》所表达的团结联盟精神，再次得以重申，并且为日后联合国的成立奠定了基础。

我于 10 月 18 日曾经发电报给国务卿赫尔：罗斯福总统与英国首相

一致希望，他能够确保斯大林同意发表一项有关惩处战犯的联合声明。1943 年 11 月 1 日发表的公开声明当中，包括了这份由苏联、英国和美国三国元首共同签署的声明。

惩处战犯的声明是一份警告，任何在德国占领区参与杀人或者其他暴行的纳粹或者德国官兵，将被遣送回这些国家，按照这些国家的法律进行审判和惩处。我对此完全赞同。后来，当盟国讨论对德国战犯的审判不是基于已有司法程序的问题时，我发现自己赞同丘吉尔在德黑兰首次提出的反对意见，即这些审判是处在刑事诉讼追溯的有效期之内的。

11 月 3 日

驻里斯本外交代办乔治·F. 凯南①，带给我有关与葡萄牙谈判的最

① 乔治·弗罗斯特·凯南（George Frost Kennan，1904—2005），美国外交家和历史学家，美苏关系专家，遏制政策创始人，也是被美国称为"智者"的外交界元老之一。自幼丧母，8 岁时随继母去德国学习德语。1925 年自普林斯顿大学毕业后进入新组建的美国外交部工作，先后在日内瓦、汉堡、柏林任副领事。1929 年起在柏林大学参加历史、政治、文化和俄语方面的在职研究生学习，在此后的外交生涯中，凯南逐渐掌握了德、法、波兰、捷克、葡萄牙和挪威等多门外语。1931 年任驻拉脱维亚公使馆三等秘书，开始研究苏联经济，并逐步对苏联问题产生浓厚兴趣。1933 年美苏建交，凯南任驻苏联大使威廉·马歇尔·布利特的助手兼翻译，期间对"大清洗"进行了深入研究，这对他此后看待苏联问题的观点产生了重大影响。由于和第二任驻苏联大使约瑟夫·爱德华·戴维斯意见不合，凯南调回国务院苏联办公室工作一年，1938 年 9 月调至布拉格公使馆任职，德国占领捷克斯洛伐克之后又转到柏林任职。1941 年 12 月美国对德宣战后，凯南被关押六个月才遭送回国。1942 年 9 月任驻葡萄牙里斯本参赞。1944 年 1 月调往伦敦，任"欧洲咨询委员会"美方代表；同年应新任驻苏联大使埃夫里尔·哈里曼的请求，凯南调任驻莫斯科代办。二战期间，凯南始终不赞成与苏联合作，战后更试图说服杜鲁门总统放弃美苏合作、削弱苏联在欧洲的影响，主张在西欧组建联盟对抗苏联。1946 年 2 月 22 日，凯南向国务院发了一封长达 5 500 字（还有一说 8 000 字）的电文，对苏联内部社会和对外政策进行了深入分析，提出最终被美国政府所采纳的对付苏联的长期战略，也就是遏制政策，对 20 世纪后半叶的世界政治产生重大影响。电文引起了海军部长詹姆斯·福莱斯特的关注，将凯南调任美国战争学院任主管外交事务的副院长。1947 年 7 月，凯南以"X"的署名在美国《外交事务》杂志上发表《苏联行（转下页）

新进展，我们需要使用亚速尔岛上的机场设施，这对于跨越大西洋，为我们在欧洲的部队提供空中支援是不可或缺的。在经过长时间的谈判之后，最终与葡萄牙达成了协议，同意我们使用亚速尔群岛。

战略情报局局长威廉·J. 多诺万将军，提出去澳大利亚、印度和中国视察访问的想法。他计划经欧洲和非洲返回，历时大约 2 个月。多诺万送给我一把缴获的德国曼牌手枪，这种手枪明显是专为暗杀设计的，于是我的小型轻武器收藏里又多了一件藏品。

11 月 4 日

一段时间以来，丘吉尔一直在与罗斯福讨论如何利用土耳其军事设施的问题。今天总统告诉丘吉尔，他将提出使用土耳其空军基地的要求，并且要求土耳其在年底之前参战。但是，罗斯福坚持，横渡海峡行动所需要的一切资源，无论是英国的还是美国的，都不能抽调到地中海东部去。

参谋长联席会议曾经研究过土耳其加入同盟国的可能性。如果土耳其在那时就参战，反而将成为我们的负担。我们能够用于向土耳其提供物资的运输设施是非常有限的，而且路途遥远，对于我们来说，给予任何真正有价值的援助都是非常困难的。

（接上页）为的根源》，明确提出美国的对苏政策必须"对苏联的扩张倾向进行长期、耐心、坚定与警觉的遏制"。文章发表后引起了极大关注，被普遍认为是美国对苏战略的思想基础，从此一直到冷战结束，美国的对苏战略乃至整个大战略都被称为"遏制战略"，凯南本人也因此获得了"遏制之父"的称号。1947 年 4 月至 1948 年 12 月，乔治·马歇尔担任国务卿，是凯南影响力最大的时期。马歇尔相信凯南的判断，命其组建了"政策规划办公室"，实际上是国务院的决策核心，凯南担任首任主任，在策划实施"马歇尔计划"中发挥了核心作用。1950 年凯南离开国务院，此后除短暂担任过驻苏联和南斯拉夫大使外，大部分时间都在普林斯顿大学任教，并以普林斯顿高级研究院学者和外交政策批评家的身份，参与国际事务的分析研究，一直到 101 岁去世。——译者

土耳其期望获得英国的援助。在埃及有一支英国军队；在地中海有一支英国舰队，英国能够向土耳其提供支援。但是对于英国人的援助承诺，土耳其的反应只是愿意将其作为 12 月份召开的开罗会议上的一项讨论内容。

法国解放委员会的让·莫内①，与我详细讨论了在赶走德国人之后法兰西的重建问题。他的主要目标是资金，他笼统地提出给法国一笔巨额贷款，以极低的利率分 50 年偿还。他是一位出色的雄辩家，花了一个小时向我游说他的提议。

11 月 9 日

我出席了在白宫东厅举办的一场签字仪式，44 个国家联合签署成立联合国善后救济总署的协议。44 名签约国代表围坐在一张长桌旁，每个位置上都插着自己国家的国旗。总统通过广播发表了简短的讲话，一大群摄影记者记录下了这个色彩缤纷的庆祝仪式。

当希特勒实力最弱的合作伙伴——意大利，从这场战争中被淘汰出局之时，华盛顿和伦敦的参谋部门正在稳步推进着"霸王行动"。在魁北克会议上已经作出决定，行动的最高指挥官将由一名美国人来担任。然而，能够担此重任的那个美国人究竟是谁，这一问题在政界

---

① 让·莫内(Jean Monnet，1888—1979)，法国政治家、外交家。一战中负责英法之间的经济合作事务。1919 至 1923 年任新成立的国际联盟副秘书长。1932 年 11 月应中国政府邀请来华，担任"东西方非政治委员会"主席，协助发展经济，筹建"中国发展金融公司"，推动铁路建设，在中国生活到 1936 年。1939 年 12 月，莫内被派到伦敦，负责二战初期英国军事工业合作事务，一直到法国战败。1940 年 8 月，英国政府委派莫内常驻美国，负责战争物资采购，并担任罗斯福总统的顾问，在推动美国扩大军工生产规模上发挥了重要作用。1943 年任法国民族解放委员会成员。二战后，莫内成为推动欧洲统一运动的奠基人物之一，享有"欧洲之父"的美誉。1950 年代，莫内在"欧洲煤钢共同体"的建立过程中发挥了关键作用，1952 至 1955 年任该委员会主席。——译者

和新闻界引发了诸多猜测。9 月 22 日，有很多报纸曾对一项所谓的作战计划发表评论，称根据该计划马歇尔将军将担任全球各战区美英盟军的总指挥。

公众显然忽略了一点，那就是授予一名美国将领如此重要的权力，也就意味着美国要对盟军的所有战争后果负责。在我看来，这应该正合我们英国盟友的心意。

弗雷德里克·摩根将军，10 月份的时候在华盛顿，他是"霸王行动"英国筹备工作的主要负责人。10 月 13 日，我们就西线战场的前景讨论了很长时间，我发现他与我的观点完全一致，即横渡海峡行动需要一名能够指挥整个欧洲战场英美盟军的最高统帅。摩根认为这一人选不会是他。

英国政府于 10 月 30 日敦促罗斯福尽快确定这一最高司令官的人选。伦敦方面认为，随着登陆行动准备工作的推进，目前已经迫切需要一位掌控全局的指挥官。

总统的回复是，眼下马歇尔将军是不能担任这个职务的，他建议丘吉尔任命一位副职，比如陆军元帅迪尔、空军元帅波特尔或者布鲁克将军，他们当中谁都可以。我和马歇尔，共同起草了这份给英国首相的重要回电，部分内容大意如下：

> 现在宣布马歇尔将军前往英国担任指挥官一职，无异于将我们的计划明确告知德国人。至于马歇尔在华盛顿的接替人选，我也还没有最终确定。艾森豪威尔可以被任命为"霸王行动"美国陆军的指挥官，这样他就不需要返回华盛顿。这一最高司令官人选问题涉及太多复杂因素，政治方面的，还有其他方面的。在对您的请求仔细考虑过之后，我们认为有诸多理由表明，特别是从保密角度，在这个时候宣布正式任命对大家来说都是不明智的。或许可以让某些

有一定分量的人物出面做一些非正式的解释，但这种解释与发表联合声明应当是完全不同的。我想，目前唯一可行的做法就是任命一位副职来负责英国的工作。我知道您对这样的安排不会满意，不过等我们见面的时候，我们可以再行探讨是否有更好的办法。在此之前，我认为不宜轻举妄动。

（总统所说的见面是指正在计划中的他和丘吉尔、斯大林的会面，以及与蒋介石在开罗举行一次会谈。）

乔治·马歇尔具有非凡的自制力。无论是在我们共同起草这封电报时，还是在我们的私人谈话中，或是在参谋长联席会议的多次讨论当中，对于他自己是否想要担任最高司令官一职，他从未透露过只言片语。我相信罗斯福是想要他来担此重任的。从一名职业军人的角度，这也是对马歇尔这三年来，倾注全部心血将一支平民军队打造成为精锐之师的过程中那些不为人知的辛苦付出的最好回报。

大家都猜测罗斯福将会任命马歇尔担任最高司令官一职。而新闻界对此则给予激烈抨击。反对者指责马歇尔正在被给予"火箭式升职"；罗斯福将他大材小用，这是针对马歇尔的阴谋等等。还有另一个极端，有报道说参谋长联席会议成员认为马歇尔爬得太快了，所以嫉妒他。这当然纯属无稽之谈。我只是想说明，我们当时面临的是一个进退两难的处境。我们当中没有人，至少是我自己，想要反对马歇尔担任此职，我们都认为这也是他所盼望的——按照他自己殚精竭虑的周密策划，率领决胜之师，给予敌人致命一击。但是，从另一方面来说，无论是对于罗斯福还是作为最高指挥部的参谋长联席会议，他都是不可或缺的主心骨，虽然目前我们已经有了赢得战争的计划，但是仍然面临着诸多困难。

我和总统就此问题也进行过讨论。我认为如果马歇尔卸任参谋长，他的继任者就应当接手陆军的指挥权。如果马歇尔远赴欧洲指挥"霸王行动",那么在参谋长联席会议中也必须要有一名陆军军官接替马歇尔行使他的职责。陆军的指挥权就是按照这样的方式设置的——陆军参谋长是陆军的最高指挥官,负责直接指挥作战行动。参谋长联席会议明确授权马歇尔负责指挥陆军部队这支无论是从人数还是装备来说,都是有史以来最为庞大的军队。

罗斯福对这一问题没有谈论太多。我有一种感觉,他发给丘吉尔的电报,只不过是在拖延时间。而且我明显感觉到,来自公众的反对意见比军界的反应对他的影响更大。马歇尔和我都认为,罗斯福给予丘吉尔的答复,是总统在那个时候所能做出的最佳答案了。在参谋长联席会议后续的讨论中,我们甚至做好了准备,如果必要的话,同意由英国人来担任"霸王行动"的总指挥。我并不支持这样的变动,但是如果作为形势所迫的权宜之计,我认为约翰·迪尔爵士将是最佳人选。迪尔和马歇尔的关系非常密切,就像一个豆荚里的两颗豆子。迪尔完全了解美国的计划,并且也很认同我们的指挥管理方法。同时他对于英国军队的指挥套路以及实战水平也同样了解。英国还有一位能力出众的将领,就是陆军元帅哈罗德·亚历山大爵士。实际上,我不认为丘吉尔想要一位英国将领来负责横渡海峡行动。至少在我看来,首相一贯的态度表明,对于这次登陆行动能否取得成功他是有所保留的。当然,他也绝不会忘记,行动一旦失败,不列颠群岛——他挚爱的帝国的心脏和灵魂——距离对面的诺曼底海滩只有22英里。

就在公众舆论为了最高司令官人选争论得热火朝天的时候(我认为在罗斯福的内心也是同样),举行一场三国首脑会议的计划也在紧锣密鼓地制订之中。10月中旬,总统和首相就曾试图说服斯大林同意在某个地方进行一次会晤,这个地方应当位于三国都比较便利的地点。国务卿赫尔在莫斯科与斯大林进行协商时发现,在苏联之外,他唯一认可的地方就是德黑兰，伊朗的首都。

这个地点对于罗斯福来说很难接受，因为按照美国宪法，国会通过的法案总统在十天之内未予退回即会生效，而交通和通讯方面的问题很容易让他超出这一时效限制。因此，罗斯福建议在波斯湾一带或者靠近伊拉克的巴士拉，或者巴格达，或者厄立特里亚的阿斯马拉或者土耳其的安卡拉都可以。但是这些地点都被斯大林否决了。后来我听说，因为他担心一旦脱离了他的苏维埃警察和军队的警卫范围，就会遭到暗杀。丘吉尔则希望会议在北非举行。不过最终还是斯大林获胜了，会议决定在德黑兰举行。由于苏联当时没有对日本宣战，所以决定在"三巨头"于德黑兰会晤之前，蒋介石委员长与丘吉尔和罗斯福先在开罗会谈。

当我们到达德黑兰时，斯大林算是为他的坚持做了道歉，不过他给自己找了个很好的理由。他告诉我们，他只是不能去那些无法保证他每天指挥前线作战的地方而已。由于前线的战事仍在紧张进行当中，这位苏维埃元帅在德黑兰与他的参谋人员随时保持着联系。

10 月 27 日，马歇尔、霍普金斯和我与总统开会商讨这两场会议的相关事宜。我们详细讨论了中国由于飞机短缺而变得日益严峻的局势，以及蒋介石对于收复缅甸战役的愿望。最终决定开罗会议将于 11 月 22 日召开，并适时结束，以便最晚在 11 月 28 日之前召开德黑兰会议。

所有人都知道斯大林心里最关心的问题是什么：盟军会遵守诺言吗？在 1944 年 5 月会发动登陆法国的战役吗？对此，罗斯福总统和他的参谋长们将会毫不犹豫地回答："是的。"

1943 年 11 月 12 日傍晚，当总统和全体军事参谋人员在弗吉尼亚的汉普顿锚地登上崭新的"艾奥瓦号"战列舰时，横渡海峡战役的指挥官人选仍然悬而未决。

第十四章　开罗会议、德黑兰会议和
　　　　　　没有兑现的诺言

　　对于很多人认为不吉利的数字"13"，罗斯福总统却不以为然，不过他和水手们一样，相信在星期五不适宜扬帆远行。因此，在1943年11月12日，星期五的深夜，巨大的"艾奥瓦号"战列舰依然静静地停泊在港口，直到时针走向11月13日，星期六，深夜12点01分时，才起锚驶往阿尔及利亚的奥兰港，开罗和德黑兰之旅的第一站。在三艘驱逐舰的护航下，我们很快驶过了切萨皮克湾，以真方位①105度航向、25节航速驶向直布罗陀海峡。

　　"艾奥瓦号"是我们目前火力最强大的最新型战列舰，排水量45 000吨，最高航速可达33节，我们希望它能够带我们安全穿越大量潜艇出没的水域。为了此次行程的保密，我们采取了一切必要措施。不允许与地面有任何通讯联系。我们希望在总统和随行人员到达奥兰港之前，他的行踪和意图能够不为敌人所察觉。陪同总统一起登上"艾奥瓦号"战列舰的有马歇尔将军、海军上将金、阿诺德将军、萨默维尔中将以及大约50名联合参谋部门的军官。

　　罗斯福总统的兴致相当高，一心期待着与斯大林的首次会晤。如果有必要总统也会乘飞机，但是海上航行是他最喜欢的旅行方式。他在船长室里摆起了龙门阵，他的私人随员——哈里·霍普金斯、海军少将威尔逊·布朗、总统私人医生罗斯·麦金泰尔、"老爸"E. M. 沃森少将和我——我们陪他在那儿一起用餐。在用餐之前，我们通常会喝上点开胃酒，餐后则会去他的休息室里看场电影。

罗斯福向来喜欢观摩军事演习，在第二天还是第三天的时候，"艾奥瓦号"举行了一次炮兵演练，舰上所有的高射炮都参加了。护航的驱逐舰则进行了一场击退模拟空袭的演练。总统像往常一样，习惯性地坐在他所住客舱前的右舷甲板上。我和他聊着天，大概是关于这次演习的一些话题。突然，我们听到船上的扩音器传来对所有炮手的指令：

"这不是一次演习——重复——这不是一次演习。"

顷刻之间，船上的高射炮掉转方向，朝着我们和另一艘驱逐舰之间的水面猛烈开火。"艾奥瓦号"响起了全速前进的铃声，船上的发动机组立即做出响应，当速度迅速提升之时，战舰掉转了航向。我们很快得到报告，一艘护航舰以"艾奥瓦号"为"目标"，不小心发射了一枚鱼雷。

罗斯福并没有任何离开的意思。他就坐在他的椅子上，没有半点惊慌失措，而是饶有兴致地观察着，与我们一起看着船上的炮火齐射。这时，"艾奥瓦号"的几名军官过来报告，炮手们正在努力将鱼雷击沉——虽然他们看不到它，但是知道大概位置。密集的火力似乎持续了相当长一段时间，之后我们听到一声爆炸声，毫无疑问是来自鱼雷弹头的爆炸声。这声巨响确凿无疑地证明了，那颗鱼雷就在距离"艾奥瓦号"不远的地方爆炸了。

巨大的战舰又恢复了正常航行。吃饭的时候，这起事故成了大家谈论的焦点，每个人都很好奇这究竟是怎么发生的。到现在我也不知道，这颗鱼雷是怎样从管道里发射出来的。我们听说，当那艘驱逐舰意识到发生了什么的时候，立即用无线电与"艾奥瓦号"联系，所幸如此才给

---

① 过地面上任意一点，指向北极的方向称为真北。其方向线称真北方向线或真子午线，从真子午线北端顺时针方向量至某一直线的水平角称真方位角。——译者

了"艾奥瓦号"足够的反应时间,也因此消除了可能对总统造成的危险。我认为在整个事件处理过程中,"艾奥瓦号"指挥果断、行动敏捷。"艾奥瓦号"的指挥官是约翰·L. 麦克雷舰长,他此前曾经担任过总统的海军事务助理。

这起"鱼雷惊魂"让我想起了 1939 年 2 月,我当时还是海军作战部长的时候,陪罗斯福在"休斯敦号"巡洋舰上,停泊在加勒比海的圣托马斯岛。当时正在加勒比海举行那场著名的代号为"舰队问题 20"的军事演习,"休斯敦号"是假想敌方舰队中的一艘。我和他坐在一间船舱内,向他解释着那些无线电发来的"战斗报告"。突然,我接到了一则"坏消息"。我转向他说道:"总统先生,我们刚刚被一艘敌军潜艇击沉了。"

罗斯福哈哈大笑。

"那真是太糟了,比尔。"他说,然后我们就只能通过作战室的挂图来继续观摩战斗了("休斯敦号"在 1942 年的爪哇海战中真被击沉了)。也正是在这次航程中,总统告诉我,他希望我在海军作战部长任期结束之后,出任波多黎各总督一职。

在整个海上航行期间,"艾奥瓦号"上几乎每天都要召开会议,为即将来到的两场重要会议做最后的准备。在此前的计划中,我们曾经建议,从英国起飞的所有战略轰炸部队,都应当交由横渡海峡行动的最高司令官统一指挥。我们征求英国人对此的意见。在我们启程的第一天,收到了来自英国参谋长委员会的回复。他们说,这样将大部分英国空军脱离英国空军司令部控制的做法是他们不可能接受的。英国人顽固地坚持用他们那一套完全无效的指挥方法。他们说:

"当最高司令官听取他的空军司令意见并希望调用战略空军时,应当把要求告诉轰炸机司令部司令。轰炸机司令部司令应当使用联合参谋长委员会分派的空军力量,尽可能满足最高司令官的要求。如果最高司令官希望摧毁某个铁路系统，他的空军司令将命令传达给轰炸机司令部司令，后者已经被告知要尽全力执行最高司令官的命令。此时轰炸机司令部司令将根据联合参谋长委员会发布的命令，凭借分配的资源，尽最大努力去完成最高司令官下达的作战任务。"

我认为，这种完全分裂的多头指挥弊端很大，是导致英国空军在这场战争中失利的主要原因。要想赢得战争，陆海空三军必须统一指挥。我的意见是，如果英国人坚持不放弃参与登陆行动的英国皇家空军的指挥权，我们就坚决要求将美国空军完全从英国空军司令部分离出来，移交给该战区的盟军最高司令官指挥。

参谋长联席会议经过深入讨论之后，拟定了一个议事日程，列出了须由总统会同蒋介石、丘吉尔和斯大林进行商议的议题。其中一个议题花费了颇多时间，是关于在德国投降之后将其分割为若干区域，英美苏三国在各自划分的占领区内对民选政府实施军事管制的建议。

关于缅甸战役，我们已经做好了听英国人提反对意见的准备，特别是其中两栖登陆作战的部分。但是罗斯福总统似乎下定了决心，要我们制定出最佳方案，以支持中国的抗战。在一套选择性方案中，金提出我们先进入新加坡以北的马来半岛，然后攻占曼谷。我们也很清楚，我们当时并没有足够多的登陆艇可供在那儿发起大规模的两栖战役。当我们在船上一场接着一场不停开会的时候，外面的天气舒适宜人，"艾奥瓦号"战列舰正以23节的平均时速，在平静的大西洋上翩然前行。

遭遇潜艇袭击的危险是随时存在的，特别是在我们的后半段航程中，越是接近奥兰这种风险越大。在距离摩洛哥海岸大约60英里的时候，"布鲁克林号"巡洋舰和6艘驱逐舰加入了我们的队伍，进一步增强防护。我们还增派了飞机在"艾奥瓦号"上空进行巡航。

我们现在已经进入纳粹飞机和U型潜艇打击范围之内了，不过纳粹显然完全没有察觉到这个重要目标的出现。如果敌人能够突破我们的防护并且杀死总统，那么战争的进程无疑将被改写。不管怎样，这一段航程总算顺利完成了，我们在 1943 年 11 月 20 日上午 8 点，驶入了米尔斯克比尔港的鱼雷防护网内。

前来迎接我们的艾森豪威尔将军，看到他的总司令——总统先生时满心喜悦，面带微笑地与我们一一致意，然后我们一行人乘车来到奥兰附近的一个机场。全体人员乘坐四架飞机飞往突尼斯，艾森豪威尔也搭乘总统的飞机一同前往。我们当中没有人，尤其是艾森豪威尔，会想到在两周之后（12 月 7 日）的返程飞行途中，对至关重要的"霸王行动"指挥人选问题已经做出了决定，罗斯福将有惊人的消息向这位曾经率领我们的部队赢得北非战役胜利的指挥官宣布。

艾森豪威尔这个时候正肩负着打赢意大利战役的重任，他对于赢得胜利信心十足，只是我们当中有许多人认为他的兵力不足。

当我们到达突尼斯之后，总统下榻在艾森豪威尔将军在迦太基城镇的别墅内。其余人则住在部队招待贵宾的一座宾馆内。这座宾馆的布局和装饰完全是阿拉伯风格的。所有的地板、墙壁和天花板都贴着五颜六色的瓷砖，每一个房间的图案都不相同。这天下午，我们参观了一处古罗马时代的圆形竞技场和剧院的遗迹。我们还看了一些十分古老的前罗马时期迦太基遗址，对它们的挖掘工作常常会有令人惊喜的发现。晚上，我和总统等 14 人一起共进晚餐，其中包括他的两个儿子，在美国陆军服役的埃利奥特·罗斯福上校，和在美国海军预备队服役的富兰克林·小罗斯福上尉。一同参加晚宴的还有英国皇家空军元帅特德①，他

---

① 阿瑟·威廉·特德(Arthur William Tedder, 1890—1967)，英国皇家空军元帅。一战中曾随英国远征军赴法国作战，任第 70 飞行中队的中队长。战后留在皇家空军（1918 年成为独立军种）服役，先后任皇家空军参谋学院教官和院长、空军装备学校校长、空军部训练局局长、驻新加坡皇家空军远东司令、空军部研究与发展局局长。二战时期曾任中东皇家空军司令、北非战区空军司令、地中海战区空军司令。1944 年 1 月任盟国远征军最高司令部副总司令，指挥盟国在西欧的全部空军作战。1945 年晋升为皇家空军元帅。1946 年任英国空军参谋长。——译者

后来在"霸王行动"中担任艾森豪威尔的副手。

　　星期天下午(11月21日)，我们在突尼斯城的参观，是我在这场战争中第一次亲眼目睹飞机轰炸所造成的影响。在德国军队试图逃往意大利期间，美国的轰炸机几乎将海岸沿线全部炸毁。不过，突尼斯城的其他地方，似乎没有受到多大影响，这表明了我们投弹手的精准度还是很高的。大街上熙熙攘攘的人群中，有来自各个国家的士兵和海员，也有阿拉伯当地人。酒吧、电影院和古玩商店都生意兴隆、顾客盈门。难得看到的妇女和儿童，似乎也是意大利人或犹太人，或者是阿拉伯人和白种人的混血儿。在返回迦太基城途中，我们看到许多当地人在农田中耕作，他们使用牛和犁耕地，那种独把儿的木质犁和《圣经》中记载的一模一样。

　　在陪同总统用过晚餐之后，全体人员登上一架四引擎运输机，于晚上10点30分启程飞往开罗。在运输机座椅上睡觉的滋味并不好受，这还是我出于礼貌的说法，因此，当我们于开罗时间11月22日9点30分降落在距离市区大约15英里的一座英国军用机场时，我简直如释重负，感到格外开心。在飞行途中，我们飞越了撒哈拉沙漠的部分地带，那儿看上去一片荒芜，是真正的不毛之地。之后，当我们飞到尼罗河谷以南数百英里的一个地方时，看到的却是另一幅景象，这一片地区土地富饶、四处郁郁葱葱，工业厂房星罗棋布。第一次从8 000英尺高空看到举世闻名的金字塔，说实话我感觉挺失望的，由于距离的原因，它们看起来太小了。当我们到达开罗时，蒋介石和夫人已经先期抵达了，丘吉尔和他的一班人马更是在两天之前就已经到了。毫无疑问，丘吉尔会充分利用这两天时间为自己争取优势。总统和随员中的几个人下榻在美国公使柯克的一栋别墅里。我们都做好了准备，迎接一场紧张忙碌、可能出现争议与分歧的会议。

　　抵达开罗的第一天晚上，丘吉尔首相、皇家海军上将路易斯·蒙巴顿勋爵、霍普金斯和我陪总统一起共进晚餐。用餐完毕之后，我们立即与联合参谋长委员会成员投入到紧张的工作当中。蒙巴顿向我们概述了他的计划以及实施缅甸战役需要的条件，这项作战任务是在1943年8月的魁北克会议上指派给他的。他对所面临的问题做了详尽透彻的分析，我相信他会凭着那股子敢作敢当、锐不可当的劲头，把这些问题统统都解决掉的。

第二天(11月23日)，在参谋人员的会议结束之后，联合参谋长委员会前往总统下榻的别墅，与罗斯福总统、丘吉尔首相和蒋介石夫妇就缅甸战役举行了一场高级别会谈。蒙巴顿详细阐述了他的参谋部制订的一项作战计划，但是该项计划尚未经过联合参谋长委员会批准。蒋介石对此既没有表示反对，也没有表示赞同。他想知道，在我们计划攻打缅甸之时，能够有多少海军部队参战。但是，英国人是不可能透露给他这方面的信息的。蒋介石希望盟军同时出兵收复仰光。英方的专家则指出，这当中要面临诸多实际困难。

蒋介石身形消瘦，颇具书卷气息，完全不似战前新闻报道中所说的那种土匪样貌。蒋夫人一直专心致志地倾听我们的讨论。有几次她对译员的翻译进行了纠正或是予以补充。她身着一件漂亮的中式旗袍，看上去神采奕奕、容光焕发。

下午，中方的参谋人员参加了我们的会议，听取了有关缅甸局势的深入讨论。或许是事先接到指示，他们没有发表任何评论或者意见。他们说，对于我们所提出的计划，他们还没来得及进行仔细研究。这些中国将领们，看起来对整个局势相当了解，并且目标也很清楚——在得到足够支持的前提下收复缅甸，以重新打开通往中国的供给线。

晚上，为了与金上将、阿诺德将军和英方参谋长们呆在一起，我从总统招待蒋氏夫妇的小型晚宴中"逃"了出来。我们这帮人聚在一起谈笑风生，好不热闹。大英帝国参谋长艾伦·布鲁克爵士，给我们讲述了有关"马耳他骑士团"的历史，他对此显然做过一番研究。皇家海军上将安德鲁·坎宁安爵士，则绘声绘色地讲起了他在战争初期担任地中海舰队指挥官时候的种种经历。当他还是联合参谋长委员会驻华盛顿的英方代表时，我们俩就常常聊起这些事。

在11月24日的联合参谋长会议上，丘吉尔发表了一通有关发起爱琴海和罗得岛战役的讲话，冗长但并不具有说服力。美方参谋长已经在数周之前彻底否定了他的这一主张，但是首相显然不是个容易气馁的人。

下午，我作为助手参加了总统在他的别墅里举行的一场见面会。与总统见面会谈的有：土耳其总理；希腊国王，一位举止优雅的年轻人；英国驻土耳其大使；南斯拉夫国王彼得二世，陪同他的是曾经与我在法国共事过的波里奇；还有埃及王位的准继承人穆巴拉特·贝。这些客人依次轮流与罗斯福总统进行交谈，每个人的谈话时间大约在15分钟左右。在当晚的晚宴上，从安卡拉赶来的劳伦斯·斯坦哈特大使和从莫斯科赶来的埃夫里尔·哈里曼大使也出席了宴会。

11月25日是感恩节。在联合参谋长会议上，我们的英国同僚提出了一个惊人的建议，为了投入更多兵力到爱琴海和土耳其，推迟横渡海峡作战行动。固执的"英国斗牛犬"，还是不肯放弃那控制地中海和近东地区的欲念。美方的参谋长们则坚守着罗斯福总统的命令，绝不同意从"霸王行动"中抽调一兵一卒。会议再一次未能达成任何决议。

下午6点，英国官员在开罗圣公会大教堂安排了一场感恩节礼拜仪式，作为对美方出席会议代表的节日致礼。我们当中有人对英国人的礼貌之举心存疑虑，称此为"反向租借①"的例子。晚上，总统举办了一

---

① 反向租借（Reverse Lend-lease），是指二战中其他盟国为美国提供的物资和补给。在整个战争期间，大约有价值80亿美元的物资提供给了美军部队，其中90%来自大英帝国，这些物资包括"奥斯丁"军用救护车、"B–17"上使用的英制航空火花塞，加拿大产的"费尔迈克"汽艇、"蚊式"照相侦察机，印度产的石油，澳大利亚和新西兰供应了南太平洋战区美军的大部分食品。苏联提供的反向租借物资包括金属矿石、黄金和木材。——译者

场感恩节晚宴，共有 20 名宾客出席，晚宴上有火鸡和南瓜派。除了我们这些总统身边的人之外，到场的宾客有：丘吉尔首相和他的女儿萨拉，她的夫姓是奥利弗；外交大臣安东尼·艾登；美国驻英国大使怀南特和驻土耳其大使斯坦哈特；美国驻埃及公使柯克；埃利奥特·罗斯福上校；英国的莱瑟斯勋爵；总统的女婿伯蒂格少校以及首相的两位年轻助理。这是一场宾主尽欢、其乐融融的晚宴，尼罗河畔度过了一个不同寻常的夜晚。总统和首相两个人的兴致都很高。

11 月 26 日上午的参谋长会议结束之后，我花了一个小时前去参观大金字塔和狮身人面像，这两处历史遗迹都有着种种神秘之处，令人产生强烈的兴趣想去探索研究。但是由于此次会议事务繁忙，我没有更多时间去仔细参观这些体积庞大的文明古迹，令我一直遗憾至今。狮身人面像的面部已经被严重损毁，按照我们导游的说法，是拿破仑用火炮轰击的结果。

中午，总统向艾森豪威尔将军颁发了一枚"功绩勋章"[1]，艾森豪威尔的答谢致辞令我印象尤为深刻。他说，荣获"功绩勋章"令他分外开心，因为这一荣誉是不管军衔高低的，他手下的每一位将士都有机会得到。

下午，联合参谋长委员会集中讨论了英国人提出的一项建议，即放弃与缅甸战役相关的印度洋两栖作战计划。总统此前已经向中国承诺，作为收复缅甸战役的一部分，将在具有战略意义的安达曼群岛[2]发起一

---

① 功绩勋章（Legion of Merit medal），1942 年 7 月 20 日由美国国会设立，授予美国武装部队或盟军中在服役期间功绩卓著的人员。——译者

② 安达曼群岛（Andaman Islands），是孟加拉湾与缅甸海之间、十度海峡之北的一组岛屿。1789 年被英国占领，为英属印度统治。1942 年 3 月日军侵占安达曼群岛，后交给自由印度临时政府管辖，以此拉拢印度激进独立运动家钱德拉·鲍斯与日本政府合作，对抗盟军。二战后英国政府将其收回，印度独立后将其在行政区划上与尼科巴群岛共同组成中央直辖区，统称为安达曼-尼科巴群岛，主要城市和海港是布莱尔港，也是直辖区首府。——译者

次两栖登陆作战。

丘吉尔首相似乎已经下定决心，不让英方的登陆艇参与这项作战行动。会议中，争论开始变得激烈起来，气氛一度剑拔弩张。遵照丘吉尔的旨意，以布鲁克为首的英方参谋长们，坚决反对发起安达曼群岛战役。我告诉我们的英国同僚，关于安达曼战役，没有总统的命令，美方的参谋长们是不会做出让步的。与此同时，罗斯福总统、丘吉尔首相和蒋介石整个下午也在开会，他们讨论的可能是同一个问题。我们知道，蒋必定会坚持要求发起安达曼群岛战役，而且我们认为，总统肯定也会不顾丘吉尔的反对，继续支持他。

英国人对中国的兴趣显然不像我们那样浓厚。但他们似乎忽略了这样一个事实，如果没有把蒋介石那支装备低劣、补给不足的军队继续留在战场上的话，我们打败日本将会付出更多舰船和生命的代价，更别说美元了。中国人没打赢过几场战斗。除了有几支经过美国训练的精锐师之外，他们或许不会有什么出色表现，但是不可小觑的是，蒋介石有几百万人的军队，这迫使日本不得不在中国长期投入大量的兵力和物资。美军参谋部认为，无论对于美国自身的安全，还是对盟国赢得最终胜利来说，向中国伸出援手都是绝对必要的。一直到 11 月 26 日下午，在开罗召开的这些毫无成效的联合参谋长会议结束的时候，我们向蒋介石做出的为收复缅甸提供一切必要支持的承诺，仍然悬而未决。而这些承诺是我们在数月之前就已经做出的。蒋介石在离开开罗返回重庆时，心中仍然满怀期待，期望着他的盟友们能够兑现他们的承诺。

11 月 27 日凌晨，开罗大雾弥漫，在经历了三个多小时的等待之后，浓雾才逐渐消散，我们于上午 7 点启程离开开罗。飞行途中经过巴勒斯坦上空，天气状况非常好。飞机在伯利恒、耶路撒冷、杰里科和约旦河上方低空盘旋了几圈，这些名字早在我孩提时代就已经铭记于心。从空中俯瞰，这片圣地显得荒芜冷寂，一派萧瑟景象。或许在沙漠中游走了四十年之后，哪怕只有点滴之水的地方看起来都像是"应许之地"①。飞机上有人开玩笑说，当摩西经过长途跋涉，登上山顶向下看时，宁愿自杀，也不愿为他那些精疲力竭的追随者们将找到这样的一片"应许之地"而承担责任。

与之形成鲜明对比的是，幼发拉底河和底格里斯河那一片宽阔的河谷地带，四处绿草如茵、生机盎然，一片丰饶沃土。在这片人类文明发源地之一、有着悠久历史的土地上飞行了六个半小时之后，我们穿越了德黑兰南部山区的一个山口，然后平安着陆，结束了这段我经历过的最精彩奇妙的空中旅行。随后，总统一行前往美国公使馆。

第二天早晨(11 月 28 日)，苏联官员告诉我们，传言说有人策划在德黑兰行刺罗斯福。这次会议将在苏联人的地盘上举行，我记得会场距离我们的公使馆有大约 2 英里。因此，总统在会议期间的往返途中经过市区街道时，在某种程度上都会置身于这种危险之中。不必说，我们自己的特工部门自然紧张万分。我记得德黑兰的主干道是相当宽阔的，但是边街小巷都很狭窄。在我与曾经数次访问过伊朗的赫尔利将军的谈话当中，我知道尽管伊朗国王站在我们一边，但是这个国家中那些持不同政见的反对势力的危险性是不容忽视的。

告诉我们刺杀阴谋的苏联代表还带来了斯大林元帅的邀请函，请总统立刻迁往隶属苏联公使馆的一栋建筑内。罗斯福接受了这个邀请，并安排进行转移。在原定的行驶路线两侧，美苏两国的岗哨林立，然后一辆防护严密的篷车从美国公使馆中驶出，看上去似乎正在护送美国总统

---

① 应许之地(the promised land)，据《旧约·创世记》记载，以色列人祖先亚伯拉罕由于虔敬上帝，上帝与之立约，其后裔将拥有"应许之地"，即流淌着奶与蜜的土地——迦南，现约旦河以西地区，包括加利利海以南和死海以北地区。据《摩西五经》记载，后来摩西带领以色列人离开埃及，在旷野漂流四十年。摩西死后，约书亚带领其他人在大约公元前 1405 至公元前 1350 年之间进入应许之地，逐步征服了迦南全境，形成了古以色列王国的雏形。——译者

前往一个更为安全的地点。实际上，这辆篷车不过是一个精心制作的伪装。

篷车驶出后不久，总统、哈里·霍普金斯和我，由一名特工开车，在没有任何护卫的情况下乘车离开。我们沿着一条迂回小道，一路风驰电掣，有部分路面甚至是没有铺设过的土路。尽管这条路线的距离要远得多，但是由于速度快，当我们抵达苏联公使馆时，那辆重兵把守的伪装车还没驶完2英里路程。

总统对这次不同寻常的冒险大逃亡乐在其中，他觉得这更像是一场有趣的游戏，而不是一次挫败谋害他阴谋的惊险行动。

在清扫了累积数月也可能是数年之久的灰尘之后，苏联公使馆这栋此前长期空置的建筑中，为我们安排的下榻之处算是相当舒适了。苏联公使馆及周边的公园全天二十四小时戒严，有大批经过特殊训练的特工值守，不允许"任何人"进入。我们持有的特别通行证是俄语的，上面我唯一认识的字就是我们自己的名字。我们所有人都接到提醒，如果被盘问时要立即停下来站住。我们都严格遵守这条"忠告"，因此没有发生任何"意外"。

代号为"尤里卡"的德黑兰会议，于11月28日下午4点召开了首次全体会议。此前，世界上两个最强大国家的元首已经进行了四十五分钟左右的首次会晤，英国首相和英美参谋长们以及霍普金斯入场的时候，罗斯福和斯大林显然已经变得相当熟络了。丘吉尔由外交大臣安东尼·艾登陪同。斯大林则由外交人民委员米哈伊洛维奇·莫洛托夫和 K. E. 伏罗希洛夫①元帅陪同。罗斯福总统主持会议，并首先发言（出席会

① 克里门特·叶弗列莫维奇·伏罗希洛夫（Kliment Voroshilov, 1881—1969），苏联军事家、政治家。1903 年加入俄国社会民主工党。1917 年参加二月革命和十月革命。1918 年当选全俄中央执行委员会委员，此后历任乌克兰共产党中央委员、哈尔科夫军区司令、北高加索军区司令、莫斯科军区司令。1925 年 1 月任革命军事委员会副主席和陆海军副人民委员，11 月任革命军事委员会主席和陆海军人民委（转下页）

议的人员名单详见附录）。

总统的发言，简而言之，就是对此前英美两国历次会议上确定的战略方针予以回顾。他说，美国与苏联和英国一样，怀有一个共同心愿，那就是欧洲胜利的那一天早日到来。太平洋战场上，在英国的协助之下，美国承担着最重大的责任。我们的战略方针之一，就是持续不断地消耗敌人的实力，与此同时通过逐步攻占太平洋诸岛，驱逐日本人远离美国领土。罗斯福强调，到目前为止这种战略是成功的，正在达到预期目标。

谈到中国问题，总统强调指出，支持我们的东方盟友继续抗战是极为重要的。作为对中国的援助，不久之后，在蒙巴顿勋爵的率领之下，将发动一场收复缅甸的重大战役。

罗斯福继续说道，对于欧洲战场，美国在一年多以前就提出力图缓解德军对苏联战线压力的战略构想，但是直到魁北克会议上才得以确定最终方案，即在1944年5月前实施诺曼底登陆计划。罗斯福料到丘吉尔必定会出来理论，因此补充说，有不少人支持扩展地中海的作战计划，但是他坚信，明年5月的法国登陆战至关重要，不能因为任何诸如此类的次要战役而有所延误。

斯大林随后做了简短发言，但着重详细论述了将意大利作为向德国发起进攻的地点是不合适的。不过，他赞成地中海的航运线路应当保持

_____

（接上页）员，12月当选联共中央政治局委员。1934年至1940年任苏联国防人民委员。1935年11月首批晋升苏联元帅军衔。1940年任苏联人民委员会副主席和所属国防委员会主席。1941年6月22日苏德战争爆发后，苏联武装力量统帅部成立，伏罗希洛夫成为大本营成员；7月任西北方向总指挥部总司令，统一指挥北方方面军、西北方面军和北方舰队、波罗的海舰队作战；9月接任列宁格勒方面军司令。1942年2月任驻沃尔霍夫方面军的最高统帅部代表，9月任游击运动总司令。1943年5月后历任国防委员会所属战利品委员会主席、外交人民委员会所属停战委员会主席、盟国对匈牙利管制委员会主席。二战后担任苏联部长会议副主席。1953年至1960年任苏联最高苏维埃主席团主席。——译者

通畅，以便盟国船只进出。所有在场的英国人和美国人，都在仔细聆听着、观察着这位苏联领导人的一言一行。我们当中的大部分人都是第一次看到他，也是第一次听他讲话。我偶然注意到，丘吉尔似乎不用等到斯大林那位优秀的译员将他们元帅的发言翻译过来，就能够领会到斯大林讲话的要点。后来我听说，首相略懂一些俄语，因此虽然他从来不曾使用俄语交谈，但是他能够大致听懂斯大林所讲的意思。斯大林的讲话平声静气，没有任何手势，当译员巴甫洛夫进行翻译时，他的神情看上去从容不迫、自信十足。

丘吉尔在发言伊始便提到，美国和英国筹划诺曼底登陆行动已经很长一段时间了，虽然计划被推迟确实令人沮丧，不过现在已经决定，将在1944年春夏时节将行动付诸实施。随后，首相开始谈及在欧洲境内有可能从哪些地区向纳粹发动攻势，而且他敦促应当力劝土耳其参战。然后，丘吉尔问道，如果在地中海的作战行动能够带来足够好处的话，是否有可能将预期的横渡海峡行动推迟两三个月。

斯大林立刻提出质疑，这样分散盟军的兵力是否明智？他不认为土耳其人能够被劝服对德宣战，并且说盟军所有可用的增援力量，届时应当在法国南部发起侧翼攻势，策应支援诺曼底登陆行动，才是能够发挥最大优势的做法。他认为，对于盟军来说，在法国南部的作战行动比攻占罗马要更有价值。丘吉尔提出了一个有趣的说法来回应，他说如果占领罗马，罗马北部的机场就可以用作加强盟军对欧洲中部的空袭。第一次全体会议结束时，没有做出任何重要决定。

第一次会议的气氛是愉快的，大家都彬彬有礼、亲切友善。三位领导人陈述各自观点的同时也彼此互相试探。在关于下一步的基本战略方针上，苏联和美国的意见似乎是比较一致的。人类有史以来数量最为庞大的作战部队，数百万将士的命运，就掌握在德黑兰苏联公使馆内，此刻正围坐在一张圆桌旁的这三人手中。不过，在这场首次会谈当中，和风细雨的氛围，似乎比在某个陆军基地或是海军战舰上召开的参谋会议的气氛还要平和得多。

首次会议结束之后，我们谈论的焦点都集中在斯大林身上。我们当中的大部分人，在见到他之前，都认为他是个夺取了政府首脑宝座的土匪头子。然而，这种印象显然是错误的。我们立刻发现，与我们打交道的是一个具有高度智慧、谈吐不凡的人，对于他想要为苏联争取的东西势在必得。从职业军人的角度来看，这一点无可指摘。在处理我们共同面临的问题时，斯大林的态度是坦诚直率、和睦共商的，并且对于两位盟友的立场也能够体谅——除非其中有人提出某些他认为有损苏联利益的观点，那他就会变得毫不留情，甚至可以说粗鲁无礼。

11 月 28 日晚上，"三巨头"再次进行会晤。我当时不在场，不过总统后来告诉我，会谈的焦点围绕着战后如何对待法国，德国战犯的处置以及波兰东部边界的问题展开。斯大林说得最多。除了其他问题，这位苏联领导人认为，以法国在战争中的表现，既得不到作为胜利者的盟军的尊重，也没有权利再保有此前的法兰西帝国。

会谈基本达成一致，德国必须被永久剥夺所有的武装力量。至于战后波兰边界的划分，则是个棘手的问题，会议决定这一问题应当在继续深入研究之后，再行做出决断。

总统告诉我，斯大林和丘吉尔关于德国军国主义的问题进行了激烈地辩论。这场争论起因于斯大林说他有一份应当被审判的 5 万名德国军官的名单。丘吉尔对此的反应很激烈，坚持说他绝不可能同意进行任何诸如此类的审判，因为根据英国法律，这些人当时的行为并不属于法律界定的犯罪行为，因此对于他们的指控，英国法庭是不会予以定罪的。

虽然丘吉尔特别表明，对于那些野蛮的纳粹他不会有半点怜悯之心，但是总统说，首相为了维护英国传统的法律理念而据理力争，反对任何依据事后法律溯及过往的诉讼。

在谈到这场争论时，罗斯福生动地描述了他是如何试图讲个笑话来平息斯大林和丘吉尔的怒火。罗斯福提议说，如果觉得 5 万人被审判太多的话，为什么不折中一下取个小点儿的数字呢，比如 49000 人？总统苦笑着说，丘吉尔当时连开玩笑的心情都没有了。

当天晚上，总统突发急性消化系统疾病——这令我们非常焦急，因为不能排除有人给他投毒的可能性。他的私人医生麦金泰尔博士，很快找到了病因，是缘于消化不良。他叮嘱总统要卧床休息并注意饮食，第二天早上，总统就完全恢复正常了。

11 月 29 日，星期一，第一件公务是召开一个小型会议，参会者有布鲁克将军、伏罗希洛夫元帅、皇家空军元帅波特尔、马歇尔将军和我。这是三大盟国的最高军事顾问们召开的首次会议。我们讨论了此次会议中需要处理的军事问题，但是基本没有取得什么进展，因为英国人还是想推迟横渡英吉利海峡的作战行动。

伏罗希洛夫元帅，继续坚持斯大林在前一天提出的主张，在法国南部发起侧翼攻击，并敦促就这一问题尽快做出决定。马歇尔将军和我倾向于赞同这一计划，但是艾伦·布鲁克爵士固执地坚持，应当将地中海所有可用兵力投入到意大利和地中海东部战役中，包括他们总司令的最爱——攻占罗得岛。伏罗希洛夫元帅年轻气盛，有时提出的问题很尖锐。在涉及苏联的利益时，他和斯大林一样坚持己见，毫不退让。而且和他的领袖一样，对于苏联希望我们在这场战争中做些什么，他心里非常清楚。

不过，和我们见过的所有苏联人一样，他不能理解用船将一支部队和装备补给运过横跨 3 000 英里的大洋会是多么困难。在苏联的历史上，海军从来都是无足轻重的角色，唯一的例外可能就是 1905 年的日俄战争，但当时他们的海军也被日本人打得几乎全军覆没。在我们的会谈当中，苏联人总是认为，他们的军队跨过了那么多大江大河，他们就搞不明白江河和海洋之间有什么区别。这听起来就像陆军或者空军搞不清楚海军是怎么打仗的一样。

11月29日中午，丘吉尔首相代表英国乔治国王，将一把宝剑赠予斯大林元帅，表达英国人民对于斯大林格勒军民英勇不屈、成功抗击德国侵略者的敬意。

赠剑仪式之后，摄影记者们为所有参会人员拍了合影。站在人们面前的是正致力于让纳粹德国覆灭的同盟国"三巨头"。我认为，这次德黑兰会议在历史上的地位，可以与"金缕地"① 相提并论，除了有一点不同——这里没有那样富丽堂皇的宏大场面，更多的是战争带来的悲伤和痛苦。

下午，在另一场全体会议上，有关诺曼底登陆的时间问题再次起了争执。斯大林坚持要尽早确定日期。丘吉尔却要求延迟。罗斯福总统倾向于支持苏联人。斯大林被丘吉尔搞得恼羞成怒，便直截了当地问道："你是真的赞同'霸王行动'，还是这只是你的托辞，为了让我们感觉好受一点儿？"丘吉尔回答的意思是，他确实是支持横渡海峡行动的，只不过他也由衷地认为，他所建议的其他作战行动，对于最终成功登陆法国必定也是有所帮助的。为了拖延做出决定的日期，丘吉尔提议，地中海作战方案中有关政治方面的问题，应当交给在德黑兰的外交部长们，听听他们的建议（国务卿赫尔在1943年10月的莫斯科外长会议上，曾经发电报给罗斯福，说由于他的健康状况，无法前往非洲和伊朗。因此，哈里·霍普金斯实际上承担起了国务卿的角色，参加与莫洛托夫和艾登的会谈）。

---

① 金缕地（Field of the Cloth of Gold），位于法国的巴兰盖姆。1520年6月，英王亨利八世与法王弗朗西斯一世于此地会盟，当时该地属于英国领土。两位国王都尽力炫耀自己的实力和财富，帐篷里挂满了金丝织成的衣服，因而会议地点有了"金缕地"之称。会议目的是增进英法两国友谊，平息欧洲基督教国家之间的战争。——译者

斯大林迅即粗暴地予以反驳："为什么要这么做？我们就是政府的首脑。我们知道我们要做什么。为什么还要让下属来告诉我们？"不过，斯大林似乎也看出了这种议会制方式有某些可取之处。在随后的"三巨头"会议中，成立了一个外长委员会。当"三巨头"在某些问题上不能达成一致意见之时，通常会转交给三国的外交部长处理，不过他们通常也难以达成一致。

在我印象中，每每雅尔塔和波茨坦会议上出现这种情况，结果通常都对美国不利。在那些被转交给下属部长们讨论的问题上，美国往往没有应对措施，或虽采取了措施但收效甚微，甚至一无所获。因此，在德黑兰这天下午的会议上，丘吉尔施展的外交拖延策略是极为有效的。

激烈的争论让主持会议的罗斯福也大伤脑筋，即便他素以高超的外交手腕和技巧而闻名。在这次会议上，斯大林也向罗斯福提出一个棘手的问题。这位苏联领导人毫不客气地直接问道，谁将指挥"霸王行动"。罗斯福坦白说，他还没有最后决定。当时，我就坐在总统旁边，他将身子倾向我悄声说道："那个老布尔什维克想逼我告诉他我们最高司令官的名字。我还真没法告诉他，因为我确实还没想好。"

斯大林同意由罗斯福任命"霸王行动"的司令官，但是他明确表示，只有当司令官的人选确定了，他才会认为计划确实在付诸实施。显然，斯大林希望在德黑兰会议期间，就能把司令官的人选确定下来。

总统的答复绝对是实话。在我看来，他想要把这个任务交给马歇尔，但是对于会在美国国内引起的不良反应又有所顾忌。直到那时，我仍然认为他最终会宣布由马歇尔指挥"霸王行动"。

在这次会议当中，罗斯福交给斯大林一份由参谋长联席会议准备的文件，向我们的苏联盟友提出有关合作和情报方面的一些要求。第一个问题是关于使用苏联的军事基地实施"穿梭轰炸"，斯大林对此欣然应允。还有一些是关于苏联是否能够协同对日作战的问题。早在1943年1

月，斯大林就曾经告诉过赫尔利将军，一旦德国人被打败，苏联就会加入对日作战。在上个月的莫斯科外长会议期间，他向国务卿赫尔再次重申了这一承诺。

当面对我们提出的有关合作的具体要求时，斯大林说必须等到他返回莫斯科之后，才能给我们答复。对此，斯大林对罗斯福说："总统先生，你告诉过我，你在做出决定之前必须要和你的政府进行协商。你一定不会忘记，我也有一个政府，我不能总是不经莫斯科同意而擅作主张。"

和前一天的会议一样，这次会议结束时，仍然没能做出横跨海峡行动日期的最终决定。而且，由于斯大林的直接发问，谁来指挥这场行动再次成了众人关注的首要问题。

在 11 月 30 日上午的英美参谋长会议上，英国人终于与我们达成了一致。他们同意于 1944 年 5 月在法国发起对德攻势，并且同时将地中海地区的可用兵力投入到法国南部的作战行动①中。

我从来没有问过布鲁克、波特尔或其他英国同僚，是什么原因使他们改变了心意。美国人提出的论据是如此合情合理，我相信身为职业军人，他们应该清楚，要想在最短的时间里结束对德战争，"霸王行动"是最明智的选择。一旦我们拥有足够的兵力，就必须与保卫德国本土的德国军队短兵相接、殊死决战。如果我们能够打败他们，那么进军柏林

---

① 铁砧行动(Anvil Operation)，第二次世界大战中的重要战役。在策划阶段该行动是代号"大锤行动"的诺曼底登陆作战的补充。随后这两个计划被重新命名，后者改为"霸王行动"，前者则改名为"龙骑兵行动"。1943 年德黑兰会议确定，在实施诺曼底登陆的同时，将在法国南部进行登陆作为配合。但会后英国力图取消此行动，抽走部分登陆舰艇用于南欧作战，美国被迫同意推迟，直至 1944 年 7 月才重新确定实施。丘吉尔认为该行动浪费资源，主张将兵力投入到石油产区巴尔干，然后可以向其他东欧国家推进，除了进一步限制德国获得急需的石油外，也可以使西方国家在战后获得更好的战略地位及防范苏联红军。这是当时英美两国的重大战略分歧之一。——译者

和欧洲的胜利就指日可待了。

当然，这纯属我的个人推测。不过我感觉到，英方参谋长们在私下里与丘吉尔交谈的时候，是支持美方观点的。一心想维护大英帝国势力范围的英国首相，在与自己的高层军事顾问的争论当中，显然做出了让步，虽然可能并非情愿。在这本书出版之前，丘吉尔或许就会在他自己精彩的回忆录中告诉我们原因吧。

下午4点半，罗斯福、斯大林和丘吉尔通过了联合参谋长委员会在上午会议中达成的一致意见，并且斯大林元帅也同意东线的攻势在时间上予以配合，与西线形成相互支援。

在此次德黑兰会议上，开辟第二战场的决定压倒其他所有问题，成为头等大事。但是"三巨头"会晤中讨论的其他几个问题，其实也同样重要，在这些问题的讨论过程中，三方的态度基本上都是心平气和的，不过在有些问题上最终没能达成一致意见。

罗斯福花了很多时间，详细解释他那"联合国维持世界和平"的理念。但是，斯大林对于总统提出的，在联合国里小国也应具有与大国同等的地位，似乎并不赞成。斯大林说他的想法很简单：如果苏联、英国和美国想要维护世界和平，他们本身已经具备了这样的军事和经济实力，并不需要其他任何人的帮助来控制这个世界。

在讨论筹建联合国的过程中，提到了托管领土问题。罗斯福认为，他建议的联合国组织可以对那些日本托管岛屿行使必要的主权，这些表面上属于国际联盟控制的岛屿，实际已经完全为日本人所开发利用。在我们自己的内部会议上，我曾经强烈呼吁过，为了美国未来的安全，所有被美国攻占的日本托管岛屿，都应当由美国保留并行使主权。

大家对解除德国武装力量的问题进行了广泛讨论。斯大林主张，占领德国境内或者边境线上的战略要塞，甚至可以延伸到更远的地方。对这一问题没有形成决议，但是显然达成了原则一致，那就是德国发动战争的潜力应当被彻底摧毁。

斯大林同意提供苏联的一些空军基地，以便从英国发起对德国的"穿梭轰炸"。但是，他对于使用苏联在亚洲沿海地区的空军基地攻击日本的请求，并没有立即给予答复。另外，在此次德黑兰会议上提出的，等德国战败之后，制订苏联军队参与对日作战的初步联合作战计划的要求，也没能得到斯大林的答复。

苏联人一直坚持要求，立即得到缴获的意大利战舰和商船的三分之一。罗斯福在德黑兰会议上也坚持了他此前的立场——这些舰船应当用在作战最需要的地方，对它们的处置应等到战争结束之后。最后，达成了一个折中方案，在 1944 年 1 月底之前，将部分舰船移交给苏联使用。

波兰的边界问题在德黑兰会议上引起了一些争论。将"寇松线"①作为波兰东部边界基本得到普遍认可，不过罗斯福对此并没有明确表示同意；其西部边界问题更是悬而未决——除了"三巨头"，大家似乎都同意应当将部分德国领土划入波兰，作为被"寇松线"划入苏联境内的波兰领土之补偿。

在分割德国的问题上，罗斯福花费了相当多的精力，尽管他的计划也是原则上获得通过，但同样没有做出明确决议。总统的想法是，将德国分裂成五个部分或者国家：（1）普鲁士，缩小其领土面积，并且不得

---

① 寇松线（Curzon Line），英国外交大臣 G. N. 寇松向苏俄和波兰建议的停战分界线。18 世纪中后期俄罗斯、普鲁士和奥地利曾三次瓜分波兰，1795 年波兰亡国，此后波兰大部领土属于俄国。俄国十月革命后，波兰于 1918 年 11 月一战结束时取得独立，并因领土问题与苏俄开战。1919 年 12 月 8 日，协约国最高委员会在巴黎和会上决定重建波兰，以民族边界线作为波兰东部边界，这条线沿布格河划分波苏边界，在北部把比亚韦斯托克地区划入波兰版图。1920 年 7 月 11 日，苏俄红军击退波兰干涉军时，寇松代表英国政府建议苏俄以这条界线为停火线举行和平谈判，在斯帕举行的国际会议上，波苏双方承认寇松线为波苏边界线；但当波军转入反攻后，波兰政府又拒绝承认寇松线。根据 1921 年 3 月 18 日的《里加和约》，寇松线将东立陶宛的一部分和西白俄罗斯、西乌克兰划归波兰。二战后，1945 年 8 月 16 日，波苏两国签订边界条约，规定两国边界以寇松线为基础划定。——译者

有武装力量；（2）汉诺威和德国西北部；（3）萨克森和莱比锡地区；（4）巴伐利亚、巴登和符腾堡；（5）黑森-达姆施塔特，黑森-卡塞尔和莱茵河南部地区。汉堡、基尔运河和鲁尔-萨尔地区将实行某种形式的国际共管。

罗斯福颇费了一番口舌，才说服斯大林和丘吉尔接受了《关于伊朗的宣言》，这份宣言肯定了伊朗在这场战争中所做的贡献。鉴于战争给伊朗带来的经济困境，宣言承诺将尽可能给予伊朗援助，并且还声明，三个大国一致主张维护伊朗的独立、主权和领土完整。

罗斯福、丘吉尔和斯大林共同签署了这份宣言，并交由赫尔利将军递交给伊朗国王。显然，宣言的内容并没有伊朗国王期待得那么具体，但赫尔利还是得到了他的签字，然后就像一个刚刚在池塘里钓上一条大鱼的小男孩一样，兴高采烈地奔回会场。他在大厅里看到我，大声喊道："比尔，我搞定了！"——当然，他是指三方宣言，将军觉得，罗斯福总统交给他的艰巨任务总算顺利完成了。

当三位总司令批准了联合参谋长委员会的最终报告时，此次会议的工作便告一段落了。如果德黑兰会议上的决议都能够得以执行的话，那么我们不远万里相聚于此也算不虚此行。虽然逐渐凸显出来的战后政治问题，还没有对我们的联合参谋工作产生直接影响，但我们所有人都意识到，未来世界的和平可能就取决于这些问题是否能够得到友好协商解决。

1943年11月30日是丘吉尔六十九岁生日，因此这一天由首相做东，在英国公使馆举办了一场盛大的晚宴。按照苏联的习俗，几乎要和所有在座的34位来宾一一敬酒干杯，这可真是令人生厌的俗套！罗斯福总统、斯大林和丘吉尔分别致辞，强调了我们与布尔什维克的长久友谊和建立世界新秩序的共同愿望。在宴会进行期间，有人不时会讲些尖酸的俏皮话，使互相敬酒祝辞时的沉闷气氛活跃起来。斯大林的应答尤为机智敏捷，有时他的脸上会露出一种阴险的表情。

丘吉尔说，英国民众的政治倾向正在逐步发生转变，眼下已经发展到有点儿"左倾"的地步了。于是斯大林插话道："那说明健康状况有所改善。"① 霍普金斯也打趣说，英国没有宪法，因此丘吉尔可以随心所欲，想干什么就干什么。斯大林还提议，为美国生产创造的奇迹干杯。可以说，在这场令人难忘的晚宴上，三大盟国似乎已经取得了一定程度上的和谐相处，这无疑将有利于加速纳粹的灭亡，以及世界战后问题的和平解决。但令人遗憾的是，盛宴狂欢过后的早晨，人们往往又会回归现实。

12月1日，联合参谋长会议的成员乘飞机离开开罗。总统要我留下。"三巨头"最后一次的高层政治会谈，一直持续到晚上10点，不过我并没有参加。两个小时之后，我们在德黑兰附近的一处美国陆军营地里安顿下来。

第二天早晨，罗斯福与康纳利少将乘坐一辆吉普车，对营地设施进行了视察，包括一所医院。医院里的小伙子们看到他们的总司令，从遥远的华盛顿特区出现在这里时，无不惊讶地睁大了眼睛。总统和士兵们进行了简短交谈，对他们坚守这座偏远基地的工作倍加赞赏。总统在如此重要的会议间隙，还抽时间去探望驻守在古老国度波斯的美国大兵，恰恰说明这是一场全球化的战争。在这场战争中，美国既有远赴北极圈开拓航道的舰船，也有在遥远的澳大利亚接受训练的士兵。回到德黑兰，我们于12月2日上午9点45分离开，并及时赶到了开罗，与丘吉尔首相共进晚餐。

在晚餐席间，罗斯福和丘吉尔互相交流了对斯大林的看法，并回顾了刚刚结束的，与我们的苏联盟友进行的军事和政治会谈。首相明确表

① 在原文中，丘吉尔使用了"pink"一词，该词既有略微"左倾"，也有面色红润的意思，因此斯大林的话是一语双关。——译者

示，在此前曾经在英美两国参谋长之间引发诸多争论的问题上，他是倾向于支持美方观点的，尤其是关于横渡海峡行动的时间问题。他没有提及缅甸战役还有他最爱的罗得岛计划。他很清楚，在第二天即将开始的参谋长会议上，他的代表们将会坚定地反对履行对我们远东盟友的承诺——罗斯福总统曾经向蒋介石委员长承诺过的收复缅甸战役，当时的计划是从北部发动地面攻势的同时，在南部孟加拉湾的安达曼群岛发起两栖作战行动予以配合。

12月3日，在一整天的联合参谋长会议上，英国人都在竭力达成两个目标：说服美国放弃安达曼群岛计划，同意罗得岛战役计划。晚上，我们向罗斯福总统汇报了目前僵持的局面。他坚决反对在地中海东部的作战计划，也没有做出任何准备放弃缅甸战役计划的指示。

我和总统、首相以及安东尼·艾登共进晚餐。我们四人围坐在桌旁，商谈争执不下的安达曼群岛和罗得岛问题，一直持续到午夜时分。丘吉尔使出浑身解数，想说服罗斯福放弃孟加拉湾的两栖作战计划，用这些海军、空军和地面部队去夺取他最爱的罗得岛。首相说得天花乱坠，但总统丝毫不为之所动。罗斯福总统坚持要全面兑现对蒋介石的承诺。

艾登在缅甸战役的问题上，对他的首相并没有任何帮助，但是在那天晚上会谈的另一个重要议题上，他们两个始终保持一致——关于英美军队攻占德国之后的分区占领问题。丘吉尔和艾登坚持由英国接管德国北部地区。罗斯福却认为这片地区应该交给美国。英国人的逻辑是，这片地区最靠近英国，会减少许多运输上的问题。我们都认为苏联人将会控制德国东部地区。美国最终接管了德国中部，介于法国和英国占领区之间的那片区域。

12月4日，在中午与总统和首相一起召开的联合参谋长会议上，缅甸对地中海的"世界之战"依然在继续。谁都不肯做出让步。这种僵局一直持续到 12 月 6 日下午 5 点。英国人从未如此坚决地反对过美国的建议，这一次他们表现出来的坚持，可谓是空前绝后的。

下午 5 点，当美方参谋长与罗斯福总统开会时，他告诉我们，为了结束这场争执，他迫不得已同意取消安达曼群岛作战计划，并向蒋介石建议某些替代方案。他是总司令，他有这样的权力结束这场争执。但这无疑会令蒋介石感到失望之极。这位中国领导人完全有理由认为，我们言而无信、出尔反尔。

在争论中，英国人提出的一个观点是有价值的——那些本来会用于安达曼战役的登陆艇，如果在罗得岛没有被用上的话，就可以用在法国南部发动的对德作战中。对于这些登陆艇，英国人心里可能还有其他打算，但是在那个时候，这的确是个好主意。

我觉得我们这么做是极为冒险的。蒋可能会退出战争。他对英国人从来没抱太多期望，但对美国却是非常信赖的。如果中国退出战争，那么在太平洋战场上，麦克阿瑟和尼米兹所担负的任务将更为艰巨。届时日本人投入到中国战场的大量兵力，将被释放出来，用来抵御我们对日本本土的攻势。万幸的是，英勇的中国人并没有停止抵抗日本的战斗。

当英美双方参谋长于 12 月 6 日再度开会时，我们正式同意放弃安达曼群岛作战计划。中午，双方领导人分别签署了会议的最终决议，再没有进行改动。南非的陆军元帅史末资①参加了最后这场会议。

我们返回开罗的初衷是与土耳其商谈参战的问题。伊诺努②总统和

---

① 扬·克里斯蒂安·史末资（Jan Christian Smuts, 1870—1950），南非著名政治家。1919 年至 1924 年和 1939 年至 1948 年任南非总理。1941 年被授予英国陆军元帅军衔。他是英联邦这一概念的创始者，对国际联盟和联合国的成立均做出很大贡献。——译者

② 穆斯塔法·伊斯麦特·伊诺努（Mustafa İsmet İnönü, 1884—1973），土耳其军事家、政治家，土耳其第二任总统（1938—1950），并多次出任土耳其总理。毕业于伊斯坦布尔军事学院。早年曾参加青年土耳其党人反对苏丹阿卜杜勒·哈米德二世专制统治的革命运动。一战期间先后在东部高加索战线、叙利亚前线作战，1916 （转下页）

他的几位高层顾问应盟国要求前来参加会议，罗斯福总统于12月4日设宴款待土耳其总统一行。晚宴的气氛轻松愉快，所有的谈话都是用法语进行的，总统的法语讲得很流利。

晚宴结束之后，丘吉尔首相加入进来，并迅速展开了对伊诺努总统的游说，劝说他将自己的国家与盟国命运相连，共同进退。丘吉尔口若悬河、滔滔不绝。伊诺努只是静静地聆听。后来，总统对丘吉尔说，如果他，罗斯福，是一个土耳其人，在放弃中立、领导他的国家参战之前，他会向英国要求得到比目前承诺的更多的援助。

第二天晚上，12月5日，轮到丘吉尔设宴招待伊诺努。同样的场景，同样的宾客，甚至连台词都差不多，除了土耳其总统谈话的状态稍微放松了一些，他处理问题直截了当的方式令我印象深刻。他明确表示，在土耳其能够参战之前，他必须要有足够的飞机、坦克、枪炮等武器装备，才能组织起强有力的军队抵抗纳粹的入侵。

席间最有趣的，就是看着首相在餐桌上施展手腕，时而恳求，时而利诱，最后几乎要威胁伊诺努——这位曾经强大的奥斯曼帝国的军人出身的总统，做出参战的承诺。他对伊诺努说，如果土耳其想要在和平谈

（接上页）年任第4军团司令。1918年任苏丹政府陆军部副部长。1920年投身穆斯塔法·凯末尔·阿塔图尔克领导的革命，任安卡拉大国民议会政府军队参谋总长，负责组建新军；翌年任西线司令。在土耳其独立战争中，他是凯末尔的主要军事助手之一，曾率军在两次"伊诺努战役"中击溃希腊入侵军。1922年任外交部长，在"洛桑会议"上不战而收回伊斯坦布尔海峡区，为巩固独立战争成果做出了贡献。1923年土耳其共和国成立后，两度出任总理。1934年他将独立战争中两次领军赢得重要胜利的地方"伊诺努"作为自己的姓氏。1938年凯末尔逝世后，伊诺努当选为总统和执政的共和人民党终身主席。当时二战即将爆发，他分析了土耳其的艰难处境，认为弱小的土耳其没有实力也没有必要参加这场战争，土耳其只有在各大集团中保持中立才符合自己的利益。1939年他和英法签订了互助条约；当法国战败后，他又与德国签订了互不侵犯条约。在德国横扫巴尔干时置身事外。美国参战后，丘吉尔醉心于地中海战略，1943年安排他和富兰克林·罗斯福会谈，让他出兵50万反德，他还是认为条件不成熟。直到德国败局已定，他才于1945年2月对德宣战。——译者

判中拥有一席之地的话，必定是要参战的。美国没有像英国那样强烈地敦促土耳其参战。我此前在本书中就曾经指出，美国参谋长联席会议认为，如果土耳其是我们的盟友，并且陷入麻烦的话，拯救他们脱离困境的任务很大程度将会落在我们头上，而这很可能将会干扰到我们击败德国的主攻计划。不过我认为，为了防止贪婪的胜利者对土耳其存有觊觎之心，伊诺努最好确保他的国家能够参加和平谈判。

在开罗期间，总统做出了另外一个重要决定。他选择由德怀特·D. 艾森豪威尔将军来担任"霸王行动"的最高司令官。在 12 月 7 日从开罗飞往突尼斯的飞机上，他把这个决定告诉了我。他的选择多少让我觉得有些惊讶。参谋长联席会议从来没有推荐过艾森豪威尔或是其他什么人。我们一直认为这个人肯定是马歇尔将军。当时我认为，没有选择马歇尔是一个冒险之举。不过，在艾森豪威尔的指挥下，"霸王行动"取得了全面胜利，证明了总统的选择是英明的。这个姗姗来迟的决定，也意味着斯大林元帅得到了最终保证，苏联人自 1942 年就期待已久的第二战场，将在 1944 年春季付诸实施。

从我们离开开罗直到"艾奥瓦号"顺利起航期间，为了防止德国飞机袭击，一路上都有众多飞机为总统严密护航。12 月 8 日早晨，从突尼斯乘飞机飞往马耳他途中，为了防止总统座机被击落或者迫降在地中海上，我们采取了更为严密的保护措施，以确保总统的安全。罗斯福总统与机上所有随行人员一起，学习了正确使用救生衣的方法，这种救生衣在军中被戏称为"梅·韦斯特"①。在整个旅途中，我们都把各自的"梅·韦斯特"放在随手能拿到的地方。尽管盟军在地中海已经占据了空中优势，但我们都认为如果被德国人知道了消息，他们一定会不惜一

---

① 梅·韦斯特(Mae West, 1893—1980)，美国女演员，因一双非常丰满的乳房而红极一时，是 1930 年代中期美国薪酬最高的女演员。由于救生衣形似乳房，故得此绰号。——译者

切代价击落美国总统的飞机。最终，这架巨大的四引擎运输机安然无恙地降落在马耳他。戈特①将军和当地的军政高层官员前来机场迎接我们。

在岛上的陆海军以及海军陆战队士兵组成的中空方阵前，总统将一幅描绘这个小岛士兵英勇抗敌的画卷赠与戈特勋爵。两年来，这个小岛几乎持续不断地遭到德国和意大利从空中和海上发起的攻击。

由于飞机的着陆装置出现故障，在延迟起飞的空当里，我们视察了岛上那些在战斗中损毁最为严重的地方。敌军的轰炸主要集中在海军船坞及周边地带，那一片几乎被夷为平地。不过，岛上其他地方的受损程度似乎并不严重。

下午1点10分，我们离开了马耳他。在经历了短暂飞行之后，我们抵达西西里岛的卡斯特尔·韦特拉诺空军基地，乔治·巴顿将军率领一众将领正等候总统的到来。在与总统交谈时，巴顿将军提到了自己那件被大肆炒作的事件：他在一怒之下，打了他认为是逃兵的士兵一记耳光。显然将军仍然在担心这件事可能带来的不良反应，以及对他自己前途造

---

① 约翰·斯坦迪什·瑟蒂斯·普伦德加斯特·维里克，戈特子爵（John Standish Surtees Prendergast Vereker, 6th Viscount Gort, 1886—1946），英国陆军元帅。出身贵族世家，1905年毕业于伍尔维奇皇家军事学院。一战期间曾任英国远征军司令部参谋、近卫掷弹兵团第4营营长，1918年11月因作战英勇荣获维多利亚十字勋章，此后人称"老虎"戈特。一战后担任过多个参谋职务和坎伯利参谋学院教官。1927年1月至8月曾来中国考察，回国后向国王提交了关于中国革命形势的报告。1930年1月任警卫旅指挥官。1932年11月任驻印度英军司令部军事训练处处长。1936年3月任坎伯利参谋学院院长。1937年9月任陆军大臣军事秘书，12月任大英帝国总参谋长。在德国吞并捷克斯洛伐克之后，1938年12月戈特曾提交报告，称英国没有足够的军力防卫法国。二战爆发后，1939年9月4日任英国远征军总司令。1940年5月，德军入侵法国，在战局溃败的情况下，戈特冒着被追究责任的风险，在5月25日独自作出决定，违反了向南进攻的命令，带着英国远征军和部分法国、比利时军队往北撤退，最终通过敦刻尔克撤回英国。这一做法引来不少争议，有人认为他挽救了英国远征军，也有人称其为失败主义者。1940年7月任战争办公室训练兼本土防务总监。1941年5月任直布罗陀总督兼英军总司令。1942年5月任马耳他总督兼英军总司令，任职期间不顾英国政府反对，果断地填海造地扩建机场，在随后的地中海战役中发挥了重要作用。1943年6月晋升陆军元帅。1944年11月任巴勒斯坦和约旦高级专员。1946年3月因肝癌病逝。——译者

成的影响。罗斯福表示，对他而言这件事已经过去了。

总统向 6 名在西西里战役中表现突出的军官颁发了奖章。然后，像在德黑兰的那座陆军营地一样，乘坐一辆同样的军用吉普车，对空军基地进行了视察。然后我们又飞了一个小时，返回突尼斯，之后所有人，包括总统在内，都早早上床休息，为接下来前往西非海岸的长途飞行养精蓄锐。

12 月 9 日，在日出之前我们就启程离开了突尼斯。起飞之后，飞机迅速冲入白色的云层中间。我们的飞行高度本来应当在云层之上，但是麦金泰尔医生认为，这样的高度对总统的身体不好。直到中午之前，我们一直保持着大约 8 000 英尺的飞行高度，大部分时间都在厚厚的云层之中穿梭，偶尔能够透过云层看到下面的大地。我们在蒙蒙细雨中飞越阿特拉斯山脉南部时，遇到了湍流。驾驶舱的树脂玻璃罩上结了一层冰。我们的飞行员布莱恩少校，技术娴熟地避开此时已经聚成乌云的云层，并且准确把握住航向，不久就将那片暴风雨团抛在了身后。

特工人员乘坐的飞机跟随在我们后面。他们在穿越一片雨云时被闪电击中，所幸飞机和乘客都没有受伤，但是飞行员此后就飞到了云层上方的高度。在这个高度，由于缺少氧气，人会感到很不舒服。总统飞行团队中的第三架飞机，绕开风暴区飞行，因此晚了一个小时抵达达喀尔。

我们准时降落在达喀尔机场，此次飞行历时十二个半小时，航程 2 400 英里，大部分时间都飞行在撒哈拉沙漠上空。法属西非总督库尔纳里前来迎接总统，并由一艘法国海军护航舰将总统送上美国的"艾奥瓦号"战列舰。

总统坐在水手长的椅子上，被晃晃悠悠地吊上"艾奥瓦号"的甲板，随后"艾奥瓦号"便在三艘驱逐舰的护航之下扬帆起航了。此行航程途经佛得角群岛南部，航向真方位 226 度，航速 23 节。霍普金斯将总统团队在达喀尔如何登上"艾奥瓦号"的趣事写成文章，发表在"艾奥瓦号"的船报上，还配了插图。图上画着总统坐在他的水手椅上，"老爸"沃森正在手脚并用地爬上一块木板，霍普金斯走在一根钢丝上，我则像所有水手一样，纵身一跃跳上船去。

度过了一段悠闲自在的海上旅程之后，我们在弗吉尼亚的汉普顿码头登上了总统的游艇"波多马克号"。在途经了摩洛哥、埃及、波斯、马耳他和西西里岛，最终于 1943 年 12 月 17 日 9 点 15 分抵达华盛顿的海军造船厂，这段意义重大而又充满乐趣的长途旅行终于告一段落。

在我们返回华盛顿的第一周里，总统、马歇尔将军、战争部长史汀生①以及其他人召开了数次会议，详细研究了任命艾森豪威尔担任登陆法国战役总指挥的问题。这一消息在平安夜予以公布。同时还宣布了英国将领，亨利·梅特兰·威尔逊爵士将担任地中海战区盟军总司令的消息。

在平安夜，罗斯福总统还发表了一场振奋人心的演说，向驻扎在世界各地的美国军队播出。

在圣诞节的那个星期里，我们收到数封来自丘吉尔的电报，询问是否有可能将部分登陆艇和兵力投入到意大利战役中。如果答应他们，可能就会导致法国登陆计划的延迟。况且，他们可能还会企图进一步扩大地中海战役，甚至不惜以延长对德战争的进程为代价，这着实令人恼火。总统给丘吉尔的回复是，对于任何可能对"霸王行动"造成干扰的分散兵力或是登陆艇的行动，他都不会同意。

12 月 28 日，由于铁路工人威胁罢工，总统亲自出面处理铁路运输

---

① 亨利·刘易斯·史汀生（Henry Lewis Stimson，1867—1950），美国政治家。一战期间曾作为炮兵军官赴法国参战。1928 年至 1929 年任菲律宾总督。1929 年至 1933 年任国务卿。日本发动"九一八事变"占领中国东北后，他宣布美国不承认远东由武力引起的损害中国独立与行政完整的变化，史称"不承认主义"，也称"史汀生主义"。日、德成为战争策源地后，呼吁美国放弃孤立主义。二战爆发后，主张支援反法西斯国家。1940 年至 1945 年担任战争部长，动员美国工业转入战时轨道，主张尽早开辟第二战场，负责监督原子弹研制，主张对日实施核打击。——译者

方面的问题。这一情况引起了参谋长联席会议的密切关注，因为"霸王行动"的实施，需要运送大量物资到英国。然而，尽管我与总统讨论了这一问题，参谋长联席会议并没能提出任何具体的实质性措施。战争物资的运输是由其他政府部门掌管的。在1944年1月18日罢工问题解决之前，总统委托陆军负责铁路的运营管理。当1943年即将结束的时候，又爆发了另一起纠纷。军事情报局局长斯特朗将军和新闻检查局局长拜伦·普赖斯之间发生了争执。普赖斯到我办公室告诉我，斯特朗将军给参谋长联席会议写了一封信，说新闻检查机构令他无法行使军事情报局局长的职责。据普赖斯说，斯特朗还打算将经过参谋长联席会议签署过的信递交给总统，以便让他"安分一点"。

这位新闻检查局局长任职期间的成绩显著。他说，他不希望任何新闻检查机构受到军方的左右。他的部门是完全独立于军队并直接向总统负责的。如果参谋长联席会议和总统认为他不称职，可以将他免职，他毫无怨言。我认为，普赖斯的立场是无可非议的。问题的根源在于斯特朗希望得到一些新闻渠道的情报，但这些都是保密的。

我与参谋长联席会议成员就此事进行了讨论。总体上，新闻检查局的观点得到了支持。我们意识到，对于这位新闻检查官来说，这种事情还是比较敏感的，因此只是要求他，在必要的情况下，将情报秘密提交给参谋长联席会议。普赖斯回复说，基于我是总统的直接代表，对于我提出的要求他将会照办。问题就此得到解决。我记得，我向普赖斯要求提供某些特别情报的次数最多只有一到两次。此事过后不久，比斯尔[1]

---

[1] 克莱顿·劳伦斯·比斯尔(Clayton Lawrence Bissell, 1896—1973)，美国陆军少将。1939年7月任战争部总参谋部战争计划处参谋。1942年1月任美国陆军航空队驻中国联络官，8月任中缅印战区美国陆军航空队总司令兼第10航空队司令。1943年11月任美国陆军航空队司令部分管情报工作的助理参谋长。1944年2月任战争部总参谋部分管情报工作的助理参谋长兼联合情报委员会陆军代表，并负责战争部的战史编写工作。1946年5月任驻英国军事联络官。1948年10月任美国空军驻欧洲联络官。1950年10月退役。——译者

将军接替斯特朗将军担任军事情报局局长一职。

1943 年底，这场世界大战的形势无疑正朝着有利于同盟国的方向发展。苏联人在乌克兰成功发起了一场猛烈攻势。虽然遭遇恶劣的天气条件以及敌人的顽强抵抗，但意大利的英美盟军也在向前缓慢推进。明年春季将要在诺曼底发起的英美盟军联合登陆行动正在紧锣密鼓地准备当中。

在太平洋战场，我们的海上作战行动正迫使日本人向西越过那些防守严密的岛屿，麦克阿瑟从澳大利亚经新几内亚正向北迅猛推进。只有缅甸，由于中英双方都不愿单独发动大规模的军事行动，并且蒋介石和美军指挥官史迪威将军之间的矛盾不断，使得这场尚在计划之中的战役便有了流产的征兆。

除非我们出现某些愚不可及的战术或战略失误，轴心国的失败已然是确凿无疑的。不过，由于东西方的敌人仍然在负隅顽抗、垂死挣扎，我们的胜利还是要付出巨大的生命和财产的代价。

第十五章　盯住太平洋，登陆诺曼底

1944 年，太平洋战区的战略和指挥问题成了参谋长联席会议议事日程上的头等大事。我们在与剩下的两个轴心国——德国和日本的战斗中取得了节节胜利。意大利不但退出了三国联盟，而且正与我们一起协同作战。

对于我们来说，时间的紧迫感始终如影随形。越快打败敌人，付出的代价就越小，无论是人员伤亡还是资金物资。我们的计划是从海陆空发动全面攻击，迫使东京尽早投降，同时将我们的伤亡控制在最低程度。

此时，公众的注意力都集中在欧洲战场上。整个世界都在等待着那场期待已久的盟军与德国人之间的大对决，即将从诺曼底海滩拉开序幕。在 1944 年底之前，我们已经与希特勒最精锐的部队在战场上交过手，我们在兵力不占优势并且地形有利于德军防守的情况下，迅速击退了元首的军团，进军速度之快令所有人都感到震惊，尤其是我们敏感的苏联盟友。

参谋长联席会议关于"霸王行动"这场重大战役的准备工作，在年初就已基本完成。进攻德国的总命令已经下达。艾森豪威尔将军已经被任命为这次行动的总指挥，因此美方参谋工作的重担已经从华盛顿五角大楼转移到了他在伦敦的司令部。

在浩瀚的太平洋上，敌我力量的差距正在缩小。美国工业生产所创造的奇迹，源源不断地制造出大量的战舰、枪炮和物资，参谋长联席会议关于后勤保障方面的忧虑也随之大为减轻。但在击败日本的最佳途径这一问题上，出现了严重分歧，总统为此将专程前往檀香山，亲自与太平洋几大战区的陆海军指挥官进行磋商。

1944年，富兰克林·罗斯福，事实上是这场人类历史上最大规模全球战争的总司令，肩负着超乎寻常的压力与重担，对他身体产生的影响开始逐渐显现。他越来越需要更多时间的休息，即便是普通的感冒或是他易患的支气管炎，也需要更长的时间才能康复。与此同时，他的得力助手哈里·霍普金斯，也卧病在床数月之久，很多人都认为他已经时日不多。总统身边找不到一个能够接替他位置的人。他手中的大量工作就落在了总统的助理们以及我这个总统参谋长的肩上。也正是在这个过程中，我们对霍普金斯曾经为这个国家所做出的巨大的无私奉献，又额外增添了一份敬意。

每天早晨，我都会带着记事本到总统的书房，与他讨论当前的战争局势。在我记录的内容和处理的文件中，与和平和战后世界格局相关的话题逐渐增多。1月11日上午，我拿到了一份与美国副总统亨利·华莱士有关的备忘录。

这份备忘录是由战略情报局呈报给总统的，关于美方情报通过瑞士被泄露给德国的问题。大意如下：

> 这份情报可能是德国驻瑞士公使送往柏林的报告中的一部分，是从瑞士驻美国公使递交给瑞士政府的报告中获得的。
>
> 德国驻瑞士公使说，他报告中所包括的大量具体信息，来自副总统华莱士与他的内弟——驻华盛顿的瑞士公使之间极为机密的谈话。
>
> 在德国驻瑞士公使的报告中，最有价值的部分是副总统关于莫斯科会议(1943年10月举行的莫斯科外长会议)的政治评论，据说

华莱士表达了以下观点：

"前去参加会议的美国代表团所持的态度并不乐观。现在会议结束了，知晓结果的人都确信，单凭英国和美国肯定就能赢得二战，甚至还有回过头来和苏联开战的可能性——苏联人打算统治整个欧洲，并且他们的这一目标已经取得了实质性进展。

莫斯科会议的主要成果，并不在于所通过的那些决议，而在于通过此次会议，使我们认识到意识形态领域的世界革命仍然存在。尽管苏联人同意英国和美国提出的大部分建议，但总会为自己留下一点余地。我们认为，苏联将想方设法使西方国家处于守势，以便在战后各个国家中，形形色色的共产主义组织能够获得行动的自由。由于这直接与美国的和平理念相违背，因此美国政府终将被迫做出某些重要的决定。

主导了此次会议的缓和气氛，丝毫没有影响到我们得出这些结论的严肃性。国务卿赫尔并没有被苏联人的花招蒙蔽双眼，不过他承认，在抵达莫斯科之前他对形势的估计不足。"

德国公使的报告最后谈道："和 1940 年莫洛托夫在柏林访问①时采用的策略一样，这一情况清楚地表明了，苏联人仍未放弃他们发动世界革命的念想。"

罗斯福对战略情报局的这份报告似乎并不感到惊讶。即便情况属

---

① 1940 年 11 月 12 日，斯大林派莫洛托夫出访德国，商谈苏联加入轴心国集团的条件及如何分享二战初期的战果。莫洛托夫会见了希特勒和德国外交部长里宾特洛甫，斯大林通过电报操控谈判进程，部分电文至今没有公开。12 日下午，希特勒在总理府接见莫洛托夫，两人均认为美国不会干涉欧洲、非洲和亚洲事务；在 13 日上午的会谈中，希特勒承认芬兰属于苏联的势力范围，并称德国出兵芬兰是为了借道进攻挪威；会谈中还就苏德两国在东欧、巴尔干、黑海等地区的利益分配进行了协商。德国人认为英国不久就会承认战败，主张德、苏、意、日四大强国都应当向南扩张，并鼓励苏联夺取南方波斯湾和阿拉伯海的出海口。——译者

实，也没有表明有什么具有军事价值的重要情报被泄露给敌人。总统只是说这件事很有意思，除此之外，我不记得还有其他什么评论。

就在前一天晚上，苏联大使安德烈·葛罗米柯在苏联大使馆为副总统华莱士和夫人举办了一场晚宴，共有 34 位宾客，我和 E. M. 沃森少将作为军方代表也参加了晚宴。华莱士用俄语做了简短的致辞。在晚宴结束之后，放映了一场讲述乌克兰战役的宣传片。这部影片拍得很精彩，其中用了大量篇幅展示苏军收复哈尔科夫的过程，以及对德军暴行的揭露。

在几天前的一个上午，总统讲了一件令我十分惊讶的事。我记得那是一月份的第一个星期，他说："比尔，我准备将你提升到更高的军衔。"然后，他讲了大致的想法，那就是设立一个"海军五星上将"的头衔。他说他会找众议院海军委员会主席卡尔·文森①商量这件事。

震惊之余，我对总统说，我认为参谋长联席会议的其他成员，马歇尔将军、金海军上将和阿诺德将军，也应该得到和我同样的待遇。

当 1 月 10 日文森议员第一次与我讨论这件事时，我向他重申了我的观点，并在之后的参谋长联席会议上，把这两次谈话的内容告知了我的同僚们。必要的立法过程中遇到了许多难题，其中之一就是关于陆军和陆军航空兵将军们五星级军衔的命名问题。最终，这件事在 12 月份获得

---

① 卡尔·文森(Carl Vinson, 1883—1981)，被称为美国"两洋海军之父"。1914 年 11 月当选美国佐治亚州众议员，一直连任到 1965 年退休。在文森长达半个世纪的任期中，为美国国防建设，特别是海军和海军陆战队的建设做出了突出贡献。1931 年任众议院海军事务委员会主席。1934 年，他和佛罗里达州参议员帕克·特拉梅尔推动出台《文森—特拉梅尔法案》，授权美国海军在 1922 年《华盛顿海军条约》和 1930 年《伦敦海军条约》的限制范围内进行陈旧舰艇的更新换代，并逐步增加新式军舰。为防止日本海军力量的赶超，文森又先后推动出台了《1934 年紧急拨款法案》《1938 年海军法案》（又称《第二文森法案》）和《第三文森法案》（又称《1940 年两洋海军法案》），加快海军发展。1949 年至 1953 年、1955 年至 1965 年任众议院军事委员会主席，推动了美军的现代化建设。1961 年至 1965 年任众议院议院长。1964 年文森放弃连任竞选，1965 年 1 月退休。——译者

通过。

　　之后，还是 1 月份，我与众多海军和海军陆战队的高级将领一起，共同参加了在国会大厦举办的一场令人难忘的庆典仪式，在海军委员会的办公大厅里，悬挂着一幅文森的肖像。在我看来，这位佐治亚州的众议员，过去十年当中为国防事业所做出的贡献，超过这个国家的任何一个人，除了总统之外。在 1937 年至 1939 年我担任海军作战部部长期间，正是文森主席为了建造我们在东方，尤其是在关岛的防御体系而四处奔走、筹集经费，即使经常徒劳无功也在所不辞。

　　如果现在再来假设，在战争爆发伊始，我们已经在关岛建立起强大的防御体系，战事将会如何发展，是没有任何意义的。早在 1930 年代，我就认为在关岛这个具有战略意义的太平洋小岛上，应该建立起足以抵御敌人入侵的强大防御体系。如果在增援部队到达之前，关岛能够守住的话，日本人想要成功攻占菲律宾就要冒更大的风险。当然，即便关岛已经建成固若金汤的要塞，在 1941 年 12 月 7 日的偷袭事件之后，珍珠港也没有战舰能够派去增援了。

　　1 月中旬，P. E. 弗兰丁夫人从阿尔及尔写信给我，请求我帮助她的丈夫。这位 1942 年 1 月至 2 月期间维希政府的前外交部长，因叛国罪被投入监狱。她担心她的丈夫没有经过公正的审讯就会被处死，在当时的法国，这种担心并非毫无根据。我相信，以任何正常的价值观来判断，弗兰丁都绝对不是一名叛国者，但是对于他的处境我却爱莫能助。

　　有关海军重组的讨论已经持续一段时间了。1 月 15 日，我与海军部副部长詹姆斯·福莱斯特、部长助理巴德以及海军少将兰德一起共进午餐。我们讨论了将海军作战部和美国舰队总司令部进行拆分的问题，目前这两个部门由金上将同时掌管。我一直认为，海军作战部部长应该直属海军部长领导。但金却坚持认为"CNO"，海军对海军作战部部长的简称，应当由美国舰队总司令兼任。

如果海军部长足够强势的话，这一问题本应很快就能得到解决，但是日益激化的争论却胶着了很长时间，最终只能交由总统处理。在整个战争期间金继续同时掌管这两个部门。

战时新闻局的艾莫尔·戴维斯，在白宫新闻秘书史蒂芬·厄尔利的强力支持下，一再要求将日本人残忍虐待美军战俘的真实报道公之于众。英国人担心这些消息的公布，会刺激日本人变本加厉。不过，我们在 1 月 20 日得到了英国驻华盛顿参谋使团的同意，公布这些新闻。但是他们要求按照英国的惯例——即这些报道应当在英国和美国同步公开。尽管参谋长联席会议对此无可奈何，我们还是通过美国的报纸和广播，抗议英国人此前曾在数次重要事件中，不遵守预先约定日期便贸然发布消息的做法。

1 月 30 日星期天，是罗斯福总统六十二岁生日（这令我们又想起了一年前，我们乘坐从特立尼达到迈阿密的飞机，在飞抵海地上空时为总统庆祝生日的场景）。在前一天晚上，我们为总统举行了生日庆祝会。在全国各地举行的晚宴和舞会上，人们纷纷捐款资助总统发起的脊髓灰质炎防治活动，总统是这一病症最知名的受害者。我带着我十五岁的孙女，路易斯·莱希，参加了在华盛顿五月花酒店举办的晚宴，这是首都的生日庆祝活动中最引人瞩目的一场。晚宴的焦点是一群电影明星，对于这些人我完全不了解，但是路易斯那代人对他们却了如指掌。

能够从宴会为马歇尔和我安排的最佳位置观察这些明星，并得到这些银幕上英雄人物的亲笔签名，令路易斯的兴奋之情无以复加。这些明星当中，有一些人走到我们的桌旁来为路易斯签名，但是她想要得到尽可能多的签名，于是就拉着我的胳膊在富丽堂皇的宴会厅里转来转去，以便得到更多的、对她来说无比珍贵的签名。

此后的一周，我们接到了丘吉尔首相一系列建议中的第一条——召开另一场他和总统参加的联合参谋长会议。在 2 月 7 日的电报中，他希望尽快在伦敦召开会议，讨论有关进攻欧洲作战行动中的兵力和装备部署问题。我和马歇尔将军及金上将就此事进行了讨论。马歇尔对此不是很感兴趣，并说在他给出伦敦之行是否必要的意见之前，他需要先与艾森豪威尔商量。金则直接反对，他认为丘吉尔提出的问题，完全可以由美方参谋长与总统，通过电报与英国人之间沟通来妥善解决。

直言不讳的海军上将金，并不掩饰他对于我们英国盟友某些策略的不满。安德鲁·坎宁安爵士驻华盛顿的代表海军上将珀西·诺布尔爵士，私下里悄悄向我抱怨，他没有得到美国海军上将金"有礼貌的合作"。此后不久，我私下告诉金，珀西爵士对他不满，并要求他以后要客气一些。金的确有所收敛，至少一段时间里。丘吉尔召开伦敦会议的建议被拒绝了。

我们有自己的燃眉之急需要处理。我们于 1943 年 11 月对日本占领的吉尔伯特群岛发动了攻势，这是美国在中太平洋地区由战略防守转为战略进攻的开始。1944 年 1 月，在海军中将雷蒙德·A. 斯普鲁恩斯的指挥下，陆军和海军联合作战，成功登陆马绍尔群岛的夸贾林和罗伊岛。两周之后，又成功实施了埃尼威托克环礁的登陆行动。

2 月 11 日中午，参谋长联席会议与总统开会，对尽早发起攻击日本的作战计划进行评估，最好能从中国本土发动大规模空袭作为支援。1943 年至 1944 年的那个冬天，中国有成千上万名劳工在忙于修建大型机场，为新型的 B-29 重型轰炸机能够在夏季到来之前实施摧毁日本工业中心的空袭行动做准备。这些超级轰炸机，体积比起人们所熟知的"空中堡垒"（B-17）还要大一半，正在以可观的数量从美国的装配线上生产出来。参谋长联席会议希望这种新型轰炸机能够以其超常的远程航行能力，克服轰炸日本的距离问题，为进攻日本提供重要支援。

我们的总体战略是，穿越日本人占领的太平洋诸岛向西推进，直到能够进攻日本本土的位置。切斯特·W. 尼米兹海军上将是中太平洋战区的指挥官，他提交给我们的作战计划是攻占沿途的部分岛屿，跳过其他岛屿①。参谋长联席会议对于他的这些计划，通常是予以批准的，因为远在华盛顿的我们认为，对于作战行动中的细节问题，我们是难以做出判断的。

第二天，2月12日，道格拉斯·麦克阿瑟将军的参谋长理查德·K. 萨瑟兰少将，与我开会讨论在西南太平洋战区将要实施的作战行动。显然，麦克阿瑟的设想与尼米兹的计划可能会发生冲突，由于这两位能力出众的指挥官性格迥异，因而此事需要谨慎处理。同一天，我们获悉哈里·霍普金斯的一个儿子在攻占夸贾林岛的战役中阵亡。而他的父亲，这天也正在被送往佛罗里达州迈阿密一所海军医院的途中。

在华盛顿的外交官员中，没有人比法国代表团的海军代表雷蒙·弗纳尔海军中将来造访我的次数更多。自从1943年6月起，他就经常来找我，为他热爱的法国海军寻求帮助。他曾经是达尔朗的人。1942年，达尔朗就是在弗纳尔位于阿尔及尔的别墅中睡觉时，被艾森豪威尔的民事顾问罗伯特·D. 墨菲的到来唤醒，进行了那场至关重要的谈判，最终达尔朗下令，让法属北非大部投向了盟军阵营。

弗纳尔中将非常希望得到一些小型战舰和飞机，并且希望能让法国海军参加盟军所有的作战行动。最终，我们决定赠给他一艘护航驱逐舰，这艘"塞内加尔号"战舰于2月12日在华盛顿的海军造船厂由罗斯福总统亲自移交给法国海军。

弗纳尔当时就职于戴高乐的机构，他希望总统能够将这艘战舰赠予

---

① 跳岛战术（Island hopping），是二战中美军为收复日军占领的亚洲和太平洋岛屿所采用的战术，即不采取逐一收复各岛的战法，而是收复一个岛屿后，跳过下一个岛屿，而攻占下下个岛屿，特别是跳略过防守比较稳固的日军岛屿，通过跳岛占领，以海空封锁的方式来孤立日军占领的岛屿，迫使其最后不得不屈服，大幅提升收复的进度。——译者

法国解放委员会。举行赠送仪式那天，天气刺骨地寒冷，在华盛顿海军造船厂聚集的众多人群面前，罗斯福在致辞中还是将"塞内加尔号"赠予了法国海军，绝口不提戴高乐控制的解放委员会。

大约在此之前的两周，弗纳尔夫妇举办的晚宴上，弗纳尔夫人花许多时间同我谈论"维希政府曾经的高压和暴政"，却只字不提戴高乐主义的专制与暴行。显然，舆论宣传已经使她对戴高乐追随者的"高尚"和其他法国人的"邪恶"深信不疑。

（得到美国赠予的战舰给弗纳尔带来的喜悦是短暂的。三个月之后，5月18日，他告诉我"塞内加尔号"在行动中受损，并且无法修复。他随即提出要求另换一艘。）

一周之后的2月17日，我再次来到华盛顿海军造船厂，这一次是为了视察一艘完全现代化的新型驱逐舰——"沃克号"。海军少将刘易斯·登菲尔德向我这名老水手展示了这艘战舰在设计和装备上许多令人惊叹的技术革新。"沃克号"上装备有大量高射炮台，以及可探测空中或平面目标方位与距离的最新型探测装置，其中包括"雷达"，一种对炮兵具有技术革命意义的辅助装备，都是我在海军服役时见都没见过的。1931年至1933年间，我曾经负责指挥海军所有的驱逐舰部队，雷达在射击和导航方面带来的进步，是我们早年的驱逐舰难以想象的。

1944年2月至3月间，我办公室里前来诉苦和请求帮助的各色人等依然是川流不息、络绎不绝。我汇总了这一阶段处理的各种事务的记录，其中有许多是我在每日例会上提交给总统的问题：

2月7日

在我们与德国交换人质的清单里，有一名目前羁押在美国的德国特工，国务院的 H. F. 马修斯，希望海军情报局能够撤销对此提出的反对意见。

2 月 12 日

与副国务卿爱德华·斯特蒂纽斯共同起草总统发给驻苏联大使哈里曼的电报，有关保加利亚投降的可能性。

与现在是意大利盟国占领当局外交代表的罗伯特·墨菲讨论目前西欧和非洲的政治问题。

财政部长摩根索派分管战时难民委员会的助理部长佩勒，前来汇报有关从德国和欧洲德占区解救流亡的犹太人所做的工作。

2 月 23 日

战时经济委员会的普利斯顿上尉告诉我，瑞典正持续不断地向德国提供战争物资，特别是滚珠轴承，但是英国人却阻止我们向瑞典施加"惩治措施"。

同斯特蒂纽斯讨论了美国在伊拉克、伊朗和沙特阿拉伯取得石油特许经营权所遇到的种种困难。总统为了保护美国的利益，在此事上对待英国人的立场强硬。

2 月 24 日

三位波多黎各参议员来访。他们认为，除非派一名新总督替换雷克斯福德·塔格威尔，否则那里是不可能举行自由选举的。他们指控塔格威尔偏袒穆尼奥斯·马林领导的所谓"人民党"。

2月28日

战争动员办公室主任伯恩斯先生，带着吉伯斯先生一同前来，这位才华横溢的造船工程师说，法国的"诺曼底号"邮轮能够在十四个月内改装成最好的运兵舰。

3月2日

国务院的陶西格先生，对美国减少在加勒比海军事基地的兵力可能在当地人中引发的影响表示担忧，这些基地是我们根据与英国的租借协议占用的。

3月12日

与来自罗得岛的参议员彼得·格里及夫人共进晚餐，另外一位客人是弗吉尼亚州参议员哈里·P. 伯德。参议员们详细讨论了在赢得这场战争的过程中以及战后可能面临的种种困难。

3月16日

与帕特里克·赫尔利将军在陆海军俱乐部共进午餐。他谈到英国人转移租借装备的做法有损于我们的利益，以及苏联人在为两个伊朗师提供装备的同时，仍然在向我们索取大量的军用物资。

赫尔利，一名坚定的共和党人，与罗斯福在国内事务上的政见截然不同，他认为应当重新选举一名总统来处理我们当前和即将面临的国际问题，并且预测自己将会当选。总统非常信任赫尔利，相信委派给他的外交任务都能够圆满完成。

3 月 19 日

国务院针对罗马尼亚前总理斯特尔贝先生在开罗提出的建议：罗马尼亚退出战争，谋求一个同盟国的战时盟国地位，要求参谋长联席会议发表意见。三天之后，新闻报道说，一支已经占领了匈牙利的德国部队，正在向罗马尼亚进军。

3 月 22 日

战时航运局局长路易斯·道格拉斯来向我辞行，他已经辞职，希望回到亚利桑那州的家乡好好休息一下。道格拉斯在掌管航运局期间雷厉风行、卓有成效，我认为他是一位出类拔萃的政府官员。

中午在斯塔特勒酒店与弗纳尔海军中将和让·莫内一起用餐。让·莫内聪明过人，他谈到了戴高乐民族解放委员会的功绩和宗旨，他是该组织在华盛顿的政治代表，同时他又再次向我提出，以极低利率给法国几百万美元贷款一事。

3 月 27 日

与海军上将约瑟夫·M. 里维斯商讨军火调配委员会对于某些国家出售军用物资的意见和后续措施，这些物资疑似是通过租借法案从美国获取的。

3月30日

与财政部长摩根索共进午餐，讨论发行新战争贷款的日期。我想他是指发行新的战争债券。

国务卿赫尔派詹姆斯·邓恩前来，征求我对于哈里曼大使从莫斯科发来的关于苏联—芬兰和平谈判的意见。随着盟军的节节胜利，希特勒联盟中的那些"小伙伴"们正在被迅速瓦解消灭，很快希特勒就只剩下日本这一个有力的盟友了。

在以上记述中，忽略了3月4日发生的一件事。在那天中午，美联社、《时代周刊》和《华盛顿星报》的记者们来到我办公室，想要就缅甸战役的背景和欧洲的政治和军事局势及前景对我进行采访。我告诉他们，目前没有可以公开的消息。其实我很好奇，他们会相信我的话吗？

如果这三位记者知道，就在那个时候，由于太平洋战区的海军指挥官们对道格拉斯·麦克阿瑟将军的所作所为大为光火，正在向参谋长联席会议提出强烈抗议的话，他们一定会争先恐后地冲向最近的电话亭。这件事是1944年3月间，摆在参谋长联席会议面前的最具争议的一个问题。

麦克阿瑟的部队于2月29日，在位于新不列颠以北的阿德默勒尔蒂群岛成功实施登陆行动，尼米兹建议在群岛中最大的岛——马努斯岛上建立海军前哨基地，关于应该由谁来建立并使用这个基地的问题，使得他们之间的矛盾被激化到了顶点。

马努斯岛之争，使得陆海军在对日作战规划上的巨大分歧再一次摆在了参谋长联席会议面前。我们必须做出决定，是直接取道台湾岛，完全绕过菲律宾；还是要动用太平洋战区海军的大量兵力支持麦克阿瑟的决定，重新夺回菲律宾——这个在战争伊始，他的部队曾经在毫无胜算的情况下英勇奋战过的地方。只要看一眼地图就不难发现，台湾岛距离日本更近，为我们发动对日空袭提供了一个跳板。但是从另一方面，对于饱受日本人残暴践踏的菲律宾，我们曾经做出过承诺，会竭尽所能将他们从日本占领下尽早解放出来。从单纯的战略角度来看，我个人更倾向于收复菲律宾战役。

麦克阿瑟迫切期盼能够重新夺回菲律宾。在战争爆发之前，当他从美国陆军参谋长的职位上退役之后，应菲律宾政府的邀请来到这个岛国，帮助他们组建国防力量。当时的菲律宾人正在寻求独立，争取脱离美国。虽然手中资源匮乏，但是麦克阿瑟的工作依然完成得很出色，这一点从菲律宾军队在巴丹战役中表现出来的良好的战斗素养足以证明。即便是在1944年的3月，远在华盛顿的参谋长联席会议为了菲律宾问题反复权衡、再三思量之时，菲律宾的游击队员们仍在这个岛国的许多地方英勇抗击着日本人，并且不断为麦克阿瑟提供有关日本占领军兵力和部署的准确情报。

海军对于菲律宾所处的困境，以及收复菲律宾行动在军事方面的有利因素是了解的，但他们的观点是，如果我们的攻势能够更接近日本本土，那么菲律宾也能够更快得到解放。海军认为，我们越快打击到日本的核心地区，东京就会越早投降；如果我们能够占领台湾岛，可能的话，顺便占领吕宋岛北端，我们强大的空军力量就能够发起对日本本土的攻击了。

鉴于上述情况，3月11日和12日，参谋长联席会议召开了一系列重要会议，会议期间由于争论激烈，有时气氛甚至颇为紧张。有关麦克阿瑟将军和哈尔西海军上将之间爆发的马努斯岛之争，一位太平洋舰队军官告诉了我此事的过程，不过这是海军版的，细节并未完全得到证实：

"尼米兹首先建议由哈尔西上将负责在马努斯岛建立一个海军前哨基地，并提出基地应当归哈尔西指挥。麦克阿瑟对此强烈反对，他的司令部命令尼米兹放弃这一计划，因为麦克阿瑟的部队将负责该基地的修建。为此曾经召开了数次会议，包括哈尔西和麦克阿瑟之间也进行了数次会谈。据说，麦克阿瑟说他不会支持尼米兹的提议，美国人民不会支持，澳大利亚人也不会支持，此外，不允许任何事干扰他重返菲律宾的计划。哈尔西毫不退缩，反过来指责麦克阿瑟异想天开，不切实际，并且他的参谋们无论是否相信他的计划，都不敢提出反对意见。"

当参谋长联席会议插手这件事的时候，双方的情绪已经有所缓和。尼米兹心平气和地陈述了海军的观点，强调了在马努斯岛建立基地对于海军作战的重要价值。麦克阿瑟的参谋长萨瑟兰将军则大致介绍了他们总司令的计划。

3月11日，我与金上将和尼米兹一同前往白宫，与总统共同商讨太平洋战区整体作战计划。我记得，关于马努斯岛的问题，罗斯福认为由参谋长联席会议自行处理。他对于远东地区的地理情况不像对欧洲那么熟悉。他提醒我们，他在太平洋战区的目标是，一旦我们有了足够力量，就要尽快取得对日作战的胜利。他重申了要留住中国坚持抗战的决心，当然，我们在太平洋的作战行动对中国本身就有直接的影响。

我感到，罗斯福总统意识到，太平洋战区指挥官的意见分歧，可能会发展成为个人之间的不合，因此他决定尽快安排一次太平洋视察之旅。他已经两次穿越大西洋——卡萨布兰卡会议和开罗—德黑兰会议，但还没有去过太平洋。

第二天，星期天，3月12日，参谋长联席会议提交了一份未来十二个月内对日本的作战计划，我认为这份方案对形势分析得极为透彻。方案决定支持麦克阿瑟的计划，不绕过菲律宾群岛，而是取道最南端的棉兰老岛发起登陆行动。与此同时，海军向中国台湾或者菲律宾最北端的吕宋岛大力推进。总统批准了这些作战计划，因为这样至少暂时能够使麦克阿瑟和海军在广阔的太平洋前线继续协同作战。

之后，海军的潜艇在冒险实施侦察之后，获取了不少重要敌情，有人——我认为是哈尔西的人——提出一个设想，在菲律宾东部沿海的莱特岛发动攻势，由于此地位于南北海岸线的三分之一处，因此可以将日本人在菲律宾南部和北部的兵力部署切断。参谋长联席会议被打动了，征求麦克阿瑟的意见。他立即回电说他喜欢这个主意，将相应调整他的计划。

就在参谋长联席会议忙于商讨太平洋问题的同一周，华盛顿接到了海军在特鲁克群岛①发起大规模空袭的消息。初步消息称，击沉19艘日本舰船，摧毁201架敌机，我们只损失了17架飞机。特鲁克是敌人一个至关重要的军事基地，如果失去了它，就意味着日本人将不得不从中太平洋地区向内线防御圈撤离。

尽管在这段时间里，每天不是忙于处理当下十万火急的军情，就是忙于精心筹划未来的作战行动，但是几乎每周都会有些什么事儿，令我想起1941年至1942年在法国维希担任大使那段有趣的日子。1942年11月我们登陆北非的时候，当时已被皮埃尔·赖伐尔把持的贝当政府，拘押了美国使馆的工作人员。德国人后来把他们转移到了巴登-巴登。十六个月之后，也就是1944年3月，通过外交互换，他们才得以返回美国。

3月18日，道格拉斯·麦克阿瑟二世夫妇在寓所宴请和他们一样刚

---

① 特鲁克环礁(Truk Atoll)，位于加罗林群岛核心，呈三角形，每边长60多公里，中间是一个直径30至40海里的礁湖，是天然良港。一战后成为日本委任统治地，经数十年苦心经营，成为日本在太平洋上最重要的海空基地和联合舰队司令部所在地，被誉为"太平洋上的直布罗陀"和"日本的珍珠港"。特鲁克群岛是南太平洋日本"内防卫圈"的心脏，扼美军从中太平洋进攻的咽喉，处于进可攻、退可守的有利地位。东可支援吉尔伯特和马绍尔群岛；南可威胁新几内亚和所罗门群岛；西可庇护帛琉至菲律宾群岛一线；北可成为小笠原、马里亚纳群岛以至日本本土的屏障，战略地位十分重要。1944年2月17日，美军对特鲁克群岛发动空袭，给日本海军联合舰队造成沉重打击。——译者

刚返回祖国的外交界同僚。除了麦克阿瑟夫妇，还有肖上校和泰勒·汤普森，都是我在维希时的使馆工作人员。据他们说，在巴登-巴登期间，德国人给予他们的待遇还算公正，提供了足够的食物，尽管一直处于监视之下，还是有相当的自由，甚至允许外出进城，只不过一直有卫兵监视。从他们非常有限的观察当中，看不出德国人有溃败的征兆。

到3月底之前，我基本上见到了他们当中的所有人，与这个团队的久别重逢，令人发自内心地感到喜悦，他们曾经为了自己的国家，忠心耿耿地坚守在法国南部那个偏僻的外交前哨上。在我返回美国之后担任维希使馆参赞的 S. 平克尼·塔克，海军武官萨贝勒特，还有海军武官助理卡萨迪海军少校等人，都在月底之前来探望了我。

合众社的拉尔夫·海因岑，是一位经验丰富的新闻记者，同时也是一位精明干练的欧洲事务观察员，他与使馆人员一同被扣押在巴登-巴登。他说，他在巴登-巴登见到的许多平民，都迫切希望结束这场战争，不惜一切代价，但是军方人士仍然相信他们不会战败。他还特别指出，在法国被称为戴高乐主义者的抵抗组织，其实并不是戴高乐将军的支持者，而且他认为，如果把戴高乐强加给法国，将不可避免地在法国本土引发一场革命。

3月下旬，丘吉尔再次建议召开小范围的联合参谋长会议，这一次的地点是在百慕大，时间是4月5日。总统让我转告首相，由于种种原因，他在这一时间无法前往百慕大。丘吉尔说如果总统不能参加会议，那么就没有召开的必要了。此事就此作罢。

丘吉尔并没有告诉我们，他想要召开会议的原因，但是波兰在伦敦的流亡政府以及波兰的边界问题，此时已经成为苏联和英国之间的一种威胁，随时会导致两国关系出现严重裂痕。对于苏联人宣称波兰东部的部分地区到"寇松线"一带都属于苏联领土的说法，丘吉尔不予承认。在莫斯科，斯大林也拒绝与伦敦的波兰政府建立任何关系。

在我看来，斯大林元帅肯定是想把所谓的"波兰"领土划入苏联境内，并且他有强大的军事后盾作支撑。斯大林在 1944 年 3 月 25 日发了一封电报给罗斯福，同时也发给了丘吉尔。我们在德黑兰的会议桌上已经数次领教过这位苏联领导人的直言不讳，但这封电报是措辞最为强硬的，也是我所见到过的两个友好国家之间，至少表面上是的，最不合乎外交礼节的一封文书。这封写于 1944 年 3 月 23 日的电报翻译内容如下：

我最近已经接到你(丘吉尔)关于波兰问题的两封电报，并收到一份卡尔先生(英国驻莫斯科大使，阿奇博尔德·克拉克·卡尔爵士)给莫洛托夫先生有关同样问题的声明。我没能给你及时答复，是由于前线的军情经常使我无暇顾及其他问题。现随此信回复你的问题。

你的电报，尤其是卡尔先生的声明，不时含有对苏联的威胁意图。我在此提醒你，这种威胁的手段不仅不利于盟国之间的关系，甚至是有害的，因为它可能会导致相反的后果。

你认为苏联为保卫"寇松线"所做的努力是一种武力政策。这表示你们现在试图证明"寇松线"是不合理的，为了它而战斗不是正义之战。对此我不能认同。相反，我必须提醒你，在德黑兰，你，总统(罗斯福)和我关于"寇松线"的合理性是取得了一致意见的。当时，你认为苏维埃政府的立场是完全正确的，你说如果那些流亡的波兰政府代表反对"寇松线"的话，他们就是愚不可及。

现在，你却在维护某些完全背道而驰的东西。这是否意味着你不再承认我们在德黑兰达成的一致意见，并且通过这种做法撕毁德黑兰协定？

毫无疑问，如果你坚定地维护你在德黑兰的立场，那么与波兰流亡政府之间的冲突早就能够解决了。至于我和苏维埃政府，我们

身历其境　　317

将继续秉持德黑兰的立场，因为我们认为"寇松线"的实现，并不是武力政策的体现，而是重新确立苏联对那些领土的合法权利，那些地方即便是寇松和协约国最高委员会在 1919 年也都承认不属于波兰。

在你 3 月 7 日的电报中，你建议苏联—波兰的边界问题应当推迟到和平会谈时解决……苏联目前并没有与波兰交战，也不想与波兰开战。苏联与波兰人民没有任何矛盾，并且视自己为波兰的盟友。这也是苏联人正在为了把波兰从德国的压迫下解放出来而浴血奋战的原因。因此，苏联和波兰之间停战和谈的说法是无稽之谈。

但是，苏维埃政府与波兰流亡政府之间的冲突是存在的，这个政府不代表波兰人民的利益和愿望。因此，把波兰等同于那个外逃到伦敦的政府是荒唐的。我看不出伦敦的波兰政府和南斯拉夫流亡政府，以及某些波兰流亡将军和塞尔维亚的米哈伊洛维奇①将军之间有什么区别。

在你 3 月 21 日的电报中，你说你打算在下院发表声明，所有关于领土变更的问题都应该延迟到战胜国进行和平会谈时讨论，并且在此之前，对于任何通过武力获取的领土变更你都不予承认。我对此的理解是，你正在表明，苏联对波兰是怀有敌意的，实质上也是在否认苏联对抗德国侵略的这场战争具有解放的性质。这些对苏联的中伤之词完全是无中生有，败坏苏联的名声。毫无疑问，苏联人民和世界公众舆论将会把此声明视作是对苏联的不当侮辱。

---

① 德拉扎·米哈伊洛维奇(Draža Mihailović, 1893—1946)，二战时期的南斯拉夫塞尔维亚族将领，保皇主义者。1941 年 4 月德国占领南斯拉夫后，他组建了名为"切特尼克"(Chetnik)的游击队进行抵抗运动。"切特尼克"主要由保皇主义者和民族主义者组成，后来被改编成南斯拉夫本土军；为了掌控战后政权，他们与铁托领导的共产党游击队自 1941 年末起就互相攻击。在战争末期，米哈伊洛维奇和许多"切特尼克"成员都与轴心国势力、塞尔维亚傀儡政权合作。——译者

你有在下院发表任何声明的自由。那完全是你个人的事。但是如果你真的这么做了，我会认为你采取了对苏联不公正和不友好的做法。

你表示希望波兰问题的分歧不要影响我们其他方面的合作。对我来说，我将一如既往地支持我们的合作。但是我担心，这种威胁和败坏名声的做法，以后还会出现，这将不利于我们的合作。

在这场争端中，罗斯福总统始终保持谨慎态度，在英国和莫斯科之间寻求某种合作的基础，而斯坦尼斯瓦夫·米科瓦伊奇克总理领导下的波兰流亡政府，拒绝接受"寇松线"为边界，并且请求我们为他们从中斡旋。这件事情是由国务卿赫尔和总统亲自处理的，我在此摘录出苏联电报的文本，是想作为一个例子来说明，将来如果我们惹恼了斯大林，可能会有怎样的后果。这一次，如果被德国人知晓了斯大林电报的内容和他的言外之意的话，希特勒和他的同伙们无疑会欣喜若狂。

3月底发生的几件事，对希特勒的日本盟友来说都是好消息。新闻报道说，我们在缅甸的作战行动遭到了日本人的残酷打击。3月30日，英国陆军元帅迪尔要我转告美军参谋长联席会议，丘吉尔接到了一个"令人心碎的消息"，奥德·C. 温盖特①少将在从印度英帕尔返回他在缅

---

① 奥德·查尔斯·温盖特(Orde Charles Wingate, 1903—1944)，英国陆军少将，特种作战的先驱。1923年毕业于伍尔维奇皇家军事学院，先后在苏丹和巴勒斯坦服役，1939年由于对犹太复国主义的狂热支持而被解职，回到英国防空部队。1940年10月被派往苏丹协助埃塞俄比亚民族主义者，集结起一支由苏丹人和埃塞俄比亚人组成的游击队，取得对意大利作战的成功，同海尔·塞拉西一世一起进入亚德斯亚贝巴，但因干预当地政治被解职降级。英军从缅甸撤退后，温盖特向印度总督韦维尔建议使用特种部队作战，这就是钦迪队(第77旅)。1943年2至6月，他率领钦迪队由印度徒步进入缅甸日占区作战，行程数千里，由英国空军进行补给，给日军造成一定破坏，更鼓舞了盟军的信心，让他们明白在丛林中能够击败日军。温盖特被提升为战时陆军上将，这支部队也从3 000人扩充到2万人(即第3印度师，辖5个旅)。1944年3月24日，温盖特在敌后视察返回途中死于飞机失事。——译者

甸丛林中的司令部途中，可能已经因飞机失事身亡。首相希望将这一消息也立刻转告给罗斯福总统。两天之后，伦敦证实了这一消息。

在 1943 年的魁北克会议上，我们曾经见到过温盖特将军。他向联合参谋长委员会详细说明了他的作战计划，继续在缅甸丛林里与日军开展有效的游击战。在遇难之前，他所指挥的作战行动在盟军攻势中，最为有效地缓解了中国在这一地区的压力。人们本期望，以他的勇敢无畏和奇思妙想能够进一步取得更多成功。他的死，对于缅甸战场盟军总司令路易斯·蒙巴顿勋爵来说，是一个沉重的打击。

1944 年春天来的时候，我们总司令的身体并没能恢复到以往那样健康的程度，这令我们所有人都感到忧心忡忡。在过去的这个冬天里，频繁的感冒和支气管炎令他越来越虚弱。从 1 月到 3 月，每个月他都要在海德公园休息一个星期。3 月 28 日，当他返回华盛顿时，他严重的支气管炎显然并没有恢复。白宫医生麦金泰尔博士决定，罗斯福总统需要一段长时间的休息，于是伯纳德·巴鲁克邀请总统，去南卡罗来纳州他那座著名的霍布考庄园疗养。

4 月 8 日晚上 10 点，我们一行人登上了总统的专列，成员包括沃森少将、总统医生麦金泰尔海军中将、总统的海军助理威尔逊·布朗海军少将、药剂师海军少校福克斯、秘书海军上尉威廉·里格登，以及通讯和特勤人员。

在战争时期，乘坐火车很难得到令人满意的住宿条件，因此能够乘坐总统的私人专列出行，真的是一次奢侈的体验。4 月 9 日，复活节的中午，我们到达南卡罗来纳的乔治敦，巴鲁克先生前来迎接我们，然后我们驱车前往霍布考庄园，这座庄园位于沃卡莫河流入温约湾的入口附近。巴鲁克的庄园里有一栋豪华宅邸，周围环绕着数千公顷的原始森林，为总统休养提供了一个既安全又十分舒适的环境。这里的与世隔绝，也能够让他远离那些工作的压力，在华盛顿是无法做到这一点的。

霍布考的平均气温在华氏 68 度，四周静谧异常，安静得几乎令人感到压抑。

作为南卡罗来纳州一名出色的医生的儿子，巴尼·巴鲁克很年轻的时候就在纽约积累了巨额财富。多年之前他买下这座风景优美的庄园，并配备了全套现代化设施。巴鲁克如今已经年过七旬，但是他在美国的政商两界依然颇具影响力。

我们很快就习惯了每天基本固定套路的生活。在早晨 8 点用过早餐之后，我要花整个上午的时间处理来自华盛顿和伦敦的急件，这些急件每天都有，而且数量多得令人恼火。那些由白宫作战地图室送到我在东翼办公室的所有电报每天也会送到霍布考庄园一份副本。中午，总统会看看这些邮件，审阅我们起草的回复，通常我们会在 1 点钟用午餐。

每天下午 4 点，会安排某种形式的户外活动，或是乘汽艇在河上钓鱼，或是驱车去周边的乡野兜风。晚餐一般安排在 7 点到 8 点之间。白宫于 4 月 11 日宣布了总统休假的消息，但是并没有透露他的行踪。

就在我们抵达霍布考的当天，1944 年 4 月 9 日，我们接到消息，戴高乐将军已经解除了亨利·吉罗将军的法国军队指挥权。这位自封的法国临时政府总理还宣称，缴获的那些意大利战舰和商船也必须有法国一份。这种做法估计就连他的英国支持者也会反对。吉罗的出局并不出乎意料。事实上，当戴高乐控制了法国解放委员会的时候，我就预料到了这种结果。当时我对此的个人意见是，我们，美国人，通过与戴高乐不断搞摩擦，直到他不敢再掺和法国参战的问题。可惜，我的观点属于少数派。

我们驻北非的外交代表爱德华·威尔逊，在冬季返回华盛顿期间，曾数次与我讨论过这一问题。他赞成在军事形势允许的情况下，给戴高乐的解放委员会尽可能多的机会参与解放后的法国政府事务。威尔逊相信，戴高乐集团和盟国之间的分歧最终会得到妥善解决。

战争部助理部长约翰·麦克罗伊，在 1944 年初与我的谈话中表示，在德国人被赶出法国本土之后，艾森豪威尔将军应该将那些地区的民事政府移交给戴高乐集团。

当然，温斯顿·丘吉尔总是试图抓住一切机会改变罗斯福对戴高乐的看法。在整个春天里，丘吉尔和英方参谋长们持续向我们施压，要求我们承认戴高乐和他的组织为法国临时政府。

英国人如此坚持不懈地推行自己的主张，其目的很可能与近些年他们的强国复兴梦有关！在一个星期天，我们驾车前往距离霍布考大约 40 英里的避暑胜地默特尔比奇，途中看到有些纪念牌，上面写着拉斐特伯爵①、华盛顿总统和门罗总统都曾访问过此地。我向总统提议，在这条高速公路上应该再竖一块历史纪念牌，告诉后来的游客们，1944 年罗斯福总统为了逃避英国人的纠缠不休也来过霍布考。

意大利战场的盟军第 5 集团军司令马克·克拉克将军，于 4 月 18 日来访。他向总统详细汇报了他所辖战区的军事形势，以及盟军在协同配合作战中遇到的普遍困难。他的部队由来自 7 个不同国家的人员组成——美国、英国、加拿大、新西兰、法国、意大利和印度，许多人员的军事素质与德国人相比要差很多。而且，不同国家的人对于如何指挥战斗都有各自的想法。克拉克希望，将于 5 月中旬展开的作战行动，能够将此前一直将盟军阻挡在卡西诺山区②的德国军队成功击退。

---

① 拉斐特伯爵(Marquis de Lafayette，1757—1834)，法国贵族。1776 年，北美独立战争打响时，拉斐特是法国皇家陆军骑兵上尉，法国最大的地产继承人。他自幼受到启蒙主义影响，对平等、自由和民主非常向往，当时十九岁的拉斐特读到了《独立宣言》，热血沸腾，一心向往北美独立革命。1777 年 6 月，他加入美国大陆军，成为最年轻的少将，不领军饷，不要军衔，只要参加战斗，为理想献身，还卖掉了自己在法国的城堡，为美国革命捐款。——译者

② 卡西诺山战役：意大利战役中，德军建立了一条横贯意大利中部的古斯塔夫防线，也被称为冬季防线。该防线的中枢和制高点就是卡西诺山，山脚下有一座小镇卡西诺镇，山峰顶筑有一个始建于中世纪的古老修道院，是意大利著名的古迹之一。卡西诺山地扼守着通向罗马的 6 号高速公路和铁路，是进攻者和防御者（转下页）

海军预备役部队的小富兰克林·罗斯福上尉，是另一位颇受欢迎的访客。他在从查尔斯顿到华盛顿的途中经过霍布考，与父亲共进了晚餐。他对父亲的健康状况很是担心。

4月22日，我们和总统乘海岸警卫队的巡逻艇驶入温约湾大约30英里处钓鱼，这一天是我们收获最大的一次。我们投入三根鱼线在水里，然后在成群的鲣鱼和石首鱼间来回穿梭。罗斯福十分喜爱这项运动，那天我们大约钓了40条鱼。每次出海钓鱼时，我通常都坐在总统身边，我感受到他在这样的户外活动中身心能够完全放松下来，这比任何药物治疗的效果都要好。

4月25日，罗斯福总统设宴招待哥斯达黎加新当选总统皮卡尔多和他的夫人，他们在去华盛顿的途中经过这里。一同出席的还有澳大利亚的柯廷总理及夫人，罗斯福总统夫人和总统的女儿伯蒂格夫人。皮卡尔多先生是一位颇具魅力的拉美人，能够讲流利的英语和法语。但他的妻子只会讲西班牙语，因此出席宴会的客人当中没人能够与她对话。柯廷属于澳大利亚工党派。他和妻子都有着浓重的澳大利亚口音。他们看起来都是温和纯朴的人。席间对话的主题是澳大利亚和美国的社会和经济改革，这个话题给了罗斯福夫人许多发表意见的机会。

1944年4月28日下午1点30分，我们从广播里听到海军部长弗兰克·诺克斯在华盛顿因心脏病去世的消息。总统召集了三家报社的记者，向他们发表了一份声明，表达对于诺克斯去世的悲痛之情。这些报

（接上页）争夺的焦点。由于本笃会修道院的历史意义，1943年12月，德军指挥官艾伯特·凯塞林陆军元帅下令，不可以将该修道院纳入防御阵地内，并相应告知盟军。但美军担心修道院被德军用作哨站，1944年2月15日，美军轰炸机投下1 400吨炸弹，将修道院炸毁。2天后，德军伞兵涌进废墟，轰炸造成的破坏和瓦砾反而为他们躲避美国空军及炮兵攻击提供了更好的掩护。从1944年1月17日至5月18日，盟军部队向古斯塔夫防线发起4次大规模进攻。在最后一次攻势中，盟军沿20英里长的战线集中20个师发起进攻，击退了德国守军，但同时付出了高昂的代价。——译者

社记者一直候在附近的乔治敦。

麦克阿瑟将军表示他"没有兴趣，也不会接受总统候选人提名"的声明，于 4 月 30 日见诸报端。总统对此并没有表示出太多关注，但我的看法是，如果麦克阿瑟将军真的得到了提名，他对于任何人来说都是一个极度危险的对手，包括罗斯福。他的这份声明看来把共和党候选人的机会留给了纽约州州长杜威。

经过四个星期的休息，总统的健康状况已经恢复到了正常水平，显露出他惯有的活力。1944 年 5 月 6 日，我们结束了霍布考之旅，而这一天也恰好是我六十九岁生日。

马歇尔将军发来的生日贺电，令我深为感动。马歇尔写道："我不希望错过这个向您致谢的机会，感谢您在过去的一年中，从各个方面对我工作的鼎力支持，为我排忧解难。参谋长联席会议的高效运作和取得的显著成果，在很大程度上都应当归功于您的领导。"

卡尔·文森众议员，是我返回华盛顿之后第一批访客中的一位。他建议我力劝总统，任命海军部副部长詹姆斯·福莱斯特，接替已故的海军部长诺克斯在内阁的职位。福莱斯特在担任海军部副部长期间的工作绩效显著，对他的提拔几乎已是定局。事实上，罗斯福在 5 月 10 日就宣布了对福莱斯特的任命。

尽管我们还未向希特勒发起攻势，华盛顿那些深谋远虑的人们已经开始认真讨论起来，我们在赢得最后胜利的过程中还将会遇到哪些困难。

5 月 9 日，在副国务卿斯特蒂纽斯位于肖勒姆酒店的寓所举办的晚宴上，有关欧洲和苏联的政治形势和战后在这些国家的商业前景，成为席间大家最感兴趣的话题。当晚的宾客有海军部副部长福莱斯特、陆军的帕特森和麦克罗伊、哈里曼大使、金上将、国务院的詹姆斯·邓恩和我。

所有这些人当中，除了金、邓恩和我以外，其他人在战前都与某些大型商业财团有关系，据说他们都是大富翁。

　　一周之后，也是在一次晚宴上，威廉·C. 布利特在与我交谈时，预言接受戴高乐将军对于美国将是必要的。他还认为，为了我们自己的利益，我们将不得不接手复兴法国的重任，以避免它走上布尔什维克的道路。1940年，当法国在希特勒的闪电战下迅速崩溃时，布利特是当时的驻法大使，他是极为渴望借机报这一箭之仇的。在报名参军被美国陆军拒绝之后，他转而去了法国，竟然真的成为法国陆军的一名军官。在法军横渡莱茵河时，布利特也是其中一员。就在同一周，我们的驻加拿大大使雷伊·阿瑟顿，与我讨论加拿大对于当前英国外交政策的态度。他说，他所熟悉的一些加拿大人认为，丘吉尔正在迅速转向英国老一套的外交政策，在欧洲搞平衡，和过去英国保守党的主张一样。与正在华盛顿的怀南特大使的一次谈话中，我们的这位驻伦敦大使详细介绍了英国有关战争问题的政治立场。在所有关乎大英帝国现在或者将来利益的事情上，英国的军政两届始终紧密团结，保持高度一致，这一点给怀南特留下了深刻印象。为了维护大英帝国的利益，只要是英国人认为有必要去做的，他们就会竭尽全力。而我们美国人现在把心思都放在了打垮德国人上，对于未来却没有考虑太多。

　　在欧洲即将解放国家的货币汇率问题上，财政部长摩根索遇到了些麻烦。我对货币和国际金融都一窍不通，不过偶尔在午餐桌旁听他向我诉诉苦，对摩根索来说似乎也有所帮助。

　　在哈里曼计划5月份返回莫斯科之前，我们再次会面，就当前的苏联局势进行了深入交流。他请我帮忙，将斯大林元帅发给总统的电报内容转发给他。

　　总统的健康状况是否允许他代表民主党第四次总统提名，这成了公众舆论不时揣测的话题。从南卡罗来纳州疗养回来不久，5月15日，他就要我为他安排在6月中旬做一次横跨大西洋之旅，以及到阿拉斯加和檀香山进行视察的行程。他计划在 1944 年 7 月 23 日离开华盛顿，前往西雅图，然后乘驱逐舰到阿拉斯加，再乘巡洋舰到珍珠港，然后经圣地亚哥、洛杉矶和旧金山返回，大约在 8 月 20 日回到华盛顿。

在与总统讨论这次旅程中有关陆地行程的部分时，我提到了它对即将进行的总统大选可能产生的影响。总统满怀感慨地说："比尔，我实在不愿意参加竞选了。或许到那时候，战争的进展可以让我没有必要再当候选人了。"

虽然我此前就确信总统希望隐退，但这是他第一次向我明确表达对于竞选连任的态度。到了第二天早晨，他放弃了在 6 月份横跨大西洋的想法，但是他希望我继续为太平洋考察做准备。

同一天的上午，参谋长联席会议召开了一次秘密会议，用了一个小时，讨论在目前的战争局势下，是否有必要设立独立的国防部。马歇尔将军赞成在保留参谋长联席会议的同时，设立一名内阁成员全面负责国防事务。阿诺德将军看起来基本同意他的观点。

金上将不赞同设立独立的国防部，但他认为废除海军的局级部门，有助于提高工作效率。

当轮到我发言的时候，我对他们说，在我们提出任何建议之前，无论是关于建立一个统一的国防机构，还是废除海军的局级部门，都应当进行具体的研究。我认为，这将会彻底改变现行军队系统的管理方式。根据目前为止的效果来看（1944 年 5 月），我们现行的体系似乎运转良好。

有一个观点获得了我们全体的认同。我们认为，参谋长联席会议应当成为永久性机构，只对总统负责，并且应当就国防预算向总统提出相关建议。

整个 5 月份，前线传来的战报基本都是好消息。苏联发动的攻势尤为成功。据 5 月 10 日莫斯科消息，苏联军队已经攻占了塞瓦斯托波尔，将轴心国侵略军赶出了克里米亚半岛。不过，此时还没有人会知道，9个月之后，"三巨头"——罗斯福、丘吉尔和斯大林——将会齐聚在这个饱受战争摧残的地方，在距离塞瓦斯托波尔大约 90 英里的岛上举行了著名的雅尔塔会议。

6 月 3 日，我离开华盛顿，前往艾奥瓦州的芒特弗农，第二天在康奈尔文理学院的毕业典礼上致辞，并获法学博士的荣誉学位。接下来的几天，我参观了艾奥瓦州的汉普顿及周边地区，我幼年时期曾经在这里生活过。中途在锡达拉皮兹视察了那里的海军征兵站，并检阅了一支由 800 人组成的妇女紧急志愿服务队。

在汉普顿，我拜访了艾菲·里夫·马洛里夫人，她是里夫上校的女儿，里夫上校是我父亲 1870 年至 1880 年在汉普顿的律师事务所的合伙人。6 月 6 日，正当我们在马洛里夫人家中吃早餐时，从广播里传来了登陆法国行动开始的消息。大家都非常兴奋，七嘴八舌地向我提出各种各样的问题，对此我完全能够理解，也尽我所能地给予他们答复。这场我们已经准备了许久的行动，是我们击败德国的一系列重大战役的开端。

汉普顿是一个只有大约 2 000 人的小镇。因此，我到来的消息很快就众所周知了。整个早晨马洛里家的电话一直响个不停，都是邻居们打来的，人们都想从他们的客人那儿了解更多诺曼底登陆的情况。

在这一天里，我参观了我出生时的房子以及周围的农场。某些半个世纪以前就有的痕迹，让我确信这座房子自从我 1875 年出生之后，就保持原貌没有改变过。我还拜访了几位仍然健在的父母亲的老朋友，以及一位病中的老妇人，她是我刚出生时的保姆，现在已经是耄耋老人了。下午，我向美国退伍军人协会的妇女辅助会发表了讲话。晚上，协会在汉普顿中学举办了大型集会，我再次发表讲话。这一天的行程满满，但对于我来说，却是兴致盎然、非常愉快的一天。

艾奥瓦州的旅程，给我留下深刻印象的是它发达的农业——大片精耕细作的农田，造型别致的农舍，成群的牛、猪等牲畜，还有那里自给自足、生活富裕的居民。

6月9日，回到华盛顿后，我同意了英国皇家海军上将诺布尔的请求，允许化名"泰伯将军"①的波兰地下军领袖，在联合参谋长委员会上发言。第二天，我和"泰伯将军"会谈了很长时间，他讲述了波兰地下军的现状以及愿望。6月12日，在联合参谋长会议上，他将这些内容又重述了一遍。

"泰伯将军"说，波兰正处于德国人惨无人道的恐怖统治之下，大批波兰人未经审讯就被德国当局处死，作为报复波兰地下军1943年在事先发出警告之后暗杀了1 700名德国军官。他估计这支地下军目前的人数大约有25万人，并说如果能够得到盟军在武器装备、服装和资金上的支援，这支地下武装将会对德国后方的交通线构成严重威胁，使其中断，如若德国人在苏联即将发动的攻势中被击溃的话，他们从波兰的撤退就会变得极为困难。

当时美国和英国是非常希望能够给予波兰支援的。我们想通过飞机空投食品，但要与我们的苏联盟友交涉这个问题的话，一切努力都是徒劳无功。我们知道，他们是不会允许美国飞机飞越波兰上空，帮助波兰地下组织的。苏联人对波兰另有打算。

马歇尔、金和阿诺德于6月8日去了伦敦，以便在盟军法国登陆行动的初始阶段，与英国总参谋部更紧密地协作配合。6月22日，他们返回华盛顿，并召开了一次参谋长联席会议的特别会议，讨论他们此行的所见所闻。

---

① 斯坦尼斯瓦夫·塔塔尔(Stanisław Tatar, 1896—1980)，化名斯坦尼斯瓦夫·泰伯(Stanisław Tabor)，二战时期波兰地下抵抗运动领导人。波兰沦陷后加入最大的地下抵抗组织"武装斗争联盟"，后并入波兰本土军。1940年任本土军参谋部作战处处长，1943年任本土军副参谋长。1944年离开波兰本土投靠伦敦流亡政府。1949年回到波兰，曾遭到逮捕审判，1956年十月事件后被释放。——译者

总体来说，一切进展顺利。但是马歇尔发现，为登陆部队提供的某些武器装备在管理上存在一些问题。这些装备的分配过于分散，因此当在某个特殊地点需要使用的时候，很难集中起来。英国人也遇到了后勤补给方面的问题，不过在双方参谋部门的通力合作下，采取了有效的补救措施。位于我们左翼的英国部队行动迟缓，没有取得预期的进展，不太令人满意。马歇尔对艾森豪威尔指挥这支由多国部队混编而成的盟军队伍所面临的困难表示理解。在登陆部队中，有三分之一是由伯纳德·蒙哥马利将军直接指挥的英国军队。

　　"霸王行动"在艾森豪威尔的指挥之下，取得了全面胜利。但是，从返回国内的几位参谋长的谈话中，可以推断出，我们与英国人之间发生的争执和对他们不满的程度，比公开报道的实际上要严重得多。

　　从法国南部发起侧翼支援作战行动，是双方此前已经达成一致意见的，但丘吉尔现在又出尔反尔，置艾森豪威尔于两难境地。到了6月底，在这一问题上双方已经陷入僵局。我们坚持在法国地中海沿岸尽早发动攻势。英国人则顽固地坚持将可用兵力向意大利北部推进，然后通过伊斯特拉半岛攻占巴尔干。

　　当斯大林在德黑兰极力主张在法国南部实施作战行动的时候，丘吉尔就曾经提出反对意见。这只是英美双方在这场战争中众多意见分歧中的一个插曲而已。我们正在全力以赴，为早日击败纳粹德国而战。而英国人却在希望打败纳粹的同时，还想着为大英帝国战后在巴尔干地区争取更多的利益。

　　我一直都知道，罗斯福总统对抽调兵力去巴尔干是持否定态度的。在这一问题上，总统全力支持他的战场指挥官们。7月1日，他接到了丘吉尔的电报，同意尽早发起法国南部的作战行动，在首次登陆行动中至少投入3个师的兵力，然后以法属摩洛哥部队为主力，迅速集结10个师。

1944 年 6 月，国务院正在为解决德国战败后随之而来的政治问题绞尽脑汁。6 月 19 日，副国务卿斯特蒂纽斯向总统建议，应当由美国、英国、苏联、中国和法国临时组建一个外长委员会来处理这些问题。斯特蒂纽斯认为，召集一次正式的和平会谈需要的时间太长了。后来"三巨头"原则上接受了这一建议，但和平谈判总是那么错综复杂和拖沓冗长，这个办法也没有好到哪里去。

6 月底，国务卿特别助理罗伯特·布利斯邀请了一些人，与福斯特博士——一位著名的巴伐利亚教授，探讨关于战后德国的问题。福斯特博士说，纳粹哲学虽然并非起源于普鲁士，但却为德国人普遍接受并发扬光大。至于补救措施，他唯一有用的建议是，盟国应当对战后的德国政府进行严密控制，德国应当被分割成几块。福斯特确信，德国没有什么政治团体会与盟国共同建立一个友好政府，因此将一个我们可以接受的政府强加给战败的德国人是有必要的。

罗斯福过去经常同我谈起，必须采取措施，防止德国人未来再次挑起战争。在德黑兰会议上，他就提出了分割德国的观点，如果这些意见被采纳并实施了的话，霍亨索伦家族①和希特勒建立的德意志帝国将被 5 个独立的国家所取代，大致与俾斯麦统一德国之前的政治架构相似。

在前驻苏联大使约瑟夫·戴维斯举行的一场招待会上，一位研究俄国历史的英国权威人士——伯纳德·帕雷斯爵士指出，苏联需要一个工业发达的国家作为合作伙伴。他相信，苏联人将会与英美，或者是德国寻求这种合作。

斯大林履行了他的诺言，为配合盟军在欧洲的登陆行动，苏联在

---

① 霍亨索伦家族（Hohenzollerns），欧洲三大王朝之一，为勃兰登堡–普鲁士（1415 年至 1918 年）及德意志帝国（1871 年至 1918 年）的主要统治家族。1871 年，普鲁士国王、霍亨索伦家族的威廉一世成为德意志帝国皇帝。1918 年德国十一月革命爆发后，霍亨索伦家族的统治被推翻。——译者

1944 年发起了春夏攻势。6 月 11 日，苏联军队在列宁格勒一线发起反攻，两周之后在维捷布斯克附近又发动了第二波强大攻势。到了仲夏时节，在苏联战场的许多地方，苏军都捷报频传。东线战场上的苏军，和西线战场上的英美联军，已经对德军形成了夹击之势。

"霸王行动"的进展顺利，6 月 27 日，驻守军事要塞瑟堡①的敌军向奥马尔·布雷德利②将军指挥下的美军投降。一旦德国人在瑟堡港实施的严重破坏被修复，我们就能够以此作为海军基地，向法国西部的盟军部队提供增援和后勤补给。

1944 年 6 月 16 日，太平洋战区传来了最令人振奋的消息，对日本本土的远程空袭行动已经开始，B-29 轰炸机对八幡市的工业中心实施了轰炸。这些威力巨大的飞机极大地提升了军用飞机的空中打击能力。三天之后的 6 月 19 日，传来了日本人在马里亚纳群岛对我方舰队发起的空袭行动惨败的消息，敌人损失了大约 300 架飞机。

美国海军特遣舰队此次彻底挫败日本的大规模空袭，是太平洋战场上的一次重大胜利，也充分证明了我们二十年来，致力于打造一支高度专业化的海军航空兵部队是完全正确并卓有成效的。这也迫使日本海军放弃了救援塞班岛的计划。

---

① 瑟堡(Cherbourg)是法国西北部重要的军港和商港，在科唐坦半岛北端，临英吉利海峡。在两次世界大战期间都为战略要地。——译者

② 奥马尔·尼尔森·布雷德利(Omar Nelson Bradley, 1893—1981)，美国陆军五星上将。1915 年 6 月毕业于西点军校，1920 年回校任数学教官。1929 年任本宁堡步兵学校兵器教研室主任。1933 年进指挥参谋学院深造，毕业后回西点军校任学员团团长。1939 年 9 月调入总参谋部任参谋，次年任助理参谋长。1941 年 2 月任本宁堡步兵学校校长。1942 年 2 月起先后担任步兵第 82 师和第 28 师师长。1943 年 2 月调往北非，任美军第 2 军副军长、军长，参与指挥了突尼斯战役、西西里岛登陆战役；9 月任驻英格兰美军第 1 集团军司令，参与指挥了诺曼底登陆行动、"眼镜蛇行动"。1944 年 8 月任第 12 集团军群司令，率部参加了法莱斯战役、解放卢森堡和比利时、阿登战役、鲁尔战役等一系列重大战役。1945 年 8 月任退伍军人管理局局长。1948 年 2 月任美国陆军参谋长。1949 年 8 月任正式设立的美军参谋长联席会议首任主席。1950 年 9 月晋升陆军五星上将。1953 年退役。——译者

就在同一周，理查德·E. 伯德海军少将来到我办公室，请我将一份文件转交给总统，这份文件是关于在太平洋开辟军事和商业航线可行性的勘查报告。这份详尽、全面的文件，对于战后美国的防御部署和国际商业航运具有极高的价值。

1944 年 7 月 6 日，我第一次见到了在本书中，占据了除"三巨头"之外最多篇幅的人物——夏尔·戴高乐将军。这一天，他乘飞机抵达美国首都华盛顿，开启了他推迟已久的访问。总统率领全体内阁成员在白宫一楼的会客室迎接他。在我们的初次见面中，他的形象和言谈举止，给我留下的印象比料想中要好得多。

这位法国领导人在华盛顿为期三天的访问当中，受到了官方的热情款待。我接到他发来的第一份招待会邀请函，措辞如下：

"戴高乐将军

法兰西共和国临时政府主席

敬请您光临……"

舆论普遍认为，这是对他自封的法兰西共和国临时总统身份的公开声明。

7 月 7 日，总统为戴高乐举办了一场 40 人参加的午宴，并做了非常友好、热情洋溢的讲话。在讲话中，他巧妙地避开了一切政治问题，只谈到美法之间源远流长的友谊。在戴高乐访问的最后一天，贝图阿尔将军与我进行了交谈。他此前曾代表贝当政府到访过华盛顿，但现在在法国陆军中任职，并是戴高乐此行的随行人员之一。他告诉我，法国打算采取行动，从日本人手中夺回印度支那。显然，他是希望得到我们的援助。我告诉他，我认为印度支那目前肯定不在美国参谋长们关注的范围之内。

也是在 7 月 7 日，战争部助理部长约翰·J. 麦克罗伊和财政部的丹尼尔·W. 贝尔到我办公室，请我向总统呈交一份协议草案，接受法国民族解放委员会作为事实上的法国民事政府。这份协议还给予委员会发行法国补充货币①的权利。

在华盛顿短暂的访问期间，戴高乐给见到他的人们留下了非常良好的印象，也包括我自己。在与他会谈过之后，这种感觉更甚。但是，我仍然不能确信，当法国从纳粹控制下解放之后，他和他的解放委员会一定能够成为法国人民心目中所期待的那种政府。

为罗斯福将要与太平洋战区指挥官们进行的会晤做准备，参谋长联席会议于7月10日召开了一次特别会议，详细了解由作战参谋人员制定的旨在击败日本的太平洋战区作战方案。如果真是从作战的角度来说，对这些计划登陆日本本土的方案，我并不赞成。但是作为备选方案以备不时之需，好像也是有必要的。

日本海军大部分已经葬身海底了。日本商船的情况也是如此。种种迹象表明，我们的海军很快就能将日本剩下的战舰击沉或是令其失去作战能力。实际上到了这个时候，我们海军在海上和空中的协同作战，已经将日本逼入必将投降的境地。当时我们谁都不知道有使用原子弹的可能性，但是我一直在参谋长联席会议上竭力主张的观点就是，打赢这场战争，我们没有在日本本土发动大规模登陆作战的必要。虽然参谋长联席会议确实下过命令，为进攻日本本土制订作战计划，但是这一作战行动从未得到过批准。

在总统即将启程前往檀香山和阿拉斯加前夕，政治问题频频成为心头之扰。我们出发前的两天，7月11日，罗斯福在新闻发布会上宣布，他将接受候选人提名，参加他的第四任总统竞选。他说，他告诉民主党全国委员会，虽然他完全没有谋求连任的个人意愿，但是在当前的战争

---

① 补充货币(supplemental currency，又称 complementary currency)通常不能取代国家货币，只能是国家货币的补充形式和附属形式，发挥官方货币没有被设计、没有被完全满足的社会经济功能，但两者可以同时使用。——译者

形势下，他感到他没有权利拒绝履行总统的职责，就好比任何士兵在战场上都不能拒绝战斗一样。因此，如果他获得党内提名，并且被美国人民推选为总统的话，他将接受这一职务，并继续竭尽所能、恪尽职守。

当时，对于罗斯福会选谁作为竞选伙伴有诸多揣测。总统的众多政治顾问们也正忙于为他寻找一位合适的人选接替副总统华莱士。

在华盛顿的最后两天，7月12日和13日，异常繁忙。令人欣慰的消息是，哈里·霍普金斯的健康状况大为改善，已经返回了工作岗位，大家都期待他能够保持这种健康状态，继续成为总统的得力助手。霍普金斯中午来到我办公室，我们围绕丘吉尔坚持召开另一次联合参谋长会议的问题讨论了很长时间。霍普金斯认为，在近期安排这个会议是不合适的，因为总统大选即将开始。他还提到了詹姆斯·伯恩斯作为副总统候选人的可能性。

美国驻土耳其大使劳伦斯·斯坦哈特告诉我，土耳其已经正式通知英国，将立即与德国断绝外交关系，并且将按照伦敦指定的时间，对轴心国宣战，不过英国对此尚未答复。他还说，在整个巴尔干半岛国家中，普遍对英国持不信任态度，但是土耳其人是信任美国的公正立场的。我们接到吉罗将军的电报，提议将意大利战役扩大至奥地利，以便与不久将推进至那里的苏军会合。参谋长联席会议和总统对吉罗的建议进行了充分考虑。

7月13日，我们将目光转向太平洋，启动了一段有趣的长途旅程。这次太平洋之旅将使总统有机会亲自接见许多太平洋战区的指挥官，其中也包括麦克阿瑟将军和尼米兹海军上将。

第十六章　太平洋战场；第二次魁北克会议

1944 年 7 月，我们在檀香山与太平洋战区的指挥官们召开了数次会议，随后 9 月份又在魁北克召开了第 8 次盟军战时军事会议，打败日本的作战方针就基本确定下来了。除了有一个重要问题仍旧悬而未决，那就是苏联在对日作战中将要扮演什么角色，这个问题的答案直到雅尔塔会议才得以解决。

1944 年 7 月 13 日晚，随着总统专列离开华盛顿前往海德公园，罗斯福的太平洋之旅正式开始了。第二天早晨，我们抵达海德公园时，正好赶上与总统一家共进早餐，之后又参观了罗斯福的私人图书馆。在度过了愉快的一天之后，于 7 月 14 日晚上 6 点 30 分登上了前往加利福尼亚的火车。总统的随行人员中，除我之外还有：沃森少将、总统医生罗斯·麦金泰尔海军中将、海军少将威尔逊·布朗、海军上校伍德、海军后备队中校 H. G. 布鲁恩、罗森曼法官、艾莫尔·戴维斯、总统夫人、机要秘书塔利小姐和布雷迪小姐，以及通讯与特工人员。我们于 7 月 15 日午后不久抵达芝加哥。当时民主党全国代表大会正在芝加哥举行，在列车保养停留期间，民主党的一些政治高层登上专列，与总统进行了会谈。

列车上的所有人都认为，罗斯福将得到总统候选人提名，如果有竞争的话，也只会在参加副总统提名的候选人之间展开。

在我们离开华盛顿之前，霍普金斯曾经表示，詹姆斯·伯恩斯将是副总统强有力的竞争者之一。当伯恩斯先生还是参议员的时候，我就与他相识，并且对他深怀敬意。在战争期间，总统交给他的各项任务，他都完成得很出色。在和罗斯福的交谈中，我经常会不由自主地向他极力推荐伯恩斯。在总统的专列上，我们经常当着罗斯福的面，谈论在民主党的候选人名单里谁会排在第二的位置上——不过总统并没有谈过自己的意见。在我们离开芝加哥之后，总统告诉我们一个令人惊讶的消息，他已经推荐密苏里州参议员哈里·杜鲁门，作为副总统人选。

除了知道参议员杜鲁门曾经卓有成效地领导过一个参议院国防调查委员会之外，我对他几乎一无所知。当时，我认为总统不支持伯恩斯作为候选人是一个错误。但是，时间已经充分证明了，罗斯福在用人问题上的一贯正确性，这一次，错的人同样是我。

7 月 16 日，在火车上，我们接到了丘吉尔的急电，迫切要求召开一次联合参谋长会议。这已经是首相的第三次请求了，这一次总统回复说，他同意于 9 月中旬在苏格兰召开一次会议，这是他能够参会的最早日期。

我们在加利福尼亚的圣地亚哥停留了两天时间，这里是海军和海军陆战队的大型战时基地。7 月 20 日上午，我陪同总统视察了两栖部队两个战斗队的训练演习。在圣地亚哥以北约 40 英里的沙滩上，我们看到大约有 10 000 人正在平缓的海浪中进行登陆实战演习。登陆演习要求部队在没有后勤支援的情况下占领海岸三天时间。在模拟战场中，使用了两栖坦克和登陆艇。壮观的演习场面令人大开眼界，同时也让我感到热血沸腾、激动不已。看过这些演习之后，你就会明白，为什么我们的海军陆战队在频频遭遇日本人顽强抵抗的情况下，还是能够接连不断地摧城拔寨，攻克那些被日本人占领的重要岛屿。总统兴致勃勃地观看了演习，并且向负责指挥的将领们表示祝贺。负责这场太平洋沿岸两栖登陆演习的指挥官是海军少将 R. C. 戴维斯。

第二天下午，戴维斯将军带我参观了一所两栖作战训练学校。准备投身太平洋战场的陆、海军和海军陆战队人员，在这里接受专业的两栖作战训练。我尤为感兴趣的是，使用飞机和舰炮对地面部队进行火力支援的作战指挥方法，这种作战方式在塞班岛战役中的应用获得了巨大成功。

其实，对于海军和海军陆战队来说，两栖作战并不是什么新鲜事物。我们一直在研究如何提升这种作战方式的战斗力，当我还在海军的时候，这方面的研究就已经有相当的进展了。我们在圣地亚哥看到的演习，便是这些年来大力发展两栖作战的成果体现。

7月21日，圣地亚哥的报纸上报道了德国发生一起试图刺杀希特勒但未果的严重反叛事件。尽管这是一次失败的叛乱，但足以说明德国已经开始士气衰落、军心瓦解，纳粹投降的日子为期不远了。

同一天，民主党提名密苏里州参议员杜鲁门为副总统候选人。不到十个月，哈里·S.杜鲁门成了美国总统。

1944年7月21日晚上9点，总统一行登上了"巴尔的摩号"战舰，这是一艘由W.C.卡尔霍恩上校指挥的重型巡洋舰。总统下榻在船长室，我则住在将官舱。前往夏威夷的旅程一路上平安无事、风平浪静。7月23日，我们接到夏威夷海疆防区司令的报告，在距离瓦胡岛以北200英里处可能有一支敌军特遣舰队在活动。不过由于距离较远，因此对"巴尔的摩号"的航程并无影响。7月26日下午3点，我们的战舰沿着海堤徐徐驶入了珍珠港。

尽管我们对总统的行踪予以保密，然而不论是停在港口外的船只，还是檀香山的所有人，显然都知道总统就在"巴尔的摩号"巡洋舰上。珍珠港里挤满了各种各样的船只，但只有少数几艘是战舰，我们的大部分军舰都在数千英里之外的西部海域，与日本人浴血奋战。在珍珠港，正在日夜不停地进行着大规模的后勤补给运输和部队增援调遣。

日本人在 1941 年 12 月 7 日对我们的舰队发动偷袭所造成的可怕影响，如今已经看不到明显的印记。罗斯福总统在国会发表宣战演讲时，称这一天为"耻辱日"。

第二天一早，罗斯福就接见了太平洋战区海军总司令切斯特·W.尼米兹海军上将，以及众多陆、海军和海军陆战队的将领。盟军西南太平洋战区总司令道格拉斯·麦克阿瑟将军也从澳大利亚专程乘飞机赶来，当他登上"巴尔的摩号"的时候，总统与其他将领的会见已经结束。他与总统互致了友好问候。这是我这么多年来第一次见到麦克阿瑟。和我们数月之前在华盛顿见到的、饱经战争风霜的陈纳德和史迪威将军不同，麦克阿瑟除了略带疲惫之外，整个人看上去精神饱满、容光焕发。看到他穿着厚重的冬装，我便开玩笑说："道格拉斯，你大老远来这儿见我们，怎么不穿件体面的衣服？"

"好吧，你是没去过我那里，而且飞机上也冷得要命。"麦克阿瑟立刻就回了我一句。我们之间的友谊可以追溯到将近 40 年前——1905 年，我们都还是青年军官的时候，曾经在旧金山共度过一段愉快的时光。

下午 5 点，总统一行离开"巴尔的摩号"巡洋舰，穿过夹道欢迎的士兵和欢呼的人群，前往莫阿纳酒店附近一幢宏伟的海滨建筑，这是为我们专门安排的住所。第二天，7 月 27 日，从上午 10 点半到下午 4 点半，总统视察瓦胡岛陆、海军部队的行程安排得满满当当，一分钟空闲时间都没有。这一天，我们还接到一个令人悲痛的消息，本来即将出任驻英格兰美军总司令的莱斯利·J. 麦克奈尔①中将，在诺曼底前线视察

---

① 莱斯利·詹姆斯·麦克奈尔（Lesley James McNair, 1883—1944），美国陆军上将，被称为"美国陆军的建筑师"，在陆军地面部队训练方面发挥了重要的领导作用。1904 年毕业于西点军校，参加过一战，1918 年 10 月因战功晋升为当时陆军最年轻的准将，一战后恢复少校永久军衔。1924 至 1928 年在普杜大学教授军事科学与战术。1929 年毕业于陆军战争学院，任陆军野战炮兵学校助理指挥官。1935 年 5 月任第 2 野战炮兵旅旅长，晋升上校。1937 年 3 月晋升准将。1939 年 4 月任指挥参谋学院院长，主动为应对二战培养军事人才。1940 年 7 月任陆军地面（转下页）

时不幸阵亡。当天晚上，总统与麦克阿瑟、尼米兹、哈尔西和我一起共进晚餐。用餐之后，麦克阿瑟和尼米兹与总统和我共同会商太平洋战场的局势。我们的讨论直到午夜时分还没结束。第二天，7月28日早晨，又继续讨论了整整一上午。

我们住所的客厅相当宽敞，被当作了会议室，墙上挂起巨幅地图，麦克阿瑟和尼米兹在讨论中，不时用一根长长的竹制教鞭在上面指点着。在华盛顿，只要提到麦克阿瑟的名字就会引发诸多议论，如同一石激起千层浪。在听闻了那么多闲言碎语之后，看到这两位曾经被认为势不两立的对手，如今能够心平气和地向总统陈述着各自不同的观点，令人收获良多的同时也感到欣慰不已。对于罗斯福来说，这是一堂精彩的地理课，他最喜欢的学科之一。

麦克阿瑟认为，在对日军占据的吕宋岛北部采取任何大规模作战行动之前，必须先占领菲律宾。收复菲律宾看来是他梦寐以求的事。他说，他有充足的地面和空中兵力发起攻占菲律宾的作战行动，唯一需要的是登陆艇和海军的支援。

尼米兹则阐述了海军绕过菲律宾，攻占台湾岛的作战方案。他认为作为军事基地，吕宋岛，包括马尼拉湾，并不比菲律宾的其他地方更具优势，但是夺取那些未被日军占领地区所付出的人力和物力代价会更小。不过，随着讨论的深入，尼米兹承认随着战事的发展，可能有占领马尼拉地区的必要。尼米兹说，无论执行哪个作战方案，他都有足够的兵力。难得有两位都不要求增援的指挥官，真是令人非常高兴的事。

(接上页)部队参谋长，9月晋升少将；1941年6月晋升中将。1942年3月任陆军地面部队司令，负责海外远征军的组建和训练工作。1942年11月参与指挥北非战役，因负伤荣获紫心勋章。1944年7月25日，在诺曼底战役的"眼镜蛇行动"中，为了鼓舞士气，他不顾副官反对亲临前线指挥，死于美国陆军第8航空队重型轰炸机支援步兵作战的误炸。艾森豪威尔在事后的报告中说曾多次提醒他不要冒不必要的危险，并对这次误炸极为震怒，此后再也没有动用过重型轰炸机空袭战术目标。1954年7月，美国国会特别授予麦克奈尔上将军衔。——译者

在会谈中，罗斯福巧妙地掌控着话题的转换，并使得麦克阿瑟和尼米兹之间的分歧逐渐缩小。整个会谈过程始终保持着友好的气氛，最终只是在收复菲律宾首都马尼拉的作战行动上存在一个较小的分歧。后来，有人提出首先从莱特岛开始发起菲律宾战役的方案，经过研究被采纳之后，这个问题也迎刃而解了。

在华盛顿听过了诸多传闻之后，这两次会议的气氛比我想象的要平和得多。在檀香山，我们要面对的是真刀真枪的战斗，而不是政客们的情绪化反应。麦克阿瑟在早年的军旅生涯中，就已经显现出非同寻常的才干，因此也获得了快速的晋升。说好听一点，在华盛顿五角大楼里，有些人不喜欢他并非是什么秘密。从檀香山一系列会议上反映出来的问题，也能够看出我们某些海军指挥官对他的态度。我个人相信，面临当前的艰巨任务，麦克阿瑟和尼米兹两位都是我们这个队伍中最为优秀的将领。尼米兹承诺，他将给予陆军所需的运输和海上支援。他们两人都告诉总统，自己的军队已经万事俱备、别无他求，将会朝着击败日本这一共同目标齐心协力、精诚合作。

战争部和参谋长联席会议作战计划部门，当时主张实施进攻日本本土的作战行动，不惜与日本地面部队在他们自己的领土上交战会造成多少人员的伤亡。通过此次会议，不仅在击败日本的基本策略上达成了一致，也使总统对太平洋的局势更加清楚，这对于阻止进攻日本本土这一不必要的作战行动具有非常重要的意义。现在，麦克阿瑟和尼米兹一致认为，应当使用西太平洋现有的陆空可用兵力收复菲律宾，以及在不登陆日本本土的情况下，从空中和海上发起攻击就能够迫使日本投降。

尼米兹和麦克阿瑟还与总统讨论了英国人，尤其是英国皇家海军，在即将发起的对日决战中所扮演的角色。在等英国人公开提出他们要求的时候，提前研究一下对总统是有帮助的。据说，丘吉尔政府的某些官员主张，一旦收复了荷属东印度群岛，其控制权就应当交给英国。麦克阿瑟的观点则是，我们从敌人手中夺回的任何领土，其控制权都不应该交给英国人。我猜测澳大利亚人，在这件事上，与麦克阿瑟的想法是完全一致的。

晚上，总统一行观看了具有当地特色的歌舞表演，参与表演的有一支管弦乐队、一位歌手、和一位草裙舞者，舞跳得很美。表演在一片棕榈树下的草地上进行，夜晚皎洁的月光照耀之下，棕榈树叶婀娜摇曳出婆娑的光影，此情此景，令人心旷神怡。

星期六，总统的视察行程依然十分紧张。在我们驱车前往参观陆、海军基地设施的途中，从檀香山市区的街道驶过，簇拥在道路两旁不同种族的瓦胡岛居民向罗斯福致以热烈的欢呼与掌声。在这些人当中，大部分看起来显然有日本血统，但是他们表现出来的热情与那些夏威夷当地人和本土美国人相比并无二致。

在希卡姆机场，我们观看了从一架飞机上搬运伤员的情况。他们从关岛的战场被运送到这里，时间不超过三十六小时。总统继而进一步视察了艾亚海军医院。在这所设施完备的大型医院里，医护人员精心护理着超过5 000名伤员。罗斯福与许多伤员进行了亲切交谈，他们看起来都正在迅速康复之中。总统的私人医生麦金泰尔将军告诉我，这些伤员基本上都能够重获健康，回到他们的家乡继续贡献力量。

在海军造船厂的行政楼里，总统向那些从事军工生产的普通民众发表了简短讲话，又一次赢得了热烈掌声。他还视察了身经百战的陆军第7师，在这支部队中，有些老兵曾经参加过阿留申群岛的阿图岛战役和太平洋的夸贾林环礁战役。

在檀香山的三天，紧张忙碌但收获颇丰，取得了令人满意的成果。7月29日晚7点30分，我们重新登上了"巴尔的摩号"巡洋舰。

"巴尔的摩号"以时速21节、航向真方位354度，驶向我们阿拉斯加的第一站——埃达克岛。4艘驱逐舰形成了一个反潜屏障。同时，为了小心起见，"巴尔的摩号"按照 Z 字形航线前进。

1944 年 8 月 1 日，我们通过无线电接到了菲律宾总统曼努埃尔·奎松去世的消息。我曾经与奎松进行过多次会谈，他是菲律宾人民的杰出领袖，感觉很难有人能够取代他。

从夏威夷向北航行了五天之后，我们于 8 月 3 日上午 10 点驶入埃达克港一个新建的长码头。下船之后，总统坐车穿过海军管辖区域，前往兵营驻地与陆、海军以及海军陆战队士兵们共进午餐，并与他们进行了愉快的短暂交谈。当时，美国在埃达克岛驻有 14 000 名陆军和 8 000 名海军，这些兵力是为了将来进攻日本的千岛群岛做准备的。

一场来自南方的暴风，打乱了我们紧凑的日程安排，原本参观荷兰港①的计划不得不取消。总统一直希望看看那里的海军基地，不过当时它对于我们的对日作战并没有太大价值。风力在傍晚时分有所减弱，8 月 4 日晚 7 点 30 分，我们离开埃达克岛，前往科迪亚克岛。途中，我们从荷兰港所在的乌纳拉斯卡岛东侧经过。一路上天气寒冷，毛毛细雨几乎没有停过——令人不禁想起了华盛顿州皮吉特湾的冬雨。我们于 8 月 8 日下午抵达科迪亚克岛。在二战之前，我们曾经打算将这座岛屿作为在阿留申群岛的主要海军基地。但是由于军事行动的范围已经进一步西移，我怀疑科迪亚克岛的基地在战后是否还有保留的必要。不过，鉴于它有一个条件优越的港口，因此也可能会保留下来派其他用处。在结束了一天紧张而有趣的视察工作之后，8 月 8 日晚，我们又启程前往阿拉斯加的朱诺。

天气很是糟糕，茫茫的雨雾使得能见度不足一英里。不过，当我们

---

① 荷兰港（Dutch Harbor），靠近美国阿拉斯加半岛东岸，为美国北太平洋最重要的海、空军基地，在军事上具有极高的战略价值。同时也是美国最大的渔港，阿拉斯加狭鳕的主要集散地，大多数美国捕捞船在此卸货，许多陆上狭鳕加工厂亦坐落于荷兰港沿岸。——译者

靠近斯潘塞角的时候，"巴尔的摩号"仍然保持着20节的航速。这引发了我的强烈兴趣，因为我当年在海上当指挥官的时候，舰船在如此恶劣的天气条件下是不可能航行的。我仔细地参观了"巴尔的摩号"巡洋舰，看它是如何在那些新发明的仪器设备控制之下，实现如此平稳安全地运行的。雷达清晰地显示出约6英里远的狭窄海峡入口以及两边的岛屿，一个电子回声探测仪则持续记录着水深的变化。

我在海上的那个年代，在这种恶劣天气下，靠近海岸航行是极不安全的冒险行为，但是在这些新型导航设备的帮助之下，"巴尔的摩号"的这段航程完成得既安全又轻松。

8月9日，星期三，我们大部分时间都停泊在朱诺以北大约20英里的奥克海湾。总统在船上与阿拉斯加州长欧内斯特·格里宁进行了会谈。下午，罗斯福享受了一次短途的钓鱼之旅，我们用网捕获了一些鲑鱼。晚上8点半，当我们返回船上的时候，天色仍然朗如白昼，尽管半个小时之前夕阳就已经落山了。

我们换乘一直与"巴尔的摩号"同行的驱逐舰"卡明斯号"，沿着内陆航道前往布雷默顿。我相信这是总统团队第一次乘坐驱逐舰出行。我们之所以换乘这种体型较小的战舰，是为了能够靠近海岸航行，因为总统希望更好地欣赏内陆航道沿岸的美丽景色。据说，这里的美景是值得不远千里来欣赏的——如果天气足够晴朗可见的话。糟糕的是，我们整个航程中都大雾弥漫。8月12日下午4点15分，我们抵达华盛顿州布雷默顿的海军码头，"卡明斯号"驱逐舰驶入了这座庞大的战时基地的2号船坞。

总统站在舰桥上，向簇拥在码头两侧的数千名民众发表了演说。这次演说通过广播在全国播放，总统借此机会，向全美国人民报告了这次接近尾声的长途巡视情况。布雷默顿码头上聚集了数千民众，对总统的演讲并没有表现出太大的热情。尽管罗斯福的演讲很精彩，但他看起来疲惫不堪。

他的演讲一结束，我们立即起程前往西雅图，从那儿我们乘坐总统的专列返回华盛顿。

1897年，我还是一名海军军校生的时候，第一次来布雷默顿的海军码头参观，此后的几十年中又多次来访，留下过许多美好回忆。但这次停留相当短暂，我也没有机会再去看看那些熟悉的地方，心中很是失落。

在返回华盛顿的途中，8月15日，报纸上报道了盟军在法国南部按预订计划发起的攻势，几乎没有遇到什么抵抗便成功登陆。这次行动与盟军在诺曼底取得的胜利，很快就会迫使德国人从法国撤离。

8月16日早晨6点，我们抵达华盛顿，结束了这段航程数千里、充满乐趣的长途旅行。这次出行，使总统和我得以亲自接触到我们太平洋战区的指挥官们，并且收集到大量情报信息，为今后总统有关这一区域的战略决策提供了依据。

当我回到办公室，在大量待处理的信函中，有一封来自麦克阿瑟，他再次重申了在向北进攻日本之前占领菲律宾的必要性。他的一个重要论据是，如果不占领菲律宾，等于将其置于日本人的全面封锁之下，岛上的民众会陷入饿殍遍野的悲惨境地。麦克阿瑟还说，如果我们没能解放菲律宾人民，将使美国政府的信誉蒙羞。

他以同样的口吻给金上将也写了一封信，不过增加了一段有趣的内容。他以其特有的强硬风格，反对美国军队在拿下东印度群岛之后将其军事控制权移交给英国人的提议，这一原则也适用于美军向菲律宾推进途中攻占或跳过的那些岛屿。英国人的确切目的还不得而知，但是过去的经验表明，一旦他们得到这部分荷属领地，再想让他们放手就没那么容易了。麦克阿瑟说，凡是我们从敌人手里夺下的领地，不允许将控制权转让给他人。

无论是关于首先攻占菲律宾还是荷属东印度群岛控制权的问题，我认为麦克阿瑟的看法都是正确的。

在参谋长联席会议召开的专题会议上，我详细汇报了檀香山之行的情况。当听到尼米兹和麦克阿瑟说他们目前没有分歧，并且能够齐心协力联手作战时，参谋长们多少都有些诧异。为了能够更好地帮助总统出谋划策，参谋长联席会议成员有必要了解这些情况。太平洋战役的最终决策，尤其是进攻日本本土这件事，必须由总司令来定夺。

罗斯福总统的爱宠——苏格兰牧羊犬法拉是此次太平洋之旅的最后一个注脚。当时，总统大选正在进行之中。在国会举行的辩论中，有人指控罗斯福在此次旅程中，动用了那些本该在战场上效力的战列舰和巡洋舰。更有甚者说，总统曾经派一艘驱逐舰返回阿拉斯加，为了寻回据说被遗忘在阿留申群岛某个地方的法拉。

9月1日，经过众议院议长萨姆·雷伯恩的批准，麦考米克议员给我打电话求证此事，以便他在面临这些指控时，能够给出确切答复。在他的一再请求下，我授权众议院民主党多数派领袖转达我作为总统参谋长的声明——罗斯福此次出行，除了所乘坐的"巴尔的摩号"巡洋舰之外，没有任何战列舰或驱逐舰随行，总统的狗也从来没有丢失或是派人去寻找过。我的工作极少涉及党派政治，这是少有的一次。

1944年7月和8月间，另一件引人关注的事情是，蒋介石委员长和约瑟夫·史迪威将军之间的长久积怨爆发了。在此前的一个月，罗斯福曾经向蒋介石建议，任命史迪威为中国战区盟军总司令，目的在于扭转当时危急的军事形势。蒋介石在7月13日的回复中，请求总统给他派一名私人代表，既能在政治上也能在军事上作为罗斯福的代言人。在我们出发去檀香山之前，我还没能找到一个合适的人选推荐给总统。

在太平洋巡视期间，总统再次征求蒋介石关于史迪威任命的意见，并向蒋提议，任命帕特里克·赫尔利将军和唐纳德·尼尔森先生作为总统驻中国政府的私人代表。不知出于什么原因，蒋对这些建议迟迟不予答复。

在这时，我还不知道（我认为总统和马歇尔将军同样也不知情）史迪威公然称蒋为"花生米"①，称东南亚战区盟军总司令、在缅甸的路易斯·蒙巴顿勋爵为"美男子"。这两人都是史迪威的上司，无论在海军还是陆军，都不会支持这种以下犯上的行为。

在8月18日召开的参谋长联席会议特别会议上，东南亚战区副参谋长阿尔伯特·C. 魏德迈②少将汇报，伦敦方面要求推迟蒙巴顿在缅甸北部的作战行动，直到有足够兵力攻占仰光。

我们告诉英国人，我们绝不同意延迟，应当立即投入现有兵力攻占曼德勒地区，尽快打开通往中国的补给生命线是眼下的当务之急。史迪威是个坚定的斗士，他也不希望自己的部队整日待在战壕里，这支部队

---

① 花生米（Peanut），还有小人物，微不足道的意思。——译者

② 阿尔伯特·科蒂·魏德迈（Albert Coady Wedemeyer, 1897—1989），美国陆军上将，盟军中国战区第二任参谋长。1919年毕业于西点军校。1921年至1923年在驻本宁堡第29步兵团服役。1923年至1925年、1932年至1934年，在驻菲律宾美军部队服役。1925年至1927年，在驻中国天津美军第15步兵团服役。马歇尔时任副团长，史迪威任营长。在华期间，与其夫人勤习中文，并结识中国政商领袖，与林语堂、顾维钧及清废帝溥仪等人均有所接触，对中国风土人情了解颇深。1927年至1932年，在美国本土部队服役。1936年毕业于指挥参谋学院。1936年至1938年在德国军事学院留学，回国后任美国陆军步兵学校教官。马歇尔欣赏他的策略、才智和正确的战略判断，为做好美国加入二战的准备，1941年5月将其调入陆军参谋部作战计划处任职，负责国家战争规划书《胜利计划》的编制工作，是战争爆发时一系列新战争计划的主要制订者，并作为马歇尔的代表参加联席作战会议。1942年6月任陆军参谋部作战计划处副处长，7月晋升准将。1943年9月获少将衔，10月调任东南亚战区总司令路易斯·蒙巴顿的副参谋长。1944年10月至1946年5月，任中国战区美军司令兼中国战区总司令蒋介石的参谋长，对弥补史迪威造成的与蒋介石的隔阂发挥了重要作用。1945年1月晋升中将。1946年9月任美国第2集团军司令。1947年7月作为美国总统特使率团出使中国、朝鲜，考察评估两国的政治、军事和经济状况。他在回国后写给杜鲁门总统的报告中，如实揭露了国民党政府的种种弊端，正确判断出两年之内中共军队将取得最终胜利。1947年10月任美国陆军参谋部作战计划处处长。1949年10月任美国第6集团军司令。1951年8月退役。1954年根据美国国会通过的法案晋升为上将军衔。1958年出版回忆录《魏德迈报告》。1989年12月17日，魏德迈病逝于弗吉尼亚州贝尔沃堡市。——译者

大部分是中国师，只有少数几个美国师。当时在缅北并没有任何的英国军队。由于我们的反对，蒙巴顿的缅甸战役得以继续。这令驻华盛顿的中国代表们感到十分欣喜。他们在华盛顿的军事代表团团长商震①将军，于8月21日与我讨论缅甸局势时，请求为他的国家调援一些海军舰船。

8月底，轴心国联盟成员罗马尼亚、芬兰和保加利亚准备退出战争。1944年8月24日，罗马尼亚退出了与德国的联盟；保加利亚正设法与盟军在土耳其的安卡拉进行会谈，商讨它将何去何从的问题。9月5日，当苏联对保加利亚宣战时，他们提出停战和谈。莫斯科的这一突然之举有些遭人诟病，大家指责他们是为了抢到一个爱琴海上的温水港。9月5日，苏联与芬兰签署停战协议，苏联战线最西段的战事宣告结束。

虽然希特勒联盟中的小伙伴们一个个离开，在政治形势上是有利的，但在参谋长联席会议看来，这对于当前的军事形势并无太大影响。不过，此时有另外一个政治性事件引起了我极大的关注，那就是有人试图暗杀亨利·吉罗将军。

8月28日国务院告诉我，一名阿拉伯人在吉罗将军位于摩洛哥马扎甘的住所朝他开枪，吉罗身受重伤，但可能不会致命。一段时间以来，这位法国将军一直处于警方的保护之下，他已经预料到某些与他政见不同的法国人想要他的命。

---

① 商震(1888—1978)，国民党陆军二级上将。早年加入中国同盟会。民国初期投靠阎锡山，晋绥军早期著名将领。1927年随阎锡山易帜加入国民革命军，参加北伐，此后历任河北省、山西省政府主席。1930年中原大战后脱离晋系，在蒋介石支持下继续担任第32军军长。1933年春领军参加长城抗战，任第2军团总指挥。1935年4月被授予二级上将；6月再回河北任省政府主席兼天津市警备司令；12月任河南省政府主席。抗日战争爆发后，先后任第20集团军司令、第六战区司令。1940年6月任军事委员会办公厅主任兼外事局局长。1941年2月率缅印马军事考察团赴东南亚考察，回国后提交了《中国缅印马军事考察团报告书》，对东南亚战局进行了准确预判。1943年11月作为首席军事代表陪同蒋介石出席开罗会议。1944年3月任驻美国军事代表团团长；8月出席筹备建立联合国的敦巴顿橡树园会议。战后曾任驻日本军事代表团团长，1949年3月辞去该职后定居日本。——译者

据说那名阿拉伯人已经被逮捕，这多半意味着他会被迅速灭口，就像那名刺杀海军上将弗朗索瓦·达尔朗的杀手一样。死人什么也不会说了。

　　一周之后的 9 月 5 日，曾担任艾森豪威尔北非首席民事顾问的罗伯特·墨菲，将继续随艾森豪威尔到德国担任类似的职务，他带给我一份未经证实的情报，来源于派驻非洲的一名可靠的美国领事，这份情报显示，对吉罗将军的暗杀是由法国解放委员会战时内阁策划安排的。这个委员会，就是我们被要求承认为法国临时政府的那个委员会。墨菲认为，戴高乐将军本人对其下属的这种做法，应该是不会赞同的。

　　这份根本无法证实的情报表明，法国解放委员会军事高级专员的执行主任菲利克斯先生，和军事高级专员办公室的人事处长塔米赛上校与此事有关。据称后者曾说过这样的话："如果必要的话，我们会干掉吉罗这个卖国贼，在这儿下手或者以后在法国都可以。"这份情报还称，就在刺杀行动的前几天，吉罗住所的 30 名卫兵中有 12 人被更换。据说，正是这些新换卫兵中的一个人，在近距离从背后向吉罗开枪。恰巧就在此时，吉罗将军转身同他的女婿说话，才侥幸逃过一死。

　　8 月份，旨在预防世界性战争的敦巴顿橡树园会议在华盛顿召开。在这段时间里，关于战后设立一个国际组织维护和平的计划，我听到了许多私下里的议论。9 月 9 日，当我们启程前往参加魁北克的联合参谋长会议时，收到莫斯科传来的消息，苏联要求其每个加盟共和国都享有在未来联合国和平组织里的投票权。苏联人坚持在任何国际组织里都享有 16 个投票权，这对于我们的国会，以及其他任何一个拥有少于 16 个投票权的国家来说，都是难以接受的。不过，在后来的雅尔塔会议上，苏联又改变这一要求，调整为增加 2 个投票权，一共拥有 3 个投票权。

　　敦巴顿橡树园会议的进展非常缓慢，在有关程序性问题上争论不休，我听说有人把会议所在地称作"笨蛋橡树庄园"①。一个有趣的巧合是，同一周里，我带着我的孙女路易斯，应邀观看了电影《威尔逊》，这部电影讲述了我们这位一战时期的总统，从成为新泽西州长候选人到第二任总统任期结束期间的生活。我们坐在剧院的包厢里，一同观影的还有许多军界和政界的高层人物。

电影让我回忆起上一次世界大战中的华盛顿，以及那些我曾经共事过的人和事。也令我对威尔逊总统更加心怀同情，他长期以来所弘扬的国际和平主义的崇高理想，赢得了大批美国民众的衷心拥护，也包括我在内，但却在凡尔赛和平会议上惨遭失败。与威尔逊的"国际联盟"②相比，当前富兰克林·罗斯福提出的"联合国"的前景也并不乐观，虽然两人有着同样崇高的目标。

国联失败的原因之一在于托管制度③的执行不公。日本人就将国联指定其托管的太平洋岛屿据为己有，把它们改造成易守难攻的军事基地，不过目前在我们的攻势之下，日本占有的岛屿正在逐渐减少。出于这种考虑，参谋长联席会议已经向总统建议，鉴于国防需要，我们夺取的原由日本委托统治的太平洋岛屿，应当置于美国的管辖之下，而不是

---

① 此处原文为"Dumbunnies oaks"，敦巴顿橡树庄园的英文为"Dumbarton oaks"，这一戏称应该是借用"Dumb bunny"（愚蠢的人）表达讽刺之意。——译者

② 国际联盟：简称国联，是《凡尔赛和约》签订后建立的国际组织，宗旨是减少武器数量、平息国际纠纷及维持民众的生活水平，最高峰时期曾拥有58个会员国。在其存在的二十六年中，曾协助调解某些国际争端。但国联缺乏执行决议的强有力，而且美国也没有加入国联，限制了其作用发挥。随着二战爆发，各国矛盾激化，国联走向破产的境地，战后被联合国取代。——译者

③ 国际托管制度(International Trusteeship System)：根据《联合国宪章》规定，把一些领土依照特别协定置于联合国权力下，按一定程序进行管理或监督的制度。被置于该制度下的领土称为托管领土。管理托管领土的当局，可以是一个或数个国家，也可以是联合国本身，称为管理当局。托管制度的基本目的之一是增进该领土居民"趋向自治或独立之逐渐发展"。实际上国际托管制度是第二次世界大战后各管理当局在国际管理名义下对殖民地进行统治的一种形式，是国际联盟委任统治制度的继续。此处作者使用的英文是"trusteeship system"，其实是不准确的，一战后国际联盟设计的类似制度被称为委任统治制度，英文应该是"Mandate System"。——译者

移交给联合国托管。

在此次敦巴顿橡树园会议之前，有关这些国联过去委托统治领土的托管问题并未被提及。不过，由于罗斯福总统一再重申，美国在战争中不寻求任何领土利益，1945 年春季在旧金山制定的《联合国宪章》生效之后，这些日本委托统治岛屿最终还是被移交给联合国托管。

值得庆幸的是，截止到本书写作之日，还没有什么潜在的敌人试图夺取这些联合国托管岛屿，这些岛屿对于美国现在和将来的国防安全来说都是至关重要的。

在丘吉尔的一再坚持之下，罗斯福最终同意再次召开联合参谋长会议。此次会议定在加拿大魁北克召开，代号为"八边形"。这是这座加拿大城市在几年中第二次被选作英美军事会议的召开地。显然，这次会议的中心议题，将围绕对日战争的最后阶段，以东京为最终目标展开。

通过实施严密的海上和空中封锁，到 9 月初之前，日本已经处于崩溃的边缘。但是，陆军提出了通过九州岛向日本本土发起两栖登陆作战行动，以迫使日本投降的建议。参谋长联席会议对这个建议进行了充分深入的讨论，但仍未做出最终的决定。

参谋长联席会议的确曾下令准备登陆日本本土的作战计划，但是该作战行动本身从未获得过批准。陆军似乎一直搞不明白，其实海军在陆军航空队的空中支援之下，几乎已经锁定了日本的败局。而陆军不仅在计划一个大规模的登陆作战行动，还认为我们需要在苏联人的协助之下，才能够打赢这场与日本人的战争。

我认为，在当前的形势下，面对占据数量优势的日本军队，以付出巨大的人员伤亡为代价，在他们的本土发起地面攻势是完全没有必要的。我的观点是，美国要以最小的代价赢得对日战争，那就应当继续加强空中和海上封锁，同时攻占菲律宾。海军方面对此也表示赞同。

我相信，通过实施全面封锁，就足以使日本自然崩溃。这一战略方案得到了参谋长们的一致认同，并获得罗斯福总统的批准。

在海德公园与罗斯福的家人共度了一个愉快的星期天之后，总统团队于1944年9月11日，星期一早晨，抵达魁北克。几分钟之后，丘吉尔首相和夫人也从加拿大新斯科舍省的哈利法克斯乘火车抵达。我和总统及总统夫人都被安排入住在星形城堡内的总督府邸。美国代表团的其他成员和参谋长联席会议成员则入住芳缇娜城堡酒店，联合参谋长会议也将在这里召开。当天晚上，加拿大总督阿斯隆伯爵和夫人爱丽丝公主，举办了招待晚宴。参加晚宴的40名宾客中，除了英美代表团中的高层成员之外，还有以麦肯齐·金总理为首的一些加拿大名流。

9月12日，联合参谋长会议召开了首次会议。第二天，总统和英国首相参加，召开了全体会议。丘吉尔说，他的政府希望，英国的海军舰队和陆军能够参加对日作战，分担战争之重任，分享胜利之荣耀。他还说，英国认为有必要重新收复新加坡，这个"固若金汤"的海军基地，在战争伊始日本攻打马来半岛时就沦陷了。

此次参谋长会议的主要目的在于，共同制定出一个切实可行的最佳方案，摧毁东京继续进行战争的决心，迫使日本无条件投降。我们围绕三种方案进行了反复讨论——加强盟军的海上和空中封锁，加大空袭力度，摧毁敌人残余的空中和海上兵力，并对登陆日本本土的可行性也进行了研究。美方提出的一个计划是，在1945年3月攻占台湾—厦门地区。另一个计划是麦克阿瑟将军所主张的，在1945年2月攻占菲律宾的重要领土吕宋岛。在讨论中，英国人对这两个方案都没有明确表态，基本上把这些事交给了美国来处理。美方参谋长同意了丘吉尔提出的英国全面参加对日作战的要求。但是，英方参谋长除了坚定地表示要收复新加坡之外，却并没有打算对英军也将参与的其他一系列具体作战方案进行深入研究。美方与会人员强调，应当充分利用盟军在海上和空中的优势，尽可能避免代价高昂的陆地战。我们估计，一旦条件具备，苏联就会加入对日作战。斯大林对此已经做过数次承诺。

会议对缅甸战役没有给予太多关注。对联合参谋长委员会而言，缅甸战役的计划在第一次魁北克会议上就已经制订完成了。

会议期间，晚上通常都有宴会。值得一提的是，晚宴中的谈话大多聚焦在战后问题上，比如经济、航运、和平条约、德国战犯的惩处等，对当前的军事行动却鲜有提及。因为目前各条战线上的战事进程都很顺利。

这次的联合参谋长会议气氛始终很友好。最后一次会议于 9 月 16 日，星期六，在星形城堡举行。联合参谋长委员会在报告中建议，将结束对日战争的目标时间确定为德国战败十八个月后，如有必要可进行阶段性调整。一旦欧洲的轴心国敌人投降，就集中所有可用资源，在太平洋其他国家以及苏联的配合下，彻底击败日本。

会议制定了重新部署欧洲战场的兵力和物资装备，尽快调配至日本战区的总方案。双方一致同意，英国舰队应当参与对日的主要作战行动，至于具体作战任务的分派，就留给我们的海军来计划安排。毫无疑问，太平洋战争仍将继续由美国人指挥。英国海军有部分舰船与我们的特遣部队共同作战。英国总参谋部将尽快做出评估，有多少英国皇家空军力量能够调拨至日本战场。

关于东南亚，尽早收复缅甸的目标被再一次重申，附加条件是这场战役不能影响到现有通往中国的空运线路。麦克阿瑟收复菲律宾的计划得到了采纳。会议一致同意，利用我们强大的海上和空中力量，最大限度地、坚持不懈地展开对敌方舰船的潜艇攻击行动，并从马里亚纳群岛、中国和其他后来建立的基地上，向日本发起远程空袭。

英国人对我们新组建的第 20 航空队表现出浓厚兴趣，不只是因为 B－29 超级轰炸机所展示出的巨大威力，而且因为该航空队的指挥系统在某些方面与英国皇家空军类似。1944 年 6 月 15 日至 16 日夜间，B－29

轰炸机对日本实施了第一次空袭，轰炸了日本本土最南端的九州岛上的八幡钢铁厂。在中国和印度都为这些大型轰炸机建造了基地，后来在一些攻占的日本岛屿上，比较出名的是塞班岛，也建立了空军基地，因此，这些轰炸机分别属于三个战区指挥。

阿诺德将军向参谋长联席会议提出，如果将 B－29 置于统一指挥之下，它们能够发挥的威力要大得多。将目前过于分散的 B－29 集中起来统一行动，也避免了需要在各战区指挥官之间进行协调的问题。参谋长联席会议认为，阿诺德提出的 B－29 由华盛顿统一指挥的观点，的确是一个更为有效的方法，因此一致同意组建第 20 航空队，名义上由参谋长联席会议指挥，实际上授权阿诺德将军作为代理人直接指挥。在当时的特殊情况下，这一举措被证明是非常成功的。这是作战指挥上的一种创新，虽然与我们各个战区指挥官全权负责本战区一切作战行动的原则相违背，但是我记得在这支全球性战略航空部队的发展过程中，几乎没有遇到过什么反对意见。

此次魁北克会议上，我们最终接受了英国人的意见，由联合参谋长委员会授权英国皇家空军副参谋长与美国陆军航空兵总司令，负责联合指挥欧洲的战略轰炸部队。

有关欧洲战场，联合参谋长委员会向艾森豪威尔将军提出，可以考虑由北线进攻德国的可能性，以及在冬季的恶劣天气来临之前，打开西北部安特卫普和鹿特丹港口的必要性。会议还确认了艾森豪威尔对法国南部盟军部队的指挥权，并下令从地中海区域向该登陆行动提供后勤供给支持。穿越法国南部的作战行动已经于 8 月 15 日开始实施并且进展顺利，但是截至目前，英国人对这一行动始终持反对态度。有一次，伦敦方面甚至建议，用地中海所有可用兵力沿法国大西洋海岸实施配合性进攻行动。我们希望，所有出席魁北克会议的英国同僚们，能够一致同意放弃尽早收复罗得岛的计划。会议决定，在哈罗德·亚历山大将军目前攻势的胜负未见分晓之前，不再从意大利抽调任何主力部队。此外还达成一致意见，在意大利战役持续期间，除了在埃及的两个英国旅（准备攻占雅典，支援希腊政府）和在亚得里亚海地区的小股陆军部队（主要用以发动突袭战）之外，不再抽调地中海战区的任何兵力到巴尔干地区。

"八边形会议"的一个重大成果是，初步划分了德国战败后英美占领区的大致边界。一旦成功攻陷德国，英美联合参谋长委员会剩下的唯一作用，就是在占领区部署充足的部队以解除敌军武装，监督停战协议的实施以及维护秩序。从西线进入的英美军队和从东线进入的苏联军队会师时，估计不会出现什么麻烦。在此次魁北克会议上，英美就占领区划分达成的协议大致如下：

a. 由英国指挥官指挥的英国军队，占领从科布伦茨沿着黑森-拿骚边界直到苏联占领区边界以北的莱茵河东部和西部地区。

b. 由美国指挥官指挥的美国军队，占领从科布伦茨沿黑森-拿骚边界以南，苏联占领区以西的莱茵河东部地区。

c. 不来梅港和不来梅哈芬港以及周边用于部队集结整备的区域，归属美占区指挥官管辖。

d. 此外，美占区可在西部和西北部港口设立出入口以及穿过英国占领区的通道。

e. 有关上述英美占领区的精确划分，日后再行商榷（关乎法国人荣誉感的法国占领区问题，在本次魁北克会议上没有提及）。

9 月 16 日的最后一次会议上，总统和首相批准了联合参谋长委员会提出的上述所有建议。

在宣布会议成果的联合记者招待会上，罗斯福和丘吉尔一致赞扬了此次会议期间自始而终的和谐共商氛围。总统说："参战各国都强烈要求集中最大兵力与敌决战，目前最大的困难是，缺乏集结大规模部队的时间与空间。"他指出，后勤补给问题是太平洋战场上最突出的问题，由于太平洋战区的地理特点，对该战区所有盟军部队实行统一指挥是不可能的。

丘吉尔强调说，正如上次魁北克会议上的各项决策已经在欧洲战场得以实施一样，此次"八边形会议"制定的战略，也将在对日作战中付诸实施。首相告诉与会的百多名记者，此次会议是在"极其热烈友好的氛围中"进行的。

在这次魁北克会议上，有关军事方面的讨论，是在一种与此前任何一次战时会议都完全不同的气氛下进行的。各条战线上的对敌作战均进展顺利，并没有什么迫在眉睫的问题摆在联合参谋长委员会面前。会议对一些重要的政治问题进行了讨论，不过我没有参与。9月16日下午6点，总统和美国代表团成员乘坐专列离开魁北克，返回海德公园。

9月18日，星期一上午11点，丘吉尔首相和夫人从魁北克抵达海德公园。一小时后，霍普金斯陪同温莎公爵①抵达。这位前英国国王的意外露面令人惊喜，他饶有兴致地谈论了自己在巴哈马群岛担任总督的诸多问题。午餐之后，他就立即动身前往纽约了。

当时有一件事给我留下了深刻印象，丘吉尔首相，这个时代最有权势的人之一，毕恭毕敬地鞠躬为前国王送行。丘吉尔对待温莎公爵，像对待其他皇室成员一样尊敬，他的这种做派和习惯充分体现了地道英国

---

① 温莎公爵（Duke of Windsor，1894—1972），即英国国王爱德华八世，1936年1月20日继位，同年12月11日退位。爱德华是英王乔治五世长子，16周岁当日被封为威尔士王子。1914年爱德华加入英国陆军，曾多次到一战前线巡视，1918年获得战斗机飞行员执照并执行过战斗飞行任务。1936年1月乔治五世病故，爱德华继位，但他讨厌宫廷礼仪，不遵守传统宪政惯例，引起了政府高层的普遍不满。继位不久，他提出要和曾两次离婚的美国人沃利斯·辛普森夫人结婚，时任英国首相斯坦利·鲍德温和英联邦各自治领均表示反对，引发了宪政危机，爱德华被迫选择退位，他的弟弟乔治六世继位。爱德华退位后被封为温莎公爵，1937年6月与辛普森夫人结婚；同年10月，公爵夫妇出访德国，不顾英国政府反对，会见了希特勒，被德国媒体大肆报道。二战爆发后，曾率领英国军事代表团出使法国。法国战败后，1940年7月被任命为巴哈马总督。——译者

人的特点。温莎公爵已经是一位无足轻重的人物，而丘吉尔可能是自亨利八世以来英国最具影响力的人物。然而，首相一如既往地表达了英国人对他们皇室成员惯有的恭敬态度。

在晚餐之前，总统、首相和霍普金斯就有关意大利、南斯拉夫以及苏联的政治问题讨论了很长时间。总统和首相还签署了"八边形会议"的会议报告。

晚餐之后，霍普金斯、约翰·伯蒂格少校和我一起工作到午夜，为两位政府首脑起草了一份英美对意大利政府和人民的声明，其中还涉及救济和战后复兴的问题。

1944年，罗斯福和丘吉尔在有关意大利的许多问题上都意见相左。首相反对让维托里奥·伊曼纽尔三世①退位。佩特罗·巴多格里奥总理组阁失败之后，他的继任者是伊万诺·博诺米，一位著名的反法西斯领导人，丘吉尔对此也表示反对。此外，他还强烈反对由卡洛·斯福尔扎伯爵担任意大利政府的外交部长。

在我们这一方，虽然我们承认意大利主要是在英国的势力范围之内，但是我们认为，在这场旷日持久的争议过程中，英国政府采取的某些外交手段有些独断专行。在此期间，伦敦和华盛顿之间的电报往来频繁，丘吉尔在有些电报中直言不讳，言辞犀利。不过，这次在海德公园罗斯福安静的书房内，这两人各陈己见之后，最终达成了一个可行的折中方案，旨在稳固现有的意大利政权。霍普金斯和我起草的便是体现他们意见的正式文件。

---

① 维托里奥·伊曼纽尔三世（Vittorio Emanuele，1869—1947），意大利国王（1900年至1946年），期间还兼过埃塞俄比亚皇帝（1936年至1941年）和阿尔巴尼亚国王（1939年至1943年），绰号"小钢刀"，因为他身高只有1.53米。1900年父亲翁贝托一世遇刺后继位，在位近半个世纪，经历了两次世界大战和意大利法西斯主义的诞生、兴起、败落。1946年退位后流亡埃及，希望保留君主制但未成功。1947年病死在埃及。——译者

他们决定，给予意大利政府更大的自主权。作为这种改变的象征，"盟军管制委员会"将改名为"盟军委员会"，英国将给英国驻意大利高级专员再多任命一个大使头衔，两国还邀请意大利政府在华盛顿和伦敦派驻直接代表。

英美双方都极为关注意大利的经济复兴问题。尊重首相的观点，总统也同意意大利经济重建的第一步，主要目标应放在军事方面，以便能够充分利用意大利的各种资源为盟国作战所用（后来，英国政府对我们的草案做了部分文字上的修改，经最终批准之后，这份声明于9月26日正式发布）。

第二天，9月19日，我们在罗斯福夫人的农舍里吃了一顿饶有风味的午餐，农舍位于海德公园主宅以东大约一两英里的地方。在座的有总统堂妹德拉诺小姐、罗斯福夫人和丘吉尔。罗斯福夫人和丘吉尔就世界重建的问题进行了长达一个小时的辩论。罗斯福夫人坚信，维护世界和平的最佳途径，就是改善世界各国人民的生活条件。丘吉尔则恰恰相反，说维持长久和平的唯一希望就是英国和美国之间达成协议，在必要时联手作战以阻止世界性的战争。他表示，如果苏联人愿意的话，也可以让他们加入联盟。他还认为，一旦让中国加入进来，除了制造麻烦什么用也没有。丘吉尔的表达清晰透彻，说理坚定有力。这一个小时真是妙趣横生而又令人受益匪浅。

当天晚上，我与首相和总统再次就一些政治和军事问题进行了长时间的会谈，主要内容是关于被称为"合金管"的高度机密项目。这是一个用于生产新型秘密武器——原子弹试验项目的代号，当时我对这个项目并没有什么信心。我记得，当时讨论的主要问题是，我们是否应该向英国人提供所有他们想要的原子弹制造方面的信息，以及是否应该把原子能用于战争目的。

总统的态度是，原子能的军事秘密不能泄露给任何国家，即便是我们的盟友。但是考虑到英国人一直致力于原子能的研究，以及所做出的贡献，罗斯福认为，我们应当与他们共享原子能在工业用途方面的信息。对于战后原子能的发展，并将在工业和科学领域得到成功应用，总统满怀希望。他曾经冒着极大的风险，拨付巨额资金——最终超过了20亿美元——用于原子能试验，尽管在当时还没有什么成果足以证明他的决策正确。罗斯福和丘吉尔明确商定，我也在场，如果原子能确实能够用于工业发展，美国、加拿大和英国将共享原子能在工业应用方面的成果。但据我所知，他们并没有达成任何关于共享原子能军事用途成果的约定。虽然后来出现过罗斯福同意向英国提供原子弹机密的报道，但是在这次会谈中并没有达成任何此类协议。

晚上10点30分，丘吉尔首相和夫人离开海德公园，乘火车前往纽约，然后乘船返回英国。9月21日，我和总统以及伯蒂格夫人抵达华盛顿。我相信，在海德公园的这两天里，总统和首相之间进行的会谈，对于英美的联合作战行动以及战后两个国家之间的合作前景，都具有非常重要的意义。

第十七章　1944 年的总统大选；欧洲胜利在望

从 1944 年 9 月魁北克会议之后，到 1945 年 2 月"三巨头"雅尔塔会晤这段时间的战局来看，德国和日本的战败，只不过是时间上的问题，而一系列战后问题的严峻性却日益凸显出来。

战争结束之后，是否继续对我们的盟友实行租借物资援助的问题引发的争议不断；总统对通过联合国组织维护世界和平的想法越来越坚定不移，在华盛顿召开的敦巴顿橡树园会议，经过数周的讨论，最终完成了建立联合国的基本草案；蒋介石和史迪威之间旷日持久的争执达到了高潮，在我们启程前往雅尔塔之前，中国发生了一起共产主义者反对蒋介石国民政府的活动。

不过，对我来说，这段时间里最为有趣的经历则是，亲眼目睹了这个国家复杂的选举机器的局部运作情况，它使得我们每四年能够以民主的方式，选举出自己的国家领导人。作为一名军界高层，我的一贯政策是不参与任何国内的党派政治。这种个人立场绝非是对美国政治的蔑视，而是作为一名职业军人的惯常做法，因为无论是民主党还是共和党执政，我们都必须与之同心协力，始终确保国家安全，而这正是民主得以实现的前提。

毋庸置疑，二战充分证明了，至少对于美国来说，我们的民主政权体制无论在和平时期还是战争时期，都是人类文明发展至今的最佳产物。因此，1944 年秋季的偶然机会，使我有生以来第一次与总统大选有了密切联系，这给我提供了一次极好的机会，来观察此前不甚了解的民主选举全过程。本章中摘录了我在这一时期（1944年11月）所做的相关笔记。

正是由于美国人民所孕育出的智慧和创新精神，我们的政权体制因其稳定性而成为其他不太成功的民主国家所羡慕的对象，因其给予每个公民最大限度的自由而为全世界人民所向往。

我们的共和制，从理论上来说，可能在很多情况下并不适合世界上的许多国家。但是，我之所以对富兰克林·罗斯福心怀敬佩之情，其中一个原因就是，他坚定不移地兑现美国政府给予其他国家的承诺，以及在制订战后世界重建计划时，坚持让被解放国家按照自己的意愿，自由选择政权体制。

在严格遵循不干预党派事务原则的同时，我一直坚信，在我们的民主体制下，所有武装力量的最高控制权都应归属于文官政府。

根据宪法赋予的权利，总统作为总司令掌管我们所有的武装力量。我认为，这一原则，无论是在乔治·华盛顿时代还是今天，都是合理的，任何试图修改或者废除它的法令都不应被通过。正是有赖于这一原则，我们才得以在第二次世界大战中战胜强大的对手。

陆海军的高层，特别是在战时，常常因试图超越宪法和法律的限制而遭受指责。谈到这一点，多年以前我便成为军方高层中的一员，根据我的经验，这种指责有时并非毫无道理。不过，在大多数情况下，这种越界行为是基于一种想要在最短时间内打败敌人的急切心情。

在整个二战期间，这一问题时有出现。参谋长联席会议更多时候不得不面对我们军队中各个部门主官的抱怨，如何让他们能够更有效或者更快速地完成任务，来自"文官们的干扰"倒是少数。我深知，我们大多数高级将领的目的是单纯的，一心为战，同时也出于战时总统参谋长的职责，在处理这些偶发的纠纷时，我都会特别仔细谨慎地向那些文职官员了解情况。大部分情况下，我发现这些文职机构在极端困难的条件下，工作做得十分出色，我甚至怀疑，将同样的工作交给军方机构，是否能够取得更好的效果。总的来说，可能除了少数几位劳工工会领导人偶有不负责任的表现之外，奋战在国内后方战线上的人们，与在前线冲锋陷阵的陆海空三军将士一样，尽忠职守，各司其职，为赢得战争做出了巨大贡献。

原子弹的研发是这场战争中的最高机密之一，有许多情况我也知之甚少。不过，我参加了几次讨论原子能的军事应用和战后用途的重要会议。其中一次是在 9 月 22 日，与总统和科学研究发展局局长范内瓦·布什①博士，以及英国著名科学家查韦尔勋爵一起参加的。布什教授显然成功说服了总统和首相相信他的计划，并且得到了巨额资金用于项目的研发，不过他的陈述并没能完全说服我。

几天之后，查韦尔提出想要看看"合金管计划"的要求。我建议他去找布什商量，如果得不到满意的安排，那就直接去找总统。10 月初，莱斯利·格罗夫斯②少将来到我办公室，交给我一份"曼哈顿工程"的

---

① 范内瓦·布什(Vannevar Bush, 1890—1974)，二战时期美国最伟大的科学家和工程师之一，战时他创立的美国科学研究发展局(OSRD)对美国取得二战胜利起到了重要作用，当时几乎所有的军事研究计划都出自他的领导，包括发展核武器的"曼哈顿计划"、登月飞行直到"星球大战计划"的众多重大科学技术工程。美国政府依据布什的建议和构想批准成立的国家科学基金会(NSF)和高级研究规划署(ARPA)等科研机构，保证了美国在尖端科技领域的长期领先地位。同时他还是模拟计算机的开创者，信息论之父克劳德·艾尔伍德·香农是他的学生。1945 年，范内瓦在论文《诚如所思》(As We May Think)中提出了微缩摄影技术和麦克斯存储器的概念，开创了数字计算机和搜索引擎时代，被称为"信息时代的教父"。美国国内两个著名的高科技工业园区——加利福尼亚的"硅谷"和波士顿 128 号公路的"高科技走廊"的诞生，都凝结了布什的心血。——译者

② 莱斯利·理查德·格罗夫斯(Leslie Richard Groves, 1896—1970)，美国陆军中将。1913 年考入华盛顿大学，1914 年转入麻省理工学院攻读工程学专业，1916 年获推荐资格并考入西点军校，1918 年毕业。1936 年任陆军工程兵部部长助理。1938 年进入陆军战争学院深造，1939 年毕业后出任陆军建筑计划与供给部部长的特别助理。1940 年任陆军工程兵建筑部副部长。1942 年 9 月任美国负责原子弹（转下页）

进展报告，"曼哈顿"是战争部给原子弹项目所起的代号。格罗夫斯将军是一位颇具个人魅力的军人，对自己负责的项目了如指掌，他关于原子能作为毁灭性武器价值所做的说明，是我当时听过最具说服力的。尽管如此，我对于这个项目的可行性仍然没有太多信心。

在魁北克会议上，没有讨论关于荷兰参加对日作战的问题，不过在我返回华盛顿不久，9月28日的联合参谋长会议上，就听取了荷兰殖民地大臣冯·德·努克海军少将和太平洋战区荷兰皇家海军指挥官赫尔弗里希中将的意见。他们力主尽早将日本人从爪哇岛和荷属东印度群岛驱逐出去，据他们所说，这些地方的民众，无论是白种人还是当地人，在日本人的残暴统治下境遇悲惨。由于我们所有的可用兵力都部署在太平洋其他战场上，因此无法给予他们太多支持。9月下旬，荷兰人再次向美国参谋长联席会议寻求帮助，希望得到美国的武器装备援助并协助训练荷兰海军陆战队。

索托马约尔·卢纳，我任法国大使时的厄瓜多尔驻法国公使，于9月25日来访，带来了一些有趣的见闻。他说，巴伐利亚的鲁珀特亲王在他的人民中有众多追随者，巴伐利亚人期待他重返王位。卢纳还告诉我，葡萄牙总理萨拉查①曾经向他表示过忧虑之情，担心欧洲的共产主义分子将会在许多国家掀起内战。卢纳来见我的真正目的，实际上是为

(接上页)研制的曼哈顿工程区司令。1947 年，原子能事务移交给新成立的文职的原子能委员会，格罗夫斯受命担任武装部队特种武器计划的负责人。1948 年 1 月晋升中将，2 月退役。1962 年出版回忆录《现在可以说了：曼哈顿工程区故事》。——译者

① 安东尼奥·德奥利维拉·萨拉查(António de Oliveira Salazar, 1889—1970)，葡萄牙总理。天主教徒，早年学习神学，毕业后在家乡作神甫。1921 年当选议员。1926 年任财政部长。1932 年任葡萄牙总理，次年修改宪法，建立带法西斯性质的新国家体制(Estado Novo)，又称"合作和权威国家"。西班牙内战时支持佛朗哥政权。二战中保持中立，一方面提供亚速尔群岛作为同盟国的基地并与英国维持传统友好关系，另一方面又亲近轴心国集团。作为葡萄牙的独裁领导者，他统治葡萄牙达三十六年之久。——译者

了得到援助资金，以改建瓜亚基尔港口，并修建一条通往厄瓜多尔首都基多的道路，以及在疾病预防方面的援助。

10月2日，孔祥熙博士在寓所举办的午宴上，客人们讨论了远东地区实现持久和平的前景。当时在座的有从伦敦来的顾维钧大使，我们的前驻日大使约瑟夫·格鲁，中国驻美大使魏道明以及国务院的阿道夫·A. 伯利。我之所以对这次午宴印象深刻，是因为此后几个月中事态的发展，使得远东地区早日实现和平的前景变得十分渺茫。

10月3日，参谋长联席会议讨论了太平洋战区未来对日作战的计划。会议对所有问题都达成了一致意见，除了在有关吕宋岛战役指挥权的问题上有所分歧。金上将认为应该由海军来指挥这次行动。马歇尔将军则坚持应该由陆军指挥。鉴于作战部队的兵力大部分来自陆军，我表示赞成马歇尔将军的意见。

由于蒋介石拒绝接受史迪威将军作为所有中美军队的总指挥，使得中国战区的指挥权成了一个难解之题，有关这一问题的争议已经持续很长时间了，我们也对此进行了详细讨论。第二天下午，我们向总统汇报了整个情况。

1944年8月初，为了应对当时日益恶化的局势，蒋介石原则上已经同意由史迪威担任中国所有军队的总指挥。但是在之后的往来电报中，蒋的态度却来了个一百八十度大转弯。

10月11日，总统接到了蒋介石的电报，看起来似乎是拒绝让史迪威担任总指挥的"最后通牒"。这位中国领导人说，对于罗斯福提出由一位美国将领指挥所有中国军队的要求，他是"乐意并非常期待的"，但是坚持这位指挥官"必须是一位我能够信赖之人"。

"这位将领必须是能够与之精诚合作之人，而史迪威将军的所作所为，显然表明了他并不具备这些不可或缺的品质。解决这一问题的根本之道并未改变，我同意您提出的其他建议。只要免去史迪威的职务，由一位更能胜任的将领来接替他，您提出的各项政策就将得到落实。对于您给予我们国家的鼎力相助和友善之情，我表示不胜感激。但是，我只能把如此重任托付给我认为值得信赖的美国将领。"

罗斯福总统派驻中国的私人代表帕特里克·赫尔利少将，表示完全支持蒋介石的意见。他发电报给总统，说蒋介石和史迪威两人的关系已经到了水火不相容的地步。他说：

"在交给我这一任务时，您曾经告诉我，决定支持蒋介石的领导地位，这是保持中国军队继续参战，并防止这个国家崩溃的总体目标的一部分。经过仔细研究，我认为，没有其他中国领导人能够胜任这一职位，据我所知，也没有其他人具备蒋的领导资格。他已经同意了您提出的所有要求和建议，唯独史迪威的任命。您现在面临的是二者择其一的问题。除此之外，在您和这位中国委员长之间并无其他分歧。"

（以上为蒋委员长和赫尔利将军电报的大致内容。）

10月16日中午，总统与马歇尔将军和我再次就这一问题进行了商讨。看起来尽快将史迪威调离是势在必行了。马歇尔将军坚持认为，史迪威是唯一有可能改变中国目前不利战局的美国将领，调离他将导致一系列的人事调整。根据美国的兵力部署，中缅印地区被划分为两个战区：一个是中国战区，另一个是印度—缅甸战区。总统决定任命丹尼尔·索尔登①为印缅战区总司令。他要求蒋介石授权索尔登，由他负责

---

① 丹尼尔·索尔登(Daniel Isom Sultan, 1885—1947)，美国陆军中将。1907年毕业于西点军校，分配到工程兵部队。一战前在菲律宾服役，参与监造科雷吉多尔岛要塞。1929年至1931年曾负责尼加拉瓜运河选址勘察工作。1941年5月任第38步兵师师长。1942年4月任第8军军长。1943年11月调任中缅印战区副总司令，任约瑟夫·史迪威将军的副将。1944年9月晋升中将，10月任美军印缅战区总司令兼缅北作战司令部司令，隶属于盟军东南亚战区司令部。1945年7月任美国陆军总监，1947年1月死于任上。——译者

指挥在缅甸作战的代号为"利多(X)"① 的中国军队。让索尔登完全掌控利多局势，特别是关于中国军队的指挥权，是至关重要的，因此他所担负的其他职责被减少到最小限度。

此前在任命史迪威为东南亚战区副总司令时，有人提出的反对意见之一，是他实际上在缅北指挥战斗，不便于和总司令共商军情。此次，索尔登并没有被任命为东南亚战区总司令蒙巴顿将军的副手。我们认为，这一职位的最佳人选是雷蒙德·惠勒中将②。

蒋介石还提出，由阿尔伯特·C. 魏德迈将军指挥他的中国军队。尽管罗斯福并不乐意在局势恶化到如此地步之时，派一名美国将领去承担收拾残局的责任，但他还是告诉委员长，同意由魏德迈担任中国战区参谋长一职。对于这位美国将领来说，他将被调离蒙巴顿将军的参谋部，这是无可奈何的，但在当时的情况下除此之外也别无选择。

在蒋介石、蒙巴顿和史迪威的这场争端中，总统一再重申他长期以来秉持的支持中国政府的承诺。马歇尔无视蒋介石的反对，三番五次地劝说总统留下"醋乔"。他对史迪威的能力深信不疑，甚至曾当着我的

---

① 利多（X）部队［ledo(x)］，1943 年春，为准备盟军在中国对日作战建立基地，中、英、美三国政府商定，以中国军队为主，配属美、英军各一部，发动缅北滇西作战，以保障开辟中印公路（中国昆明——印度利多）和敷设输油管。计划在印度建设一支完全由美国人训练的全美械中国部队若干个师，用于反攻缅北，称"X 部队"；在中国云南昆明基地建设主要由美国人训练的美械部队 30 个师，用于反攻怒江，称"Y 部队"；然后在广西桂林基地再建设 30 个美械师，称"Z 部队"，与"X 部队""Y 部队"一起用于在中国大陆发起全面反攻，一举歼灭在华日军。——译者

② 雷蒙德·艾伯特·惠勒(Raymond Albert Wheeler, 1885—1974)，美国陆军中将，著名的工程专家。1936 年 5 月任国际航运理事会代表，8 月进入陆军战争学院进修。1937 年 2 月成为河港工程委员会常驻委员。1940 年 7 月任巴拿马运河工程师。1941 年 7 月任战争部总参谋部助理参谋长，9 月任美国出使伊拉克、伊朗和印度军事代表团团长，晋升准将。1942 年 2 月任中缅印战区美军后勤供应总司令，3 月晋升少将。1943 年 11 月任东南亚盟军司令部行政主任。1944 年 2 月晋升中将，11 月任东南亚盟军副总司令。1945 年 6 月任印缅战区总司令。1945 年 10 月任美军工兵总司令。1949 年 2 月退役。——译者

面对罗斯福说，他找不到比史迪威更能胜任的美国将领。但是，总统认为蒋介石无法再容忍史迪威了，因此最终直接向马歇尔下令将他调离中国，不得延误。最终，史迪威于 1944 年 10 月 28 日被召回。

我对史迪威一度是满怀同情的，因为他在缅甸所面临的形势严峻，任务最为艰巨。1948 年，随着《史迪威日记》的出版，蒋介石和蒙巴顿与他之间恩怨是非的个中缘由被公之于众。

在我们对中国军队指挥权问题进行反复研究讨论期间，我还进行过另外两次涉及到中国前景形势的会谈。一次是 10 月 10 日，与顾维钧博士的谈话，他说如果我们能够为中国现有兵力提供足够的武器装备和补给的话，侵华日军就能够被彻底消灭。他也赞同，发起这些作战行动必须要占领一个沿海港口，不过他认为，如果我们能够为中国提供武器，他们就能从陆路攻占广州。顾是一位极为睿智，风度翩翩的中国人。

劳克林·柯里，总统的特别助理之一，主要负责中国问题，于 10 月 18 日询问向中国运送租借物资的可行性。我向他说明了存在的困难，特别是缺乏可用的港口。柯里显然承受了来自中国的压力，要求预先安排租借物资运输事宜。

柯里的谈话着重强调了在停战之后，如何处理日益突出的租借物资安排问题。霍普金斯在 10 月 19 日告诉我，罗斯福和丘吉尔在魁北克会议上，曾经一致同意由财政部长摩根索领导的联合委员会来负责处理对英国的租借物资事宜。这显然也从另一个角度印证了，英国正在千方百计创造条件，为战后的工业和贸易复兴争取租借援助。

在 10 月 24 日参谋长联席会议召开的闭门会议上，对英国人提出的要求进行了研究讨论。参谋长联席会议一致认为，除了确实用于战争用途的物资之外，他们不应当参与其他有关租借物资的问题。这是当时出现的、既涉及政治又涉及军事的诸多问题中的一个。看起来，除了战争物资之外，参谋长联席会议成员并不希望自己插手摩根索正在进行研究的租借物资问题。

英国人很婉转地提出他们的想法，并千方百计地想要总统同意支持他们在德国战败后的援助要求。令我感到有趣的是，10 月 30 日，哈利法克斯勋爵在英国大使馆举办的晚宴上，到场的 22 位宾客中，除了我之外，其他人都与租借事务有这样或那样的关系，尽管我并没有听到有人提起这个话题。

1944 年 10 月，丘吉尔在莫斯科与斯大林举行会谈，埃夫里尔·哈里曼大使作为罗斯福的观察员也参加了会议，随时向白宫报告会谈的进展情况。我所关心的主要是会谈中可能涉及的军事问题。哈里曼 10 月 13 日的报告称，斯大林主张意大利北部保持现状，同时从亚得里亚海北端向维也纳发动攻势。这位苏维埃领导人还建议通过瑞士，迂回推进至齐格菲防线①的背面。

10 月 21 日，哈里曼返回华盛顿，他告诉我，斯大林表示苏联愿意参加未来在太平洋的作战行动。他还告诉我，丘吉尔在莫斯科身体欠安

① 齐格菲防线(Siegfried Line)，二战开始前，纳粹德国在其西部边境地区构筑的对抗法国马其诺防线的筑垒体系，由德国著名的建筑工程组织——托德机构负责建造，德国人又称之为"西墙"，用于掩护德国西线，并作为向西进攻的屯兵场以及支援进攻的重炮阵地。1936 年德国占领莱茵兰之后开始构筑，至 1939 年基本建成，全长达 630 公里。防线由障碍地带、主防御地带和后方阵地三部分组成，纵深 35 至 75 公里。障碍地带主要是地雷场、刺铁丝网、防坦克壕以及著名的"龙牙"(多列角锥形钢筋混凝土桩砦)系统。主防御地带的最前缘位于障碍地带后方数十至数百米处，配备钢筋混凝土和钢铁装甲的机枪、火炮工事以及指挥所、观察所、人员掩蔽部、车辆洞库、弹药库、物资库等。后方阵地位于主防御地带后方数公里至数十公里处，主要是预备队人员掩蔽部、预备队车辆洞库以及战备物资库，在法德交界地段还配属有 170—305 毫米要塞化远程重炮群。但很多工事只有混凝土而缺乏用于防御重型炮弹的装甲钢板，主要是由于德国当时钢的紧缺；同时，很多战争后期的大型火炮无法安装在较小的炮座上(只能适应战争初期的小口径火炮)，进一步削弱了该防线的防御作用。1944 年 9 月，英美盟军从西线向德国本土进攻时，德军依托这一防线阻滞了盟军 5 个月时间。齐格菲防线的宣传意义几乎和它的战略意义一样大，在相当长的时间里，它都被宣称为一条坚固的防线，一直影响到了 1944 年。——译者

的原因主要是消化不良，并非是我们曾担忧的肺炎复发。

10 月 23 日，夏尔·戴高乐终于实现了他长久以来为之奋斗的目标。这一天，美国、英国和苏联承认他的解放委员会为法国临时政府。在前一年 7 月①，戴高乐的解放委员会事实上已成为法国的临时政府，走出这一步也算顺理成章。国务院的 H. 弗里曼·马修斯对于戴高乐的个人看法与我类似，9 月底的时候，他曾经建议我敦促总统尽快承认戴高乐，因为当时盟军部队已经解放了法国大部分地区，这么做无疑对美国是有利的。那时我们正打算派前巴西大使杰弗逊·卡佛里，前往巴黎担任驻法国解放委员会——这一事实上的法国临时政府机构的代表。正式承认戴高乐，对于罗斯福来说一定是个艰难的决定。不过我认为，这么做是有利于盟国的。

10 月份，我们攻打菲律宾的计划开始实施。1944 年 10 月 20 日，在强大的海上和空中力量支援下，麦克阿瑟将军率领四个师，成功登陆莱特岛且伤亡轻微。奎松总统的继任者，菲律宾新任总统塞吉奥·奥斯梅纳，带领部分内阁成员陪同麦克阿瑟将军一同登岛。五天之后，负责指挥海军支援部队的哈尔西上将，满怀欣喜地致电华盛顿："我们可以明确宣布，日本海军在美国舰队的打击之下，已经彻底溃败。"这场海战②持续了三天之久，作战海域分布很广。

---

① 1943 年 7 月 31 日，法兰西民族解放委员会通过一系列重要任命文件。任命戴高乐将军为法国国防委员会主席，吉罗将军为法国军队总司令。还任命了法国国防委员会的成员以及法国军队陆、海、空三军参谋长。——译者

② 莱特湾海战，第二次世界大战太平洋战场上菲律宾莱特岛附近的一次海战，时间从 1944 年 10 月 20 日持续至 10 月 26 日。以美日两军投入的军舰总吨位而言，莱特湾海战堪称历史上最大的海战，也是最后一次航母对战。数量上远居于劣势的日本联合舰队战败，13 艘巡洋舰以上重型军舰被击沉，航母力量被彻底摧毁，菲律宾一带海基与陆基航空力量被消灭，从此日本联合舰队在太平洋战场上不再是一个战略力量，严重打击了日本全局的实力。此役为美军成功拿下菲律宾群岛、冲绳岛等地打下基础。由于战局无望，日本此役第一次有组织地发动神风特攻队自杀攻击。——译者

胜利的喜讯使得一年一度的海军节(10月27日)庆典气氛格外欢快。威廉·斯坦德利海军上将主持了华盛顿的庆祝晚宴，战争部副部长罗伯特·帕特森和助理国务卿约瑟夫·格鲁发表了演讲。后者对日本当前局势和未来前景的分析令人获益匪浅，关于这个话题，他无疑是美国政府中最有发言权的官员。

　　10月的最后一天，我着手协助总统为意义重大的克里米亚会议(雅尔塔会议)做准备。根据他的指示，我要求国务院向土耳其政府提出请求，允许一艘美国战舰在11月期间经博斯普鲁斯海峡驶往黑海。在整个雅尔塔会议期间，海军指挥舰"卡托克廷号"都将停泊在已被苏联收复的塞瓦斯托波尔港。

　　当11月的大选来临之际，总统正身兼数职。他既是民主党的总统候选人，又是陆海军总司令。我们于11月3日，星期五晚上离开华盛顿。这次随总统一同登上专列的有超过50名记者、电台评论员、摄影记者和新闻片摄影师，他们将全程伴随总统的新英格兰竞选之旅，这与总统此前的秘密出行形成了鲜明对比。与我们同行的还有总统新闻秘书史蒂芬·厄尔利和总统两位最得力的文字助手，塞缪尔·罗森曼和罗伯特·舍伍德。像往常一样，在罗斯福的专列上为我安排了一个房间。

　　当我们途经纽约市时，邮政总局局长弗兰克·沃克将军，约翰·怀南特大使，总统的白宫助理尤金·凯西以及电影演员兼剧作家奥逊·威尔斯也加入到我们的队伍当中。

　　星期六，我们抵达了此行的第一站——康涅狄格州的布里奇波特市。罗斯福站在专车的车尾平台上，向聚集在四周为数不多但热情洋溢的市民们发表了演讲。在第二站的康涅狄格首府哈特福德市，虽然参加集会的人数众多，但是气氛却没那么热烈。在康涅狄格州的行程期间，有许多民主党的地方官员登上专列陪同。当我们到达马萨诸塞州的时候，这些康涅狄格州的官员们下了车，接替他们的是人数更多的马萨诸塞州官员。

在马萨诸塞州的斯普林菲尔德，大约 3 万名热情高涨的民众聆听了总统的演讲。在伍斯特，参议员大卫·I. 沃尔什加入到我们的阵营当中，作为参议院海军委员会主席，我和他非常熟悉。前往波士顿的旅途中，我一直坐在总统的包厢里，接收处理从白宫作战地图室发来的军情急电，与此同时，罗斯福则兴致勃勃地与不断前来的众多形形色色的政界人物开怀畅谈。

在波士顿的棒球场上，聚集了大约 4 万名热情的民众，总统的演讲引发了人们热烈的响应，竞选活动达到了高潮。集会开场，由当时在电台大受欢迎的歌手法兰克·辛纳屈领唱了歌曲——《美丽的亚美利加》。致开场词介绍罗斯福的是众议员约翰·麦考米克，他的家乡就在波士顿，阿拉斯加考察回来之后，正是他向我了解有关总统爱犬法拉的情况。新闻报道称，小法拉在总统竞选中扮演了非常重要的角色。

晚上 10 点，当我们返回到总统专列时，整个竞选团队都聚集在总统的包厢里，讨论着当天竞选活动的效果。波士顿棒球场的热烈氛围，令罗斯福深感振奋。在场的每一个人对此也都感到欢欣鼓舞。除了民主党全国委员会主席罗伯特·汉尼根之外，大家都相信，在下周二的投票中，罗斯福将赢得马萨诸塞州和康涅狄格州的选票。我对政治竞选毫无经验，因此也提不出什么个人见解。总统开玩笑地对我说："比尔，在政治上，你还处于中世纪。"或许他应该说是"蒙昧时代"才对！

奥逊·威尔斯在当时，被认为在文学和戏剧领域极具天赋。但是，他那做作的大笑和始终挂在脸上的微笑，都给我一种惺惺作态的感觉。他一再信誓旦旦地保证，罗斯福必将赢得大选，这在我这个务实派的眼中多少也有些像演戏。不过，整个竞选团队相信，总统将会以压倒性优势第四次连任。

正当大家沉浸在竞选取得优势的兴奋之中时，我接到了英国军事代表团团长约翰·迪尔爵士在华盛顿沃尔特·里德医疗中心去世的消息。迪尔爵士，既是一位温文尔雅的绅士，同时又是一位勇敢无畏的斗士，是英美联盟中的中流砥柱。他此前因贫血症已经住院数周，因此这一消息并不令人意外。美方的参谋长们认为，迪尔爵士是独一无二、无可替代的。我个人对他的评价此前在本书中也有记述，当诺曼底登陆行动最高统帅人选迟迟不能确定之时，我当时就希望迪尔爵士能够担此重任。

11月5日，星期天早晨，我们的专列抵达海德公园，陪同总统回家的有他的私人医生罗斯·麦金泰尔将军和我。

星期六的数场活动，是我平生第一次亲身体验政治竞选。能够在1944年，亲眼目睹共和制政府这一重要组成部分的运转实况，对我来说是极为有趣并且获益匪浅的。总统竞选团队的其他成员都是具有丰富经验的专家，这也给我提供了一个极好的机会，仔细观察竞选活动的程序和方法。

星期一，天气变得寒冷起来，并且纷纷扬扬飘起了雪花，但是这并没能阻止总统向他自己的故乡——达奇斯县的乡邻们发表最后的竞选演讲。我陪同他一起进行了长达五小时的乘车巡游，这是自从他第一次当选纽约州参议员之后的惯例，已经进行过六次了。这一切对于我自然都是十分新鲜的，而罗斯福说这都是些"老套路"。他说我对于政治一窍不通——这个评价一点不错。

在达奇斯县的竞选旅行中，总统先后对纽堡、金斯顿和波基普西的民众发表了演说，当地民众对于从本地走出去的这位杰出人士，表现出极大的热情。虽然天气寒冷，敞篷车里的温度很低，但是当我们回到海德公园时，心情却十分舒畅，顶风冒雪的长途旅行丝毫未能影响我们的情绪。

当天晚上，也就是公布选举结果的前夜，我们收听了电台关于选举形势的分析，这档节目是由民主党全国委员会赞助播出的，目的是为了利用最后的机会，影响那些还在犹豫不决的选民们。我们还听到了在全国范围播放的、精彩的总统临选前演说，以及共和党候选人托马斯·E.杜威最后的拉票呼吁。

总统是在海德公园他那间小办公室里向全国民众发表广播演讲的。当时在场的还有约翰·伯蒂格少校及夫人，麦金泰尔中将和我，以及一些无线广播技术人员。总统心情愉悦，气定神闲，丝毫不担心第二天的大选结果将会如何。

11月7日是选举日，这天的天气晴朗清冷，海德公园里阳光灿烂，但是温度却只有大约华氏40度。据当天的晨报报道，斯大林元帅发表公开声明，宣布日本和德国一样，是一个侵略国家。鉴于此前莫斯科一直以他们的当务之急是对德作战为由，而拒绝与日本扯上干系，因此这个消息来得有些出乎意料。斯大林的声明可能导致日本进攻西伯利亚，但也可能导致日本更早提出和平谈判。

晚上9点，我们开始收听关于选举结果的报告，但是直到11点也没有得到什么有价值的信息。在海德公园的餐厅里，总统和我围坐在桌旁，旁边的一个角落里，放置着两台录音机，正不断地将各个通讯社编报的选举结果及时反馈给我们。广播喇叭一直响个不停，总统和我查看着收到的报告，并将各州的选举结果记录在准备好的专用纸上。在房间的另一端，有一块巨大的木板，收到的选举结果被贴在上面。人们不断地走进房间里查看情况，看到木板上的数字对我们有利时，有些人便兴高采烈，看到坏消息的时候，又会变得垂头丧气。我记得，总统在达奇斯的近邻、财政部长摩根索，晚上的时候顺道来访，他不时流露出担心的表情。

总统对于竞选结果从未表现出任何不安。我记得，来自纽约州的首批选举结果看起来并不乐观，然后是来自北部几个大城市，诸如锡拉丘兹、罗切斯特、罗马和布法罗等地的选举结果反馈，我对这些结果并没有什么感觉，但是在把这些数字汇总之后，总统侧身对我说道："比尔，看到那些数字没有？现在万事大吉了。我们可以忘掉纽约州了。"我当然相信他的估计是正确的。

总统的许多亲朋好友都聚集在海德公园的宅邸里，等待着见证历史性时刻，罗斯福夫人为他们准备了宵夜。在用餐之后，人们聚在一起喝咖啡，我继续饶有兴致地查看选举结果直到午夜两点。因为到了那时，在我看来总统胜局已定。我上楼就寝，却难以入睡，或许是因为喝了咖啡的原因。

尽管总统已无需再亲自填写那些表格，他还是在餐厅又多待了一会儿。在我离开的时候他就说："一切已成定局，再填那些数字还有什么用呢？"他是在等待来自对手的消息。直到11月8日凌晨3点45分，共和党候选人杜威承认了竞选失败，总统才上楼休息。当他经过我的房间时说道："比尔，杜威总算知道他已经输了。他应该在几个小时之前就知道了，但他就是不肯承认。"在总统竞选这场战斗上，罗斯福绝对是行家里手。令我印象深刻的是，在几个小时之前，仅仅根据来自纽约州北部的选情报告，他就已经准确推算出，他和他的政党已经拿下了纽约州这块重要阵地。

那一晚，我彻夜未眠。第二天早晨10点，我乘坐一架军用飞机离开海德公园，与我同行的还有麦金泰尔中将，伯蒂格少校和夫人。这天的天气晴暖，仿佛夏天一样，很开心地飞了一个半小时后，我们回到了华盛顿。据新闻报道，总统赢得了35个州的413张选票，杜威只得到13个州的118张选票，还有两个倾向于杜威的州仍然举棋不定。对于总统来说，这是一次压倒性的胜利，并且随着他的当选，保证了在之后的两年中，民主党在国会中将拥有足够多的席位。

下午，我以护枢人的身份，参加了在圣公会大教堂举行的英国陆军元帅约翰·迪尔爵士的葬礼。这场葬礼按照最高规格的军事礼仪，并遵照英国的习俗举行，迪尔爵士的遗体被安葬在阿灵顿国家公墓。

11月10日，星期五早晨，总统乘坐私人专列抵达联合车站，内阁成员和国会领袖们在车站等候迎接。9点，在副总统华莱士和新当选副总统杜鲁门的陪同下，总统乘坐一辆敞篷车，冒着大雨，在车队的护送之下驶向白宫。数千名民众簇拥在街道两旁，尽管大雨滂沱，也没有浇灭他们沸腾的热情。

在参加完造船与轮机工程师协会在纽约举办的年度庆典，并宣读了总统的贺电，祝贺他们在战争中取得的功绩之后，我于11月18日回到华盛顿，租借物资的问题又一次占据了我的注意力。

诸多政府官员轮番而至，与我讨论有关英国未来的租借物资援助问题，这其中有战争部副部长帕特森，联邦经济管理局局长里奥·克劳利，助理国务卿迪安·艾奇逊，助理财政部长哈里·怀特，以及海军和空军的代表。虽然我对租借事务一窍不通，但我还是尽可能帮助他们解决困难，并将情况向总统做了口头汇报。

为了1945年的租借事务，丘吉尔派出一个由凯恩斯①勋爵带队的高级别委员会，他们要求美国向英国拨付总额将近80亿美元的租借资金。由财政部长摩根索率领的美方委员会，对此准备批准拨付的金额是55亿

---

① 约翰·梅纳德·凯恩斯（John Maynard Keynes，1883—1946），英国著名经济学家，现代西方最有影响的经济学家之一。1919年初，凯恩斯作为英国财政部首席代表出席巴黎和会；同年6月，因不同意赔偿委员会有关德国战败赔偿及其疆界方面的建议，辞去和会代表职务。不久后，表明其对德国赔偿问题所持看法的《和平的经济后果》（The Economic Consequences of the Peace）一书出版，引起欧洲、英国及美国各界人士的大争论，使其一时成为欧洲经济复兴问题的核心人物。1929年当选英国科学院院士。1929年至1933年主持英国财政经济顾问委员会工作。1936年出版代表作《就业、利息和货币通论》。1940年任财政部顾问，参与战时各项财政金融问题的决策。1942年被封为勋爵。1944年7月，他随英国政府代表团出席布雷顿森林联合国货币金融会议，任国际货币基金组织和国际复兴与开发银行（世界银行）的英国理事。在1946年3月召开的这两个组织第一次会议上，他当选为世界银行第一任总裁，返回英国不久，因心脏病突发于4月21日逝世。——译者

美元。我认为，无论是国会还是美国民众，对这两个方案都会提出强烈反对，并且也向总统提出同样的建议。总统告诉我，对英国的租借政策应当像以前一样，不应再有什么额外的承诺。

3天之后的11月21日，代理国务卿斯特蒂纽斯、摩根索和我一同与总统就租借物资问题进行商讨。我提出了以下建议：

1. 不再做出任何承诺；

2. 由美方委员会告知凯恩斯勋爵率领的英方委员会：准备向总统提交的租借预算和生产计划，总计金额为53.17亿美元；这些物资的交付将视战争发展的需要和生产完成情况而定；物资的分配将和以前一样，由各地设立的美国租借代办处负责。

11月24日，怀特来到我的办公室，就提交给总统的报告措辞征询我的意见。我提醒他，以下内容是在11月21日的会议上，已经由总统批准的，但是报告中却被遗漏了：

"这些计划并不构成任何对英方的承诺，但是清单上的所有物资，无论是军需品还是非军需品，都应视战略需要的变化，同时也要考虑供给、采购和分配的情况酌情而定。"

怀特说他不知道为什么这段话被漏掉了，并承诺对此进行调查。据我所知，这段文字后来被补进去了。

这一问题争论的焦点是，除了用于战争目的之外，总统是否有权批准其他用途的租借资金。当总统要求我参加该委员会的讨论，并向他提出建议时，我坦白告诉他："总统先生，我对租借问题几乎一窍不通，我可不希望在战后他们开始调查这些钱的用途时，把我投进监狱去。"

罗斯福微微一笑，说道："如果你进了监狱，我也和你一起去，我们正好做个伴儿。"

对于在战后，他是否有权利批准使用租借资金的问题，总统自己也拿不准。身边其他人则对此持不同看法，认为他有这样的权利。11月27

日，在总统办公室召开的另一次会议上，来自财政部、租借事务管理局和国务院的代表又对这一问题进行了反复讨论。罗斯福向参谋长联席会议下令，除了战争用途之外，不得将租借资金用于其它目的。他告诉我，他是在尽力按照国会的意图行事。

在讨论租借事务的同时，总统还指示我与国务卿商讨战后的国际航空贸易问题，当时在芝加哥英美正就此问题进行会谈。此次会议的目的是为了制定战后商业航空的规则。但是会议似乎出现了僵局，根据我得到的信息，英国人在首相的授意之下，试图打破此前海外航空贸易一直由美国航空公司垄断的局面。

美方代表、助理国务卿伯利则坚持维护美国的利益。在我看来，机会对于英国人来说完全是均等的，他们凭借更为低廉的生产和运营成本，最终将会把我们挤出海外航空贸易的市场。我将情况向总统做了汇报，并帮助他起草了一封回电，对 11 月 28 日收到的丘吉尔关于此次会谈的电报予以回复。

总统在 11 月 27 日告诉我，他将会接受科德尔·赫尔辞去国务卿的请求。赫尔的健康状况不佳已经有一段时间了，当时还住在贝塞斯达海军医疗中心里。罗斯福说，他将会任命代理国务卿爱德华·R. 斯特蒂纽斯接替赫尔的职务。大约一星期之后，新国务卿打电话告诉我，他已经获得总统的批准，将任命 C. E. 波伦(绰号"薯片")担任白宫和国务院之间的联络官。斯特蒂纽斯此举意在与总统建立起更为紧密的联系，因为此前总统在处理许多外交事务上并未征求国务院的意见。我觉得这的确是个好办法。

也是在 11 月 27 日这一天，我从英国空军中校豪厄尔那里听到一个离奇的故事，他此前在克里特岛战役中身负重伤，在雅典和萨洛尼卡的德国医院中住了一年。他向我讲述了自己是如何在神的指引下，从萨洛尼卡的战俘集中营中逃脱，步行 200 英里进入土耳其获得自由的经过。

简而言之，这就是一个神话故事，在他养伤的时候，开始对宗教产生兴趣，并得到启发，只要他能够走出战俘营，就将得到神的保护和指引。他的确这么做了，并且没被哨兵发现，当他需要的时候，就有当地人给他提供食物并为他指路，在一颗闪闪发光的星星的指引下，他来到了爱琴海岸，在那儿一些正准备逃跑的希腊军官用船将他送到了土耳其。

对自己所讲故事的准确性，以及神意的灵验，豪厄尔中校似乎深信不疑。

11 月 28 日，在参谋长联席会议上，对大西洋和太平洋当前的战场形势进行了梳理。对于年底之前我们对德作战的前景，马歇尔将军非常乐观。第二天，战时新闻局局长艾莫尔·戴维斯来到我办公室，他认为，助理战争部长帕特森有关艾森豪威尔将军目前缺乏弹药的言论，可能会影响公众对于最高统帅部的信心，产生不利的影响。

1944 年 12 月，我笔记中的第一条记录，是关于我参加一年一度的陆、海军橄榄球赛的，这一年的比赛在巴尔的摩举行。作为总统代表，我坐在陆军席上观看了下半场比赛。最终的比分是：陆军 27，海军 7。

12 月 6 日，我们接到丘吉尔的电报，再次要求尽快在伦敦召开一次联合参谋长会议。缅甸的形势令丘吉尔大为光火。美方参谋长认为，为了应对日本人在中国发起的猛烈攻势，从缅甸抽调部分中国军队和美国空军到中国战场是有必要的。参谋长联席会议也予以批准。对此英方的参谋长们则提出反对，于是在中缅战区的兵力部署问题上，双方出现了严重的分歧。首相认为，双方参谋长们应该坐在一起，对这一问题以及其他与欧洲战场有关的问题进行协商。但是，有关"三巨头"会晤的计划已经在制订之中，这件事就暂时搁置下来。

在经历了一段漫长曲折的立法程序之后，参议院于 12 月 11 日通过了一项法案，授权由总统任命四位海军五星上将和四位陆军五星上将，这些军衔相当于英国的海军元帅和陆军元帅。参议院于 12 月 15 日批准了以下任命：

海军五星上将

威廉·D. 莱希

欧内斯特·金

切斯特·W. 尼米兹

陆军五星上将

乔治·C. 马歇尔

道格拉斯·麦克阿瑟

德怀特·D. 艾森豪威尔

亨利·H. 阿诺德

后来又补充威廉·F. 哈尔西为海军五星上将。

总统签署了我的委任状，自 1944 年 11 月 15 日起，我正式成为海军五星上将。总统的任命，使我成为了美国——这个拥有世界上最强大军事力量，正在进行着人类历史上空前伟大战争的国家中，陆海军现役军人中军衔最高的军官之一。

在经历了半个世纪的戎马生涯之后，这似乎是一次"幸运着陆"。

对于我们的任命，亲朋好友们都纷纷表示祝贺，这其中我最为珍视的一封贺电，来自一位在与总统的长篇通信中总是署名为"一名老水手"的人。英方的联合参谋使团在 12 月 20 日转交给我来自丘吉尔首相的这封贺电："在您晋升为海军五星上将之际，请接受我最诚挚的祝贺。"

12 月 19 日，总统结束了在佐治亚州沃姆斯普林斯为期两周的度假，返回华盛顿。同一天，我们接到来自艾森豪威尔的第一封电报，德军向正在逼近莱茵河的盟军发起了一次大规模反攻①。几天以来，纳粹已经

---

① 突出部之役(Battle of the Bulge 或 Ardennes Offensive)，当时同盟国媒体因战役爆发地在比利时瓦隆的阿登地区，称之为"阿登战役"或"亚尔丁之役"，但（转下页）

成功突破了我们的防线，形势一度十分危急。一旦他们将盟军部队一分为二，战争结束的时间无疑将会被延迟，并且我们将不得不投入更多的兵力。德国人的目标显然是想要包围安特卫普，并摧毁我们的后勤储备补给系统。

虽然我们什么也做不了，但是参谋长联席会议每天都会仔细研判战场局势。很明显，我们必须阻挡住德国人的攻势，前线的战报迅速传递到华盛顿，使得我们能够及时掌握那边的战况。艾森豪威尔和他的前线指挥官奥马尔·布雷德利将军，所采用的战术无疑是正确的，他们成功阻止了德军前进的步伐。

十二天之后，是1944年的最后一天，传来了令人欣慰的消息，德军在比利时的反攻行动已经被彻底击退。在这段时间里，总统每天都密切关注着战场局势的发展，花费比平时更多的时间，与我一起在白宫作战地图室里研究地图，翻阅战报。当欧洲战场上的敌人最后一次反攻被粉碎之后，总统比任何人都感觉如释重负。

平安夜的傍晚，海军部长福莱斯特造访我的住所，与我讨论有关海军的人事安排问题。其中一个计划是任用年轻军官，降低海军一线指挥官的年龄，那些年龄较大的军官则安排接替众多在二线服役的原退役军官。福莱斯特先生的观点无疑是正确的，但是我感觉，他的这些想法在付诸实施的时候将会困难重重。他想要为海军的高层指挥系统注入新鲜血液，总统知道我十分熟悉那些指挥官的情况，因此建议他来找我商讨这个问题。

我认为将退休人员按照某一年龄一刀切的做法，并不能达到福莱斯

（接上页）盟军将士依作战经过称之为"突出部之役"，而德国B集团军群则称之为"守望莱茵河作战"。战役发生于1944年12月16日到1945年1月25日，是二战末期纳粹德国在欧洲西线战场发动的攻势，作战目标是突破英美盟军战线并将其一分为二，占领安特卫普，包围并消灭盟军的四个军，迫使盟军在轴心国占优势的条件下谈判。此次作战如果成功，希特勒就可以集中全力应付东线战事。——译者

特的预期目的。可以想象，这样的规则可能导致一名在某项任务中起决定性作用的指挥官被迫退休，只因为他超过了某个人为规定的年龄。我尽了最大努力为福莱斯特部长提供帮助，但恐怕还是达不到他所期望的效果。自从我1939年卸任海军作战部部长以来，罗斯福从未与我谈论过海军高层指挥的细节问题，因为这已不再是我的职责范围。作为他的参谋长，对于此类事务，尽可能地保持中立显然是我最好的选择，并且令我深感庆幸的是，有关这些指挥官任命的问题，总统也没有与我讨论的习惯。每一位海军高层将领的能力才干究竟如何，总统自己都了如指掌。

12月30日，星期六，联合参谋长委员会举行了1944年的最后一次会议，不过并没有太多事情需要处理。会后我们举行了一场蛋奶酒①会。

在1944年即将结束之际，美国政府对于那些刚刚脱离纳粹统治的地区组建政府的立场，引发了报纸和电台大量的批评指责。

对于意大利，有的报纸抗议美国为什么不支持斯福尔扎，有的则批评我们应该支持巴多格里奥或是国王。在南斯拉夫的问题上，某些带有倾向性的报纸社论，则指责我们没有支持他们所喜爱的铁托②，或是米哈伊洛维奇，或是彼得国王。

西班牙的佛朗哥将军，看来正准备在这个已经饱受战火蹂躏的世界上，再引发一场新的战争。对此，有的报纸说我们应该支持佛朗哥将军的反对势力，有的又说不应该支持。还有些报纸呼吁，对于圣雄甘地领导的反对我们主要盟友英国的起义，我们也有义务提供援助。

在美国国内，显然有一股势力，置1941年8月英美联合发布的《大

① 蛋奶酒（Eggnog）是圣诞节的传统饮品，十七世纪由英国人发明，用新鲜牛奶及白兰地等冲调。——译者

② 约瑟普·布罗兹·铁托（Josip Broz Tito, 1892—1980），国际共产主义战士，南斯拉夫政治家、革命家、军事家、外交家。曾任南斯拉夫社会主义联邦共和国总统、南斯拉夫共产主义者联盟总书记、南斯拉夫人民军元帅。在二战中为反抗德国法西斯侵略、赢得国家独立立下了汗马功劳。——译者

西洋宪章》于不顾，违背"尊重各国人民选择其政府形式的权利"的基本原则，在诸多新闻舆论的助力之下，试图使美国卷入欧洲的政治漩涡之中。

已经有太多的迹象表明，《大西洋宪章》所作出的承诺与信条恐怕难以付诸实施。

例如，在读者中拥趸众多的《纽约时报》撰稿人汉森·鲍德温，就曾向我表示，对于那些已经或者将要从纳粹手中解放的地区，在组建新政府的过程中，美国是有必要进行参与的。我告诉他，在我看来，如果美国卷入欧洲的政治事务，我们就会不可避免地被卷入另一场欧洲战争。他与我的观点则恰恰相反。

在意大利和希腊，英国人已经主动采取了积极的干预行动，对此，国务卿斯特蒂纽斯曾经发表公开声明称："除了涉及重大军事问题的人事任命之外，我们一贯认为，意大利政府的组建纯属意大利本国的内部事务。"

国务卿的这一声明显然是与《大西洋宪章》的原则相一致的。对于希腊，我们也采取了同样的态度。在那里，已经爆发了共产党和保皇党之间的内战，英国人正派兵镇压叛乱。尽管如此，我们仍然希望，能避免卷入欧洲的政治斗争当中。

据此状况，我认为，为了美国的利益和未来安全，我们的政府有必要公开阐明立场：我们承诺并致力于开展盟国发起的、旨在阻止国际战争的联合行动。除非是为了阻止国际战争和反对侵略者的必要，我们绝不以牺牲美国军人的生命为代价，将任何政府形式强加给任何国家的人民，或者干预欧洲或亚洲的政治纷争。

早在《大西洋宪章》正式发表之际，我就认为它是这场战争期间诞生的意义最为深远的政治宣言之一。我至今依然这么认为，虽然我们面临着它的各项主张难以践行的现实。现在看来，在1944年至1945年期间，如果在解决波兰问题时能够遵循《大西洋宪章》的原则，对于波兰人来说，建立他们所希望的政府可能会更容易一些。然而，到了1944年12月31日，有诸多迹象表明，苏联政府很快就会正式承认所谓的波兰共产党政府。苏联人的这种做法，将会给英美带来麻烦，因为他们正式承认的是波兰在伦敦的流亡政府。

战争开始进入第四个年头，形势对于美国来说是十分乐观的。我们已经建立起世界上最为强大的陆海军部队，任何一个国家都难以匹敌：我们有1 200万训练有素的作战人员，其中陆军800万，海军400万，这些将士时刻做好准备或者已经奔赴海外，投入到欧洲和西太平洋与中国两大战区的战斗之中。

由艾森豪威尔将军指挥的、在法国和比利时以美军为主的作战部队，已经成功阻止了德军企图迫使盟军从其西部边境后撤的反攻行动。一支苏联军队正在从东南部向维也纳挺进。在意大利北部，英国亚历山大将军指挥的盟军部队有效牵制了大约26个师的德国兵力。

苏联沿波兰境内的维斯瓦河①集结了大批兵力，做好向柏林进击的准备。看来德国人已经是四面楚歌，不可能坚持太久了。

有人怀疑，苏联人有意延缓在波兰的军事行动，以便谋求政治上的利益。但是据我掌握的秘密情报来看，几乎可以肯定苏联很快就将在波兰发动大规模攻势。

因此，我们有理由相信，在1945年这新的一年中，德国人在军事上的有组织抵抗必将土崩瓦解。在太平洋战区，过去的一年当中，五星上

---

① 维斯瓦河-奥得河战役，1945年1月12日至2月3日苏联红军在维斯瓦河、奥得河地区发起的作战行动，是苏德战争中大规模战略性战役之一。苏军摧毁了德军维斯瓦河与奥得河之间的防御，消灭德军35个师，重创25个师，向前推进约500至600公里，解放了波兰大部分地区，为二战的胜利打下了良好基础。战役中，德军从西线抽调了13个战斗力较强的师来对付苏军，因而减轻了阿登地区英美盟军的压力。——译者

将尼米兹将军给予了日本海军和空军沉重打击，大大摧毁其作战能力，使之无力威胁到我们下一步的任何作战行动。虽然其残余力量还会不断给我们制造一些麻烦，但是面对我们向前推进的攻势，他们已经无能为力了。

麦克阿瑟将军已经成功攻占了莱特岛，并歼灭了日本 4 个师团的兵力。目前，他正准备在几周之内向吕宋岛发起攻势。

虽然日本人的最终失败已经是不可避免的，但是由于他们不顾一切的拼死顽抗，在 1945 年想要让他们无条件投降的可能性看起来并不大。

1 月 3 日，向来谨慎行事的土耳其政府一致投票通过，断绝与日本的外交关系，这是同盟国赢得全面胜利的重要标志之一。1 月 13 日，苏联在波兰维斯瓦河一线，向克拉科夫发起了大规模攻势。法国人迫切希望参与太平洋战争。为此，海军中将弗纳尔多次拜访我，再三提出请求。法国人尤其渴望在我们的帮助下，重新从日本人手中夺回他们的印度支那殖民地。他们说，如果我们能够向印度支那增派两个法国师，再加上那里现有的 5 万兵力和一些秘密抵抗组织，印度支那就能够光复。

1945 年 1 月，参谋长联席会议和联合参谋长委员会都对法国人提出的问题进行了讨论研究，并达成了一致意见，认为法国在盟军实现彻底击败日本的最终目标中所能发挥的作用有限，因此花费巨大代价将这些军队运送到太平洋战区，是得不偿失的。

为了得到我们的支持，法国政府向弗纳尔施加了不少压力，对于他的处境我深表同情，但是参谋长联席会议无法给他满意的答复。

1 月 20 日，马萨诸塞州参议员沃尔什和佐治亚州众议员卡尔·文森，他们分别担任参议院和众议院海军委员会主席，前来商讨战事进展情况，特别是有关太平洋战区。他们打算，提请国会通过一项联合决议，声明美国保有对日本委托统治岛屿的完整主权。对此我表示完全赞同。

陆军和海军一直在研究讨论成立一个独立国防部门的可能性，1 月 4 日，海军上将 J. O. 理查森与我一起，对他领导的一个委员会的研究成果进行了探讨。理查森将军经验丰富，思路很清晰，他认为，这一职位应该设为内阁部长职衔比较合适，直接由总统领导，明确职责并且有所限定，由一个法定的参谋机构协助其开展工作，陆海空三军都归属其管理。但是三军总指挥的权力仍然掌握在总统手中，当时，尚无迹象表明，对三军实施统一管理会侵犯到总统的指挥权。

此前曾担任盟军地中海战区最高指挥官的陆军元帅亨利·梅特兰·威尔逊爵士，被丘吉尔任命接替去世的约翰·迪尔爵士，担任英国驻华盛顿参谋代表团团长一职。他于 1 月 19 日从英国抵达华盛顿，我前去迎接。一个月之前，总统正式向迪尔夫人授予一枚"杰出服役勋章"，以表彰她故去丈夫所做出的卓越贡献。

在雅尔塔会议召开之前的一个月中，中国问题始终令罗斯福萦绕于心，因为在中国国内反对蒋介石国民政府的态势日益严重。赫尔利将军在重庆担任总统的私人代表，总统和我对他从重庆发回的报告进行了详细讨论。我认为，从我们的国防安全角度出发，保持与中国的友好关系对于美国来说是必要的，这一观点现在已为人所熟知。由于总统和赫尔利将军所面临的种种困局，使我对中国所出现的新的危机尤为关注。我们这个战时远东盟友面对强敌，长期在艰苦卓绝的条件下坚持英勇抗战，总统为之提供支持的决心一直不曾动摇。罗斯福想要尽一切可能帮助中国，确保战后在这个国家建立一个自由民主的政府。

总统指示赫尔利，要求他提出建议，我们的政府应该采取何种措施支持蒋介石政权，并使中国的不同政治势力实现统一。赫尔利还要随时向总统报告英国、法国和荷兰在东南亚的行动情况。以下是我与总统在 1945 年 1 月期间，有关上述问题的谈话纪要：

赫尔利说，东南亚盟军最高司令官路易斯·蒙巴顿勋爵在中国有派驻代表；在昆明，英国人还组建了另外一个叫做"东南亚联盟"的组织。但是，无论是美国大使馆或者其他的美国外交机构，还是美国的情报部门，都无法给赫尔利将军提供任何有关这些英—法—荷组织的活动情况。

赫尔利发给总统的电报还称（后来赫尔利在与我的私人谈话中也予以证实），在昆明，有大量的英国军官和平民在为英国的宣传和情报部门工作。英国人希望美国能为他们提供两个飞行中队的飞机，配以英国的机组人员，供他们在昆明的部队使用。这些飞机，以及他们的军用吉普车、卡车、轿车以及其他租借物资，估计都用在了英—法—荷的地下秘密活动上，可能与对日作战没有半点关系。

赫尔利还报告了有关英军服务团①的情况。这个组织设立之初的目的，是为了给从香港和中国其他地方逃脱的英国战俘提供帮助，之后其声称致力于营救降落在日本占领区的美国飞行员。但是陈纳德将军否认了英国人的这一说法。这支服务团据说是由英国陆军的赖德上校领导组建的。

我们搞到了赖德上校的一份报告，称美国在联合中国各方势力一致抗日方面所做的努力，被认为是"干涉中国政府内务"。英国驻华大使告诉赫尔利，美国的这一推动中国统一的政策，即便不能说是破坏了白人在亚洲的地位，至少也是有害的。对于中国正在与日本进行的这场战争，这些殖民帝国却没有一个人关心。赫尔利对英—法—荷当时政治宣传的目的总结如下：

1. 谴责美国为统一中国各方军事力量所做的努力是干涉中国内政；

---

① 英军服务团（British Army Aid Group），是一支二战时期活跃于华南地区的英军情报部队，主要工作是营救被日军关押于集中营内的盟军战俘，并收集情报。1942年初，英国军医赖德上校（Lindsay Tasman Ride）在东江纵队的协助下成功逃出日军战俘营，逃往重庆。同年7月他组建了英军服务团，总部位于桂林。日本战败后，英军服务团被并入香港防卫队。——译者

2. 保持中国分裂及各方对立的态势；

3. 利用中国和美国的兵力以及美国的租借物资，收复重建他们的殖民帝国；

4. 宣扬帝国主义而非民主主义。

赫尔利曾成功安排蒋介石和周恩来进行会谈，蒋介石在会谈中表示，愿意接受中共提出的要求，但不同意成立联合政府或者联合军事委员会。看起来中国统一的阻碍因素似乎来自几个方面：国民党中的顽固保守派；英—法—荷政治代表们的地下秘密活动；我们自己某些外交和军方官员的坚决反对。宋子文博士曾经获准与共产党达成协议，以获取他们关于避免内战和统一中国的个人保证。

赫尔利认为，在共产党拒绝继续进行会谈的时候，他实际上已经克服了所有这些困难。赫尔利指责会谈的中断，是由于魏德迈将军手下的某些人试图绕过蒋的国民政府，直接与华盛顿接触所导致的。他说，魏德迈将军不在司令部期间，这些人制定了一个方案，计划向共产党占领区派遣美国伞兵部队，由这些伞兵领导共产党的小股部队进行游击战。美国的援助物资将直接提供给共产党，并且由一名美国指挥官来统领他们的部队。如果共产党真的能够与美国军队达成这样一个协议，我们试图拯救蒋介石国民政府的努力就全都白费了。

赫尔利清楚，他得到的指令是支持国民政府，巩固蒋介石的领导地位。

赫尔利将军向罗斯福建议，在即将召开的雅尔塔会议上，我们应当与斯大林和丘吉尔达成一致，立即统一中国各方的军事力量，建立一个民主政府。赫尔利认为，如果能够达成这一协议，那么罗斯福总统在战后建立一个强大中国的期望就有可能得以实现。

与此同时，为"三巨头"会晤所做的其他准备工作也在进行之中。会议地点一度考虑过安排在敖德萨，但是据海军的一份专门报告称，这一区域在冬季的天气变化无常，甚至非常恶劣，不利于飞行。此次会议的代号"淘金者"，可能又是出自丘吉尔之手，选择各种代号是他的一大乐趣。那个时候，各种会议和计划的代号名目繁多，我们必须小心选择，确保不会因重复而导致混淆。

似乎总是想着要召集开会的丘吉尔首相，首先提出了举行克里米亚会议的倡议，但是他并不喜欢把地点定在雅尔塔。后来他对总统说："我们在这个世界上所能找到的最糟糕的会议地点，都不会比克里米亚更差劲。"罗斯福和斯大林就会议地点通过电报来回协商多次，最终选定为雅尔塔，这是斯大林为了满足两位盟友的愿望所能做出的最大让步。这位苏联领导人向来不愿远离他的作战前线。

丘吉尔首相非常希望英美的军事首脑在赴"三巨头"会议之前，能够先碰个头。1月9日，罗斯福总统同意，马歇尔、金和阿诺德与英方参谋长们于1月30日在马耳他召开一次会议。驻华盛顿的英方参谋使团提出对德国西部的作战计划重新进行研究。我们认为，他们肯定会提出让英国陆军元帅蒙哥马利负责指挥艾森豪威尔将军麾下英美联军的作战行动。英国的报纸此前已经对这一观点进行了大肆宣扬报道。

当其他几位参谋长联席会议成员乘坐飞机前往马耳他时，我仍然还留在华盛顿。就在总统团队准备出发前夕，我和罗斯福商量，希望安排海军中将埃默里·兰德与我们一同前往雅尔塔。兰德领导的海事委员会正在组织建造更多的货船，而在此次会议上，很可能会提及关于缴获的敌方商船问题。总统也同意，让兰德中将与我们一起参加会议应该有所帮助。

就在总统动身前去参加他最后一次、可能也是最具争议的一场军事—外交会议的前三天，在白宫的南走廊举行了一场安静的就职仪式，罗斯福第四次宣誓就任美国总统。1月20日，对我的孙女路易斯来说又是一个值得铭记的日子，令她感到无比兴奋的是，在这个伟大的历史时刻，在白宫南走廊参加总统就职仪式的为数不多的人当中，她也是其中的一员。

此时，罗斯福的健康状况已时常成为公众讨论的话题之一，也是我们所有人都极为关注的问题。我每天都与他见面，并没有觉察到他的健康有任何恶化的倾向。即便是在我们为克里米亚会议做最后准备的阶段，我也没有发现总统的身体状况有任何严重问题。

第十八章　雅尔塔会议

1945 年 2 月 11 日，星期天，雅尔塔的里瓦几亚宫①里，正在举行着"三巨头"此次会议中的最后一场午宴，宴会所用的房间以前曾经是沙皇的台球室。罗斯福有些急于脱身，因为有重要事务需要他在当天就离开雅尔塔。在旁边已经改作办公室使用的卧室和起居室里，下属们正忙得不可开交，准备着雅尔塔协议的最终文本。

正式文件和公报草拟完成之后，立即被送到宴会桌上，"三巨头"推开摆在桌上的餐盘，分别签署了文件。雅尔塔会议就此宣告结束。美国代表团，包括罗斯福和他的大部分随行人员，虽然疲惫不堪，但都情绪高涨。他们认为，在过去的八天时间里，在这座位于黑海之滨的前沙皇行宫中，几乎连续不间断召开的一系列会议，总算为这个世界奠定了和平的基础。

然而，我个人的感觉却并没有他们那么乐观。我感到忧虑的原因，在本章后续会有所阐述。这次会议，是九次盟国战时会议中争论最为激烈的一次，要了解整个会议的进展过程，还是让我们回到十九天之前，1945 年 1 月 23 日上午的 8 点 30 分开始说起吧。那时，随着总统一声令下，"昆西号"战舰从弗吉尼亚的纽波特纽斯徐徐起航，拉开了雅尔塔之旅的序幕。

"昆西号"和 1944 年我陪同总统出访檀香山和阿留申群岛时所乘坐的"巴尔的摩号"是姐妹舰，由 E. M. 沃森舰长负责指挥。像往常一样，总统住在舰长室，他的女儿安娜·伯蒂格夫人住在将官舱，她在此次行程中为父亲提供了重要帮助。我和詹姆斯·F. 伯恩斯先生合住一个双人间。总统团队的核心成员还有：民主党全国委员会的爱德华·J. 弗林；总统海军助理威尔逊·布朗海军中将；总统私人医生海军上将罗斯·麦金泰尔；总统军事助理埃德温·M. 沃森少将；新闻秘书史蒂芬·T. 厄尔利以及助理医师海军中校 H. G. 布鲁恩。

我们从切萨皮克湾出发，航向 131 度，航速 22.5 节，由三艘驱逐舰以及从汉普顿码头起飞的战机进行护航。海上刮着强劲的西北风，但是海面上还算平静。在我们驶经百慕大群岛时，轻型巡洋舰"斯普林菲尔德号"也加入了护航的行列。1 月 27 日，我们调整航向为 90 度，驶向直布罗陀海峡，海面上风平浪静，一派温和的亚热带气候。第二天，1 月 28 日，从亚速尔群岛起飞的战机为我们提供护航。在前往直布罗陀海峡的 4 000 英里行程中，"昆西号"全程保持灯火管制，并按预订计划做"Z"字航行，以防遭到敌军潜艇攻击。

在穿越海峡期间，有一两次必须向华盛顿发送无线电消息。出于安全考虑，准备好的信息被交给其中一艘护航舰，随后这艘护航舰便脱离编队，在一个确保不会暴露总统"特混舰队"行踪的位置将信息发出。

2 月 1 日，我们在地中海向东行驶，除了驱逐舰之外，还有飞机和小型软飞艇在空中进行护航。海面上波澜不惊，平滑如镜，距离我们大约 10 到 20 英里外的非洲海岸清晰可见。2 月 2 日，我们驶入马耳他拥挤的瓦莱塔港口靠岸停泊。

在大西洋上航行的十天里，总统每天都召集开会，商量讨论将要在

---

① 里瓦几亚宫(Livadia Palace)，位于雅尔塔西南 3 公里处的黑海岸边，"里瓦几亚"希腊语意为"草地"。1862 年至 1866 年建成沙皇庄园，1894 年作为最后一个沙皇尼古拉二世的夏宫。1910 年 4 月至 1911 年 9 月重新修缮。雅尔塔会议期间，罗斯福在此下榻。——译者

克里米亚会议上遇到的问题。罗斯福希望此次会议能够达成两个主要目标，一是制订完成在欧洲战场彻底击败德国人的计划，二是为寻求世界持久和平所做的努力，能够得到苏联人的合作。总统心中将后一个目标实现的希望寄托在联合国组织的成立上。

德黑兰会议的经验已经足以警示我们，波兰问题可能会成为分歧最大的议题之一。罗斯福的期望是，一旦战争胜利，就应当允许波兰人民在不受外来干扰的情况下，按照自己的意愿选择自己的政府体制。当我们开会讨论的时候，他不厌其烦地说起我们同波兰的友谊，以及在美国居住着大量波兰人的情况。

我们知道，战争赔款也是必须要考虑的问题。罗斯福曾经说过，除去德国已经在美国的少量财产之外，美国不打算向德国索取任何赔偿。我们还商讨设立一个委员会，致力于寻找合适的方法，既能使那些遭到希特勒劫掠的国家得到应有的赔偿，同时避免再陷入一战后的怪圈，出现战争赔偿实际上变成美国负担的情况①。

当我们还在途中的时候，参谋长联席会议的其他成员已经先期抵达马耳他，与英方参谋长们召开会议。此次马耳他会议，总统在军事方面是信心十足的。在德黑兰会议上，斯大林咄咄逼人，要求美英兑现开辟第二战场的诺言，我们当时多少是有些被动的。到了1945年2月，已经有超过100万人的美国军队在西线战场与德国人作战。法国大部获得解

---

① 道威斯计划(Dawes Plan)，一战期间直到战后初年，美国给协约国集团盟国提供了一大笔贷款和预付款，还供应了谷物、棉花等各种物资，欧洲由此欠下美国战债。英法意比等战胜国力图将这笔战债与德国赔款问题结合起来解决，即让德交出赔款前提下再偿还战债。美虽然始终拒绝战债与赔款挂钩，但也明白如果德国赔款问题得不到真正解决，战债也无法顺利偿还。协约国赔款委员会于1923年11月增设两个专门委员会，以美国银行家 C. G. 道威斯为主席，研究德国赔款问题，次年4月提出道威斯计划并于9月1日生效，企图用恢复德国经济的办法来保证德国偿付赔款。1924年至1930年，德国从美英获得贷款200多亿金马克(其中美国占70%)，支付的赔款仅为110亿金马克。1929年，德国重新成为欧洲首屈一指的经济大国，改变了欧洲的力量对比。——译者

放，德国人的一次大规模反攻也被成功瓦解。

苏联人也兑现了他们的承诺，发动了期盼已久的冬季攻势，并迅速向前推进。意大利战场虽然相对平静，但是有大量的德军兵力被牵制在那里。因此，罗斯福对彻底击败德国、赢得最终胜利信心满满。他打算让斯大林瞧瞧，我们已经多么出色地兑现了自己的诺言。

至于远东和太平洋战场，攻打菲律宾的作战行动已经打响。历经坎坷数次拖延的缅甸战役，最终也得以全面展开。我坚信，我们的对日战争进展到当前这个阶段，日本的败局已定，剩下的只是时间和代价问题。因此，在太平洋战场夺取全面胜利，我们并不需要斯大林的帮助。但是陆军并不同意我的观点，罗斯福也准备与斯大林讨价还价，以便达成苏联人在对日作战上提供军事协助，以及对成立联合国给予政治支持的双重目标。

1月29日，总统在船上接到一封长长的电报，参议院为了任命亨利·华莱士担任商业部长一事闹得不可开交，请求得到总统的帮助。这封电报是由塞缪尔·罗森曼大法官代表华莱士的支持者签署的，其中也包括罗斯福夫人和财政部长亨利·摩根索，他们敦促总统尽快发布一项行政命令，将联邦贷款处的职能从商业部剥离出去。华莱士一派认为，此举将有助于这位前副总统担任内阁职务。我感到颇为费解的是，华莱士先生，曾经担任了四年副总统以及参议院主席，却得不到自己党内的大多数投票支持。

在我看来，罗斯福提名华莱士是一个错误，特别是在当时，为了实现世界和平的福祉，总统与国会保持密切良好的关系是极为必要的。但是，既然做出了这一提名，我认为他就应当遵循宪法程序，并接受参议院做出的决定。

两天之后，罗斯福夫人又发了一封电报，催促总统发表一份声明支持对华莱士的任命。在当时，罗斯福夫人和华莱士所秉持的理想主义理念并无太大差别，以我看来，都是同样的不切实际。

眼下，总统面对着诸多棘手而又至关重要的问题，他所肩负的重任不允许他与国会发生激烈的冲突，更不能因某个人的问题而分散精力。不过，罗斯福对于这些事总是能够从容应对，就我所见，他并没有受到这件事的干扰。

一直以来，总统都很享受徜徉在海上的感觉，在这次旅程中，他度过了自己六十三岁的生日。1月30日，我们在他的舱室中举行了一个气氛欢快的小型聚会，为他庆祝生日。桌上摆放的生日蛋糕有五个之多。总统和女儿安娜都饶有兴致地观看了各种信件是怎样从"昆西号"传送给其中一艘护航舰的。这些信件被装进一个罐子里，从"昆西号"的船尾投入水中，飘向护航的驱逐舰，然后再被打捞起来。这是一种古老的信件传递方式，哥伦布时代可能就已经在使用这种方法了。

1月28日，总统度过了一个愉快的星期天，"昆西号"的船员们在船尾举行了一场体育比赛。这一天的凌晨三点，我们越过了35度子午线，从地理概念来说，我们已经进入了欧洲—非洲战场。

2月2日，我们抵达马耳他。在完成礼节性的拜访之后，丘吉尔首相在将近中午时分登上我们的战舰，并留下来吃午饭，与他同行的还有他的女儿萨拉和外交大臣艾登。共进午餐的还有国务卿爱德华·R. 斯特蒂纽斯，伯恩斯先生，总统的女儿和我。像往常一样，席间基本上都是首相一个人在侃侃而谈，他谈到了英国在战时遇到的种种困难，《大西洋宪章》的崇高目标，以及他始终忠于美国《独立宣言》所弘扬的精神等。

总统还和参谋长联席会议成员开了一次会，他们汇报了与我们的英国盟友在此前开会时激烈争论的情况。毫无疑问，在他们总司令的坚持之下，英国人始终不肯放弃在西线战场发起一场地中海战役的执念。关于这一问题，我们和英国盟友的分歧持续已久。美方参谋长们对于此类分散兵力的做法表示坚决反对，总统也完全支持参谋长联席会议的意见。在雅尔塔的首次全体会议上，丘吉尔对此问题做了最后一次徒劳无功的申辩。苏联人的意见是，发起这样的战役除了分散兵力之外，对战局毫无益处。

下午5点半，首相与英方参谋长们再次前来，与我们进行了两个小时的会谈。我们详细回顾了去年9月份第二次魁北克会议上，英美双方商定的作战计划，因为我们打算在雅尔塔会议上，将这些方案告知苏联军方参谋人员。会议结束之后，丘吉尔告诉罗斯福，他想要任命陆军元帅亚历山大接替空军元帅特德，担任艾森豪威尔的副手。

随后，丘吉尔、他的女儿萨拉和艾登留下来用晚餐。首相说，我们在意大利的行动已经不再像之前那么重要了，南斯拉夫的铁托将军也不再需要盟国的帮助了。对于首相的建议，罗斯福没有表示强烈反对，并同意在六周之内完成他所提议的人事变动。

在马耳他会议期间，罗斯福提到了巴勒斯坦问题，并阐述了希望这一地区的阿拉伯人和犹太人之间能够达成和谈的设想。当时，大英帝国与中东地区的利害相关程度远远超出了美国。对这一地区冲突始终不断的复杂局势，丘吉尔首相比总统更为了解，因此他对罗斯福的目标能否实现表示有些怀疑。

要将多达700多人的庞大代表团空运到雅尔塔，无疑是一场大规模的运输行动。2月2日至3日的晚上，马耳他机场每隔十分钟就有一架飞机起飞。由于我们起飞的时间安排在凌晨3点半，我不得不打破正常作息规律，在凌晨时分起床。这次飞行首次使用了后来被报纸称为"圣牛号"的新型四引擎运输机。为了方便总统上下飞机，机上还专门配备了电梯。不过罗斯福认为这些改装并没什么必要。

虽然总统长期饱受瘫痪折磨，但令人钦佩的是，他很少会让人感到他需要帮助。他对飞机上改良装置的态度就是一个例子。他认为，以前他就已经能够成功地上下飞机，虽然有了这些特别装置会更加方便，但没有理由为了他个人的舒适，而增加这么多麻烦和花费。

不可否认，乘坐"圣牛号"飞行的感觉，与我以往的旅行体验相比更为舒适享受。但是，我还是宁愿乘坐轮船或者火车，如果时间允许的话甚至是步行！

一路上大部分时间我都在睡觉，直到起来写这些日记的时候，才知道途中曾经出现过险情。当时我只知道我们正在飞越某些崇山峻岭，因为我看到了下面起伏的山峦，但是我不曾料想，途中总统居然被告知机翼结冰，特勤人员一度考虑为他穿上"梅·韦斯特"救生衣。六艘护航战斗机中的一架迫不得已返航。海军在沿途的几个地点也安排了海上搜救船。

晚上，我们将手表向前调整了两个小时，在克里米亚时间午夜12点15分，降落在萨基的一座苏联机场。苏联外交人民委员莫洛托夫、驻美大使安德烈·葛罗米柯以及一众陆海军将领前来机场迎接。总统坐在一辆美国吉普车里，检阅了苏联仪仗队。走在检阅队伍最前列的苏联乐队令我记忆深刻。他们一边演奏着激昂的乐曲，一边举着各种奇怪的标语横幅，我也看不懂是什么意思。

下午3点，我们乘坐汽车，沿着蜿蜒的山路行驶90英里前往雅尔塔，这些汽车由苏联政府提供，司机也都是苏联人。整个路途中岗哨林立，重兵把守，总统和我都注意到在这些哨兵中，有许多身着制服的年轻姑娘。罗斯福像平常一样，对周围的地形地貌兴致浓厚，因为这是他此前从未来过的地方。这片地区看上去并没有遭受太多战争的摧残，我们沿途看到的人也大多看不出忍饥挨饿的迹象。晚上6点，我们的车队来到了宏伟的里瓦几亚宫门前，这座拥有50个房间的沙皇行宫将成为我们的临时总部，雅尔塔会议的8场全体会议都将在这里举行。

这座带有开阔庄园的宏伟建筑，是由末代沙皇尼古拉二世于一战之前修建的。在被布尔什维克处死之前，沙皇及家人经常来这里度假。如今，苏联政府将它用作农民疗养院以及博物馆。

里瓦几亚宫位于距离雅尔塔大约 5 英里的一处僻静之地。英国人被安排在距离我们大约 12 英里远的沃龙佐夫宫①和另外三栋建筑里。苏联人则住在我们中间的科列伊兹宫②。

在里瓦几亚宫被选定作为美国代表团总部使用以后，苏联人在短短三个星期之内，就对它进行了彻底翻修，工作成效着实令人惊叹。德国人不只是将里瓦几亚宫洗劫一空，还给它及周边的附属建筑留下了难以修复的破坏。不仅宫内的陈设品荡然无存，地面也破损不堪。但我们在 2 月 3 日晚上走进这座宫殿时，没有人能够想象出苏联人为了这次会议，在不到一个月的时间里完成了多么艰巨的工作。他们从莫斯科和其他城市调来了服务人员，为我们住宿的房间配备了齐全的家具。这些建筑原本并不是做宾馆使用，但苏联人尽了最大努力，来满足我们这个庞大代表团的需求。

罗斯福的房间被安排在一楼，我住在他隔壁的房间。用来举行全体会议的大型宴会厅也在这一层。二楼的房间已经改建成卧室和办公室，供代表团的其他高层成员使用。比如，马歇尔将军的房间曾经是沙皇精

---

① 沃龙佐夫宫（Vorontsov Palace），位于克里米亚南部海滨的阿卢普卡，又称阿卢普卡宫。建于 1828 年至 1848 年，是沙皇时期新罗斯西科边疆区执行长官、俄罗斯政治军事家沃龙佐夫伯爵的官邸。宫殿富丽堂皇，由英国女王的宫廷设计师爱德华·布洛尔设计。后由沙皇亚历山大三世买下作为行宫。沃龙佐夫宫的收藏品约有 2 万余件，其中包括中国展品、俄罗斯和西欧 16 世纪至 19 世纪的名画等。雅尔塔会议期间，英国首相丘吉尔在此下榻。——译者

② 科列伊兹宫（Koreiz Palace），又称尤苏波夫宫（Yusupov Palace），位于雅尔塔西南，莫伊卡运河旁，曾经是俄国巨富门阀尤苏波夫家族的住所，科列伊兹为所在的居民区地名。这座宫殿是联邦历史文化建筑文物，是 18 世纪至 20 世纪独一无二的均匀布局的宫殿，内部房间装饰奢华。1916 年 12 月 17 日，费利克斯·尤苏波夫亲王在此设宴谋杀了当时沙皇尼古拉二世宠信的僧人拉斯普金。"十月革命"后，宫殿收归国有，是斯大林最喜欢的度假地之一。——译者

美考究的卧室。令人好笑的是金上将，他住的是前沙皇皇后的闺房，为此我们没少取笑他。住在楼上房间的哈里·霍普金斯，在雅尔塔期间一直身体抱恙。所有的宴会他都没能出席，遵照医嘱，除了参加全体会议之外，大部分时间他都在卧床休息。

雅尔塔的会议分为三个板块。早晨通常是英美参谋长们分别与各自的政府首脑举行军事会议。然后便是联合参谋长会议，有几次则是美英苏三方参谋长会议。外长会议通常在中午前召开。下午，一般在4点钟，"三巨头"及他们的顾问们，会出席当天的全体会议。

总统要求我参加所有的政治会议。当我们还在途中的时候，有一天他坦率地对我说："比尔，我希望你能参加所有的政治会议，在我完全信任的人当中，要有人能够记住我们所做的这一切。"

在"三巨头"的会晤中，我只是用铅笔对某些特殊问题进行过记录。由于每天要参加数场会议，我的笔记往往只能草草写就，本章的内容便是基于这些匆忙之中所做的记录。詹姆斯·F. 伯恩斯的速记能力高超，他对自己参加的会议所做的记录精准无误，在他此后出版的回忆录《直言不讳》中使用的便是当时所做的笔记。当罗斯福提出让我参加全部政治会议的要求时，我是颇有些诧异的，因为他自己就拥有几乎如同照相机般的记忆力。在他突然离世之后，我才幡然醒悟，或许在雅尔塔时他就已经有了预感，当战争结束之后，他可能没有机会再参与战后的会谈，回忆那些细节问题了。虽然总统毫无保留地信任哈里·霍普金斯，但是当时霍普金斯自己也是重病缠身，生死难料。

富兰克林·罗斯福的记忆力真是令我钦佩不已。在我们的日常会议中，他有一个习惯(我常常好奇他是否有意而为之)，会突然提起某件我们已经很久没有讨论过，甚至可能是一年多以前的事情。他会询问我的意见。有时候我的脑筋没他转得那么快，不过我总是会给他一个答复。结果，不止一次他眼含戏谑地看着我说："比尔，一年前你可不是这么对我说的。"我自然为之一惊，但是我通常会说："好吧，总统先生，如果我一年前所说的不一样——那肯定是错的，因为我现在在对你说的才是正确的。"几次之后，这件事似乎成了我们私人之间的一个小玩笑了。

下面是雅尔塔会议的日常记录，自 2 月 4 日的星期天开始，至 2 月 11 日的星期天结束。

2 月 4 日　星期天

2 月 4 日，星期天早晨，美军参谋长们举行了在雅尔塔的首次会议。随后我们与总统、国务卿斯特蒂纽斯和我们的驻苏联大使埃夫里尔·哈里曼一起，就会议的议事日程进行了商讨。

国务卿首先概述了在此次会议中，希望由"三巨头"共同会商的政治问题。然后他的两位助理，H. F. 马修斯和查尔斯·E. 波伦，对其中几个比较敏感的问题做了详细阐述。第一个问题是有关联合国组织的投票程序问题。苏联人在 1944 年华盛敦巴顿橡树庄园会议上提出的观点，似乎已经使斯特蒂纽斯相信，如果我们想要苏联人在政治上支持联合国组织的话，我们就不得不接受他们的主张，对某一侵略国家施加制裁的决议必须得到大国的一致同意。

国务院还希望将法国纳入"大国"成员之中。我认为，如果连法国这个战败国也列入"大国"的行列，那么这个"大"字真是被扯得太大了。

另一个难题就是新的波兰边界问题。斯特蒂纽斯不赞成将德国东部的领土划归波兰，因为在德国和波兰之间划分新的边界，将会造成 900 万德国居民必须撤离。

斯大林元帅在外交人民委员莫洛托夫的陪同下，于下午 4 点来到里瓦几亚宫，并和总统进行了私下会谈。除了波伦充当翻译之外，美方没有其他人员参加此次会谈。一个小时之后，三国首脑进行了首次全体会议，一直持续到晚上 7 点结束。

陪同总统参加首次会议的有斯特蒂纽斯和我，以及他的几位顾问，其中就有时任国务院特别政治事务办公室副主任的阿尔杰·希斯①。与斯大林一起参加会议的有莫洛托夫；担任翻译的副外交人民委员伊万·M. 迈斯基；苏联驻美大使安德烈·葛罗米柯以及苏军参谋长。丘吉尔则由外交大臣安东尼·艾登、英国驻苏联大使阿奇博尔德·克拉克·卡尔爵士、英军参谋长们以及其他几位外交顾问陪同参加会议。"三巨头"及其主要助手围坐在一张巨大圆桌旁，各自的下属人员分坐两侧。里瓦几亚宫外围，苏维埃安全警察戒备森严，筑起一道铜墙铁壁，严防外人闯入。

斯大林元帅提议由罗斯福总统主持会议。会议伊始，气氛轻松，大家畅所欲言，对当前东、西两条对德战线的军事形势进行了讨论，随后又大致估计了未来几个月对德战争的前景。

1 月中旬，苏联军队进攻德国的行动已经展开。此时已经重新调整过部署的苏联军队，在广阔战线上的兵力优势达到了二比一。这使得他们能够以平均每天 25 英里的速度向前推进。

斯大林把苏军的骄人战绩归功于压倒性的炮兵优势。他声称，自此次攻势开始以来，德军已有 30 万人阵亡，10 万人被俘。他希望我们能够加速展开在西线的攻势，目的是阻挡德军可能从其他地方抽调 35 个师的兵力投入到苏联战场。

---

① 阿尔杰·希斯(Alger Hiss, 1904—1996)，著名的"希斯间谍案"当事人。1948 年被指控为苏联间谍，1950 年因伪证罪被判处五年有期徒刑，实际服刑三年八个月后被释放。"希斯间谍案"是在冷战初期美国国内麦卡锡主义盛行的背景下发生的，一直备受争议。希斯于 1957 年、1988 年先后出版回忆录《在舆论的法庭里》(In the Court of Public Opinion)、《一生的回忆》(Recollections of a Life)，至死始终坚称自己是清白的。——译者

斯大林还详细讲述了苏联火炮的使用情况。他说，这种密集火炮的威力是如此之大，以至于有时候他们抓到的德国俘虏，已经被震得晕头转向，不知所措。斯大林还强调，苏联军队有实力继续保持火炮战术上的优势，并且认为我们最好也能采用同样的战术。

在苏联红军副总参谋长安东诺夫①对广阔的苏联前线形势进行了分析之后，在丘吉尔首相的建议下，马歇尔将军对盟军在西线战场的形势、计划以及前景进行了详细清晰的介绍。安德鲁·坎宁安爵士回顾了到目前为止，我们在对德潜艇战中取得的成功，同时也提醒德国刚刚投入使用的一种新型潜艇，可能会带来更大的威胁。这就是著名的"通气管"式潜艇。由于它能够使用通气管进行"呼吸"，因此可以长时间停留在水下。

首次全体会议在结束时决定，第二天中午在苏联代表团住处举行一次美苏英三国联合参谋长会议。三国首脑的政治会谈将在下午4点继续进行。

晚上，罗斯福设宴招待斯大林、丘吉尔和其他与会官员，我因为忙于准备第二天的三方军事会议而未能参加晚宴。

2月5日 星期一

遵循在华盛顿时的工作惯例，早上10点，我们召开了自己的参谋长

---

① 阿列克谢·因诺肯季耶维奇·安东诺夫（Aleksei Innokentevich Antonov, 1896—1962），苏联陆军大将。1931年3月任第46步兵师参谋长。1934年10月任白俄罗斯莫吉廖夫卫戍区参谋长。1935年任乌克兰哈尔科夫军区作战科长。1937年6月任莫斯科军区参谋长。1938年12月任伏龙芝军事学院高级教官，1940年提任战术教研室副主任。1941年3月任基辅特别军区副参谋长；6月苏德战争爆发后任西南方面军参谋长；8月任南方面军参谋长。1942年7月任北高加索方面军参谋长；9月任黑海集团军群参谋长；11月任外高加索方面军参谋长；12月提任总参谋部第一副参谋长兼作战部长。1945年2月任苏军总参谋长，最高统帅部成员。战后曾任外高加索军区第一副司令、司令，华沙条约缔约国军队第一副司令、参谋长。——译者

会议。克里米亚安装了高级的通讯设施，使得我们能够像在五角大楼一样，与各战区指挥官保持便捷的通讯联络。2月5日的早晨，是个特别的时刻，我们接到了道格拉斯·麦克阿瑟将军发来的振奋人心的消息，他的部队已经进入了菲律宾首都马尼拉。麦克阿瑟的电报中还说，他们解救了大约4 000名被日本人关押在菲律宾的美国人。后来我听说，当时正在召开会议的外长们得知此消息之后，无不额手相庆，在他们举行的午宴上，大家都频频举杯，互致祝词。

我们的首次三方参谋长会议于中午12点30分，在苏联代表下榻的尤苏波夫宫召开。在安东诺夫将军的提议下，英国陆军元帅艾伦·布鲁克爵士主持此次会议。会议在十分友好的气氛中进行，我们各自战区的军事形势在星期天的全体会议上已经进行了大致介绍，此次会议展开了更为详细的讨论。苏联人态度友好，似乎非常乐于与我们合作。我们在西线战场的表现，显然令我们的苏联盟友十分满意。他们希望，如果我们能继续保持现有的推进速度，战争的进程将会大大缩短。

虽然从未提及，但我们知道苏联人始终担心，德国人会单独与英美讲和(苏联人的疑虑根深蒂固，在雅尔塔会议之后不久他们便公开了，本书后续内容中将会提及)。苏联海军人民委员库兹涅佐夫①上将给我留

① 尼古拉·格拉西莫维奇·库兹涅佐夫(Nikolay Gerasimovich Kuznetsov, 1904—1974)，苏联海军元帅。1926年毕业于伏龙芝海军学校。西班牙内战期间，1936年8月任苏联驻西班牙共和国大使馆海军武官兼西班牙海军总顾问，协同西班牙海军护运来自苏联的武器装备和志愿人员。1937年8月任太平洋舰队第一副司令；1938年1月任太平洋舰队司令。1939年2月任海军第一副人民委员，3月任海军人民委员兼海军总司令。二战爆发前期，作为苏联海军代表参加了和英法两国的谈判。1945年2月参加雅尔塔会议，同月成为最高统帅部成员。1947年因"二战中和美英交换情报时让苏联受了损失"的罪名被降为少将，调到太平洋舰队。1950年又被任命为太平洋舰队司令，1951年7月再度出任海军部长。1953年任国防部第一副部长兼海军总司令。1955年3月晋升海军元帅；10月，"新俄罗斯克号"战列舰在塞瓦斯托波尔港爆炸沉没；12月，库兹涅佐夫被解除国防部第一副部长兼海军总司令职务。1956年2月降为海军中将退役。——译者

下了深刻印象。他身材魁梧，穿着剪裁考究的将军服，能够用法语与我们进行交流。我发现他消息灵通，见闻博广，尽管我对他是否是一位优秀的海军指挥官有些怀疑。苏联人一向不擅长航海。

下午4点，第二次全体会议在里瓦几亚宫宴会厅召开，"三巨头"迅速进入正题。斯大林提出了"肢解"德国的问题。（在一年前的德黑兰会议上，罗斯福就提出了将德国分割成五个独立部分的计划，但是当时并未达成决议。）丘吉尔首相对此表示原则上同意，并建议按以下原则进行分割：

1. 北德，包括普鲁士

2. 南德，包括奥地利

3. 将鲁尔和萨尔分离

丘吉尔还认为在这一问题上，应该听听法国的意见。

会议原则上同意"肢解"德国作为投降条件之一，并责成外长们制订计划，对此问题进行深入研究。

首相和总统都支持在德国投降之后，划拨一片法国占领区，但是斯大林元帅对此坚决反对。他认为，在占领德国期间，可以允许法国提供协助，但不允许他们加入设立在柏林的管制委员会，这样对英国来说可能更好一些。

罗斯福声明，美国占领军在德国驻留的时间预计不会超过两年。丘吉尔趁机提出，既然美国不能长期占领德国，那就更应该给法国划拨一块地盘，并且"现在或者以后"都必须要做好允许法国加入管制委员会的打算。

斯大林，一向对法国的评价不高，认为他们不应当享有占领德国的权利。不过他说，在苏联占领区不受影响的前提下，对于丘吉尔的提议他也不反对。1944年9月12日，欧洲咨询委员会在伦敦召开的会议上已经就占领区的划分达成了一致意见。当时决定从英美占领区划出一片区域给法国，至于法国是否加入管制委员会的问题，则留待以后再做决定。这一次，罗斯福和斯大林都表示不赞成将法国纳入管制委员会之中。

斯大林还曾提出有关以物资和劳动力进行赔偿的问题，不过他表示，不准备再讨论劳动力赔偿的问题。当然，后者指的是强迫劳工一事。斯大林让副外交人民委员迈斯基详细阐述了苏联在赔偿问题上的观点，主要内容如下：

> 物资赔偿应当包括各种工厂、通讯设备、海外投资，等等，并且应当在十年之内付清所有赔偿。苏联提出的物资赔偿总价值为100亿美元，在十年中陆续偿付。
>
> 德国的重工业应当被削减，在投降之后的两年内拆除80%的重工业设施。
>
> 盟国应当对德国工业实行管制，所有能够用于生产战争物资的德国工厂都应当长期处于国际管制之下。

丘吉尔不同意苏联提出的100亿赔偿金额，他和罗斯福一致认为应该设立一个赔偿委员会，专门研究这一问题。罗斯福明确表示，美国不会再犯一战以后的经济错误。他还说，美国不打算索取任何人力或是工厂、设备作为赔偿，除了可能没收德国在美国的资产，这些资产当时估价不超过2亿美元。战争赔偿是一个极为复杂的问题，要想达成各方都能够接受的赔偿方案，设立一个专门的委员会似乎是唯一可行的办法。

有关赔偿的问题暂时告一段落，2月5日的第二次全体会议也就此结束。

2月6日　星期二

早晨10点，召开了英美联合参谋长会议。第二次三方参谋长会议则于中午召开。与上一场会议一样，这次会议也保持了同样的友好基调。

我们花了很多时间，向苏联参谋长们介绍联合参谋长委员会制定的对日作战方案。大多数情况下，苏联人只是认真听取介绍，不发表任何评论。

同盟国中的一些小国，纷纷向英美要求得到援助，并且提出将他们的资源用于对德国和日本的作战之中。但是在此次会议中，苏联人显然对于这些小国的作用丝毫不感兴趣。他们心中只有一个目标，那就是直捣柏林，击败德国。在这一问题上，我们发现他们掌握了大量情报信息。

苏联参谋长们证实了斯大林作为总司令，的确是每天都在调兵遣将，发号施令。同时他也是苏联的总参谋长和战区总指挥。因此，每次筹备召开"三巨头"会议，斯大林总是强调他不能远离前线的理由，看来并非虚言。

在 2 月 6 日的第三次全体会议上，第一项议程是批准三国外长拟定的，将"肢解"德国作为投降条件之一的报告。不过，报告中并未涉及有关的细节问题。

然后，罗斯福提出了他最为重视的议题，建立维护世界和平的联合国组织。《联合国宪章》已经草拟完毕，目前最大的阻碍在于拟成立的安理会如何使用否决权的问题。罗斯福要求国务卿斯特蒂纽斯就他所提出的安理会表决程序方案进行了详细介绍。

这一方案在 12 月初就已制定完成，并分别送交给丘吉尔和斯大林审阅。但是斯大林对方案的细节内容显然并不熟悉，这令总统和他那些决心在雅尔塔将联合国理念变为现实的顾问们深感失望。对于国务卿花费了相当心血完成的杰作，他自己和罗斯福当然都是了如指掌。这份方案的主要内容如下：

1. 安全理事会每一理事国应有一个投票权。

2. 安全理事会关于程序事项的决议，应以七个理事国的可决票进行表决。

3. 安全理事会对于其他一切事项的决议，应以七个理事国的可决票包括全体常任理事国的赞同票进行表决；但有一项重要例外，如果某一理事国为争端当事国，则不得参与投票表决。

需要获得全体常任理事国一致赞成票方能通过表决的事项（换言之，即可以行使否决权的事项）为：

1. 所有关于理事国资格的问题。

2. 消除战争威胁和制止破坏和平的行为。

3. 同意提供武装部队和设施，以及同意调整任何有关军备管制的系统规则。

4. 判断某一地区性组织的性质和行为是否与联合国宗旨相一致。

下列有关和平解决争端的决议也需要七个理事国的可决票，包括所有常任理事国的赞同票进行表决（此处如前所述，如某一理事国为争端当事国，则不得参与投票表决）：

1. 判断争端的性质是否会对和平造成威胁。

2. 安理会是否应当召集争端各方磋商解决的方法和程序。

3. 涉及法律方面的问题提交至国际法院，寻求司法建议。

4. 如果存在某一地区性组织，是否应当要求其介入解决争端。

丘吉尔，尽管起初对创建联合国的想法并不感兴趣，但他显然是为了以示郑重，而发表了一通长篇大论，表示支持总统的意见。斯大林认为，联合国组织最大的威胁来自三个大国之间的分歧，他希望能够确保三大国在未来始终保持统一战线。

显而易见，斯大林认为，美国、英国和苏联，如果他们愿意的话，就能够使世界实现和平，并充当世界警察的角色强制执行。斯大林说，他希望能够确保维持五十年的世界和平，并希望建立起一股足够强大的力量，来维持未来一代人的和平，到那时他们可能已经忘记了现在的这场战争悲剧。

但是，这位苏联首脑在那时并没有打算接受罗斯福的建议。我个人感觉，他是肯定不会支持组建联合国的。我知道，罗斯福建立一个联合国组织的决心有多大，并且他在此次克里米亚会议的主要目标之一就是确保获得苏联的支持，但现在看来，达成一致意见几乎没有什么希望。

接下来，会议正式讨论令人头疼的波兰问题。总统就波兰建立一个包括所有政党在内的代议制政府的必要性做了精彩的论述。他表示原则上同意以"寇松线"作为波兰的东部边界，但是希望苏联在某些问题上能够向波兰做些让步，比如利沃夫。罗斯福说，未来的世界和平需要在波兰建立他所提倡的这种政府形式。他明确表示，他所关心的主要问题在于建立一个满意的波兰政府，而并非是划定边界线。

丘吉尔也赞同"寇松线"作为边界，但是，他表示欢迎"强大的苏维埃政府"对罗斯福总统提出的建设性意见表个态。

斯大林被激怒了。他滔滔不绝地发表了一通长篇大论，我此前从未听他做过如此长的发言。他认为，他没有建立任何形式的波兰政府的权利；而且"寇松线"在一战之后，就已经由克列孟梭先生和寇松爵士提出，并非是苏联人的设想；波兰理应是自由、独立和强大的，同时对于苏联来说，这个波兰政府还必须是能够确保安全的。斯大林对与英国和美国都保持外交关系的波兰伦敦流亡政府表示蔑视，他指责波兰流亡政府不断干扰红军在波兰的作战行动。

这才是我们曾经在德黑兰会议上领教过的那个咄咄逼人的斯大林，当时他向我们施加压力，要求尽快兑现开辟第二战场承诺的时候就是这样。波兰政府问题在雅尔塔会议上，将会花费比其他任何一个议题都要多的时间来讨论。2月6日的全体会议结束之时，对这一问题还没有任何能够达成一致意见的迹象。

2月7日　星期三

第四次全体会议伊始，首先对莫洛托夫提交的外长报告做出了最终决议，其大意为盟国政府的相关人员将接到指令，在德国的投降条件中加入"肢解"的表述。

丘吉尔老调重弹，又提出了让法国加入柏林管制委员会的问题，他在慷慨激昂的长篇发言中，竭力主张要立即解决这一问题。之前有关划分给法国一片德国占领区的问题已经形成了一致意见，但是在这次会议上，是否允许它加入管制委员会的问题仍然没能达成一致。

赔偿问题获得了一些进展，会议同意由三大盟国在莫斯科设立一个赔偿委员会。但是细节问题仍有待商榷。

斯大林说，罗斯福向他提供了一个解决波兰政府问题的方案（我没看到过）。随后莫洛托夫代表苏联提出了以下建议：

1. 东部边境应当以"寇松线"为界，并做一些有利于波兰的微小调整。
2. 西部边境应以尼斯河为界。
3. 只有同时得到三大盟国承认的波兰政府才是合法有效的。
4. 应当在现有波兰临时政府的基础上组建新政府。
5. 外长会议应当研究制定扩大现政府的方案，并提交大会讨论。

莫洛托夫说，波兰领导人来不及在会议召开之前抵达，参加讨论这一问题。

从表面上看，苏联的提议大体是可以接受的。我清楚地感觉到，以我们的观点来看，波兰将会遭遇极为不公的对待，尽管苏联人可能会宣称（他们的确是这么做的），获得承认的波兰政权是一个自治共和政府。斯大林在雅尔塔会议上做出了诸多让步，有关波兰的这个建议是其中第一个。

莫洛托夫继而在发言中说，苏联接受罗斯福有关联合国组织表决程序的方案——但有一个重要的补充条件：苏维埃社会主义共和国联盟的两个成员国，白俄罗斯和乌克兰，要作为联合国大会的创始成员国。罗斯福总统最初并不同意给予苏联这额外的两个投票权。

这将使苏联在联合国大会里拥有三个席位。英国拥有六个，因为这是早已授予它的几个自治领的特权。斯大林争辩称，这两个苏维埃共和国与英联邦成员一样是独立的，因此他们应当享有同样的权利。至于选择白俄罗斯和乌克兰的原因，他从来没有提及过，尽管众所周知，乌克兰不像其他地区那样服从莫斯科的统治。

丘吉尔随即又做了长篇大论的发言，竭力维护英国自治领作为联合国成员国享有大会表决权。如果不是有什么特殊原因的话，这种冗长的发言是令人生厌的，因为它们必须被翻译成俄文。通常当"三巨头"的意见不能达成一致时，问题就会转交给外长们去研究并提出报告。

尽管在德黑兰签署的《伊朗宣言》，代表了在有关伊朗主权和盟军援助问题上达成的正式协议，但某些盟国之间还是因此起了冲突（特别是英国和苏联）。本次会议也对这些问题进行了讨论，并且在丘吉尔的提议下，这些问题也被转交给外长会议讨论研究。2月7日的第四次全体会议就此结束。

我认为，这次会议是迄今为止最有成效的一次会议，罗斯福在调停丘吉尔和斯大林之间不断发生的争论时，表现出了高超的技巧。苏联人在波兰政府和联合国组织问题上表现出来的态度，令我尤为惊喜。

2月8日　星期四

星期四和星期五，是我在克里米亚会议期间最为忙碌的两天。

星期四，从早晨10点美军参谋长召开的会议开始，一直忙到次日凌晨1点，我才上床休息。

在中午召开的英美参谋长会议上，联合参谋长委员会所做的军事报告获得了一致通过，并安排秘书人员将报告整理成正式文件提交给总统和首相。

下午3点，我主持召开了一次美苏参谋长会议。这是我们第一次具体展开讨论，在德国投降之后，我们必须尽早制订出对日作战的详细计划。对于苏联来说，这些计划涉及一个至关重要的原则问题，也就是，某些美国的军事行动将会在苏联领土上进行。安东诺夫将军和他的同僚们认为我们考虑的计划非常出色。尽管能够体谅和理解我们急切的心情，但是安东诺夫说，未经他的总司令斯大林的允许，他不能回复我们所提出的任何问题。

"好吧，诸位，"我说，"此事至关重大。我们希望能够立刻付诸行动。是否能尽快向斯大林禀告并获得他的批准？"安东诺夫承诺会立即向斯大林汇报。

我向总统报告，从苏联参谋长们对待我们所提的援助请求的重视程度来看，斯大林可能会将此事提至他们的层面进行研究。果不其然，下午3点45分，斯大林和罗斯福在总统的办公室里就这一问题进行了讨论。当时在场的还有莫洛托夫和哈里曼大使（波伦和巴甫洛夫担任翻译）。我看到了这次重要会谈的完整报告，主要内容如下：

> 罗斯福说，随着马尼拉被攻陷，太平洋战争正在进入一个新的

阶段，我们希望在小笠原群岛和中国台湾附近的岛屿上建立军事基地。他说，目前已经到了另行制订轰炸日本计划的时机，除非绝对必要，他不希望登陆日本本土作战。日本有400万军队，他希望在不发动登陆战的情况下，通过密集轰炸摧毁日本及其军事力量，从而减少美国士兵的伤亡。

斯大林元帅拿起我们的报告说道，他不反对美国在共青城或者尼古拉耶夫斯克建立军事基地，前者位于阿穆尔河下游，后者则在它的出海口。至于在勘察加半岛设立基地的问题，他认为不得不推至以后再议，因为当时在那里设有日本领事，不便作出安排。不过，他补充道："其他两个在沿海省份的基地离日本更近一点。"

接下来，斯大林元帅提出他不太明白"商业性通道"一词的含义。

对此，总统做了解释，我们考虑开辟一条跨越太平洋经西伯利亚东部到苏联的供给线，一旦苏联和日本开战，途经日本岛运送补给将变得非常困难，这条线路就会显得至关重要。

斯大林元帅表示他认识到了这些供给线路的重要性，并再次重复他不反对在沿海省份建立美国的军事基地。

然后，总统递给斯大林一份由我起草的文件，请求授权给苏联参谋人员，与美国参谋人员就对日作战计划进行商讨。斯大林元帅表示他将会下达必要的指令。

总统接着说道，他还有两个涉及欧洲的军事问题希望与元帅商量。然后他递给斯大林两份英文文件，以及相应的俄文译稿。

第一份文件是请求允许美国陆军航空队使用布达佩斯附近的一些机场，以便执行对德国的轰炸行动。总统说，当时美军的轰炸机从位于意大利的基地起飞，不得不经历长途飞行，并且要飞越危险重重的阿尔卑斯山脉才能抵达德国。

第二份文件是要求准许美国的专家团队①进入欧洲东部和东南部红军解放或占领的地区，对轰炸效果进行考察，与之前在普洛耶什蒂所做的考察类似。我们请求允许考察团队立即展开行动，因为在轰炸结束之后尽快进入现场，能够得到第一手的人证和物证，这对于考察工作是极为重要的。

斯大林元帅对于这些请求都表示同意，并说他会立即下达相关的指令。

在我们参加全体会议之前，罗斯福再一次提醒我，务必要参加所有的政治会议，以便有一个他信任的人作为亲历者，能够将会议讨论和达成决议的情况完整地记录下来。

2月8日的第五次全体会议于下午4点开始，首先是来自外长们的报告，提议于1945年4月25日在美国旧金山召开维护和平的联合国组织会议，1942年1月在华盛顿参加签署《联合国家共同宣言》的那些国家将获邀出席会议。旧金山的联合国会议也将决定哪些国家能够获得创始成员国资格。

斯大林立刻提出反对意见，他认为应当由眼下正坐在会议桌旁的与会者，来决定谁应该成为联合国的成员。当美国和英国同意了斯大林提

---

① 美国战略轰炸调查团：1944年11月3日成立。调查团成员包括300名文职雇员、350名军官和500名士兵。调查团总部设于伦敦，并紧随着同盟国的进军在德国境内建立前进指挥部和地区指挥部。调查团成员详尽检查过德国数以百计的工厂、城市，收集大量统计资料以及其文献，并对包括所有幸存政府官员和军队领导在内的数千名德国人进行调查和审讯。德国战争记录有时候在其应当存放的地点获得，但极为少数，大部分战争记录藏匿在各种千奇百怪的地点。苏军占领区之内的记录则无法被调查团获取。调查团总共完成大约两百份详细报告，包括一份全方位的总结报告《美国战略轰炸调查》。在调查过程中，调查团持续递交临时报告以及相应的研究结果和建议，以支持对日本的空中作战。由于当时欧洲战场的战争尚未落幕，许多情况下调查团成员必须紧随前线部队，否则重要的记录便有可能受到不可挽回的损失。为此，调查团遭受了多次人员损失，包括四人阵亡。——译者

出的、让白俄罗斯和乌克兰作为创始成员国参加旧金山会议的要求之后，这一问题才算得到解决，并得到正式通过。

接下来，斯大林对十个国家的创始成员国资格提出异议，因为这些国家虽然签署了《联合国家共同宣言》，但是没有与苏联建立外交关系。不过，当会议决定凡是在拟成立联合国组织的首次会议之前，已经对德宣战的国家都应当被授予创始成员国资格时，斯大林收回了这条反对意见。

罗斯福再次提到波兰问题，他说虽然宪法并没有赋予他参与制定欧洲国家边界问题的权利，但是他不反对将"寇松线"作为波兰东部边界。不过他认为，如果把西部边界扩展到奥得河以西的话，随之产生的德国居民迁移出境问题将会面临重重困难。

此时，斯大林插话说，在这一点上不会有什么困难，因为在红军占领区德国人已经所剩无几了！

关于波兰政府的问题，会议责成由三国外长组成的委员会提出一个能够为大多数波兰政党所接受的政府组建方案，并最终形成三大盟国都能够承认的临时政府。

莫洛托夫坚持主张维持卢布林政府，并且无论任何形式的改组都应将其包含在内。

但是丘吉尔拒不承认卢布林政权，强烈反对废弃自从战争伊始英国就已经承认的、驻伦敦的波兰流亡政府。他希望在雅尔塔能够解决波兰政府的问题，这样英国国内的舆论就会认为这次会议成功解决了一大难题。

斯大林说，波兰解放区的所有民众都热烈拥护苏维埃解放者，而厌恶唾弃那些在自己的祖国遭受苦难之际逃到国外的波兰人。

到晚上 7 点半休会时，有关波兰政府问题仍然未能达成任何一致意见。

会议一结束，我立即去找总统商议，提醒他同意给苏联人在联合国大会中拥有比我们更多的表决权，将会给美国带来的潜在问题。我认为，这件事将会在国会引起一片哗然，并遭到强烈反对。

显然，罗斯福为了使联合国这台机器尽快开始运转起来，已经做好了做出某些妥协的准备，所以他对给苏联增加两个席位没有提出异议。丘吉尔自然更不会反对，因为他已经额外获得了英国自治领的表决权。

我认为总统已经料想到华盛顿可能出现的反对声音——因为后来我听说，他要求丘吉尔和斯大林做出明确承诺，如果美国也提出在联合国大会额外增加两个席位，英国和苏联都会予以支持。

在这忙碌的一天当中，哈里曼大使抽空告诉我，在罗斯福和斯大林的私人会谈中，双方一致认为有关苏联参加对日作战的问题，没有什么事是不好商量解决的。根据哈里曼所说，斯大林提出了以下要求：

> 苏联希望通过长期租借协议使用旅顺港。将大连港辟为自由港。
>
> 维持外蒙古独立的现状。将库页岛和千岛群岛全部交还给苏联政府。
>
> 允许苏联政府像战前一样，租借使用中国满洲的铁路。
>
> 印度支那的未来命运应当予以公开讨论。
>
> 暹罗最终将成为一个独立国家。
>
> 美国需要向苏联对日作战提供物资援助。
>
> 美国的供给线应当保持开放。苏联可以使用在勘察加半岛和西伯利亚东部基地的美军飞机。

星期四晚上，斯大林作为东道主设宴款待总统。这场正式宴会于晚上9点在苏联代表团驻地举行，他们所住的宫殿曾经是俄国亲王尤苏波夫的避暑行宫，据说这位亲王在红色革命之前暗杀了拉斯普金。

与会宾客包括丘吉尔首相，三国外长，英国和苏联陆海军的高级将领，英美驻苏联大使，詹姆斯·伯恩斯，爱德华·J.弗林，罗斯福总统的女儿伯蒂格夫人，丘吉尔首相的女儿奥利弗夫人，以及哈里曼小姐。我作为美国军方的唯一代表也参加了宴会。

这场晚宴一直持续到凌晨1点，菜肴极为丰盛，席间起立祝酒干杯多达三十八次，与此同时，桌下的蚊子也在频频出动，在我的脚踝上取得了辉煌战绩。所有还没喝醉的人都在往酒里兑水，以便保持清醒。

宾客们沿着长长的餐桌来回走动，频繁举杯互相敬酒。

苏联外长莫洛托夫陪同斯大林元帅和丘吉尔首相到我桌前，向我祝酒碰杯。

我们每天都有着大量的重要公务需要处理，这样的庆祝宴会，在我看来，完全是浪费时间。

午夜之后许久，我们才得以返回在里瓦几亚宫的驻地。

2月9日　星期五

星期五的第一场会议是上午11点召开的联合参谋长会议，对本次克里米亚会议上我们提交的军事报告进行了最终审议。随后，总统和首相与英美参谋长们召开会议，并批准了报告。雅尔塔会议上有关英美军事问题的讨论工作就此完成。其内容汇总如下：

1. 总体战略思想保持不变。双方一致同意，在苏联和其他盟国的配合下，尽早促成德国的无条件投降。

2. 双方一致同意，在"太平洋其他相关国家"的配合下，"保持并不断加强对日本的攻势，削弱其军事力量，占据能够促成其最终投降的有利局面"。

3. 德国投降之后，在其他相关太平洋国家和苏联的配合下，英国和美国将投入全部力量以迫使日本尽早无条件投降(在第二次魁北克会议上曾做出估计，对日战争将在击败德国之后大约十八个月内结束)。

(对于寻求苏联帮助的决定我并未提出异议，虽然我个人认为，在必要的情况下，美国凭一己之力也能在预计的时间内打败日本。)

4. 双方同意，在欧洲已解放地区，对能够在对德和对日作战中发挥积极有效作用的各种力量提供援助。这一原则也同样适用于在力所能及的条件下，向其他战时盟国提供援助。

5. 一旦对德作战局势允许，在顾及其他已约定或必须兑现的承诺之外，优先将欧洲战场的兵力重新部署到太平洋和远东战场。

6. 持续对日本的攻势，为尽早实现登陆本土作战创造条件。

7. 双方一致同意，从地中海战区的意大利撤出部分兵力，部署在艾森豪威尔将军的西线战场，并认为目前的首要目标是在西线战场集结最强大的兵力，与德军一决胜负。因此，对于地中海战区盟国最高指挥官哈罗德·亚历山大爵士的职责，需要重新进行考虑。

这份报告的其他内容，基本上都是再次重申 1944 年 9 月在魁北克召开的"八边形会议"中通过的一些事项。其中包括维持重要的海外交通线路通畅；切断敌人的海上交通线；采取必要和可行的措施增强盟国中国的战斗力；利用中国领土作为对日作战的基地。(虽然海军在西太平洋持续取得的胜利，为第 20 航空队的 B-29 战机提供了越来越多的机场，但是在对日本本土实施的空袭行动中，我们仍然存在着可用机场不足的问题。)

中午我与总统、丘吉尔首相、我们团队中的三位女士以及伯恩斯共进午餐。席间讨论的话题集中在拟召开的联合国大会的表决程序问题上。丘吉尔口头上同意应当安排美国、英国和苏联在大会上享有同等的表决权。

由于罗斯福坚持要我参加所有的政治会议，因而我未能参加与苏联参谋长们召开的最后一场会议。安东诺夫将军在会前告知我，已经征得斯大林同意，他将在会上针对我们在 2 月 8 日会议上提出的问题予以回复。

马歇尔将军和 L. S. 库特①少将（由于 H. H. 阿诺德将军生病，他代表空军参加雅尔塔会议）告诉我，苏联人给予我们的答复是十分令人满意的。在德国投降之后，我们将获准使用远东沿海省份的基地，以及苏联政府所能够提供的其他援助。

在 2 月 9 日的第六次全体会议召开之前，"三巨头"及其主要顾问们走到里瓦几亚宫外面的庭院中，由摄影师和电影摄像师为他们拍摄了

---

① 劳伦斯·谢尔曼·库特（Laurence Sherman Kuter，1905—1979），美国空军四星上将。1927 年 6 月毕业于西点军校。1929 年 5 月进入得克萨斯布鲁克斯和凯利机场学习飞行，1930 年 6 月成为轰炸机飞行员。1933 年 8 月任第 2 轰炸机联队作战参谋兼兰利空军基地助理作战参谋，曾在历史上第一支军事特技飞行大队服役，与后来抗日战争时期任美国援华空军"飞虎队"指挥官的克莱尔·L. 陈纳德上尉搭档。1934 年 6 月进入航空兵战术学校学习，1935 年春天以班级第一名的成绩毕业，留校担任轰炸课程教官，并推动战略轰炸理论的研究。1939 年 7 月调入战争部总参谋部作战训练处。在 1941 年初开始的数次航空兵大规模扩军中，库特发挥了重要作用；同年 8 月调入总参谋部空军作战计划处，是二战美国空军作战方案的四位起草人之一，该方案在后来的实战中几乎没有修改。1942 年 2 月由中校直接晋升准将，3 月任陆军航空队副参谋长；10 月调任驻英格兰第 8 陆军航空队所属第 1 轰炸机联队司令，指挥四个 B-17 大队作战，改进了大编队轰炸战术。1943 年 1 月调任北非战区战术空军副司令；5 月，美国陆军航空队司令阿诺德将军再次将库特调回司令部，任命其为分管作战行动和计划的助理参谋长，协助阿诺德筹建太平洋战区战略空军部队即第 20 陆军航空队，阿诺德兼任司令，库特兼任参谋长。1944 年 2 月晋升少将。库特出席了英美联合参谋长委员会在魁北克、开罗、伦敦召开的一系列会议，并在阿诺德生病期间代表其出席了雅尔塔、马耳他会议。1945 年 5 月任太平洋战区空军副司令。二战结束后历任大西洋空运司令部司令、北美防空司令部司令、民用航空委员会主席、空军大学校长、远东空军司令等职。1955 年 5 月晋升空军上将。1962 年 7 月退役。——译者

许多照片。当我们看到这些冲洗出来的照片时，我听到了我们团队中一些人在郑重其事地讨论总统的健康状况，这也是在整个雅尔塔会议期间的唯一一次。有些人认为，从其中一张照片可以非常明显地看出，总统的病情已经十分严重了。但是我并没有这种感觉，我认为这只是照片没拍好而已，这些人有些小题大做了。

第六次全体会议一开始，首先对波兰问题进行了深入讨论。莫洛托夫表示接受美国提出的解决方案，只是要做出部分改动。其中之一就是改组现有的卢布林政权，并扩大接纳来自波兰国内外的波兰人。之后，将由改组后的临时政府尽早安排举行不受限制的自由选举。在丘吉尔的提议下，会议决定第二天再对这一极具争议的问题做出最终决议。

随后讨论的议题是 2 月 7 日已经原则上通过的赔偿委员会问题。苏联提出德国的赔偿总额应当为 200 亿美元，其中苏联应分得 100 亿美元。英国外交大臣艾登对于苏联人建议的赔偿金额和分配方式都提出强烈反对，因此这一问题也被搁置起来有待进一步研究。

接下来，罗斯福提出了在《联合国宪章》草案中拟定托管制度。丘吉尔立即站起来反对，声明绝不允许任何机构处理大英帝国旗下的任何领土问题。他说："只要我一息尚存，就绝不允许发生英国领土主权的转让。"这位英国领导人的铮铮傲骨，我个人是非常欣赏的。

我还记得与此相关的一件事，当我们在为克里米亚会议做准备工作的时候，总统告诉我，他希望能够在此次会议上，达成将香港主权归还中国的安排。当苏联人提起将大连辟为自由港一事时，我侧身对罗斯福说："总统先生，如果您答应给苏联人半个大连港，那您就将输掉整个香港。"总统无可奈何地摇摇头说："比尔，我无能为力了。"当会议明确指出，当时讨论的托管是关于日本委托统治岛屿的问题时，丘吉尔才安静下来。

罗斯福曾经与我谈起过多次的一个设想，是计划将全世界一系列重要的军事战略基地置于联合国的控制之下。对于他的这一主张，我一直都不能认同，我认为任何与我们自己国家安全密切相关的军事基地，都应当置于美国的主权控制之下。

他对此的解释是，美国不希望通过战争手段谋求任何领土，即便对于那些我们以大量人员伤亡的高昂代价夺取的日本委托统治岛屿也是如此。这是他不可动摇的坚定信条。罗斯福相信，这些领土在联合国的控制之下，同样也能保证我们的安全。那时，我就认为他的这一观点是错误的，这种看法至今依然没有改变。

在建立南斯拉夫政府的问题上，英国和苏联之间产生了严重分歧。尽管我对这一问题不太熟悉，但我认为它从本质上来说，就是另一个更小一点儿的波兰，英国人正试图重组现有的铁托政府，以扩大其代表性。会议决定执行《铁托—苏巴斯基协议》① 的规定，有关此协议的细节情况我不甚了解。此时，罗斯福建议休会三十分钟，以便让外长们制定出一个都能接受的波兰问题解决方案。

当会议重新开始时，丘吉尔做了很长时间的发言，主张在三大盟国的监督之下，尽快在波兰举行民主选举。罗斯福对此表示支持。

斯大林反对说，这样的做法将会"伤害"波兰人民的感情和自尊。

"不能这么做，"元帅说道，"波兰人民是独立自主的，他们不会希望由外人来监督他们自己的选举。"

---

① 《铁托—苏巴斯基协议》（Tito – Šubašić Agreements），是二战时期西方盟国为促成南斯拉夫皇室流亡政府与南斯拉夫共产党政权达成合作的协议。第一次谈判是在克罗地亚达尔马提亚群岛的维斯岛，1944 年 6 月 6 日，南斯拉夫共产党、民族解放军领导人铁托与南斯拉夫流亡政府总理、战前南斯拉夫王国克罗地亚总督伊万·苏巴斯基签署协议，故又称《维斯协议》，同意联合组建临时政府。同年 11 月 1 日，双方第二次签署协议，完成临时政府组建，在人民能够进行民主选举前行使政府职权。苏巴斯基担任外交部长，接受铁托领导，临时政府的实际权力掌握在南斯拉夫反法西斯民族解放委员会手上。协议还规定，战后南斯拉夫要建成民主联邦制国家，这正是协议主要推动者丘吉尔希望达成的目的，但事实上却让铁托政府完全合法化并得到国际认可。——译者

首相接着提出了战犯处置问题。他说，那些"头号战犯"应该不经正式审判就予以处决，因为他认为在当时让他们接受正式审判是不明智的做法，如此一来就可免去这个麻烦。

他一再强调，按照英国的惯例，任何人被指控的罪行如果不属于当时法律所规定的范畴之内，法院便不得审理。在这一点上，我完全赞成丘吉尔的观点，并认为他的观点与英国人长期公认的司法理念是一致的。

但是我并不是律师，有不少司法界最顶尖的精英，包括我们最高法院的法官，都认为这样的审判是合法的。丘吉尔最终也接受了这一观点。

作为一名职业军人，为国家而战是他的天职。军人执行政府的命令，为捍卫自己的国家全力而战，当他输了战争的时候，他必须承担这一后果。

最后，2月9日的第六次全体会议决定，将战犯审判的问题交给三国外长做进一步研究，并随后向各自政府提交报告。

2月10日　星期六

克里米亚会议有关军事方面的议题讨论已经结束，星期六（原文为星期五，应为笔误）的主要任务就是召开第七次全体会议，这次会议持续了四个小时。会议伊始，英国外交大臣艾登宣读了一份由外长们达成一致的有关波兰新政府的折中方案。罗斯福递给我一份报告的副本。我看到上面充斥着一些熟悉的字眼，诸如"强大、自由、独立和民主的波兰"，苏联"确保"这个已解放的国家举行"自由选举"，"普选权"，"无记名投票"，等等。我有一种强烈的感觉，这份措辞笼统的报告，很容易产生歧义，对于在波兰建立一个能够容纳所有主要政党的政府来说几乎没有实际意义。我把报告递还给罗斯福，然后说道："总统先生，这份报告弹性太大了，无论是在雅尔塔还是到华盛顿，苏联人可以随意怎么解释，严格来讲都不会算作破坏协议。"总统回道："我知道，比尔，我知道这一点。但目前对于波兰这已经是我所能做的最好结果了。"这份折中方案便得以通过了。

丘吉尔随后转向波兰的边界问题，指出目前尚未就西部边界做出最终决议。首相对于将边界越过奥得河的做法是否明智提出强烈质疑。他提议西部边界的问题，应当先与新建立的波兰政府商讨之后，在和平谈判的会议上讨论解决。

罗斯福回答说他没有权利对此做出答复，这一问题需要美国参议院表决通过。

丘吉尔接着又建议，三国可以在西部和北部给予波兰领土补偿，但是最终边界的划分还是要在和平谈判中确立。他的这一提议获得了大会通过，并交由外长们形成书面报告。整个波兰政府问题的"解决方案"，在我看来都过于模棱两可，苏联人可以依其所好、随心所欲地解释。我们在波兰的预期目标恐怕是难以实现了。

艾登随后又宣读了一份关于已解放地区的报告，报告中提出，当这些地方出现冲突之时，三大盟国应当立即共同会商解决方案，行使拟定中的《联合国宪章》所赋予的共同责任。虽然对报告的措辞存在一些争议，但三国首脑一致批准了报告，并在草案中增加了希望法国临时政府共同参与解决问题的建议。

在此之前，对于让法国成为柏林管制委员会成员的问题，罗斯福的想法已经发生了变化。他支持丘吉尔的主张，认为承认法国的成员国地位，将有助于促使戴高乐将军接受雅尔塔会议上做出的与法国相关的各项决定。经过这些修订之后，《被解放的欧洲宣言》草案获得通过。并且对发送给南斯拉夫铁托—苏巴斯基联盟的电报内容也达成了一致意见。

之后，斯大林再次提出了赔偿问题，要求大会同意，德国必须对战争期间给各个盟国所带来的损失做出赔偿。苏联人执意坚持将赔偿总额确定为 200 亿美元。丘吉尔对此予以断然拒绝。

罗斯福建议将赔偿金额的问题，留给已拟定设立在莫斯科的赔偿委员会来解决。但是苏联人仍然坚持 200 亿美元的总赔偿金额，并且要求得到其中的 100 亿美元。最后，罗斯福建议将苏联提出的数字，作为赔偿委员会对赔偿金额的"讨论基础"。会议通过了总统的这一建议，并一致同意在此次会议报告中不提及赔偿的具体金额。

斯大林提出，关于达达尼尔海峡的《蒙特勒公约》① 已经过时，应当予以修订并照顾到苏联的利益。不过斯大林并没有过分强调这一要求，他只是说，如果各国外长能够就达达尼尔海峡问题进行调查研究，并向各自政府提交一份初步解决方案，他就很满意了。

丘吉尔对此回应称，他希望通过外长报告了解苏联有关黑海通道的具体诉求，并且希望相关会议可以在伦敦召开。

---

① 《蒙特勒公约》（Montreux Convention Regarding the Regime of the Straits），1936 年 7 月 20 日在瑞士蒙特勒签署的有关黑海海峡的国际条约，当年 11 月 9 日生效。1923 年 7 月洛桑会议通过《关于海峡制度的公约》，将达达尼尔海峡设为非军事区，由国际联盟所属的海峡国际委员会管辖。30 年代以后，随着德意法西斯政权的建立和欧洲战争策源地的形成，欧洲形势日益紧张。土耳其从自身安全出发，多次要求修改洛桑条约中关于海峡制度的规定。1935 年 4 月，土耳其政府照会洛桑会议签字国，要求召开新的国际会议修改海峡公约。英国等国家出于维护自身利益的考虑，赞同召开新的国际会议。1936 年 6 月 22 日，土耳其、英国、法国、苏联、希腊、罗马尼亚、保加利亚、南斯拉夫、日本等洛桑条约签字国代表，在瑞士蒙特勒召开制定新的海峡制度的国际会议，美国、意大利未出席。会上关于各国军舰通过黑海海峡问题，争论十分激烈，最后于 7 月 20 日达成协议，与会 9 国代表签署了新的《关于海峡制度的公约》，通称《蒙特勒公约》。公约确认了海峡通行的自由原则：平时和战时各国商船均可自由通过；在平时黑海沿岸国家的军舰可自由通过海峡，非沿岸国家之军舰通过海峡则要受到一定限制，即同一时期通过的军舰总吨位不得超过 1.5 万吨，在黑海停留的船只总吨位不得超过 3 万吨，停留时间不得超过 21 天；在战时如土耳其为中立，各交战国军舰不得通过海峡，如土耳其为参战国，则由土耳其决定是否允许别国军舰通过。根据新公约，撤销了原来的海峡国际委员会，恢复了土耳其对海峡的全部主权，土耳其获得了在达达尼尔海峡和博斯普鲁斯海峡设防的权力。其后该公约经多次修改，至今有效。——译者

这一问题的实质并没有在雅尔塔会议上公开提及。但是每个人心里都明白，苏联人渴望得到这一至关重要的海上通道的控制权。为了达到这一目的，他们已经努力了一个半世纪。我们知道，莫斯科想要的结果是，由苏联人掌握谁能使用达达尼尔海峡的权力。我想丘吉尔对此也是心知肚明的，只不过在克里米亚会议上没有对此问题进行深入讨论而已。

可能除了联合国的投票和表决程序之外，在雅尔塔完成的协议中，罗斯福和斯大林达成的、有关苏联参加对日作战的决议引起的争论最为激烈。批评者指责总统向苏联做出了"危险的妥协"，或者"出卖了中国"，但是我认为在这一片激烈的声讨中，有几个似乎被忽略了的事实：

1. 苏联是我们的盟友，并且直到 1944 年 6 月，他们都在凭一己之力抵挡着强大的德国军队。

2. 许多人表示担心，其中不乏高层人物，苏联会单独与德国媾和，特别是当我们在 1943 年尚未开辟第二战场时，但是事实证明这种担心是没有根据的。苏联人履行了此前所作出的所有军事方面的承诺。

3. 就政治问题来说，我们在雅尔塔对战后世界已经初步达成了重要共识。在有关联合国的问题上，在允许法国进入对德管制委员会的问题上，以及在同意对波兰和南斯拉夫政府进行改组的问题上，斯大林都表现出了愿意和解的姿态。事实上，几乎对于每一个政治问题，苏联人在强烈表达了自己的观点之后，都做出了足够的让步，以便能够达成一致意见，至少是在书面文件上。不过，《雅尔塔协定》墨迹未干，对协议内容的解读就出现了巨大分歧也是事实。

4. 读者应该已经了解，我个人认为，让苏联参与对日作战是不必要的。但是陆军认为需要，并且罗斯福站在陆军一边。在他们的总司令斯大林开了绿灯之后，苏军参谋长们对我们提出的所有具体要求，表示同意给予全面合作。

当斯大林在 2 月 10 日的全体会议上正式宣布，苏联将在两到三个月内对日宣战，以及美苏之间达成的一些共识时，罗斯福所谓的"妥协"并没有引起什么争议和反对意见，这可能会令许多人感到惊讶。斯大林宣布的这些共识，大体上就是哈里曼大使曾经告诉过我的，斯大林和罗斯福在 2 月 8 日所达成的协议。

其中的主要内容是：归还库页岛和千岛群岛给苏联；将旅顺港租借给苏联；大连港辟为自由港；恢复苏联租用满洲铁路的条约；保持外蒙古独立；苏联在蒋介石国民政府的对日作战中提供支持。

斯大林向大会重申了他在私下里曾经对罗斯福说过的："我只想让日本人把从苏联夺走的东西还回来。"罗斯福曾经说："我们的盟友提出这样的要求是合情合理的——他们只是想要回那些被夺走的东西。"我也认为这种要求是合乎情理的，因此当这些在雅尔塔会议上达成的协议，被打上是罗斯福总统向敌人做出可怕妥协这样的标签时，令我感到无比震惊。

斯大林就参加对日作战问题还坦率地说："我不谋求日本的任何赔偿。"并且斯大林也同意对蒋介石政府提供支持，因此我感到很费解，为什么有人会反对这些协议。有一点可以确定的是，在雅尔塔会议上丘吉尔和罗斯福对此都没有提出反对，相较而言，会议在这件事上所花费的时间很少。

由总统和斯大林签署的协议文本交由我负责保管，存放在白宫我的保密文档里。当时这些协议是不能公开的，因为苏联和日本当时仍然处于和平状态。至于如何让蒋介石了解协议的内容，并征得他的同意，那就是罗斯福的事儿了。

第七次全体会议于晚上 8 点结束，克里米亚会议实质性的工作已经告一段落。剩下的任务只是就会议公报的具体措辞讨论一致了。

此时，大家都已是筋疲力尽，不过在丘吉尔为美苏领导人及顾问们准备的晚宴上，人们还是度过了一个相当愉快的夜晚，这也是雅尔塔的最后一场正式招待会。

2 月 11 日　星期天

2 月 11 日，星期天，午后不久，"三巨头"及政治顾问们召开了第八次，也是最后一次全体会议。丘吉尔和斯大林曾经希望将会议延长几天时间，但是罗斯福说再继续下去也不会有更多的成果，他必须在当天启程回国。

会议的主要内容是，审议这一周里所达成的各项决议，并准备要公之于众的由三国首脑共同签署的公报。丘吉尔对由国务卿斯特蒂纽斯准备的公报草案提了一大堆修改意见。其中大部分是他认为英语不够准确。丘吉尔，当然喜欢的是"英式"英语了！斯大林也提了些细微的改动意见，并建议将参加会议的人员名单在公报中列示。

莫洛托夫建议，有关在拟成立的联合国组织中增加两个苏联成员国的消息也应公之于众，但是，遭到了首相的反对，他随后收回了这一请求。有关会议总结和公报草案形成最后一致意见时，基本没有出现什么太大的争议。

随后，在准备正式文件的同时，在里瓦几亚宫总统的餐厅里——这些历史性会议举行的地方，举办了最后一次午宴。参加午宴的有总统、斯大林、丘吉尔，三国外长——斯特蒂纽斯、莫洛托夫和艾登，以及参会的大使和翻译人员。

宴会期间，正式文件被送进来，由"三巨头"——签署。这个过程花费了些许时间，因为各国的翻译人员必须对照检查英语和俄语两种文本。丘吉尔、罗斯福和斯大林共同签署的公报主要内容如下：

1. 三大盟国经过充分交换意见，制订完成击败德国的作战计划，并且在军事上取得了最为紧密的配合，"我们相信……这将会促使战争早日结束"。

2. 占领德国问题。通过了迫使德国无条件投降的总体原则，但具体条款需待其最终投降时方予公布。三大盟国在管制委员会的协助下，对各自占领区域实行管理和控制。将向法国划分一片占领区并邀请其加入管制委员会(公报当中没有说明法国占领区的领土将只从英国和美国的占领区中划出)。

详细阐述了德国战败后的处置条款，如消灭纳粹主义，解散德国总参谋部，"立即惩办"所有战犯，战争赔偿和解除德国的武装力量等。

3. 德国赔偿问题。德国必须尽最大能力作出赔偿，以及宣布成立赔偿委员会(没有提及任何具体金额或者财产转让等细节情况)。

4. 联合国问题。宣布将于1945年4月25日在旧金山召开联合国大会。公报指出，有关表决程序这一重要问题"本次会议已经予以解决"。法国和中国受邀与英美苏一同成为联合国发起国，在征询过这两个国家的意见之后，即予以公布拟定的表决程序文件。

5. 已解放的欧洲宣言。强调了在重新组建政府过程中，应当遵循《大西洋宪章》的宗旨，在处理与这些地区相关的所有问题时，三大盟国应联合一致行动。邀请法国加入该宣言。

6. 波兰问题。在更为广泛的民主基础上，对现有临时政府进行改组，由苏联外交人民委员莫洛托夫、美国驻苏大使哈里曼和英国驻苏大使阿奇博尔德·克拉克·科尔爵士在莫斯科组成的委员会，为改组工作提供协助。当新政府组建形成，并遵照本协议约定，承诺"在普选和无记名投票的基础上，尽早举行自由的、不受限制的选举"之时，英国和美国对其予以承认。有关波兰边界问题，经过适当调整的"寇松线"作为东部边界，西部边界将在和平会议上予以确定。

7. 南斯拉夫问题。建议依照《铁托—苏巴斯基协议》的约定，对现政府进行扩组。

8. 加强三国外长的沟通，轮流在三国首都召开外长会议，旧金山的联合国会议结束之后，在伦敦召开首次外长会议。重申"在即将到来的和平中，决心继续保持目标和行动的一致，这是我们过去赢得胜利的原因……"

会议对部分决议保密的做法后来招致广泛批评。在整个战争期间，所有军事计划都必须被严格保密，这一点是得到认同的。正如公报所称："我们的联合军事计划只有在执行之时方能予以公开。"因此，我们与苏联人达成的协助对日作战协议是不能走露任何风声的。

苏联人当时并未对我们的远东敌人宣战，因此也就不能提及要求日本人归还之前侵占的苏联领土和权益的问题。

雅尔塔公报声明，当时对联合国安理会表决程序未予公开的原因是，尚未征询中国政府和法国临时政府的意见。罗斯福从来没有告诉过我，对于为什么会同意苏联人的要求，在旧金山的联合国大会上给他们额外增加两个席位一事要保守秘密。后来在华盛顿，这件事在时局最为不利的情况下被泄露了出去。公报中对于联合国托管制度的争议只字未提，显然这将会是一个非常棘手的问题。

虽然已经做出将德国"肢解"的决定，但在雅尔塔会议上并没有制订出具体计划。同样，会议虽然一致同意对"战犯"进行审判，但是关于起诉所依据的具体法律基础仍然没有达成共识。

一些已经产生的分歧，在此次会议中并未得到消解，主要是英国和苏联在伊朗问题上的矛盾，以及斯大林提出的达达尼尔海峡控制权问题，都被留待以后解决。

　　我感觉到，罗斯福以某种巧妙的方式掌控主导着雅尔塔会议，他的个性左右着会议的讨论方向。因为他是会议主持人，并且在日常会议期间，斯大林和丘吉尔之间发生争执的时候，大多数情况下都是由他来扮演仲裁的角色。当我们离开雅尔塔的时候，总统看起来疲惫至极，不过我们每个人都如此。这是我所经历过的最为紧张忙碌的一周，有几天我几乎每天都是连续工作达到二十个小时。这其中包括参加那些没完没了的宴会，虽然菜肴十分丰盛，但对于工作安排得满满当当的我来说，却并非一种享受。

　　说到丘吉尔，我认为，在雅尔塔会议上的表现是他的最佳状态。他不遗余力地维护着大英帝国的利益。即便是当他所提出的建议，不完全符合我们自己国家的利益时，我也同样欣赏他的这种姿态。他是一位伟大的英国人，正如罗斯福是一位伟大的美国人一样。丘吉尔曾经说过一句颇具预言性的话，但是我记不清具体的时间了。他对罗斯福和斯大林说，在座的几位政府首脑当中，他是唯一一位会被自己的政府"在某一天赶下台"的领导人。

　　至于斯大林，他在雅尔塔会议上的态度和1943年德黑兰会议相比，发生了显著的变化。在德黑兰会议上，他毫不掩饰对英美是否能够开辟第二战场的怀疑，但是到了雅尔塔，他对于我们的作战能力已经没有半点儿怀疑了。在许多政治问题上，尽管他的观点经常与我们相左，但是他能够做到站在苏联的立场上坦陈己见。他态度友好，在很多情况下，表现出愿意为了达成一致而做出妥协的姿态。

　　要说雅尔塔会议和德黑兰会议主要的不同，首先当然是轴心国到了1945年初，在各个战场上已经全面处于守势，并且在议事日程上，战后问题已经被提到与军事问题同等重要的地位上来。雅尔塔会议的大部分时间都用来讨论政治问题，而德黑兰会议上军事议题占据了主导地位。

在这场具有重大历史意义的、旨在不久的将来彻底击败德国的克里米亚会议结束之际，美英苏三国领导人为摧毁德国这个军事强国所达成的友好协议，令我感触尤为深刻。

这三位共同掌握着有史以来最强大军事力量的领导人，在曾经属于俄国沙皇的宫殿中，与他们的军政顾问围坐在一起，决意彻底打垮现存的德国政府，解除其武装力量，并"肢解"德国，摧毁其所有能够制造战争物资的工业生产能力，将德国部分领土划分给波兰，使得大约700万至1 000万德国居民（如果幸存人数有这么多的话）必须被迁离，还有需要用物资和劳动力偿付的苛刻赔款，这一切将会使现在这个高度发达的工业化国家，衰落成为两个或者更多个农业小国。

我对德国人民感到歉疚。我们正在计划——并且有这样的能力付诸实施——消灭一个曾经强大的国家。我有一种不安的感觉，那8 000万德国人中的幸存者终有一天会再次发动战争。

虽然德国在这场野蛮的征服之战中罪有应得，但是在我看来，我们追求的所谓和平却"播下了战争的种子"，潜藏着在未来某个时间再爆发一场可怕的复仇之战的威胁。

我不知道还有什么其他方式，来惩治这个极具智慧、创造力和尚武基因的民族所犯下的战争罪行，但是对于未来的不祥预感，始终犹如一片乌云萦绕在我心头。

就美国而言，这些和平协议肯定会得到参议院的批准，只不过可能会做出某些修改或是减轻惩罚的力度，似乎不太可能使之更为苛刻。

我一度与罗斯福总统一样满怀期待，希望旨在维护和平的联合国组织能够长久有效地维持大国之间的和谐一致。但是把法国认定为大国，将其纳入安理会并拥有否决权，可能会有损联合国的威信，难以有效发挥阻止世界战争的作用。

我认为，给予法国这样的表决权显然是出于大英帝国的利益，而这除了导致其他小国的不满，引起三个大国之间的争执之外，我看不到还有什么其他作用。

当美国代表团离开雅尔塔时，对联合国组织在维护世界和平方面的作用寄予着几乎是狂热的厚望，然而我对此却难以苟同，因为还有一个重要的因素，那就是会议所做出的摧毁德国军国主义的重要决议，将会成就苏联在欧洲的主导力量。在我看来，这件事本身就必然会导致未来出现国际间的争端。

第十九章　和平的不祥之兆

1945 年 2 月 11 日的傍晚，虽疲惫不堪但心情相当不错的富兰克林·罗斯福登上了"卡托克廷号"指挥舰，兴致勃勃地享用了一顿牛排大餐。在那一刻，我们当中没有一个人会想到，就在两个月后的几乎同一天，总统在佐治亚的温泉疗养院因突发脑溢血与世长辞。在我们抵达华盛顿之前，他的军事助理和亲密朋友，埃德温·M. 沃森少将，在"昆西号"巡洋舰上因突发心脏病离世；而总统也很快将与病魔缠身的哈里·霍普金斯做最后一次道别；他将与他的伟大战友温斯顿·丘吉尔，在埃及的亚历山大共进午餐，这也成为他们的最后一次会面；他还将面对未来和平的第一个不祥之兆——随着战胜纳粹的日子逐渐临近，苏联正变得越来越难以对付。

不过，当我们登上停泊在久经战火洗劫的塞瓦斯托波尔港口的"卡托克廷号"战舰时，这一切灾难还没有显露出任何征兆。我们大约在 4 点钟离开里瓦几亚宫，驱车 80 英里前往塞瓦斯托波尔，沿途两侧的山川风景秀丽。

我乘坐的是一辆老式敞篷车，用旧窗帘当作篷布围得严严实实。我们才刚刚上路，车厢后部就弥漫着难闻的汽油味，显然是油箱漏油了。当汽油味变得越来越令人作呕，并且可能会有危险时，我们使劲扒开那些窗帘，最后不得不把它们全都扔掉。这样车里的味道勉强能够忍受了，但还是非常难闻。

到了塞瓦斯托波尔之后，总统问我觉得沿途景色如何，我告诉他，景色是看了不少，但人的感觉就像关在刚刚装过汽油的空油桶里。

在驶往塞瓦斯托波尔的途中，总统借道去参观了著名的巴拉克拉瓦战场①，显然对他而言，这趟旅途的每一刻都非常享受。当我们抵达塞瓦斯托波尔的时候，虽然天色已晚，但是我们所经之处，仍然能看到四处残垣断壁，满目疮痍，据说从德国人手中收复此地时，整座城市只剩下五栋房屋，眼前的景象证明所言不虚。

就在登上"卡托克廷号"的当晚，沃森将军因心脏病突发而生命垂危。第二天早晨 7 点我们下了船，驱车经过一片丰饶肥沃的山谷，抵达苏联的萨基机场，于上午 11 点乘坐总统的专机飞往埃及。在上千英里的航程中，我们飞越了黑海和土耳其，降落在埃及伊斯梅利亚附近的一座机场。总统一行随即登上停泊在附近苦湖中的"昆西号"。与气温接近冬天的克里米亚相比，这里的阳光灿烂，气候温暖怡人。

接下来的两天里，在位于地中海最东部的这片地方，总统与埃及国王、埃塞俄比亚皇帝以及沙特阿拉伯国王分别举行了会谈。在我们离开雅尔塔之前，丘吉尔对罗斯福要会晤这些君主们的计划显然一无所知，而这些国家传统上属于英国的势力范围。很快，我们听说首相已经改变了他的行程，没有返回伦敦，而是安排接见了埃塞俄比亚皇帝海尔·塞拉西一世和沙特国王伊本·沙特，他们在与罗斯福会面之后尚未返回国内。此举被认为是为了消除总统与这三位国王会谈期间可能取得的单方面成果。

埃及国王法鲁克是第一位到达的君主，2 月 13 日我前去机场迎接

---

① 巴拉克拉瓦(Balaklava)，位于克里米亚半岛上，是塞瓦斯托波尔市的一部分，因克里米亚战争中的巴拉克拉瓦战役而闻名。1854 年 10 月 25 日，因命令传达错误，英军轻骑兵在向俄军发起的冲锋中伤亡惨重。英国诗人丁尼生勋爵为此写下了诗作《轻骑兵的冲锋》，咏赞轻骑兵的英勇，使这场战斗为后人铭记。——译者

他。陪同他的是他的几位主要顾问以及美国驻埃及公使，我担任驻法大使时的使馆一等秘书 S. 平克尼·塔克。法鲁克国王是一位只有二十五岁的年轻人，讲一口纯正的英语，穿着一套海军上将的制服，看起来就像是个英国人。

下午 5 点，我在机场接到了海尔·塞拉西一世和他身着五颜六色服装的随行团队。这位被称为"犹太雄狮"的皇帝皮肤黝黑、身材矮小，但是十分威严庄重，他会说也能听懂英语和法语，但是他与总统通过翻译用阿姆哈拉语交谈。我听说这位阿比西尼亚①的统治者要人们称他为"皇帝陛下"。罗斯福后来告诉我，海尔·塞拉西与他讨论了已收复领土的处置问题，特别是意大利在北非的领地。

第二天一早，总统的女儿伯蒂格夫人被送上岸去开罗购物。并非是她想要买什么东西——而是由于当沙特阿拉伯国王及其规模庞大的随行团队乘坐的美国"墨菲号"驱逐舰靠近"昆西号"时，总统不能让她呆在船上。因为我们被告知，沙特阿拉伯国王不允许任何女性出现在会谈中。

这位国王的全名是阿卜杜勒-阿齐兹·伊本·阿卜杜勒·拉赫曼·费萨尔·沙特，气质高贵而又非常彬彬有礼。他看上去有些苍老，并且身体状况欠佳，但是在与总统谈论巴勒斯坦问题的时候，思维仍然很敏捷。

我听说，伊本·沙特曾经宣称，他是通过武力取得的王位，不过他希望秉持公平与正义来统治他的子民——但同时还要有武力。跟随他登上我们的现代化战舰的，还有规模庞大的侍从和警卫，有御用占卜师、御用试食侍从、咖啡侍从和捧玺官，还有从沙特阿拉伯各主要部落中挑选出来的 10 名护卫，身上佩带着长剑和匕首，看起来仿佛是用魔法从中

---

① 阿比西尼亚（Abyssinia），埃塞俄比亚旧称，源自 13 世纪建立的阿比西尼亚帝国。——译者

世纪穿越而来的。

总统在"昆西号"上为伊本·沙特举办的午宴上，做了一些特殊安排，准备了米饭、炖羊肉以及葡萄柚，国王每样都吃了两份，并且对葡萄柚情有独钟。

午餐之后，国王与罗斯福就有关沙特阿拉伯的石油问题进行了长时间的会谈。他的态度非常友好，喜欢美国人并且希望继续进行商业合作。罗斯福与他探讨了由美国援助实施一个庞大的公共工程计划的可能性，旨在帮助提升他的阿拉伯臣民的生活水平。午宴中有关这些话题的会谈双方都非常满意。

但是，当总统将话题转向巴勒斯坦问题、希望阿拉伯人和犹太人能够和平相处时，伊本·沙特的态度虽依然彬彬有礼，但是语气却变得十分坚决，他给总统上了一堂有关巴勒斯坦的历史课，从阿拉伯人的角度（后来，他在写给白宫的一封长信中再次重述了这些内容）。

国王不卑不亢地微笑着说道，如果让有着海外经济支持和高水准生活的犹太人不断进入巴勒斯坦，他们将会给阿拉伯本地居民制造麻烦。当发生这种情况的时候，作为一名真正的阿拉伯人和虔诚的信徒，他就不得不站在阿拉伯人一边，反对犹太人，他一定会这么做。

就伊本·沙特国王而言，他对于巴勒斯坦—犹太问题所作出的清晰表态，对于美国在决定介入或是退出这一争端的决策上是极有帮助的。国王的坦率直言是令人欣慰的，我希望它能够阻止美国卷入巴勒斯坦的犹太人和阿拉伯世界之间爆发的流血冲突。

下午3点半，国王和他那些身着长袍的随从们返回"墨菲号"战舰。"昆西号"则于下午4点启程离开苦湖，穿过苏伊士运河一路向北。

杰弗逊·卡佛里大使从巴黎发来电报称，戴高乐将军已经拒绝了总统邀请他在阿尔及尔举行会晤的建议。卡佛里在电报中指出，戴高乐因为某些事窝着火气，可能是由于他未被邀请参加雅尔塔会议。戴高乐的这一行为或许会对我们在法国问题上的判断产生一定的影响，如果总统视这种拒绝为一种侮辱的话。但是，总统对此却一笑了之，说道："好吧，我只不过是想和他讨论一些问题。如果他不愿意，我是无所谓的。"

2月15日，当我们进入埃及的亚历山大港时，发现这个大型港口里停满了商船和英国战舰。由于兰德海军中将在会议结束之前就已经离开了雅尔塔，因此我发了一封电报将这里停泊着大量货船的情况告诉了他，看看是否有可能有效利用这些货船，以缓解当时海上运输工具极为紧缺的情况。

午后不久，丘吉尔就来到船上，与总统进行了半个小时的私人会谈（我没有参加），并留下来用午餐。这是丘吉尔和罗斯福的最后一次聚餐，共同出席的还有丘吉尔的儿子伦道夫·丘吉尔上校，和女儿奥利弗夫人，以及总统的女儿安娜·伯蒂格，我们的驻英大使约翰·怀南特，哈里·霍普金斯和我。在总统船舱里举行的这场聚会，气氛轻松愉快，宾主尽欢，我不记得在席间的谈话中涉及什么国家大事。

与我们的英国朋友们道别之后，"昆西号"于下午4点离开了亚历山大，前往阿尔及尔，并于2月18日星期天抵达。这一天，沃森将军脑溢血病情恶化，情况十分危急。

霍普金斯、史蒂芬·厄尔利和伯恩斯在阿尔及尔离开"昆西号"，改乘飞机返回华盛顿。因为霍普金斯的身体状况需要尽快住院治疗。塞缪尔·罗森曼法官则加入我们，协助总统准备向国会提交的有关雅尔塔会议的重要报告。

罗斯福经常开玩笑称之为"唯恐天下不乱"的美国三大新闻社的驻白宫记者——美联社的D. B. 科内尔，合众社的梅里曼·史密斯和国际新闻社的罗伯特·G. 尼克森——也在阿尔及尔登上了"昆西号"。在加足燃料之后，我们于下午4点离开亚历山大码头，驶向弗吉尼亚的纽波特纽斯。

2月20日早晨8点左右，当我们行驶至北纬30度、西经12度—30度海域时，沃森将军告别了人世。我们设法将这一噩耗通知了沃森夫人，但是出于总统行踪保密的考虑，讣告只有回到华盛顿才能公开发布。被总统昵称为"老爸"的沃森将军，在总统班底中是我们所有人的亲密朋友，他的离世令总统悲痛不已。这个噩耗也令我们所有人都深感震惊。

1945年2月24日，土耳其对轴心国宣战，并且据说如果能够被允许加入联合国组织，阿根廷也打算效仿土耳其宣战（3月27日，阿根廷正式对德国和日本宣战）。

这些此前保持中立的国家之所以这么做，显然是想抓住机会让自己跻身于胜利一方的阵营当中，以便获得资格参加1945年4月25日在旧金山召开的联合国大会，得到将于3月1日发出的会议邀请函。

我们的航行大多数时间都处于温和的亚热带气候之中，海面上微风习习，波澜不惊。在海军里，过去常说这样的气候足以吸引任何人离开陆地，置身于大海之上。但是，当2月27日行驶到百慕大和切萨皮克湾之间的时候，我们遭遇了时速25海里的强风，护航的驱逐舰在波涛汹涌的海面上艰难前行。就在这海上旅程的最后一天里，收音机里传来了来自巴黎的消息，莱茵河以西的德军防线已被击破，纳粹正在向东岸撤退。

下午6点30分，我们停靠在纽波特纽斯的军用运输码头，随即登上总统的专列，并于2月28日清晨抵达华盛顿，至此结束了将近五个星期之久的雅尔塔之行。第二天，我参加了在圣马修天主大教堂为沃森少将举行的弥撒。一同参加仪式的还有罗斯福夫人和许多军政界要人。

3月1日，罗斯福向国会做了有关雅尔塔会议的报告。我们在从阿尔及尔返回的路上就已经在准备这份报告了。我认为总统的讲话有些太过冗长了。令人遗憾的是"一针见血大人"没能参与我们的准备工作，因为当时霍普金斯的病情危急，不得不从阿尔及尔乘飞机赶回医院。而罗森曼大法官由于并未参加雅尔塔会议，因此存在一定的局限性。

总统坐在轮椅上发表了演讲，这也是他第一次在参众两院的联合会议上这么做。他阐明了对雅尔塔会议达成的各项决议的信心，特别是关于联合国，他说随着这些决议的付诸实施，单边主义、排他性联盟、势力范围、力量均势，以及多少世纪以来人们不断尝试均告失败的权宜之计，都将成为历史。

其实就在他发表讲话的时候，我们与苏联之间的关系正在酝酿着一场危机，总统为此殚精竭虑，死而后已。

苏联在波兰的攻势进展迅速，攻克了许多关押着美国战俘的纳粹集中营。2月底，有消息称我们的士兵们遭到了不公对待，苏联人对待波兰美国战俘的方式引起了强烈批评，我们请斯大林对此给予解释。

斯大林回复说，在经过调查之后，他发现所有有关美国人遭遇不公对待的案例都只限于那些在战场上被发现的战俘。他还说，已经成立了一个专门负责照顾外国战俘的机构，配备了大量的运输工具用来转移他们，并且立即采取紧急措施向他们提供帮助，以及解决后续的遣返回国问题。他说，许多在波兰境内发现的美国人已经被安排运往敖德萨，从那里他们将返回美国，那些无法上路的，也已经安排入院治疗。

我们曾经提议，允许美国派出救援飞机前往波兰。斯大林以"没有必要"为由拒绝了，并且承诺苏联军队将会充分善待战俘。尽管如此，批评之声仍在发酵。因为对于莫斯科来说，似乎并没有充分理由拒绝美国的调查要求，以及我们认为有必要或者恰当的救援行动。

虽然在雅尔塔，刚刚签署了在已解放地区应由盟国联合行动的承诺，但是苏联的态度却清楚地表明了，他们不打算让任何其他盟国进入波兰实地检查，以了解那里的真实情况。

就在华盛顿和莫斯科就战俘问题交换意见之时，又出现了一个更为严重的危机——据说德国人试图安排纳粹军队在意大利向英美投降。这引发了自苏联人加入对抗纳粹的盟国阵营以来，我们和他们之间的第一次激烈冲突。

3月9日，在意大利的战略情报局特工向地中海战区盟军最高指挥官陆军元帅亚历山大报告称，德国在意大利的党卫军将领卡尔·沃尔夫①希望前往瑞士商谈意大利北部的德国军队投降事宜。战略情报局特工引用沃尔夫的话说，德国的战争形势已经无可救药，继续打下去只会造成德国人不必要的牺牲。

据说沃尔夫告诉战略情报局特工，他的想法尚未得到当时意大利北部德军总指挥艾伯特·凯塞林②元帅的支持，并且他的行动也没有告诉他的上司海因里希·希姆莱。

---

① 卡尔·沃尔夫(Karl Wolff, 1900—1984)，德国党卫军副总指挥，相当于上将。1917年加入德意志帝国陆军，参加过一战。1931年10月加入纳粹党和党卫队。1933年6月任党卫队首领海因里希·希姆莱的副官。1936年成为第三帝国国会议员，并担任希姆莱的参谋长，是希姆莱集团的核心成员。1939年任希特勒的党卫队联络官，其实也是希姆莱安排在希特勒身边的耳目。二战爆发后参与组织了对犹太人的种族清洗。1943年9月调任意大利党卫军总指挥和警察总监。1945年初，沃尔夫开始策划"日出行动"，与驻瑞士的美国战略情报局负责人艾伦·杜勒斯秘密展开投降谈判，3月8日两人在瑞士卢塞恩进行了会谈，于4月29日结束了意大利战事；5月13日被盟军逮捕，但在后来的纽伦堡审判中被免于起诉。1948年11月，沃尔夫因参加党卫军被战后德国政府判处五年监禁，7个月后减刑为四年。1962年，以色列在审判"最终方案"主要执行者、党卫军中校阿道夫·艾希曼过程中，发现了沃尔夫在意大利迫害犹太人的新罪行，1964年被西德政府判处十五年监禁，1969年因病获释。苏联电视连续剧《春天的十七个瞬间》讲述的就是沃尔夫和"日出行动"的那段历史。——译者

② 艾伯特·凯塞林(Albert Kesselring, 1885—1960)，德国空军元帅。一战及战后均在陆军总参谋部担任参谋。1933年纳粹党掌权后退出陆军，转入空军司令赫尔曼·戈林手下任职。1936年任空军参谋长。1937年任空军第3军区司令。1938年春任第1航空队司令，率军入侵波兰。1940年夏任第2航空队司令，参与指挥法国战役、敦刻尔克战役、不列颠空战和入侵苏联中部战场的作战。1940年6月30日授元帅军衔。1941年9月调往驻罗马空军南方军区总司令，参与指挥了北非、突尼斯、西西里、意大利半岛等地的作战。1943年9月起先后担任意大利、地中海战区最高指挥官，北海至瑞士一线总指挥官，南线、西线德国总指挥官。1945年5月7日率德国南方军队向美军投降。1947年5月被判处死刑，10月改判无期徒刑。1952年10月因病释放。——译者

亚历山大立即将这一情况向联合参谋长委员会作了汇报，并于3月10日请求允许各派一名英美参谋人员前往瑞士伯尔尼，通知沃尔夫将军到盟军在意大利卡塞塔的司令部商谈凯塞林部队投降的事宜。

亚历山大在报告中强调，沃尔夫是希姆莱的人，他对此有些顾虑，但是他希望如果沃尔夫的提议是真的，能够事先有所准备。这样的投降纯属军事行为，并没有政治背景。

美方参谋长希望授权亚历山大立刻派人与沃尔夫会谈。但是我们的英国同僚则认为，在将此事告知苏联政府并邀请他们参加伯尔尼的会谈之前，不应该采取任何行动。对此，我们只同意把情况通报莫斯科，并表明在伯尔尼的接触只是为了安排讨论投降事宜的会谈。

美国驻苏联大使哈里曼于3月11日将情况通报给了莫洛托夫。莫洛托夫于第二天回复，他的政府认为这件事非常重要，并且不反对英美与沃尔夫将军进行会谈。但是，莫洛托夫说，他的政府希望派三名苏联官员参加此次会谈。哈里曼和美国驻苏联军事代表团团长约翰·R. 迪恩少将，强烈主张不能同意莫洛托夫的要求。迪恩的电报(华盛顿与莫斯科有关这一问题的往来密电均已释译)称：

> ……我之所以提出这样的建议是由于我感到……同意苏联人的要求是一种绥靖行为，将会对我们未来的谈判产生不利影响。

到了3月13日，有关在意大利的德军可能考虑投降的传闻已经广为流传。国务院于3月15日对莫洛托夫做出的答复，强调了以下三点内容：

> (1) 伯尔尼的会面只是为了安排一名德方代表前往亚历山大将军司令部商讨投降问题的事宜；(2) 欢迎苏联派代表赴亚历山大将

军的司令部；（3）由于德国提出向英美前线战场投降，因此只能让作为盟军最高指挥官的亚历山大负责此次谈判。

这些文字中并没有直接拒绝苏联提出的要求，但却明确表示了不同意苏联代表前往瑞士、恐怕他们的出现会不利于计划进行的意思。

同一天（3月15日），国务院将指令拍电报给哈里曼。亚历山大告知联合参谋长委员会，凯塞林将军已经离开意大利返回德国觐见希特勒。与沃尔夫联系的战略情报局特工说，沃尔夫仍然希望就投降问题进行谈判，但是要等到凯塞林返回之后看看是否能够说服他，或者是他的继任者，如果凯塞林留在德国的话。

在与沃尔夫的接触取得实质性成果之前，莫洛托夫于3月16日写给哈里曼一封措辞激烈的信，部分内容如下：

> 美国政府拒绝允许苏联代表参加在伯尔尼的谈判，对于苏联政府来说是完全出乎意料的，也是难以理解的……苏联政府……坚决要求停止已经在伯尔尼开始的谈判。

哈里曼立刻告诉国务卿斯特蒂纽斯，莫洛托夫的信证实了他的感觉，自从雅尔塔会议之后，苏联领导人就认为在任何问题上，他们都能够强迫美国接受自己的意愿。哈里曼指责莫洛托夫肆意歪曲事实的做法，与苏联人对雅尔塔会议有关波兰、罗马尼亚和释放战俘问题决议的解释自说自话的做法如出一辙。

> "莫洛托夫信中傲慢的话语，我认为，"哈里曼在电报中写道，"将他们想要凌驾于美国之上的态度公开化了，对此我们之前只是有所怀疑。我早就料到，这种态度迟早会发展到令我们难以忍受的地步。

因此，我建议对此问题我们应秉持此前的理性和宽容态度，以坚决但友好的方式与苏联政府进行协商。”

约翰·赫尔少将①在 3 月 17 日与我讨论了战争部对苏联反对投降谈判一事的态度。我认为，战争部长史汀生为国务院准备了一份精彩的声明。在他看来，无论英美在伯尔尼的谈判结果如何，这件事都纯粹是个军事问题，"就像美国与斯大林格勒毫无关系一样，苏联与此事也毫不相干"。史汀生说，如果可能出现大批德军在战场上投降的机会，就应当接受。

亚历山大发电报称，他的两名官员已经于 3 月 19 日在瑞士洛迦诺与沃尔夫会面。与此同时，希特勒下令由凯塞林负责指挥所有西线战场的德军，海因里希·菲廷霍夫则接替他出任意大利前线指挥官。沃尔夫不同意立即前往盟军在意大利的司令部商谈投降事宜。他说，他想要回德国去看看凯塞林。因此，亚历山大的人在离开洛迦诺的时候无功而返，既没有谈妥展开德军投降会晤的安排，也没有与沃尔夫进行任何形式的谈判。

3 月 21 日，哈里曼在对莫洛托夫 3 月 16 日那封言辞犀利的信做出回复时，向他转告了洛迦诺的情况，并向他保证与德国人没有进行任何谈判。事情看上去似乎可以到此为止了。

四十八小时之后的 3 月 23 日，莫洛托夫发给哈里曼一封带有侮辱性质的信，苏联政府公开质疑美国的诚信。莫洛托夫在信中写道：

在过去的两周里……背着肩负对德战争主要任务的苏联政府，

---

① 约翰·赫尔(John Edwin Hull, 1895—1975)，美国陆军中将，1942 年 2 月起先后任总参谋部作战计划处、作战处主管。1944 年 10 月任助理参谋长兼作战处长。战后曾任陆军副参谋长、远东美军司令、驻韩美军司令。1955 年退役。——译者

英美将领代表和德军将领代表进行了谈判。苏联政府认为这是绝对不能接受的……

为了缓解日趋紧张的局势，消除苏联人的怀疑，罗斯福于3月24日直接发电报给斯大林，内容如下：

> 我确信，由于误解，这件事的真实情况未能正确地向您做出解释……如果我们的前线指挥官认为有迫使敌军投降的机会，我的政府必须尽全力为他们提供帮助，这一点您肯定能够理解……对此抱有任何其他立场或者允许任何拖延，而导致美国士兵付出额外的不必要的伤亡，于我而言是完全不合情理的。
>
> 敌军在战场投降这件事，没有任何政治含义，也丝毫不违背我们一致同意的无条件投降原则……我不同意因为莫洛托夫先生出于某些我完全无法理解的原因提出反对，就中止对这种可能性进行的试探（安排讨论投降的会晤）。

在此之前，当我们和我们的苏联盟友之间出现误会时，如果罗斯福和斯大林亲自出面处理，总是能够解决大部分问题。但是这一次情况却完全不同。斯大林元帅在给总统措辞尖锐的回复中，断言德国人在瑞士的会谈只不过是用来迷惑意大利英美盟军指挥官的烟幕弹。他声称纳粹已经趁机从意大利调派了三个师到东部前线，还说："这一事件令苏联指挥官感到愤怒，并且滋生了不信任的土壤。"

他的话令人联想到1944年3月，当英国和苏联因"寇松线"争执不下的时候，他对丘吉尔首相的言辞。

斯大林的这番指责令参谋长联席会议深感震惊。苏联和英美的盟友关系如果公开破裂，将对打败德军的速度造成严重影响。当时苏联军队已经进入德国东部。美国军队于 3 月 7 日成功夺下雷马根的鲁登道夫大桥，跨越了莱茵河，形势一片大好。事实上，西线的德军正在全面撤退，有的地方几乎是溃不成军。

罗斯福要求我和马歇尔将军，针对斯大林这封电报起草一封回电。对于大元帅的忧虑和不信任，总统在回复中信誓旦旦地向斯大林保证，我们绝对没有与德国人进行投降谈判，并且也绝未因任何谈判问题而给希特勒制造从意大利抽调部队的机会。罗斯福意识到，如果这场争执继续发展下去的话，将给纳粹的宣传机构提供一个千载难逢的机会。他说：

> 这整件事是由一位德国军官发起的，据说与希姆莱的关系很密切，很有可能他唯一的目的就是挑起盟国之间的怀疑和不信任。我们没有理由让其阴谋得逞。

斯大林断然否认了罗斯福没有进行谈判的说法，并且做出以下声明：

> 我们军方的同志……毫不怀疑谈判已经进行，并且已经与德国人达成了协议。据此协议，德国西线总司令——凯塞林元帅——同意开放西部前线，并允许英美军队向东部推进，英美则承诺放宽和平条件作为回报。
>
> 我认为我的同志们的看法是接近事实真相的……我知道在伯尔尼或是其他什么地方单独进行的这些谈判，肯定会给英美军队带来好处，凭此英美军队就有可能长驱直入德国腹地，却几乎不会遭到什么抵抗。……由此而导致的结果就是，当前在西线的德军事实上已经停止了与英美的战斗，而与此同时德国人与英国和美国的盟友苏联的战争却仍在继续。

至此，苏联人长期以来闷在心里，唯恐英美与德国单独媾和的疑虑与担忧终于公开了。这封电报清楚地表明，苏联人对我们的动机和承诺是不信任的。总统对于即将召开的旧金山联合国大会寄予了厚望，而这件事无疑给大会的成功召开蒙上了一层阴影。

我和马歇尔将军再次共同起草了一份给莫斯科的回电，经过罗斯福的批准，在友好国家外交对话允许的范围之内，此次回电使用了近乎谴责的语气。电报文本同时也发送给丘吉尔和哈里曼让他们知晓。

4月4日，总统以坚定的口吻，向斯大林重申了没有进行谈判的保证，并表示对于这位苏联领导人会相信他的盟友们已经与德国人达成和谈而感到吃惊。总统针锋相对地说，艾森豪威尔将军的迅速推进完全是军事上的胜利，并非是与凯塞林达成了什么秘密协议。

"我确定在伯尔尼从未进行过任何谈判。"总统在回电中说道，"并且我感到，您有关这件事的情报肯定来自德国人，他们一直试图在我们之间挑起争端，以便在某种程度上逃避战争的罪责。如果沃尔夫在伯尔尼的用意正是如此的话，您的电报恰恰证明他已经取得了部分成功……

坦白说，对向您提供情报的人，无论他们是谁，如此卑劣地歪曲污蔑我和我忠诚下属的行为，我不得不表示极为不满。"

丘吉尔也向斯大林发了一封类似的电报，提出强烈抗议，同时向罗斯福提出以下建议：

总的来说，我认为这件事只不过是他们感到棘手或是嫉妒的自然表现。正是基于这一原因，我认为在这个关键时刻，我们两国做出坦诚而坚决的姿态是最重要的，这样既有利于澄清误解，同时也能让他们认识到，我们对侮辱的忍耐是有限度的。我相信这是挽救未来局势的最佳机会。如果他们认为我们惧怕他们，会因威逼恐吓而屈服，那我对于未来与他们的关系就真的感到绝望了。

总统的最后一封电报说服了斯大林，当4月5日苏联宣布废止与日本的中立条约时，美苏之间猜疑的气氛已经明显消散了。苏联的立场转变，我个人认为很快就会引发苏联和日本之间的战争，至于谁先动手都有可能。根据历史上的情况来看，东京更有可能首先发动攻势，但是苏联人对日本过往的历史也是非常了解的，他们应该做好了充分的准备。

就在总统和首相与斯大林针锋相对的时候，亚历山大将军在这场引发矛盾的所谓"谈判"问题上没能取得丝毫进展。希姆莱不信任沃尔夫，并且对他有所提防。尽管沃尔夫声称，新任的驻意大利德军总司令菲廷霍夫将军已经在安排投降事宜，但是他却提供不出可信的证据。亚历山大推测沃尔夫不打算采取进一步行动，以确保自己的人身安全。

亚历山大于4月4日从瑞士召回了他的代表，并告知联合参谋长委员会，他认为意大利德军投降的可能性微乎其微。他认为敌人肯定清楚我们只接受无条件投降，因此对有条件投降是不抱希望的。不过，如果沃尔夫能够说服新的德军总司令投降，亚历山大也留了一条路给他，可以派中间人取道瑞士到他们的司令部进行商谈。

斯大林在4月7日向总统表示，他从来不曾怀疑过他的诚信。罗斯福于4月11日回电给斯大林表示感谢，并说道：

> 无论如何，我们不应当彼此怀疑，今后也应当避免再次产生此类小误会。我确信，你我两国军队联手发起进攻并会师德国之时，便是纳粹军队溃败之日。

同一天，艾森豪威尔报告说，狡猾的弗朗茨·冯·帕彭，当时的德国驻土耳其大使，在"鲁尔口袋"包围战中被擒获。联合参谋长委员会指示艾森豪威尔，立即通过军方渠道通知苏联最高指挥部，以便在审讯冯·帕彭时，有苏联代表参加。

总统急于将发生在美苏两国之间这段不愉快插曲的影响降低到最低限度。4月12日，也就是他告别人世的那一天，在他发出的最后一封电报中，他告诉哈里曼大使："我希望伯尔尼误会只是个小问题。"

盟国与德国军官在瑞士为安排投降谈判而进行的会面招致苏联误解一事，显示出苏联人的极度敏感。在这一事件中，双方的误会达到了令人吃惊和危险的程度。通过这件事表明，如果没有事先通知莫斯科并且允许苏联人参加的话，盟国与任何德国官员的接触，都有可能引起苏联的警觉和猜疑。

苏联人对此给出的理由是，他们确信在意大利，没有德国军官会在苏联代表面前讨论投降问题。

这清楚地证明了，在战争中不必要的结盟所带来的意外危险，同时也让我更加坚信，我们在对日战争的最后阶段与苏联合作的做法是错误的。

伯尔尼事件并不是我们和苏联人在雅尔塔会议结束之后的这两个月中出现的唯一问题。苏联人在部分巴尔干国家的做法，令国务院深感不安。代理国务卿格鲁于3月6日要我向总统提议，有关苏联人提出的租借海军战舰以替代部分意大利战舰的要求，请他不要急于答复。格鲁显然是希望利用苏联人的这个要求与莫斯科讨价还价，谋求苏联人在某些欧洲政治问题上，特别是罗马尼亚问题上的合作。

3月18日星期天一早，哈利法克斯勋爵就打电话给我，要求我敦促总统，尽快批准将他和国务卿拟定的有关波兰问题的电报发给莫斯科。由莫洛托夫和英美驻苏大使组成的委员会，按照雅尔塔会议确定的精神，在组建波兰政府的问题上遇到了困难。虽然我不认为这封电报在苏联人对波兰的态度上能发挥什么作用，但还是在这天中午征得罗斯福同意之后将它发送出去。

在3月28日我们收到的一封英国情报部门的报告中，基调却完全不同，报告称战略情报局的威廉·J. 多诺万将军最近曾经告诉波兰驻华盛顿大使吉恩·谢奇诺斯基，不必担心苏联人对波兰的态度，因为我们将在4月份的旧金山会议上解决这一问题。看来当时的多诺万将军是过于乐观了。

谢奇诺斯基也有他自己的问题。4月5日，他造访我的办公室，请求盟军考虑征调波兰军队，以及艾森豪威尔将军进军德国时解救出来的强征劳工。我将他的请求转交给参谋长联席会议进行研究。

尽管采取了保密措施，雅尔塔会议上那些涉及中国的决议还是传到了中国人的耳朵里。我们返回华盛顿两天之后，中国驻华盛顿军事代表团团长商震将军，向我询问雅尔塔会议的有关情况。我自然不能向他提供任何尚未公布的信息，同时也很好奇他为什么会来找我。后来，中国驻英大使顾维钧博士，也是我的私人好友，告诉我他已经听说了苏联人希望租借旅顺港和大连港的传言。顾说，中国政府对苏联人占用这两个港口深感忧虑。和对商震将军一样，我不能告诉他传言并非是空穴来风，因为据我所知，总统还没有决定与蒋介石进行谈判。

当时的美国驻华大使赫尔利将军，3月份恰好在华盛顿，向我详细讲述了为赢得他手下的外交人员，以及史迪威将军被召回国之后留下来的部分军方成员对他的忠心拥戴，期间所遭遇的种种困难。军人出身的赫尔利说，他已经掌控住局势，希望不必再遣返他的使馆职员回国。从他讲述的情况我感觉到，某些外交官员曾经联手反对这位非外交官出身的新任大使。

3月27日，赫尔利、魏德迈中将和海军准将梅乐斯①与参谋长联席会议共同商讨了中国的军事问题。他们一致认为，并不需要给予蒋介石中央政府太多的援助，就能够镇压平息中国发生的内乱。魏德迈当时认为，日本在中国进一步的大规模攻势是能够被遏制的，但是要控制中国的那些军阀和政客们却是困难重重，此外他在与亚洲的英国官员以及他自己属下部分将官的相处中也是问题不断。我还与他讨论了能够向印度支那的法国抵抗组织提供何种救济援助的问题。

魏德迈是一位足智多谋、能力突出的军人，如果有哪位西方人能够在如此混乱纷杂的东方世界中取得成功的话，他一定就是那个人。

也是在3月期间，参谋长联席会议听取了魏德迈和尼米兹五星上将对太平洋和中国战区形势的汇报。在这次会议之前，斯坦德利海军上将曾经来访，希望我尽力说服太平洋战区海军司令部，更积极地看待战略情报局和多诺万将军的活动。当时，战略情报局在中国是非常活跃的。

3月10日，出访太平洋归来的海军部长福莱斯特，到我家中拜访，并与我讨论了对太平洋战区指挥系统进行改组的可能性，以及他关于海军在战后的设想。同一周，战时新闻局的艾莫尔·戴维斯提出有关在日本进行广播宣传的一些建议。

参谋长联席会议于4月5日公布了太平洋战区的重大变动，授权道格拉斯·麦克阿瑟将军指挥太平洋战区所有陆军部队，尼米兹上将则负

---

① 米尔顿·爱德华·梅乐斯(Milton Edward Miles, 1900—1961)，美国海军中将。1922年毕业于美国海军学院，曾获哥伦比亚大学电机硕士学位。1922—1927、1936—1939年两度在美国海军驻华部队任职。1942年再度来到中国，任美国海军驻华顾问组组长和驻华使馆海军观察员，同年9月任美国战略情报局远东协调主任，主要任务是发展沿海情报工作和寻找收集气象报告来源。1942年12月任美国战略情报局驻华负责人，与国民党军统头目戴笠签订协议，成立中美特种技术合作所，任副所长，帮助国民党政府训练特工，支持陈纳德率领的美国驻华航空队对日作战，参与反对史迪威的活动，二战后积极援蒋反共。著有回忆录 *A Different Kind of War*。——译者

责指挥该战区所有海军部队。这次指挥权限的调整是为了下一步加强对日作战做准备。

当我们从克里米亚返回之后，法国驻华盛顿的代表又开始频繁造访我的办公室，并且总是说事情"紧急"。他们想要参加当时致力于研究德国工业和科技秘密的联合情报部门；想要美国驻华司令部与法国驻印度支那军部互换情报信息；想要我们原则上同意法国军队参加对日作战（这将有助于法国重新夺回对印度支那的控制权，以及在德国战败之后，获得参与租借援助的资格）。

大多数情况下我只能告诉他们，关于在太平洋战场上何时何地能够利用法军的援助，我尚未得到明确说法。

不过，我们的确尝试向印度支那的法国抵抗组织伸出援手。3 月 18 日法国海军中将弗纳尔来访，说我们在中国的第 14 航空队的飞机已经装载了为法国地下抵抗组织提供的救援物资，但是由于没有得到华盛顿的授权而不能起飞。我立即联系汉迪将军，告诉他总统已经同意在对我们的对日作战不造成影响的前提下，美国可以为印度支那的抵抗组织提供援助。

荷兰人也竭力说服我们在对日作战中使用他们的兵力，4 月 10 日海军少将范德奎恩再次重申他先前提出的请求，要我们将 15 个营的荷兰兵力从荷兰运往澳大利亚。

在此期间，我和 S. D. 恩比克①中将之间进行了一次最为妙趣横生的谈话。他曾经参加过在墨西哥举行的泛美会议，在国际事务上有着丰

---

① 斯坦利·邓巴·恩比克(Stanley Dunbar Embick，1877—1957)，美国陆军中将。毕业于西点军校，曾担任总参谋部作战计划处主任参谋、海岸炮兵学校校长、菲律宾港口部队司令官，1936 年任作战计划处少将处长，一年后提任陆军副参谋长。二战期间先后担任联合战略规划委员会主席、国会美洲防务委员会主席，参加了筹建联合国的敦巴顿橡树园会议，是罗斯福总统的高级军事顾问，也是盟军中国战区参谋长魏德迈将军的岳父。——译者

富经验，为人随和并且刚正不阿。恩比克认为，在战后美国和苏联必将成为两大强国，美洲的共和制国家应当保持团结抵御外来侵略。他认为，为使美洲国家团结一致成为一个坚固堡垒，必须付出坚持不懈的努力。他还说，全面封锁和空袭都不能迫使日本投降时，才有攻击日本本土的必要。不用说，在这个问题上我们的意见是完全一致的。

通过我们的秘密特工，我收到一封来自法国官员的信，是我担任驻法大使期间贝当政府的高级官员写来的。信中对我 1942 年离开之后法国发生的事件进行了很有意思的评论。其中证实了在 1942 年 11 月，贝当元帅确实向达尔朗上将发送了那封神秘电报，使得达尔朗能够与我们在阿尔及尔的人进行谈判，停止了法国军队对北非登陆部队的抵抗，转而与盟军合作。

信中还透露，我们在法国海军部的一些朋友，曾经试图派土伦港的法国战舰加入我们，但是未能成功。

我的这位朋友在信中还提到，1943 年 11 月，贝当曾希望颁布一项民主法律，以便在他死后将手中的权力交还给法国国民议会（并非是赖伐尔总理）。当遭到德国人的阻拦之后，信中说，贝当从那时起，就拒绝签署德国人强加的对通敌者的任命，也不再参加内阁会议。

信中透露贝当在 1944 年 8 月 11 日，曾经委托一位身居要职的朋友，寻求与戴高乐将军达成一项协议。据信中说，如果戴高乐当时接受了这项协议，"元帅（贝当）就将把他的权力移交给戴高乐，而他自己会彻底销声匿迹"。在他看来，戴高乐拒绝与贝当联盟与和解，是导致法国此后政治纷争的主要根源。

上述这些内容都是这位曾经担任贝当政府高官的人透露的，不过他说："法国人民大众在精神上和肉体上都饱受德国占领军的折磨。法国正处于共产党的统治之下，他们已经控制了法国社会的各个阶层……只有戴高乐将军领导下的英勇的法国抵抗组织，与贝当领导下誓死守护自己国家领土的勇士们相联手之时，法国和欧洲才能迎来真正的和平。"

这位贝当政府官员，在我驻维希期间十分支持盟军的事业，我对他在这封长信中所表达的意见相当重视。

还有一段更为有趣的故事，在 4 月 2 日召开的圣托马斯大教堂教区委员会年度会议上，一位酒醉微醺的苏联游客和其妻子的出现，让会议惯有的沉闷气氛顿时活跃起来。

肯定是被我的制服所吸引，这位苏联人与我聊起了苏联、土耳其和爱琴海。他说，他曾经是沙皇时期的一名上尉；是一名东正教徒，据他说和美国的圣公会教徒是一样的；他的妻子是苏格兰人，他曾经在美国住了很多年。

他亲吻女士们的手向她们致意，并对她们说他会弹钢琴，在会后，他的确颇有水准地演奏了几曲。整个气氛变得相当热烈，他对这一切乐在其中，我也一样。

这让我想起了许多年前我所认识的那些与他情趣相投的俄国人，或许他甚至就是他们中的一员。

在我们分别时，他给了我一个温和的俄罗斯式拥抱，用法语说道："这是一个俄罗斯人的拥抱，不是'同志'的拥抱。"

这位快乐潇洒的苏联人将那些逝去已久的岁月又带回了我的记忆之中，他和我的年纪相仿，因此应该也会在许多夜晚时光，想起他那些逝去的青春岁月吧。

经济稳定和战争动员办公室主任伯恩斯法官于 4 月 2 日告诉我，总统终于接受了他的辞呈，并任命来自肯塔基州的弗莱德·文森法官接替他的职位。在我看来，伯恩斯的高风亮节、过人胆识以及作为参议员的杰出才干和丰富经验都是无可替代的。

我和新上任的文森法官的首次接触是在 4 月 12 日，他打来电话，对参谋长联席会议为战争目的建造更多商船提出反对意见。文森说，他会以牺牲其他需求为代价，来满足战时的运输需求。

军方总是认为他们能够比民间机构做得更好，这件事便是又一个例证。文森法官主张，参谋长联席会议应当继续充分发挥联合战略生产委员会的作用。这位新任战争动员办公室主任在这件事情上的观点无疑是正确的。

在这段时间里，我唯一的一次外出是去缅因州的巴斯。4月8日星期天，我的孙女路易斯在那里将一艘现代化驱逐舰命名为"特纳号"（第 834 号），早上 9 点 50 分，"特纳号"顺利下水驶向巴斯钢铁厂。为了纪念这位在伊利湖战役中表现英勇的佩里将军舰队的军官，这已经是第三艘被命名为"特纳"的战舰了。

3 月 17 日，为了庆祝他们结婚四十周年，总统和夫人在白宫举办的一场晚宴，成为大家永远美好的记忆。因为这是他们最后一次共同庆祝结婚纪念日了。到场的 18 位宾客中包括荷兰王储朱莉安娜公主；荷兰大使劳登和夫人；公主女侍温泰特夫人及丈夫；助理国务卿洛克菲勒和洛克菲勒小姐；战时食品管理局局长琼斯及夫人以及伯蒂格上校和夫人。

3 月 23 日，星期五中午，总统会见了将代表美国出席旧金山联合国大会的 5 名国会议员。一同参加会议的还有代理国务卿约瑟夫·格鲁，国务院的詹姆斯·邓恩、查尔斯·波伦和我。

罗斯福向他们详细介绍了在雅尔塔会议上苏联人要求在联合国大会增加两个席位的情况，以及他和丘吉尔首相已经同意苏联人的要求，允许乌克兰和白俄罗斯作为大会创始成员国。

罗斯福说，以后他会为美国争取同等数量的表决权。总统为成功组建一个行之有效的联合国的决心矢志不渝。

这次会谈中，大部分时间都是总统在侃侃而谈，他告诉在座众人，谈话内容将不做记录。会谈期间，大家自始至终都在静静地聆听，我不记得有任何人对给予苏联额外两票提出过反对意见。然而，就在几天之后，有关向苏联人让步的消息就"泄露"了出去，一场指责总统在雅尔塔会议上对苏联妥协的批评风暴席卷而来。

这一周的星期五晚上，总统回到海德公园。显然他现在需要一段比周末更长时间的休息。因此他最终听从医生的建议，决定在他的"第二个家"——佐治亚州的温泉疗养院进行为期三周的疗养。3月29日，星期四，他中途到白宫作了短暂停留。

当他离开准备登上前往佐治亚的专列时，我陪他从我们进行谈话的办公室中走出来，去往白宫的南门。像平常一样，他兴致勃勃，心情很好，当他走到门口坐进车里时，我说道："总统先生，您要去度假真是太好了。而且这对我们来说也是好事，因为你不在的时候，我们能更轻松一点儿。"

罗斯福笑道："好吧，比尔。我不在的时候就好好休息吧，等我回来就给你派一大堆活儿，到时候你可就苦了。"这是我与富兰克林·罗斯福离世前的最后一次见面。

1945年4月12日下午，在佛罗里达大街的家中，我正坐在既是卧室也是办公室的房间里，说来也巧，恰好在这时打开了收音机。下午5点50分，我听到了罗斯福总统由于突发脑溢血已经于下午4点半在温泉疗养院去世的消息。和大部分人一样，刚刚听到这个噩耗的时候，我不敢相信这是真的，随后我通过专线打电话到白宫，以证实消息是否属实。

我询问了总统的私人医生麦金泰尔将军，他告诉我，总统在这天中午的时候突发脑溢血，此前没有任何征兆，并且在他离世之前再也没有恢复知觉。在此之前，麦金泰尔医生看到的所有报告都显示总统康复的情况不错，并且能够去旧金山参加那个对他来说至关重要的会议——旨在维护和平的联合国组织将于4月25日召开的首次会议。

我立即奔赴白宫，看到行政部门的首脑和一些其他人员都聚集在内阁会议厅，讨论必要的应急处理方案。财政部长摩根索和我上楼看望罗斯福夫人以表慰问。我们发现她沉着镇定，也理解我们想与她分担痛苦的心情。从表面上看来，她比我们大部分人都更能控制内心的感情。

在麦金泰尔将军和史蒂芬·厄尔利的陪同下，罗斯福夫人于晚上7点乘飞机前往温泉疗养院。据了解，总统的遗体计划于星期六由火车运回华盛顿，葬礼仪式将在白宫举行。然后总统家人乘坐火车回到海德公园，安葬仪式将于4月15日星期天在那里举行。

与此同时，宪法条文中有关总统继任者的规定旋即生效。4月12日，下午7点09分，在白宫的内阁会议厅，各行政部门首脑和政府官员分列两侧，由首席大法官哈兰·斯通主持仪式，来自密苏里州的副总统哈里·S.杜鲁门宣誓就任美国总统。杜鲁门站在房屋中间那张大型会议桌的北端。就职仪式庄重而令人印象深刻。在场的杜鲁门夫人，也目睹着她的丈夫成为了这个国家第32位踏上权力顶峰的人。

4月14日，星期五早晨9点30分，罗斯福的家人离开白宫，迎候运送总统遗体的专列抵达。他们当中有约翰·伯蒂格中校夫妇和埃利奥特·罗斯福准将，以及一些年轻的亲属。杜鲁门总统，内阁成员，最高法院法官，参众两院代表，外国使节及夫人，马歇尔将军，金上将和我，以及其他几位陆海军高级将领都前往联合车站迎候。

10点，送葬队伍开始离开车站。走在最前面的是海军军校学员团和士兵、海员以及海军陆战队组成的方阵，随后是总统的灵柩，罗斯福家人和杜鲁门总统跟随其后。

我们经过的街道上挤满了人，估计有30万民众，许多妇女都在哭泣（我看到其中有一位嚎啕大哭，情绪儿近失控）。11点10分，我们抵达白宫。只有与总统最亲近的人士和内阁成员才获准参加仪式，目睹富兰克林·罗斯福最后一次进入白宫，这个他曾经执政超过十二年之久的地方。在晚上启程前往海德公园之前，总统的灵柩将停放在东大厅里。

特地赶来参加葬礼的还有：从伦敦乘飞机赶来的英国外交大臣安东

尼·艾登，伯纳德·巴鲁克和一直在明尼苏达州罗切斯特住院的霍普金斯。从哈里的脸色可以看出，他的健康状况也已到了病入膏肓的地步。

下午4点，白宫东厅举行了一场令人难忘的葬礼仪式，主礼牧师是华盛顿教区主教安格斯·邓恩，圣托马斯教堂的H. S. 威尔金森牧师以及圣约翰教堂的J. G. 马吉牧师。东厅的墙边堆满了鲜花，表达了各界民众与许多国家对我们伟大总统的爱戴与哀悼。

在东厅参加葬礼仪式的200人中，有加拿大总督阿斯隆伯爵，挪威王储玛莎公主，英国外交大臣艾登以及一位身着民族服装的沙特阿拉伯王子。其他参加葬礼仪式的还有司法和行政部门首脑，各军参谋长，外国使节和国会代表。很多人偕夫人一同前来。

晚上10点，总统的遗体在他的家人和内阁成员的陪伴下，由总统专列运往海德公园。杜鲁门总统和其他114名受邀人员，其中包括18名新闻记者，也分别乘火车前往海德公园。

我们到达之后，乘坐汽车前往一处树篱围绕的花园，位于总统宅邸和新建的图书馆之间，4月15日上午10点，在这儿举行了一个简单的安葬仪式，富兰克林·德拉诺·罗斯福从此便长眠在出生地这片美丽的花园之中。

西点军校生组成的仪仗队，最后一次接受总统的检阅。按照传统，一组学员举枪齐射三次，作为对一名战士的最后致敬。

在基地参加安葬仪式的不到300人，除了那些来自华盛顿的，其他大部分人我都不认识。他们都沉浸在深深的悲痛之中，几乎每个人都流着眼泪，难掩悲伤之情。在那些熟悉的面孔之中，我看到了住在海德公园附近的德拉诺家族的部分成员，还有加拿大总理麦肯齐·金。

简短的安葬仪式结束之后，我们乘坐火车返回华盛顿。我记得在途中与伯恩斯谈起我们的已故总统和新任总统——伯恩斯比我们大部分人都更了解他，因为他们曾经在参议院共过事。劳工部长弗朗西斯·珀金斯，来我的包厢待了很长时间，聊起她在从政初期就与罗斯福建立起来的友谊。

这或许是我最后一次造访我这位朋友的家乡了，他将会成为永远被历史铭记的最伟大的总统之一。正当维护世界文明的这场战争将要接近尾声之时，我们却失去了独一无二的、无可替代的领袖。

富兰克林·罗斯福是一位世界伟人，也是我始终心怀敬仰的朋友。自从一战与他共事以来，我们的友谊持续了三十六年之久。坐在返回华盛顿的列车包厢里，往事如潮水般涌上心头。

在 1942 年 7 月他任命我担任总统参谋长之后，我几乎每天早晨都会与他见面。我报送给他的公文总是能够迅速得到处理，在我汇报时他也总是聚精会神地倾听。每日的例会上，大部分时间都是他在发言，他的思路极为开阔，没有框框，他会把自己的想法都告诉我们。魁北克、开罗、德黑兰、檀香山、阿拉斯加还有记忆犹新的雅尔塔，一幕幕回忆都浮现在我脑海之中。

我也想起党派人士对他的指责，说他在战争中的种种做法是为了使自己再度当选。富兰克林·罗斯福是我们海陆空三军当之无愧的总司令。在与军方参谋人员密切的合作之下，他一直在为赢得这场战争而战斗。就我所知，他从来没有为了自己的政治前途，而做过任何一项军事上的决定。

虽然我自己思想保守，对他的许多民主新政难以理解，但是他在处理那些纷繁复杂的、对我来说不可思议的政治游戏时，所展现出来的超凡本领总是令我钦佩不已。在我经常参加的每周一次的华盛顿记者招待会上，经常能够有机会欣赏到他的这种技巧。他总是会在轻松愉快的氛围中，给记者们提供所有他能够提供的信息。有时他也会责骂他们，但是他们似乎乐在其中。他经常和三大新闻社的三位记者开玩笑，说他们是"就等着我从汽车上摔下来，或者被枪击中或是遭遇其他什么不测的坏家伙"。罗斯福去世的时候，这三位记者恰好都在温泉疗养院。

他酷爱大海和航行。我总是会想起他被放进一只小船，然后再登上某艘巡洋舰或者驱逐舰，或者坐在水手长的椅子上被晃晃悠悠地吊进"艾奥瓦号"战列舰的情景。除了不能独自站立，罗斯福几乎能够完成任何体力活动。他有着一副职业拳击手的健壮体魄，手臂强壮有力，坚硬如岩石一般，但是当他不得不站立的时候——我记得特别清楚的是1944 年他在华盛顿布雷默顿演讲的那一天——他身体所承受的压力是巨大的。

身体的残疾从来未曾减弱他对生命和生活的热爱。他喜欢外出钓鱼。他喜欢与人交往——各种各样的人。他热爱自己的家庭。我认为安娜是他最喜欢的孩子，而吉米令他引以为傲——特别是他在海军陆战队担任上校的经历。我也很喜欢安娜，她在许多方面为父亲提供了巨大的帮助。

罗斯福很懂得如何张弛有度。在战争期间，我很多次在晚上送急件到他房间的时候，都发现他正在摆弄他收集的邮票。他对自己的藏品视如珍宝。他还喜欢玩纸牌游戏，并且有餐前喝开胃酒的喜好。

罗斯福是我努力想成为的那种基督徒。他信奉基督教的戒律，并严格遵守。他经常去教堂，尽管会有些困难，因为围观的人群——大部分是游客——都想看一眼总统。我们都属于圣托马斯天主教会的会员。坐在返回华盛顿的列车上，当夜晚来临我打算睡一会儿的时候，在我们漫长而亲密无间的友谊长河中的无数个瞬间总是萦绕心头，令我难以入眠。

在这个战争与和平都处在紧要关头的时刻，我们难以想象，一位相比之下几乎完全没有国际事务处理经验的新任总统，该如何处理这些错综复杂的问题。

富兰克林·罗斯福是位独一无二的领袖人物。虽然他一直善于听取信赖之人的意见，但是在重大的国际问题上，他从不会授权给下属做决定。虽然残疾却充满活力的他，总是凭着自己过人的精力和体力亲自解决这些问题。

他自身丰富的人生阅历，以及对国际政治和历史的透彻研究，使他对情报信息能够迅速融会贯通，准确判断，在这个世界上没有几个人能有如此高的水平。

战争期间，他每天繁重的工作和为了世界和平不懈的努力，无疑加速了他的死亡。尽管我们这些助手们也尽了最大努力来分担他那沉重的负担。

他的健康由美国最杰出的医学专家们精心护理，他们都强调他必须保持体力，但是他终生致力于亲力亲为，使得他不可能让其他人充分替他分担责任。

就在他正致力于为全世界人民谋求福祉的伟大事业中时，死神却突然降临。

我们陷入无尽的悲伤，但是又有谁的一生能比罗斯福更伟大、更有意义呢？

第二十章 杜鲁门上台

1945 年 4 月 13 日，星期五上午 11 点，哈里·S. 杜鲁门刚刚就任美国武装力量总司令十六个小时，就在白宫办公室与参谋长联席会议召开了上任后的首次会议。战争部长亨利·L. 史汀生和海军部长詹姆斯·V. 福莱斯特也参加了会议。

会议很简短。新任总统简洁直率的语言风格很快就将为我们所有人所熟悉。他说，他为美国陆海军已经取得的成就而深感自豪，希望我们随时告知他有关战争的进程。他相信我们明白他所肩负的重任，要求我们尽全力协助他，并遵循前任总统在任时同样的规程行事。

会议之后，我和杜鲁门就我个人的情况进行了私下会谈。我们首先谈起了已故总统罗斯福，以及我对他逝世的深切悲痛和我们之间密切的私人关系。我向杜鲁门说明，罗斯福设立的总统参谋长这一职位，是一个与总统关系非常亲近的职位，因此建议他允许我辞职并安排他所熟悉的人来担任。杜鲁门拒绝了，说道："海军上将，我非常希望您能继续留任，因为我必须掌握有关战争的情况，对此您十分熟悉，我却不然。"

我提醒杜鲁门，当我与罗斯福意见不一致时，我会直言不讳地告诉他，并且罗斯福似乎也喜欢我这样的风格。"如果我继续担任您的参谋长，"我说，"我不可能改变这种风格。如果我认为您是错的，我会坦诚相告。"

"这恰恰是我希望你做的，"杜鲁门回答，"如果您认为我做错了，我希望您能直截了当地告诉我。当然，我会做出决定，并且在决定做出之后，我希望您能够忠实执行。"

他明白，作为一名恪尽职守的水手，我一定会效忠于自己的总司令。我回去继续工作，认为他不过是让我再多干几个月而已。但事实上，我担任他的总参谋长将近四年之久（直到1949年3月21日，他才接受了我的辞职请求）。

我记得，作为杜鲁门的参谋长所做的第一项工作，就是帮他回复丘吉尔首相发来的言辞恳切的唁电。总统回电的部分内容如下：

> ……我以个人名义向您保证，在上帝的帮助之下，我定当竭尽全力推进罗斯福总统毕生为之奋斗的伟大事业……您与已故总统在我们两国之间建立起来的坚实的亲密关系必将得到保留与发展……
>
> 眼下需要我们共同考虑解决的紧急问题有……波兰和苏联对莫斯科协定的态度（有关组建波兰新政府的问题）。当然，我很清楚您和罗斯福总统之间以及你们与斯大林元帅之间达成的协议，对于罗斯福总统下一步的计划也大体了解。有关如何回复斯大林……关于波兰问题的建议，我很快就会发送给您。
>
> 请您相信，您和我们伟大总统之间，为了全世界福祉而建立的真诚密切的合作关系将会得到延续。

杜鲁门决定保留我们每日例会的习惯，我每天早晨9点45分到他办公室开会。很快我就发现，无论是古代的汉尼拔和恺撒的战争，还是当今这场他突然成为最高统帅的世界大战，杜鲁门对军事史的精通程度令人惊讶。我每天报送给他的那些公文急件，他总是能够非常迅速地领会要点，我们也经常去地图室研究战事的详细进展。

与罗斯福相比，和杜鲁门开会的感觉更为正式一些。杜鲁门总是称呼我为"海军上将",而不像已故总统那样叫我"比尔"。从某种意义上说,我的工作也不得不更加辛苦。富兰克林·罗斯福可以说是一部行走着的百科全书和地名词典,我哪怕是犯了一点小小的错误,都会被他逮个正着。所有人,包括杜鲁门自己,都知道他在国际关系领域有许多需要学习的地方,因此我不敢出现任何差池,哪怕是小纰漏。我挑选了许多参谋长联席会议汇编文件送给他研究。这些文件在他桌上堆了一大堆,但是几天之后,新总统就已经将它们"消化吸收"了,并迅速掌握了战争的总体情况。就个人而言,他是一位非常容易合作的人,用一句老套话来说,他是我认识的最好的人之一。

就在罗斯福去世之后一个星期,4月17日,新总统召开了他的首次记者招待会。这次招待会吸引了大量的报纸、电台和杂志记者前来,人数创下了历史纪录,后来我听说,有将近350名记者把他的办公室挤得水泄不通。我非常欣赏杜鲁门总统对待新闻记者的坦诚直率的态度。

新总统当前面临的第一件事是苏联外交人民委员莫洛托夫即将来访。4月19日,我将白宫有关雅尔塔会议备忘录的副本递交给杜鲁门,并根据自己的记忆和记录,尽可能详尽地向他介绍了雅尔塔会议有关的背景情况。斯大林在最近的电报中的语言(详见前一章内容),对于哈里·杜鲁门这位老派美国人来说就是一种侮辱,显然此次来访的莫洛托夫必定会领教到美国方面的"直言不讳"。我告诉总统,基于在德黑兰和雅尔塔会议上的观察,我个人对这位苏维埃外交委员的评价不高。杜鲁门要求我一同出席与莫洛托夫的会谈。

可是,在"莫莉号"抵达之前,杜鲁门就不得不回复丘吉尔提出的有关德国占领区产粮区分配的问题。实质上,丘吉尔的建议是,对此前雅尔塔协议盟军占领区的划分进行修正,以便在德国产粮区分配问题上得到更为满意的安排。目前,德国的大部分可耕地都在苏联占领区。显然,在战争结束之后,管制机构尚未启动运作之前,英美占领区很快就将面临食品短缺的问题。

　　杜鲁门对此态度坚决，他认为已经缔结的协定必须履行，在诠释罗斯福总统做出的各项决定时，他始终秉持这一立场。他在 4 月 21 日给丘吉尔的回信中写道：

　　　　德国占领区的划分经过了长时间的认真研究和协商谈判，并且在前不久的雅尔塔会议上，美英苏三国政府已经达成了正式协议。在持续数月的意见分歧之后，英国政府最终也获得了一直希望得到的西北地区。至于划分给苏联政府的占领区域并没有出现不同意见，事实上，划分规则基本上就是按照英国早在 1943 年就提出的非正式建议制定的。

　　　　苏联占领区囊括了德国大部分产粮区域，而在英国谋得的占领区中产粮区偏少，这一事实在整个谈判过程中是众人皆知的。三国政府有关占领区达成的正式协议，绝不能因产粮区的问题再次重新划分。

　　　　如果我们两国政府要求对占领区边界进行调整，或者为了均分产粮区而重新签订协议，可能会导致严重后果。苏联人肯定会认为，这样的讨价还价是对我们已经达成的正式协议的否定。

　　　　事实上，在这种情况下做出的任何有关德国产粮区的三方协定，在实践中可能都是难以落实的。我们的国务院认为，粮食跨区公平分配的问题，应当通过盟国管制委员会来解决；而不应当把我们军队是否撤回各自占领区作为这个问题讨价还价的筹码。

　　　　美国军队在德国境内的战术部署是一个军事问题。我认为艾森豪威尔将军应该有一定的自由裁量权；在实施将部队撤回至我们占领区的任何重大行动之前，如果时间允许，他应该先征求联合参谋长委员会的意见（当时美军已经深入到苏联占领区 100 多英里的地方)。

　　我认为,我们可以向斯大林发一封电报,提出由三国政府协商确定各自撤军至占领区的时间和步骤。

　　由此,英国首相算是领教了新任美国总统在解决彼此面临的共同问题时,开诚布公和直截了当的处理方式。

　　总统关于艾森豪威尔将军拥有指挥上的自由裁量权的说法是恰逢其时的,因为当时布雷德利将军的军队在4月12日越过易北河之后未能顺势拿下柏林——距离只有50英里,导致批评之声渐起。

　　艾森豪威尔完全清楚未来盟军占领区的边界如何划分。当布雷德利告诉他,自己的部队已经位于补给线的末端(实际上,当时大量的补给是通过空运的),并且向柏林发起进攻可能会付出巨大的伤亡代价,艾森豪威尔便遵照了杜鲁门的授意。他决定让部队在易北河一带休整,他知道一旦德军崩溃,他的军队就不得不回撤。我的记录显示,这件事并没有提交给联合参谋长委员会讨论。1945年5月2日,苏联人,在经历了激烈的巷战之后,宣布占领整个柏林。

　　4月22日,星期天,莫洛托夫抵达华盛顿。星期一下午,杜鲁门召集了所有主要顾问到白宫,讨论苏联政府对待波兰问题的立场。我们认为,他们的立场违背了英美所理解的、2月份刚刚在克里米亚会议上签订的《雅尔塔协定》。参加会议的有国务卿斯特蒂纽斯、战争部长史汀生、美国驻莫斯科军事代表团团长约翰·迪恩少将、海军部长福莱斯特、海军上将金、马歇尔将军、助理国务卿詹姆斯·邓恩、查尔斯·波伦、哈里曼大使和我。星期六的时候,哈里曼大使已经与我详细讨论了目前我们与苏联盟友之间江河日下的政治和军事关系。

　　哈里曼认为,对苏联的租借援助应当予以限制,只提供在欧洲和亚洲共同作战所需的物资援助。对他的这一观点我表示赞同。

参加此次杜鲁门总统专题会议的顾问们一致认为，美国对苏联做出强硬姿态的时候到了，即使苏联人减缓甚至停止在欧亚战场的攻势，我们这场战争的未来结果也不会受到任何影响。而且，根据迪恩将军在莫斯科所做的调查研究，参谋长联席会议正打算对我们的军事策略进行调整。

会后，国务卿、哈里曼大使、波伦(担任翻译)和我留在白宫，陪同总统一起会见莫洛托夫。莫洛托夫于下午5点半抵达，一同前来的还有葛罗米柯大使和他们优秀的译员巴甫洛夫。杜鲁门总统开门见山地指出，对于苏联未能履行《雅尔塔协定》中有关波兰新政府条款的做法，我们深为不满。

杜鲁门的言辞直截了当，没有客套的外交辞令，他指出：(1)违背有关波兰问题协定的做法，将会引起美国人民的不满，并且会妨碍战后合作或对其产生不利影响，而这种合作无论对两国还是世界都是有益的。(2)不管成员国之间存在什么分歧，他都决心要促成旧金山联合国大会成功召开。这实际上是一个明确警告，无论苏联参加与否，他都要将爱好和平的国家联合起来。

莫洛托夫首先表示，他的政府希望解决所有的问题，无论是已经发生还是可能发生的，莫斯科方面希望在雅尔塔达成的各项协议都能够得到坚决执行。如果有什么事阻碍了战后合作的话，那将是最大的不幸。

然后他转向了波兰问题，断然声称他的政府正在履行《雅尔塔协定》，并且反问我们为何对此不能认同。这一问题的症结所在，是苏联拒绝扩大现在所谓的"卢布林"或者"华沙"临时政府，拒绝将波兰大量的民主党派代表吸纳进来，因为这些人显然对共产主义政权并不热衷。

莫洛托夫表示，英美对于《雅尔塔协定》的解读是错误的，并且认为我们应当为波兰政府"重组"所出现的问题负责。他说，苏联政府对波兰的关注是"必要的"，理由是为了保护在德苏军的后方和苏联未来的安全。

总统最后希望莫洛托夫尽量说服斯大林同意我们的建议，同时争取在旧金山会议上与斯特蒂纽斯和安东尼·艾登达成一致。苏联人此前就已经表示他们对联合国不感兴趣，甚至拒绝派出与其他国家级别相当的官员出席旧金山会议。

总统在这次会见中，通过不带任何外交辞令的声音所表现出来的强硬立场，给苏联只留下两条路可选：或者赞同我们有关波兰政府的政策，或者退出联合国。我认为他们不会选择后者。

杜鲁门与莫洛托夫打交道的方式令我极为欣赏。我认为，这将对苏联处理世界其他地区问题的立场产生积极的影响。苏联人已经领教过我们的实力，在这次会谈之后，他们应该知道我们有决心坚持我们的原则——各国人民有权选择他们自己的政府形式。

就个人而言，我不认为波兰能够摆脱苏联的控制，但是我认为重组后的波兰政府保持形式上的独立还是可能的。

在雅尔塔，斯大林曾经同意美国空军使用苏联沿海省份的某些空军基地，以及对日协同作战的计划，并表示会尽早加入对日作战。虽然在2月份的雅尔塔会议上，双方的对话极为友好，但是，我们驻莫斯科的军事代表团在谋求与苏军的军事合作时，却屡屡受挫。为此，参谋长联席会议已经指示迪恩将军，对我们原定计划中提出的那些空军基地在对日作战中的实际战略价值进行研究。

迪恩报告称，即使我们能够在5月到10月期间，在西伯利亚最大限度地部署人力物力，由此所增加的对日轰炸量与我们依靠现有基地进行的轰炸总量相比较，实在是微不足道。因此，在4月24日，参谋长联席会议决定放弃在西伯利亚部署美国军事基地的项目，不再徒劳无功地争取苏联人在军事上的合作；还进一步决定，如果莫斯科方面不强烈坚持，也不再开辟通过千岛群岛给苏军提供对日作战援助的补给线。这一行动正是与杜鲁门在政治上对苏联的强硬态度相呼应。在德国败局已定的形势下，新总统眼下面临的最大的政治问题就是如何与苏联人打交道。

这是个涵盖了当时几乎所有重大问题的议题，也是有识之士们谈论的焦点话题。有一次晚宴上的谈话令我印象尤为深刻，那是在前去参加旧金山会议的英国外交大臣安东尼·艾登途经华盛顿时，哈利法克斯勋爵于 4 月 16 日为他举行的晚宴上，出席晚宴的还有两位英国国会议员，战争部长史汀生和我，以及詹姆斯·F. 伯恩斯，他在罗斯福去世之后已经从南卡罗来纳州回到了华盛顿。

晚宴上，大家就联合国会议的前景，波兰问题的困境，欧洲战场的进展，以及尽快在和平及赔偿协议上达成一致的必要性等问题做了坦率的交流。基于跟随罗斯福时期养成的习惯，我在第二天向杜鲁门总统汇报了这些谈话的主要内容。

不久前从欧洲回到华盛顿的伯纳德·巴鲁克，在罗斯福去世的那一周前来拜访，和我详细聊了他对欧洲的印象。他相信，虽然英国目前的处境凄惨，但是大英帝国应该仍然有能力在不靠外界援助的情况下，凭一己之力就重新恢复世界强国的地位和威望。巴鲁克在伦敦对一些英国高层领导人也谈及这一看法，包括英国国王。

他还认为，法国的食品供给是能够自给自足的；在德国，那里的耕地正在被大范围地开垦种植。

曾经担任过明尼苏达州州长的海军中校哈罗德·史塔生①，将作为

---

① 哈罗德·史塔生（Harold Edward Stassen，1907—2001），第 25 任明尼苏达州州长。1929 年毕业于明尼苏达大学，早年从事律师和检察官工作，1938 年当选明尼苏达州州长。他支持罗斯福总统的外交政策，在珍珠港事件之前，致力于推动本州共和党放弃孤立主义政策。1942 年竞选连任时，曾承诺如果当选将辞去职务加入海军服役；1943 年 4 月，他践行诺言，辞去州长职务，加入海军，担任太平洋第 3 舰队司令威廉·哈尔西的参谋，1945 年 11 月以上校军衔退役。1948 年至 1953 年任宾夕法尼亚大学校长。自 1944 年至 1992 年，史塔生曾九次争取共和党总统候选人提名，均未成功，期间他还先后担任过宾夕法尼亚州州长、费城市长等职务。——译者

美国代表团成员参加旧金山的联合国大会，他专门来到我的办公室，希望了解一些背景信息。我发现，在委任统治岛屿的问题上，史塔生赞成罗斯福提出的由联合国托管的观点，对此我并不认同。

在同一周，一个荒谬的传闻在华盛顿流传开来。有人告诉我，某些参议员支持我出任国务卿一职。由于不知道消息是否确切，我的回应就是，从目前情况来看，我没有接受这一职务的可能性。

4月底，海军部长福莱斯特为三位前任部长——约瑟夫斯·丹尼尔斯、查尔斯·亚当斯和查尔斯·爱迪生举行了招待晚宴，大家畅所欲言，气氛非常热烈欢快，无论多么急迫的问题，此刻都被抛之脑后。这是一群老家伙们的欢乐相聚，而我是其中资格最老的老古董之一。我们一起回顾了往昔的那些峥嵘岁月，曾经的艰难险阻(特别是战前海军军费的不足)与辉煌成就。

从4月25日开始，发生了一系列振奋人心的事，最终以德国的无条件投降达到顶点。那天中午，我与弟弟正在陆海军俱乐部吃午餐，突然接到白宫电话要我立即赶回五角大楼。下午2点，在那儿我见到总统、马歇尔将军、金上将和赫尔少将，他们正在等待着丘吉尔首相的电话。我们都聚集在通讯中心，这里的守卫森严，甚至超过了参谋长联席会议办公室。这儿有一条秘密专线，连接到伦敦唐宁街10号丘吉尔的办公室。在我到达后不久，首相就通过专线打来电话。我和总统一起接听了他的电话。

丘吉尔说，他从美国驻瑞典公使那里获悉，希姆莱已经通过贝纳多特伯爵[①]，向英美提出西线德军全面投降的请求，包括在荷兰、丹麦和

---

① 福尔克·贝纳多特(Forke Bernadotte, 1895—1948)，维斯博格伯爵，瑞典王室贵族，祖父是瑞典国王奥斯卡二世，外交家。1943年任瑞典红十字会副会长，二战中从纳粹集中营中解救了3.1万人。1945年4月，希姆莱在未得到希特勒同意的情况下，通过他向西方盟国求和，建议只向英美投降，并继续对苏作战。据贝纳多特说，他告诉希姆莱，该提案不可能被接受，但他还是通知了瑞典政府和（转下页）

挪威的部队。

丘吉尔告诉我们，希姆莱说他是代表德国政府讲话的，因为希特勒已经丧失了正常行动能力，他突发脑溢血，估计活不了几天了。

杜鲁门告诉首相，美国只同意与苏联和英国一起接受所有战线上的无条件投降。丘吉尔急于让战争尽早结束。杜鲁门说他的心情也是同样的，但是我们必须坚守承诺。

就在此时，代理国务卿格鲁（斯特蒂纽斯在旧金山）带来一封瑞典公使 H. V. 约翰逊的电报，内容与丘吉尔刚刚告诉我们的一样。看来，纳粹德国的末日已然到来了。

按照总统的指示，我给斯大林发了一封电报，告诉他当前的形势，并重申了我们只接受德国在全面战场向三大国无条件投降的立场，如果德国人接受这些条件，他们应当立即向我们各个战区的指挥官就地投降。如果斯大林对这种安排表示认可的话，我们将指示瑞典公使告知希姆莱。同样的电报也发给了丘吉尔一份。但是第一次投降谈判没有取得结果。

第二个"重磅消息"来自旧金山。4 月 28 日，在将近晚上 9 点的时候，美联社发自旧金山的一份报道称，德国已经同意向盟国无条件投降了。电台不断滚动播出这条消息，举国上下一片欢腾，导致无数个电话打向白宫。

杜鲁门打电话到我家，要我立即与艾森豪威尔将军取得联系，因为如此重大的消息，我们却没有得到任何官方渠道的证实。美联社对这条爆炸性新闻的消息来源守口如瓶。通过军方最先进迅捷的通讯系统，我

（接上页）西方盟国，最终被盟国拒绝。1948 年 5 月担任联合国巴勒斯坦调停者，以调解巴勒斯坦土地分配不公的问题，曾提出新的安置方案，引起犹太人不满。1948 年 9 月，贝纳多特伯爵被犹太复国主义恐怖组织"利希"暗杀，他的死造成了瑞典和以色列的长期不和。——译者

与艾森豪威尔的参谋长比德尔·史密斯将军通了电话，我问他：

"有消息称德国人已经向艾森豪威尔请求停战。但是我们对此尚未得到任何官方的消息。事实情况究竟如何？"

史密斯说，他们没有接到任何这样的请求。

大约在9点40分，我将这一情况向杜鲁门做了汇报之后，他便向聚集在白宫的大批记者们宣布，旧金山的消息是不准确的。

雅尔塔会议上成立的三国赔偿委员会的美方代表埃德温·波利，当时恰巧在白宫，在事情得到平息之后，我们就赔偿问题进行了长时间讨论。根据个人记忆以及所做的笔记，我向他介绍了有关雅尔塔会议的所有背景情况，以及会议讨论成立该委员会的相关情况，旨在研究并提出德国必须支付的赔偿金额和方式。

第二天早晨（4月29日），英国陆军元帅亚历山大将军从意大利发电报称，驻意大利德军指挥官冯·菲廷霍夫将军的授权代表，已经接受了亚历山大将军提出的投降条件，苏联代表当时也在场。由于德国人提出的投降属于我们所谓的"战术性投降"，在这种情况下，是没有必要通知斯大林的，以免苏联坚持我们必须在三国代表都在场的情况下，才能接受投降。当天，亚历山大又拍电报把进一步的细节情况告诉我们，意大利的战事有望在5月2日中午停止。

4月30日，传来了贝尼托·墨索里尼及其16名随从被意大利游击队抓获的消息。墨索里尼与手下，据称还有一名情妇被当场处死。在几乎所有欧洲人都认为德国必将赢得这场战争的时候，墨索里尼做出了与希特勒联手的选择，这便是他为这个错误所付出的代价。

每天都有战事重大进展或是轰动性的传闻出现。显然，战争结束就在眼前了。5月1日，汉堡电台于下午4点半播出了希特勒的死讯，以及海军元帅卡尔·邓尼茨接任德国最高统帅的消息。考虑到几天之前来自希姆莱的情报，我认为希特勒死亡的消息是可信的。

5月2日，斯大林宣布全面攻占柏林，并且亚历山大也发来电报，称意大利的德军已经接到德国统帅部的指令，要求他们立即向当地的英美军队投降，包括所有菲廷霍夫指挥的纳粹军队。总统立即向亚历山大和意大利战区美军指挥官马克·克拉克将军发去了贺电。

我认为，意大利德军的投降，给已经陷于困境、胜利无望的其他战区德军在士气上造成了极大的打击。战争部估计，意大利投降的德军总数，包括后勤部队在内，大约有60万人。

5月4日，东南亚战区盟军最高指挥官路易斯·蒙巴顿勋爵报告称已经占领了重要城市仰光。这实际上意味着，在经历了将近两年之久的拖延和争执之后才得以发起的缅甸战役已经胜利结束。

也是在5月4日，艾森豪威尔发来报告称，蒙哥马利将军所在战区的德军将在5月5日早晨8点全线战术性投降。德国电台播报的消息称，投降范围包括在荷兰、德国西北部和丹麦的所有纳粹部队。但艾森豪威尔为了避免与莫斯科之间引发争执，坚称德国人只是战术性投降。

前线战事的一系列迅速进展，令我在杜鲁门总统和我的办公室之间来回穿梭。尽管如此，我们还是把所有事情都安排得井然有序。即便在我离开办公室之后，无论是来自参谋长联席会议还是白宫地图室的重要讯息，都能及时转发到我的家里。如果情况需要，我会打电话告知总统。

5月5日，来自艾森豪威尔将军的电报称，欧洲战场的所有德军正在迫不及待地向英美军队投降，以免成为苏联军队的俘虏。德国人的这种恐惧是不难理解的。

5月6日（这天是我七十岁生日），艾森豪威尔将军与邓尼茨将军的代表就德国军队在所有战场上全面投降事宜继续进行着谈判。

1945年5月7日，星期一，这是一个值得铭记的日子。凌晨1点20分，战争部给我打电话说收到艾森豪威尔的急电，德国最高统帅部已于昨天晚上（5月6日）签署了所有战场上的陆海空部队无条件投降的协议。

投降协议将于5月8日午夜之后开始生效。

在向总统汇报过之后，我立即给丘吉尔和斯大林发送电报，告知他们总统将于5月8日、星期二上午9点（华盛顿时间）正式公布德国投降的消息。

此时此刻，我可以想象得到，对于那些在欧洲战场上浴血奋战的将士们的亲人和朋友来说，这是一个多么激动人心的消息，对于这个世界上的文明国家来说，这又是一个多么伟大的历史时刻。如果所有盟国能够妥善处理战后局势，我们就有希望看到，从现在开始的一个世纪，德国将不再具有威胁。

然而，有关德国投降的消息被过早地透露出去，不但使得官方公告的效果大打折扣，并且给整个形势造成了混乱。按照艾森豪威尔将军的安排，这个消息应该保密到投降协议生效的时间再予以公布，这一点是非常重要的。我们都知道，在意大利前线，亚历山大将军虽然已经于4月29日接受了德军投降，但是仍给了他们三天时间以便做出必要的安排，正式停火直到5月2日才实现。

在当时的情况下，不仅需要考虑到广大的西部战线，同时也要考虑到整个苏德战场。大批的德国军队虽然已经陷入孤立无援的境地，却仍然在殊死顽抗，并且，一如往常，与我们容易动怒的苏联盟友协调行动也是必须要考虑的问题。

当这一非比寻常的投降协议在古老的法国宗教文化中心兰斯签署几个小时之后，德国的电台，特别是汉堡的电台，便开始播发这一消息。这令人不得不怀疑，这些电台是蓄意而为，抓住最后一次机会给盟国制造麻烦。上午大约9点半的时候，美联社播发了一则描述了在兰斯签署投降协议的现场情况以及条款内容的消息，这则显然可靠的新闻令局面更加混乱了。经艾森豪威尔批准，有16名记者进入兰斯会议现场，亲眼见证了这一历史事件，似乎是由于审查机构的某些疏忽，其中一名将消息泄露了出去。尽管官方仍然保持沉默，但这条消息的可信度是显而易见的。

毋庸置疑，在盟军最高司令部与德军约定的投降生效时间之前便将消息泄露出去，令艾森豪威尔恼火至极。事实上，在当时的混乱局势下，某些地区的战斗仍然持续了数日。

德国电台宣布投降的消息，虽然不是官方的，却令公众深信不疑，尤其是英国民众。因为与只是从报纸上看到过 V 型飞弹的普通美国民众相比，结束与德国的这场战争，对于英国民众来说意义要重大得多。

有消息说，伦敦正在疯狂地庆祝胜利。这就给英国政府出了一个难题，因为按照我们的约定，目前还不能证实投降的消息。丘吉尔发电报给杜鲁门，鉴于消息已经被提前泄露的情况，要求重新考虑宣布时间。总统考虑到苏联人总是疑神疑鬼的，坚持要将投降的消息保留到星期二（5 月 8 日）上午 9 点（华盛顿时间）才予以公布，除非斯大林同意提前。到目前为止，莫斯科方面一直保持着沉默。

上午 10 点刚过，丘吉尔又通过秘密专线打来电话，按照总统的指示，我在五角大楼一间戒备森严的房间里与他通话。4 月 25 日，也是在同一个房间里，杜鲁门和丘吉尔曾就希姆莱提出的和平方案进行讨论。首相和我的谈话从上午 10 点 10 分开始，我们的对话除了个别句子录音不够清楚未做记录之外，内容基本完整记录如下：

> 莱希：我是海军上将莱希。
>
> 丘吉尔：我是首相。
>
> 莱希：好的，沃登上校（沃登上校是丘吉尔的秘密代号）。
>
> 丘吉尔：你收到我的电报了吗？
>
> 莱希：收到了，阁下。这儿有一份电报，是另一位海军上将要求我转交给沃登上校的（"另一位海军上将"是杜鲁门总统的秘密

代号）。

丘吉尔：我们现在用的是"秘密专线"，所以可以放心交谈。他要求你转交给我的电报内容是什么？

莱希：我转交给您的电报内容如下：根据已经达成的协议，我的总司令让我转告您，没有得到乔大叔的同意之前，他不能采取任何行动。您听清楚了吗，阁下？

丘吉尔：我能让个耳朵好使的人来听吗？我不确定是否完全听清楚了。我的秘书在这儿。你知道，我有点儿耳背。

莱希：我确实不知道，阁下。

秘书：我是首相秘书。

莱希：你准备好了吗？

秘书：是的。

莱希：电文如下：根据已经达成的协议，我的总司令让我转告您，在没有得到乔大叔的同意之前，他不能采取任何行动。我们想知道，您是否已经得到乔大叔的同意？

秘书：请稍等。首相要说话，稍等。

丘吉尔：一个小时之前，德国总理已经在电台发表公告……

莱希：我知道。

丘吉尔：……他们已经宣布德国军队无条件投降。

莱希：我们知道。

丘吉尔：这个世界上好像只有我和总统两个人不知道发生了什么，那我们俩还有什么用呢？整个消息已经在英国和美国传开了，尤其是美国，因为你们更早得到消息，报纸上已经公布了，甚至政府的报纸也公布了——正如你所说的……所以，我认为绝对有必要在下午6点把消息公布出去，我发给你们的电报也会发给斯大林……现在的事实是，德国人已经在向全世界大肆宣扬了。

莱希：您还没有征得乔大叔的同意？

丘吉尔：我已经准备好一封电报等着发给他，告诉他我必须在6点钟发布消息，就像我向你们提出的要求……建议是一样的，但现在我要发的电报会这么说："鉴于德国人的电台已经发布了消息，我们再保持沉默是没有意义的，必须把消息公布出去。"

莱希：我（刚刚）收到艾森豪威尔另一份电报，他说由于苏联人坚持要求在柏林进一步会谈，因此他改变了原先发表声明的建议。

丘吉尔：是的，我也收到了。

莱希：您也收到了？

丘吉尔：是的，我也收到了，我马上会和他联系……目前唯一的问题是，我们是否应该继续假装对此一无所知。全世界都知道了。明天你肯定会发现，美国所有的报纸上全都是有关它的消息。英国的报纸已经在进行报道了，并且德国人也已经宣布了。我认为这件事应该顺其自然，而且也没必要征得乔大叔的同意。

莱希：我的总司令告诉我，没有得到乔大叔的允许，他不能同意提前公布消息，并且他要求我向您转达此意。

丘吉尔：没有时间去征求乔大叔的意见了。

莱希：我们可以试一试。

丘吉尔：只剩下两个半小时了。

莱希：是的。

丘吉尔：他们的消息传过来非常慢。

莱希：我会尽量争取的。您理解我的意思吗？

丘吉尔：那好吧。

莱希：我会立即与迪恩（迪恩将军，美国驻莫斯科军事代表团团长）联系，去争取得到乔大叔的同意，如果您能设法得到他同意并且能够在11点半之前通知我们——距离现在还有两个小时——

那我们就可以在中午宣布。

丘吉尔：恐怕你得不到这样的答复。

莱希：我也一样担心。但是我的总司令告诉我，没有得到乔大叔的同意他不能予以公布，所以我也只能尽力而为了。

丘吉尔：对此我非常遗憾，因为我们已经决定在6点钟公布消息，国王9点钟发表讲话。所有这些都安排好了，而且要阻止德国人在电台上播出消息也是不可能的。正因为苏联的制度，他们对新闻报道有着绝对的控制，而我们根本不可能做到……自由国度里的新闻是自由的，不能指望他们保密——你能向我保证，美国的报纸上不会出现任何关于它的消息吗？如果你能保证，我可能就不会像现在这样了，但事实是全世界已经都知道了。

莱希：当然，这些传闻会出现在所有的报纸上，但是按照我得到的指令，在我们得到第三个盟国同意之前，不能发表官方声明，我现在就去试试，马上……争取得到他们的许可。

丘吉尔：第三个盟国的。

莱希：是的，阁下，乔大叔的。

丘吉尔：你怎么争取呢？

莱希：我有一台与迪恩将军联系的电报机，我立即给他发电报，让他尽快去办这件事，然后通知我们，如果乔大叔说不行，那我们就无法同意早些公布了。这就是我得到的指示。

丘吉尔：好吧，这就意味着今天不可能发布官方声明了，所有的声明明天才会见报。

莱希：按照我转述给您的意见，除非我们今天得到同意公布的许可，否则只能等到明天早晨九点。到那个时候就会公布了，但是没有乔大叔的许可，不能早于这个时间。

丘吉尔：好吧，我很想知道你能从他那里得到什么答复，但是我不能保证在我和斯大林通话之前不公布消息，现在一切都准备就绪了，就等着公布了。全世界都知道了，我不明白为什么我们要拖延时间……这么做很愚蠢。

莱希：呃，坦白说，我也不明白。就个人而言，我不明白。我只是向您转达我接到的指令。

丘吉尔：没关系，老弟。

莱希：您也会向乔大叔争取吗？

丘吉尔：是的，我会。

莱希：我会立即着手去办。

丘吉尔：太好了。如果我得到那个……但我还是不赞成。因为德国人的声明，我必须告诉英国民众这究竟是真是假。我不赞成再拖延下去。

莱希：如果您从乔大叔那里得到什么消息，您会立即告知我们吗？

丘吉尔：当然。我认为我们可以在公开线路上通话。这件事全世界都知道了。

莱希：人们现在都知道了，这的确是事实，阁下。所有人都知道了。现在就是一个官方声明的问题。不管怎么说，我会尽快去办。

丘吉尔：你马上会和他——乔大叔通电话吗？

莱希：是的，马上，但不是电话，是电报。我马上就去问他，立即，现在。

丘吉尔：好的，我也会马上行动。我现在立即就去问他。让我们分别行动，就这样吧！

莱希：好的，阁下。再见。一有消息我们就会立即告诉您的，阁下。

一放下首相的电话，我就给莫斯科的迪恩发电报，让他设法去见斯大林以解决此事。我告诉他事情的紧迫性以及英国政府所面临的窘境，因为欢庆的人群已经聚集在伦敦的大街小巷，要求首相发表讲话。

我在五角大楼等待着，心中满怀希望——事实证明是徒劳的——我们能够很快得到莫斯科的回复。但是我再次接到的电话并不是来自斯大林，而是首相，他在 11 点 10 分又一次打来电话，距离我们第一次通话刚好一个小时。首相有些不耐烦了。和我们一样，他也没有得到莫斯科的任何回复。伦敦聚集的民众已经开始失控了，他和英国国王除了向国民确认这一消息之外，的确别无选择。与首相的这次谈话，对我来说非常有意义，也被记录了下来，大致如下：

> 莱希：现在的情况是，我们正在设法得到斯大林的回复。我们已经与艾森豪威尔联系过。他说他的司令部至今还没有发出任何声明，在伦敦、莫斯科和美国发表声明之前，他不会有任何表示。
>
> 丘吉尔：事实是哥伦比亚广播电台已经将整件事公之于众了，我们的民众都知道了……我不可能阻止新闻机构。莫斯科的民众没有公开舆论——但是你们不可能控制你们的新闻，我也一样——这就是生活在自由国度的麻烦！我希望没有冒犯到总统……
>
> 莱希：美国新闻界将会很不开心。
>
> 丘吉尔：你的意思是说他们不会公开它吗？即将宣布的消息？
>
> 莱希：他们会把这件事当作传闻来报道，直到声明发表之后才会进行正式报道。我要把您的意思转告总统吗？
>
> 丘吉尔：鉴于公众舆论和聚集的人群，我觉得我已经别无选择了，不可能再有任何拖延了——事情必须往前走一步。另外，有个纽约的电台宣布了德国人于 2 点 41 分在兰斯投降的消息。……报道也说了白宫尚没有任何官方声明。

莱希：如果得到斯大林的回复，杜鲁门总统将会在明天发表声明。

丘吉尔：你真的不想让我发表声明吗？我做不到——你知道我的难处。

莱希：我了解您的困难，我也不能告诉您应该做什么，但是总统说他得不到斯大林的消息是不会发表任何声明的。我们一得到斯大林的回复就立刻让您知晓。我会尽最快速度把消息发送给您。他们告诉我的消息，在五分钟之内就能发出去。

丘吉尔：请转告总统，我对此深感遗憾。我希望我们能够同时发表声明。

莱希：我将向总统转达您的意见。

丘吉尔：我觉得我不能再拖下去了。

莱希：对此我很遗憾。（连线中断）

我向总统汇报了我们的通话情况，杜鲁门对眼下的形势是十分清楚的——从他要求我立即发给丘吉尔的电报中便可以看出：

总统十分理解您的难处，但是除非斯大林同意，否则他不能在约定的时间之前发表官方声明。

大约在下午两点，我们收到了来自伦敦的消息：

英国新闻部宣布明天，星期二，5月8日为胜利日，全英国放假一天。下午3点，首相将发表声明。晚上9点，国王将发表广播讲话，并且星期三，5月9日，全国也放假一天。

这一安排似乎解除了首相的困境。

我们一整天都在徒劳无功地等待着来自莫斯科的消息。当 5 月 7 日这个忙碌不堪的星期一的午夜刚刚过去，消息终于来了。他们压根不考虑当前的形势，斯大林甚至还要求推迟发表声明，以便对投降条款做进一步审查。

这令所有人都感到十分恼火，我禁不住想象首相那破口大骂的情景（据记录，直到华盛顿时间 5 月 8 日下午 4 点 20 分，莫斯科电台才发布了斯大林元帅接受投降条件的声明）。

杜鲁门根本不可能接受这样的拖延，他决定按计划执行。5 月 8 日早晨 8 点 15 分，在众多记者面前，杜鲁门宣布：德国已经在英美苏战场上全线投降。参加这一具有历史意义的新闻发布会的还有内阁成员、参众两院领袖、参谋长联席会议成员，以及代表英方参谋长的陆军元帅亨利·梅特兰·威尔逊爵士和皇家海军元帅詹姆斯·萨默维尔爵士。

下午 1 点，我与马歇尔将军和金上将一起，在全国电台联播中发表了一则简短的广播讲话，庆祝德国投降。我在讲话中强调了与残余敌人继续战斗的必要性，并且向我们敬爱的已故总司令富兰克林·德拉诺·罗斯福表示了致敬。关于罗斯福，我说道：

> 在战争爆发之前，这位伟人很早就已经意识到这个世界所面临的危险。他尽了最大努力，尽可能早地推动我们从精神状态和物质建设上全力以赴，让自己的国家为这场战争做好准备。从那个时候起，侵略者失败之命运就已注定，哪怕他们也曾经所向披靡。
>
> 当轴心国势力处心积虑地想要征服我们，孤注一掷地发起自认为是对我们的最后一击的时候，我们英勇无畏的总司令向国会发表了斗志昂扬的演讲——那是令全世界抵抗力量都为之鼓舞和振奋的话语——"凭借我们强大的军队，还有我们人民的坚定决心，我们

终将会赢得胜利，上帝一定站在我们一边！"现在，这句掷地有声的誓言已经实现了一半。一旦我们击败日本，它就将全部成为现实。

到了今天，我可以说在领导盟国军队和我们自己取得胜利的过程中，罗斯福总统的英明睿智和杰出的军事才能，以及他在世界地理方面的渊博学识都发挥了至关重要的作用。今天，我们这些曾经有幸追随他在高级参谋和指挥岗位上工作的人，要向这位在战斗中倒下的英勇战士致以崇高的敬意；同样，我们也要向千百万我国和其他国家的勇士们致敬，他们仍在为了我们的国家和大洋彼岸的邻邦，为了和平、自由和友谊而英勇献身。

我还强调，正是由于盟国之间的通力合作，才使得胜利成为可能：

我们为盟国的团结而感到由衷的自豪，如果没有这样的团结一心，没有我们各国所有部队的并肩作战，我们的国家今天将仍深陷万劫不复之地。

在谈到当前仍然面临的任务时，我指出：

现在，随着欧洲的野蛮邪恶势力被打败，我们必须把所有的注意力转向远东。在那里，我们依然面临着一个强大的敌人，它曾叫嚣如果有必要还可以再战斗一百年。我们向它保证，不需要这么长时间。

它在本土和中国沿海地区仍然拥有数量众多的部队，大约有700万人。尽管在我们的攻势之下，它的帝国曾经广大的外围阵地已经缩小，它的海军已被摧毁，空军也濒于瘫痪，但我们距离胜利还有很长一段路要走。

日本必须被打败，必须无条件投降。重新夺回菲律宾，就是朝着这个目标又迈进了一步。我们必须乘胜追击，不能有丝毫懈怠，直到让这个东方的野蛮敌人落得与其同伙一样的下场。

我们不曾忘记珍珠港的悲剧。我们相信，美国人民将一如既往地秉怀奉献与牺牲精神，鼎力支持他们那些在遥远的太平洋战场上奋勇杀敌的亲人们，直至取得最终的胜利。

据新闻报道，伦敦和其他英国城市热烈的庆祝气氛，与美国的波澜不惊形成了鲜明对比。对于英国来说，这意味着持续不断的残酷轰炸终于结束，特别是对于在将近五年的轰炸中遭受严重破坏的伦敦。而远离前线的华盛顿，从未经历过轰炸，因此，人们对于空袭的恐怖也就难以感同身受。就我个人而言，感觉与一战结束时的情形也有着相当大的反差。当时我恰好在纽约，在著名的时代广场一带，人们举行了疯狂的庆祝活动。

我们不断收到来自亲朋好友和曾经密切合作的盟友们的致贺。A. 朱安将军，被美国同僚一致认为是所有法国将领中最具才干的一位，并且在战争期间亲自指挥过盟军部队参加战斗，他在贺电中写道："正是你们有力的援助之手，将我们从深渊中解救出来，并让我们加入战斗的行列。"

最令我深有感触的贺信来自已故总统的遗孀。她说：

亲爱的莱希上将：

今天，我和你的心情是一样的。我相信，如果富兰克林还在的话，他一定想要握着你的手，感谢你为赢得这场胜利所做的一切……

埃莉诺·罗斯福

她在信中着重提到，罗斯福在 1943 年的卡萨布兰卡会议上提出了"无条件投降"的政策，现在第一次成为了现实，距离他去世只不过二十六天时间，真是令人扼腕痛惜。虽然锻造这支胜利之师的领袖逝去了，但 4 月 12 日之后，在这段紧张忙碌的日子里，新的领袖接任他的位置并成功稳住了局势。新总统的赤诚之心，对当下战争与和平重要任务的清醒认知，以及直截了当的处事风格，都令我印象深刻，钦佩有加。

　　我们整个国家也是万众一心、精诚团结，在哈里·S. 杜鲁门的带领下继续向前迈进。这对于我们来说无疑是幸运的，因为就从欧洲战争取得胜利的那一刻起，局势的发展却令人不安，使得我们三年多来为之所奋斗的一切理想和愿景，似乎都变得岌岌可危。

第二十一章　盟国之间现纠纷；
筹备波茨坦会议

在 1945 年 5 月 14 日上午召开的会议上，我向杜鲁门总统建议，应当尽早安排与丘吉尔和斯大林会晤一次，设法解决欧洲出现的政治危机，并落实好我们打败日本的作战计划。

2 月份我们离开雅尔塔的时候，我的心里就很不踏实，不幸的是，时间才刚刚过去三个月，形势恶化比我最悲观的估计还要危险得多。那个曾经战胜希特勒和法西斯恶势力的伟大而胜利的联盟——大不列颠、苏联和美国，以及其他小一些的盟国，眼下正在走向分崩离析。

斯大林好像一直觉得自己的盟友们都在合起伙来坑他。丘吉尔当的是个苦差。他所热爱的大英帝国尽管赢得了胜利，但已经变得虚弱，不再那么强盛，他自己也面临着一系列的国内政治危机。在旧金山召开的联合国大会也因为苏联人的态度冷漠而进展艰难。戴高乐是越来越难打交道。然而，战争还没有结束。日本还需要我们去打败。东京的军阀势力必须被清除，我们国家的未来安全才会有保障。

欧洲战场虽已赢得胜利，但和平似乎远未到来。缺乏经验的新任总统主动提出召开"三巨头"会议，这是很大胆的动作，但已经有太多的问题通过正常外交渠道根本无法解决。波兰问题已成为我们和苏联关系恶化的象征。占领德国以后冒出来的无数问题，也急需最高层面研究解决。德国溃败的速度超过预期，以至于盟国都尚未完全做好准备，如何去填补一个大国消失后出现的政治真空。

现在的情况就像打开了潘多拉魔盒，惹出了一堆麻烦：赔偿问题、租借问题、战后援助欧洲问题、战俘问题、战犯问题，以及被解放地区尤其是巴尔干各国的政治和经济恢复重建问题。就在纳粹正式宣布投降的第二天，在备受争议的的里雅斯特市①，一场危险的巴尔干危机爆发了。

铁托将军，发表声明要控制的里雅斯特及其周边的意大利领土。不过，从盟军地中海战区最高指挥官、陆军元帅哈罗德·亚历山大5月9日发回的报告来看，他正在果断有力地处理这一事件。

5月10日，我在和总统讨论这一问题时指出，为了抢夺伊斯特拉半岛上的威尼斯和朱利亚大区，铁托军队和盟军很可能会打起来。杜鲁门进行了认真考虑，假如英美联军和南斯拉夫军队发生敌对行动，他将会采取强硬立场。我们下定决心保持这一地区的中立。

---

① 的里雅斯特(Trieste)，意大利东北部边境港口城市。位于亚得里亚海东北岸、伊斯特拉半岛的西北侧、的里雅斯特湾的顶端，西距威尼斯113公里，历史上是日耳曼、拉丁和斯拉夫文化的交汇点。从1382年到1918年一直处于哈布斯堡王朝的统治之下，是奥匈帝国第四大城市、最重要的港口之一。一战结束后奥匈帝国崩溃，的里雅斯特与意大利合并。二战期间，意大利曾将其与卢布尔雅那省合并，并建造多个集中营，残酷迫害犹太人、斯拉夫人。1943年7月25日，意大利国王伊曼纽尔三世罢黜并软禁墨索里尼，9月8日与盟军签订停战协定；德国遂出兵占领了意大利北部并解救出墨索里尼，9月23日宣布成立"意大利社会共和国"，实际上由德国直接统治，并将意大利东北部领土合并组建了亚得里亚海滨管理区，行政中心就设在的里雅斯特。1945年4月30日，斯洛文尼亚和意大利的反法西斯抵抗组织发动起义；5月1日，南斯拉夫解放军占领该市大部分地区，但据守圣朱斯托城堡的德军由于听闻南斯拉夫军队处决战俘，只肯向新西兰军队投降，次日新西兰第2师也进驻的里雅斯特；南斯拉夫军队控制该市之后，逮捕并秘密处决了一批意大利和斯洛文尼亚的反共人士，引起盟军地中海战区总司令、英国陆军元帅哈罗德·亚历山大的强烈抗议；6月12日，南斯拉夫军队撤出该市，交由英美两国实行军事管制。1947年签订对意和约时，规定建立的里雅斯特自由区，面积约759平方公里，并把该区分为甲乙两区，甲区（包括城市和港口）由英美管辖，乙区（市外大部分地区，约527平方公里）由南斯拉夫管辖。1954年签订伦敦备忘录，将甲区划归意大利管辖，仍为自由港；乙区仍归南斯拉夫管辖。——译者

最终，各盟国一致同意，将这一地区建成自由区，的里雅斯特辟为自由港。

当天晚些时候，我和代理国务卿格鲁、马歇尔将军就此问题进行了再次磋商。后者认为，应当尽一切努力避免发生军事冲突。大家决定尽量通过外交手段，促成铁托从意大利撤军。同时将这一决定告诉丘吉尔，希望得到他的配合，确保亚历山大元帅理解我们美方的意图。

的里雅斯特的局势依然紧张，有好几次武装冲突看上去一触即发。5月19日，美国驻南斯拉夫大使告诉我们，铁托拒绝将他的军队和政府从威尼斯和朱利亚大区撤回来。这实际上是又向武装冲突走近了一步。于是，杜鲁门决定寻求斯大林和丘吉尔的共同协助。5月20日下午，我与国务院相关部门的官员进行了磋商，并经总统同意，给斯大林发了一封电报，请他在我们与铁托的谈判中给予协助；同时也致电丘吉尔，发出军事上的预警，我们估计南斯拉夫人会发起进攻。

经过长时间的谈判，的里雅斯特的局势暂时得到了控制，没有发生流血冲突。不过，联合参谋长委员会还是做出了安排，一旦有事，就向的里雅斯特"前线"派出增援部队，确保我们能够打败南斯拉夫人。

在奥地利，为了贯彻执行此前达成的控制维也纳的协议，我们和当地苏军指挥官的摩擦不断。但斯大林还是在5月19日通知我们，他不反对我们派出代表人员前往维也纳，以便熟悉这个奥地利首都中被划分给盟国占领的区域。这是将要在波茨坦会议上讨论的另一个问题。

在从旧金山会议返回莫斯科的途中，哈里曼大使和我讨论了他最近关于苏联对日政策的推断。哈里曼认为，无论我们怎么做，苏联都将会参战，并且最终，无论在满洲和外蒙古建立何种形式的政府，莫斯科都会对其进行全面控制。自从我们接受苏联人参加远东战事那一刻起，我也是抱着同样的担心。

哈里曼还认为，斯大林会出席"三巨头"会议，但不会同意把会议放在苏联控制范围之外的地方召开，主要是因为大元帅担心，一旦离开了他严密掌控的地区，就可能遭到暗杀。

我向总统提议召开"三巨头"会议的当日（5月14日）下午，总统召开专题会议，与格鲁、英国外交大臣艾登和另外两位来自英国使馆的官员共同商讨这一想法。大家还研究了就的里雅斯特局势可能采取的措施，以及如何在波兰问题上坚持英美两国的立场。会议尽管没有做出具体决定，但大家的讨论是相当有趣和有益的，信息量很大。艾登再次给我留下深刻印象，他真是一位信息灵通、八面玲珑的外交官。

杜鲁门决心促成"三巨头"会晤，在5月20日开始的那个礼拜采取了两项重要的预备措施。那天他发电报给斯大林，说他打算委派哈里·霍普金斯前往莫斯科，与斯大林讨论解决一些似乎在美苏之间造成误解和恶化关系的问题。

霍普金斯已经从罗切斯特医院回到他在乔治敦的家中，但身体依旧非常虚弱。不过，他还是欣然接受了新总统交给他的敏感使命。事实上，根据后来公开的霍普金斯日记，莫斯科之行正是霍普金斯自己向总统提出来的，他还担心杜鲁门不会派他前去。

接着总统又决定派约瑟夫·E.戴维斯前往伦敦拜见丘吉尔，打探首相在对苏关系上的真实想法。根据丘吉尔发往华盛顿的大量电报显示，丘吉尔对苏联采取的政策立场是相当恼火，可能会采取一些鲁莽的行动，进一步恶化"三巨头"的团结——而这一点，对实现长远和平绝对是不可或缺的。

5月23日，星期三，霍普金斯离开华盛顿飞往莫斯科。临行前的星期一，马歇尔将军、金上将、我和他一起讨论了苏联问题，特别是在波兰问题上存在的矛盾和苏联对远东地区的政策。霍普金斯认为，国务卿、战争部长、海军部长和诸位参谋长都有必要陪同总统出席下次三方会晤。

5月22日，星期二，准备前往伦敦的戴维斯来办公室找我，我们仔细研究了最近丘吉尔和杜鲁门之间往来的电报。

这些仅仅是为参加7月份波茨坦会议而做的大量细致准备工作的开始。还有很多问题要等霍普金斯和戴维斯回来以后才能确定，杜鲁门信任他们的能力。他们随时向白宫报告会谈的进展情况。在介绍他们出访的结果之前，这里有必要先说一下总统和我当时正忙着处理的一些其他事情。

对日战争最后阶段作战的各项准备工作都在有条不紊地推进。不过，在过去的三年中，国内生产部门为了应对这场全球性战争而开足马力，已经造成了严重的民用品短缺。5月15日，战争动员和复员办公室主任弗莱德·文森(在4月12日，文森的机构名字被加上了"复员"二字)来找我，商量对日作战的实际生产需求，他需要尽早获取相关信息。

文森认为，他必须满足民用品的最基本需求。我建议他把要求写成书面报告，同时我也没有等，还是将文森反映的问题立即告知了马歇尔将军。我估计在筹备远东作战所需物资上不会遇到什么困难。我们最大的问题似乎是运输，因为远东战场离我们实在太远了。

大约在同一周，杜鲁门和菲律宾总统奥斯米纳召集了一次会议，参会的有参议员米拉德·泰丁斯、国务卿、战争部长、海军部长和我，研究了在菲律宾获得独立之后，美国在那里建立海军和军事基地的问题。根据当时的立法规定，菲律宾将在1946年成为一个完全独立的国家。

关于太平洋战区指挥权的问题，尽管最高层一直在研究"解决"，但实际上仍存争议。在5月份，我和海军上将托马斯·C. 金凯德①讨论

---

① 托马斯·卡辛·金凯德(Thomas Cassin Kinkaid, 1888—1972)，美国海军四星上将。出身于海军世家，1908年6月毕业于美国海军学院，曾随舰队参加环球航行。1913年进入海军研究生院学习军械。第一次世界大战期间担任英国皇家海军联络官，此后在多个海军部门和军舰上任职。1937年6月任"印第安纳波利斯号"（转下页）

过两次。他统领着第7舰队，隶属于麦克阿瑟司令部，是麦克阿瑟直接指挥的唯一一支海军力量。金凯德认为，经过多次调整之后，陆军和海军在太平洋上的协同作战是令人满意的。但他对陆军航空兵有保留意见，在他看来，空军的独立性太强，在支援海军作战和陆军地面部队上发挥的作用都不够。

金凯德还认为，要解决这个烦人的问题，简单来说就是，登陆的时候陆军归海军指挥，登陆以后再还给陆军指挥。在6月份的参谋长联席会议上，针对这个问题又要较一次劲了。

和金凯德讨论后不久，我有一次和海军部长福莱斯特共进午餐的时候，一起聊了金凯德的建议和他本人对太平洋战场指挥权的看法。

不过，那天海军部长和我倒是花大部分时间讨论了组建统一的国防机构的问题。我们俩都认为，在当时建立一个统一的国防部将不利于我们的海上防务。我觉得统一国防管理，在节约成本和其他方面是有利的。但是，我不赞成将武装力量指挥权集中在除总统之外的其他任何个人的手上（到了1949年春天，我开始准备写这本书的时候，这个问题仍在白宫、国会和军方之间讨论）。我们仍然处在战争状态，而且对武装力量的指挥掌控一直是成功有效的，我担心重大调整会有损于海上国防建设，其他任何兵种的扩大都会触及海军的利益。

我并不反对对武装力量实行统一指挥，但当时我的确认为（现在也一样），除了总统之外的任何其他个人掌控武装力量，都不利于国防建

（接上页）重型巡洋舰舰长。1938年11月调任美国驻意大利海军武官。二战爆发后，他陆续向国内报告了意大利进行战争动员、对英美宣战和塔兰托海战的情况。1941年3月回国，6月任美国大西洋舰队第8驱逐舰分队司令，两个月后调任驻珍珠港的太平洋舰队第6巡洋舰分队司令。太平洋战争爆发后，金凯德指挥舰队参加了珊瑚海海战、中途岛海战、瓜达卡纳尔岛争夺战和阿留申群岛登陆战等一系列重大战役。1943年11月调任西南太平洋战区海军司令兼第7舰队司令，协助麦克阿瑟将军赢得了菲律宾战役、莱特湾海战等反攻作战的胜利。1945年4月晋升海军上将。二战后曾任美国东部海岸前线司令、第16舰队司令。1950年4月退役。——译者

设，而且对维护宪法规定的战时武装力量指挥权也是很危险的。

5月30日，国务院告诉我，有一名海军情报机关的军官和两位国务院的雇员，在向政府以外的人提供秘密情报。这三个人将被送上法庭受审，证据表明他们是有罪的。

当我把此事报告给总统时，他说应当进行彻底调查，弄清楚事实真相。我估计他已经命令国务院这样做了，不过这件事并不属于我的职责范畴。

5月25日，总统在白宫举办了一次很有意思的宴会，宴请伊拉克王位继承人、外约旦摄政王阿卜杜拉一世①亲王。在咖啡厅，总统让我坐在他和亲王之间，可能是因为总统过去没有和阿拉伯君主打过交道才这样安排的。亲王此行的真正目的，看起来是想引起美国对伊拉克石油的兴趣，当时其已被英国人完全控制。阿卜杜拉一世是《天方夜谭》里记载的阿拔斯王朝哈里发哈伦·拉希德②的后裔。

同一周，我出席了一场令人难忘的授勋仪式，总统在参众两院会议

---

① 阿卜杜拉一世（Abdullah I bin al-Hussein, 1882—1951），约旦国王。出生于奥斯曼帝国统治下汉志地区的圣城麦加，是麦加埃米尔侯赛因·伊本·阿里的次子。1909年至1914年任奥斯曼帝国议会中的麦加代表。一战中与英国合作，与人称"阿拉伯的劳伦斯"的英国联络官托马斯·爱德华·劳伦斯共同发动反抗奥斯曼帝国的"阿拉伯大起义"。一战后，奥斯曼帝国土崩瓦解。1919年7月，在大马士革召开的阿拉伯民族主义者大会通过决议，要求阿卜杜拉成为伊拉克国王，而侯赛因的三子费萨尔为叙利亚国王。1920年7月，法国占领叙利亚，废黜费萨尔；11月，阿卜杜拉宣布将自己的伊拉克王位让给费萨尔（后称费萨尔一世），自己则准备组建军队攻打法军。经英国调解，阿卜杜拉于1921年3月从汉志前往英国委任统治地外约旦，接受当地酋长的宣誓效忠，成为外约旦埃米尔。二战结束后，英国对托管地的控制力减弱，阿卜杜拉于1946年5月宣布自己为外约旦国王，1950年改国名为约旦。1951年7月在耶路撒冷阿克萨清真寺被巴勒斯坦恐怖分子暗杀。——译者
② 哈伦·拉希德（Harun al-Rashid, 约764—809），阿拉伯帝国阿拔斯王朝第五任哈里发，因与法兰克的查理曼大帝结盟而蜚声西方，更因世界名著《天方夜谭》生动地渲染了他的许多奇闻轶事而为众人所知。在他统治的二十三年间，国势强盛，经济繁荣，文化发达，首都巴格达成了阿拉伯帝国的政治、经济、文化中心和文人学士的荟萃之地。——译者

上，将第 100 枚"荣誉勋章"授予参谋军士杰克·W. 林赛，一位来自密西西比州的帅小伙儿。

在对德战争胜利之后、波茨坦会议召开之前的那段时间里，有关租借物资的问题时不时地被摆到我的办公桌上。5 月 18 日，法国外长皮杜尔在法国驻美大使博内、代理国务卿格鲁的陪同下，与总统商讨了有关法国的问题，直接间接地都与租借物资相关。在他们来之前，我已经向总统详细汇报过他们可能会提出的各种问题，因此总统对法国问题处理得相当好。我感觉到总统不太喜欢皮杜尔这个人。当后者请求再次会见时，总统回答说好像没有太多问题需要进一步讨论，尽管他很高兴随时与法国外长会面。

为了救济欧洲被解放地区，法国和英国都在争取尽量从美国搞到更多的粮食补给，特别是食用油。他们甚至提出，必要时应当削减部队的食物配额，以便满足对上述地区的援助。对外经济协作办公室主任里奥·克劳利在有关这些问题的讨论中，给我留下了深刻印象。在租借物资的问题上，他一直小心看护着美国的利益。这一次，他说美国根本拿不出更多的食用油，关于军队的口粮问题则归战争部管。

法国人提出，如果我们使用租借物资来援助法国占领部队，则希望美国能够尽快从德国占领区撤回美国军队。这其实是个狡辩，因为美军回撤的速度主要取决于运输能力，而这在当时是非常紧张的。

5 月底的时候，法国人和阿拉伯人在叙利亚和黎巴嫩闹出来的危机引起了白宫关注。5 月 30 日，总统、代理国务卿格鲁和我进行了研究，决定告知丘吉尔，总统赞成英国提出的意见，在必要时可以使用武力制止双方已经爆发的敌对行动。我们已经接到报告，称在这一地区，戴高乐已开始使用武力来维护其政治优势，并杀死了大批叙利亚人。

几天后，英国人请求帮助，要求美国军舰开往黎凡特①地区。这就是要让世人看到，美国在支持英国，以此来敲打法国军队，让他们在叙利亚和黎巴嫩消停下来。这一请求是皇家海军上将安德鲁·坎宁安爵士提出来的。对这位杰出的英军指挥官，我是充分信任的，因此我毫不迟疑地建议总统批准了他的请求。总统指示我通知海军，在力所能及的范围内，尽量满足坎宁安的要求。

5月份，我们收到了令人不安的消息，意大利西部的法国军队拒绝撤出他们所占领的地区。这表明，法国企图在与轴心国集团缔结和平条约之前，就吞并他们占领的领土。6月初，总统开始对那里法军指挥官的蛮横态度大为光火，他竟然威胁对争议地区的美军使用武力。

我完全赞同杜鲁门总统对这一事件的处理。当我向他报告此事时，他马上就问道："法国人用的是我们的枪，对不对？"

我回答说："是的，先生。"

然后他说："那好吧，我们立即停止运输枪支、弹药和装备给戴高乐。"

接着6月7日，他给戴高乐将军发去了一封措辞严厉的电报，告诉这位法国领导人，如果他坚持拒绝执行盟军最高司令部的命令，不把法国军队从意大利撤走，美国将立即停止对法国军队的一切军事援助。

总统的坦率直言收到了预期效果。不久，国务院就报告说，戴高乐好像开始醒过来了。代理国务卿格鲁还估计，戴高乐可能会辞职，或者会被人从法国临时政府首脑的位子上赶下来。这个性情暴躁的法国人太难相处了，这种情况是有可能发生的。如果能实现，所有的盟国政府都

---

① 黎凡特（Levant），是一个历史上的不精确的地理概念，泛指东地中海沿岸的大片地区。狭义概念仅指历史上的叙利亚地区，即地中海东岸地区。广义历史概念的黎凡特包括东部地中海沿岸国家和岛屿，从希腊一直延伸到昔兰尼加（利比亚）。此处应是狭义概念。——译者

会很高兴的。

戴高乐政府正准备对年事已高的亨利·贝当元帅进行审判，称他是政治犯，涉嫌"叛国"。元帅已被从德国带回法国准备受审。我收到这位自己在维希任职时候的好朋友的来信，要求我在庭审时为他作证。贝当在信中写道，如果我不能前往法国，可以给他回信，说明我在维希与他交往的那段日子里，我是如何理解他对待盟国和法国的立场的。

这是一封很难答复的信。不过，在6月22日的回信中我告诉他，作为美国总统的参谋长，我不能让自己卷入任何法国的内部纷争中，包括他眼下所涉及的。而且，对他现在被指控的犯罪的细节，我更是一无所知。我告诉他，对其"因欧洲局势发展而陷入的困境"深表同情。我向他表明，在1941年1月至1942年4月担任驻法大使期间，自己所了解的情况是十分有限的。我说：

> 在那段日子里，我对您的个人友谊和您为法国人民谋福利的奉献精神都是非常敬重的。您经常告诉我，您真心希望纳粹侵略者终将被消灭。
>
> 那时您的确在我的请求下，采取了一些轴心国所不希望但却有利于盟国事业的行动。
>
> 每一次当您无法按照我的建议来拒绝轴心国提出的种种要求时，您总是阐明理由，您不想让这样的行动致使侵略者加重对法国人民的压迫。
>
> 我过去和现在都这样认为，您最关心的还是那些无助的法国人民的福祉，保护他们免受伤害。我不相信，除此之外，您还有什么比这更操心的事情。
>
> 不过，我还是要重申自己当时给您讲过的观点，拒绝向纳粹分子作出妥协，可能旋即就会增加法国人民的困苦，但从长远来看，

这样做对法国是有利的。

在信的最后，我真诚地希望，不管庭审的结果会如何，他在纳粹占领时期所做的一切，终将会得到法国人民的公正评价。

法国、荷兰和澳大利亚都在不停地争取，要求参加太平洋战场的对日作战。先前曾尝试性地拟定调派法军来太平洋战场协助我们作战，法国人说，美国政府关于这个问题的答复，对保持那支部队的士气是十分必要的。6月26日，我告诉法方代表，我们已就这个问题听取麦克阿瑟将军的建议，但尚未收到他的答复。我没有告诉法国人，在我个人看来，麦克阿瑟是不会希望任何法国军队插足的。在5月份和6月份，驻华盛顿的荷兰代表积极寻求空运和海运上的援助，以加快把荷兰部队从本土运往澳大利亚开展集训，为收复荷属东印度群岛做好准备。

6月12日，澳大利亚副总理弗朗西斯·N. 福德与参谋长联席会议进行了会晤，告诉我们，他的政府打算安排5万名军人复员。他还主张尽早收复瑙鲁和大洋两岛，这样它们就可以为澳大利亚和新西兰提供磷酸盐。

同样在6月份，总统批准在沙特阿拉伯修建一座机场。这一地区的其他机场，都归别的国家控制。我认为美国涉足这一地区是个好主意，这样我们特别是海军就可以获得一些伊本·沙特国王的石油。

6月18日，当率部赢得对德战争胜利的盟军最高总司令艾森豪威尔将军回到首都时，华盛顿为他举行了盛大的欢迎仪式。人数之多据说在华盛顿是空前的。在参众两院会议上，艾森豪威尔发表了精心准备的演说。

接着华盛顿市政府举办了1 000人出席的大型午宴，随后艾森豪威尔将军夫妇来到白宫，杜鲁门亲自授予他"陆军杰出服役勋章"。当天晚上，总统特意为他举行晚宴，很多军政首脑都出席了。我和总统、艾森豪威尔、史汀生、马歇尔、众议院议长雷伯恩、参议院议长麦凯勒、埃克将军和英国陆军元帅梅特兰·威尔逊。

在我的印象中，这是首次在白宫东大厅为客人举行鸡尾酒会，一些随艾森豪威尔从欧洲战场回国的士兵也出席了酒会。

第二天，总统离开华盛顿，前往西北部太平洋沿岸休个短假。6月26日，他还要前往旧金山出席联合国大会最后一次全体会议并做演讲，休假就结束了。在返回华盛顿的路上，总统在自己的家乡密苏里州独立城做了短暂停留，并在那里宣布任命詹姆斯·F.伯恩斯为国务卿。我当时觉得，这是杜鲁门当总统以来所做出的最佳任命。7月2日，参议院一致通过了对伯恩斯的任命。同一天，总统亲自向参议院提交了《联合国宪章》，这是大家在旧金山开了九个星期会才磨出来的成果，总统建议予以批准。

欧洲战事结束之后，有关租借物资使用范围和作用的话题被提上议事日程，对其法律条文潜在含义的不同解释，也已经成为大家公开的争论。在6月7日召开的一次会议上，美军参谋长们已经明确告知我们的英国同僚，除非被用于对日本的战争，否则当时没有法律准许我们再继续租借任何军用物资。

6月29日，我们与克劳利再次讨论了这个话题。他完全赞成参谋长联席会议的意见，并希望总统能够发出一个明确的指令。国务院和陆军方面希望继续为欧洲提供租借物资援助，特别是需要为驻德国的法国占领军提供这种援助。战争动员和复员办公室主任文森是支持后者意见的。7月2日，我参加了由文森主持的一次会议。我告诉与会者，总统不同意给丘吉尔发电报，拒绝承诺将租借物资用于欧洲战后恢复重建。

文森对我建议总统停止租借援助大为不满，当众质问我有什么权力这样做。我告诉与会者，无论是什么样的问题，只要总统听取我的建议，我都会按照自己的想法如实相告。

这次会议的很多与会者都主张，法律已经授权总统将租借资金用于战后创建(在我写这段文字的 1949 年，经过国会的批准，我们用了另外一个名义做这件事——"马歇尔计划"①)。当时英国人正提出请求将大约 60 亿美元的援助用于英国的恢复重建。

在我看来，会议讨论的内容是明显违背《租借法案》的条文和精神的，我就把这个意见告知了与会者。我还告诉他们，关于租借物资，除非它属于军事装备，其他的都不在我的职责范围之内。讲完我就离开了会场。

很显然，战争还在继续，政府里有些人已经急不可耐地打算将巨额租借资金用作与战争毫无关系的其他目的了。

7 月 5 日，在我们出发前往波茨坦的前一天，参谋长联席会议收到了总统发来的命令，在我看来，这道命令彻底平息了所有的争论。杜鲁门的命令是这样写的：

> 批准提供给盟国的租借物资：军火、陆海军装备，只能被用于对日战争，不能用于其他目的。

关于租借物资的争论虽然很重要，但还是比不上苏联形势引发的危机严重。为了把这个问题讲明白，我要先回顾一下 6 月初霍普金斯和戴维斯分别出访莫斯科和伦敦的情况。

5 月 26 日至 6 月 6 日，霍普金斯与斯大林进行了多次长时间、开诚布公的会谈。在罗伯特·谢伍德写的《罗斯福与霍普金斯》一书中，对相关情况有非常详尽的叙述。在每天早晨的例会上，杜鲁门总统和我都

---

① 马歇尔计划(The Marshall Plan)，官方名称为欧洲复兴计划(European Recovery Program)，是第二次世界大战结束后美国对被战争破坏的西欧各国进行经济援助、协助重建的计划，对欧洲国家的发展和世界政治格局产生了深远的影响。该计划于 1947 年 7 月正式启动，并整整持续了四个财政年度之久。在这段时期内，西欧各国通过参加经济合作发展组织(OECD)，总共接受了美国包括金融、技术、设备等各种形式的援助合计 130 亿美元。——译者

会讨论霍普金斯发回的长篇电报。总统对哈里似乎正在取得的进展感到很高兴。6月1日，和代理国务卿格鲁一起，我们研究了霍普金斯提出的打破波兰问题僵局的建议，当时重组波兰政府的工作迟迟无法启动。

斯大林向霍普金斯提供了一个考虑吸纳进扩大后的波兰政府的人员名单。其中霍普金斯所知道的只有斯坦尼斯·米科瓦伊奇克①和奥斯卡·兰格②教授，后者虽是个波兰人，但已经加入美国国籍。霍普金斯将这份名单发回了华盛顿，并在电报中指出，斯大林认为战争期间在波兰实行英美所坚持的那种政治自由是不可能的。

霍普金斯指出，如果希望双方的谈判取得任何进展的话，我们显然不得不对斯大林的意见做出让步。总统回电哈里，赞成他的建议，并要求丘吉尔也予以同意。

6月4日，我们收到消息，丘吉尔即将就英国军舰出借给苏联一事

---

① 斯坦尼斯·米科瓦伊奇克(Stanisław Mikołajczyk, 1901—1966)，波兰政治家，二战时期波兰流亡政府总理。1920年入伍并参加过波苏战争，后负伤退伍，积极参加波兰人民党的活动，1929年当选国会议员，1935年任该党副主席，1937年任党主席。1939年德军侵占波兰后，加入波兰流亡政府，先后任"波兰国家委员会"副主席、流亡政府副总理。1943年7月流亡政府总理西科尔斯基坠机身亡后，他接任总理一职。——译者

② 奥斯卡·兰格(Oskar Lange, 1904—1965)，波兰著名经济学家和政治活动家。1918年参加解除德国侵略者武装的斗争，并组织波兰社会主义青年联盟小组。1927年毕业于克拉科夫大学，获法学硕士学位。1928年获法学博士学位。1931年任克拉科夫大学讲师。1936年任美国密执安大学讲师。1943年加入美国国籍。1945年夏回国并恢复波兰国籍，同年任波兰驻美大使、驻联合国安理会代表。1947年当选为波兰社会党中央执委会委员。1948年底当选为波兰统一工人党中央委员。1952年当选为波兰科学院院士。1957年起历任国务委员会副主席、议会党团主席、议会外交委员会主席、议会计划预算和财政委员会主席等职务。兰格在30年代中期和著名经济学家路德维希·冯·米塞斯、弗里德里希·冯·哈耶克等人的论战中，第一次提出了社会主义经济的分散模型，即著名的"兰格模型"。他通过对模型的分析，认为在社会主义经济中，价格不是随意确立的，而是和自由竞争体制中的市场价格一样具有客观性质。兰格把市场机制的作用引入社会主义经济，开创了对社会主义经济中市场机制运行的分析的先例。兰格在把经济计量学应用于计划社会主义国民经济、把控制论方法应用于经济研究方面，也作了不少开创性工作，生前著有《社会主义经济理论》《经济计量学导论》等大量经济学著作。——译者

向议会作出解释。我随即指示金上将，第二天就将我们向苏联人出借"密尔沃基号"巡洋舰的消息公之于众。把英美舰艇暂时借给苏联人，是为了堵住他们的嘴巴，让他们不再坚持要求分配意大利军舰和商船，这些舰船将被用于增强我们的作战实力。

戴维斯完成了他出使伦敦的特殊使命，带回来很多有关丘吉尔的消息。6月5日，总统与戴维斯和我共进晚餐，这位前驻苏联大使给我们详细介绍了他在伦敦期间与丘吉尔长达八个多小时谈话的细节。

他说，丘吉尔看上去疲惫、不安，显然是工作压力太大。在他们的首次长谈中，丘吉尔显得极度悲观。

"他非常讨厌戴高乐。"戴维斯报告说。丘吉尔认为，这个法国人应该被"搞搞路子"，让他明白自己不能随心所欲，不可以拒绝执行盟军最高司令部的命令。丘吉尔对铁托更没有好感，戴维斯告诉我们，丘吉尔认为铁托是受莫斯科控制的，完全不值得信任。丘吉尔对苏联人在巴尔干地区采取的单方面行动大为不满，尤其是在保加利亚、罗马尼亚和奥地利的问题上。

当他们谈到苏联时，戴维斯说这位英国领导人的批评变得尤为严厉激烈。丘吉尔告诉戴维斯，斯大林曾经问他为什么害怕苏联人待在欧洲，丘吉尔说是这样回答大元帅的，因为伴随着红军的推进，莫斯科派出的共产党宣传人员和干部四处组建共产党的基层组织。下面是戴维斯从自己正式报告中引用的一段话：

> 坦率地说，我听到他如此激烈地抨击苏联统治和共产主义思想在欧洲传播所造成的威胁，以及他所流露出来的对苏联领导人如此不信任，我真怀疑首相是否现在就会向世界宣布，他和英国没有支持希特勒是个错误。按照我的理解，他现在所表达的思想，正是过去四年里希特勒和戈培尔反复重申的主张，为的是破坏盟国的团

结，"各个击破"。现在的情况真是被他们言中了。

　　我只是无法让自己相信，最终他那深思熟虑的判断和看法，证明我对他的话的理解是完全正确的。

　　他始终全神贯注地听我讲话。他说自己正处在巨大的压力之下，刚刚是想到什么就说什么，有些话讲的可能比真正想表达的要更强烈些。

　　戴维斯告诉总统，丘吉尔显然是在担心，美军一旦从欧洲撤离将会发生什么，说结果将是一件"很可怕的事情"，欧洲将落于红军和共产党的手中。

　　丘吉尔首相主张，目前英美军队占据的穿过德国中部的边界线应当维持住，这是具有战略意义的，可以凭此与苏联人讨价还价。戴维斯指出，大家已经有协议规定各国军队应当撤回各自占领区。丘吉尔回答说："情况已经今非昔比了。"当时美军已经向东越过美国占领区很大距离，首相坚持认为，让美军撤回来的后果将是悲剧性的。

　　总统让戴维斯转告丘吉尔，他准备在三方会议召开之前单独会见斯大林。丘吉尔一开始反应很强烈，不同意这个建议。他似乎对杜鲁门在欧战胜利之后的第一次"三巨头"会议上就打算"排斥"他的做法感到惊诧和痛心。这对即将到来的、丘吉尔寄予厚望的选举来说，好像是在挖墙脚。因为，他在平静下来之后告诉戴维斯，英国国内那些"不怀好意的公众"，会把任何蛛丝马迹的苗头都夸大宣扬成英国领导人在波茨坦会议上已经挤不进"三巨头"的行列。丘吉尔认为召开一次三方会谈很重要，也支持美国政府的总体目标。但杜鲁门总统婉言拒绝了他提出的、让总统在前去开会途中到伦敦作停留的建议，丘吉尔显然担心自己政治上的对手会利用这一点做文章。

　　戴维斯说，丘吉尔稍稍平静下来以后，开始谈论眼下局势的严重性，说道："或许在接下来的几周时间里，就那么几个人的决定，将影响数代人的生活。"

戴维斯得出的结论是，丘吉尔首相，是一个"自始至终、彻头彻尾"的大英格兰主义者，关心如何保住英国在欧洲的地位比关心世界和平还要更多一些。这个看法，与我们这些参谋长对丘吉尔在整个战争期间一贯立场的评价是一致的。我敢肯定，首相确是发自内心地相信，维护好大英帝国，就是对和平最大的贡献。

戴维斯还认为，尽管丘吉尔与美国领导人的一系列谈话、会晤都是秘密进行的，但英国领导人对苏联的敌意，莫斯科是知道的，至少也是有所察觉。戴维斯觉得，就是因为已经了解到丘吉尔的立场态度，苏联人在雅尔塔会议之后才变得越发有攻击性，频频采取单方面行动。

戴维斯的报告也表明，丘吉尔正在不遗余力地想扭转这样一个令人沮丧的事实，那就是他的政府在世界上已不再具有往日的权力和地位；同时他也看到，只要美军在欧洲驻扎，就有希望保住英国正在欧洲不断消失的地位。他担心，一旦美国放弃欧洲，就会剩下不列颠"独自挑担子"。

不过，丘吉尔最后告诉戴维斯，他不会反对美国的对苏政策（尽管他自己愿意承担采取"更强硬"立场的风险），同时他也赞成在相互尊重的基础上，尽一切办法解决"三巨头"之间的问题，维护团结以促成战后的世界和平。

戴维斯告诉杜鲁门，他觉得自己与英国首相之间的会晤是成功的，为丘吉尔在即将召开的三国会议上给予合作铺平了道路。

根据丘吉尔的建议，作为杜鲁门总统特使的戴维斯还与外交大臣艾登进行了长谈，并带回了艾登认为应当提交会议讨论的一系列问题。这对我们安排会议议程，以及提前了解英国人在相关问题上的立场，均很有帮助。

戴维斯报告的情况让我有些不安。尽管我完全同意他的看法,英国首相首要考虑的就是维护大英帝国的地位(对此我无法表示反对),但根据戴维斯的报告,丘吉尔的状态显得非常情绪化,这对将来谈判桌上与冷酷无情的斯大林打交道来说,可不是个好兆头。

此外,我们的新任总统能在多大程度上影响这位首相也还是个问题。罗斯福是一直很善于对付这位难搞的英国首相,协调时常发生的意见分歧,让最终结果能更符合美国的政策。最近丘吉尔甚至在对议会的演讲中宣称,英国"将走自己的道路"。他的这种立场,使得大联盟在政治领域能否像在军事领域一样有效运作,变成了一个未知数。

就中国问题,霍普金斯和斯大林在莫斯科进行了全面深入的讨论。这位苏联领导人重申希望看到中国统一,在战争期间和战后他都会支持蒋介石的领导。斯大林还告诉我们这位外交特使,说希望中国恢复对整个满洲地区的控制,同时他也赞成美国的门户开放政策,而且肯定会尊重中国的主权。斯大林还同意由美、中、英、苏四国对朝鲜实行托管。

斯大林很急迫地想得到关于中国愿意接受雅尔塔会议上相关决议的保证,希望中国外交部长宋子文能在7月1日之前访问莫斯科。

6月9日,宋子文在白宫与总统、代理国务卿格鲁和我进行了会谈。当他对有关中国的决议内容表达出若干保留意见的时候,杜鲁门告诉宋子文,美国政府会支持克里米亚会议上达成的相关条款,作为苏联加入对日战争的交换条件。

宋子文打算6月15日前离开华盛顿,先回重庆一趟,然后在月底去莫斯科。

这位中国政治家私下里告诉我,哪怕有《雅尔塔协定》,他的国家也不会容忍苏联人控制满洲。他说,等到兵力足够的时候,中国会选择军事行动来解决这一争端。

考虑到当时中国军队的处境,我问他:"你认为什么时候能实现呢？"

宋子文沉思片刻后回答："可能要五百年吧。"无论是看待过去还是未来，中国人的时间总是放得很长。

对苏联人的这次所谓的"妥协"，我在良心上一直都没有什么不安。在当时，我们的确想到了苏联人可能会曲解《雅尔塔协定》的一些内容，但我们不可能预见到苏联红军在占领满洲之后会实施什么。

6月13日早上，我和总统、戴维斯、霍普金斯一起在白宫南门廊吃早饭，又详细讨论了这两位特使前不久出访中的一些问题。霍普金斯已经告诉过我们，斯大林只同意把会议放在柏林附近召开。戴维斯说丘吉尔只坚持会议要尽可能早日举行，尽管好像并没有什么急不可待的事情，除了首相自己国内的政治问题。7月5日，英国将举行大选。在这次早餐会上，总统将下次三国首脑会议的时间定为7月15日，地点就放在柏林附近。

当天晚些时候，怀南特大使从伦敦发来电报，称首相已经接受杜鲁门的决定，将德国境内的美军从已协商划定的苏联军事控制区撤回美国控制区，当时美军的实际位置已经深入苏联控制区。怀南特说，这一撤退行动与德国卫戍部队进驻"大柏林"市区同步进行，因为根据此前达成的协议规定，"德国前首都是允许自由进出的"。

我并不知道与苏联人达成过什么自由进出柏林的协议（至少在当时，这件事看起来并没有那么重要。在1945年春末的时候，我不相信我们这些人当中有谁会想到，三年后柏林实际上陷入了武装对峙的状态，苏联人实施了地面封锁，我们不得不动用代价高昂的空运，来解决我们被孤立的柏林占领区的补给问题①）。

---

① 柏林空运，代号"运粮行动"（Operation VITTLES）。1948年6月24日，苏联采取军事行动，全面封锁盟军出入西柏林的在东德领土的必经之路，包括公路、水路和地下铁路。盟军在苏联封锁两天后做出快速反应，以空中运输的方式，（转下页）

丘吉尔同意我们撤军的态度令人十分意外。从此前多次力主我们应当留在苏占区，到接受总统撤军的决定，让我觉得这位英国强人的状态可能不是很好。如此轻易地放弃，不符合他的秉性或是一贯的做法，通常即便他明显错了——就像在这件事中一样，他也绝不会轻易认输。

杜鲁门立即着手为召开三国会议进行全面准备。他说，在此次会议上要采取攻势，并于6月15日要求我拟定一个待议事项清单，对每一个可能出现的问题阐明我们的立场。这可是张"大订单"，使命光荣而艰巨。

霍普金斯由于病情加重，显然难赴此行。我接受总统指令的当天，就与霍普金斯在他乔治敦的家中共进午餐。我们详细讨论了如何准备会议材料的问题，并就许多打算提交会议讨论表决的问题拟定了初步意见。尽管霍普金斯的身体很虚弱，但他的头脑还是像往常一样灵活敏锐，在为杜鲁门总统拟定波茨坦会议的各项计划和政策方针中，发挥了重要作用。

此前霍普金斯在莫斯科与斯大林友好坦诚地会谈，为三国联盟保持团结一致、共同拟定维护战后和平政策提供了巨大帮助。总统和我都认为，霍普金斯在消除苏联人对我们的猜疑上，尤其是因《雅尔塔协定》而产生的疑虑，是非常成功的。

在这段时间的记录中，有一个好消息。格鲁于6月22日打电话告诉我，在莫斯科已经就建立波兰临时政府达成了协议，并且也得到了哈里曼大使的认可。杜鲁门当时在华盛顿州的奥林匹亚，因此我通过电话向

（接上页）从外部向西柏林输送食物、衣物、燃料以及一切所需的生活物资。空运总量从每天2 000吨增加到12 000吨，比封锁前的地面运输量还要大。在西柏林空中共有上下重叠的5层飞行路线同时并用，每层飞行路线之间的距离只有500英尺。在运输高峰期，平均每一分钟就有一架飞机降落。这样的空运奇观一直持续了十一个月，直到1949年5月苏联解除地面封锁为止。柏林空运期间，平均每天飞往西柏林的运输机数量为599架，总飞行架次为27.8万多架次，运抵西柏林的物资总量为232.6万多吨，总计耗资224亿美元。——译者

他汇报了这一进展情况。总统指示我采取一切必要措施，确保按照协议组建波兰临时政府。

尽管在工作中需要处理的国际政治问题越来越多，但是我在军事方面的职责并未因此而有所懈怠。在三国会议召开之前所作出的重要决策之一，就是最终敲定击败日本的作战计划。

参谋长联席会议经过6月14日、15日和29日的会议，以及6月18日在白宫与总统进行了长时间讨论之后，正式通过了基本方案，经过稍许改动，这份方案将成为波茨坦会议上的军事报告。

我们一致认为，要尽早争取实现日本无条件投降。斯大林在与霍普金斯的会谈中曾经提出，如果"无条件投降"的字眼有碍于东京做出投降决定的话，可以通过军事占领日本本土来实现同样的目的。

在总统尚未批准方案之前，参谋长联席会议于6月14日做出决定，所有作战行动都以攻占日本本土作为主要目标，与之无关的行动一律不予考虑。但是我们认为，夺取那些有助于实现主要目标的其他日占区是有必要的。

在准备攻占日本本土行动的同时，对日本的海空封锁仍将继续，加强对其空中轰炸，调动一切力量摧毁敌人的海上和空中力量。

按照罗斯福在雅尔塔会议上所接受的条件，参谋长联席会议同意支持苏联加入对日作战。斯大林曾在会谈中告诉霍普金斯，他预计苏联军队在8月8日之前能够进入战斗状态。我们将尽一切可能向中国提供援助，以加强其对日作战能力，同时我们也将向其他盟友的对日作战行动提供协助。

6月15日，参谋长联席会议对英方参谋长提出的波茨坦会议议程初步方案进行了讨论。这份议程一共有11项，后来又增加到了12项。具体包括：（1）太平洋和东南亚战区指挥部关于战事进展情况的汇报；（2）对日军事形势评估；（3）太平洋作战行动的进展；（4）英国参加对日作战问题；(5) 对东南亚盟军最高指挥官蒙巴顿下达新的指令；(6) 对日本的管制问题；(7) 苏联参战问题；(8) 法国、荷兰和葡萄牙参战问题(后者与盟军计划重夺帝汶岛的作战行动有关)；(9) 有关军事行动计划的情报资料；(10) 作战行动总体优先顺序；(11) 讨论对日战争结束之后联合参谋长委员会的职能问题；(12) 对日空袭作战的情况报告。

我们在白宫专门就攻占日本本土的必要性和可行性召开了一次会议进行讨论。有传闻说，就在这次会议召开的四天之前，某些战略情报局的特工试图安排与日本高层官员进行会谈，讨论有关和平条约的问题(当霍普金斯在莫斯科的时候，斯大林告诉他，东京曾就媾和发出过某些模棱两可的试探)。我打电话给战略情报局驻瑞士伯尔尼的代表艾伦·杜勒斯①，他说他从未听到过任何此类行动的消息，也不相信战略情报局的人员会参与此事。

在白宫召开的会议上，马歇尔将军和金上将都极力主张尽快发动攻占九州岛的战役。这表明金上将改变了自己的观点。在此之前，他一直主张先攻占中国的沿海地区，大概是厦门海岸一带，金认为这里是为发动进攻日本本土行动备战的绝佳之地。我始终反对登陆日本本土的行动，他并不认同我的意见。无论是九州还是厦门，作战任务都将万分艰巨而且危险重重。显然，金已经决定与马歇尔保持一致，建议攻占九州岛了。

---

① 艾伦·威尔逊·杜勒斯(Allen Welsh Dulles, 1893—1969)，美国外交官和情报专家，中央情报局局长。在中央情报局总部进出口处有一块他的浮雕像，上面的题词是"纪念他——和我们周围的一切"。1916 年起在美国驻维也纳和伯尔尼使馆工作，1922 年成为国务院近东局负责人，1926 年后曾为美国驻华顾问，后退出外交界，为美国最大的水果托拉斯——联合果品公司服务。1941 年 12 月被美国战略情报局局长多诺万选为驻瑞士情报站负责人，为二战情报工作做出突出贡献。1948 年任负责检查美国情报系统的三人委员会主席。1951 年中央情报局成立后，在沃尔特·比德尔·史密斯上将手下担任副局长。1953 年被艾森豪威尔任命为中央情报局局长，其兄约翰·福斯特·杜勒斯为同一时期的美国国务卿。1961 年因猪猡湾入侵古巴失败辞去中央情报局局长职务。——译者

根据马歇尔将军的估计，此次作战行动预计需要 19 万人参加，伤亡人数不会超过 6.3 万人。

总统批准了攻占九州岛的行动，但是对攻占日本本土的总体行动还要再做考虑。陆军似乎决意要占领日本，并像在德国那样通过军政府对其进行统治。从国防的角度来看，我认为找不到任何理由入侵一个已经彻底战败的日本。我担心，无论是人力还是物力，我们付出的代价都将是巨大的。

我当时的意见是，可以在保证美国对未来任何跨太平洋的侵略行为进行有效防御的基础上，制定出日本能够接受的投降条件。

从某种程度上来说，我的意见是不符合"无条件投降"原则的。但是，在卡萨布兰卡和后来的会议上，我们从未与任何人达成一致要求日本无条件投降。大家之所以接受这一政策，是因为它只是针对欧洲的。

自然，就像此前对罗斯福总统一样，我也将自己有关击败日本最佳方案的观点告诉了杜鲁门总统。杜鲁门向来是善于听取别人意见的，但是他自己的想法如何我却摸不透。在我们的讨论中，他明确表示，完全赞同以尽可能小的人员伤亡代价击败远东的敌人。这不是钱的问题。这可能需要更多的时间和更多的金钱——如果我们不攻占日本本土的话，但是将会减少人员的伤亡。我曾经对参谋长联席会议成员说过，除非能够得到总司令的批准，否则我是不会赞同进攻日本的计划的。

我还把自己对于苏联进入满洲的不同看法告诉了总统。这一问题同样在参谋长联席会议上进行过长时间的讨论，但是在这场争论中陆军占据了上风，并且在雅尔塔会议上已经对这一问题做出了决定。

在 6 月 29 日的参谋长联席会议上，11 月 1 日被定为进攻九州的行动日期，并且决定缩减琉球战役的规模以支持攻占九州行动。三军参谋长们坚持认为，这一行动是为通往东京平原，对日本这一工业国实施决定性打击所做的必要准备。

会议决定，加强从冲绳、硫磺岛、马里亚纳群岛和菲律宾等基地对日本实施的空中封锁。我们还决定消灭在菲律宾的残敌，派遣必要兵力保护西太平洋的海上航线，并且开辟一条通往苏联太平洋港口的海上通路。6 月 29 日会议的最后一个议题，以后将充分显示出其重要意义，即"为日本突然崩溃做好准备"。参谋长联席会议希望确保麦克阿瑟将军做好准备，如果战争提前结束能够迅速行动。

7 月 3 日，艾森豪威尔向参谋长联席会议汇报了有关多瑙河航运的情况。苏联人声称，有权利得到停泊在多瑙河美国控制区的部分船舶。艾森豪威尔报告称，所有德国和匈牙利的内河船只在投降之前就已经转移到美国控制区，并且他手里有相关的书面证明。他说，这些船只中的大部分原先是属于南斯拉夫、捷克斯洛伐克和其他国家的，他认为不应该同意苏联人的要求。这份报告大概是我们动身参加波茨坦会议之前，参谋长联席会议处理的最后一件重要公务了。

我们在联合车站登上了总统的专列（通过印钞局的秘密装卸站台登车的安保措施此时已经没有必要了），我发现，在总统的防弹车厢里分配给我的客舱，还是此前多次陪同富兰克林·罗斯福出行时乘坐的那一间。总统专列载着我们一行 44 人，于晚上 11 点启程，前往弗吉尼亚的纽波特纽斯。杜鲁门总统的随行团队中，除了我自己，还有新任国务卿詹姆斯·F. 伯恩斯和国务院的一班人马——白宫新闻秘书查尔斯·G. 罗斯，白宫陆军助理 H. H. 沃恩准将和海军助理 J. K. 瓦德曼上校，本杰明·V. 科恩，H. F. 马修斯和查尔斯·E. 波伦，以及白宫医生阿尔方斯·麦克马洪上校。

1945 年 7 月 7 日早晨 7 点，我们在纽波特纽斯登上了由 J. H. 福斯科特担任舰长的"奥古斯塔号"巡洋舰，开启了前往安特卫普的航程。在舰上，总统被安排在上将舱室，我在参谋长舱室。"奥古斯塔号"是一艘已经服役 14 年之久的万吨级巡洋舰，1941 年 8 月，罗斯福正是乘坐此舰与丘吉尔在纽芬兰的阿金夏海湾会谈，发表了著名的《大西洋宪章》。

在安保措施方面，这次旅程与先前的雅尔塔和德黑兰之行形成了鲜明对照。虽然有轻型巡洋舰"费城号"随行以应对紧急情况，但我们不再有空中或是驱逐舰护航，也没有采取任何特殊的安保措施，比如以"Z"字航行防止敌人潜艇攻击；夜间不需要再进行灯火管制，无线电通讯也可以随时使用。实际上，在"奥古斯塔号"上已经搭建起一整套设施完善的地图室和通讯中心。

由于杜鲁门对音乐的钟爱，每天晚餐时都会有一场音乐会。我有空偶尔也会去听听。现在已经没有了被敌人袭击的危险，所以总统可以随心所欲地听他喜欢的音乐。

还有一件事，也可以体现出两位总统之间的不同。杜鲁门每天很早就起床，因此他告诉随行团队每天早晨 7 点用早餐。总统笑着说，这并不是命令。因为我长期以来就有早起的习惯，所以对我来说，这并不需要改变自己的生活习惯。但看起来有些人似乎更喜欢多睡上几个小时。

当杜鲁门从"奥古斯塔号"的舰桥到舱底进行巡视时，不禁令人想起了行动不便的已故总统。曾经担任过炮兵的杜鲁门，对"奥古斯塔号"上的舰炮演练非常感兴趣。他先前就有寻找亲戚的习惯，在"奥古斯塔号"的船员中，就有一位劳伦斯·杜鲁门，我估计是总统的远房亲戚。此次与我们同行的还有三位记者，分别是三大通讯社的代表，上一次的"三巨头"会议他们未能获准参加。

一般在午前和午后，总统都会召集国务卿和我开会。通常伯恩斯的三位助手也会参加。我们会为总统准备好书面简报，阐明总统对拟提交波茨坦会议讨论的各项议题的态度和意见，一切准备工作都在有序进行中。

正当我们在船上忙着召开各种会议时，7月11日，总统接到了战争部长史汀生的一封电报，是"为英国和法国在德占领区"租借军需补给的问题，建议总统改变此前对参谋长联席会议所作的指示。我以为这是已经得到最终解决的问题，没想到又一次被提了出来。

7月14日，当我们航行到英格兰的波特兰南部海域时，一艘英国护航舰也加入我们的行列。我们沿着英吉利海峡继续航行，下午5点30分经过了多佛白崖。我和总统登上甲板，透过望远镜看到白色峭壁和周围的绿色原野勾勒出一幅壮美的画卷。

7月15日，星期天的清晨，我们驶入了斯海尔德河，"奥古斯塔号"放慢速度，向安特卫普驶去。上午10点，我们抵达了安特卫普港。这一天的天气晴朗，阳光灿烂，温度舒适宜人，沿河两岸比利时和荷兰的景色清晰可见。两岸绿草如茵，大批的牛群在悠闲自在地吃着青草。虽然战争才结束不久，但在这里已几乎看不到战争留下的痕迹。

在安特卫普，C. E. 索耶大使夫妇、艾森豪威尔将军、海军的斯塔克上将和陆军的李中将登船迎接总统。

上午11点，我们下船改乘吉普车前往布鲁塞尔附近的机场，沿途有众多围观的人群。飞机于下午12点55分起飞，途经科布伦茨、法兰克福、卡塞尔和马格德堡，抵达波茨坦附近的盖图机场。

从法兰克福到波茨坦是这段航程的最后一段，我们所飞行的线路，在日后的"柏林空运"事件中成为了很出名的空中走廊。

从空中俯瞰卡塞尔，这座城市似乎已经在空袭中被彻底摧毁，我看不到一栋完好无损的房屋。

飞机降落后，总统检阅了前来迎候的仪仗队，然后我们乘车前往位于10英里之外的格里布尼茨湖南岸驻地，沿途有许多头戴绿色军帽的苏联士兵负责警卫。我和总统以及国务卿伯恩斯住在一栋三层灰泥外墙的楼房里，我的房间在二楼，有一个面积不大但陈设精美的卧室，还有一间宽敞的会议室和办公室。

从周围德国乡村精耕细作的农田和大片葱郁苍翠的山坡丘陵来看，这里并没有遭受太多的战争涂炭。

这个有着悠久历史和高度文明的国家，如今处在苏联、英国、法国和美国一众外国军队的占领之下，城市几乎被摧毁殆尽，人民背井离乡，并且背负着需要至少一代人才能还清的战争债务。一个国家如果接受了错误的政治理念，跟随着错误的领导人，将会导致多么可怕的结果，这便是一个令人骇然的例证。

如今满目疮痍、受人奴役的德国，在纳粹统治之前，也曾经繁荣兴旺，与其他文明国家一样有着美好的未来。希特勒的纳粹主义是导致德国人民遭受这场灾难的唯一原因。从我们在穿越大西洋时制定完成的波茨坦会议的议程中，白纸黑字之间就能感受到这个曾经强盛国家的悲剧性变化。

总统为即将召开的这场重要会议做了充分准备。我们拟定的会议议题已经得到了他的批准，他将向斯大林和丘吉尔建议在大会上对这些问题进行讨论。以下是这些议题的具体内容，每项都有标题，总统寄希望于通过此次会议的讨论，能够弥合在赢得胜利之际盟国之间已经出现的裂痕，为今后世界的长久和平奠定一个坚实的基础。

一、和平机构的设置问题

杜鲁门总统倾向于建立一个"外交部长理事会"，进行拟定和平协议的前期准备工作并起草初步方案。其目的在于尽力避免凡尔赛和平会议所犯的某些错误。国务院对此已经拟定了详细方案。

二、对德国的管制问题

1. 总统希望管制委员会立即开始运作，特别是要尽快制定出适用于所有占领区的必要的统一政策。

2. 他认为在各个占领区，有以下问题是急需处理的：

（1）补给物资的额度和统一分配问题。

（2）商品和劳务在各区之间合理分配，并能够自由流动。

（3）有关农业和工业的统一政策。

（4）对进出口的统一管理。

（5）货币的集中发行和管控。

（6）在管制委员会下设集中的运输管理部门。

（7）在正式的赔偿协议达成之前，有多少物资能够立即出口，以供遭到德国侵略破坏国家的救济和恢复重建之用，管制委员会应当尽快就此达成一致意见。

3. 总统拟提出的建议：

（1）通过选举委员会，全面恢复德国地方政府自治（无论其他占领区是否接受，美国占领区将付诸实施）。

（2）全德国的非纳粹党派均享有公开集会和言论的自由（美国占领区将付诸实施）。

（3）一旦地方自治得到落实，尽快在地区、州及全国推行代议和选举制度。

（4）不能沿着占领区边界对德国实施分割。这种分割在经济上是行不通的。

（5）关于如何分割德国的问题，外长理事会应当提出建议，并向各自政府报告，允许法国外长加入理事会研究这一问题。

4. 在和平协议最终确定之前，总统不赞成建立德国中央政府。他建议以管制委员会暂时替代中央管理机构。

三、关于分割德国的问题

在雅尔塔会议上，"三巨头"一致同意对德国进行"肢解"，"他们认为这是未来和平与安全的必要条件"。

总统认为，将德国拆分成若干个独立主权国家，有利于未来的和平与安全。德国南部要成为一个国家，首都放在维也纳，由奥地利、巴伐利亚、符腾堡、巴登和匈牙利组成。

四、关于莱茵兰①的问题

这个问题是总统提出来的，考虑到有必要永久消除德国工业进行军火生产的能力，对于集中了德国大部分军工生产原材料资源的莱茵兰地区，包括鲁尔区和萨尔区，应当由英、苏、美、法四国进行国际共管；同时宣布，保证德国的独立和主权完整，在未来的某个时候，当德国战争经济的危险降低到微不足道时，再把这一地区归还给德国。

---

① 莱茵兰(Rhineland)是德国领土，位于法德边境交界处。一战德国战败后，《凡尔赛和约》规定：莱茵河西岸由协约国军队占领十五年，莱茵河东岸 50 公里以内区域为非军事区，德国无权驻防。1925 年的《洛迦诺公约》重申这一规定，并指出：只要德国进军莱茵兰，就已经构成了对《凡尔赛和约》有关条款的明显违犯，"是一种未经挑衅的侵略行为，是在非武装区聚集武装"，"国联或缔约国有权采取行动立即予以抵抗"。但 1936 年 3 月 7 日，德国少数部队越过莱茵桥头进入非军事区，没有遇到任何抵抗，一直前进到法国边界。这不仅公开撕毁了《凡尔赛和约》，而且也破坏了《洛迦诺公约》，正如当时法国外长庞赛所说："希特勒打了他的对手一记耳光。"——译者

五、对意大利的政策问题

　　总统认为，对于意大利，三国政府关注的目标应该是让她早日实现政治上的独立自主和经济上的恢复重建，以及让意大利人民最终享有选择他们自己政府形式的权利。

　　意大利现在的地位是战胜国和无条件投降国的双重身份交织在一起。这妨碍了盟国和意大利自身为改善她的经济和政治形势所做出的努力。这种状况只能通过谈判并签订明确的和平条约来解决，至少还要花好几个月时间。准备这份条约，应该是我们提议建立的"外交部长理事会"的首批任务之一。

　　不过，如果意大利为击败德国所做的贡献能够得到一定程度的认可，我们就可以立即作出一些过渡性安排，大大改善意大利国内的局势。

　　因而总统认为，那些关于投降国的繁琐的、过时的、长短不一的条款，不应该再适用于意大利，而要用意大利政府的某种承诺取而代之，以满足当前的形势需要。

　　这些承诺应当包括：

　　1. 在和平条约达成之前，意大利政府不能与任何联合国家发生敌对行动。

　　2. 意大利政府不能保留陆、海、空军事力量和装备，除非得到盟国允许；即便是准许保留的部队和装备，也必须服从盟国的所有命令。在这种过渡性安排下，盟国在意大利的军事存在，以维持其必要秩序为限，一直到保证领土争端得到公平解决。

六、波兰问题

三大盟国已经一致同意，建立一个包括不同政党代表的波兰临时政府，尚待解决的问题是：

1. 在普选和无记名投票的前提下，尽快举行不受任何干涉的自由选举。

2. 波兰边界的准确划分。

在雅尔塔会议上，大家曾同意在波兰希望得到的德国领土问题上，应当听取波兰民族团结临时政府的意见，但边界的最终划分需等待和平会议的决定。

如果与德国政府的和平会议无限期推迟，总统建议，由外长理事会与波兰临时政府进行协商之后，拿出一个波兰边界的划分意见，再向各自政府报告。

七、罗马尼亚、保加利亚和匈牙利的问题

在雅尔塔会议上，美苏英三国首脑在《被解放的欧洲宣言》中声明，在欧洲解放之后的不稳定时期，三国政府应保持协调一致的政策，以民主的方式，帮助被解放地区人民解决那些亟须解决的政治和经济问题，以及自由选择他们的政府形式。

三国政府一致同意，共同协助欧洲被解放地区包括前轴心集团附庸国的人民：

1. 为实现国内安定和平创造条件。

2. 实施紧急救济。

3. 建立能代表所有民主党派的临时政府机构。

4. 帮助人民自由选举出符合自己愿望的政府形式。

《被解放的欧洲宣言》中所形成的共识，在罗马尼亚、保加利亚和匈牙利尚未得到落实。这些国家目前的情况，与制定宣言时预判的情况完全一致。因此，总统希望：

（1）立即进行约定好的三方协商。

（2）立即撤销所有限制盟军官员自由进入被解放地区的规定。

（3）三国政府立即采取措施，帮助被解放地区和前轴心集团附庸国人民举行自由选举（在同等数量的三国代表机构的监督下），以选出符合他们自己意愿的政府形式。

通过自由选举的民主方式产生的政府，美国将正式承认其为主权国家。

八、关于缴获德国船只的处理问题

由于运送对日作战部队和装备的船只极为短缺，因此有必要将缴获的德国商船暂时转交给联合海事局，苏联应该是该局的成员国之一。

总统认为，在日本投降之后，应将剩余的德国商船在美英苏三国之间平均分配。

他还建议，对于缴获的德国战舰，应当在三国之间平均分配，而且要尽可能早地进行。

九、欧洲水域的自由通行问题

总统告诉我，他认为未来在欧洲水域——莱茵河、多瑙河、达达尼尔海峡和基尔运河，所有国家都应享有自由航行的平等权利，这对于维护欧洲和平来说，如果不是必需的，起码也是有利的。

他决定在会议上提出这一建议。

上述会议议程，是由国务卿伯恩斯和我以及其他许多人，在华盛顿和"奥古斯塔号"上花费了大量时间制定出来的。第一次与两位强势的伙伴——斯大林和丘吉尔开会，对于一位新任总统来说，可是一项艰巨的任务。现在我们就转入下一章，去看看他在此次会议上的成就与遗憾吧。

第二十二章　波茨坦会议

1945 年 7 月 16 日至 8 月 2 日，最后一次战时三大强国政府首脑会议在德国波茨坦举行，这次的会期是最长的，涉及的议题也是历次"三巨头"会议中范围最广的。从某些方面来说，这也是最令人沮丧的一次会议。

"终点站"是这次会议的代号，无论从安全保密的角度，还是从方便记录的角度，它比战争期间所用的任何代号都显得更抢眼。"终点站会议"共召开了 13 次全体会议，军事首脑和外交部长通常每天都有会。后两者的会议缓冲了苏联人在波茨坦和英美两国讨价还价的大部分压力，针对几乎每一个议题，他们都会不停地提出要求重新拟定或修改措辞，基于各种各样的目的。

波茨坦也意味着温斯顿·丘吉尔从世界政治舞台中心的退出，在"终点站会议"刚刚议程过半的时候，他在英国国内意外地输掉了选举。富兰克林·罗斯福的病逝缺席让人感到痛心，但正好新任总统哈里·S. 杜鲁门可以有机会隔着会议桌，面对面了解一下他在今后很长一段时期都要打交道的外国领导人。

据 6 月份在伦敦的前驻苏联大使约瑟夫·戴维斯称，丘吉尔首相担心，杜鲁门和斯大林在正式会议前的见面会，将被丘吉尔的政敌们看成是对他的冷落。这个问题上帝帮他解决了，斯大林 7 月 16 日还没有到波茨坦，这天本来要召开第一次全体会议。在波茨坦会见杜鲁门（首次以总统身份）的换成了丘吉尔，当天他们进行了长达两个小时的会谈。

军事问题所占的分量在波茨坦会议上是相对比较小的。在波茨坦萨西林霍夫宫举行的最后一次会议闭幕之后的十二天，日本人就投降了，事态进展之神速出乎所有人意料，让会上那些有关军事问题的讨论大部分都变成了空谈。

军事人员讨论的主要内容是想出一个方案，如何以最佳路径尽早迫使日本投降。为此自 7 月 16 日开始，联合参谋长委员会每天都开会研究，和我们苏联军方同僚一起，一天安排两次会议。

杜鲁门利用开幕大会延迟的机会，去考察了被战火摧毁的柏林，距离波茨坦只有 13 英里。当我们离开位于恺撒大街 2 号的美国代表团驻地，驶上主干道，映入眼帘的景象着实令人震惊。沿着高速公路两侧，目光所及之处，都能看到美军第 2 装甲师的坦克，当时的师长是约翰·H. 科利尔准将。杜鲁门站在一辆敞篷军用轿车里进行了检阅。

科利尔将军与我们同乘一车，我看着那些很棒的小伙子和他们威风凛凛的坦克，对他说："这是我看到过的最有战斗力的地面部队。我不知道有谁能够阻挡他们的脚步，如果他们真的想去的话。"

将军笑着说："到目前为止，还没有人挡得住他们！"

在驶往市区的路上，杜鲁门也评论说，看到如此令人振奋的美国武装力量，他真是为自己没能穿着制服参战而深感惋惜。

我们在一片废墟的柏林转悠，所看到的每一栋建筑都严重损毁，或彻底坍塌。这里曾是一个伟大、美丽的都市，一个自豪国家的首都，我有很多次都想来看看，如今却变得惨不忍睹。我们在总理府停了一下，墙都被烟火熏黑了，还去了希特勒冲着顺从的纳粹党徒嘶喊演说的阳台。这个时候杜鲁门评论道，一个国家一旦倒退到野蛮蒙昧状态，就会犯下可怕的错误，希望我们能够避免。"一个人的自我无限膨胀，会导致什么，这就是最好的例子，"总统慨叹，"我从未看到过如此惨烈的毁坏。我不知道他们是否从中学到了什么。"在那两个小时的考察过程中，这句话始终在我的心头回响。在我漫长的海军生涯里，从来没有见过眼前如此之景象。

我第一次参加炮战是 1898 年，当时我是老式战列舰"俄勒冈号"上的一名军校生见习军官，军舰绕过合恩角①远道赶来，参加圣地亚哥战役②。我参加了一些很小型的炮战，其中包括攻占古巴关塔那摩湾的那场战役③。我当时心里很不舒服。因为我们虽然击毙了部分敌军，但也可能炸死了一些妇女和儿童。与 1898 年的舰炮轰炸相比，我们眼下在柏林看到的破坏，是违反文明社会战争法的。

大部分破坏是苏联炮兵造成的。火炮轰炸和空袭轰炸的后果，是不太难区分的。当你看到一面墙上有个洞，后面的房子已经塌了，这就是火炮造成的。如果看到一幢建筑物从上面塌下来，有的几乎碎成一堆瓦砾，比如阿德隆酒店，那就是空袭造成的。

比目睹残破的柏林更令人伤心的，是看到长长的老人、妇女、孩子组成的队伍，应该是苏联人占用了他们的房子，将他们从家里赶了出来。这些人成群结队地走在乡间小路上，领着孩子，带着少得可怜的随身物品，或许根本就没有目的地，也或许心中根本就没有希望。队伍中看不到年轻男性。我们看到的所有男人要么老得超过了参军年龄，要么就是缺胳膊少腿。这些绝望的人们看上去是那么地步履维艰，只盼着找

---

① 合恩角(Cape Horn)，智利南部合恩岛上的陡峭岬角，位于南美洲最南端，是太平洋与大西洋分界线。以 1616 年绕过此角的荷兰航海家斯豪滕(Willem Corneliszoon Schouten)的出生地霍恩命名。合恩角洋面波涛汹涌，航行危险，终年强风不断，气候寒冷。——译者

② 古巴圣地亚哥战役(Battle of Santiago de Cuba)，发生在 1898 年 7 月 3 日，西班牙殖民地古巴圣地亚哥市附近海域。此战为美西战争中的决定性战役，美国海军击败了西班牙海军，使古巴脱离西班牙殖民统治而独立。——译者

③ 关塔那摩湾战役(Battle of Guantánamo Bay)，发生在 1898 年 6 月 6 日至 10 日，美军和古巴独立军击败西班牙部队，攻占具有重要战略价值的关塔那摩港，为随后的圣地亚哥战役和登陆波多黎各奠定了基础，现仍为美国海军基地。——译者

到个藏身果腹之地——很显然，他们都是从苏联占领区逃出来的。

我们是这场巨大世界悲剧的见证者，眼看着高度文明的世界开始分裂，眼看着那个在种族上本是英美人远亲的伟大民族，在他们错误领导人的带领下，一步步走向毁灭。

在 1920 年代，我曾经见过无家可归者大批出逃的类似情况，只是规模上要小得多。当时的俄国贵族借道土耳其和巴尔干国家，徒步逃离红色革命，只带着随身细软，就像此时的德国人，寻找那不知在何处的栖身之所。

当年的情景与眼前的德国一样，着实凄惨。

在当天晚餐后总统个人召集的派对上，大家讨论了白天看到的情况，我注意到，大家的神情里看不到丝毫的仇恨和报复，而是让我们这些在华盛顿遥控战争的人真正了解到现代军事冲突所造成的可怕破坏。

会议的主角斯大林来到了波茨坦，与杜鲁门总统共进午餐。这是他们的首次会面。出席的还有莫洛托夫、伯恩斯和我。关于希特勒的下落，就像此前在莫斯科对霍普金斯说过的，斯大林认为元首已经逃掉了，藏在某一个地方。他说，苏联调查人员进行了仔细搜查，没有找到希特勒仍活在世上的蛛丝马迹，也没有发现他死亡的任何直接证据。

这位苏联领导人对杜鲁门的后厨准备的红酒好像很感兴趣。他让一名服务生转动酒瓶，让他看清楚商标。那是加利福尼亚产的红酒。后来杜鲁门把午餐上同一个牌子的红酒作为礼物，送了好多瓶给大元帅。

下午，总统和伯恩斯跟我聊了他们在午餐前与斯大林谈话的印象，那时我不在场。他们相信，苏联红军将在 8 月 15 日展开对日作战。他们觉得，斯大林对英国人参加太平洋战事不感兴趣，总体上是反对英国人关于太平洋战事的政策的。这似乎印证了戴维斯的猜测，丘吉尔对苏联的敌意在莫斯科不是秘密。

他们还认为，苏联和中国之间不可能达成协议，除非蒋介石做出重大妥协。但他们同意斯大林，不管蒋介石让不让步，苏联都将参加对日作战。哪怕中国不情愿，苏联的要求也将得到满足，不管中国人采取什么立场。

7月17日下午5时，"终点站会议"召开第一次全体会议，地点在威廉皇太子①曾经居住过的一个宫殿里。萨西林霍夫，是这座前霍亨索伦皇族宫殿的名字，战争期间曾被用作医院。它位于格里布尼茨湖边，是一幢宽敞的、两层赤褐色砂石建筑。全体会议在宫殿的接待前厅里举行，房间足够大，可以让所有主要参会者都围着一个大圆桌坐下来，旁边还陪着他们的顾问。一面巨大的嵌壁式落地窗，可以让大家看到花园里的美景。会议室和主要入口都布置了三个国家的国旗。就像在雅尔塔的里瓦几亚宫，我们的苏联东道主把宫殿和总统、首相下榻的房间都进行了相当仔细的翻修。开会的地方是巴贝斯堡郊区，距那里大约3英里。

斯大林建议让杜鲁门担任会议主席，丘吉尔表示同意。总统抓住这个期盼中的机会，立刻把握主动，一口气提出了美国代表团事先准备好的四条主要建议，当中没有人打断：

---

① 弗里德里希·威廉·维克多·奥古斯特·恩斯特（Friedrich Wilhelm Victor August Ernst，1882—1951），德意志帝国和普鲁士王国末代皇储，德皇威廉二世长子。1888年其祖父腓特烈三世去世后，威廉在6岁时成为皇太子，直到1918年帝国垮台，任皇储长达30多年。一战期间曾担任德军第5军军长、皇储集团军司令，1918年11月帝国被推翻后随其父流亡荷兰。1923年11月9日，威廉皇太子选择其父当年退位的日子，在保证不参与政治的条件下被许可返回德国。纳粹党上台后，威廉打破了自己不参与政治的诺言，希特勒曾在1926年、1933年和1935年三次到萨西林霍夫宫拜访他，并加入反对民主共和国的右翼激进组织"钢盔—前线士兵联盟"（Der Stahlhelm）。1932年曾打算以右翼候选人竞选总统，为其父反对而放弃，随后支持希特勒上台。随着他的朋友、前总理库尔特·冯·施莱谢尔在1934年7月20日"长刀之夜"中被暗杀，他宣布退出政治活动。认识到希特勒无意恢复皇权后，他们的关系也逐渐冷了下来。1941年6月4日，其父威廉二世去世，威廉皇太子成为霍亨索伦家族首脑。二战中，反对希特勒的势力曾试图拉拢他，均被其拒绝。1944年"7·20暗杀事件"失败后，希特勒对其住地萨西林霍夫宫进行了监视。战争末期萨西林霍夫宫为苏联红军占领，后被选作"波茨坦会议"举办地。战后威廉曾被以"一战战犯"身份软禁，1951年7月死于心脏病。——译者

1. 建立苏、英、法、中、美五国外交部长理事会，拟定提交各国政府审议的和平条约。

2. 有关德国的政策。

3. 关于被解放地区的事务，即日起按照《雅尔塔宣言》执行。

4. 对意大利的政策，包括准许它加入联合国，当时该国已经对日宣战。

杜鲁门总统一上来就开门见山阐明美国的政策，并讲了很长一段话强调就上述建议进行深入研究的必要性，丘吉尔首相对此感到有些诧异。他建议当日会议的主要内容框定在确定大会议程。

杜鲁门接着又提出了希望在后面会议上讨论的其他事项，同时他希望其他与会者能够随时提出自己的问题。斯大林的清单早就列好了，提出了以下议题：

1. 关于德国舰船的处置。

2. 赔偿问题。

3. 应当交由苏联政府托管的领土，大小范围应当与其他国家差不多。

4. 关于附庸国的问题。

5. 关于西班牙政府，他说是德国人和意大利人强加在西班牙人民头上的，他认为对联合国家是个威胁。

6. 关于丹吉尔①的问题（这里被丘吉尔打断，说丹吉尔的问题

---

① 丹吉尔(Tangier)，是摩洛哥北部古城，海港，纺织业、手工业、渔业和旅游业中心。位于直布罗陀海峡的丹吉尔湾口，距亚欧大陆仅11到15公里，坐落在世界交通的十字路口。东进地中海和西出大西洋的船只，都要从这里经过或停泊，大西洋东岸南来北往的船只，也要在这里调整航向，战略地位十分重要，历来为（转下页）

必须听取法国意见）。

　　7. 叙利亚和黎巴嫩的问题。

　　8. 波兰问题，斯大林意图取消波兰流亡政府，在苏联人看来，它依然在惹麻烦。

　　丘吉尔说英国政府的建议将随后书面提交。从这第一次会议到他返回伦敦听取选举结果，丘吉尔显然没有为波茨坦会议做好充分准备。有好几次面对提出来的问题，他看上去好像都不知道是怎么回事。在过去的历次会议中，丘吉尔和他的代表团所准备的方案计划面面俱到，有时候为拿出一个驳斥英国人建议的方案而把我们搞得手忙脚乱。在这一次的开幕会议上，首相建议三国外长在次日开会前拿出一个会议议程。大家采纳了这一建议。

　　关于总统的第一条建议——建立"外长理事会"——斯大林想知道是否将取代雅尔塔会议上确定的外长会议。丘吉尔的意见，这个新组建的机构应从整体上考虑和平条约，但不应当取代已经存在的外长会议和欧洲咨询委员会①。这位英国领导人还不想让中国参加这个主要处理欧

（接上页）兵家必争之地。公元前 6 世纪由腓尼基人建造，是世界上最古老的城市之一。1912 年，法国将摩洛哥变为其保护国，并在 1923 年将丹吉尔变为国际共管区，成为国际自由城市，由英、法、西、葡、意、比、荷、瑞典等欧洲 8 国和后来的美国代表组成共管委员会长期管辖。1940 年 6 月，在德军横扫西欧之时，西班牙突然出兵占领丹吉尔，只通知了德、意，而没有通知英、法。1956 年摩洛哥独立，同年收回丹吉尔的主权，"国际共管"状态被取消。1962 年，摩洛哥宣布丹吉尔为自由港，1965 年，丹吉尔被辟为自由贸易区。——译者

① 欧洲咨询委员会(European Advisory Commission)，苏、英、美政府研究与战争结束有关的欧洲问题的咨询机构。1943 年 10 月苏美英莫斯科外长会议上决定成立，总部设在伦敦，主要任务是为三国共同行动提出建议，但无发布命令的权力。同年 11 月 30 日（一说 1944 年 1 月 14 日）正式开始工作。1944 年 11 月法国也被邀参加。委员会先后召开会议 120 次，曾制定德国无条件投降的条款，确定各盟国在德国的占领区，以及起草关于在德国履行无条件投降基本条件期间设立对德管制机构的提案；还研究了恢复奥地利独立的问题以及制定同保加利亚和其他一些国家（转下页）

洲问题的机构。初步商讨了上述情况后，会议就休会了。

我觉得第一次会议上杜鲁门自己把握得相当好。他处事积极主动，表达清晰准确。他看起来很清楚自己要说什么和做什么。至于斯大林，会上并没有什么事惹到这位苏维埃的首领，他和平常一样彬彬有礼。从午餐和首次会议的情况看，杜鲁门与斯大林好像可以和睦相处。总统的第一印象是，"乔大叔"这个人非常和蔼可亲，是个令人开心的伙伴。

当天晚上，总统在设宴招待战争部长史汀生和诸位美军参谋长时，给了斯大林不少赞誉之词。哈里·杜鲁门中士，是总统在密苏里州的弟弟约翰·维维安·杜鲁门的儿子，也以杜鲁门家人的身份出席了宴会。当晚这位年轻的战士留了下来，第二天早上与叔叔共进了早餐。

7月18日　星期三

等杜鲁门前往萨西林霍夫宫主持第二次全体会议的时候，肚子已经吃得很胀了。他先去了丘吉尔的住处吃了午餐，然后走到斯大林的住地，又是一顿精美大餐，还有很多常见的俄罗斯烤面包在等着他。

会议刚开始的时候，丘吉尔提出来一个奇怪的建议。他要去柏林，对着大约200名报纸和电台记者发表讲话，强调保守这次会议成果秘密的重要性，"不惜一切代价"。他的动机听起来有些荒诞。但很快就定了下来，对付那些记者，还是让三个国家的新闻秘书去吧。

波茨坦会议采取的第一项具体行动就是成立"外交部长理事会"，此前由美国政府提出来的，大家一致同意。会上没有展开讨论。

当下一个议题——德国管制委员会的政治权限问题——被提出来

（接上页）的停战协定条款。1945年7月波茨坦会议决定建立"外交部长理事会"后停止工作。——译者

时，丘吉尔马上问道："德国是指什么？"首相说，如果是指战前的德国，那他是满意的。斯大林说答案是"眼前剩下的德国"。他认为，应当首先确定波兰的边界问题，才能搞清楚哪块地区属于德国。经过相当的讨论，大家同意将杜鲁门提出的1937年时的德国疆域作为讨论问题的基础。

斯大林一上来就对波兰问题发表了一番长篇大论，要求将所有的政府资产、陆海军武装力量和商用船只全部移交给目前的华沙政府，当时这些都在波兰流亡政府的控制之下。丘吉尔回答说，当时在英格兰的波兰流亡政府名下没有任何资产可言。接着首相为波兰军队仗义执言，进行了大段的辩护，整场战争中波兰军队都在和他的部队一起肩并肩战斗，抗击德国人和意大利人。丘吉尔说，这涉及英国政府的信誉，他希望波兰战士能够返回他们的祖国，但如果有人不愿意回去，可以成为英国公民，继续得到英国政府的保护。

起初英国参战就是因为兑现其对波兰的诺言，此前代表波兰的也一直是在伦敦的流亡政府。如此一来，英国和苏联自然在大多数波兰问题上的意见都完全相左。杜鲁门主要关心的，假使罗斯福还在应该也一样，是希望看到波兰建立一个代表大多数人民的民主政府。另外也考虑到，美国国内有波兰裔美国人组成的大型政治代言团体，他们在政坛上发挥的作用不容小觑。

等丘吉尔讲完了，斯大林说，他不想给英国添麻烦，建议将波兰问题交给三国外长研究并提交报告。在"三巨头"达不成一致意见的时候，总是会交给外长们去研究，这个程序在"终点站会议"结束之前至少启动了十多次。

就德国四个被占领区组建统一政府的问题，丘吉尔发表了简短的意见，之后斯大林补充说，他原则上赞成这一政策，第二次全体会议就此休会。与此前历次"三巨头"会晤相比，波茨坦前两次会议的议程进行得很快，或许是因为杜鲁门总统直截了当的行事风格，而且他对讨论的议题也做了充分准备。不过，最棘手的议题，比如赔偿和波兰领土问题，都还没有触及。

7月19日　星期四

吃早饭的时候，杜鲁门告诉我们，周三午夜时分，他用越洋电话和华盛顿的杜鲁门夫人通了话。他说可以清清楚楚地听到她讲话，简直就像本地电话一样。

第三次全体会议一开场，丘吉尔就指责驻扎在希腊马其顿①地区的

---

① 马其顿（Macedonia），在历史上，马其顿更多是作为一个广义上的地区名称而存在。其位于欧洲巴尔干半岛中南部地区，西临阿尔巴尼亚山地，东接罗多彼山地，北靠歇亚山脉，东南临爱琴海。地处巴尔干核心，南下地中海的门户，一直为重要的贸易和军事通道。古代马其顿帝国在此兴起，公元前 323 年 6 月亚历山大大帝病逝，帝国很快分裂，先后由罗马帝国、拜占庭帝国和奥斯曼帝国统治。5 世纪起斯拉夫人开始进入马其顿地区，并在该地内陆地区定居，因而奠定了现代马其顿南北之分的基础，南部主要是希腊人，北部主要是斯拉夫人。837 年，保加利亚征服了马其顿地区，并于 10 世纪末在该地的奥赫里德定都。1018 年，拜占庭帝国又征服了马其顿地区，在接下来的几个世纪里马其顿多次在拜占庭、保加利亚和塞尔维亚之间转手。15 世纪初，奥斯曼帝国征服了马其顿，开始了长达五百年的统治。19 世纪时，奥斯曼帝国衰落，希腊、保加利亚、塞尔维亚复国运动相继展开，民族主义高涨，马其顿也成为三国的必争之地。1912 年，三国在共同针对奥斯曼帝国的第一次巴尔干战争中获胜，奥斯曼将马其顿割予三国；但三国之间又因马其顿具体分割方案存争议，于 1913 年爆发第二次巴尔干战争，最终希腊、塞尔维亚击败保加利亚，三国将马其顿瓜分，塞尔维亚所得到的部分就是现代马其顿共和国的领土。近现代地理上的马其顿地区即分属该三国：马其顿共和国，原属于塞尔维亚的部分，称瓦尔达尔马其顿；属于保加利亚的部分称皮林马其顿；属于希腊的部分称爱琴马其顿。第一次世界大战之后，塞尔维亚成为南斯拉夫的一部分。第二次世界大战后，南斯拉夫联邦人民共和国成立，1946 年时铁托将马其顿地区从塞尔维亚分割出来，成为南斯拉夫的一个加盟共和国。1991 年 9 月 17 日，马其顿从南联盟和平分离，11 月 20 日正式宣布独立。但随即和希腊爆发国名争端，希腊认为马其顿是地理概念，其范围包括希腊的北部地区，坚决反对将"马其顿"或其派生词作为马的国名，最后马其顿于 1993 年 4 月 7 日以"前南斯拉夫马其顿共和国"的名义加入联合国。保加利亚虽然承认马的独立并与之建交，但不承认马其顿民族和（转下页）

武装力量是引发潜在敌对行动的祸端，应当正告相关国家，领土问题必须通过和平会议而不是军事行动来解决。

丘吉尔的控诉直指保加利亚是莫斯科的卫星国之一。斯大林情绪激动地说，这个问题应该私下里讨论，不应该摆在这次会议上说。苏联人不希望任何人干涉他们对巴尔干地区的盘算，我估计他们也不想让波茨坦会议涉及这个问题。

第三次全体会议设定了三项议程：（1）盟国管制委员会在德国遵循的政治原则；（2）波兰问题；（3）德国军舰和商用船舶的处置问题。

第一个问题引发的讨论很少，外长们提出的建议很快就通过了。紧接着美国代表团就拿出了就此问题事先准备的文件。盟国管制委员会接管德国最高权力，根据各自代表政府的指令开展工作。委员会在盟军占领期间的主要目标是：（1）确保德国的完全非军事化，消除或控制德国所有工业被用于军工生产；（2）确保那些在军事上被彻底打败的德国战犯，不会逃脱因自己发动残暴战争而应当承担的责任；（3）解散国家社会主义党和所有的纳粹主义社团机构；（4）以民主制度为基础，彻底改造德国的政治生态。

其他条款还包括废除所有歧视性的纳粹法律，逮捕和审判那些纳粹暴行的参与者，禁止纳粹党成员参加公职，改革德国的教育和司法体系，引导沦陷国内政分权化和发展地方自治。

波兰问题被再一次交给外长们去研究。

等轮到处置德国舰船的议题时，杜鲁门问如何区分"战利品"和"赔偿"的概念。他认为，赔偿委员会应当在处置这些舰船之前，就这两者的概念达成一致意见。

斯大林马上回答说，敌军投降时缴获的一切战争物资都是战利品。

（接上页）马其顿语。1995 年 11 月 11 日，马其顿被正式接纳为欧洲委员会第 38 个成员国。——译者我们已经接到报告，说得好听点儿，苏联人关于战利品的概念弹性相当大。比如说舰船，斯大林说德国海军军舰就是战利品，商用船只两者都可以算。

丘吉尔希望将德国舰队的处置问题作为会议总体协议的一部分，但原则上不反对由盟国对其进行瓜分。他指出一点，对英国而言很重要，盟国之间不同的舰船损失应当予以考虑。这意味着英国希望多分到一些德国海军军舰和商用的船只，因为英国在纳粹发起的潜艇战中损失惨重，而苏联人损失的舰船则非常少。

丘吉尔希望凿沉大多数德国潜艇，剩下少量的分给三个大国。在当天会上，每个人看起来都同意这一点。但实际上，英国人恨不得把每一艘德国潜艇都沉到海底去。自从英国人把纳粹空军从英格兰的天空上打跑之后，U型潜艇在整场战争中都是这个"弹丸岛国"面对的最严重威胁。斯大林曾经要求准许苏联军官登上德国舰船进行检查，在讨论这个问题过程中，英国和苏联的互不信任暴露无遗。斯大林说英国人至今都没有承认过他们的这项权利。丘吉尔则尖刻地回答，当英国军官在苏联人那里享受到同等权利时，苏联军官的权利自然就实现了。

在丘吉尔的支持下，杜鲁门称德国的商用船只将被用于对日战争，而且，由于挪威和瑞典在战争中的舰船损失，他们也要参与对德国舰船的分配。斯大林回答说，他不会做出任何有损于盟国对日作战的事情来，他只是希望最终达成的协议里能够把德国军舰和商用船只的三分之一给苏联。

接着大元帅提出了西班牙的问题。他建议三国政府断绝同佛朗哥的外交关系，因为"西班牙政府对和平是一个威胁"。这遭到了总统和首相的坚决抵制。杜鲁门说："西班牙国内的麻烦必须由他自己解决。"我完全赞成总统和首相在这一问题上的立场。这引起了长时间的争论。

西班牙并没有打仗，这将陷我们于干涉别国内政，等于在告诉西班牙人民他们应该要有什么样的政府。这将是对《大西洋宪章》的践踏，而且西班牙人民喜不喜欢佛朗哥，好像和我们也没有什么关系。

斯大林对西班牙政府的憎恶源于佛朗哥打败了过去莫斯科曾支持的共和政府。他详细阐述了现政府的"法西斯"属性，称它是一言堂的独裁政府。这位苏联领袖还说，他认为应当允许西班牙人民选择他们想要的政府，对斯大林而言就是过去的共和政府。在这个问题上，大家显然谈不拢。

外长们希望"三巨头"能研究一下欧洲被解放地区的问题，但斯大林马上提出来要求延期讨论。这引发了丘吉尔与斯大林之间针对南斯拉夫问题的争论，前者指责铁托—苏巴斯基政府没有完全执行在雅尔塔会议上达成的谅解。

斯大林说没有听说过这样的情况，如果南斯拉夫人不在场，他不会讨论这一问题。很显然他不愿谈及这个话题，也不愿意改变南斯拉夫的现状。其实丘吉尔真正想挑明的，是苏联正在所有"被解放"国家组建他们自己想要的政府，特别是在巴尔干地区。

杜鲁门的立场很坚定。"我到这里来，是研究我们三位政府首脑能够说了算的问题，"他说，"我可没打算参与任何官司纠纷。如果我们要听铁托的意见，那就必须同样听取佛朗哥、戴高乐等人的意见。"

关于南斯拉夫的问题就这样被搁置了。

丘吉尔的下一个指控是说苏联政府在强取豪夺英美两国的财产，主要是罗马尼亚的石油开采和提炼设备。这又是一个斯大林不愿意在波茨坦会议上谈论的话题，他说可以通过正常外交渠道解决。在这个问题上，我觉得斯大林是对的，尽管毫无疑问苏联人拿走了普洛耶什蒂油田的部分设备——而且他也没有否认。这个问题被转交给外长们去解决。

虽然第三次"三巨头"会议只开了五十分钟，但将苏联和英美对欧洲问题的巨大分歧完全暴露了出来。斯大林为避免自己的政府陷入被动，反应很快，他的惯用手法就是将尴尬问题转交外长们去处理。

晚上六点，杜鲁门设宴招待了另外两位政府首脑。我坐在克莱门特·艾德礼和查韦尔勋爵当中，艾德礼是最近英国大选中丘吉尔的对手，查韦尔是英国著名的科学家。出席宴会的全是男人，我算是美国海军的代表，斯大林显得对我特别尊重。在祝酒的时候，苏联外交人民委员莫洛托夫称我为"所有国际性会议的常任代表"。

坐在我这一侧餐桌头上的几个人取笑我不愿意喝伏特加，在他们看来今天可是"开怀畅饮"。斯大林问他的翻译发生了什么事，被告知我刚刚在伏特加酒杯里兑水，那些人在嘲笑我。大元帅随后朝我举起了酒杯，说道："这说明海军上将是个非常聪明的人。"

7月20日　星期五

艾森豪威尔将军和布雷德利将军在中午前面见了总统，并留下来吃午饭。下午早些时候，总统前往柏林，出席了管制委员会美国代表团总部的升旗仪式。我没有去，但他们告诉我仪式令人难忘，升起的那面国旗正是1941年12月11日，国会对德宣战那天飘扬在华盛顿国会大厦上的旗帜。

第四次全体会议的第一个议程是，审议通过"外交部长理事会"的章程草案，这个组织定下来常驻伦敦。波兰问题依然列在议程上，但讨论被再一次推迟，交给英美两国的政治顾问们继续研究。

总统建议拟定一份有关意大利的和平条约，这是我们在前来波茨坦的路上商定下来的、希望此次会议能够达成的主要任务之一。斯大林立刻想把轴心集团附庸国——罗马尼亚、保加利亚、匈牙利和芬兰的问题加塞进来。他希望在讨论意大利问题的时候，这四国也能够一并考虑。我们觉得，鉴于意大利在二战后期为盟国事业做出的贡献，应当将她停战协议中的苛刻条款放宽一些。

丘吉尔发表了一大通情绪激昂的演说，主要是意大利在战争第一年给英国造成的损害。他说，除非让意大利人民选出民主政府，否则就不能和罗马谈和平。首相将保加利亚归为不同类型的问题，指责它在战争中"残忍地对待"希腊人和南斯拉夫人，它至今仍未被解除武装，也没有因其罪行遭到惩罚。关于附庸国还有其他的纠葛，这只是漫长讨价还价的开始。有关附庸国的整个问题都被转交给外长们去研究。

接着丘吉尔又控诉，苏联人不允许英美官员进入维也纳，也不让英美军队进入奥地利的占领区。斯大林被激怒了。他声称，大家搞僵掉的原因要怪盟军地中海战区总司令、英国陆军元帅亚历山大，他的"做派让人觉得好像苏联红军听他指挥"。斯大林还说，他不明白丘吉尔为什么还提出这个问题，以为大家"已经"达成解决方案了，在一两天之内，部队就能够开进他们各自的占领区。

丘吉尔显然没有掌握这个情况，美国代表团高层官员是前一天收到报告并向杜鲁门做了汇报。不过，我倒希望丘吉尔对苏联人在奥地利所作所为的尖刻批评，或许有助于改善他们两者之间未来的关系。

托管的问题被提交大会讨论，斯大林和丘吉尔的意见冲突很激烈。大元帅说，苏联对海外领地托管问题的关注和其他国家是一样的。我觉得，他们在这个问题上的权利和我们其他人是对等的。争论的焦点集中在意大利在非洲沿海的殖民地上。英国人不希望苏联人染指地中海南部和东部的任何地区。我们都参加过英美联合参谋长委员会的会议，知道英国人的神经在这个问题上有多么敏感。如果有被托管的领地，英国都想拿下来，如果拿不到，他们也希望交给联合国监管。

显然没有达成一致意见的可能性，因此托管问题被留待以后再研究，第四次全体会议就此休会。大会议题的一再推延，让我怀疑，这次"终点站会议"是否还能真正抓住亟须解决的关键问题，能否真正取得有助于欧洲和平的进步。

7月21日　星期六

美国代表团里有人在议论总统将前往挪威和丹麦访问，有些秘密特工已经出发去哥本哈根了。不过，如果总统在返回华盛顿的途中真有此考虑，倒是有希望尽快结束"三巨头"这拖沓的会议进程。

第五次全体会议一开始，是讨论此前拖延下来的一个议题——德国的经济问题。会议还通过并宣布，外长理事会的第一次会议将于9月1日在伦敦举行。

关于将战争期间在伦敦运作的老波兰政府的资产转交给新建临时政府的问题，也得到大会通过。斯大林争道，波兰新政权不应当承担此前政府的债务。但杜鲁门表示反对，说任何位于美国的资产转移都必须在依法清偿完债务之后进行。"美国政府不打算承担前波兰政府的任何债务。"总统说。丘吉尔同意他的意见。

接着，斯大林反对做出任何有关波兰新闻自由的明确承诺。他说"波兰是一个敏感的民族"，因此关于这个基本自由权利的问题，波茨坦会议的公告中应当就此做出普适性的表述。

下一项议程就轮到了被解放国家和附庸国的问题，斯大林又重新提出他的主张，这些国家应当放在一起统筹考虑。杜鲁门坚持形成两份决议，一份关于意大利，另一份是其他国家的。斯大林说他原则上不反对，但三大盟国对罗马尼亚、保加利亚和匈牙利现政府应当都予以承认。

总统坦率地说，美国从来就没打算承认这些国家，除非他们"在没有遭受外国压力的前提下，自己组建起自由政府"。这话是直接说给斯大林听的。苏联人争辩说这些政权都是"自由和民主的"。

我赞成美国政府对罗马尼亚、匈牙利和保加利亚的看法，我很高兴看到杜鲁门对此采取强硬立场。丘吉尔也支持总统，因此斯大林只能说，这种态度会让此次会议达不成任何协议。

在第五次全体会议的最后，"三巨头"开始研究波兰西部边界这个颇具火药味的议题，接下来的讨论是意想不到地长。

讨论下来发现，斯大林已经对波兰新政府作出承诺，在盟国已划定的苏联占领区中，沿奥得河至尼斯河一线作为波兰西部边界。丘吉尔争辩说，这一地区有三分之一是德国战前的粮食产地，此外还有丰富的矿产资源。事实上，在1945年4月21日，斯大林已经和波兰新政权签订了条约，而那个时候，雅尔塔会议上决定建立的专门委员会，还在莫斯科商量如何对波兰政府进行改组。

这两件事都是苏联人的单方面行动，没有和其他盟国商量过。斯大林还试图解释，说他没有明确将苏占区领土送给波兰人，只是允许新政权"在那些地方履行必要的政府职能"。

这一德国领土事实上的转移，让三方赔偿委员会正在波茨坦讨论的事情和下一步工作不再有任何实际意义。苏联的单方面行动，实际上是为了阻止德国人民恢复赖以生存的工农业生产能力。

对自己把德国领土划给波兰这件事，斯大林没有认一点儿错，尽管关于波兰西部边界的问题，在雅尔塔和《克里米亚协议》中一再重申要等到将来和平会议上解决。我们的苏联领袖只是一口咬定，他已经做出的决定不能被改变。

总统发表了一番措辞严厉的讲话，前面谈到的领土必须仍然作为德国的一部分，按照雅尔塔会议上达成的一致意见，纳入德国的赔偿等整体问题一并统筹考虑。他不会认可苏联人关于在波茨坦会议上敲定波兰领土边界的提议（截至1949年我写这本书的时候，我们一直都没有承认）。

在我看来，苏联人是不会做出改变的，我们和英国人对此也无计可施。除非我们打算采取军事行动推翻苏联人造成的既成事实。作为反击措施，我快速写了一个条子给总统，建议我们将莱茵兰地区交给英国——杜鲁门看到笑了一下。不过，大家已经争论了两个多小时，脾气都变得火爆起来，所以会议就此打住了。

但在当晚斯大林招待杜鲁门和丘吉尔的豪华晚宴上，却没有人能感觉到丝毫的紧张气氛。我是 20 位宾客中唯一的军官。这是一场典型的俄罗斯风格的国宴，菜品很多，量都很大，各种各样的酒水饮料，每个人都在围着桌子转圈儿敬酒。

7 月 22 日　星期天

中午前总统去了两次教堂。第一次是参加新教徒的活动，第二次又去出席天主教徒的弥撒，是他的老朋友、柯蒂斯·L. 蒂尔南上校主持的。蒂尔南是一战时候杜鲁门服役的 B 炮台随军牧师，现在是欧洲战区的主任牧师。

第六次全体会议一开始，斯大林就宣布苏联部队已经撤回到他们奥地利的占领区，英美部队正在进入他们的指定区域。

讨论又回到波兰西部边界问题上。大元帅声称，有两条路可以走。大会要么接受波兰政府的提议（其中包括边界的内容），要么邀请华沙政府代表出席波茨坦会议的相关议题。斯大林说，如果要按照雅尔塔会议的精神办，就没有其他办法了。

丘吉尔接着讲了很长时间，反对在波兰西部边界问题上有任何动作，理由是：（1）《雅尔塔协定》上规定这个问题应当在和平会议上解决；（2）这将对波兰不利；（3）这会破坏德国经济的发展潜力；（4）目前提交讨论的文本尚未达成一致意见；（5）将如此之多的德国人赶出家园是一个道义问题，英国政府无法接受。

我完全赞成首相的观点，如果允许波兰人留在苏联单边行动划给他们的德国领土上，他们就会一直待在那里，除非被武力驱逐。

在此前的会议上，"三巨头"各持己见，互不退让。丘吉尔愿意接受波兰人进驻到奥得河沿线，但再往西不行。总统再次重申，他不会同意在和平条约签订之前，以及未经过三盟国首脑协商一致，就让波兰占据任何一块德国领土。这就是当时波兰问题的真实状况。

最终大家同意，允许两到三名波兰代表 7 月 24 日前来三国外长会议上作证。我认为丘吉尔就是借着这个争论激烈的机会，提出了维护波兰天主教徒权利的宗教问题。斯大林考虑了一会儿，捋着他的胡子，然后用生硬而慢悠悠的口气问首相："教皇手上有多少步兵师啊？"

接下来又是关于托管问题的冗长讨论，大家都很难搞清楚苏联人的真正意图。很显然，苏联人想参与意大利非洲殖民地的托管，或单独或与其他政府联合。苏联还想在已经散架的国际联盟原来委任统治的领地进行重新分配时分得一块蛋糕，同时还在试探对朝鲜进行托管的可能性。关于这个问题苏联提交了一份篇幅很长的文件，被转交给外长们研究。

丘吉尔提出了土耳其的问题，发表了长篇讲话，阐明对土耳其问题的立场。接着莫洛托夫就此提交了苏联的书面建议，主要讲了两个方面的问题供大会研究：（1）归还多年前土耳其从亚美尼亚和格鲁吉亚侵占的领土（这两个"国家"现在是苏维埃社会主义共和国联盟的成员国）；（2）由土耳其和苏联共同掌管达达尼尔海峡及其防御设施，阻止他们认为的敌对船只通行。

苏联人原本对海峡没有控制权，很多年来都是土耳其对通过博斯普鲁斯的所有船只有最终决定权。一个多世纪以来，俄国沙皇一直垂涎于这条战略航道。这次苏联人提出的建议，实际上是想完全控制过境达达尼尔海峡的船只。总统和我此前曾经详细讨论过这个问题，我个人估计，莫斯科迟早会把它搞到手。不过，在这次会上，它只不过是被扔到外长理事会这个大篮子里的又一个议题。

接着斯大林拿出一份报告，指责英国人设在意大利的战俘营关于战俘数量的报告是错误的，更有甚者，还把战俘营中的苏联公民组建了一个步兵师投入战斗，这支部队的很多军官是在德国陆军中干过的。事实情况是，那些战俘是乌克兰人，不愿意再回到苏联，但希望去打纳粹。其实，苏联人对德国战俘也在做同样的事情，但这似乎并没有影响我们的苏联盟友提出抗议。

丘吉尔说他不知道这个情况，但答应进行调查，就此休会了。

7月23日　星期一

因为要起草军事方面的报告，7月24日提交给总统和首相，让我错过了第七次全体会议。不过中午的时候，杜鲁门找伯恩斯和我商量了自由航行的建议，总统打算向其他两国提出来。

我们一致同意，要求在达达尼尔海峡、莱茵河和多瑙河，对所有国家的船只实行自由航行的平等权利。这是总统和国务卿发自内心的想法。杜鲁门的目的是消除这个在欧洲和近东地区长期存在的不安定因素之源。我觉得这是一个很好的想法。然而，大会却把它否决了。这个建议在研究达达尼尔海峡的问题时没有发挥任何作用，因为苏联人根本就不想让所有人都享有海峡自由通行权，而且直言不讳。英国人对美国的建议也没有多大兴趣。

在军事方面，英美联合参谋长委员会自7月16日起就天天开会，讨论的主要问题是英国人想尽可能多地参与太平洋战事；还希望美军参谋长能同意将租借物资用于派驻德国占领区的部队和英国的战后重建项目；以及确定联合参谋长委员会在战后英美军事机构中的地位。当我们抵达波茨坦的时候，英国人就把有关最后一个问题的书面文件给了我们。

组建联合参谋班子的想法，是我们的英国同僚在1942年春天提出来的，还特别指出这个机构将主要在华盛顿工作，一晃儿几年过去了，眼下到了波茨坦，英国人提出希望将这个机构变成我们两国之间的永久军事联络机构。文件中指出，联合参谋长委员会在战争期间的运作是多么地和谐、高效，并强调全球战争的结束给世界留下来一个烂摊子，很多地区仍然存在着军事冲突。

英国人说，继续定期交换军事情报是十分必要的，希望我们两国能就战后联合参谋班子的组织架构达成一个协议。他们还补充道，双方的合作与美国的军事参谋工作应该不存在矛盾。

对这一基本构想，美军参谋长给予了谨慎回应，眼下讨论这一问题为时尚早。然后联合参谋长委员会就听取了关于所有战线的完整报告，并开始讨论太平洋的作战行动。在接下来很多天的会上，大多数时候都是英国人出招，美国人接招。

其实，我们已经告诉过我们的英国同僚，尽管我们欢迎他们与我们并肩作战，但对日战争主要还是美国人的节目。我们觉得，拟订对日作战计划应该是美军参谋长的事，因此拒绝了让联合参谋长委员会进一步参与其中的建议。原因很简单，没有足够的战场空间，比如，英国空军的主力部队就无法部署展开。麦克阿瑟将军也坦言相告，除非开始攻打日本本土，否则他根本用不上英国部队。援助印度师的建议也被拒绝了，因为明显的语言障碍，而太平洋上的作战行动是需要密切协同的。尽管有两个法国师被调来参加印度支那的作战，但它的指挥问题还是留待以后再做决定。

大家就扩大蒙巴顿勋爵东南亚司令部的战区范围达成了一致意见，就战区内英、澳、新、法、荷等国军队的协同作战问题，我们留给了英国人自己去研究。没有人反对英国人提出收复大洋群岛和瑙鲁群岛的计划，这是澳大利亚人所盼望的。只是我们提出了两个附加条件，一是美国必须保有对阿德默勒尔蒂群岛的控制(上面建有重要的马努斯军事基地)，二是将东南亚战区扩展到印度支那一事应听取蒋介石意见。我们给蒙巴顿签发了一道命令，要求在 8 月 15 日之前打通马六甲海峡，争取接管扩展后的整个战区。

我们没有允许英国人和苏联人在战役层面交换情报，因为这太难了，而且又拉进来一个第三方只会让事情变得更复杂。最终达成的安排还是令人满意的，我们会让英国人及时掌握所有重大作战行动。

在 7 月 19 日的联合参谋长委员会会议上，迫使日本无条件投降的目标日期被确定为 1946 年 11 月 15 日。这是在欧洲战事结束之后的第十八个月，也是 1944 年第二次魁北克会议上大家原则上议定过的。美军参谋长们很谨慎地使用了"击败日本"这个词，而没有用"结束战争"，因为后一种表述在华盛顿的权力机关那里可能会引起法律上的麻烦。

7 月 20 日英国人又提出了将租借物资用于联合王国恢复重建的问题。他们的建议中还包括将美国援助物资用于被解放地区。这引发了波茨坦军事会议上的最大争论。

美军参谋长们认为，占领军和战后军备不是联合参谋长委员会可以发表意见的问题，美国不会承诺援助任何与击败日本不相干的作战行动。我们对英国同僚直言相告，我们不认为大英帝国的战争机器会为了接下来降伏东京的军事目标而全力开动。

至于恢复重建方面的建议，美军参谋长们也坦率地说他们无法做出这样的承诺。杜鲁门在 6 月 5 日就租借物资问题给我们发布的命令仍然有效，只能以此为依据来考虑英国人的诉求，尽管我们知道总统正在考虑做出一些调整。有关这个问题的争论，被提交给第二天 7 月 24 日的两国元首会议研究。

除了租借物资上的争论，其他大部分问题英国人都接受了我们的意见。我们让麦克阿瑟和尼米兹同意与英军指挥官及其参谋人员会面，商议将来如何整合一部分英军部队参与进攻日本。

起草报告花了我一天大部分时间，但我还是抽空与美国驻法大使杰弗逊·卡佛里进行了会谈，还有道格拉斯·麦克阿瑟二世——现在是那边大使馆的一等秘书（麦克阿瑟是我在维希时候的下属），一起讨论了法国的政治局势。这意味着大多数时间都在聊戴高乐，以及和这个自负的法国人相处有多困难，他对眼下自己国家的无奈处境视若无睹，而且还民族自豪感爆棚。

7月23日晚上，轮到丘吉尔招待杜鲁门和斯大林了。又是一场耗时费力的官方宴请，和往常一样无穷无尽的敬酒。晚上伴奏的是一支皇家空军的管弦乐队，既有古典音乐，也有流行乐曲。这里就引出了整个波茨坦会议期间的趣闻之一。除了事关世界未来的意志较量之外，"三巨头"还在官方晚宴上发起了一场"乐队大战"，使得每次宴请都拖拖拉拉搞到凌晨。

这场比赛让斯大林和杜鲁门乐得其所，可害苦了丘吉尔和我，但丘吉尔还是笑到了最后。

起头是在7月19日晚上，杜鲁门举办的第一次正式宴会上。总统安排的音乐节目是由"天才军士"尤金·李斯特①演奏的。肖邦是总统最喜爱的作曲家，他请李斯特演奏他喜欢的华尔兹舞曲（杜鲁门让我点的乐章，讲得很清楚——华尔兹变奏曲第42号）。李斯特偏偏就不知道这一章，手边也没有乐谱，但很快就从巴黎找到了。

斯大林和总统一样喜欢古典音乐，为李斯特的演奏深深打动——以

---

① 尤金·李斯特（Eugene List，1918—1985），美国著名钢琴家。从小就很有音乐天赋，1934年赢得费城钢琴年度竞赛冠军。珍珠港事件后，1942年3月李斯特加入陆军，曾和其他音乐家一起到欧洲战场慰问演出。1945年6月受邀参加波茨坦会议，在演奏肖邦乐曲时杜鲁门曾为其翻乐谱，被称为"总统钢琴家""波茨坦钢琴家"，后来多次到白宫演奏。——译者

至于他建议宴会的主人一起为年轻的陆军军士钢琴家喝一杯。斯大林、丘吉尔和杜鲁门从他们的座位上站起来，走到李斯特演奏钢琴的门廊里，为这个一脸尴尬的大兵的健康干杯，他的脸立刻白得像张纸。美国政府的晚宴一直持续到大约凌晨一点钟。

7月21日，星期六晚上，轮到了苏联人做东。斯大林明显想在提供的音乐节目上超过杜鲁门。他从莫斯科请来了一位赢得过全国大奖的音乐生和另一位著名的苏联钢琴家。此外还有两位出色的女提琴手——是指演奏技艺出色，相貌差了点儿。总统和我估计，她们每个人都能有200磅重。她们的穿着打扮很一般，但表演的节目让杜鲁门特别开心。乐曲一首接着一首，好像不会结束了。

大概凌晨一点钟的时候，首相和我都受够了。丘吉尔站起来，走上前去，低声在杜鲁门耳旁问道："你打算到什么时候？"

总统轻声回答："有问题吗？这么美妙的音乐，我正开心着呢。我继续留下来，等到主人宣布演出结束。"

"好吧，"丘吉尔一脸不高兴地说，"我都要累哭了。我不喜欢这里的音乐，我要回家了。"他当然没有回去。相反，他来到我坐的那个角落里，我和首相两个人彼此是感同身受。杜鲁门后来告诉别人，我们两个是"一会儿怒目而视，一会儿低声骂娘，一会儿嘟嘟囔囔"，彼此尽力互相安慰。不管怎么说，我们还是熬到了最后。宴会一直搞到凌晨一点半，比美国人的晚宴还晚半个小时。

首相悄悄地告诉我，他会"报复"杜鲁门和斯大林的。7月24日晚上，轮到他做东了，他把英国皇家空军的整支管弦乐队都请来了，整个宴会上从头到尾都使劲地大声演奏。丘吉尔抱着一种恶作剧的心态，一直看着乐队演奏到凌晨两点钟。除了这些马拉松音乐会之外，没有官方宴请的时候，我们还在美国代表团的住处每天都搞晚餐音乐会。波茨坦会议肯定至少创了一个纪录——在全部9次战时盟国会议中，音乐是最多的。有一天晚上总统去看望在恺撒大街 2 号执勤的哨兵，他们好像也沉浸在靡靡之音的氛围中。到会议闭幕的时候，我已经听了太多各种各样的音乐，把我这个方面很长时间的文化需求都满足了。

7 月 24 日　星期二

上午 11 点半，大家和总统、首相一起在杜鲁门的书房讨论军事方面的报告。登陆日本被批准作为未来军事行动的主要目标。所有其他的作战行动都将围绕这一主要目标而谋划展开。兵力和资源被重新部署，以确保登陆行动尽可能早日实现，初始阶段登陆九州岛的作战行动被确定在 11 月 1 日。其他作战行动都不得阻碍或延误登陆日本这一最高任务。

大家同意，太平洋战场的战略决策仍掌握在美军参谋长们的手中，但要与英国人定期协商。遇到意见不一致的，由美军参谋长最终决定。如果将来苏联人参战，我们和英国人进行战略磋商的做法将继续。

英国人按照下面的约定参与太平洋战事：英军舰队继续配合对日本的进攻，当时他们已经在这样做了。调用 10 个中队的远程轰炸机，尽管真正派上用场最早也要到 12 月份。原则上同意在对日作战中使用英军地面部队，根据具体作战行动研究的情况再定。英军参谋人员将去会晤麦克阿瑟和尼米兹，并向联合参谋长委员会提交作战计划。

报告中声明，由于后勤补给方面的困难，目前仍然不太可能调用法国和荷兰的部队，就连那两个法国师，是否能在 1946 年春天之前运到印度支那，好像也值得怀疑。

大家达成协议，增加海运吨位，将美军部队从欧洲战场运到太平洋，并根据战局变化视情调整。

对于西南太平洋战场，英国人希望能够尽早接管下来，用于扩展蒙巴顿的战区，由他统一指挥英国和荷兰的部队。作战目标依次是：彻底解放马来亚半岛；对缅甸—暹罗边境的日军形成重兵压境之势；攻占暹罗的要害地区，在爪哇岛和苏门答腊岛建立桥头堡；英国人要尽快提交完整的作战计划，包括收复新加坡和其他军事基地，作为下一步对日作战的跳板。

这份"终点站"报告认为，打败日本本土的武装力量是敌人无条件投降的先决条件，对这个假设的前提我是不赞成的。报告中估计，一旦本土日军被收服，让其他地方的日军投降就不会那么困难。

在波茨坦讨论对日最后阶段的作战时，有这么一个情况，就是对中国如何参与的问题关注相对比较少。尽管大家同意尽可能给予蒋介石一切支持，以提高中国军队的战斗力，但是受制于只能通过"驼峰航线"从印度运送补给物资，使得训练和装备中国那疲惫不堪军队的工作变得拖沓且烦人。魏德迈将军强调过攻占一些中国沿海港口以解决补给问题的极端重要性，但联合参谋长委员会并没有就此制订任何作战计划。

会上我将军事方面的报告发给三国各自的总司令，大家就直奔此前我们没有达成一致意见的占领军和租借物资问题。我简要阐述了美军参谋长的意见：我们不能做出与对日战争不相干的承诺，而英军参谋长们认为租借物资可以用于占领德国和奥地利的行动。

丘吉尔立刻站出来支持他的参谋长，解释说比如英国人就把装备送给了比利时人。首相说他希望不会"让美国停止后续的等量援助。"

杜鲁门请丘吉尔耐心等，他希望避免在国会惹出任何麻烦。他提醒自己的英国同僚，他曾经做过参议员，《租借法案》相关条款的最后一次修订就是他的功劳。总统说："在乔治参议员（佐治亚州的沃尔特·S.乔治）的支持下，我告诉参议院，《租借法案》是赢得战争的唯一武器。"不过，杜鲁门倾向于这样的观点，即占领德国和奥地利毫无疑问是战争的一部分。"毕竟，"他说，"严格意义上讲，我们仍然和他们处在战争状态。"至于为美军之外的占领军提供装备和补给的问题，总统说还要进一步研究，有可能需要国会另外立法。他明确自己是认可英国人提出的建议的。

经过上述说明，大会通过了联合参谋长委员会提交的报告。只有一个此前和丘吉尔、杜鲁门商议过的问题未被写入联合参谋长委员会的报告。军方参谋长们认为，将多瑙河和莱茵河国际化，对占领军会有很大帮助。莱茵河的航道正在清理，我们将在盟国管制委员会下辖的莱茵河航运管理机构中给苏联人留一个席位。

联合参谋长委员会力促组建一个类似机构来管理多瑙河的航运问题。我们知道，最大的障碍在于苏联占领军指挥官没有权力决定相关事项，为此我们催促总统和丘吉尔，达成协议的最佳时机就是在波茨坦会议上。然而，这个问题并没有解决，因为美国政府关于自由航行的建议没有被大会接受。

午饭后，我们和苏军参谋长在萨西林霍夫宫举行了首次会议。我们的目的是向苏联人通报我们攻打日本的计划，了解苏联对参战有什么建议。根据苏联高级代表 A. E. 安东诺夫的提议，以及英国人同意，会议由我来主持。

苏联人说他们打算在 8 月底发起进攻，目标是在满洲地区消灭日本陆军部队，占领包括旅顺港和大连港在内的辽东半岛。他们估计，敌军在满洲地区有 30 个日本师团和 20 个伪满洲国伪军师。

苏军参谋长说，打败日本之后，配合盟国军队统一行动，"苏联将从满洲地区撤军"。

安东诺夫想知道，我们是否能够阻止中国其他地区和日本本土的日军对满洲地区实施增援。马歇尔和金保证，在我们空军和海军的攻击下，敌人不可能从本土转移任何部队。如果有，敌人只可能从中国抽调一些师团，因为我们地面部队和空军的作战行动，再加上游击队对铁路线的破坏，尚不足以完全阻止敌军增援。

苏联人的下一个议题是关于美军在千岛群岛的作战行动。金告诉安东诺夫，我们会确保打通一条海上通道，但不会考虑登陆行动。苏联人接着又问我们关于登陆朝鲜的考虑，被告知只有在成功登陆日本主岛之后，我们才会考虑这一作战行动，否则登陆部队将遭到附近日本本土空军基地的自杀式空袭。

我们倒过来提醒安东诺夫，在雅尔塔会议上苏联人已经答应在萨哈林岛①南部登陆。苏军参谋长说那将是苏联红军第二轮的进攻作战。

最后，我递给安东诺夫一张清单，上面列有美军参谋长准备好的5个问题，我们相信他必须请示过斯大林之后才能回复。这些问题包括：建立两座由美国海军人员管理的气象站；划清美苏两国海军和空军作战的明确边界；建立更加密切的联络机制，让每一支地方部队不至于都要依赖莫斯科；两国指定相互开放的军事基地，以便维修战斗中受损的战舰和飞机。

整个会议的氛围非常友好，没有丝毫的猜疑，不像我们派驻莫斯科的军事代表团常常受到这个问题的困扰。与会的安东诺夫和海军上将库兹涅佐夫，我都在雅尔塔见过面，他们会说法语，所以和他们交谈用不着翻译。7月26日，我安排美军参谋长们再次与他们会晤，安东诺夫说关于我们对日协同作战的几个具体要求，他希望会有答复。

第八次全体会议在下面两个议题上花了超过两个小时：(1)意大利和附庸国的问题；(2)达达尼尔海峡的问题。就在杜鲁门准备离开巴贝斯堡的住处前去开会时，波兰临时政府总统贝鲁特②和另外3位波兰人

---

① 萨哈林岛(Sakhalin Island)，又称库页岛，旧称苦叶、苦兀、骨嵬或黑龙屿，俄译名"萨哈林岛"，日本称为"北虾夷地"(指北海道以北)或"桦太"。——译者

② 波莱斯瓦夫·贝鲁特(Bolesław Bierut)，坚定的斯大林主义者，1947年2月至1952年11月任波兰总统。1918年在华沙经济学校学习。1924年至1930年在莫斯科共产国际接受培训，随后根据共产国际的委派，前往奥地利、捷克斯洛伐克和保加利亚执行任务。1933年成为苏军总参谋部情报总局(又称"格勒乌"，英语简称"GRU")特工，同年被波兰政府以反政府活动罪判处十年监禁，1938年被特赦。(转下页)

来面见总统，但我估计他们没有取得多少进展。

为了能让三大盟国给予罗马尼亚、保加利亚和匈牙利现政府外交上的承认，斯大林可谓是用尽心思。但杜鲁门还是简明扼要地表明，要想让美国政府承认，必须等到我们确信这三国政府是符合这些国家人民的意愿的，"在此之前是不可能的"。

结果是大家彻底闹僵，这可以说就是美苏之间冷战的开始。当时还剩下的唯一"办法"，就是把这个问题再扔给已经不堪重负的外长们，他们也只能发表一些表面一团和气，其实对大家都没有约束力的声明而已。

轮到达达尼尔海峡的问题，斯大林坚持由苏联和土耳其进行联合控制，拒绝了总统提出的各国船只自由通航和交由联合国监管的建议。关于达达尼尔海峡自由通航的问题，本来看起来是板上钉钉的事情，但大元帅早就决意把它从波茨坦会议的议程里踢出去。他做到了。

7月25日　星期三至7月26日　星期四

我周三下午飞往伦敦会见驻英大使怀南特，顺便拜访一些朋友。联合参谋长委员会的最终报告被通过之后，波茨坦会议上军事方面的工作其实就结束了。

海军上将哈罗德·R. 斯塔克调了辆轿车给我用，让我可以去看看德国轰炸机给伦敦城造成的破坏。说实话，英国首都遭到的破坏要比柏林小。不过，我没有时间去看下泰晤士河码头地区，据说那里的毁坏相

（接上页）1939 年 9 月二战爆发后，贝鲁特逃往苏联占领的波兰东部地区，后来又前往苏联。1943 年回国参与领导新组建的波兰工人党。1944 年任全国人民代表会议主席，1947 年当选总统。1952 年波兰人民共和国成立后任总理。1948 年至 1956 年任波兰统一工人党第一书记。——译者

当可怕。

晚上和老朋友们聚了聚，谈论的焦点都集中在选举上，结果已在当天公布。在波茨坦我和丘吉尔没有讨论过这场政治活动，不过英国代表团的人都津津乐道。我回想起丘吉尔的话，我觉得他那是说给总统听的，他预计他的保守党的多数席位会降低，但他的团队仍将把控大局。然而，他手下的一些人却告诉我，丘吉尔的政党很有可能输掉大选。

对丘吉尔来说，星期三显然是山崩地裂的一天。这当然意味着，这位英勇无畏的战士不得不把英国政府的缰绳交给工党领导人，克莱门特·艾德礼，他将成为新的首相。

在这个还称不上和平的世界里，在我看来这是一个巨大的悲剧，离开了丘吉尔那智慧的火花，我不知道同盟国接下来该如何赢得胜利。

在战争期间，我和丘吉尔有着三年的密切交往，把他视作大英帝国的英雄，为保卫英格兰和盎格鲁-撒克逊的欧洲政治文明而战。在最危急的时刻，他那无所畏惧的个人勇气激励了所有英国人。他对欧洲政局的深刻理解，对自己国家的出色领导，对美国实力与责任的深切感受，以及他与前总统罗斯福在政见上的志同道合，为抗击轴心国的战争赢得胜利做出了突出贡献。在我看来，温斯顿·丘吉尔是这场战争期间世界上两三位最伟大的英雄之一。

怀南特大使对丘吉尔的政党会输得如此之惨感到奇怪。他让我禀告总统，他想在伦敦多留上两三个月，然后再委派他联合国的职务。杜鲁门真的让怀南特在他的外交岗位上多待了三个月，但是并没有任命他担任美国驻联合国的代表。

伦敦之行虽然有些无聊，但还是有收获，不过这让我错过了7月25日"三巨头"召开的第九次全体会议。一回到波茨坦我就收到了关于会议情况的报告，存在争议的主要问题都没有取得什么进展。

我同样也没能赶上美军参谋长和苏联军事领导人的第二次也是最后

一次会晤。我的同事们报告说会议开得非常成功，并给我详细介绍了会上的情况。

对我们此前提出的关于美苏两军协同作战的五项要求，安东诺夫将军全部给出了令人满意的答复。他一开始就说，苏联希望在伯力和彼得罗巴甫洛夫斯克建造的气象站能够让苏联人管理。

金海军上将的燃点比较低，当他抱怨从苏军人员那里获取我们想要的信息有多困难时，几乎就要爆发了，但他们告诉我，尽管他的脸色先是变红，接着又变紫，最终还是显示出"惊人的克制力"，总算是平静地阐述完了美方的观点，这样一来苏联人也就撤回了他们反对使用美军人员的意见。

在如何划分日本海的空军和海军作战区域，如何在鄂霍次克海和白令海相互进行作战支援，以及划分空军在满洲里和朝鲜的战区等问题上，大家没费多大劲就达成了一致意见。

令大家感到喜出望外的是，安东诺夫报告说，苏军驻西伯利亚的陆军总司令 A. M. 瓦西里耶夫斯基将军和海军总司令尤马舍夫上将负责解决可能出现的所有问题，无需请示莫斯科，而且还欢迎美军派出参谋联络人员。会议的最后，马歇尔将军表示，我们将通过美国驻莫斯科军事代表团团长迪恩将军给他们每周通报一次美军作战情况，苏联人对此表示感谢——战争期间与苏军参谋长的最后一次会晤就此结束了。

因为英国首相缺席，7 月 26 日没有举行全体会议。这个意想不到的因素迫使总统改变了计划，他打算从波茨坦飞往英格兰的普利茅斯，登上停泊在那里的"奥古斯塔号"巡洋舰。白天杜鲁门还访问了法兰克福，视察了那里的美军第 3 装甲师。

最近一段时间战争部长史汀生一直在催促总统，对日本国民发布一份强硬的公告，责令他们投降。7 月 16 日，当原子弹在新墨西哥州阿拉莫戈多成功试爆之后，这项建议便具有了更加突出的意义。同时，在联合参谋长委员会的会议上，我们也讨论了对于心理扭曲的日本人来说，强调"无条件投降"是否明智。我们觉得，给东京解释清楚"无条件投降"并不意味着完全摧毁日本政府是有帮助和明智的。我们确定，天皇只要一句话就可以终止战争。这份公告是在争取把天皇拉向我们一边，告诉日本人投降并不意味着消灭他们的天皇。

我想这份公告可能会奏效，应该会促成天皇下令停止敌对行动。在我看来，如果我们仅仅把日本天皇当作一个凡人加以攻击，无疑会让我们付出很多生命和财产的代价。

公告的草案被发给蒋介石签字。7月26日晚些时候，波茨坦收到了回复件，公告经过杜鲁门、丘吉尔和蒋介石（后者是电报里同意的）签署生效，随即向公众发表。斯大林没有被邀请签署公告，因为当时苏联和日本仍未进入战争状态。不过，采取这一动作他是完全知晓的。

这一联合公告敦促日本停止战斗，简要阐述了盟国对于"无条件投降"条款的定义。公告还警告敌人，盟国无可抵挡的力量已经将纳粹势力彻底击败，旋即施之于日本，倘若继续抵抗，必将使日本军队完全毁灭，而日本之本土亦必终归全部残毁。

公告指出，我们"无意"奴役日本民族，或消灭其国家，但对于战争罪犯将处以法律之裁判。

我们当中有些人深切希望，日本能够在苏联政府参与进来之前退出战争。同样值得注意的是，公告中并没有丝毫暗示，我们最近研制成功的原子弹将被用于对付日本人。

7月27日　星期五

因为英国人缺席，"三巨头"没有办法开会。我担心，丘吉尔的退出将使波茨坦会议接下来的进程更加困难。苏联人已经表明，他们不喜欢英国工党，对次日即将抵达的新任首相艾德礼也不感兴趣。尽管丘吉尔几乎在每件事上都与苏联人作对，但看起来斯大林和他的高参们对丘吉尔个人还是颇为敬重。

艾德礼来了以后，他们的态度明显冷淡。这让我感到很奇怪，因为英国工党明显要比丘吉尔的保守党"左"得多。艾德礼与他的前任相比，当然不是一个强有力的领导人，但他此前一直陪同丘吉尔参加波茨坦会议，对大部分议题的处境都完全清楚。他眼下面临的处境似乎就是"交给外长们去研究并拿出报告"。

就我们的租借政策问题，中午我和总统、国务卿进行了商谈，我们三个人都想用什么办法尽早结束这次会议。国务卿伯恩斯在外长会议上与莫洛托夫搞得很不愉快。

7月28日　星期六

总统再次召集伯恩斯和我，就租借物资问题起草一份给美军参谋长们的命令。助理国务卿威廉·L. 克莱顿和战争部助理部长约翰·麦克罗伊已经准备好了一份草稿。那是根据我们此前的口头指示修改定稿的，关于允许将美国援助物资用于占领军。

9点钟刚过，艾德礼首相和他新任命的外交大臣欧内斯特·贝文就来拜访总统。伯恩斯和我在场陪同，谈话很快就聚焦在波兰边界和赔偿问题上。贝文言语生硬粗糙，对情况也不完全熟悉。当他走到一幅挂在杜鲁门书房的波兰地图旁阐述自己的想法时，这一点更是暴露无遗。稍后我告诉总统，贝文所讲的恰恰证明他对波兰知之甚少，杜鲁门同意我的看法。

为了避免把一整天时间都浪费掉，第十次全体会议在晚上召开，艾德礼和贝文坐在萨西林霍夫宫大圆桌此前丘吉尔和艾登坐的位置。斯大林让气氛活跃了起来，他说 7 月 18 日收到了日本政府的请求，让他出面在日本和盟国之间居中调停，以结束战争。这份请求中还提到派一名日本皇子去莫斯科担任代表团团长。大元帅说他的答复是日本的建议语焉不详，他没办法和那个代表团举行会晤。

接着斯大林继续说道，他当天又收到了日本政府的另一条消息，阐明代表团的目的是尽力避免更多的流血冲突，禀告他日本政府将采用亲苏政策，努力与苏联开展合作。斯大林说他会用回复第一条消息的相同答案来答复日本人。

这清楚地表明，斯大林当时已经决心对日开战，这对苏联肯定是有利的，因为日本已是必输无疑。

莫洛托夫在 7 月 27 日至 28 日的外长会议上作了报告，会上讨论了许多问题，但一事无成。然后"三巨头"只好再次讨论意大利和附庸国的问题。外长们提交了一份声明的草案供"三巨头"审议，将来要纳入波茨坦会议公报的。斯大林说其中的"责任政府"一词会引发异议，希望换成"公认政府"，在他看来，这是此前会议上大家已经一致认可的。

伯恩斯说，在这个问题上，要么是美国和苏联同意但英国不同意，要么是美国和英国同意但苏联又不同意。他的言下之意是，只要英国和苏联政府能够接受，美国愿意做出任何调整。

在是否承认匈牙利、保加利亚和罗马尼亚政府的问题上又争论了很长时间，我们听到的都是此前会议上的旧调重弹。根本不可能达成一致意见，问题再次被搁置。

接着斯大林坚持要从意大利那里获得赔偿。杜鲁门回答说，尽管他不反对苏联人从意大利迁走兵工厂作为赔偿，但他不会同意把美国人的钱直接或间接地用于赔偿，不管是从意大利还是其它任何国家。杜鲁门这样说的目的是为了保护美国纳税人的利益，避免为了支持意大利而不得不付出额外的不必要的资金。

艾德礼表示完全赞成总统的立场，这个时候已经是午夜时分了，就此休会。

7月29日　星期日

这天最大的新闻是斯大林身体不适。不过杜鲁门还是在自己的书房里召开了一次时间很长的会议，出席的有国务卿、我和莫洛托夫。伯恩斯建议美苏双方达成一项协议，允许波兰人接手西至奥得河和东尼斯河的德国领土上的政府，但莫洛托夫拒绝考虑任何改变当时波兰人实际控制地区的安排，这一区域已经延伸至西尼斯河。

总统再次重申，他不可能同意苏联人采取的单方面动作。

在德国军舰和商船分配的问题上，苏联人重申他们要得到德国舰队的三分之一，但同意将其用于对日作战。我不太清楚苏联人是否不会等到日本投降之后再接手那三分之一的德国舰船，但我有一种感觉，苏联是不允许延迟转交他们那三分之一份额的。

大家同意任命一个六方委员会来处理德国舰船分配的细节问题。这一安排在后面的全体会议上获得通过。

在赔偿问题上，莫洛托夫表示大致同意在占领区之间交换赔偿物资的方案，但是坚持必须明确相关细节。

苏联人希望获得从德国征集的赔偿物资总额的50%，其中他们还坚持应包括从英美占领区征集的20亿美元的物资。

莫洛托夫给杜鲁门带来了斯大林的一条口信，建议美国发表一份公开声明，要求苏联加入对日作战。总统没有表态。我与总统具体商量了这个问题，我不认为我们有义务发表这样一份声明，我甚至觉得他根本就用不着考虑。英国人和我们完全有能力打败日本，不需要任何援助。

下午杜鲁门会晤了艾德礼和贝文，将上午与莫洛托夫会谈的情况和盘托出。我没有参加。原定当晚的"三巨头"会议由于斯大林生病而取消。

7 月 30 日　星期一

杜鲁门的早餐上有很多客人，包括海军部长福莱斯特、艾森豪威尔将军和克莱①将军。我们从苏联人的住处得到消息，斯大林身体还是不太舒服，但可以出席次日召开的全体会议。

外长们——伯恩斯、贝文和莫洛托夫——一整天都在忙着试图就波兰边界、赔偿和附庸国的问题达成协议。晚上大约 10 点半伯恩斯才回到总统住处，告诉我们他相信一天的辛苦没有白费，在次日的"三巨头"会议上应该可以就大部分议题达成一致。

我对此并不怀疑，只要我们和英国人答应苏联人提出的所有要求，当然可以达成一致意见。

7 月 31 日　星期二

斯大林的身体不适已经恢复了，下午 4 点开始，"三巨头"召开了他们 13 次全体会议中时间最长的一次会议。持续了接近四个小时。

---

① 卢修斯·杜比尼翁·克莱(Lucius DuBignon Clay，1897—1978)，美国陆军四星上将。1918 年毕业于西点军校，分配到陆军工程兵部队服役，先后负责过多个军事和民用工程项目的建设。1940 年 10 月任民用航空部机场防务主管。1942 年 3 月起负责陆军军需品生产和补给工作。1944 年 12 月任战争动员办公室副主任。1945 年 4 月任美国驻德国占领军副司令。1947 年 3 月任驻欧洲美军总司令兼德国美占领区总司令，期间组织指挥了"柏林空运"行动。1949 年 5 月退役。1961 年曾应约翰·肯尼迪总统要求，协助其处理柏林墙危机。——译者

作为外长们三天辛苦工作的成果，国务卿伯恩斯提交了关于战争赔偿、波兰边界和附庸国问题的文件。他说，三者是相互关联的，如果三份文件能够一揽子通过，美国政府就愿意接受。

关于赔偿问题，伯恩斯建议，鲁尔工业区中25%的固定设备是德国和平经济所不需要的，苏联可以用西方占领区需要的物资来交换；另有12.5%可以直接转交，无需交换。

一开始这看起来还算是一个令人满意的解决方案，但很快斯大林就又狮子大开口了。除了上面的以外，他还要5亿美元现金、三分之一的德国工业储备物资、三分之一的德国海外资产和英美军队缴获的三分之一黄金。这个诉求太离谱了，会上很快就被否决了。

最终苏联从西方占领区获取的赔偿物资比例确定为15%的交换物资和10%的非交换物资。工业设备在六个月之内转运完毕。

大元帅虽说抱怨了一阵子，但"三巨头"还是同意让法国派一名代表参加赔偿委员会。6月份霍普金斯在莫斯科与斯大林会晤的时候，在美国坚持给法国人代表权的问题上，斯大林就已经表达过他的不满。这次在波茨坦他又说，法国是西方阵营第一个被打败的国家，在对德战争中没有起到任何帮助，不值得予以考虑。

有关波兰问题的文件引发了深入讨论，但最后还是同意波兰在苏联交给她的领土上继续保留一个"过渡"政府，疆域大致延伸到奥得河和西尼斯河。我当时还不太清楚是否包括了斯德丁①，不过后来我发现它在波兰境内。

大家还同意波兰的最终边界留待和平条约中确定，但是根据苏联人

---

① 什切青（波兰语：Szczecin，德语称"斯德丁"，Stettin），波兰西波美拉尼亚省的首府，波兰第七大城市和波兰在波罗的海的最大海港。历史上曾先后被波兰、瑞典、丹麦、普鲁士和德国统治，二战以后被划归波兰，留在那里的德国人被驱逐到德国。什切青接受了波兰移民，主要来自波兹南地区。什切青已经成为波兰最具吸引力的城市之一。——译者

在波茨坦会议上的态度，我相信不管什么样的最终方案，都会认可波兰的领土现状。苏军仍将在这一地区驻扎"足够数量"的部队，以保卫苏联通往德国的补给线。

然后是关于附庸国问题的那份长长的文件。简而言之，文件要求盟国抓紧研究给予匈牙利、保加利亚、罗马尼亚和芬兰政府外交承认的问题。但通过的文件本身并没有明确给予外交承认——行文措辞可真是绕了不少弯子："三国政府同意予以审视，每个国家分别进行，在不久的将来，根据主要环境条件具备的情况，考虑建立外交关系的问题，等等。"文件中还有一个措辞不是很明确的规定，巴尔干各国应当向所有国家的记者提供新闻采访自由。

从捷克斯洛伐克、波兰和匈牙利被驱逐出来的德国人给德国占领区造成了严重的负担，特别是大部分难民都挤进了英美两国占领区。经过深入讨论，我们要求三国政府暂停进一步的驱逐行动，直到各占领区管制委员会就此问题专题研究后提出建议。

莫洛托夫希望会上能够确定一些主要德国战犯的名单，但艾德礼表示反对，这一问题被推延到下一次会议研究。苏联人手上有一份 50 000 名德国军官的名单，在雅尔塔会议的时候他们就提起过，斯大林仍然想要审判他们。

杜鲁门再次提出让"三巨头"考虑在欧洲水路实行自由平等通航的问题，但很快就被推给外长们去研究了。

在这次会议上，我们总统还给了斯大林一封未签名的信，算是对苏联要求美国公开请求他们加入对日战争的回复。杜鲁门的备忘录实际上是回绝了这一要求。尽管它只是指出，维护世界和平是莫斯科苏联政府的责任和联合国家的共识。总统并没有请求苏联加入我们的对日战争（不过，8 月 8 日苏联正式对日宣战的时候，莫斯科还是说苏联是"应盟国请求"加入远东地区的作战行动）。

8月1日　星期三

我有些消化不良，身体感到稍许不舒服。今天是会议的最后一天，在开会的萨西林霍夫宫里里外外都挤满了摄影和拍新闻片的记者。

"三巨头"开始了他们的第12次会议，苏联人仍在为了更多的赔偿而讨价还价。会议最后允许苏联政府将他们占领区西部边界以东所有德国工厂的储备物资收集带走，但不包括捷克斯洛伐克和南斯拉夫。这两个国家和西部占领区的安全是由英美两国政府负责的。在赔偿委员会法国代表权的问题上，斯大林想反悔，但艾德礼发表了一通强硬的讲话，这个问题也就按照前一天的意见通过了。这个主要的争议解决之后，"三巨头"才开始着手处理剩下悬而未决的问题。

艾德礼希望苏联能够为柏林的管制委员会提供必要保障，比如办公地点、宿舍等，所需开销将从西部占领区的赔偿中扣除。斯大林说除非得到进一步的细节，否则他不会答应。

大元帅同意奥地利无需再支付赔偿。我不认为这是苏联人的妥协，因为他们已经接管了大量奥地利财产作为战利品，这些都是过去德国人搜刮来的。苏联人争辩说那些是德国人的财产。我们的态度是苏联人的说法未必尽然。所以一直到今天，奥地利仍然没有签订和平条约，这个问题还在争论当中。

斯大林强烈敦促在波茨坦公告中指定一部分战犯的名单。总统和艾德礼都不同意。最终大家决定，在战争罪行委员会①成立之后一个月内，

---

① 战争罪行委员会（War Crimes Commission），二战中同盟国组织的关于战争罪行的国际法律组织，旨在为战后国际社会公正合法地惩治战争暴行、审判战犯提供法律依据。其成立后，主持指导同盟国对轴心国战争罪行证据的搜集和调查，对轴心国战争罪行性质、惩治原则、审判方式、法律程序等问题进行广泛的研究和探讨，开启了通向战后审判之路。其提出的惩治暴行原则及进行的罪行证据调查，保（转下页）

公布首批战犯名单。

美国和大不列颠政府同意研究苏联宣称发生在德国和奥地利的法西斯活动。就像很多其他词语一样，苏联人关于"法西斯"的定义弹性很大。

对于斯大林提出的苏联公民遣返问题，艾德礼同意一回到伦敦就展开调查。

会议通过了在罗马尼亚、保加利亚和匈牙利建立盟国管制委员会的修正案。这意味着，美国和大不列颠政府对苏联违背雅尔塔《被解放地区宣言》的强烈抗议，又一次打了水漂。

总统要求在波兰和附庸国的广播电台记者，应当享有和其他记者一样的权利，这当然是指允许他们在这些国家进行广播报道。但这没有得到斯大林的同意。

关于德国海军舰船的问题，会议最后决定将其分为三份——英国、苏联和美国各得一份。所有的德国潜艇，除保留 30 艘外，其余全部销毁。

德国商船，除了沿海和内河航运的船只外，由盟国统筹使用，直到对日战争结束。届时仍将由三大盟国瓜分之。会议将任命一个委员会，立即开始工作，研究如何平等分配这些船只。

杜鲁门最后一次提出在欧洲河道实行自由通航的建议。斯大林态度生硬地拒绝了。接着总统说，在向国会做汇报的时候，他有必要就通航问题作出特别说明。

(接上页)证了纽伦堡军事法庭和远东国际军事法庭等战后审判的顺利展开，使得国际社会萌发于第一次世界大战后对个人战争责任的追究及战争犯罪的惩处意识最终得以实现。同时，战争罪行委员会的历史也是国际刑法发展中的重要阶段，在其存在期间对个人战争责任、战争罪行性质及适用法律处置等问题的探讨，较大地推进了国际刑法的发展。——译者

斯大林回答:"那是你自己的事。"

至此,会议议程全部结束,暂时休会,晚上九点继续开。我因肠胃不适,未能出席第 13 次,也就是最后一次"三巨头"会议,此次会议一直开到了后半夜。会议主要是讨论并通过《波茨坦公告》的具体内容。它将于 8 月 2 日,星期四下午当地时间 5 点 30 分正式公布。

在恺撒大街 2 号的美国代表团驻地,大家一整天都在忙着做返程准备。1945 年 8 月 2 日,星期四早上 8 点 05 分,我们乘飞机离开巴贝斯堡回国。

战时三国首脑的最后一次会议就此结束了。在打败日本之前,我想这样的会议是不会再举行了。

我总的感觉,波茨坦会议是一次令人灰心丧气的会议。斯大林和杜鲁门都遭受了失败。总统所提出的一些建议——都是对欧洲持久和平很有帮助的建议——要么被否决,要么被冲淡,要么被交给下属委员会去研究解决。

此时,苏联俨然以欧洲第一强国的姿态出现。在波茨坦,英美不得不承认莫斯科自雅尔塔会议之后单方面采取的一些动作,尽管这一点在会议公告中都被外交辞令所掩盖了。在波兰问题上尤其如此。

大英帝国的衰落是一个不争的事实。会议期间领导人的突然更换,只不过是让这一现实显得更富有戏剧性。实际上,阵前换帅并没有给会议带来多大困难,因为新任首相艾德礼一直是丘吉尔战时联合政府的高级成员。现实是,英国虽位列战胜国,但经济上已是精疲力竭,军事上与美国相比也显得力不从心。法国正在尽力实现稳定,但就算在战前她也没能实现这一点。在中国,内战的阴云已经笼罩天空。毫无疑问,世界上只剩下两大强国,就是苏联和美国。不知道是否能找到一种途径,来消除两个国家在意识形态和政治上依然清晰可见的巨大鸿沟。但从波茨坦的情况来看,达成共识的唯一可能性就是,将苏联人对所有问题的观点照单全收。

杜鲁门在对付斯大林的时候，总是以一种鼓舞每一位美国人爱国之心的姿态出现。在赔偿问题上，他不屈从任何压力，以免重蹈第一次世界大战的历史覆辙，让美国纳税人出钱为德国赔偿损失。他拒绝承认波兰侵占的德国东部领土（四年后的今天，我写这本书的时候，在这个问题上，他仍然坚持原来的立场）。他也拒绝在外交上承认罗马尼亚、保加利亚和匈牙利建立的政权。

斯大林一直彬彬有礼，但直言不讳，我们觉得他一直急于为自己的政府争取最大利益。如果他在会上采取更妥协的态度，"乔大叔"回到莫斯科一定会有麻烦。

在波茨坦会议上杜鲁门取得了三项成就。"外交部长理事会"的建立，可以让我们少犯很多错误，免得在诸多问题上准备不足，就像四分之一个世纪之前的凡尔赛那样。该理事会为最终在和平条约框架内解决二战遗留问题铺平了道路。

总的来说，美国为管制德国占领区而制定的一系列政治和经济政策都在波茨坦公告中得以体现。这或许是总统的最大成就。

在复杂而又棘手的德国赔偿问题上，苏联最终做出了让步，不再顽固地坚持赔偿总额，而接受了百分比的计算原则。斯大林和莫洛托夫至少在理论上同意，在德国经济恢复之前，她是无法凭眼下的工业生产能力来偿还苏联债务的（斯大林签署《波茨坦公告》之后不到一年，莫洛托夫就在巴黎否认了上述两条原则）。他们还同意不再向奥地利索取战争赔偿，而用自己的赔偿所得来弥补波兰的战争损失。

关于德国商船和海军舰艇的处置方案，也是按照总统的意见。不过在我看来，三方海军委员会在着手"平均"分配这些被俘战舰的时候，还是有机会做出进一步"解释"。

最后要说的，在 1945 年 8 月 1 日这一天，还没有人能够预见到日本将会在两周之内退出战争。在"终点站会议"上，美苏两国在远东地区协同作战问题上取得的进展达到了一个新高度。当然，苏联人对当时的局势是"旁观者清"，对我们提出的参战邀请当然是欣然接受。而且，早在7月初，斯大林就开始与中国讨价还价，以保证苏联在出兵满洲中获得最大利益。

还有，我们提出的关于"肢解"德国和将工业发达的莱茵兰地区国际化的建议没有获得通过。杜鲁门还主张对意大利为盟国事业做出的贡献给予一定程度的认可，并且对苏联违反雅尔塔《被解放地区宣言》的做法提出了强烈抗议，但在会议公告中这些都变成了根本无法实现的空想泡影。公告只是声称，将与意大利、保加利亚、芬兰、匈牙利和罗马尼亚尽快签订和平条约；在这些国家将建立代议制民主政府，以便他们获得进入联合国的资格。

会议公告还提到："在罗马尼亚、保加利亚和匈牙利的盟国管制委员会内的苏联代表……已提出改进各委员会工作的建议……"但实际上，恰恰是这些苏联代表作梗，使得与这些国家签署的三方停战协定根本无法执行。

不过，这一点却是斯大林最大的失败。大家都看得出来，他来波茨坦的目的，就是想迫使大不列颠和美国承认那些苏联在巴尔干地区支持建立的既存政府。他虽然机关算尽，但终究还是未能实现他所希望的外交承认。

还有一些问题未能在会议上达成一致意见：

（1）主要航道的国际化问题（美国建议）。

（2）对殖民地，主要是意大利在非洲的殖民地的托管问题（苏联建议）。

（3）马其顿和希腊的边界问题（英国建议）。

（4）苏联谋求土耳其领土及对达达尼尔海峡的控制权问题。

（5）苏联侵占英美在罗马尼亚的工业财产问题。

（6）意大利赔偿问题。

（7）确定主要战犯名单的问题，尽管会议同意组建一个专门委员会在一个月内"提出名单"。

（8）苏联企图迫使英美与西班牙断交的问题（斯大林最多也就是在会议公告中写进了不准西班牙加入联合国的一句话）。

（9）斯大林企图提交大会讨论对丹吉尔和黎凡特的控制问题。

（10）苏联企图让英美接受南斯拉夫现状的问题。

在我看来，我们新任总统在波茨坦的表现是非常游刃有余的。当我们的国家利益有需要的时候，他坚定不移，毫不退让。和我一样，他对会议也十分失望，因为许多他认为对欧洲持久和平非常重要的建议，都遭到了苏联的抵制。事实上，苏联人的态度令我严重怀疑，是否还能够达成让美国政府接受的和平协议。波茨坦会议集中体现了两大意识形态的尖锐冲突。这次会议是"冷战"的开始。

有一个因素改变了很多人的想法，包括我自己，那就是在我们到达波茨坦的同一天，在新墨西哥州试爆成功的原子弹。在 7 月 24 日的全体会议上，杜鲁门走到斯大林面前，悄悄地告诉他，我们已经研发出一种威力强大的武器，在过去的战争中从来没有见到过。后来总统说，从斯大林的反应来看，他并没有什么特别的兴趣，看起来大元帅对杜鲁门所讲的东西一点儿概念也没有。只不过是另外一种武器，他希望我们能在战争中用好它。

原子弹的问世，与第二次世界大战的结束有着密不可分的关系。1945 年 9 月 2 日，在"密苏里号"战列舰上举行的投降签字仪式，标志着大战的结束，我将在下一章进行专门记述。

第二十三章　原子弹，细菌弹；迎接和平

1945 年 8 月 6 日，"奥古斯塔号"巡洋舰正在横穿大西洋的航程中，载着杜鲁门总统和陪同他出席波茨坦会议的美国代表团返回华盛顿。差几分钟快到十二点的时候，总统正和"奥古斯塔号"舰长弗兰克·H. 格拉汉姆，还有船员们一起吃午饭，白宫作战地图室值班军官递给他一份海军部发来的、标着最紧急标识的简短报告。

报告称，陆军航空队在日本的造船中心广岛投下了一枚原子弹，并说炸弹的威力看起来比打造这种新式武器的科学家和工程师的估计还要强大。

杜鲁门听到这个消息很是兴奋。据在场的人讲，他握着格拉汉姆舰长的手说："这是人类历史上的大事。"

又过了几分钟，收到了第二份报告，是战争部长史汀生发来的。比第一封电报还要乐观。杜鲁门叫来了国务卿伯恩斯，把电报读给他听。接着他走回到餐桌旁，挥手示意船员们来餐厅集中，总统显然想说些什么。

当大家安静下来以后，总统告诉他们，一种可怕的新式武器首次爆炸成功，威力相当于 20 000 吨 TNT 炸药。杜鲁门宣布完原子弹成功爆炸的消息后，船员们纷纷站起来欢呼。然后总统又去了军官室，告诉正在用午餐的军官们发生了什么。

自从 7 月 16 日，我们在波茨坦开会期间，收到了原子弹成功试爆的

消息以后，大家心里都一直惦记着何时会使用它的问题。从那天起，就不再是纸上谈兵了。我们手上终于有了超级炸弹。在离开德国之前的最后几件工作中，就包括准备总统和国务卿需要发表的声明，一旦这种炸弹真投到了日本人头上的话。从那天起，包括返回华盛顿的路上，我们就一直在等待炸弹炸响的消息。返程是 1945 年 8 月 2 日星期四一大早开始的，我们离开了波茨坦的巴贝斯堡，飞往英格兰普利茅斯附近的圣马根思机场。

因为能见度很差，总统专机被迫降落在哈拉比尔，距离我们的目的地大约 10 英里远。这里的机场小到不能再小了，但总统专机飞行员还是很熟练地进行了降落。美国总统一行抵达英格兰普利茅斯附近的哈拉比尔，是完全出乎意料的，前来迎接我们的只有三位被吓蒙的英国皇家空军飞行员，后来他们和总统一起合影留念。在当地我认出了一位美国海军的老熟人，随军牧师阿尔伯特·斯图尔特，还把他介绍给总统认识。英国人很快就把一切都准备好了，我们乘坐皇家海军上将约翰·利瑟姆爵士的游艇，摆渡上了"奥古斯塔号"。

皇家海军的"名望号"战斗巡洋舰，也停泊在普利茅斯港，就在"奥古斯塔号"旁边。英国国王乔治六世专程从伦敦赶来了，所有的仪仗队都在"名望号"上列队排开，欢迎杜鲁门总统登舰会见英国国王。接下来的非正式午宴颇为开心，大家讲了很多英国政治笑话和波茨坦会议上的趣闻。午宴是在将官宿舍举行的，出席人员有总统、国务卿伯恩斯、哈利法克斯伯爵、拉塞尔斯勋爵、利瑟姆海军上将、坎贝尔海军上校和我。国王陛下和我讨论了原子弹的问题。国王问我对原子弹发展前景的看法，我说："我觉得它可能不像期待中那么神。在我看来，这听起来就是一帮教授的梦！"

令我惊讶的是，乔治国王对原子弹和战后原子能的应用相当熟悉。他给我开玩笑说："海军上将先生，您愿意和我打个小赌吗？"我很坦率地告诉国王陛下，对于这样新式武器，我确实不像那些科学家那样有信心，据我所知，没有什么爆炸能够实现新型炸弹宣称的那么大威力。但很快事实就证明，我在这个方面的判断是错误的。

在我们回到"奥古斯塔号"上不久，国王来登舰回访，向总统表示致敬。回访简短而令人愉快。杜鲁门后来告诉我，国王向他讨了一些签名，因为国王陛下的女儿在收集名人亲笔签名。驻英大使怀南特也登舰来拜访总统，还给我带来了一件丘吉尔送的礼物。一幅精心装裱的前首相照片，还有他写的书《伟大的同时代人》，带亲笔签名。

8月5日，我们收到了参议员海勒姆·W.约翰逊去世的消息。他已经病了很久。这个加利福尼亚人曾经支持过罗斯福总统，但是最近六年来，他是政府坚定而激烈的反对派。不过，在我过去代表海军和参议院打交道的时候，约翰逊参议员对我还是很友好的，也给了不少帮助。

第二天，8月6日，传来了前文已经提到过的原子弹爆炸的重大消息。不过在当天收到的报告中，并没有给我们太多空袭广岛的细节，只是说各方面的结果都很成功。事先在波茨坦准备好的总统声明，随即就在华盛顿发表了。

"我们花费了20亿美元，投入到这个人类历史上最大的科技赌局中——现在我们赢了，"总统说道，"我们正打算迅速彻底地抹去日本所有城市地面上每一座还在开工生产的企业。为了避免日本彻底走向毁灭，7月26日，我们在波茨坦发出最后通牒……"

白宫声明的最后一句话是这样的："假如他们拒绝接受我们的条件，他们或许会等来天上的毁灭之雨。"

当时世界上，只有英国、加拿大自治领和我们掌握制造原子武器的细节信息。总统召集在"奥古斯塔号"上的记者开了一个新闻发布会，但是除了此前发布的正式声明，他也没有更多的可以透露。

总统讲完以后，其中一名记者，合众国际社的罗伯特·尼克松问我，是否认为原子弹会让战争发生革命性变化。当时，我们还没有接到这"一枚炸弹"造成如此巨大破坏的报告。我告诉尼克松，道高一尺，魔高一丈，我觉得这种新炸弹将来也是会遇到克星的。

　　在返程中，国务卿伯恩斯和我一直在协助总统准备他的广播讲话稿，向美国人民报告波茨坦会议的成果。大部分时候的天气都很好，我们始终以 26.5 节的速度航行。上岸之前，杜鲁门总统表扬了"奥古斯塔号"和"费城号"的指挥官，为他们一路上的出色工作。总统专列已经在纽波特纽斯等着了，1945 年 8 月 7 日晚上 10 点 30 分，我们一行人回到了华盛顿。按照总统的指示，这是他作为新任总统第一次参加国际性会议回来，不要搞吹吹打打的迎接仪式。

　　1945 年 8 月 8 日，莫斯科方面宣布，苏联和日本进入战争状态。我们估计，苏联人可能已经对满洲动手了。我感觉，苏联人很快就会要求我们也增兵对日作战，并分享将来的战果。

　　有关广岛原子弹爆炸的细节信息逐渐传来。看起来，在这座城市接近 35 万的人口中，有超过一半被这一枚小小的炸弹消灭了。日本政府声讨这是一种残忍的暴行，称这一攻击主要针对的是没有战斗能力的妇女和儿童。尽管广岛是一座海军基地，但这次空袭对平民造成的伤亡确实显得有些恐怖。

　　我们的一些科学家说，爆炸地点将有很多年不适合人类居住，因为爆炸会产生土地辐射，对生命体造成伤害。8 月 9 日，日本政府宣布，广岛有 10 万人死亡。就在同一天，我们又宣布在长崎投下了第二枚原子弹，据悉那里是日本陆军南方防御司令部所在地。

　　总统召集了一次专题会议，研究如何发布原子技术发展的相关信息。出席人员有国务卿伯恩斯；史汀生；陆军少将莱斯利·R. 格罗夫斯，他是这个被称为"曼哈顿工程"的军事项目的负责人；范内瓦·布什博士，科学研究发展局的负责人；麻省理工学院的卡尔·康普顿①博士，也是一直参与原子弹研发工作的。

杜鲁门总统问我，在能否让英国人获取制造原子弹的所有细节信息的问题上，此前罗斯福和丘吉尔是否达成过一致意见。我告诉他，根据我的回忆，1944年魁北克会议结束之后，两人在海德公园进行过一次长谈。按照我的理解，罗斯福只同意给我们的盟友分享原子能工业应用方面的技术。

根据科学家们的建议，伯恩斯和史汀生也都赞成，总统决定让领衔原子弹研发工作的科学家们起草一份详细报告，向民众公布，这就是大家知道的《史密斯报告》。这份著名的报告在次日(8月10日)公布，揭开了蒙在这项重要高科技军事机密头上的面纱。《史密斯报告》用半技术化的语言，解释了原子能用于军事用途的研发过程。其中包括了很多有关原子弹的数据，在当时公布这些数据经过了慎重的考虑。

在漫长、昂贵、枯燥的研发工作中，参与者有这个国家能够集中的最优秀的科学家，还有数万名职工，这件事在整个战争过程中都是最高机密。就像战争结束后不久，在一个为庆祝表彰拜伦·普赖斯而举办的派对上我对他讲的那样，他是我们的审查办公室②主任，这不仅说明了军事安全措施非常成功，还要归功于对新闻和广播进行自愿性审查的有效实施。

---

① 卡尔·泰勒·康普顿(Karl Taylor Compton，1887—1954)，麻省理工学院第九任校长。在18年任职期间，逐步将学校从一般的地方性理工学院建设成为在美国处于领先地位的理工学院，被后人称为"将麻省理工学院推入世界名牌大学行列的功臣"。——译者

② 审查办公室(Office of Censorship)，1941年12月19日美国政府建立的战时新闻和通讯审查机构，目的在于加强对所有进出美国通讯联络的审查，1945年11月关闭，该机构的口号是"沉默加速胜利"(Silence Speeds Victory)。珍珠港事件后，1941年12月18日，美国国会通过《第1号战争权力法案》，次日罗斯福总统签发《第8985号总统令》，组建审查办公室，授予绝对酌情决定权，对国际通讯进行审查。——译者

在战争中有几次，参谋长联席会议收到指控，称罗斯福总统在战争爆发时建立的自愿性审查制度，不发挥什么作用，还干扰了军事行动。我对其中一些案件进行了细致调查后认为，民间电报中偶尔出现的泄密问题远没有军方机构时常发生的情况严重。

1945 年 8 月 10 日一大早，日本人通过他们东京的官方广播宣布，措辞很简单，称准备接受美国、联合王国和中国在波茨坦提出的建议。他们可以按照宣布的条件投降，除了一条：就是不能要求他们终止日本的天皇制度。

瑞士帮他们将提议转交给美国和中国，另通过瑞典帮着转交给苏联和大不列颠。

早上 9 点，总统在白宫召集国务卿、战争部长、海军部长研究这一新情况，我也出席了。在瑞士转交的正式文本到达之前，我们只能准备起草答复口径，其他也做不了什么。日本人的意思其实是在说，只要我们不绞死天皇，他们就愿意投降。

我建议接受日本人的提议。这不等于我赞成保留天皇的全部特权。我一点儿都不同情这个裕仁小皇帝，但是我认为有必要利用他在日本投降问题上发挥影响。

总统身边有些人想把天皇处决掉。如果他们的意见占了上风，我们很可能会和日本人继续打下去。有可能一直要打到所有的日本军队都战死，而在当时，战场上还有超过 500 万日本士兵。

晚上 12 点 30 分，参谋长联席会议开会，讨论结束敌对状态所必须采取的措施。看起来，这场世界大战是真的就要结束了。

凌晨 2 点我回到白宫，和总统、国务卿伯恩斯起草发给我们盟国首脑的电报，商议接受日本投降的形式。

这份电报是发往英国、苏联和中国的。其中有一点显然是要说明白的，就是日本天皇的地位问题。对此，美国政府的立场是这样的：

自投降之日起，天皇和日本政府对国家的统治方式将服从盟国占领军最高司令的安排，以他认为有利于投降条款执行的方式。

天皇和日本最高统帅部必须按照《波茨坦公告》的规定签署投降条款，命令日本全体武装力量停止敌对状态，交出武器，并发布其他盟军最高司令认为有助于投降条款执行的命令。

投降后，日本政府应立即将战俘和被关押的盟国侨民转移到安全地点，或根据指令运送到便于盟军快速转移的地点。

根据《波茨坦公告》，日本政府的最终形式，将根据日本人民的自由意愿建立。

盟国占领军将在日本驻扎到《波茨坦公告》宣告的目标全部达成为止。

次日(8月11日)收到了日本政府提议的正式文本，因此我们的官方答复文本就通过瑞士政府转交东京。同时，美国报纸和广播也进行了发布，这将使得日本政府在拿到官方渠道文本之前就了解相关情况。在等待日本政府做出最终决定之前，对日战争仍在尽全力推进。8月12日是星期天，情况没有新的进展。

8月13日，星期一，总统指示马歇尔将军，继续按照原定作战计划向日本人发动进攻，直到日本政府按照我们的要求提出投降。其中最大的作战行动就是暂定11月1日登陆九州岛。

对外经济协作办公室主任克劳利来办公室找我，商量是否需要请示杜鲁门总统，日本人投降之后，对租借物资采取哪些应急措施。我赞成他的意见，我们的援助物资应当被限制在有作战需要的地区，对中国也要继续实施租借物资援助，以帮助国民党政府转运部队。最终决定，租借援助方面的资金也可以用于上述目的。星期一，总统在白宫为国务卿伯恩斯颁发"陆军杰出服役勋章"，以表彰他在担任战争动员办公室主任以及多次国际性会议上担任总统顾问期间的突出贡献，大家都抽时间出席了授勋仪式。午餐时金上将告诉我，英军的参谋长们——陆军元帅布鲁克、皇家海军元帅坎宁安和皇家空军元帅波特尔——也都被授予了男爵封号，以表彰他们在战争中的贡献。

1945 年 8 月 14 日，星期二一大早，从日本传来了广播消息，非官方渠道的，称日本政府已经接受了盟国提出的投降要求。直到下午 3 点半，我们收到窃听的电报消息，天皇的确接受了我们提出的投降条件。

下午晚些时候，国务卿收到了伯尔尼方面转交的日本官方答复。日本政府确实全面接受了《波茨坦公告》提出的全部条件，如此一来，第二次世界大战也就进入尾声阶段了。

次日清晨 7 点钟不到，杜鲁门来办公室找我，说很快他就会宣布日本无条件投降的消息，希望我能在场见证这一历史性时刻。等我到的时候，发现内阁成员和前国务卿赫尔都已经到了。总统办公室里挤满了新闻记者。赫尔坐在总统的左边，伯恩斯和我坐在右边。根据我的回忆，站在我们后面的除了内阁成员，还有克劳利、公共工程总监菲利普·B. 弗莱明、战争劳工委员会主席威廉·戴维斯、联邦住房管理局局长约翰·布兰德福德。大门关上之后，在 7 点钟之前一两分钟，总统站了起来，宣读了从日本政府发来的接受投降的电报：

大日本帝国政府 1945 年 8 月 14 日电：

根据日本政府 8 月 10 日有关接受《波茨坦公告》的声明，以及 8 月 11 日美国国务卿伯恩斯发出的美英苏中四国政府的答复，日本政府谨向四大国政府电告如下：

1. 帝国陛下已颁发诏书，要求日本接受《波茨坦公告》。

2. 帝国陛下准备授权他的政府和帝国最高统帅部，签署执行《波茨坦公告》所必要的条款。陛下也已准备好发布命令，给日本陆海空三军所有指挥机关和全体部队，无论他们身处何地，停止一切作战行动，交出武器；以及发布盟军最高司令认为执行上述条款所需要的命令。

杜鲁门同时还宣布，8月15日和16日两天是我们庆祝战争结束和赢得伟大胜利的日子。他最后一个字的话音刚落，房门就被拽开了，记者们发疯似的夺门而出，几秒钟工夫就消失得干干净净，抢着把这一消息发往全世界。其实战争结束的事实大家数小时之前就都知道了，只不过是非官方消息。

我马上回到自己办公室，以总统的名义给我们的武装力量发电报，命令他们暂停一切对日攻击行动，除非可能必要的自卫行动。我还把我们暂停敌对行动的消息通知了盟国政府。

接着总统又把我叫回他的办公室，摄影记者们给刚才出席仪式的人员摄影拍照。

城市沸腾起来了，所有的汽车都按响了喇叭，欢呼的人群涌上街头，使得交通完全停顿下来。电台滚动播出了从洛杉矶到波士顿各个城市开展庆祝活动的新闻，听起来所有欢庆战争结束的人们都把他们城市的道路给堵了。

在我看来，此时此刻，正是为我们能够战胜仇敌而感恩上苍的时候。但人们还是认为这是最应该欢呼的时刻——其他民主国家的绝大多数人一定也是这样。

美国人民乃至世界人民正在庆祝结束的这场战争，其实在1914年就开始了，当中1918年至1939年只是暂时的休战，是在为了将来的大打出手而做准备，过去的六年，总算是打出了一个结果。

我在佛罗里达大街的家里安静地度过了这个"胜利之夜"，偶尔听听广播里关于欢庆游行的报道，回望1940年11月17日以来自己在战争中经历的件件往事，那一天富兰克林·罗斯福给身在波多黎各的我发电报，要求我去维希担任驻法国大使。现在，经过我们与盟友的浴血奋战，终于赢得了胜利——就像罗斯福在 1941 年 12 月 8 日说的那样："胜利终将属于我们。"我们设定的条件——"无条件投降"——首先被意大利的法西斯分子承认，第二个是纳粹分子，最后是"侵略狂"日本人。

在人类历史上，没有哪一次冲突能与这场战争相提并论。人类从来没有武装过如此之多的军队。在这个胜利之夜，最终到底有多少人死去，数字还不得而知。

我们为胜利付出的代价是无法估量的，无论是我们对同盟国的慷慨援助，还是美国人民付出的生命。这些数字估计足够历史学家和统计学家们算上好几年。

在我们甚至是我们的子女身后很多年，仍然会为这场已经结束的战争付出代价。估计要花上大半个世纪的时间，来修复这个世界被武力撕裂的伤口，首先这是侵略国家造成的，当然也包括我们。

当我们仍在为维护太平洋的和平而努力争取的时候，日本人用偷袭的手段攻击了我们，经过三年八个月零一个星期，现在他们终于被彻底打败了。几个月之前德国人已经遭到了同样的下场。为阻止轴心国集团实现征服世界的梦想，我们倾尽自己国家之全力，发挥我们民主制度之最大优势，和远方的盟友一起克服了千难万险。大家读到这里，已能从书中了解到维持那样一个庞大的联盟有多么困难，但在当时，绝大多数民众都是不知道这些情况的。

我们有必要组建一个新的军事机构，可以满足远距离海、陆、空作战的需要，尤其是对太平洋而言。只有这样，我们的胜利才能够得以延续。起初是根据前任总司令富兰克林·D. 罗斯福的意见，后来又得到了他的继任者杜鲁门总统的支持，我们组建了统一的最高指挥机构。这个机构就是参谋长联席会议。在美国总统的直接指挥、监督之下，这个机构负责所有陆海空三军的战略规划和作战指挥。

从 1942 年 7 月 22 日到战争结束，我一直都担任参谋长联席会议的主席。我可以说，没有哪些英雄人物——在这场战争中的确涌现出一大批英雄人物——能够像我们的陆军参谋长乔治·卡特利特·马歇尔、海军总司令欧内斯特·J. 金、陆军航空队司令亨利·H. 阿诺德那样，为他们的总司令和祖国做出了那么多无私的贡献。参谋长们得到了一个小参谋班子的有力协助，其中的军官精明强干，都是从三个军种选拔上来的。

有的时候，我们看上去似乎在讨论和起草长篇大论的文件上浪费了太多时间，有的事情我觉得短短几段话就能够讲明白，但这些恰恰是各个不同的战区实现统一指挥的基础。海岸警卫队、海军、海军陆战队、地面部队、轰炸机部队、战斗机部队、工兵部队和两栖部队等诸多兵种，始终在一个声音的指挥调度下，将敌人从一个个坚固的据点中赶出来，从一个岛屿推进到下一个岛屿，跨过了整个太平洋。

在太平洋战场上如何实施两栖作战，我们着实给敌人好好上了一课。就像此前的欧洲战场，我们和盟军一起，成功展示了什么才是真正的联合作战。在艾森豪威尔将军指挥的欧洲战场、尼米兹海军上将指挥的太平洋中部和南部战场、麦克阿瑟将军指挥的西南太平洋战场，我们各个兵种的表现都非常出色，为他们自己也为他们的祖国赢得了荣誉。

无论是打仗还是和平建设，我们美国都担负着沉重的国际责任。有些人觉得，这些义务都是德黑兰、雅尔塔、波茨坦会议强加给我们的。如果还有下一次世界大战的话，理由一定和过去的都不同。我们只有依靠所有文明国家的人民团结协作，共同维护好世界和平，才有希望尽可能长久地延迟下一场战争的来临。但人们往往是好了伤疤忘了疼，每次非要大打一场之后才又想起来和平。

到了 1945 年 8 月，人们的心头又增添了一番新的焦虑，那就是新型恐怖武器的发展，足以改变地球的面貌，消灭整个人类。仅仅在日本投下了两颗原子弹，这种新式武器的可怕威力就得到了充分展示。幸运的是，战局没有迫使我们动用同样可怕的细菌武器，它们已经在我们的实验室和兵工厂研发成功。

我就任总统参谋长之后的几个月里，就大体掌握了这些武器研发项目的情况。1942 年 11 月，应罗斯·麦金泰尔博士的要求，我与默克化工的总裁乔治·默克进行了探讨，是否有可能使用细菌武器。默克当时正在组织一大批科学家开展这方面研究，属于高度机密，包括进攻性细菌武器和防御性措施。

在我和罗斯福总统以及后来杜鲁门总统的谈话中，时不时会提到这个项目。我记得特别清楚，1944 年 7 月，在我们前往檀香山与麦克阿瑟、尼米兹会晤的航海途中，大家在总统舱室里进行过一次有关细菌武器的热烈讨论。根据当时科学家们的想法，比如，他们可以彻底摧毁日本的稻米农作物。在当天与会的官员中，有一些赞成采取类似措施。

就我个人而言，是很害怕这种主意的，对罗斯福说："总统先生，这种做法（使用细菌武器和化学武器）将冒犯我所知道的一切神的旨意和全部的战争法。这是对敌国非战斗人员的攻击。而且后果可以预见——如果我们能用，敌人也会用。"在整个讨论过程中，罗斯福始终没有讲过一句话，但整个战争中美国始终没有使用细菌武器。

在一些其他场合的讨论中，我还指出过，在应对细菌武器攻击方面，武装部队的装备配备将优于平民。比如，假使敌人成功污染了供纽约大都会区数百万人使用的水源，结果可能是灾难性的。驻扎在那里的陆海军部队，是有组织纪律性的，可以很快就采取防污染措施，尽管可能不会快到足以防止传染病的发生。就算有相当比例的军事人员染病，但武装部队总是有比较好的装备来应付这种局面，总好过无助的平民。

1944 年 9 月，我去看望自己的弟弟，马里兰州埃奇伍德兵工厂的指挥官 M. A. 莱希，他在那里负责管理一所海军部队的化学武器学校。这座兵工厂就是制造军事用途有毒化学物质的，研究如何使用，以及如何防御敌人可能实施的毒气攻击。我兄弟带我参观了那一片广阔的区域，从殖民时代起，这一带就是沃野千里、平静美丽的乡村。此情此景，无论是谁，恐怕都难以按捺住心中涌上来的惋惜，只有如此残暴的战争，才会强占这么安静的人类栖息之地，为的是制造出毒药，用于杀死其他人类。

在整个战争期间，交战双方都在准备使用致命的毒气，但就算是疯狂的希特勒和裕仁天皇，犯下了那么多罄竹难书的暴行，也没敢使用毒气——害怕遭到以牙还牙的报复。

在我看来，原子弹就属同样类型的武器。

我坦承在前一章中，我错误地低估了这种全新概念炸弹的可怕威力。1944 年秋天，我和布什教授、英国原子能专家韦尔勋爵、格罗夫斯少将开过一次会。他们确信罗斯福总统和丘吉尔首相会将原子能的巨大潜力用于军事目的。会议决定，投入大量资金，以尽可能快的速度推进原子弹研发。

到了 1945 年春天，已经投入了 20 亿美元，杜鲁门总统要求伯恩斯先生专门评估一下新型原子炸弹的研发进度和成果。6 月 4 日晚上，伯恩斯来到我家里，讨论他评估的情况。在当时，对于这种新型武器的最终研发成功和投入实战，他比我要积极乐观。

试爆成功之后，杜鲁门总统面临着抉择，到底要不要使用它。他本不想用，但最后还是被说服了，原子弹可以缩短对日战争并挽救美国人的生命。我的观点是，在广岛和长崎使用这种残忍的武器，对我们的对日战争并没有实质性帮助。因为日本人已经被打败了。由于严密的海上封锁和传统炸弹的成功空袭，日本人已经准备投降了。

在我看来，科学家们和有些人之所以要使用它，是因为在这个项目上已经花了太多的钱。杜鲁门知道，其他相关人员心里也清楚。不过，最终总统还是决定在日本的两个城市投下了原子弹。当时我们也只制造出这两枚原子弹。我们不知道具体哪一个城市是目标，但总统明确指示炸弹应当被用于攻击军事设施。

我觉得，自己起初对原子弹的错误认知，是基于我长期在海军对炸弹的了解。我的专业就是研究舰炮的，曾经担任过海军部军械署的主官。对这种新型武器，用"炸弹"这个词是不对的。它不是炸弹。它不是爆炸。它是一种有毒的东西，使用致命的放射性反应杀死人类，远远超过爆炸产生的威力。

一想到将来仍可能会使用毁灭性的原子武器，就令人毛骨悚然。我自己感觉，首先使用这种武器，我们采用的其实是黑暗时代野蛮人的道义标准。我接受的教育不是以这种方式来打仗，不能靠残杀妇女和儿童来赢得战争。是我们第一次拥有了这种武器，并第一次使用了它。可以肯定的是，将来我们的敌人也会拥有它，在某一天原子弹也会被用来对付我们。

这就是为什么，作为一名为政府工作了半个世纪的职业军人，到临了我要把自己的战争故事讲出来，谨为将来提供借鉴。

这种全新概念的"全面战争"，我们这代士兵和水手基本上都是难以接受的。在战争中使用原子弹，将把我们带回到野蛮残杀平民百姓的时代。

那将是一种国家对国家的、集体的烧杀淫掠，它虽不是单个人实施的，但这与黑暗时代出于个人贪婪邪念而实施的暴行并没有什么不同。这些新型的、恐怖的、不文明的武器，代表的是一种现代社会的野蛮，一样为基督徒所不齿。

一位参与"曼哈顿工程"的教授曾对我说，他多么希望原子弹没有研制成功。我也希望他是对的。

　　或许仍存几分希望，它在制造死亡和恐惧方面那难以防御的威力，可能让国与国之间不敢动用原子弹相互攻击。就像在这前面一场战争中，这种恐惧使得他们始终不敢动用自一战以来就不断发展的新型的更具致命性的毒气。

　　不过，为了自己祖国的安全考虑，这是我一生中面对所有问题都始终坚持的首要原则，我只能得出下面这样不愿看到的结论，我们真正走得通的路只有一条：

　　在联合国，或类似的国际性组织，可以保证——并具备足够的强制力落实这种保证——这个世界免遭核战争的恐惧之前，美国必须拥有比任何潜在敌人更多更好的原子弹。

附录一

（1940 年 12 月 20 日，罗斯福总统委任莱希海军上将担任法国大使的命令）

白宫

华盛顿

绝密

亲爱的莱希上将：

作为美国派驻法国政府的大使，你将会在这个关键的历史时期，为美法关系建设做出贡献。我完全信任你的能力和判断，足以应对可能发生的一切变故。不过，我觉得可能还是需要列出一些主导当前美法关系的基本原则，作为对你工作的总体指导。

（1）无论在法国人民还是法国政府的心目当中，贝当元帅的地位都是独一无二的。根据现行宪法，他说的话就是法律，如果他不同意，我们什么事也干不成。我注意到，在他颁布的法令中，使用了王权才会用的词"我们"，说明他已经认可这种统治方式了。

因此，我希望你能尽可能拉近与贝当元帅的关系。你应该向他表明美国在当前冲突中的立场，强调我们的坚定信念，只有打败现在控制德国和意大利的强权，这个世界才能实现自由、和平和繁荣。人类文明不可以倒退到极权主义的时代。

我有理由相信，贝当并不完全赞成他的副总理兼外交部长赖伐尔在对德关系上的做法。即便换一个新的外交部长，也无法保证不出现类似的情况。因此，你要想办法让贝当认识到，这些以法兰西名义策划、实施的勾当，在你看来，是有损于美国利益的。

（2）我已经足够清晰地阐明了本届政府的政策，就是要想尽一切办法，支持那些正在奋起自卫的国家抵御侵略。遵循这一原则，本届政府将持续不断地援助大不列颠政府在这场战争中可能短缺的一切物资。你可以时不时地向贝当元帅和他的政府成员透露一些这方面的具体信息，以引起他们的注意。

（3）有一些报告令我甚为忧虑，表明法国的资源正在逐步置于德国人的控制之下，这已经超出了停战协定条款的规定。我有理由相信，在与德国人的合作当中，除了有些个人是贪图私利，还有一些是政府行为，驱使他们的动机是相信德国人的胜利是无人能阻挡的，法国最终将从中获益。我希望你尽力搞清楚这方面的情况，并做全面的报告。

你要努力说服贝当元帅，还有你接触到的政府官员和军队高层将领，让他们知道，德国的胜利，将不可避免地导致法兰西帝国的解体，而且很有可能把法国作为一个附庸国。

（4）我相信，避免法国海军舰队落入德国人之手，不仅对保护我们西半球是第一要务，而且事关法兰西帝国的存亡，以及最终法国是否还能够恢复独立和主权。

所以，从我们预感到法国人就要战败的那一刻起，这一条就成为本届政府的基本方针，就是要确保法国舰队不能落入德国人之手，也不可以被用于帮助德国人达成目标。因此，我立即照会法国政府，如果他们允许法国舰队向德国人投降，他们将会永远失去来自美国政府的友谊和善意。

从那个时候起，那些掌握法国命运的人一次又一次对我保证，无论发生什么情况，法国舰队都不会投降。

1940 年 6 月 18 日，保罗·博杜安先生，当时的法国外交部长，向比德尔大使保证："以法国政府的名义郑重承诺，法国舰队永远不会向敌人投降。"

1940 年 7 月 1 日，法国总统勒布伦①告诉布利特大使："无论如何法国都不会把舰队交给德国人。"同一天，贝当元帅也向布利特大使承诺，命令已经下达给法国舰队的每一位舰长，就算凿沉自己的战舰，也不允许落到德国人手中。海军上将达尔朗告诉布利特大使，他已经"向他舰队的军官下了死命令，如果德国人试图夺取军舰，立即自沉"。

贝当元帅接掌法国元首的权力后，我再次收到法国政府的郑重保证，法国舰队不会向德国人投降。11 月 14 日，副总理赖伐尔向使馆一等秘书马修斯先生重申了上述保证，说"法国舰队绝不会落入敌对势力手中"。

11 月 16 日，贝当元帅又提到了这个话题，他告诉马修斯："我已经给出了最郑重的承诺，法国舰队，包括'让·巴尔号'和'黎塞留号'战列舰，都不会落入德国人之手。我已经向你们的政府承诺过。对英国政府也承诺过，包括丘吉尔本人。现在我再一次重申。它们是用于保卫法国疆土和财产的。它们不会被用来对付英国人，除非我们遭到他们的攻击。"就连最近，12 月 12 日，贝当元帅在与现任临时代办墨菲先生会

---

① 阿尔贝·弗朗索瓦·勒布伦（Albert François Lebrun，1871—1950），法国政治家，1932 年至 1940 年任法国总统，是法兰西第三共和国末任总统。1912 年起历任殖民部长、战争部长和解放区部长。1925 年任参议院副议长，1931 年任议长。1932 年当选总统，1939 年连任。法国战败后，1940 年 7 月 10 日，勒布伦同意颁布新宪法，授权总理贝当组建独裁政权；7 月 11 日，贝当取代他成为国家元首，7 月 15 日勒布伦逃往法国南部小镇维齐耶；1943 年 8 月 27 日德军占领该地后被捕，关押在奥地利伊特堡监狱，10 月 10 日又因健康原因被送回维齐耶监视居住。1944 年 8 月 9 日，盟国重建法国政府后，勒布伦会见夏尔·戴高乐，承认戴高乐的领导地位，并称自己从未正式辞去过总统职务，因为国民议会已经解散了，没有人留下来接受他的辞职。——译者

晤的时候还说："我希望你们的总统知道，我一直信守自己曾经做出的承诺，并仍会继续坚守下去，在法国舰队可能落入德国人手中之前，我会凿沉它们。"

我强烈地认为，法国政府这样反复做出承诺，如果还允许法国舰队对英国人实施敌对行动，就是对美国政府信任的明目张胆的、故意的践踏。

你可以放手联络法国舰队的高级军官。因为我希望你在与这些军官的交往中，包括与其他法国官员的交往中，要想办法让他们明白，如果允许德国人使用法国舰队或海军基地，或用于协助德国人达成其目的，必定会失去来自美国的友谊和善意，这将导致法国舰队的毁灭和对法兰西无可挽回的伤害。

（5）你可以放手去接触广大法国民众，为他们提供食物援助。在这个世界上，没有哪一个民族像美国人民这样，为减轻人类的苦难而做出如此巨大之贡献。美国人民与身陷苦难的法国人民心连心。正如你所知，我们将继续努力通过红十字会，为法国非占领区儿童提供药品、听装和散装奶粉。不过，此时此刻美国人民最大的心愿，超越其他一切的心愿，就是看到英国人民早日赢得胜利。因此，美国人民不希望有什么情况对赢得胜利产生任何负面影响。在美国人民决定对英国政府施加压力以允许食品运输通过他们对法国的封锁之前，美国人民必须毫无怀疑地确信，这样的援助一点儿都不会被用于资助德国人。

（6）谈判的时候如果提到法属西印度群岛和法属圭亚那，你应当指出，我们唯一的愿望就是维持现状，而且要保证，不管是那里的设施还是自然资源，都不能被用于损害美国和美洲国家的利益。为了确保这一点，我们觉得，驻扎在这些岛屿港口的海军舰艇和装备有必要被封存，这样我们才能掌握足够的筹码，确保目前储存在马提尼克岛上的黄金不会被用于资助德国人。

（7）我注意到，法国正尽力维系她在北非的统治，改善那里的经济状况，对此我亦感同情。你在谈判的时候可以说，在这方面美国政府愿意以适当的方式提供援助。

你真诚的朋友

富兰克林·D. 罗斯福

附录二

（1941 年 1 月 25 日，莱希海军上将从维希写给罗斯福总统的信）

维希

1941 年 1 月 25 日

亲爱的总统先生：

我们从马德里出发，搭乘火车和汽车，经过一段漫长、寒冷的旅程，终于在 1 月 5 日午夜抵达维希。整整三十六个小时没有合过眼，也感受不到一丝热气儿，只有靠自己的体温取暖。在我们刚刚抵达的这头十天里，法国这一地区的气温都在零下 20 摄氏度到零下 12 摄氏度之间，缺衣少食的人们真是苦不堪言。

1 月 8 日中午，在塞维涅宫，我出席了向国家元首递交国书的仪式，有一些礼节性的手续，包括一支海军仪仗队特意向我的海军军衔表示致敬。我和使馆一等秘书马修斯先生，与贝当元帅进行了 15 分钟的会谈，陪同他的还有外交部长弗朗丹。元帅显得兴致很高而且很警觉，自始至终都是他一个人在讲话，弗朗丹一个字也没说。元帅对我们对他的尊重和您对法国的友好表示高度赞赏。他给我的印象是精力充沛，本人对美国的态度非常友好。

第二天，1 月 9 日下午 4 点，在马修斯先生的陪同下，我再次拜访贝当元帅，弗朗丹也在场，商议国务院就通过红十字会为法国贫困儿童运送牛奶、药品和衣物所提出的条件，对所有条件他都完全赞同。这次下午略微晚些时候召开的会议，持续了超过一个小时，几乎全部是弗朗丹在参与谈判，元帅与前一天中午会议上的表现大相径庭，看上去像一个非常疲惫、灰心丧气的老人。

弗朗丹最后说，元帅政府面临的形势十分严峻，因为眼下和未来都存在着严重的食品短缺。他说，而且元帅也是这么认为，德国人正在法国占领区发动一场舆论战，称维希政府应该为当前的食品短缺负责，这有可能导致政府垮台，德国人趁机控制现在的非占领区。我有些怀疑德国人是不是真的会这么干。

贝当元帅说，在接下来的一个月他唯一的希望就是，人道的美国政府能够成功缓解对法国进口基本食品的封锁，还有美国红十字会提供的援助。

我来到法国的时间还不够长，还没有掌握关于食品实际需求的准确情报，但显而易见的是，非占领区的很多老百姓正饥寒交迫，处境凄惨。

如果美国红十字会能够为法国非占领区人民提供他们迫切急需的食品、衣物和药品，显然有助于巩固同法国人民之间的友好关系，也有助于增强贝当元帅抵挡德国人无理诉求的底气。提供援助只能有一个前提条件，就是红十字会将监督这些援助物资的发放，确保不会直接或间接地落入侵略者手中。

这样的前提条件是必要的，大家也是乐于接受的。任何其他附加条件都会对民意产生负面影响，动摇公众对我们善良初衷的信心。

我和贝当元帅，以及他的三位核心内阁成员——海军上将达尔朗、陆军上将亨西格和弗朗丹之间建立起来的关系是令人满意的。我正在和其他政府成员（内阁成员）发展关系，目前看起来这些人对大政方针的影响力非常有限。

他们待我都异常地礼貌和客气。

以下是我初步形成的印象：

贝当元帅相对于他的岁数来说，已经是非常能干了；但是他所承担的工作压力超出了他身体的承受能力。

他好像对所有的内阁成员都不是完全信任。

他特别讨厌赖伐尔先生，这个人想取代他成为政府的实际首脑，把他变成一个权力的象征。

他对德国人施加的压力非常敏感，特别是涉及战俘、食品供给和维希政府的权威性等问题的时候。

他会尽力维持停战协定的条款，想办法不超出协定条款的范围。

无论如何他都不会放弃法国本土，把他的政府迁到非洲。

法国战败对他和内阁的打击是如此之大，他们认为英国人不可能获胜。

我当然想方设法说服他们，英国人是有可能打赢的。

真是盼着英国近期能够在对阵纳粹德国时赢得一些胜利。攻占托布鲁克和希腊人在阿尔巴尼亚的获胜虽产生了一些影响，但在法国人看来，"战无不胜"的德军并没有参加这些战役。

法国老百姓都盼望着英国人获胜。很多政府官员也都希望英国赢得胜利，但又不抱多大希望。

在他们的这种心态下，是有可能和柏林达成任何妥协的。

我担心在德国人的压力之下，贝当元帅会把赖伐尔先生重新召回他的政府，尽管他相信赖伐尔既不忠诚，也不爱国。"就是个混蛋。"

在这个问题上，我一直在力挺贝当的脊梁骨更强硬些。我告诉他，赖伐尔重掌大权是对德国人一系列无理诉求妥协让步的开始，将来德国人再提出新的要求，同样还会用这种强行压服的老办法。

亨西格将军给我的印象是内阁当中的实力派。有人告诉我，德国人不喜欢他。

海军上将达尔朗对我非常友善，我们俩都是"三句话不离本行"。

他看不起英国海军司令部，无比热爱自己的海军舰队，无论是谁下命令，也不管是要求交给谁，他都会把他的舰队凿沉的，在这一点上他很坚决。他被很多人看好是最有可能接替贝当元帅的，只等着老元帅退下来。达尔朗并不是亲德派，但和其他人一样，他认为德国人会赢。

弗朗丹是个妥协分子，比较倾向于德国人一边。他给人的印象是诚恳和爱国的，但不是个实力派。

我所接触的每一位官员，没有一个人赞成战前的政府组织形式。

他们所有人，包括贝当元帅，似乎都倾向于组建一个类似意大利的法西斯政权，除了它的扩张主义政策。

他们当中的很多人好像都在担心法国一有机会就冒出来的共产主义运动。

总统先生，所有这些都只是我与维希政府短时间接触之后的第一印象，因而可能会有变化。

就从眼下看来，这里的局势是瞬息万变，我会随时写信向您报告。

致以最诚挚的问候。

威廉·D. 莱希敬上

附录三

(1941 年 2 月 14 日，莱希海军上将从维希写给罗斯福总统的信)

维希

1941 年 2 月 14 日

亲爱的总统先生：

随信寄上一本《贝当元帅影集》，是作者亨利·波尔多昨天送过来的，要求我把它寄给您。

因为贝当元帅的内阁即将发生变化，眼下维希的政局很不明朗。

总的感觉是，如果达尔朗海军上将担任国民议会副议长和"接班人"，其危险性比赖伐尔先生接任要小得多，尽管达尔朗从骨子里面不喜欢英国人。

最初元帅是拒绝接受赖伐尔的，无疑显示出他在这个问题上的强硬态度。但是，随着侵略者在战俘问题上施加更大的压力，以及眼下和将来出现的食品短缺，可能会迫使他做出让步。

您托我口头转达的个人口信，看起来好像收到了明显的效果，让贝当在赖伐尔问题上的姿态变得强硬起来。

关于昨天佛朗哥与墨索里尼、佛朗哥与贝当之间的会晤，目前还没有任何消息。

身历其境　　583

我们会尽力通过各个可用渠道打听一些消息，一有结果即发电报向您报告。

致以最诚挚的问候。

威廉·D. 莱希敬上

附录四

（1941 年 2 月 24 日，莱希海军上将从维希写给罗斯福总统的信）

维希

1941 年 2 月 24 日

亲爱的总统先生：

今天上午，我与达尔朗海军上将进行了他升任国民议会副议长、接班人同时还兼任了三个部长职务之后的第一次会晤。会谈过程中他的心情很不错，表达了这样的观点，因为法国和德国在欧洲大陆上是邻邦，所以发展友好经贸关系是必要的，他们必须为了共同繁荣而相互依靠。

他非常关注最近英国海军采取的阻止运粮船进入法兰西帝国领土的行动，在他看来，这些粮食是不可能被用于德国人的。他郑重其事地说，如果英国海军继续这样做，他将公开宣布，法国人民的饥荒是丘吉尔政府的行动造成的。他还说，他可能会派军舰给运粮船护航，击沉任何试图拦截的英国舰艇。

目前维希政府的构成并不稳定，赖伐尔虽然出局了，但内阁成员将来仍可能会有变化。为了维护法国的自由和独立，他们到底会采取什么样的总体政策，现在还无法做出可靠的判断。

正如我们电报中汇报的，贝当元帅拒绝重新任命赖伐尔担任国民议会副议长和接班人，元帅选择了海军上将达尔朗，还在他原本海军部长的职务上，又兼任了外交部长和内政部长。达尔朗手上有了这些部门，就几乎可以掌控整个政府，只要他能够保持元帅对他的信任，只要元帅能够成功抵挡住占领区坚持不断地要求用赖伐尔替换他的压力。

从眼下情况看，达尔朗上将应该赢得了元帅的信任，而且总体上他的危险性比赖伐尔要小，尽管众所周知他对侵略者采取一种斡旋调停的态度，他对英国海军那变态般的仇恨，还有他那路人皆知的政治野心。

目前达尔朗还没有被德国人控制的巴黎媒体接受。他们正在对维希政府还有我这个美国大使发动恶毒攻击，骂我共济会成员、犹太银行家的走狗、前英国特工，说我向贝当发出最后通牒，逼迫他任命我的"水手朋友"——达尔朗。

从美国人的角度来看，这些媒体对我的攻击，反而可能对整体形势有利，不是什么坏事。

弗朗丹已经退休了，他作为外交部长还是挺好打交道的，有号召力，但不是完全可靠。

前内政和殖民地部长佩鲁东先生，启程到阿根廷当大使去了。

这两个部门都被达尔朗上将接手了，您也知道，内政部还包括秘密警察——"安全部"，把这个部门保留在他麾下，好像能够让他在将来发挥重要影响力。

劳工部长贝兰和农业部长卡齐奥也有望在最近几日被替换，内阁成员应该还有其他变动。

卡齐奥，是个本色的泥腿子农民，给我的印象是诚实、能干，乐于奉献。

现在看起来总的趋势是，政府所有的主要权力越来越集中在海军上将达尔朗的手中，只要得到了贝当元帅的承认和批准，他就可以行使这种权力。赖伐尔一帮人可不喜欢这种前景。

我还没发现有哪个法国人赞成我们主张的代议制政府。就连德·尚布伦侯爵①，您知道他，可以称得上是个 90% 的美国人，前些天来探访我，也认为法兰西必须保持原政府的基本原则，那是经过实践证明的。

　　他的女儿现在被关在巴黎的德国人监狱里，因为一些他自己也说不清楚的罪名。

　　由于这边的政局是有可能一觉醒来就变天，贝当元帅不肯在停战协定明确规定的条款之外再做进一步妥协。最近，他表现出更大的勇气和决心，但同时他也承受着来自德国人和亲德分子的巨大压力，他有可能被迫作出让步，特别是假如他的政府没有办法提供最起码的食物保障。

　　实际上我所接触的所有法国人和普通官员，都希望英国能够赢得战争，但又怀疑最终的结局很可能是双方达成一种妥协下的和平。无论付出什么样的代价，他们希望和平能早日到来。

　　我一直在坚持不懈地传播自己身为一名海军将领的专业性观点，那就是英国必胜。

　　最近有很多迹象表明，在敦刻尔克—勒阿弗尔一带，德国人正为入侵英格兰做最后阶段的准备（部队在调动，老百姓被转移，建造了新的机场，等等）。

　　大约 50 名德国军官和士兵最近被空运到卡萨布兰卡，公开宣称的目的是为了替换此前的意大利停战代表团，归根结底意大利人的兴趣在地中海，德国人看中的是直布罗陀海峡外围一带。维希政府对此无计可

---

① 夏尔·德·尚布伦(Charles Pineton de Chambrun, 1875—1952)，法国外交官、作家。生于华盛顿，其父是法国驻美大使馆司法顾问。曾先后在法国驻梵蒂冈、柏林、华盛顿和圣彼得堡的使领馆任职。1928 年任法国驻土耳其大使。1933 年任法国驻意大利大使。1946 年 4 月当选法兰西文学院院士。——译者

施，但达尔朗上将今天告诉我，他认为他可以劝说德国人把现在驻卡萨布兰卡代表团的军方人员换成文职官员。

　　致以最诚挚的问候。

威廉·D. 莱希敬上

附录五

（1941 年 3 月 19 日，莱希海军上将从维希写给罗斯福总统的信）

维希

1941 年 3 月 19 日

亲爱的总统先生：

昨天晚上我和贝当元帅有一场令人非常愉快的会面，想了解他对您在白宫记者招待晚宴上演讲的反应。他只是从当地一家受控制的报纸上看到了一篇删减版的报道，试图把您演讲的主要目的说成是平息国内的劳工矛盾，以及加快美国自身国防物资的生产。

我事先准备并给元帅呈上了演讲稿原文的副本，包括英文版和法文版的，对此他深表感谢。

借着这次机会，我告诉他，您的演说是在向全世界宣告，每一个人都听得懂，轴心国势力必定会失败。

如果这都不足以让这些摇摆不定的高卢人挺起腰杆儿的话，对于元帅来说，除了清理门户，把他现在身边这些人都换掉之外，也别无他法了。我认为，他们中的大部分人现在应该看到了希望，并且能跟得上形势的变化。

贝当元帅现在的状态极好，思维敏捷、兴致盎然，他对于美国曾经和正在提供的援助表示感谢。

他讲了这样一种观点，说您的演讲会促使德国人提前入侵英格兰。他也吃不准这次入侵能否取得成功，但他认为这是眼下德国人赢得战争的唯一希望。

我告诉他，就算入侵取得成功，尽管我认为那是不可能的，德国人也无法赢得这场战争。

最后我和元帅讨论了美国如何为法国非占领区提供粮食援助，又不会给侵略者带来好处，同时还指出德·布里农①和达尔朗在媒体上宣称可能会动用法国军舰打破英国经济封锁的言论所造成的麻烦。他说，对于达尔朗的公开宣传活动他没有异议，但他也不会允许法国军舰与英国皇家海军开战。

他说达尔朗上将现在和德国人走得很近，他会盯着他的。

这阵子达尔朗正忙于提高自己在德国人心目中的位置，他告诉我，他已经成功地把赖伐尔挤到后院里靠边站了。他最近心情一直不错，待我也非常坦率，但我对他出于什么目的还是吃不太准。我知道他特别厌恶和看不上英国海军，同时我相信，他的政治野心会促使他一旦自认为看清形势之后就做出到底搭乘哪辆车的选择。

事实上，所有法国人大概都会这样做。您在白宫记者招待会上的演讲，已经给他们指明了什么才是正确的选择。

在我的印象里，一心为了法兰西、丝毫不考虑个人私利的只有两个

---

① 费尔南德·德·布里农(Fernand de Brinon, 1885—1947)，时任维希政府驻巴黎德国占领军司令部代表，亲德分子，号称维希第三号人物。早年在巴黎从事记者工作，一战后主张恢复法德友好关系，与后来任德国外交部长的冯·里宾特洛甫成为好友。1930年代，布里农与法国右翼政治势力交往甚密。法国战败后，极力主张法德合作，1940年7月，受维希政府副总理赖伐尔邀请，任驻巴黎德国占领军司令部代表。1942年贝当元帅任命他为国务部长。1944年巴黎解放前夕，布里农和犹太血统的妻子一起逃往德国，9月任维希政府的流亡机构"法国政务委员会"主席，后被盟军逮捕，二战后因战争罪被判处死刑，1947年4月被执行枪决。——译者

人，贝当元帅和魏刚将军。尽管他们都有异乎常人的精力，但毕竟都老了，并且都无人可以替代。

昨天的会谈结束之前，元帅和我聊了戴高乐的情况，视其为"一群叛乱分子"，认为对他的政府是一种威胁。他说，他们扬言进攻北非或叙利亚，这可能会导致法国殖民地驻军与英军交火，还有在法国沦陷区活动的戴高乐分子，声称私下里得到了他的许可。这给他对付德国人制造了不少麻烦。

丘吉尔曾经暗地里告诉他，戴高乐对英国人的事业没有什么帮助；既然他对维希政府执行停战协定肯定是个麻烦，贝当搞不明白为什么英国人没有除掉他。

元帅建议我将这个问题提请美国政府注意，我会形成一个报告用电报发回来。

昨天晚上，在贝当启程前往法国南部视察之后一个小时，我接到他随行人员打来的电话，亨利-海耶发回电报，说您已经批准红十字会运送两船小麦到法国非占领区。这一举动受到了热情的支持和赞誉。

我得到可靠情报估计，称非占领区95%和被占领区99%的法国居民都希望英国人获胜。

您在记者招待会上的精彩演讲和您为苦难民众提供的无价援助，还会让这个希望英国获胜的比例进一步提高。

到目前为止，我相信美国正在赢得法国各个阶层的普遍好感，无论是政府官员还是普通民众，除了被德国人用金钱收买的赖伐尔之流。

但是，我们必须明白这一点，法国被打败了，在这场战争中被彻底打垮了，现在还有150万名战俘被德国当作人质。因此，任何有关和平的提议，对于大多数法国人来说都具有吸引力。

致以最诚挚的问候。

威廉·D. 莱希敬上

附录六

（1941 年 5 月 23 日，莱希海军上将在维希收到罗斯福总统从华盛顿特区寄来的信）

白宫
华盛顿

亲爱的比尔：

我已收到你 1941 年 3 月 19 日写来的信，讲到我在白宫记者招待会上的演讲，你和贝当元帅进行了令人十分满意的谈话。这正是我所期望的，能够给那些把获救希望寄托在民主国家军队赢得胜利上的法国民众带来一些鼓励，为此我们正在不懈努力。

达尔朗海军上将和维希政府其他成员加快与德国人的合作，肯定有损于我们援助法国的计划。本周发出的两船面粉代表了我们的诚意，但除非我们明显感觉到，不仅仅从贝当元帅那里，还包括他的政府，我们的援助在抵制德国人出于军事目的的无理诉求上发挥了积极作用，否则这种诚意就不会再继续下去了。

非常感谢你想方设法让我们掌握法国形势的发展变化。

你真诚的朋友
富兰克林·D. 罗斯福

附录七

（1941 年 4 月 18 日，莱希海军上将从维希写给罗斯福总统的信）

维希

1941 年 4 月 18 日

亲爱的总统先生：

给您寄上巴黎《工作报》4 月 15 日刊载的一篇文章的打印副本。

在当前法国占领区和非占领区之间通信受到严格限制的情况下，我们几乎看不到德国人控制的巴黎报纸。4 月 15 日的《工作报》，是一位我熟悉的报社记者藏在口袋里带过封锁线的。

这篇文章是一个很好的例证，看看受人操纵的巴黎媒体是如何不停歇地攻击您派来法国的大使的。在我看来，这些攻击恰是对我的恭维，对我们的事业没有什么害处，除了可能会让我与那些胆小的维希政府官员交往更加困难，他们大都担心触怒轴心国当局。

在他们知道德军很快就要陷入四面楚歌时，这些官员的态度就会发生彻底的改变。我期盼着希腊人能够向他们证明一下，德国陆军也不是不可战胜的。

致以最诚挚的问候。

威廉·D. 莱希敬上

附录八

（1941 年 4 月 21 日，莱希海军上将从维希写给罗斯福总统的信）

维希

1941 年 4 月 21 日

亲爱的总统先生：

就是最近几天，德国人在明显加大对法国非占领区的压力。

他们已经发布公告，不再向任何外国人发放可以穿越封锁线的通行证。

坚持有权在非占领区的工厂、仓库和私人住宅搜寻武器。

对意大利经停法国地中海沿岸驶往德国的船只进行控制。

增派 200 名军官和士兵作为"停战代表团"前往北非。

派出大量身着便装的"旅行者"前往北非。

要求非占领区的工厂加工来自德国的订单。

我们不太确定德国人采取这些新动作的目的，维希政府也拿不出像样的反制措施。

元帅还是非常友好，看起来对我们的善意还是充满信任的。他要求我经常去探望他，我每次去，他都显得很开心，终于有人可以诉诉苦了。

在他看来，最根本的问题在于他手上没有本钱反对德国人。他能做的只有严格遵守停战协定，让法国在战争中严守中立。

他告诉我，当德国人的诉求超出停战协定时，他会坚决反对，但德国人声称拥有最终解释权，尽管他仍不同意，德国人依旧我行我素，根本不在乎他的态度。这一点我相信，无论维希政府同意还是反对，德国人想要做什么都能做到。

从贝当元帅告诉我的情况来看，唯一可行的反抗方式只有武装斗争或暗中的破坏活动了，尽管法国人民几乎是同仇敌忾，但眼下他们既没有武器，也没有组织领导，战斗精神也十分有限。

暗中破袭和游击战都是不被鼓励的，因为知道德国人会进行报复，还担心给关押在德国集中营的150万战俘带来灭顶之灾。

无论如何，贝当都不会将他的政府迁往北非，或者命令魏刚加入民主国家的事业。我认为他会一直担任法国本土政府的首脑，实在走投无路了，他会辞职。他会信守他的承诺，不会把法国的舰队和海军基地交给德国人；但是他无法保证德国人不会强夺这些军舰和强占军事基地。没有什么能够阻止德国人占领法国本土的港口，除了动用海军力量，也无法有效阻止他们抢占非洲的军事基地。

元帅告诉我，他相信苏德之间的战争是不可避免的，并且由于兵力分散太广，希特勒在占领区将会面临越来越多的麻烦。他说美国现在是法国唯一的朋友，也是他的国家和人民未来唯一的希望。除了那些替轴心国卖命的人，这好像也是所有法国人的想法，因此继续或扩大红十字会的援助工作对我们来说似乎更明智些，前提是不能用于资助轴心国势力，这样我们就能维持和法国人民的良好关系。

目前红十字会的援助物资正在分发给营养不良的儿童和残疾人，没有流到外面去。除了人道主义方面的考虑，这样的救助工作在影响公众意见上确实发挥了重要作用。贝当元帅对公众舆论是非常看重的，同时这也引起了他内阁成员的关注。

甚至在北非，面临着食物短缺和德国人的宣传攻势，当地居民也感到惶恐不安。如果基于上述情况考虑，允许他们进口一些当前急需的物资对美国和大不列颠来说应该是有利的，数量要限制在防止被轴心国势力利用的范围内。

我认为目前这里的总体局势和前景是堪忧的，情况我都发电报给国务院做了报告，但我觉得应该让您知道贝当元帅所处的那无力回天的处境，以免我们陷入无法实现的预期。

元帅对他的内阁成员并不完全相信，尤其是达尔朗，但是他又找不到更合适的人选。最近几天，有关赖伐尔先生将杀回政府的流言又开始传起来了。对这样的提议，元帅是坚决反对的，达尔朗上将也是反对的，但我不确定元帅是否会被迫做出让步。

关于赖伐尔被起用的问题，我一定会告诉他我们的看法和建议。

致以最诚挚的问候。

威廉·D. 莱希敬上

附录九

（1941 年 5 月 26 日，莱希海军上将从维希写给罗斯福总统的信）

维希

1941 年 5 月 26 日

亲爱的总统先生：

在上次给您写信之后，您应该已经收到我们通过电报发回的报告，维希政府已公开支持与德国合作的政策。之所以出现这种新的立场，是由于英国人在希腊和利比亚的相继失败，还有就是 1941 年 5 月 11 日希特勒在贝希特斯加登会见海军上将达尔朗时候提出的要求，具体细节尚不得知。

贝当元帅已经宣布，达尔朗与德国人达成的协议，原则上获得政府一致通过，法国民众也毫无保留地支持他，但老百姓并不了解真相。

达尔朗上将最近在一次广播讲话中称，德国人没有针对法国海军舰队提出过要求；没有要求过法国向英国宣战；也没有讨要过法国的殖民地，没有要求过法兰西帝国的臣民向他们投降。

但达尔朗没有透露，希特勒要求他做出了什么样的让步。他强调，追随贝当元帅完成国家重建是法国人民的责任。

我们有充分的证据表明，公众对政府这种"合作"政策的反映是很不赞成的，认为贝当元帅被身边的一些官员误导了。

我们大使馆每天能收到大约50封信，请求美国不要在意维希政府的所作所为，继续保持对法国人民的同情和友谊。

贝当是真的全心全意为他的人民谋福利。他对公众的意见极为敏感，这对我们是有利的，应该想办法把这一点通过广播告诉法国老百姓，而且至少在现阶段不要对元帅个人进行批评。

老百姓通常都会收听BBC广播，有些人还能听到波士顿的电台。他们大部分人都认为英国新闻纯粹是宣传，但对美国的新闻报道比较相信。这里的报纸完全被控制，全都是反美的，根本不可能向老百姓传递任何消息，除了依靠广播。尽管我的收音机是很精致的，但维希这边的无线电干扰几乎完全阻断了BBC对法国的广播。

最近几天，法国非占领区媒体的反美态度剧增。过去在占领区，我们成为主要攻击目标已经很长时间了，自从希特勒—达尔朗协定达成以来，现在我们是到处不受欢迎。

我们在政府部门的朋友坦率地承认，他们对此感到惭愧，但从最近几天开始，所有关于美国和驻法大使的消息，一律不得出版；有一本叫《七天》的杂志，刊载了一些美国大使馆及其职员的照片，被勒令在发行之前将那一整页全部涂黑。

摩纳哥的安托瓦内特公主最近做了安排，准备拍摄一些分发美国红十字会食品给摩纳哥孤儿的照片，在这件事上，她可是一位表现积极、效率出色的好员工。

到了最后一刻，一切都安排妥当了，但当地的新闻审查机构却不允许拍照。

类似这样的消息很快就口口相传开来了，这对达尔朗集团那本来就不高的威信可没有什么好处。

我始终认为，如果我们将分发儿童食品的工作持续进行到明年冬天的话，对民主国家的事业是绝对有益的，也能够使法国民众的反抗之火绵延不绝，即便这种反抗不那么旗帜鲜明，最终也能证明这些援助物有所值。

至于法国本土大陆的海上运输问题，我认为，当前维希政府的妥协态度充分证明，我们有必要利用好在军事上的优势，进一步加大经济封锁禁运的力度，不管这样做会不会引起与法国护航军舰交火。

许多本来热切盼望着德国被打败的法国人告诉我，波兰、挪威和希腊的遭遇说明，英国人承诺的援助根本就没有，结局都一样。他们会重新评估美国人承诺的价值。

他们认为德国人会从叙利亚和利比亚发动钳形攻势，占领苏伊士运河，然后通过西班牙进入西属摩洛哥①，封锁直布罗陀海峡。到时候不管法国同不同意，德国人都会强行进入北非，占领法国的港口和基地，英国舰队将丧失地中海的控制权。

在德国的扩张计划中，北非现在成了非常薄弱的一环，在我看来，一支25万人的小规模部队，用现代化武器全副武装起来，包括飞机，再加上魏刚将军驻守北非的部队，虽然他们的装备比较可怜，但足以掌控地中海，将战争进程缩短一半以上。

我不知道魏刚对我们的"真诚"援助会有什么反应，但到目前为止，至少他的部队中有一部分愿意站在我们一边。

想想如果美国能够出兵，只需要这么小规模的军队，便能够轻而易举地让德国开始崩溃，真是令人郁闷啊。形势并不像士兵们在打仗时候说的那样，走一步看一步。

---

① 西属摩洛哥，1912年3月30日签订的《费兹条约》把摩洛哥大部分变为法国的被保护国，即法属摩洛哥。同样根据该条约，1912年11月27日，西班牙得到了摩洛哥北部和南部地区保护者的地位，即西属摩洛哥。1956年3月2日，法国同意废止《费兹条约》，承认摩洛哥独立；西班牙也在4月7日跟进，废止该条约。——译者

要想赢得战争，就必须集中优势兵力打击德国人战线的薄弱环节，而且这个薄弱环节肯定是不断变化的。现在，这个突破口就是北非。

我不知道眼下的舆论战能够对贝当元帅产生多少有用的影响，但我觉得他个人对我还是友好的，感谢您对他困难处境的理解，对美国为他苦难深重的人民提供的援助深表感激。我还相信，维希政府目前的妥协政策存在很多变数，有些做法未必符合贝当的初衷。

不管怎样，我都会尽一切努力，通过我与贝当的个人交情，让他不要和妥协分子同流合污。当然，那些人也会想尽一切办法阻止我见到元帅。

大使馆一直处在监视之中，我们在政府官员中的一些熟人已经收到警告，说他们来使馆太多了。

为了便于您了解法国民众对"合作政策"的反响，我们从最近收到的大量信件中随机抽取了一封，一并寄上。

致以最诚挚的问候。

威廉·D. 莱希敬上

附录十

（1941 年 6 月 26 日，罗斯福总统从华盛顿特区寄给莱希海军上将的信）

白宫

华盛顿

1941 年 6 月 26 日

亲爱的比尔：

近来很少写信给你，因为自从 5 月初我可能感染了轻度肠流感以来，大多数时间都卧病在床。这个原因导致我写信的数量减少了一半。

在过去的这几个月里，你无疑经历了极不平凡的生活，体验了充当出气筒的滋味，如同过山车般的形势变化，还要与骡子一样顽固甚至是海盗式的人物打交道，总之让你受苦了。

我想，对于法国的明天或者之后将会发生些什么，你我都已无法预测。

我觉得，好像每当我们为了法国的利益（尤其是为了孩子们），想要进行一些真诚合作的时候，达尔朗和其他一些人总是会说或者做一些愚蠢的、不那么光明正大的事情，来阻止我们。

现在，苏联会成为一个转折点。这或许不仅仅意味着欧洲将会从纳粹的统治下解放出来——但我认为我们也不必担心欧洲会落入苏联人的魔掌之中。我真希望在大洋中间能有一处合适的地方，我们彼此都只需要花几个小时就能飞到，然后在一起待上几天。我时常挂念着你和夫人。

致以深情的问候。

永远的朋友

富兰克林·罗斯福

附录十一

（1941 年 7 月 28 日，莱希海军上将从维希写给罗斯福总统的信）

维希

1941 年 7 月 28 日

亲爱的总统先生：

您 6 月 17 日和 26 日写的两封信，随最近的邮袋一起寄到了。我立刻写信给在利穆赞①山区坚持斗争的"联邦联盟"成员，为他们在数月前给您寄的那套陶瓷餐具向他们转达您的谢意。

法国当地的报纸，对您最近因"流感"抑或不知什么原因而身体不适的新闻进行了大肆渲染和报道。不过，您的健康关乎美国在国际事务中的核心利益，确实也让我们非常关注。

对于法国那些"妥协分子"来说，您的健康状况也事关重大，他们无疑盼望有最坏的结果。

维希政府最近向日本让出自己在亚洲的殖民地，在我看来，说明它妥协退让的总体政策并没有变化，尽管从最近几个月苏联战场的形势来看，希特勒赢得战争的希望已是越来越渺茫了。

据法国国防部的可靠线报，我们估计到目前为止，德国人在苏联战场上已经伤亡 100 万人，包括战死和负伤的。他们应该无力长期承受这样的损失率。一些我认识的反轴心势力的法国人，希望冬天能如期来临，打乱德国的作战计划，把它在苏联的大军困住几个月。冬季降临，至少可以瘫痪它的后勤补给，就像当年拿破仑一世侵俄战争的失败一样。

这边流言不断，称苏德战争一结束，德国人就会提出让法国很难拒绝的和平建议。

根据我的判断，维希政府和法国非占领区居民是欢迎和平的，几乎不惜付出任何代价。由于缺乏通讯设施，我们不太了解占领区公众的态度，但根据我们掌握的情报表明，那边已经在纳粹直接统治下生活了一年的人们，很可能宁愿选择战争继续打下去，也不愿意永远充当德国主子的奴隶。

这儿的情况表明，在对苏战争结束之后，无论战果如何，德国人都将进占地中海地区。几乎可以肯定，前一段时间德国人要求使用法属非洲的军事基地，由于魏刚将军的反对，达尔朗才未能实施。这里普遍认为，德国人将会重提这个要求，而到那时，魏刚将再难阻止这些基地落入德国人手中。

魏刚很可能宁愿辞职也不会同意放弃非洲的殖民地，但他是一位恪尽职守的军人，对贝当忠心耿耿，因此他也可能接受"军令难违"的说法，由此减轻内心的负罪感。

既然维希政府对日本人进占印度支那无计可施，等到德国人威逼索要法属非洲的殖民地，维希政府一样难以拒绝。

达尔朗上将告诉我，德国人完全没有插手印度支那的事务，事实上在这个决定做出之前，他们对此一无所知。

---

① 利穆赞（Limousin），是法国中部一个大区的名称，北邻中央区，下辖科雷兹省、克勒兹省、上维埃纳省这些当时属于维希政府管辖的范围。地形以高原山地为主，交通不便，相对封闭，二战时期法国抵抗组织在这一地区的活动比较频繁。1944 年，纳粹德国曾在科雷兹省的于塞勒附近绞杀法国抵抗运动成员和游击队员，制造了于塞勒惨案。——译者

鉴于我们在太平洋地区对德国具有绝对优势，再加上维希政府已经完全在德国人的掌控之下，这样的说法很难令我相信，但这只是我的个人推断。

不过在协议达成之前，元帅并不知情倒是完全有可能的。当我向他指出，未来将会"将印度支那拱手交给日本"的时候，他显得极为懊恼不安。

尽管到目前为止，贝当元帅仍然是完全合法的独裁者，让他可以继续掌控和施展他的权威，但他已是八十五岁高龄，显得力不从心。在我看来，他毫无疑问正在被架空，即便是一步步不引人注意地，他现在的唯一作用就是用来笼络人心，维持法国民众的忠诚，还有给学校的孩子们和退伍老兵们讲讲话。

在元帅和我的个人私交中，他还是那么诚恳、友善。达尔朗上将表面上对我也是很客气，但我知道，他对我们所做的一切都怀疑。他还颇为成功地让我和元帅之间的私人会面变得越来越困难。

我们使馆的所有人都在警方的严密监视之下，我们所有的电话内容都要报告，政府中的一部分官员收到警告，不要和我们中的任何人走得太近。

戴高乐抵抗运动并不像英国广播或者美国报纸里报道的那样受人拥护。在与我交谈过的法国人里，无论是那些非常渴望英国获胜的人，还是那些为德国人在苏联的缓慢推进而感到兴奋的人，对戴高乐将军都是不屑一顾。我收到确切情报，戴高乐的抵抗组织在敌占区，通过搞破坏或者向敌占区居民做抵抗宣传，对侵略者展开袭扰活动，取得了一些小小的成绩。

我所见到的这些激进的戴高乐主义者，似乎并不具备坚定的意志和非凡的智慧，而且在民众中也没有得到广泛支持，这可是实现他们的目标所必需的。

最近他们当中有人告诉我，他们判处了维希政府所有内阁成员死刑，并且根据他们组织的需要，随时可以执行。

这样的宣传引发了一些恐慌情绪，至少是令维希政府的一些要员们高度戒备。贝当和达尔朗都安排了军队和便衣警卫的 24 小时保护。

由于最近的一系列事件，法德全面合作，叙利亚惨败，印度支那被日本人接管，以及德国人在苏联受挫，并未能上演去年闪击法国的一幕，在这种形势下，可以肯定的是，贝当的声望在日趋下滑。

我完全赞成您的看法，我们无法预测法国明天或者以后会发生些什么，同样，我也很难说出在这里的六个月当中，取得了什么成就。

法国人民仍然保持着对美国的友善，并且几乎所有人都把您看作是能够将他们从纳粹统治下解救出来的唯一希望。

法国海军仍然保持着中立。

非洲的基地也没有被交给轴心国。

我们将继续在外交范围内尽一切努力，维护我们的利益，包括那些目前看起来仍属于美国的财产设施。除非德国人在苏联继续遭到有效抵抗，德国人将再次提出使用法属非洲的基地，我敢说，这一次他们将获得准许。

从眼下的形势来看，现在显然只有让轴心国在某个地方遭遇重挫，才足以让那些通敌卖国分子警醒，从而保持住法国目前的中立立场。

致以最诚挚的问候。

威廉·D. 莱希敬上

附录十二

（1941 年 8 月 26 日，莱希海军上将从维希写给罗斯福总统的信）

维希

1941 年 8 月 26 日

亲爱的总统先生：

就在最近几天，鉴于德国人在苏联战场上遭遇的困境，法国这边对美国的态度出现了些许预料之中的变化。人们也逐渐认识到，我们是真正在为那些被卷入战争的国家提供援助，确保他们打败侵略者。

您和丘吉尔先生在海上的会晤，军方和外交官员也出席了，宣称无论英国还是美国都不会寻求领土的扩张，不会干涉任何民选政府的内政，这些都对维希政府的官员产生着潜移默化的影响。

8 月 12 日，我碰巧正在观看歌剧《波里斯·郭德诺夫》，贝当元帅发表了一个公开演说，听上去像极了第三共和国的葬礼悼词——实际上在一年前停战协定签署之时，她就已经沉睡不醒了。

对于我们当中坚定推崇代议制政府的人来说，看到法国完全落入一个独裁者手中——一个以元帅之名的"仁慈的"独裁者，苟延残喘了这么长时间，着实令人气馁；甚至连法国之前就已经存在的《权利法案》，实质上也被废止了，他们现在使用所谓的"密信"来铲除异己。

举个例子，我们都熟悉的维尔纳夫伯爵夫人，一个那么有魅力和修养的老人，上周收到一份通知，告诉她被认为对政府不友好，限她本月必须离开维希。她没有申诉。她拥有吉斯公爵仕女的荣誉称号，丈夫在去年的战争中战死，弟弟至今仍关押在德国人的战俘营。

维希政府非常担心眼下和未来的共产主义运动，尤其是在被占领地区。共产党好像是唯一在组织上保持独立性的政党，也是唯一有足够勇气和侵略者展开真刀真枪斗争的组织。

政府授权组建了特别法庭，对被指控从事共产主义活动的人进行审判，当事人在这个特别法庭里没有申诉权，完全没有《权利法案》的保护，任何人一旦被指控从事共产主义活动，结局肯定非常惨。

根据和名存实亡的议会成员交谈中了解到的情况，我认为贝当元帅如果能够活过德国占领时期，他会一定程度上仿照美国宪法，尽力组建一个宪政府，让国家元首拥有类似美国总统的权力。有证据表明，贝当元帅关于法国政府架构的理想概念，是一种融合了美国政府的优点和墨索里尼关于意大利政府的最初构想的综合体。

我没有听到过哪个法国人说战前政府的好话，大家普遍认为它应该为法德战争中的惨败负责。

等我们彻底打败了轴心国集团，法国人民一定会讨还自己的自由和民选的政府，没有人可以拒绝。

您和丘吉尔先生发表的联合声明中，提到了人民可以自主选择自己国家的政治体制，或许能够让这个国家在经历了暴乱频发、高压管制等的动荡不安之后，可以用自己所熟悉的、在法国人民看来是必要的或者至少是习惯的方式来解决法国的问题。

实际上，法国的所有民众对美国都十分尊崇，认为只有美国才能拯救法国，并且希望英国能够取胜，尽管他们认为没有我们的帮助，英国胜利是几乎不可能的。

自从德国入侵苏联但至今仍进展缓慢，自从美军接管了冰岛①，自从您和丘吉尔进行了会晤，还有大家逐渐认识到美国工业的雄厚实力，我们能够明显感觉到那些妥协分子对美国态度的软化，还有民众对早日摆脱奴役的希望在恢复。

　　但如果苏联被迫提出和谈，让德国人腾出兵力来投向别处，维希政府对美国的态度自然会很快恶化，这边官员们的眼睛就会再次转向纳粹阵营。

　　非占领区的食品依然存在短缺，大家都非常担忧食品和燃料的供给能否熬过下一个冬天，但老百姓眼下还没到挨饿的份儿上。

　　法国沦陷区的食物补给情况可能更糟。

　　我们按照同魏刚将军达成的协议，给北非进口必需的物资，明显有助于巩固魏刚将军在北非的地位，使那些通敌合作者在阿拉伯人眼里丧失威信的同时，树立起美国的威信。

　　我希望红十字会能够获准继续向法国儿童提供食品和药物援助，直至明年冬天，或者至少持续到维希政府进一步向轴心国做出让步为止。

　　致以最诚挚的问候。

威廉·D. 莱希敬上

---

① 美军接管冰岛：1941 年 7 月 7 日，美国总统罗斯福通知国会，美国海军早已在冰岛登陆，以防止德军占领冰岛。此次行动是应冰岛政府的请求而采取的。其目的是保证美国的军需品及时运往英国。尽管有些国会成员反对政府采取这种行动，担心会进一步卷入欧洲冲突的旋涡，但却得到大多数国会成员同意，认为有必要扫清德国在海上的威胁。英国政府拍手称颂罗斯福的决定是"好消息"。——译者

附录十三

（1941 年 10 月 15 日，莱希海军上将从维希写给罗斯福总统的信）

维希

1941 年 10 月 15 日

亲爱的总统先生：

自从苏德战争三个半月之前爆发以来，维希政府对待美国和盟国的态度有了些许变化。这段时间，德国在苏联遇到的始料未及的困境，导致了法国政府的官员们，包括达尔朗和其他妥协派，倾向于站在我们一边，但他们最终的态度仍将取决于苏联这场战事的结果。

现在，德国人在莫斯科局部的成功突破和在乌克兰取得的胜利，已经促使他们准备和轴心国势力进行更紧密的合作。

据可靠情报，在不远的将来，德国人将在维希、里昂和马赛设立领事馆，随后法国人也将在德国开设领事馆。

我刚刚来的时候，就感觉无论是贝当元帅还是他的随便哪位内阁成员，都不会准许组建一个民选政府，随着时间的推移，我的这种看法更加确定了。

尽管我们有理由认为，目前美国对这边正在组建的政府架构不会给予特别关注，至少是为了战胜纳粹主义的考虑，但未来这个问题还是值得理论理论的。

我的总体感觉是，法国人正在打造一个以贝当元帅为核心的政府，无论在具体做法上，还是在他们宣称的目标愿景上，都很像墨索里尼在意大利硬搞的那一套，还有达尔朗或者其他什么人充当意大利政坛上二号人物的角色。

目前，维希政府的所有权力，行政、立法和司法，全都集中在贝当元帅一个人身上，他已经八十六岁了，身体根本撑不下来，因此只有把相当一部分职责授权给达尔朗海军上将和其他内阁成员。贝当元帅对公众的看法很敏感，把自己的主要精力都集中在百姓的福祉上。眼下贝当内阁的大部分成员，都在致力于加强政府组织建设，等着一旦德国军队从现在的占领区部分或全部撤走，能够接手并维持现有政府和未来一段时期的运作。

这些措施包括：

（1）将"法国老兵协会"予以整编并扩大规模，作为政府的依靠力量，承诺任命它的成员担任行政和警察机关的基层官员。

（2）内政部长皮埃尔·皮舍，是个手握实权的、公开的妥协分子，正加紧通过老兵协会和地方官员，组建一支在组织架构和行为方式上都很像其他独裁政权的"黑衫军"和"褐衫军"的准军事组织。

（3）将地方大部分行政权力授权给六名慎重挑选的地方官员。

（4）组建地方法庭，调查对反叛行为的举报，打击遭指控的共产党分子和民众中的其他持不同政见者。

（5）最近任命了拉·罗克先生，过去"火十字团"的领导人，担任一个直接对贝当元帅负责的部门的长官，作为对他带领追随者归顺的奖赏。

根据我的观察，现有老兵协会的成员都太老弱了，不足以成为依靠力量，有必要组建一个更年轻、更有攻击性的组织。

皮埃尔·皮舍，我对这个人并不了解，据称是年富力强、锋芒毕露、野心勃勃。照他这样发展下去，等贝当元帅去世以后，他有望成为达尔朗谋求独裁地位的竞争者。

还有人告诉我，皮舍和拉·罗克过去曾经是政敌。

曾担任过法国驻多个国家大使的马里·皮克特①，我不知道他是不是可靠，不久前告诉我，他已经建议贝当元帅对内阁进行大换血，因为民众对达尔朗和其他内阁成员缺乏信心，还说当时元帅原则上是同意的，但一直没有行动。

马里·皮克特还告诉我，皮舍邀请他担任里昂地方法院的院长，对那一地区涉嫌从事颠覆活动的人员进行审判和惩罚。皮舍对他说，现有司法系统的普通司法程序效率太低了，为了维护秩序，有必要采取更加快速、严厉的措施。马里·皮克特拒绝接受这个任命。

最近三个礼拜，贝当元帅大部分时间都不在维希，我一直没有和他说上话。前天，他和我们共同的一位朋友告诉我们，最近赴各地的旅行让他太累了，需要卧床休息三四天，近期安排的另一次考察行程已经被取消了，以恢复元帅的体力。

他对我特别友好，这是公开的、众人皆知的。他已经86岁高龄了，身体状况出奇地好，但我认为他并不掌握他内阁中发生的所有情况。每一次我设法同贝当元帅会面，达尔朗上将一般都会在场。其他国家的外交使节告诉我，他们被要求直接去找外交部长，根本见不到贝当元帅。

目前看来，如果没有了贝当元帅作为民众拥戴的象征，现在的法国政府是不可能维持下去的，除非德国人在苏联战场上取得完胜，而且必

---

① 弗朗索瓦·马里·丹尼斯·乔治斯-皮克特（François Marie Denis Georges-Picot，1870—1951），法国外交官，因一战期间与英国外交官马克·赛克斯（Mark Sykes）签署秘密瓜分奥斯曼帝国亚洲部分阿拉伯地区的《赛克斯-皮克特协定》而闻名。1917年任驻巴勒斯坦和叙利亚高级专员。一战后曾任驻保加利亚全权公使、驻阿根廷大使。——译者

须给予维希政权足够的支持。

近来有许多法国人和我探讨，有关您与教皇联手跟纳粹商讨和平的可能性。法国非占领区的所有高层官员和绝大多数民众，看起来都准备好了迎接和平，几乎愿意付出任何代价。

对此，我始终坚持我的个人观点，那就是美国绝不会谋求与"希特勒主义"通过谈判达成和平。

我们有理由相信，等贝当元帅去世了，哪怕真的实现了和平，现有的法国政府，不管下一步如何发展演变，都无力支撑太久。

致以最诚挚的问候。

威廉·D. 莱希敬上

附录十四

（1941 年 11 月 1 日，罗斯福总统从华盛顿寄给莱希海军上将的信）

白宫

华盛顿

1941 年 11 月 1 日

亲爱的比尔：

1941 年 10 月 15 日的来信收悉，信中讲述了正在筹建中的法国政府的组织架构和未来走向。

从我们收到的各方面情报来看，皮舍显然是在搞众所周知的盖世太保的那一套。他似乎在努力巩固自己的地位，以便经受住任何政治风暴和政府更迭的考验。不过，他的处事方式一定让他不受欢迎。

竟然下令处决人质，德国人的暴行深深地震撼了这个国家，这应该会让所有法国人明白，这就是他们所谓"合作"的代价。这也许会促使元帅采取更为积极的态度。

如果德国人将他们的主攻方向从苏联转向地中海，我们担心，德国人要求法国提供军事援助的态度日趋强硬的话，法国是不可能坚持太久的。接下来的几周，或许就将给我们一个清晰的答案。

你的看法非常正确，美国不会参加和纳粹主义势力进行的任何和谈。我们现在应该向全世界表明这种态度。

致以深情的问候。

永远的朋友

富兰克林·罗斯福

附录十五

（1941 年 11 月 22 日，莱希海军上将从维希写给罗斯福总统的信）

维希

1941 年 11 月 22 日

亲爱的总统先生：

遵从德国人的"旨意"将魏刚将军从非洲调离，以及英国人在利比亚昔兰尼加开始发动的攻势，这两起事件之间应该是密切相关的。在这个被奴役国家的首都，感恩节（1941 年 11 月 20 日）却并无半点萧条冷清之感。

听说魏刚快要被召回的时候，我们还不知道英国人将在非洲发动攻势，我在 11 月 19 日安排和贝当元帅见了个面。他单独会见了我，和我详细讨论了魏刚被解职的事。

我也向他明确指出，美国政府此前的同情友好态度，是基于他与轴心国势力之间的关系，不会有超越停战协定范围之外的行为。然而，在德国人的压力之下将魏刚将军免职，这绝不可能被认为是停战协定所要求的。

我告诉他，以我看来，对轴心国做出如此不必要的妥协，尤其在这个德国人深陷苏联战场泥潭的时候，必将对我们两国人民之间传统的友好和睦关系造成不利影响，也很可能导致我们立刻暂停对法属殖民地提供的经济援助，甚至可能迫使美国彻底改变对法国政府的态度。

鉴于这将对法兰西及其海外属地造成负面影响，我请他重新考虑他前一天晚上告诉我的决定。

他说，自从去年12月以来，德国人为撤换魏刚而施加的压力不断升级，一直到目前为止，他都是一次次拒绝，但现在他也没有办法了，只有让步。

当我问及德国人施加了哪些威胁时，他回答他们提出的要求各种各样，其中就包括已经被他拒绝过的使用海军基地和舰队的要求。然而，昨天，德国人给他送来一份"最后通牒"，威胁如果再拒绝他们的要求，就出兵占领整个法国，到时法国人的粮食储备将供应给占领军队，法国民众就会死于饥荒。

考虑到他自己也是个囚徒，考虑到他的人民的命运，他告诉自己是时候向德国人的威逼做出一些让步了，把魏刚将军从非洲召回来。他接着说道，非洲的形势并不会因此有所改变，他不会委派魏刚的继任者，他决心要保住对殖民地的统治权，非洲军队也将由维希政府负责指挥。

由维希指挥，在我看来，只能意味着由国防部长达尔朗海军上将指挥。

我询问德国人反对魏刚的原因，元帅回答说，德国人不喜欢魏刚，首先因为1918年的时候，是他向德国人传达停战条款的，其次是因为他"不善外交"又"意气用事"。从这个答案，我估计元帅并没有告诉我全部的事实真相。

一大群浑浑噩噩、一盘散沙的法国民众，总是寄希望于英国获胜，并且美国能将他们从目前的困境中拯救出来，而他们自己什么也不需要做；如今的法国政府，完全受控于一小撮人，他们的领导者是一个怯弱不堪、毫无斗志的老人，身边围绕着一群利欲熏心的阴谋家，他们很可能为了自己的一己之私而倒向轴心国势力。

这群领导人有：

达尔朗海军上将，副议长和接班人

皮埃尔·皮舍先生，内政部长

伯努瓦·米琴先生，副议长国务秘书

德·布里农先生，维希政府驻巴黎大使

保罗·马里翁先生，情报和宣传部长

伊夫·布蒂里埃先生，财政部长

弗朗索瓦·路易德先生，工业生产部长

达尔朗海军上将，正如您所知，已经通过法律上的任命，成为八十六岁老元帅的继任者。

我有理由相信，达尔朗不久前曾答应希特勒使用法属非洲的军事基地，但被魏刚将军一直顶到现在。

皮舍最近大大扩张了秘密警察力量，并置于他的完全掌控之下。他现在正忙于加强老兵协会的力量，使其变成一个强有力的种族主义团体，目前其运作已经初见成效。

据说达尔朗和皮舍都有野心取代贝当元帅，眼下他们还是一起合作，但有理由相信，在不久的将来，他们就会狗咬狗的。

如果把这看成一场赌局，考虑到他们的手段，大家应该把钱压在皮舍身上。

等德国人被打败了，如果这两个人还没有被"秋后算账"的话，也一定会被从政坛上清理出去。

在我和贝当会面的过程中，他像平时一样地开心和友善，尽管我向他指出来，在魏刚问题上他向德国人做出的妥协，将给法国的前途带来不利。在我离开的时候，他希望我们之间的个人友谊，不要被他的无奈之举所伤害。

魏刚是他最亲近和忠诚的朋友，但他还是在德国人和妥协派的压力下把魏刚牺牲掉了，有鉴于此，我们有理由认为，将来德国人在使用非洲基地、征用法国海军舰队或他们认为事关军事实力的其他重要问题上再次进行威逼时，我们不能期待贝当会予以拒绝。

有的人可能很同情贝当元帅，觉得他晚年处境艰难。对我来说，只是想凭着私人友谊提出一些中肯的建议，或许能让软骨头看上去更有骨气，不想放弃这仅存的一线希望而已。

环绕在老元帅身边的亲轴心国势力和反英分子，接下来气焰只有更嚣张。我们的一位朋友，是达尔朗上将的下属，报告说达尔朗已经在放话，称美国人在魏刚被解职这件事上不会做出任何反应。

如果我们现在采取主动，指示驻法大使正告贝当元帅，美国对轴心国集团可能对非洲提出的诉求表示严重关切，假使轴心国集团获准在法国及其殖民地享有更多的特权或协助，又不是停战协定明确规定的内容，将被视为对轴心国军事上的协助，美国将召回大使，并出于加强防御准备的考虑，对法国在美洲和非洲的相关设施采取同等措施。这样做应该有助于增强贝当元帅反对轴心国进一步诉求的分量，为他在政府内部争取更多的支持者。

如果真的向元帅发出召回大使的声明，我们必须做好假戏真做的准备。为了避免产生反作用，伤害我们自己的利益，这一定不能只是虚张声势。

致以最诚挚的问候。

威廉·D. 莱希敬上

附录十六

（1941 年 12 月 22 日，莱希海军上将从维希写给罗斯福总统的信）

维希

1941 年 12 月 22 日

亲爱的总统先生：

由于日本人的背信弃义，令珍珠港遭遇不测，我们这里至今尚不了解有关损失的详细情况，这件事对于法国政府有关战局或者未来的预期似乎影响甚微。

我从广播里得知了您对海军高级指挥官的任命安排，在所有我认识的海军将官中，如果由我来选的话，我会选哈特、金和尼米兹。这三人当中，我认为哈特是最值得信赖的、最不可能犯错的，但是因为他的年龄偏大，可能会有身体方面的问题。身为这场战争的海军指挥官，必须要有能够适应恶劣自然条件的身体素质。

过去在挑选海军总司令上我曾经犯过错，可能会让我的意见显得不太靠谱，但哈特、金和尼米兹三个人肯定没有问题。

尽管这边的新闻控制严密、虚假宣传泛滥，但根据对我们收集到的广播和报纸新闻资料的评估，看起来德国人在苏联显然遭受了重大失败，在昔兰尼加很快也会遭遇失利，虽然规模较小但将彻底改变那里的战局。

在这一问题上，法国人的态度倾向于我们一方，但他们是有所保留的，并且做好了随时反转的准备。

目前，我们的盟友正取得更大的突破，而我们的敌人已经劣势微现。

您给贝当元帅的私人口信我 12 月 14 日已经转交给他了，看起来真是时机恰好，根据我们在维希政府里的朋友报告，这大大激发了元帅的勇气，他已经告诉自己的外交部长，在涉及美国利益的问题上，没有得到他的事先批准，不允许和轴心国集团达成任何协议。

这被视为是无上勇气的表现。

在我和贝当元帅会谈的时候，达尔朗上将也在场，我抓住机会表明，既然美国已经和轴心国势力处于战争状态，那么法国给予德国人的任何协助，比如让其使用军事基地、法国海军舰艇的配合，其实都等同于对美国实施敌对军事行动。

元帅希望在自己的权力范围内，尽一切努力维护和美国的友好关系，他相信，美国是战后未来法国唯一的、无私的朋友。

尽管我个人对贝当元帅非常尊重，但也没有任何理由相信，在一旦拒绝德国人就会遭到报复惩罚的情况下，他还会给我们打赢战争提供什么帮助，或者对德国人的诉求进行有效的抵制。

我和贝当的最近一次会谈是一周前，据我们在政府官员中的可靠线报，德国人正在对维希政府施以重压，要求同意一份类似于最后通牒的东西，目前还没有正式提交。

我们的一些线人知道这些要求的内容，但说不方便给我们透露细节，只是说德国人的诉求事关重大、涉及面很广，他们也不敢直接到美国大使馆来说。

我们认为，这些诉求包括：给利比亚战场上的轴心国部队予以协助，征用军事基地和设施，可能还有使用海军舰艇给地中海和其他海域的法国商船护航。

昨天，星期天，下列官员从北非乘飞机秘密抵达维希，媒体不允许做任何报道：

朱安将军，北非法军总司令

诺盖将军，摩洛哥总督

埃斯特瓦海军上将，突尼斯总督

尽管这些官员的来访秘而不宣，但我们认为，他们此行的目的是商讨德国人提出的在北非予以协助的问题。

我们得知，达喀尔的总督布瓦松并没有和其他人一起来。

在这封信抵达华盛顿之前，我们和法国之间有着悠久历史的邮政服务就可能会中断。从今天起，我们对本地局势的观察，都会给您发回简报。

我们的朋友说，美国国内关于和罗伯特海军上将就马提尼克岛达成相关协议的公开报道，让他们很难向德国人交代，有必要对类似的协议予以否认。

停泊在纽约港的巨型邮轮"诺曼底号"被征用一事，并未引起什么强烈反响。

迄今为止，无论是否值得，我们都成功维持住了贝当元帅和法国公众对我们的友好立场，尽管德国人不停地在捣乱破坏。

一些反轴心国的友人认为，鉴于德国在苏联的败绩，轴心国在利比亚的失败，以及我们的参战，对于德国人提出的要求，特别是我们坚决反对的，贝当元帅有拒绝做出让步的可能。

根据贝当之前的表现，我觉得这充其量是有可能，但可能性肯定不大。

不过可以肯定的是，贝当元帅并不希望与美国的外交关系破裂。

致以最诚挚的问候。

威廉·D. 莱希敬上

附录十七

（1942 年 1 月 12 日，莱希海军上将从维希写给罗斯福总统的信）

维希

1942 年 1 月 12 日

亲爱的总统先生：

您问候贝当元帅和魏刚将军的私人信件，今天由里斯本开来的邮车送到了，从华盛顿回来的马修斯先生也搭乘同一辆车到了，带回了您关于应对突发事件的口头指示。

目前还没有近期会发生什么突发事件的迹象，不过，在变化莫测的政局稳定下来之前，意外的确随时都有可能发生。

我自己亲自去见您的朋友、那位将军，而不引起敌人的注意几乎是不可能的，因为我的一举一动都处于监视之下。所有与我联系的人都会引起他们的怀疑。

不过，我们会安排人送上您的信件和问候。

收到您的信后，我一刻也不耽搁马上写这封回信，因为邮车就在下面等着返回里斯本。

昨天，我们和拉丁美洲国家的外交官同行搞了一场非常开心的"茶话会"，了解到以下情况，真实性尚不得而知。

（1）这里的巴西使馆得到消息（可能是从他们关系比较密切的西班牙大使那里听来的），佛朗哥将军已经要求德国人，在即将召开的里约热内卢会议结束之前，不得采取任何借道西班牙的行动。

（2）这里的墨西哥公使阿吉利尔将军，曾经是反美起义领袖潘丘·维拉手下的枪手，一个很有能量、毁誉参半的家伙，告诉我，他还吃不准，眼下墨西哥和美国一起对轴心国正式宣战对他的国家是否有利。但是，只要我告诉他这对美国有利，哪怕是不代表官方的，他也很乐意动用他那"在墨西哥非同凡响的影响力"，设法让他的国家宣战。我不知道他是否真有"非同凡响的影响力"，但我确实相信他敢想敢干、相当主动。

阿吉利尔曾经担任过墨西哥驻日本公使，他说美国宣布马尼拉为不设防城市是一个错误，因为对于野蛮的日本人来说，这没有任何威慑作用，而且日本政府会利用我们的做法，保护日本城市免受轰炸。

他说日本大量的战争物资生产，都是晚上在工人们的居所里完成的，因此随便哪个居住区被摧毁，几乎都会对日本战争物资的生产造成直接影响。他说："和日本的野蛮人打仗，过去的一切战争规则都必须抛开。"

我们把您在国会上的演讲稿翻译成法文，有选择地分发给法国官员和民众，或许能够给他们些鼓舞。贝当元帅告诉我，他读起来津津有味。

法国报纸只刊载了断章取义摘录的内容，以掩盖事实真相。不过，真相还是有望被越来越多的人知晓，包括元首本人。

我希望明后天能够见到贝当元帅，把您的信交给他。

致以最诚挚的问候。

威廉·D. 莱希敬上

附录十八

（1942 年 1 月 25 日，莱希海军上将从维希写给罗斯福总统的信）

维希

1942 年 1 月 25 日

亲爱的总统先生：

1 月 12 日，马修斯先生给我们传达了您关于非洲形势的口头指示，从里斯本来的邮政官也带来了您写给贝当元帅和魏刚将军的信。

第二天我就会见了贝当，递交了您的信以及翻译好的法语副本。达尔朗上将和往常一样也在场，也和往常一样操控着谈话的进程。贝当把您的信大声读给了达尔朗听。

对于您的信，元帅没有多做评价，只是说要他的政府成员给予关注。

我们从很多渠道听到反映，达尔朗上将对德国人赢得战争的信心在动摇，但他在和我的交谈中并没有流露出来。在这次会见时他说，在轴心国看来，利比亚战役最多只能算打个平手；丘吉尔的首相职位，在不久的将来就会被艾德礼少校取代，他是英国唯一既能够被布尔什维克又能够被工党所认可的人。

1 月 15 日，我让使馆秘书道格拉斯·麦克阿瑟先生带上您的信作为证明，前往里维埃拉①，设法找到魏刚将军，向他口头转达您让马修斯先生带给我们的口信。

考虑到魏刚将军和我应该都处在严密监视下，我觉得自己去联系不太合适。

1月20日，颇有外交手腕的麦克阿瑟先生，估计没有引起安全部门的注意，在尼斯附近的一家旅馆和魏刚将军成功接上了头，递交了您的亲笔信，转达了马修斯带回来的口信。

魏刚的态度很友善，但是却拒绝考虑他在非洲采取行动的可能性。他说，他现在只是一介平民，没有任何官职，并且誓死效忠贝当元帅；假使贝当下台了，他的法定继任者应该不会再给自己为国家服务的机会了。

麦克阿瑟请他对此事保守秘密。魏刚回答说，基于对贝当元帅的忠诚，他必须要禀告元帅，除此之外不会让其他任何人知晓。

如此一来我不能不认为，这件事将会被其他人知晓，也会传到德国人耳朵里。

总的来说，魏刚对这件事的态度是他无能为力，也不愿考虑推荐可以替代他的人选。

最近法军的指挥系统完成了一系列调整，北非军队中的主要指挥官，凡是魏刚的人全都被撤换，由一些对维希政府俯首帖耳的人来接任。达尔朗上将对我宣称，他将抵抗"任何人"对非洲殖民地的入侵，这显然也包括了美国。

从眼下的形势看来，德国人可以通过协商一致实现在法属北非的基

---

① 里维埃拉（意大利语：Riviera），自中世纪已有此词，原本指意大利古里亚的海岸，后来泛指意大利地中海沿岸和法国的蓝色海岸地区，包括法国东南沿海的戛纳、尼斯等旅游城市，被认为是世界上最奢华和最富有的地区之一，众多富人、名人汇集于此。译者推测，1941年11月，魏刚将军被召回法国后，应该在这一带活动。——译者

本要求，根本无须武力入侵。即便是德国派出远征军进入这块法属殖民地，也不会遭到抵抗。

假如您让马修斯先生带回来的口信中列举的"意外事件"发生，并以此为理由给法属北非殖民地提供援助，我们最好进一步全面了解这种"援助"将会被接受还是会遭到反对，以及为了达成目标，一旦这种"援助"被派往非洲，就应该是保质保量的。

达喀尔的反复对美国的声望不利，尤其让这边内心深处还隐藏着对文明的希望的人们感到失望。

前天我收到了国务院发来的、落款日期为1月20日的电报，内容是您关于法国和贝当元帅问题的想法。

13日以后我一直没能约见到贝当，但接下来几天我会想办法见到他，把您的意见转告他，应该可以增强他抵制轴心国诉求的决心。正如您所知，您电报中提到的大部分想法，此前我都以个人观点告诉过贝当，但现在这是直接来自美国总统的意见，分量当然更加重了。

您关于抵抗轴心国侵略的声明，不仅鼓舞了美国人民的士气，还有助于为我们争取一切可能的军事和海上援助，同时也敲打了那些打算助纣为虐的人。实际上，在维希政权控制地区以外的全体法国人民，都希望看到美国在法国领土上采取对抗轴心国的积极行动。我觉得有理由期望，您的立场将对未来贝当元帅抵制轴心国产生积极影响。

我们将继续尽最大努力鼓励他坚持下去。

一直有谣传称，在接下来数周里，德国人将会建议贝当，双方都退一步，重新调整法德两国关系。

上周，我们通过一些努力，从可靠渠道搞来了有关英国人前不久空袭布雷斯特的情报，取得了一定战果，情况如下：

尽管港口里建造了一些假船模来混淆掩护维修中的德国军舰，但最近的空袭还是给"沙恩霍斯特号""格奈森瑙号"和"欧根亲王号"造成了严重损坏。

1月15日，轰炸将使"格奈森瑙号"很长时间不能服役；"沙恩霍斯特号"被两枚炸弹击中舰艄，目前仍无法使用；"欧根亲王号"吃了一枚炸弹，船体外壳上被撕开一个30码大小的洞。

收到上述情报后，即刻发电报给海军部作了报告。

我一直牵挂您，希望您能够想办法将繁重的工作多分一些给其他人，彻底打败东方的恶敌是个漫长艰苦的过程，需要您保重好身体。

致以最诚挚的问候。

威廉·D. 莱希敬上

附录十九

（1942 年 2 月 20 日，莱希海军上将从维希写给罗斯福总统的信）

维希

1942 年 2 月 20 日

亲爱的总统先生：

2 月 11 日，我们收到了国务院的电报，传达了您给贝当元帅的信，告诉他根据您在华盛顿得到的情报，法德之间已经达成协议，使用法国和突尼斯之间通航的法国商船，为利比亚的轴心国部队运送战争物资。您还正告他，除非法国政府做出官方保证，不再向德国、意大利和日本提供军事援助，法国船只也不会再用于资助侵略行为，无论这种侵略发生在什么地方，否则我将被召回，以商定美国对维希政府的未来政策。

2 月 12 日，次日上午，我把您信的法语翻译版本递交给了贝当元帅，他大声读给了达尔朗上将和罗哈特①部长听，会谈的时候罗哈特一般也在场。元帅说会给我一个书面回复，其他没有多说什么。

可能是在元帅不知情的情况下，达尔朗上将和意大利达成了一个协议，用法国轮船给突尼斯隆美尔的部队每周运送 200 吨食品和总共 500 辆意大利产卡车，对您前不久发表的那振奋人心的声明似乎置若罔闻。

在非常简短的会见中，贝当元帅和往常一样友好、周全。当我离开的时候，他表明了自己的希望，说其实我没有必要离开法兰西。

2 月 16 日，我们收到了达尔朗签字的书面说明，作为对您写给贝当元帅信的答复，我们拍电报发给了国务院。

在维希政府给您的回复中，好像丝毫没有谈到您想要的保证——既不能给予轴心国军队协助，法国船只也不能用于资助侵略行为，因而我现在希望"被召回咨询国事"。

根据达尔朗上将此前流露过的想法，也有其他维希政府官员这么想，美国现在靠不住了，是不会采取任何积极行动的。我认为这种想法对美国的声望是极其有害的，您宣称召回大使商议决定有关维希政权未来政策的做法，此刻看来并没有奏效。

如果从华盛顿大多数人的角度来看，我继续留任驻法大使是有助于我们的战争准备的，那么我"咨询国事"结束之后就应该回到法国。但在我看来，我们没有得到想要的保证，您按照先前声明的将我召回，如果我再回到法国，维希政府就更加认为美国人只会"虚张声势"。会有越来越多的维希政府官员相信达尔朗上将的说法，美国再也靠不上了。

收到贝当元帅对您来信的答复之后，我又看到一份维希政府在 1 月份发给日本政府的，有关日本人在远东地区使用法国商船的提议的副本。提议中准许日本租用目前停靠在中国和印度支那港口的总计 5 万吨的法国船只，而且这些船将悬挂日本国旗，配备日本船员，但不能用于"战争目的"。此外，出于商业需要，日本还可以在日占区港口之间临时租用法国船只，但要悬挂法国国旗，配备法国船员。

为此事我特别询问了达尔朗上将，2 月 12 日，他口头答复我，关于日本租用法国商船的谈判还没有完成。

我个人认为，毫无疑问，在轴心国的淫威之下，对使用法国船只的

---

① 夏尔-安东尼·罗哈特(Charles-Antoine Rochat, 1892—1975)，法国外交官。1942 年 1 月至 1944 年 8 月任维希政府外交事务和国际发展部部长。——译者

问题，维希政府肯定是有求必应。

利比亚战事失利撤退、德国军舰从布雷斯特逃脱和新加坡的陷落，让英国人威信扫地。

我确信，法国民众和贝当元帅是希望盟军获胜的，以拯救法兰西日益滑向深渊的命运，但眼下民众和元帅本人都很难相信轴心国会被打败。

昨天本地报纸刊载了一篇史末资将军的声明，称目前还没有必要对马达加斯加采取军事行动①。

这等于再一次向维希政府说明，盟军预计日本人将会占领马达加斯加、毛里求斯和留尼旺②。

如果从这个角度来考虑，特别是考虑到前不久维希政府在印度支那的表现，我不明白为什么盟军至今还没有拿下这些岛屿，因为这一区域是通往红海和经好望角通往荷属东印度群岛补给线路的侧翼。

假如我们在敌人采取行动致使局面更加困难之前先下手，就必须在南非派驻足够的部队，使其可以分兵实施前面提到的作战行动。

尽管我们应当对贝当元帅那无力回天的处境深表同情，与一盘散沙、哭诉无门、深陷绝望的法国人民感同身受，但如果这场旨在捍卫人类文明的战争，要求我们还要考虑法国在马达加斯加、印度支那或者其

---

① 马达加斯加登陆战：1942 年初，日军不仅在太平洋节节胜利，而且还图谋向印度洋发展。日本远洋潜艇开始在印度洋出没，威胁着盟国的航运。此外在 4 月初日本联合舰队机动部队对印度洋进行了突袭以后，英国皇家海军不得不将东方舰队的基地从锡兰的亭可马里和科伦坡迁往肯尼亚蒙巴萨岛的启林迪尼港。大部分支援北非战场和印度洋战场的物资都要经过马达加斯加附近航线，而马达加斯加处于法国维希傀儡政府的统治下。如果日本占领了马达加斯加，或者维希政府为日本潜艇提供基地，都会对该地区的盟国航运产生毁灭性打击，进而恶化印度洋乃至北非的局势。另外德国潜艇如果利用该处进行补给也会造成不小的麻烦。当日本人还在权衡计划的可行性时，英国情报机构已经获知了日军的企图。为防止日本人捷足先登，英军抢先发起了代号"装甲"的马达加斯加登陆战，于 1942 年 5 月 6 日攻占了位于马达加斯加北部迪耶苏亚雷斯城的维希法国海军基地。——译者

② 留尼旺(Réunion)，印度洋西部马斯克林群岛中的火山岛，法国海外大区之一，东边约 190 公里是毛里求斯群岛，西边与马达加斯加相距 650 公里。——译者

他地方的失败，所产生的自尊或者敏感情绪，时机就已经延误了。

　　法兰西有 150 万年轻人关押在德国人的战俘营，还有超过一半的国土被德军占领着，在这种情况下，她既没有机会帮助盟军，甚至都没有能力帮助自己。因而，只要有助于我们的作战行动，好像盟军就应当而且有必要征用任何一处法国领土。

　　当然，维希政府会反对，但大多数法国人的想法将鼓舞我们前进。

　　邮船今天就要出发了，匆忙中完笔。

　　致以最诚挚的问候。

威廉·D. 莱希敬上

附录二十

（罗斯福总统从华盛顿特区寄给莱希海军上将的信，未注明日期）

白宫

华盛顿

亲爱的比尔：

我仔细考虑了你在 2 月 20 日来信中阐明的想法，尤其是你感觉到，宣称把你"召回咨询国事"而又未达目的，将有损于我们的政策。

对如此一来你的处境，我深表同情和理解。但换个角度来说，眼下这样做在军事上显得至关重要。事实上，参谋长联席会议强烈建议我们，尽可能延缓与法国的关系产生变化。他们认为，对你来说，守住这个要塞和这些天我们进行的其他军事行动一样重要。因此，我们决定让你继续留任，尽可能从贝当元帅政府那里争取最大的保证，实现我们的基本目标。不只是因为我们要守住法国以及北非这个唯一的通往欧洲大陆的桥头堡，而且有助于我们守住这条线上的伊比利亚半岛。

未来数周的战争进展至关紧要，为了联合国家的利益着想，我们容不得自己有半点儿闪失。接下去在地中海发起的作战行动，是这场战争中最重要的战役之一，必须认真筹备以达万全，时间上也要等到我们高速增长的军工生产发挥效应。

身历其境　　633

我也注意到你对马达加斯加的意见，将提交军事会议讨论。

我希望你理解，我完全清楚你将面临的问题，但我必须考虑你身居至关重要的战略岗位。在当前的危急形势之下，我们不仅需要你作为大使守在那里，而且还希望你凭借自己丰富的军事素养和经验，尽可能地，从军事角度帮助我们对法国的局势进行评估。

不过，再过段时间，等我们与贝当元帅政府的关系更稳定一些，无论在这边还是在法国，你回来咨询国事都不会成为一个话题时，我会拍电报请你回华盛顿"咨询国事"。

向你们夫妻致以最诚挚的问候。

你真诚的朋友

富兰克林·D. 罗斯福

附录二十一

（1942 年 3 月 10 日，莱希海军上将从维希写给罗斯福总统的信）

维希

1942 年 3 月 10 日

亲爱的总统先生：

3 月 4 日，我们收到了最新发来的电报，关于要求法国就未来停止协助敌人军事行动做出官方正式承诺，此后这边的外交事务又开始活跃起来。

至今我们仍未得到任何令人满意的"承诺"，无论是关于给轴心国部队提供补给，还是加勒比海殖民地的地位问题。我们最好做好心理准备，维希政府应该会尽量避免给予美国明确答复。

上周对巴黎的雷诺和福特汽车工厂进行的轰炸，在法国老百姓中引发的反应不一，这些工厂都在替德国人工作。

对两座工厂的空袭都非常成功，它们至少几个月无法开工。对雷诺工厂的轰炸造成了大量伤亡，其中包括居住在工厂附近的 397 名平民死亡。周日对普瓦西①福特工厂的空袭，据说没有造成人员伤亡。

3 月 3 日雷诺工厂遭到空袭的那天晚上，达尔朗恰好就在巴黎。回到维希之后，他的反英情绪受到空袭刺激大大爆发了，考虑到最近我们又盯着要他做出"承诺"，在如此背景下他的这种反应实属正常。

下面的这封"私人信件"是达尔朗亲笔写给我的，在他回到维希后不久，信中不仅暴露了他的总体立场，而且证明了作为一个国家的外交部长，在被愤怒冲昏头脑时写信是一个错误的选择：

1942 年 3 月 8 日

大使先生：

鉴于我们个人之间的惺惺相惜之情，以及我们共同的海军职业生涯，我选择以这种完全私人的方式写信给你。

我想要告诉你，美国政府最近的这些照会，异乎寻常的措辞令人极不愉快，法国政府对此不予接受是完全正当的。

不过，如果我们接受了这些照会，那是因为我们不希望留下破坏两国关系的口实，在过去的几周里，你们给人的印象就是在给法国政府找麻烦。

我知道我的国家战败了，现在的处境令人痛苦；但是我不相信，一个崇尚独立自主的国家的政府，会藉此而对她嗤之以鼻。

几个月之前我对你说过，从 1940 年 6 月 25 日以后，英国人不断地错上加错。这两天他们又犯了一个更大的错误，对此，我们绝不会宽恕他们。

恐惧有时会带来恶念；在米尔斯克比尔和布洛涅-比扬古发生的一切，已经清楚地证明了这一点。

我希望美国政府不会向恐惧妥协。

诚挚的朋友
F. 达尔朗

---

① 普瓦西(Poissy)，位于法国巴黎西郊。1937 年，福特在该地兴建了军用卡车工厂。二战中德军接收了福特工厂之后，用于生产军用车辆，英国空军曾以这座工厂为目标进行过数次空袭。美国军队在 1944 年 8 月 26 日解放普瓦西。——译者

我立即回信给他(引用在下)，考虑到您认为我有必要和他在桌面上继续周旋下去，眼下我们还是要和这位外交部长保持友好关系，对于达尔朗言词间的侮辱之意，我刻意选择了回避。

维希

1942 年 3 月 9 日

　　亲爱的达尔朗上将：

　　很高兴您在昨天的私人来信中，提到了我们共同的海军生涯和我们个人之间的融洽关系，这对我们共同为法国谋求福祉的事业帮助良多。我的信如同您的来信一样，纯属个人来往。

　　当前，我们两个国家都面临同样艰难的处境，因此在评价美国政府的态度时，我们必须充分考虑到美国现在已经卷入全面战争这一事实，这是一场威胁到它作为一个自由国家生存的战争，这场战争只有在那些侵略国家被完全打败时才会结束，而为了获取全面胜利，牺牲是在所难免的。

　　在这样关乎生死存亡的战争形势之下，指望美国对一个友好国家向敌对势力提供军事协助的行为坐视不理，似乎是不近情理的。

　　我可以肯定，罗斯福总统愿意倾尽全力帮助法国，恢复她作为一个拥有公民自由、悠久文明和灿烂文化的传统国家地位。在如今这个充满灾难的世界里，无论形势如何发展，我个人始终希望能为保护法兰西和法兰西文化尽一丝绵薄之力。

　　以上纯属个人意见，并对您的困扰深表同情。

最诚挚的朋友

威廉·D. 莱希

　　我个人认为，在未来不准再给轴心国部队提供补给和加勒比群岛地位等问题上，不应当允许维希政府回避作出保证，尽管达尔朗上将一定会尽其所能这么去做。

他只相信眼见为实，他的一些下属告诉我们，他始终认为我们宣称的召回大使就是虚张声势。可能还是将我召回"咨询国事"更明智些，哪怕只是暂时离开法国一阵子。如果我们由着这"虚张声势"成"真"，对美国的声望肯定是不利的。

致以最诚挚的问候。

威廉·D. 莱希敬上

附录二十二

（1942年4月3日，罗斯福总统从华盛顿寄给莱希海军上将的信）

白宫

华盛顿

1942年4月3日

亲爱的比尔：

我刚刚收到你3月10日的信。达尔朗如此粗暴地对待你令我很是难过，而你对他的回复完美得无懈可击，又令我深感欣慰。总体上，我认为我们持续施加压力的做法到目前为止是成功的，但是我希望当前的形势不要继续恶化下去。

永远的朋友

富兰克林·D. 罗斯福

附录二十三

(1942 年 7 月 18 日，海军部长弗兰克·诺克斯发布给莱希海军上将的命令，任命其担任美国陆海军总司令参谋长)

海军部

华盛顿

1942 年 7 月 18 日

发自：海军部长

发给：美国海军上将威廉·D. 莱希(已退役)，华盛顿特区

主题：任命书

1. 从即日起，你被重新召回现役。

2. 通知你向美国陆海军总司令报到，并担任总司令的参谋长。

3. 任命你担负此岸上任务是出于公众的利益。

弗兰克·诺克斯

* * *

华盛顿特区

1942 年 7 月 20 日

当日中午 12 点收悉。

威廉·D. 莱希

＊　＊　＊

原件 1

白宫

华盛顿特区

1942 年 7 月 20 日

发自：总司令

发给：美国海军上将威廉・D. 莱希（已退役）

  1. 今日报到。

富兰克林・D. 罗斯福

附录二十四

(1949 年 3 月 21 日，经杜鲁门总统批准，海军部长约翰·L. 苏利文发布给莱希海军五星上将的命令，其不再担任美国武装力量总司令参谋长职务)

海军部

华盛顿

发自：海军部长

发给：美国海军五星上将威廉·D. 莱希

主题：职务调整

1. 根据总统命令，你不再担任美国武装力量总司令参谋长一职，另有任用，请向海军部长报到，等待总统任命新的职务。

约翰·L. 苏利文

白宫

1949 年 3 月 21 日

*　*　*

发自：美国总统

发给：美国武装力量总司令参谋长，海军五星上将威廉·D. 莱希

1. 今日卸任。

哈里·S. 杜鲁门

　　　　　　* 　* 　*

1949 年 3 月 21 日

发自：海军部长

发给：美国海军五星上将威廉·D. 莱希

主题：职务调整

　1. 今日报到。

约翰·L. 苏利文

身历其境　643

附录二十五

(1942 年 11 月 27 日，达尔朗海军上将从阿尔及尔写给莱希海军上将的信，翻译件)

阿尔及尔

1942 年 11 月 27 日

莱希海军上将启：

亲爱的上将先生，

我要再次告诉您我有多么感动，您是如此仁厚，数周之前对犬子的急病关爱倍加。

当时犬子几近病危，这就是为什么我 11 月 8 日会在非洲。这难道是上帝的旨意吗？对此我深信不疑。

非洲战区的美国海军将领们和墨菲先生，对我和我那病情危重的儿子的照顾无微不至。我和我爱人对所有在困境中对我们施以援手的美国人都深表感激。

您是否还记得，大概十个月之前，当时您问我为什么在一些小事上向德国人妥协，我回答："我的唯一目标就是阻止他们前往非洲，我手上没有武装力量，美国军队又是远水救不了近火，我是被迫做出让步的。如果你们在马赛有 50 万部队，配备 3 000 辆坦克和 3 000 架飞机，我的态度肯定不是这样。"

如果不是我们誓言抵御任何入侵之敌，轴心国部队早就占领北非了。

我们遵守了我们的誓言。我在非洲下令停止战斗，是为了避免美法两国之间的关系产生难以逾越的鸿沟。

既然已经被维希政府驱逐，那就是陷自己于死囚之地，所以我不能再让这场自己并不赞成的战斗继续下去。

当德国出兵占领整个法国时，就等于撕毁了停战协定，贝当元帅已提出严正抗议，我认为自己再一次被授权自由采取行动。有人在法国海军部通过特殊密码给我发了一封密电，称贝当元帅是发自内心地赞成我的做法，这让我更加确信自己选择了正确的道路。

还有，贝当元帅过去经常对我说："达尔朗，我们必须保持同美国的友谊。"

在贝当元帅的庇护之下，我已经是他任命的继承人，只要德国人不全面接管法国，我迟早是要接班的，而且我有把握团结住北非和法属西非，假如我真的是一个"纳粹分子"，我肯定不会像现在这样去做。

我在想，随着时光流逝，所有法国人心中的分歧都将会弥合，但眼下不同政见的人们之间确是形同陌路、彼此攻伐。

还有，很多法国人成为"戴高乐主义者"，只是出于他们对德国人的痛恨，并非他们真的赞成这个运动的领导者。

自从 1941 年 1 月，贝当元帅迫于德国人的压力而重新召回赖伐尔进入内阁，把我身上的职务和权力交给了他，我个人在法国的威望是大大提升的，因为人们知道，我不是一个对德国人俯首称臣的人。

在我仅仅担任军方职务、远离公众视线的日子里，很多旁观者都给了我热心的鼓励。

去年 4 月份的时候，贝当元帅强烈主张让我留在政府中。我答复他，我更倾向于完全退出。

他当时对我说:"如果你走了,我也会离开的。"我回答说:"您的离开将意味着一场灾难。我会继续充当'接班人'并担任军事首脑,但我不会去组建一个自己对外交政策没有发言权的内阁政府。"

我可以向您保证,亲爱的海军上将先生,对于我们这些被征服者铁蹄践踏的法国人来说,美国在欧洲和非洲采取的行动不是太快而是太慢了。

法兰西是被打倒了。我刚刚得知,驻土伦港的那部分法国海军舰队已经被凿沉了,但还好整个法兰西帝国依然站立不倒,驻扎在达喀尔和亚历山大港的舰队主力还在。

我们相信,加入你们的阵营,在你们的帮助之下,法国终将彻底复兴。如果罗斯福总统和丘吉尔首相信任我的这个团队,我可以保证我们将带领所有法国臣民,特别是伊斯兰教徒,支持你们的事业——也是我们的事业。

很高兴能和您一起为盟国的事业而奋斗,可以说现在这也是法兰西帝国的事业,这是我内心真实的想法。

F. 达尔朗

11 月 29 日又补写了以下内容:

墨菲先生昨天告诉我,罗斯福总统愿意为我的儿子提供帮助。这让我甚为感激,拜托墨菲先生一定要向总统先生转达我的谢意。

F. 达尔朗

附录二十六

皮埃尔·赖伐尔组建的法国新政府成员名单(1942 年 4 月)

总理,内政部长,外交部长	皮埃尔·赖伐尔
国务部长	吕西安·罗米耶
司法部长	约瑟·巴泰勒米
财政部长	皮埃尔·卡塔拉
农业和食品补给部长	雅克·勒鲁瓦-拉杜里
教育部长	阿贝尔·博纳尔

国务委员

战争事务	布里杜将军
海军事务	奥方将军
劳工事务	于贝尔·拉加尔代尔
运输事务	吉布拉
农业和食品补给事务	马科斯·博纳富斯
殖民地事务	布莱文总督
家庭健康事务	格拉塞博士
总理国务秘书	德·布里农
	柏拉图将军
	伯努瓦-米琴

情报事务	保罗·马里翁
总理府秘书长	雅克·盖拉尔
警察总监	勒内·布斯科特
内政事务秘书长	乔治斯·伊莱尔
法德经济合作总代表	雅克·巴诺
体育高级专员	巴斯科

附录二十七

（1942 年 12 月 15 日，达尔朗海军上将在非洲发表的施政声明）

在盟军的帮助之下，法属非洲必须尽最大努力在军事上击败德国和意大利。无论什么政治主张和宗教信仰，只要我们万众一心，就会变得有组织、有力量。

为了推翻德国和意大利的压迫，根据当前的形势和法国的传统，国家政权将由非洲的法国当局接掌。一旦法国和法兰西帝国从轴心国的枷锁下解放出来，政权形式和国家政策将完全由法国人民自己来决定。

对从前由于同情盟国而做出的任何反对当局的事情，高级专员已经批准全部赦免。而且其中一些人已在高级专员公署担任重要职务。所有军官，包括此前因为给盟军提供帮助而被停职的军官，已经恢复了原有军衔和待遇。此外，高级专员正在挑选平民中具有顾问咨询和出谋划策能力的人，协助他一起开展工作。被拘禁和关押的同盟国人员都立刻被释放，并尽快运往各海港。

高级专员也已经开始着手恢复人们那些过去出于种族原因而被剥夺的权利。法国曾在德国施加的压力下出台了一些反犹法律，凡因此而被追究的犹太人，相关措施将立即被停止。还有，他已经宣布，对构成北非复杂人口的各民族种族都将一视同仁，以保证大家可以共同工作生活，在法律的框架下相互尊重、相互包容。

北非几乎没有工业，维希政府那些打击工会组织的法律也基本没派上用场，各方面的报告显示，本地的工人群体中不存在什么严重问题。对报纸和电台的审查，由盟军当局一起参与，这是出于军事作战行动安全的需要。

军事方面，北非和西非的武装力量在吉罗将军的指挥下，积极参与了盟军的作战行动。在吉罗将军的带领下，大批法军在突尼斯与盟军并肩作战，抗击德意联军。吉罗将军向盟军开放所有的兵站和机场，还包括政府和技术部门的设施供免费使用。只要是出于军事需要，北非所有的船舶、通讯设备、卡车、铁路、公共和私人建筑，都可以无偿提供给盟军部队。

我一再向盟军总司令艾森豪威尔将军强调，加入联合国家的阵营，率领北非和西非抗击德意联军，并非出于任何个人野心。我曾经说过，我唯一的目的就是为了拯救法属非洲，在帮助法国得到解放之后，我便会解甲归田，希望未来法国的领导人能够由法国人民自己选择，并且也只能由他们来选择。

附录二十八

A. 1943 年 5 月 12 日至 24 日，华盛顿特区，"三叉戟会议"主要出席人员名单：

大不列颠

温斯顿·丘吉尔首相

陆军上将艾伦·布鲁克爵士

皇家海军元帅达德利·庞德爵士

皇家空军上将查尔斯·波特尔爵士

皇家海军上将詹姆斯·萨默维尔爵士

陆军元帅阿奇博尔德·韦维尔爵士

皇家空军中将理查德·皮尔斯爵士

陆军中将黑斯廷斯·伊斯梅爵士

比弗布鲁克勋爵

查韦尔勋爵

莱瑟斯勋爵

中国

宋子文博士

美国

富兰克林·D. 罗斯福总统

海军上将威廉·D. 莱希

陆军上将乔治·C. 马歇尔

海军上将欧内斯特·J. 金

哈里·L. 霍普金斯

陆军中将约瑟夫·麦克纳尼

陆军中将 J. W. 史迪威

陆军少将 C. L. 陈纳德

B. 1943 年 8 月 14 日至 24 日，加拿大魁北克，"四分仪会议"主要出席人员名单：

大不列颠

温斯顿·丘吉尔首相

外交大臣安东尼·艾登

陆军上将艾伦·布鲁克爵士

皇家海军元帅达德利·庞德爵士

皇家空军上将查尔斯·波特尔爵士

陆军元帅约翰·迪尔爵士

皇家海军中将路易斯·蒙巴顿勋爵

陆军中将黑斯廷斯·伊斯梅爵士

中国

宋子文博士

美国

富兰克林·D. 罗斯福总统

国务卿科德尔·赫尔

海军部长诺克斯

海军上将威廉·D. 莱希

陆军上将乔治·C. 马歇尔

海军上将欧内斯特·J. 金

陆军上将亨利·H. 阿诺德

哈里·L. 霍普金斯

史蒂芬·厄尔利

C. 1943 年 11 月 23 日至 26 日、12 月 2 日至 6 日，埃及开罗，"六分仪会议"主要出席人员名单：

大不列颠

温斯顿·丘吉尔首相

外交大臣安东尼·艾登

陆军上将艾伦·布鲁克爵士

皇家空军上将查尔斯·波特尔爵士

皇家海军元帅安德鲁·坎宁安爵士

陆军元帅约翰·迪尔爵士

皇家海军上将路易斯·蒙巴顿勋爵

陆军中将黑斯廷斯·伊斯梅爵士

陆军中将 H. 卡尔东·德维亚尔

中国

蒋介石委员长

蒋介石夫人

陆军上将商震

陆军中将林蔚

陆军中将朱世明

美国

富兰克林·D. 罗斯福总统

哈里·L. 霍普金斯

海军上将威廉·D. 莱希

陆军上将乔治·C. 马歇尔

海军上将欧内斯特·J. 金

陆军上将亨利·H. 阿诺德

陆军中将 J. W. 史迪威

陆军中将布里恩·B. 萨默维尔

陆军少将 R. A. 惠勒

陆军少将 G. E. 斯特拉特迈耶

陆军少将 C. L. 陈纳德

陆军少将 A. C. 魏德迈

其他人员

南非总理史末资元帅

土耳其总统伊斯麦特·伊诺努

土耳其总理

希腊国王

南斯拉夫国王彼得

埃及王位法定继承人穆巴拉特·贝

D. 1943 年 11 月 28 日至 12 月 1 日，伊朗德黑兰，"尤里卡会议"主
要出席人员名单：

大不列颠

温斯顿·丘吉尔首相

外交大臣安东尼·艾登

陆军元帅约翰·迪尔爵士

陆军上将艾伦·布鲁克爵士

皇家海军元帅安德鲁·坎宁安爵士

皇家空军上将查尔斯·波特尔爵士

陆军中将黑斯廷斯·伊斯梅爵士

陆军少校柏思(翻译)

苏联

J. V. 斯大林元帅

外交人民委员 V. M. 莫洛托夫

陆军元帅伏罗希洛夫

翻译巴甫洛夫

美国

富兰克林·D. 罗斯福总统

哈里·L. 霍普金斯

海军上将威廉·D. 莱希

陆军上将乔治·C. 马歇尔

海军上将欧内斯特·J. 金

陆军上将亨利·H. 阿诺德

陆军少将 J. R. 迪恩

陆军准将帕特里克·J. 赫尔利

海军上校 F. B. 罗伊尔

查尔斯·E. 波伦(翻译)

E. 1944 年 9 月 11 日至 16 日,加拿大魁北克,"八边形会议"主要出席人员名单:

大不列颠

温斯顿·丘吉尔首相

外交大臣安东尼·艾登

查韦尔勋爵

莫兰勋爵

莱瑟斯勋爵

陆军元帅艾伦·布鲁克爵士

皇家空军上将查尔斯·波特尔爵士

皇家海军元帅安德鲁·坎宁安爵士

陆军元帅约翰·迪尔爵士

陆军上将黑斯廷斯·伊斯梅爵士

皇家海军上将珀西·诺布尔爵士

陆军中将 G. N. 麦克雷迪

皇家空军中将威廉·威尔士

陆军少将 R. E. 莱科克

美国

富兰克林·D. 罗斯福总统

财政部长亨利·摩根索

海军上将威廉·D. 莱希

陆军上将乔治·C. 马歇尔

海军上将欧内斯特·J. 金

陆军上将亨利·H. 阿诺德

陆军中将布里恩·B. 萨默维尔

海军中将埃默里·S. 兰德

海军中将 R. 威尔逊

海军少将小 C. M. 库克

海军少将 L. D. 麦科密克

陆军少将 T. T. 汉迪

陆军少将 M. S. 费尔柴尔德

陆军少将 L. S. 库特

史蒂芬·厄尔利

F. 1945 年 2 月 2 日至 11 日，克里米亚雅尔塔，"淘金者会议"主要出席人员名单：

美国

富兰克林·D. 罗斯福总统

国务卿爱德华·R. 斯特蒂纽斯

海军五星上将威廉·D. 莱希

哈里·L. 霍普金斯

詹姆斯·F. 伯恩斯

陆军五星上将乔治·C. 马歇尔

海军五星上将欧内斯特·J. 金

陆军中将布里恩·B. 萨默维尔

海军中将埃默里·S. 兰德

陆军少将 L. S. 库特

驻苏联大使威廉·埃夫里尔·哈里曼

哈里森·弗里曼·马修斯

阿尔杰·希斯

查尔斯·E. 波伦

海军中将小 C. M. 库克

海军少将 L. D. 麦科密克

陆军少将 J. R. 迪恩

陆军少将 H. R. 布尔

陆军少将 F. L. 安德森

陆军少将 J. E. 赫尔

大不列颠

温斯顿·丘吉尔首相

外交大臣安东尼·艾登

莱瑟斯勋爵

驻莫斯科大使阿奇博尔德·克拉克·科尔爵士

亚历山大·卡多根爵士

陆军元帅艾伦·布鲁克爵士

皇家空军上将查尔斯·波特尔爵士

皇家海军元帅安德鲁·坎宁安爵士

陆军上将黑斯廷斯·伊斯梅爵士

陆军元帅哈罗德·亚历山大爵士

陆军元帅亨利·梅特兰·威尔逊爵士

皇家海军上将詹姆斯·萨默维尔

皇家海军少将 E. R. 阿切尔

陆军少将 R. E. 莱科克

陆军少将 N. G. 霍尔姆斯

苏联

J. V. 斯大林元帅

外交人民委员 V. M. 莫洛托夫

海军上将库兹涅佐夫

陆军上将安东诺夫

安德烈·Y. 维辛斯基

伊万·M. 迈斯基

空军元帅科迪亚库夫

驻英国大使 F. T. 古谢夫

驻美国大使安德烈·A. 葛罗米柯

陆军中将格雷兹洛夫

海军中将库切罗夫

空军主帅科斯琴斯基

翻译巴甫洛夫

G. 1945 年 7 月 16 日至 8 月 1 日，德国波茨坦，"终点站会议"主要出席人员名单：

美国

哈里·S. 杜鲁门总统

国务卿伯恩斯

战争部长史汀生

海军部长福莱斯特

海军五星上将威廉·D. 莱希

陆军五星上将乔治·C. 马歇尔

海军五星上将欧内斯特·J. 金

陆军五星上将亨利·H. 阿诺德

陆军五星上将德怀特·D. 艾森豪威尔

助理战争部长麦克罗伊

艾德文·W. 波利

约瑟夫·E. 戴维斯

威廉·埃夫里尔·哈里曼

助理国务卿威廉·L. 克莱顿

助理国务卿詹姆斯·C. 邓恩

陆军上将奥马尔·布雷德利

陆军上将布里恩·B. 萨默维尔

海军中将埃默里·S. 兰德

陆军中将 J. E. 赫尔

海军中将小 C. M. 库克

陆军少将 L. 诺斯塔德

本杰明·科恩

哈里森·弗里曼·马修斯

查尔斯·E. 波伦

大不列颠

温斯顿·丘吉尔首相

外交大臣安东尼·艾登

亚历山大·卡多根爵士

莱瑟斯勋爵

阿奇博尔德·克拉克·科尔爵士

沃尔特·莫克顿爵士

威廉·斯特朗爵士

爱德华·布里奇斯爵士

陆军元帅艾伦·布鲁克爵士

陆军元帅哈罗德·亚历山大爵士

皇家空军上将查尔斯·波特尔爵士

皇家海军元帅安德鲁·坎宁安爵士

陆军元帅亨利·梅特兰·威尔逊爵士

陆军上将黑斯廷斯·伊斯梅爵士

陆军中将戈丹·麦克莱迪爵士

陆军少将 R. E. 莱科克

陆军少将 L. C. 霍利斯

苏联

J. V. 斯大林元帅

外交人民委员 V. M. 莫洛托夫

安德烈·Y. 维辛斯基

陆军上将安东诺夫

海军元帅库兹涅佐夫

空军元帅法拉列夫

F. T. 古谢夫

伊万·M. 迈斯基

安德烈·A. 葛罗米柯

陆军中将斯莱文

翻译巴甫洛夫

图书在版编目(CIP)数据

身历其境／（美）威廉·丹尼尔·莱希
（William Daniel Leahy）著；章和言译. —上海：上
海译文出版社，2020.5
书名原文：I WAS THERE
ISBN 978－7－5327－8215－4

Ⅰ.①身… Ⅱ.①威… ②章… Ⅲ.①威廉·丹尼尔
·莱希—回忆录 Ⅳ.①K837.125.2

中国版本图书馆 CIP 数据核字（2020）第 053428 号

William Daniel Leahy
I WAS THERE

身历其境

[美] 威廉·丹尼尔·莱希 著 章和言 译
责任编辑/张吉人 装帧设计/张志全工作室

上海译文出版社有限公司出版、发行
网址：www.yiwen.com.cn
200001 上海福建中路 193 号
江阴金马印刷有限公司印刷

开本 890×1240 1/32 印张 21 插页 14 字数 460,000
2020 年 5 月第 1 版 2020 年 5 月第 1 次印刷
印数：0,001—4,000 册

ISBN 978－7－5327－8215－4/K·272
定价：98.00 元